高等学校政治理论实践教程

（第四版）

主　编　余　刚

副主编　唐文凤　李　娜

科学出版社

北　京

内 容 简 介

本书以国家统编思政课教材为依托，围绕思想道德与法治、中国近现代史纲要、马克思主义基本原理、毛泽东思想和中国特色社会主义理论体系概论、习近平新时代中国特色社会主义思想概论 5 门课程的理论知识，结合实际设计实践教程。本书各篇章从案例精选、阅读拓展、实践项目三个方面展开实践课程的设计，内容丰富、资料翔实、可操作性强，能够为高等学校开展思想政治理论课实践教学提供针对性的指导。

本书适合高等学校本、专科各专业学生使用，也可供高校思政理论课教师指导学生开展课程相关的实践活动使用。

图书在版编目（CIP）数据

高等学校政治理论实践教程 / 余刚主编. -- 4 版. -- 北京 : 科学出版社, 2024. 9. -- ISBN 978-7-03-079499-4

I. D0

中国国家版本馆 CIP 数据核字第 2024X2L103 号

责任编辑：吉正霞　郭依蓓/责任校对：高　嵘
责任印制：彭　超/封面设计：苏　波

科学出版社 出版
北京东黄城根北街 16 号
邮政编码：100717
http://www.sciencep.com
武汉中科兴业印务有限公司印刷
科学出版社发行　各地新华书店经销
*
开本：787×1092　1/16
2024 年 9 月第　四　版　　印张：18 3/4
2024 年 9 月第一次印刷　　字数：493 000
定价：49.80 元
（如有印装质量问题，我社负责调换）

《高等学校政治理论实践教程》（第四版）

编　委　会

主　编：余　刚

副主编：唐文凤　李　娜

编　委（按姓氏笔画排序）：

尹　寒　关雅囡　李　勇

李　娜　余　刚　姚德超

唐文凤　曹玉洁　鄢翠霞

前　　言

思想政治理论课实践教学是高等学校思想政治教育的重要组成部分，是思想政治理论课课堂教学的拓展，是高等学校培养高素质应用型人才的重要途径。《中共中央宣传部　教育部关于进一步加强和改进高等学校思想政治理论课的意见》（教社政〔2005〕5 号）指出："高等学校思想政治理论课所有课程都要加强实践环节。要建立和完善实践教学保障机制，探索实践育人的长效机制。"《新时代高校思想政治理论课教学工作基本要求》（教社科〔2018〕2 号）指出："从本科思想政治理论课现有学分中划出 2 个学分、从专科思想政治理论课现有学分中划出 1 个学分，开展本专科思想政治理论课实践教学。"《高等学校思想政治理论课建设标准（2021 年本）》（教社科〔2021〕2 号）要求："实践教学纳入教学计划，统筹思想政治理论课各门课的实践教学、落实学分（本科 2 学分，专科 1 学分）、教学内容、指导教师和专项经费。实践教学覆盖全体学生，建立相对稳定的校外实践教学基地。"

习近平总书记在党的二十大报告中指出："广大青年要坚定不移听党话、跟党走，怀抱梦想又脚踏实地，敢想敢为又善作善成，立志做有理想、敢担当、能吃苦、肯奋斗的新时代好青年，让青春在全面建设社会主义现代化国家的火热实践中绽放绚丽之花。"高等学校思想政治教育工作者应以更大的自觉和决心，以更强的责任感和使命感，增强工作的针对性和实效性。本书旨在将思想政治理论课教学深入社会实践中，以学生思想困惑、社会现实问题为关注点，在传道、授业、解惑中解释社会发展规律，使学生由被动的接受者转变成主动的学习者，增强认识和分析社会问题的能力，提高学生的创新精神和实践能力。

本书由余刚担任主编，唐文凤、李娜担任副主编。各章作者分别是：鄢翠霞（第一篇）、李娜（第二篇第一章至第七章）、姚德超（第二篇第八章至第十章）、余刚（第三篇）、李娜（第四篇）、唐文凤（第五篇导论至第九章）、曹玉洁（第五篇第十章至第十七章）、李勇（附录）。

全书由余刚、李娜统稿、定稿。

由于水平有限，难免有疏漏之处，热切希望广大读者批评指正。

目　录

附录　调查报告撰写

第一篇

思想道德与法治

第一章　领悟人生真谛　把握人生方向

第二章　追求远大理想　坚定崇高信念

第三章　继承优良传统　弘扬中国精神

第四章　明确价值要求　践行价值准则

第五章　遵守道德规范　锤炼道德品格

第六章　学习法治思想　提升法治素养

第一章　领悟人生真谛　把握人生方向

一、案例精选

让功勋模范成为时代“顶流”①

近日，中共中央办公厅印发《关于做好国家勋章和国家荣誉称号提名评选工作的通知》（以下简称《通知》）。《通知》指出，党中央决定，在庆祝中华人民共和国成立 75 周年之际，开展国家勋章和国家荣誉称号评选颁授，隆重表彰一批为中华人民共和国建设和发展作出杰出贡献的功勋模范人物。

一个有希望的民族不能没有英雄，一个有前途的国家不能没有先锋。国家勋章和国家荣誉称号由宪法规定，具有最高权威性和法律地位，开展国家勋章和国家荣誉称号评选颁授，是落实宪法精神和原则的具体体现。

党的十八大以来，最高立法机关和其他部门逐渐完善国家荣誉体系，《中华人民共和国国家勋章和国家荣誉称号法》自 2016 年 1 月 1 日起施行。我国最高荣誉体系中的“五章”包含“共和国勋章”“八一勋章”“友谊勋章”和国家荣誉称号，在建党百年之际颁授“七一勋章”，标志着五大最高荣誉已全部颁齐，表明我国功勋荣誉表彰制度全面实施。

历史车轮滚滚向前，时代大潮风起云涌，总有一批批碧血志士甘为国家昌盛鞠躬尽瘁，总有一批批丹心赤子愿为民族复兴砥砺前行。

2019 年 9 月 17 日，在庆祝中华人民共和国成立 70 周年之际，于敏、张富清、黄旭华、孙家栋、屠呦呦、袁隆平等 42 人被授予国家勋章和国家荣誉称号。他们在年轻人眼中堪称时代的“顶流”，在全社会激起崇尚英雄、礼赞功勋的氛围。

“人民科学家”南仁东为了给“中国天眼”找到性价比最高的台址，他拄着竹竿翻山越岭，几乎踏遍了贵州大山里的洼地，只为睁大眼睛望向人类未知的浩渺宇宙，只为让中国成为世界上看得最远的国家。“两弹一星元勋”程开甲，戈壁寒暑成大器，于无声处起惊雷，一片赤诚、一生奉献。

功勋模范成为青年人眼中的“顶流”，归根到底是他们在青年时期树立了正确的人生观价值观，扣好人生第一粒扣子，将理想信念作为指引方向的航标灯……他们将个人理想融入社会理想，将个人发展与国家发展同频共振，在各行各业，为国家和社会挥洒汗水，贡献聪明才智，全心全意为人民服务，甘为孺子牛。

践行宪法精神，礼赞功勋英雄。我们即将迎来新中国成立 75 周年，党中央决定将再次开展国家勋章和国家荣誉称号评选颁授，褒奖在中国特色社会主义建设中作出突出贡献的杰出人士，弘扬民族精神和时代精神，激发全国各族人民建设富强、民主、文明、和谐的社会主义现代化国家的积极性，实现中华民族伟大复兴。

---

① 资料来源：雷时雨. 让功勋模范成为时代“顶流”. (2024-03-16)[2024-04-16]. http: //news. cyol. com/gb/articles/2024-03/16/content_zxVdpeIYl5. html.

毫无疑问，这些功勋模范名字的背后，都镌刻着一段峥嵘岁月，都撑起了民族脊梁，树立起时代的精神标杆。

再普通的善行，坚持不懈就能谱写不普通的壮举；再平凡的岗位，恪尽职守也能成为不平凡的楷模。当今青年，正处于向第二个百年奋斗目标进军的新征程，在科技快速发展、人民生活富足的今天，我们更加充满信心和勇气，更有底气与干劲，投身中国式现代化建设，在科技创新、乡村振兴、绿色发展、社会服务、卫国戍边等各领域各方面工作中挺膺担当，踔厉奋发，争当排头兵和生力军，展现青春朝气锐气。

案例研讨：结合所学知识思考功勋模范为何能够成为时代的“顶流”？

二、阅读拓展

中国青年如何走好新时代的长征路[①]

习近平总书记在陕西考察时指出，重大的历史进步都是在一些重大的灾难之后，中华民族就是这样在艰难困苦中历练、成长起来的。今天，中国人民拥有了前所未有的道路自信、理论自信、制度自信、文化自信，中华民族伟大复兴展现出前所未有的光明前景。广大青年要深入学习贯彻习近平新时代中国特色社会主义思想，牢记初心使命，继续传承“西迁精神”，发扬“五四精神”，坚定理想信念、站稳人民立场、练就过硬本领、投身强国伟业，到祖国最需要的地方建功立业，让青春在党和人民最需要的地方绽放绚丽之花。

胸怀大局，担当时代责任。时代呼唤担当，民族振兴是青年的责任。鲁迅说，青年“所多的是生力，遇见深林，可以辟成平地的，遇见旷野，可以栽种树木的，遇见沙漠，可以开掘井泉的。”前进道路从来不会是一片坦途，必然会面对各种重大挑战、重大风险、重大阻力、重大矛盾，必须进行具有许多新的历史特点的伟大斗争，迫切需要迎难而上、挺身而出的担当精神。广大青年要坚持马克思主义的指导地位，发扬斗争精神，为了实现人民对美好生活的向往、实现中华民族伟大复兴敢字为先、干字当头，勇于担当、善于作为，坚持把人民放在心中，更有定力、更有自信、更有智慧地坚持和发展新时代中国特色社会主义。要树立对中国特色社会主义的信心，只争朝夕、不负韶华，珍惜这个时代，做到守土有责、守土担责、守土尽责，在担当中历练，在尽责中成长，集中精力、心无旁骛把每一项工作、每一个环节都做到位，做到一旦有事能快速应对，坚决维护国家主权、安全、发展利益，勇立时代潮头，争做时代先锋。要勇于创新创造，有敢为人先的锐气，有逢山开路、遇河架桥的意志，沿着求真理、悟道理、明事理的方向前进，不断积累经验、取得成果，要以饱满的精神状态和奋斗姿态为党工作，忠实履行好职责，在新时代的长征路上作出新的更大贡献。

无私奉献，锤炼品德修为。国无德不兴，人无德不立，品德是为人之本。止于至善，是中华民族始终不变的人格追求。正所谓“立志而圣则圣矣，立志而贤则贤矣”。我们要建设的

① 资料来源：林显东. 中国青年如何走好新时代的长征路. (2020-05-13)[2024-02-28]. http: //www. xinhuanet. com/politics/2020-05/13/c_1125981255. htm.

社会主义现代化强国，不仅要在物质上强，更要在精神上强。广大青年要立志听党话、跟党走，毫不动摇坚持党的绝对领导，以党的旗帜为旗帜、以党的方向为方向、以党的意志为意志，坚持以人民为中心，增强“四个意识”、坚定“四个自信”、做到“两个维护”，始终保持强大的凝聚力、向心力、创造力、战斗力。要胸怀忧国忧民之心、爱国爱民之情，以一生的真情投入、一辈子的顽强奋斗来体现爱国主义情怀，把满腔报国之志转化为立足岗位的工作业绩，在全面建成小康社会进程中建功立业，不断奉献祖国、奉献人民。要清醒认识世情、国情、党情的变和不变，体察世间冷暖、现实矛盾，明辨是非、恪守正道，不人云亦云、盲目跟风，努力提高政治素质和人文素质，自觉树立和践行社会主义核心价值观，明大德、守公德、严私德，努力成长为志存高远、德才兼备、勇于担负的中华民族伟大复兴历史重任的生力军。要保持定力、严守规矩，立志扎根人民、奉献国家，把正确的道德认知、自觉的道德养成、积极的道德实践紧密结合起来，学会劳动、学会勤俭，学会感恩、学会助人，学会谦让、学会宽容，从自身内省中提升道德修为。

弘扬传统，勇于砥砺奋斗。爱国主义是中华民族精神的核心。爱国主义的本质就是坚持爱国和爱党、爱社会主义高度统一。奋斗是青春最亮丽的底色。民族复兴的使命要靠奋斗来实现，人生理想的风帆要靠奋斗来扬起。毛泽东指出：“中国的青年运动有很好的革命传统，这个传统就是‘永久奋斗’。我们共产党是继承这个传统的，现在传下来了，以后更要继续传下去。”“宝剑锋从磨砺出，梅花香自苦寒来”，奋斗不只是响亮的口号，广大青年要树立对中华民族伟大复兴中国梦的信心，把永远听党话、跟党走、拥护党作为人生信条，把自己的小我融入祖国的大我、人民的大我之中，与时代同步伐、与人民共命运，才能更好实现人生价值。要坚持全心全意为人民服务的根本宗旨，把维护祖国统一和民族团结作为重要着力点和落脚点，深刻了解近代以来中国人民和中华民族不懈奋斗的光荣历史和伟大历程。要增强知识更新的紧迫感，孜孜不倦学习，努力掌握科学文化知识，培养科技素养、培养创新思维，既钻研理论又积极掌握技能，掌握事物发展规律，注重把所学知识内化于心，形成自己的见解，使自己的思维视野、思想观念、认识水平跟上越来越快的时代发展。要矢志艰苦奋斗，立足本职，苦干实干，从自身做起，在做好每一件小事、完成每一项任务、履行每一项职责中见精神，做到刚健有为、自强不息，在实现中华民族伟大复兴中国梦的新长征路上奋勇搏击。

艰苦创业，练就过硬本领。学习是进步的阶梯，实践是成长的良师。青年是苦练本领、增长才干的黄金时期。应该把学习作为首要任务，作为一种责任、一种精神追求、一种生活方式。广大青年要树立对马克思主义的信仰，坚持和运用辩证唯物主义和历史唯物主义的世界观和方法论，坚持和运用马克思主义的立场、方法、观点，不断提高运用马克思主义分析和解决实际问题的能力，不断从中汲取科学智慧和理论力量，真正把马克思主义这个看家本领学精悟透用好。要坚持学以致用，向书本学习，向实践学习，在重大原则问题上，头脑要特别清醒、态度要特别鲜明、行动要特别坚决，不能有任何动摇、任何迟疑、任何含糊，确保党的事业薪火相传，确保中华民族永续发展。要历练宠辱不惊的心理素质，坚定百折不挠的进取意志，保持乐观向上的人生态度，变挫折为动力，从挫折中不断奋起、永不气馁。要舍小家顾大家，不怕困难、勇于开拓、顽强拼搏，紧跟党和人民事业发展步伐，在战斗中成长，在继承中创新，在建设中发展，勇于到条件艰苦的基层、国家建设的一线、项目攻关的前沿，投向国家发展的航程，直接投身全面建设社会主义现代化国家的伟业，经受锻炼、增长才干，在未来的新时代的历史进程中，确保在党和人民需要的时候拉得出、上得去、打得赢，为中华民族立下卓越的贡献。

三、实践项目

项目一

人生拍卖

（一）活动说明

大学生处于价值观形成和发展的重要时期，很多价值观念还是模糊不清的。本活动旨在帮助学生了解有关爱情、友情、健康、美貌、爱心、财富、欢乐等多方面的价值观念。

（二）活动过程

（1）准备好道具、拍卖槌。

（2）将拍卖的物品事先写在硬纸板上。

（3）宣布游戏规则。每个学生有 5 000 元（道具钱），他们可以随意拍卖下表中的东西。每样东西都有底价（下表），每次出价以 500 元为单位，价高者得，有出价 5 000 元的，立即成交。

底价表

项目	价格/元	项目	价格/元	项目	价格/元
爱情	500	友情	500	健康	1 000
美貌	500	礼貌	1 000	威望	500
自由	500	爱心	500	财富	1 000
欢乐	500	长命百岁	500	诚实	500
享受一次美餐	500	分辨是非的能力	1 000	大学毕业证书	1 000

（4）由教师或学生主持拍卖，按游戏规则进行，到所有拍卖东西卖出为止。

（三）讨论

（1）你是否后悔得到你所买的东西？为什么？

（2）在拍卖过程中，你的心情如何？

（3）有没有同学什么都没有买？为什么？

（4）你争取回来的东西是否是你现在最想要的？

（5）假如现在已经是人生的尽头，你手上所有的东西对于你来说是否仍有意义？

（6）有没有比这些更值得追寻的东西呢？

| 项目二 |

大学生“宅居”现状调查

（一）调查目的

通过对大学校园“宅居”现象进行调查，分析“宅居”衍生的负面作用，帮助大学生正确认识自我，走出“宅”生活，回归校园，重树大学生积极进取的生活态度。

（二）调查对象

在校大学生

（三）活动方案

时间：4 学时
地点：校园
方式：调查分析
流程：
（1）将调查问卷复印 100 份，将所在班级同学分为 10 组，每组完成调查问卷 10 份，调查对象不限本班同学，尽量做到男女比例均衡。
（2）调查采取无记名的方式进行，要求选出同意的选项。
（3）调查完成后收齐问卷，并对 10 个小组的数据进行汇总。
（4）将调查情况写成调查报告，上交任课教师。

【附】调查问卷

（1）您的性别？（　　）
A. 男　　B. 女
（2）您是否单身？（　　）
A. 是　　B. 否
（3）您一般待在宿舍的时间（除睡觉外）？（　　）
A. 根本不出宿舍　　B. 能不出去就不出去　　C. 偶尔会出去
D. 经常出去　　E. 基本上不在宿舍待
（4）您在宿舍时一般做什么？（　　）
A. 打游戏　　B. 追剧，看比赛　　C. 睡觉　　D. 看小说
E. 网购　　F. 网上聊天　　G. 其他
（5）您待在宿舍里怎么解决吃饭问题（频率最高的方式）？（　　）
A. 去食堂吃　　B. 叫外卖，让舍友帮带
C. 吃泡面、零食　　D. 干脆不吃

（6）您觉得自己的世界（包括虚拟世界）和大家的世界哪个更重要？（　　）

A. 自己的世界　　B. 两个一样

C. 大家的世界　　D. 不确定，会随情况改变

（7）您喜欢一个人独处还是和大家在一起？（　　）

A. 一个人独处　　B. 和大家在一起　　C. 想和大家一起却没有机会

（8）您和周围的同学、家人、朋友相处得怎么样？（　　）

A. 觉得他们都只是累赘，和自己完全不合　　B. 还好，比较冷淡，话不多

C. 他们提出一起活动的时候会积极响应　　D. 很亲密，什么话都愿意和他们说

（9）您和陌生人相处的情况是怎样？（　　）

A. 完全保持沉默，害怕，紧张　　B. 会简单地寒暄几句，但心里还会有防备

C. 会努力找到相通点，打开话题　　D. 完全不顾忌，把对方当作自己的朋友

E. 不屑于和他交谈，觉得对方不可能懂自己的世界

（10）您长时间一个人独处的时候心理会怎样？（　　）

A. 很寂寞，想找个人陪　　B. 感到孤独，会用其他事情转移注意力

C. 完全不在意，已经习惯了　　D. 没什么感觉

（11）您愿意为其他人做一些事吗？（　　）

A. 愿意　　B. 不愿意

C. 别人请求的话会做，但不是太情愿　　D. 如果是对自己重要的人的话就愿意

E. 会主动询问

（12）您“宅”在宿舍的原因是什么？（　　）

A. 想出去却没有人陪　　B. 懒得出去

C. 舍不得在虚拟世界的满足感　　D. 性格内向不善与他人交往

E. 逃避生活、学习压力　　F. 外面没有足够的娱乐

G. 与人交往有阴影　　H. 其他

（13）您对“宅”生活的态度是（　　）。

A. 严厉打击，必须杜绝这种生活方式　　B. 不能接受，但也不想去管

C. 不予置评，每个人都有自己的生活方式　　D. 不打击也不赞同

E. 赞同，是简单、惬意的生活方式

（14）如果觉得自己“宅”，您想改变自己的“宅”属性吗？（　　）

A. 完全不想，现在挺好的　　B. 偶尔想过，但总是无法付诸实践

C. 想过也做过，但从未成功　　D. 果断想，并且不成功不罢休

（15）您觉得应该怎样改变“宅男（女）”现象？（　　）

A. 多让他们参加集体活动　　B. 帮助他们排除心理问题

C. 让他们身边的朋友、家人给予帮助　　D. 帮助他们戒除对网络的依赖

第二章 追求远大理想 坚定崇高信念

一、案例精选

让镜头成为美丽乡村的另一扇窗[①]

测好光线、找好角度、架起相机、按下拍摄键……这一套熟练的操作几乎填满了郭贵在永增村所有的业余生活时间。

24 岁的郭贵是一名西部计划志愿者。2 年前，他离开了熟悉的黄土地，来到贵州长顺县长寨街道永增村驻村。郭贵回忆，大三那年，他看到了一位参与大学生志愿服务西部计划的学姐的朋友圈，一句"到祖国最需要的地方去"让郭贵"动了心"。从那时，他决定毕业后也要报名西部计划，也要去祖国的西部服务基层、奉献青春。

2022 年 7 月 22 日，郭贵到达服务地长顺县永增村开始志愿服务工作。村里的工作类型杂、项目多——帮助村民完成油菜种植、完善人口信息、协助排解矛盾纠纷、协助环境整治、巡山巡河……在郭贵负责的村委会工作中，他的志愿服务对象有 145 户合计 500 多人，要做好志愿服务工作并不简单。

郭贵回忆道，初来贵州，气候、语言和饮食习惯的差异，多多少少都会让他有些不适应，其中影响最大的就是语言问题。

语言障碍带来的是沟通障碍。作为一个土生土长的山西人，初来贵州的他在和当地村民沟通时，身边总需要有个"翻译"。郭贵意识到，要拉近和村民的距离，就必须在各方面"扎根"，他主动找机会多跟村民打交道，多听多说多学，努力让自己成为"本地人"。

慢慢地，郭贵开始适应并逐渐喜欢上在长顺的生活，"看看别人放牛啊，种水稻啊，可以让躁动的心踏实下来，变得不浮躁了。"他说。

万物生芽的春天、绿树葱茏的夏天、稻浪金黄的秋天、雪花点缀的冬天。在开展志愿服务之余，戏剧影视文学专业的他，用相机将长顺的美景美食、风土人情记录下来发布到网上。"原本只是想着借着照片、视频和家人朋友分享这里的生活，没想到收获了很多订阅者。"郭贵发布的内容唤起了不少在外务工、求学的长顺人的乡愁。后来越来越多的长顺人、贵州人开始关注郭贵的账号。

"我在外地工作，好久没回去了，也好久没见父母了，你能帮我爸妈拍张照片吗？"对于留言中的请求，郭贵尽力满足，这也让他在驻村生活中找到了新视角。

全家福、过寿照、满月照……郭贵拍下的一张张照片带他真正地走进了村里。

相机，为郭贵的志愿服务生活打开了一扇窗。与此同时，也为永增村搭建了一条更为宽广的对外交流之路。记录乡村景致、直播探店、协助拍摄宣传视频，他努力为永增村的发展带来更多可能。

---

① 资料来源：田昕禾，孙也婷. 让镜头成为美丽乡村的另一扇窗. (2024-06-28)[2024-07-10]. http: //qnzs. youth. cn/tsxq/202406/t20240628_15344542. htm.

“好喜欢那里的生活和你的生活状态呀！”“真的很感谢你记录了我的家乡！”“你让好多人都知道了我的家乡。”像这样的信息，在他的后台私信留言中不胜枚举。郭贵为这些留言编辑了一个专属板块，一个名为“文字是有温度的”的专栏，已经更新到了66集。这不仅成了郭贵持续更新账号的动力，也让郭贵更加下定决心要做好各项志愿工作。“我相信不止我一个郭贵，以后肯定会有更多的‘郭贵’涌入这里，助力西部的发展。”郭贵自豪地讲。

案例研讨：材料中青年郭贵的实践体现了他怎样的理想信念？

二、阅读拓展

社会理想的精神力量①

社会的进步离不开社会理想。《中共中央关于党的百年奋斗重大成就和历史经验的决议》指出，“马克思主义信仰、共产主义远大理想、中国特色社会主义共同理想，是中国共产党人的精神支柱和政治灵魂，也是保持党的团结统一的思想基础”。在新的历史起点上，我们要坚定马克思主义信仰，自觉把人生理想、家庭幸福融入强国建设、民族复兴的伟业之中，做共产主义远大理想和中国特色社会主义共同理想的坚定信仰者和忠实实践者。

一

社会理想决定了一个社会的存在境界。冯友兰提出了人生境界说：人对于世界有所觉解，世界对其呈现出意义，世界的意义又构成其存在境界；不同的人对于世界有不同的觉解，因此便生存于不同的境界，即自然境界、功利境界、道德境界、天地境界。在类似的意义上，社会理想实际上代表了一个社会对于世界的觉解。秉持高远理想的社会，无疑是超乎自然境界与功利境界的：它不是无知无觉的，也不会只为了一国之私利而公然鼓吹本国利益至上。

契合时代精神的社会理想是高远的，但同时也是可欲可求的，从而能够为社会的发展提供巨大的精神动力。它是可欲的，也就是说，它是值得追求的，因为它合乎人的本性，发乎人们对美好生活的向往；它是可求的，也就是说，它是能够追求的，因为它出自社会经济发展的内在要求，基于历史演化的客观规律，代表着一种现实的可能性。这样的社会理想容易被社会成员所共同接受，从而内化为社会成员共享的高远的人生理想。对于社会成员个体而言，人生理想既是目的因又是动力因，而高远的人生理想将为个体提供巨大的心理驱力，推动人们在精神生活、道德践履、日常活动和社会实践等诸种实践过程中发挥能动性，创造高品质生活，创造更加美好的世界。

二

由社会理想转化而来的人生理想贯穿不同的个体，使得彼此声气相通；非如此，不足以形成“一以贯之”的社会。易言之，社会理想发挥着凝心聚力的作用。试以交响乐团明之。

① 资料来源：刘梁剑. 社会理想的精神力量. (2024-01-29)[2024-04-20]. http: //epaper. gmw. cn/gmrb/html/2024-01/29/nw. D110000gmrb_20240129_2-15. htm.

指挥家，首席演奏家，分司弦乐、管乐或打击乐的乐手，彼此分工合作，将凝固于乐谱的音符活化为流淌于乐器的音乐。《论语·八佾》有载：“子语鲁大师乐，曰：‘乐其可知也：始作，翕如也；从之，纯如也，皦如也，绎如也，以成。’”孔子自然未闻后世西洋交响之乐，不过，他所体悟的乐理似乎也适用于交响乐。始作，金声；玉振，以成；金声玉振，始条理而终条理。这个从始至终、贯穿于乐之作的“条理”不是乐手，不是首席演奏家，不是指挥家，而是音乐本身。乐团分享一份共同的乐谱（尽管有总分之别），将乐谱演奏成优美的音乐就是乐团的共同理想。音乐之于乐团，一如社会理想之于社会。

社会理想之所以能够为社会发展提供精神动力，离不开人作为主体所具有的人性能力。人性能力是人在认识世界和改变世界的过程中加以运用及发展的诸种能力。这一概念兼有认识论、本体论与价值论的意义。人性能力首先表现为理性能力。从人禽之辨的角度看，正是理性将人与动物区分开来。古希腊先哲认为，人是理性的动物；中国近代哲学家王国维也说，“惟理性之能力，为动物之所无而人类之所独有”。理性帮助我们构造概念，从而理解世界的条理与秩序。除了理性力量之外，人性能力还包括欲望、情感、意志、想象、直觉等，而这些人性能力在运用之际往往也有理性贯注其中。比如，就社会理想而言，除了运用理性能力以形成抽象概念之外，我们还需要运用想象力赋予其意象，从而将其具体化为可感的存在。真正的社会理想，不仅是一个有意义的真概念，而且还是一个有意象、有意味的真观念，包含着感性与理性的统一，也内蕴着情感、意欲、信念等复杂因素。

从观念的角度看，一个观念被社会中的个体广泛接受并成为社会理想，其前提为这个观念必须是一个真观念。何谓真观念？观念之真，至少包含四重含义，即真确不假、真诚不伪、真善不恶、真实不虚。其一，真确不假：真观念乃实事求是的积极成果，来自现实（合乎“实事”），反映了人类社会与自然界运行之道（得其“是”），凝结着人们的真理性认识。其二，真诚不伪：“我”不仅客观地知道观念内容，而且对它有一种真诚的信念，“我”与观念之间从认知式的外在关系转化为信念式的内在关系。其三，真善不恶：由于在认识过程中认知和评价不可分割，真理性认识在反映事实秩序的同时，往往也反映了事物与人的需要之间的关系。如冯契所言：“真理性认识符合人们的利益，合乎人性的发展，它便不是光溜溜的‘真’，而且同时是好的、美的，于是‘真’成为价值范畴。”作为价值范畴的“真”意味着真善不恶，合乎人性发展的要求，符合人们向往美好生活的根本利益。其四，真实不虚：“我”在观念之中投入情感，贯注情意，观念也就成为鼓舞“我”行动的活生生的力量。因其真确不假、真诚不伪、真善不恶与真实不虚，观念能够称体起用，以得自现实之道还治现实。一方面，观念从解释世界走向了改变世界与成就世界（成物）；另一方面，观念在改变世界与成就世界的同时改变并成就作为观念主体的“我”（成己）。“我”将观念形态中的理想化为现实，在现实中打上“我”的烙印，确证“我”的本质力量，同时也提升了自己的能力，锻炼了自己的性情，即通过践行社会理想获得人的自由全面发展。

三

历史地看，社会理想的“力”根源于历史发展之“势”，正所谓有“势”方有“力”也。在中国的轴心时代，诸子百家都提出了自己的社会理想。如孔孟向往三代之治，倡导一种以王道仁政为要旨的社会理想。老庄认为正是倡导仁义导致了人的异化，只有回返到“小国寡民”甚至“同与禽兽居”才能实现人的本真状态，如此方是大仁、上德，这实际上提出了一种看似反文明的社会理想。自19世纪中叶以来，古今巨变（从传统走向现代），中国文明面临前所未有的挑战。“古今中西之争”成为时代的大主题。该争论的焦点首先是“中国向何处去”。传统的社会理想已不敷应对时变，必须加以创造性转化和创新性发展。如康有为在进化论的基调上对大同理想进行改造，而李大钊则把大同理想置于唯物史观的基石之上，倡导“个性解放”和“大同团结”统一、社会主义和人道主义统一的社会理想。当前，世界面临百年未有之大变局，人类文明整体面临前所未有的挑战。此时，“中国向何处去”的问题和“世界向何处去”的问题前所未有地紧密关联在一起。一方面，我们不能关起门来思考中国问题，而是必须在世界之中、在中国与世界的密切关联之中思考中国问题；另一方面，中国问题的解答将对世界产生深刻的影响。在此形势之下，我们必须担负起新时代新的文化使命，那就是“继续推动文化繁荣、建设文化强国、建设中华民族现代文明”。中华民族现代文明代表了人类历史上一种崭新的文化生命体，“古今中西”各种要素在其中氤氲化醇。中华民族现代文明之建设、人类文明新形态之创造乃是历史大势和时代脉搏。如此这般的“势”必将召唤人们为实现共产主义远大理想和中国特色社会主义共同理想而接续奋斗。

三、实践项目

| 项目一 |

大学生理想情况调查

（一）调查目的

了解当今大学生理想信念的现状及部分大学生理想信念缺失的原因，找到帮助大学生树立科学理想信念的方法。

（二）调查对象

在校大学生

（三）活动方案

时间：4 学时
地点：校园
方式：调查分析
流程：

（1）将调查问卷复印 100 份，将所在班级同学分为 10 组，每组完成调查问卷 10 份，调查对象不限本班同学，尽量做到男女比例均衡。

（2）调查采取无记名的方式进行，要求选出同意的选项。

（3）调查完成后收齐问卷，并对 10 个小组的数据进行汇总。

（4）将调查情况写成调查报告，上交任课教师。

【附】调查问卷

1. 对象

性别（男　女）　　　　政治面貌（党员　　团员　　群众）

出生年月：　　　　　　宗教信仰（有无）　居住地（城市农村）

所学专业：

2. 问卷

（1）您对大学生应该用马克思列宁主义、毛泽东思想、邓小平理论、“三个代表”重要思想、科学发展观、习近平新时代中国特色社会主义思想武装头脑，确立献身建设中国特色社会主义事业的政治方向的看法是（　　）。

A. 赞同　　　　B. 基本赞同　　　　C. 不赞同　　　　D. 难以判断

（2）您如何看待马克思列宁主义、毛泽东思想、邓小平理论、“三个代表”重要思想、科学发展观、习近平新时代中国特色社会主义思想？（　　）

A. 既要坚持，又要发展

B. 有的已经过时，不能再作为指导思想

C. 仅是一门科学，属于意识形态范畴，谁也无权独尊

D. 不好说

（3）实现共产主义最高理想在您看来（　　）。

A. 遥不可及　　　B. 终会实现　　　C. 很快就能实现　　　D. 说不清楚

（4）您申请加入中国共产党的主要动机是（　　）。

A. 信仰共产主义

B. 为他人和社会多做贡献

C. 能够更好地发挥自己的社会作用并早日成才

D. 方便以后找工作

E. 周围要求入党的人比较多，自己不要求不好

（5）您的理想信念是建立在什么基础之上的？（　　）

A. 为了满足个人兴趣，实现个人的价值

B. 为了家庭

C. 为了促进社会的发展

D. 为了祖国的繁荣富强

（6）您觉得成功的标准是什么？（　　）

A. 赢得他人和社会的尊重　　　　B. 拥有足够的财富

C. 获得权力　　　　　　　　　　D. 平凡就算成功

（7）对您思想和价值观形成影响最大的人是（　　）。

A. 父母或抚养人　　　　　　　　B. 老师

C. 朋友或同学　　　　　　　　　D. 兄弟姐妹

E. 名人伟人　　　　　　　　　　F. 其他

（8）毕业求职时您最看重的是（　　）。

A. 薪资福利　　B. 个人兴趣爱好

C. 个人发展前景　　D. 工作的挑战性

E. 离家近　　F. 沿海城市或发达地区

G. 其他

（9）您上大学的目的是（　　）。

A. 获得更多的知识和能力　　B. 获得学历文凭

C. 改变生活环境，提高社会地位　　D. 谋求一份稳定并且收入高的工作

（10）您最想在大学四年里得到什么？（　　）

A. 过硬的专业知识

B. 良好的社会活动能力

C. 无所谓，重要的是感受大学的气氛

D. 多一种人生的历练

（11）在学习上，您花费时间最多的是（　　）。

A. 外语　　B. 本专业　　C. 旁听外系课

D. 泡图书馆　　E. 几乎不学习

（12）您认为周围大多数同学的兴趣在于（　　）。

A. 钻研专业知识　　B. 读课外但对自己有用的书籍

C. 关心社会问题　　D. 如何按社会需求设计自己

E. 玩乐　　F. 其他

（13）您怎样看待大学生“傍大款”现象？（　　）

A. 很正常，每个人追求不同　　B. 反对，不可以为了金钱放弃一切

C. 无所谓，反正自己不会这么做　　D. 赞成，有机会自己也会这么做

（14）您认为目前大多数大学生的理想信念是（　　）。

A. 利己主义　　B. 功利主义

C. 为国家做贡献　　D. 主观为自己，客观为别人

（15）您认为理想信念对您的生活有何影响？（　　）

A. 动力和目标　　B. 压力　　C. 影响较小　　D. 基本无影响

（16）您现在的生活状态是（　　）。

A. 有明确计划，并能付诸行动　　B. 有计划，但执行力弱

C. 无计划，想干什么就干什么　　D. 无所事事

（17）您认为可能会影响您追求理想的因素有哪些？从大到小为（　　）（排序题）

A. 个人能力有限　　B. 碰壁，路途坎坷，总感到不顺心

C. 自己有能力却没有遇到好机遇　　D. 学历的高低

E. 人际关系处理问题　　F. 父母及其他人不赞同

G. 私人情感问题严重影响

项目二

经典研读

（一）实践目标

《论语》是我国古代儒家学派经典之一，是中华传统文化的重要组成部分。通过阅读《论语》，汲取中华优秀传统文化的养分和智慧，培养对我国传统文化的认同和理解，不断提升思想修养，涵养优秀品格。

（二）实践方案

（1）学习委员做好准备工作，收集《论语》电子版本，根据教师指定的阅读书目，给每位学生拟定合理的诵读篇目。

（2）学习委员配合教师完成任务发放；任课教师在课堂上阐述活动时间及活动要求。

（3）学生在精读《论语》部分章节的基础上，以小组（不超过 10 人）为单位，组织一次《论语》研读会。研读会分为主讲、研讨、小结三个部分，组员分工承担不同任务，组长做好研读会记录及视频留存工作。老师将根据组员在小组中的表现评分，并在课堂上或 QQ 群中分享研读会视频。要求学生按照时间节点上交诵读任务。

（4）将学生诵读任务推送至学院网站，投票选出“最佳诵读者”。

（5）颁奖（课堂上）。

第三章　继承优良传统　弘扬中国精神

一、案例精选

勇攀科技高峰的“追光者”——科学家精神背后的故事①

“物有甘苦，尝之者识；道有夷险，履之者知。”

在中华民族伟大复兴的征程上，一代又一代科学家心系祖国和人民，不畏艰难，无私奉献，为科学技术进步、人民生活改善、中华民族发展作出了重大贡献。从“两弹一星”到载人航天，从“天眼”问天到万米深潜……一项项举世瞩目的科技成就，不断书写着我国科技自立自强的恢弘（宏）篇章。

在一代代科技工作者的接续奋斗中，以“爱国、创新、求实、奉献、协同、育人”为内涵的科学家精神得以涵育发展、发扬光大。这一精神，是伟大建党精神的时代观照，是大德、公德、品德在科技界的生动写照，正在全社会汇聚起正能量、振奋起精气神，助力科学的种子撒向更广阔的祖国大地。

爱国情重　矢志奉献

爱国是科学家精神之魂，奉献是科学家的宝贵品质。爱国奉献从来都不是冰冷的文字和空洞的口号，而是刻在骨子里的信仰和融入血脉中的担当。百余年来，科技工作者把深厚的爱国情怀融入科技兴国的理想信念中，谱写出一曲曲直抵人心的动人乐章。

师昌绪是我国著名材料科学家、战略科学家。1948 年，28 岁的师昌绪远赴重洋，来到美国，学习真空冶金技术。面对来之不易的留学机会，好学的他仅用 9 个月时间就获得了硕士学位，而后又用不到两年半时间以全 A 的成绩获得博士学位。此时，新中国刚刚成立，百废待兴，身在大洋彼岸的师昌绪热切地渴盼投身祖国建设的滚滚洪流中。他说：“人生观定了以后，它就永远不会变。我的人生观就是要使祖国强大。”然而，朝鲜战争的爆发打乱了师昌绪的回国计划，他本人也因研究成绩斐然而成为美国明令禁止离境的 35 名中国留学生之一。

“八载隔洋同对月，一心挫霸誓归国。”1955 年 6 月，在与美国当局周旋抗争了整整 3 年后，师昌绪终于冲破重重阻挠，回到祖国的怀抱，服从分配进入中国科学院金属研究所工作。来到新的工作岗位后，面对祖国建设需要，师昌绪二话没说，便将自己的研究领域由原来的物理冶金转向炼铁、炼钢和轧钢技术研究。1964 年寒冬的一个深夜，时任航空研究院副总工程师的荣科敲开了师昌绪家的大门，提出希望由他来担纲飞机空心涡轮叶片的研发任务。在一无专家、二无资料的情况下，师昌绪毫不犹豫接下了这块“硬骨头”。他说：“我心中没底，但是我知道有答案。答案就是美国做成了，我们一定能做成！”

在师昌绪的带领下，课题组全体同志横下一颗心，吃住在实验室，仅用一年时间就攻克

① 资料来源：中国科协宣传文化部. 勇攀科技高峰的“追光者”：科学家精神背后的故事. 党建，2024（01）：65-67.

了造型、脱芯、合金质量控制等一系列技术难关。1966 年 12 月，由我国自主研制的第一片铸造九孔空心涡轮叶片装机试车成功，“战鹰”终于换上了新“心脏”。1975 年，空心涡轮叶片的生产基地由辽宁转移到贵州。此时，年近六旬的师昌绪主动请缨，要求带队赴贵州协助生产。在大山深处，他同技术人员吃在一起，干在一处，住最简易的招待所，吃变质的大米，喝未经消毒的河水，手把手向工人传授知识技能，大大提高了该厂生产空心涡轮叶片的合格率，助力几百架军机翱翔蓝天。

2014 年，师昌绪的心脏停止了跳动，也是在这一年，他被评为“感动中国年度人物”。2015 年初，当“感动中国”节目组将这座“迟到”的奖杯送到师昌绪夫人手中时，老人眼含热泪，话语铿锵：“师昌绪是一个不太起眼的人，不过他有一颗报国的心，他是尽了他的能力。我相信，每个人能力虽然有大小，但只要踏实工作，又能兢兢业业地做好自己的事情，将来都能感动中国！”

严谨求实　探索创新

科学研究严肃且庄重，在探索未知的过程中，科技工作者既要有严谨严格的作风，又要有敢想敢干的精神。严谨求实、探索创新，是一代代科学家的坚守与坚持。

科技强国一直被地球物理学家黄大年视作自己的使命。1992 年，品学兼优、科研能力突出的他被选送至英国利兹大学攻读博士学位。在英国，他潜心学习地球物理学前沿科学技术，一步步成长为世界航空地球物理研究领域的“领头羊”。

2009 年 12 月，经过几番思考，黄大年毅然放弃剑桥之畔处于巅峰的事业，回到长春，只为赴一个与祖国的约定：“我是国家培养出来的，是从东北这块黑土地走出去的，吉林大学是我梦开始的地方，我就一定会回到这里！”

2010 年，科技部一个航空重力梯度仪项目找上了刚刚归国的黄大年。航空重力梯度仪，形象地说，就是给飞机、舰船、卫星等移动平台安装上“千里眼”，以“看穿”地下每一个角落。这一技术不仅可以民用，进行深层能源的分布探测，更关乎国土安全，能让潜伏在深海的目标无处遁形。

“这是关系国家战略安全的重大研究，我愿意做。”黄大年二话不说，便挑起重担。

在外国长期对华技术封锁的情况下，中国想要在这一领域取得突破非常艰难。黄大年跑遍了与航空重力梯度仪研究相关的所有科研院所摸“家底儿”，然后便把自己关进办公室。

在黄大年日复一日、年复一年的执着探索下，我国深部探测关键仪器装备研制与实验取得突破性进展。近年来，航空重力梯度仪系统在探明国外深海大型油田、盆地边缘大型油气田等成功实验中，发挥了至关重要的作用，成为“颠覆性”技术推动行业发展的典范。2016 年，在由多位院士专家组成的验收会上，黄大年团队的研究成果入选国家科技创新成就展。

1988 年，黄大年在入党志愿书中写道：若能做一朵小小的浪花奔腾，呼啸加入献身者的滚滚洪流中推动历史向前发展，我觉得这才是一生中最值得骄傲和自豪的事情。归国 7 年，黄大年像陀螺般不知疲倦地旋转，常常忘了睡觉、忘了吃饭。2016 年 11 月 29 日凌晨，黄大年晕倒在出差途中，经查，已是胆管癌晚期……

2018 年 5 月，“黄大年创新实验班”授牌仪式在吉林大学举行。仪式上，“黄大年班”的学生将右手高高举起、紧紧握住，庄严宣誓道：“振兴中华，乃我辈之责。我们要沿着黄老师的足迹奋勇前行，黄大年精神将永存心间！”

薪火相传　集智攻关

科学事业是接力事业，要靠一代代科技工作者接续奋斗。现代科技迅猛发展，各学科交叉融合是必然趋势，单丝不成线，只有集智攻关才能形成强大合力。在实现中华民族伟大复兴的征程上，广大科技工作者肩负识才育才、推动合作的光荣使命，为科技发展、人才成长铺路搭桥、鞠躬尽瘁。

1930年的一天，清华大学数学系主任熊庆来坐在办公室里读《科学》杂志，一篇名为《苏家驹之代数的五次方程式解法不能成立之理由》的论文深深地吸引了他。作者在文中指出了苏家驹——一名大学教授，在代数运算中的错误。文章极具才华，但作者却是一个陌生的名字。熊庆来很纳闷，下意识地问道："这个华罗庚是哪国留学生？"周围的人摇摇头。"他是在哪个大学教书的？"大家又面面相觑。所谓"无巧不成书"，此时，恰好有一位江苏籍的教员在场，他想起自己弟弟有一个同学名叫华罗庚，就回答道："这个华罗庚哪里教过什么大学？他只念过初中，听说在金坛中学当事务员。"熊庆来听后惊奇不已：一个初中毕业生，竟能写出如此高深的数学论文，必是奇才。他当即作出决定，把华罗庚请到清华大学来。从此，华罗庚就成为清华大学数学系助理员。在这里，他如鱼得水，每天游弋在数学的海洋里，只给自己留下五六个小时的睡眠时间。功夫不负有心人，凭借着超出常人的毅力与坚持，华罗庚在数学领域取得举世瞩目的巨大成就，成为卓越的"人民数学家"。

在一代代科技工作者伟大育人精神的感召和指引下，我国的科研队伍持续壮大、人才辈出，我国的科技事业繁荣发展、成绩斐然。

党的十八大以来，习近平总书记高度重视科技发展、关心科技工作者，围绕推进科技创新、建设世界科技强国，对科技工作者寄予厚望。近年来，广大科技工作者牢记习近平总书记的殷殷嘱托，以国之昌盛、民之福祉为己任，立足岗位，拼搏奋进，助力今日之中国信息畅通、高铁飞驰、"神舟"飞天、"嫦娥"探月、"蛟龙"入水、"天河"运转……处处释放着科技发展的无限生机和澎湃动力。新时代新征程上，广大科技工作者要继续肩负起党和人民的重托，满怀信心，迎难而上，为实现高水平科技自立自强贡献智慧和力量！

案例研讨： 是什么样的力量让这些科学家成为勇攀科技高峰的追光者？

二、阅读拓展

红色文化为百年辉煌铸魂[①]（节选）

"历史是最好的教科书，也是最好的清醒剂"。在全国两会上，习近平总书记大力号召全体党员，从"四史"的学习中"坚定理想信念、筑牢初心使命，不断增强斗争精神、提高斗争本领，做到在复杂形势面前不迷航、在艰巨斗争面前不退缩"。

① 资料来源：常晶. 红色文化为百年辉煌铸魂. (2021-03-22)[2024-04-10]. http: //zqb. cyol. com/html/2021-03/22/nw. D110000zgqnb_20210322_1-06. htm.

红色文化是革命基因和民族复兴的精神坐标

红色历史之所以被铭记，是因为它作为一种穿越时空的真理的力量、精神的力量早已融入共产党人的血脉和基因。红色历史发端于近现代中国人民捍卫民族独立和人民解放的崇高追求之中。在新民主主义革命时期，任凭帝国主义对中国的疯狂蹂躏，任凭白色恐怖政权对革命先烈的残酷杀害，都没有阻挡住中国人民彻底打败帝国主义，推翻国民党反动统治，成立新中国的坚强决心。在社会主义革命与建设时期，面对一个底子薄、基础差的农业大国，中国共产党人依靠独立自主、自力更生，艰苦创业的精神完成了中华民族有史以来最为广泛而深刻的社会变革。在改革开放的建设时期，我们以解放思想、实事求是的科学态度和继往开来的政治勇气吹响了改革开放的号角，确立了中国特色社会主义制度，迎来了中国人民从站起来到富起来、强起来的伟大飞跃。进入新时代，站在百年未有之大变局和中华民族伟大复兴的历史交汇点，中国共产党人以开拓创新，奋发有为、锐意进取的新时代风貌创造了让世界瞩目让人民满意的辉煌成就。

一路走来，党带领人民历经沧桑而百折不挠，风雨兼程却临危不惧。这就是伟大的革命精神赋予我们的强大动力。“人无精神则不立，国无精神则不强。精神是一个民族赖以长久生存的灵魂，唯有精神上达到一定的高度，这个民族才能在历史的洪流中屹立不倒、奋勇向前。”伟大的事业需要伟大的精神支撑。无论是革命战争年代的红船精神、井冈山精神、长征精神、延安精神，抑或是社会主义建设时期的“两弹一星”精神、大庆精神、红旗渠精神、雷锋精神，还是改革开放与新时代的抗震救灾精神、奥运精神、载人航天精神、抗疫精神等早已熔铸为共产党人红色文化的根与魂，成为激励一代代共产党人砥砺奋进的信仰之基、精神之钙、思想之舵。

红色文化蕴含丰富的精神内涵

知史爱党，知史爱国，因为党史中饱含着共产党人坚贞不屈、荡气长存的红色文化，无时无刻不在激励着共产党人不懈奋斗。红色文化彰显着中国共产党把马克思主义基本原理与中国实践相结合、把共产主义远大理想与中国基本国情相融合而生成与发展的历史逻辑、理论逻辑与精神丰碑。它诠释了中国共产党人崇高的理想追求、鲜明的人民立场、先进的政治品格，蕴含着丰富的精神理念和厚重的历史文化内核。

理想信念的坚定笃行是红色文化蕴含的立党之本、兴党之基、强党之要。“志不立，天下无可成之事。”“中国共产党之所以叫共产党，就是因为从成立之日起我们党就把共产主义确立为远大理想。我们党之所以能够经受一次次挫折而又一次次奋起，归根到底是因为我们党有远大理想和崇高追求。”革命理想高于天。从闪烁着星星之火的红船精神到艰苦卓绝的井冈山精神，从历尽千难万险的长征精神到艰苦奋斗的延安精神。从独立自主的“两弹一星”精神到万众一心的抗震救灾精神，一以贯之的都是中国共产党对马克思主义的信仰，对共产主义理想的不懈追求。

忠诚为民的质朴情怀是红色文化的政治立场。人民是我们的力量之源、执政之基。共产党人始终与人民血脉相连、生死与共。在淮海战役战场上，500多万人民群众用小推车充当了解放军的坚强后盾，从根本上扭转了敌我力量悬殊的局面。在沂蒙解放区，32位沂蒙妇女用自己单薄的身躯架起了“女子火线桥”，筑牢了解放军前进的桥梁。在长征途中，“半条被子的温暖”让我们难以忘记共产党人和老百姓同甘共苦、血脉相通、生死与共的鱼水深情。习近平总书记深刻地指出，“同人民风雨同舟、血脉相通、生死与共，是中国共产党和红军取得长征胜利的根本保证，也是我们战胜一切困难和风险的根本保证”。这些感人至深的情怀绵延至今，充分说明立党为公、执政为民的执政理念早已深深植入了红色文化当中。

不忘初心，方得始终。中国共产党从诞生之日起，就把为中国人民谋幸福、为中华民族谋复兴牢牢地镌刻为自己的初心和使命。在今天中国进入社会主义新时代，我们始终坚持一切为了人民、一切依靠人民、让全体人民共享改革发展成果的发展理念，全心全意带领人民脱贫致富、不惜一切代价地维护人民的生命安全和身体健康，紧紧抓住人民最关心最直接最现实的利益问题，千方百计地让人民过上好日子。人民至上，以人民为中心永远是我们的使命担当与政治品格。

爱国主义的崇高品德是红色文化的灵魂与旗帜。“天下兴亡、匹夫有责”。爱国主义是我们民族赖以存在、发展的精神支柱。在革命战争年代，为了心中那面鲜艳的五星红旗，无数革命先烈舍生忘死、前仆后继，用井冈山精神、长征精神书写了气壮山河的篇章，因为它承载着每个中国人民族解放的梦想。在建设年代，爱国主义蕴含着民族强盛的期待，大庆精神、红旗渠精神、雷锋精神鼓舞着中华儿女不畏艰难、勇于奉献，敢于攀登。在新时代，爱国主义是中华民族实现伟大复兴的精神动力，它犹如一条精神纽带，让 14 亿中国人民像石榴籽一样紧紧地团结在一起，爆发出令世界瞩目的中国速度与中国效率，推动着中国这艘巨轮向世界舞台中央日益接近。不管时间、空间如何转换，中华民族爱国主义的情感永不褪色。它永远是中华儿女心中最深层的精神底蕴，最根本、最永恒的情感积淀。

艰苦奋斗的精神品格是红色文化的鲜明底色。“天行健，君子以自强不息”。作为中华民族精神的精粹，自强不息凝练了中华民族几千年的历史基因，阐释了中华民族生生不息的精神活力，鼓舞着一代代中国人发愤图强、刚毅坚卓。在建党百年的艰辛历程中，我们党从一个只有几十人的小党发展壮大为拥有 9 100 多万（名）党员的世界大党。“为什么我们党在那么弱小的情况下能够逐步发展壮大起来，在腥风血雨中能够一次次绝境重生，在攻坚克难中能够不断从胜利走向胜利”，根本原因就是我们拥有不怕困难、艰苦奋斗的精神法宝。

在大革命失败以后，国民党反动派对红军发起了猖獗的军事围剿和文化围剿，但是以毛泽东为代表的中国共产党人历经磨难，成功开辟了井冈山革命根据地。依靠艰苦奋斗的井冈山精神，红军战士“红米饭，南瓜汤，挖野菜也当粮，餐餐吃得精打光。”在根据地内物资匮乏、生活极其困难的条件下，粉碎了反动派的无数次进攻。在延安时期，共产党人形成了密切联系群众、谦虚谨慎、艰苦奋斗的延安作风，打败了国民党假公行私、贪污舞弊、奢侈腐败的西安作风。20 世纪 60 年代初期，在国内人民生活困苦、国际帝国主义的断交封锁等异常艰难的条件下，我国自主研发的第一颗原子弹、氢弹爆炸成功。在新时代，我们仍然坚持艰难困苦、玉汝于成的精神，奋力走好新时代的长征路。

从井冈山精神、延安精神、“两弹一星”精神、北大荒精神、载人航天精神等精神谱系中，我们看到了艰苦奋斗精神更加广泛的时代内涵。它不仅折射出共产党人革命时期不畏艰难、敢于斗争的精神品格，也意味着建设与改革时期艰苦朴素、力戒奢靡的生活作风。邓小平同志说过：“我们的国家越发展，越要抓艰苦创业。”因为艰苦奋斗不仅饱含着共产党人沧桑的历史基因，而且意味着在新时代的长征路上作为共产党员对抵御安逸环境的一种高度的清醒和自觉。

三、实践项目

项目一

实地探访——参观爱国主义教育基地

（一）实践目标

通过参观爱国主义教育基地（就近选择），引导学生感受革命烈士的革命激情和爱国情怀，学习他们的革命精神，增强民族自尊心和自豪感，努力做到立报国之志，增建国之才，践爱国之行。通过参访实践活动，培育大学生的爱国意识，激发他们的爱国热情，激励大学生珍惜今天的幸福生活，用自己的实际行动表达对祖国的热爱之情。

（二）实践方案

1. 将各班分成几个小组，每组成员自由组合（6～8 人），任课教师通过课堂讲解前期准备以及参观途中需要注意的事项，并提前布置好参观后需要完成的作业。

2. 每组指定一名小组长，负责该小组参观时间、地点和具体流程的策划及后期作业收集工作。

3. 参观前任课教师召开实践活动小组长会议，要求各小组组长负责此次参观活动的组织、纪律、安全等问题，保证实践活动的顺利开展。

4. 各小组组长在和组员充分沟通的前提下，提前一周设计出参观路线、参观内容，并提交任课教师审阅。

5. 任课教师考查学生设计的参观路线是否合理，安全措施是否到位，参观内容是否科学，提出相应整改方案。

6. 学生根据任课教师的整改意见，对相关内容进行商讨并做出相应整改。

7. 学生按照计划进行参观，要求在参观过程中将有意义的瞬间拍照留存。任课教师可以根据具体情况决定是否进行现场指导。

8. 各组学生在完成参观后，由其所在小组的小组长召集开会，进行讨论与总结。

9. 每名学生在参观结束后，完成参观报告一篇，并以小组为单位提交参观微视频，要求小组所有成员出镜，讲述参观的内容以及参观时最真挚的感受和感悟。

项目二

大学生理性爱国调查

（一）调查目的

了解大学生爱国现状，指导大学生科学理性爱国。

（二）调查对象

在校大学生

（三）活动方案

时间：4 学时
地点：校园
方式：调查分析
流程：

（1）将调查问卷复印 100 份，将所在班级同学分为 10 组，每组完成调查问卷 10 份，调查对象不限本班同学，尽量做到男女比例均衡。

（2）调查采取无记名的方式进行，要求选出同意的选项。

（3）调查完成后收齐问卷，并对 10 个小组的数据进行汇总。

（4）将调查情况写成调查报告，上交任课教师。

【附】问卷调查

写在前面：

几年前，中日、中越、中菲领土纷争不断，那时，我们感受到了同学们的热情、对祖国深沉的热爱，但也出现了打砸日系车、殴打外国人等不理智行为。当前，了解大学生的爱国情况，大学生是否理性爱国有着重要意义。请同学们把内心真实的想法反馈给我们，谢谢大家！

（1）您怎么看待中国政府的外交表现？（　　）

A. 完全是软弱，一切解释都是找借口

B. 当前中国经济发展重要，怎能有军事对抗？

C. 相比以前，中国对外正一步步强硬，应该多理解

D. 大国风范！为大局着想

（2）您如何看待之前一些人打砸日系车的行为？（　　）

A. 爱国行为，超赞　　B. 知道是非理性行为，但会这样做

C. 爱国时的非理性表现，不认同　　D. 心里超爽，大快人心

（3）对于日本修改教科书、篡改历史行为，应当如何最有效反制？（　　）

A. 政治警告　　B. 抵制日货

C. 在内心对日本人抱有敌意　　D. 揭露其无耻行径，积极开展爱国主义教育

（4）中日、中菲、中越、中印均存在领土纠纷，一旦他国非法占据我国领土，您认为中国该如何做？（　　）（多选）

A. 不惜一切使用武力，中国要强硬起来　B. 继续谈判解决

C. 强烈抗议示威，表达自己的不满　　D. 武力解决耗时耗力伤民，故暂不理会

E. 联合多国，寻求国际支持

（5）作为大学生，您认为我们怎样才算理性的爱国行为？（　　）

A. 努力学习，报效祖国　　B. 游行示威，宣示主权

C. 抵制外货，经济施压　　D. 切实行动，搜集证据

（6）您认为大学生非理性爱国的根源是（　　）。

A. 年轻人容易冲动的热血个性　　B. 自身品德修养不足

C. 当前社会上过激的不正常的爱国氛围　　D. 对如何正确表达爱国诉求认识不够

（7）如果祖国遭到侵略，要求大学生分专业去前线支援作战。您会（　　）。

A. 国难当头，不惜代价，毅然前去　　B. 理解国家有难，但个人生命要紧，无奈不去

C. 国家作战有军队呢，不去　　D. 死人的事，“爱国”说说就好，我不去

第四章　明确价值要求　践行价值准则

一、案例精选

价值观自信是“最硬”的软实力[①](节选)

价值观自信关系到能否保持民族精神的独立性，是应对多元价值侵袭、重建当代价值体系的基本依靠。每个国家，现代化是相似的，却各有各的现代性。中国的现代化貌似“很西方”，实际上却“非常中国”。国与国的不同，关键不在于“硬件”，而在于“软件”，即价值观念和民族精神。习近平总书记指出：“我们生而为中国人，最根本的是我们有中国人的独特精神世界，有百姓日用而不觉的价值观。”一个缺乏价值自信的民族，必将失去“精神自我”，难以自立于世界民族之林。作为一个生长于 5 000 多年文明沃土上的古老国度，中国不能成为一个物质崛起、精神塌陷的“跛脚国家”，更不能成为失去精神追求甚至是依附于西方的附庸国家。

价值观自信关系到能否凝聚起全国人民的目标和意志。实现“两个一百年”奋斗目标和中华民族伟大复兴的中国梦，靠什么来凝聚起亿万人民的力量，归根结底靠共同的价值信仰和价值追求。习近平总书记说：社会主义核心价值观关涉到我们要建设什么样的国家、建设什么样的社会、培育什么样的公民的重大问题。一个民族、一个国家，必须知道自己是谁，是从哪里来的，要到哪里去，想明白了、想对了，才能坚定不移地朝着正确方向前进。社会主义核心价值观从国家、社会和个人层面宣示了当代中国的奋斗目标和前进方向，凝聚了 13 亿多中国人的价值共识。价值观自信是当代中国最强的“黏合剂”，亿万中华儿女的共同信仰足以撑起整个民族的共同精神家园，足以筑起无坚不摧的思想长城，足以汇聚起中华民族伟大复兴的磅礴力量。

价值观自信关系到能否冲破西方价值观的重重围堵。中国以完全不同于西方国家的方式成功崛起，这是西方国家无法接受的。西方国家在经济围堵、军事恫吓、政治孤立无法见效或收效不大的情况下，价值观围剿成为当下制约中国的主要手法。从“文明冲突论”到“价值观外交”，从“民主和平论”到“普世价值论”，无不体现这一倾向。如何应对国际价值冲突，这是当代中国必须直面并回答的问题。社会主义核心价值观是中国形象的“权威版本”，是中国道路的“身份密码”，是中国自立于世的“文化名片”，是“解码中国”的基本依据。“三个倡导”24 个字，超越了资本主义“自由、民主、人权”的价值诉求，实现了对资本主义核心价值观的扬弃，标志着社会主义中国已经站在了道义的制高点、价值观的制高点上。

案例研讨： 中华民族如何做到价值观自信？

① 资料来源：陈曙光. 价值观自信是“最硬”的软实力. (2016-02-16)[2024-05-23]. http://theory. people. com. cn/n1/2016/0216/c40531-28128216. html.

二、阅读拓展

青年要自觉践行社会主义核心价值观

——习近平在北京大学师生座谈会上的讲话①（节选）

同学们、老师们！

大学是一个研究学问、探索真理的地方，借此机会，我想就社会主义核心价值观问题，同各位同学和老师交流交流想法。

我想讲这个问题，是从弘扬五四精神联想到的。五四精神体现了中国人民和中华民族近代以来追求的先进价值观。爱国、进步、民主、科学，都是我们今天依然应该坚守和践行的核心价值，不仅广大青年要坚守和践行，全社会都要坚守和践行。

人类社会发展的历史表明，对一个民族、一个国家来说，最持久、最深层的力量是全社会共同认可的核心价值观。核心价值观，承载着一个民族、一个国家的精神追求，体现着一个社会评判是非曲直的价值标准。

古人说："大学之道，在明明德，在亲民，在止于至善。"核心价值观，其实就是一种德，既是个人的德，也是一种大德，就是国家的德、社会的德。国无德不兴，人无德不立。如果一个民族、一个国家没有共同的核心价值观，莫衷一是，行无依归，那这个民族、这个国家就无法前进。这样的情形，在我国历史上，在当今世界上，都屡见不鲜。

我国是一个有着13亿多人口、56个民族的大国，确立反映全国各族人民共同认同的价值观"最大公约数"，使全体人民同心同德、团结奋进，关乎国家前途命运，关乎人民幸福安康。

每个时代都有每个时代的精神，每个时代都有每个时代的价值观念。国有四维，礼义廉耻，"四维不张，国乃灭亡"。这是中国先人对当时核心价值观的认识。在当代中国，我们的民族、我们的国家应该坚守什么样的核心价值观？这个问题，是一个理论问题，也是一个实践问题。经过反复征求意见，综合各方面认识，我们提出要倡导富强、民主、文明、和谐，倡导自由、平等、公正、法治，倡导爱国、敬业、诚信、友善，积极培育和践行社会主义核心价值观。富强、民主、文明、和谐是国家层面的价值要求，自由、平等、公正、法治是社会层面的价值要求，爱国、敬业、诚信、友善是公民层面的价值要求。这个概括，实际上回答了我们要建设什么样的国家、建设什么样的社会、培育什么样的公民的重大问题。

中国古代历来讲格物致知、诚意正心、修身齐家、治国平天下。从某种角度看，格物致知、诚意正心、修身是个人层面的要求，齐家是社会层面的要求，治国平天下是国家层面的要求。我们提出的社会主义核心价值观，把涉及国家、社会、公民的价值要求融为一体，既体现了社会主义本质要求，继承了中华优秀传统文化，也吸收了世界文明有益成果，体现了时代精神。

富强、民主、文明、和谐，自由、平等、公正、法治，爱国、敬业、诚信、友善，传承着中国优秀传统文化的基因，寄托着近代以来中国人民上下求索、历经千辛万苦确立的理想和信念，也承载着我们每个人的美好愿景。我们要在全社会牢固树立社会主义核心价值观，全体人民一起努力，通过持之以恒的奋斗，把我们的国家建设得更加富强、更加民主、更加

① 资料来源：习近平. 青年要自觉践行社会主义核心价值观：在北京大学师生座谈会上的讲话. (2014-05-05)[2024-06-18]. http://www.xinhuanet.com/politics/2014-05/05/c_1110528066.htm.

文明、更加和谐、更加美丽，让中华民族以更加自信、更加自强的姿态屹立于世界民族之林。

建设富强民主文明和谐的社会主义现代化国家，实现中华民族伟大复兴，是鸦片战争以来中国人民最伟大的梦想，是中华民族的最高利益和根本利益。今天，我们13亿多人的一切奋斗归根到底都是为了实现这一伟大目标。中国曾经是世界上的经济强国，后来在世界工业革命如火如荼、人类社会发生深刻变革的时期，中国丧失了与世界同进步的历史机遇，落到了被动挨打的境地。尤其是鸦片战争之后，中华民族更是陷入积贫积弱、任人宰割的悲惨状况。这段历史悲剧决不能重演!建设富强民主文明和谐的社会主义现代化国家，是我们的目标，也是我们的责任，是我们对中华民族的责任，对前人的责任，对后人的责任。我们要保持战略定力和坚定信念，坚定不移走自己的路，朝着自己的目标前进。

中国已经发展起来了，我们不认可“国强必霸”的逻辑，坚持走和平发展道路，但中华民族被外族任意欺凌的时代已经一去不复返了!为什么我们现在有这样的底气? 就是因为我们的国家发展起来了。现在，中国的国际地位不断提高、国际影响力不断扩大，这是中国人民用自己的百年奋斗赢得的尊敬。想想近代以来中国丧权辱国、外国人在中国横行霸道的悲惨历史，真是形成了鲜明对照!

中华文明绵延数千年，有其独特的价值体系。中华优秀传统文化已经成为中华民族的基因，植根在中国人内心，潜移默化影响着中国人的思想方式和行为方式。今天，我们提倡和弘扬社会主义核心价值观，必须从中汲取丰富营养，否则就不会有生命力和影响力。比如，中华文化强调“民惟邦本”“天人合一”“和而不同”，强调“天行健，君子以自强不息”“大道之行也，天下为公”；强调“天下兴亡，匹夫有责”，主张以德治国、以文化人；强调“君子喻于义”“君子坦荡荡”“君子义以为质”；强调“言必信，行必果”“人而无信，不知其可也”；强调“德不孤，必有邻”“仁者爱人”“与人为善”“己所不欲，勿施于人”“出入相友，守望相助”“老吾老以及人之老，幼吾幼以及人之幼”“扶贫济困”“不患寡而患不均”，等等。像这样的思想和理念，不论过去还是现在，都有其鲜明的民族特色，都有其永不褪色的时代价值。这些思想和理念，既随着时间推移和时代变迁而不断与时俱进，又有其自身的连续性和稳定性。我们生而为中国人，最根本的是我们有中国人的独特精神世界，有百姓日用而不觉的价值观。我们提倡的社会主义核心价值观，就充分体现了对中华优秀传统文化的传承和升华。

价值观是人类在认识、改造自然和社会的过程中产生与发挥作用的。不同民族、不同国家由于其自然条件和发展历程不同，产生和形成的核心价值观也各有特点。一个民族、一个国家的核心价值观必须同这个民族、这个国家的历史文化相契合，同这个民族、这个国家的人民正在进行的奋斗相结合，同这个民族、这个国家需要解决的时代问题相适应。世界上没有两片完全相同的树叶。一个民族、一个国家，必须知道自己是谁，是从哪里来的，要到哪里去，想明白了、想对了，就要坚定不移朝着目标前进。

去年（2013年）12月26日，我在纪念毛泽东同志诞辰120周年座谈会上讲话时说：站立在960万平方公里的广袤土地上，吸吮着中华民族漫长奋斗积累的文化养分，拥有13亿多中国人民聚合的磅礴之力，我们走自己的路，具有无比广阔的舞台，具有无比深厚的历史底蕴，具有无比强大的前进定力。中国人民应该有这个信心，每一个中国人都应该有这个信心。我们要虚心学习借鉴人类社会创造的一切文明成果，但我们不能数典忘祖，不能照抄照搬别国的发展模式，也绝不会接受任何外国颐指气使的说教。

我说这话的意思是，实现我们的发展目标，实现中国梦，必须增强道路自信、理论自信、制度自信，“千磨万击还坚劲，任尔东南西北风”。而这“三个自信”需要我们对核心价值观的认定作支撑。

三、实践项目

项目一

《论语》品读与成果展示大赛

（一）实践目标

一个社会的核心价值观，都有其固有的根本。中华优秀传统文化是中华民族的精神命脉，孕育了中华民族宝贵的精神品格，为社会主义核心价值观提供丰富的滋养。《论语》作为儒家学派的经典著作之一，集中体现了孔子的政治主张，伦理思想，道德观念等，是儒家学说的基础。内容博大精深，包罗万象，既有崇高的价值理想，又有切实的百姓日用，是中国古代思维的精华结晶，构成了中华民族文化的基本精神。为了进一步落实文华学院思想政治课的“四项改革举措”，马克思主义教育中心特举办“读原著，学经典，悟人生”的《论语》品读与成果展示大赛。

（二）实践方案

1. 确定主题：例如“原著传承文明　经典浸润人生”
2. 参赛对象：全体一年级学生
3. 参赛方式：以小组（不少于 3 人）为单位，通过情景剧、朗诵、舞蹈、歌曲、小品等多种艺术形式，将诵读、表演融为一体，还原出《论语》部分章节的内容或展现出对这些内容的理解感悟，拍摄制作微视频或微电影作品。作品要求紧扣《论语》内容，主题鲜明，别出心裁，制作精良。
4. 比赛流程：学生以课堂为单位，每个课堂推荐 1～2 个优秀作品，经过《思想道德与法治》的教学团队选拔后评选出相应奖项。比赛设一等奖 1 名，二等奖 2 名，三等奖 3 名，优秀奖若干名。
5. 注意事项：进入决赛的小组，在不违反课堂教学纪律的情况下，平时成绩记为 100 分，没有进入决赛的参赛小组可根据实际情况由任课教师酌情加分。

附：《论语》品读与成果展示大赛报名表（excel 表即可）。

序号	专业班级	小组成员	小组人数	表演形式	节目名称
1					
2					

项目二

“培育和践行社会主义核心价值观”主题社会实践活动

（一）实践目标

通过实践活动引导同学们树立社会主义核心价值观，争做社会主义核心价值观的模范践行者。

（二）实践方案

1. 各班级以小组为单位，围绕主题在校内或校外开展多种形式的主题实践活动，例如进行培育和践行社会主义核心价值观主题宣传、开展大学生践行社会主义核心价值观情况微调查、拍摄培育和践行社会主义核心价值观微视频、参加践行社会主义核心价值观公益活动、开展志愿服务等。

2. 积极参加“培育和践行社会主义核心价值观”主题社会实践活动，至少选择一种活动方式参加，并填写“培育和践行社会主义核心价值观”主题社会实践活动情况记录表（见活页纸上的附表）。

附表：

“培育和践行社会主义核心价值观”主题社会实践活动情况记录表

<table>
<tr><td>班级</td><td></td><td>小组成员</td><td></td></tr>
<tr><td>活动时间</td><td colspan="3"></td></tr>
<tr><td>活动地点</td><td colspan="3"></td></tr>
<tr><td>活动内容（要求有活动图片或者视频）</td><td colspan="3"></td></tr>
<tr><td>活动感悟</td><td colspan="3"></td></tr>
<tr><td>活动评价</td><td colspan="3">指导教师签字：</td></tr>
</table>

第五章　遵守道德规范　锤炼道德品格

一、案例精选

“德”的文化精神[①]

《论语·为政》首句指出：“为政以德，譬如北辰，居其所而众星共之。”在中国传统社会，一个人一生最大的成功不是建功立业、著书立说、富贵荣华，而是拥有高尚的品德。这一点从宋明理学家寻“孔颜乐处”，都极为推崇颜渊可以看出，他们认为孔子弟子三千，独颜子好学；学者当学颜子，入圣人为近；颜子没，而圣学之正派遂不尽传矣；等等。以世俗眼光来看，颜子居陋巷，一箪食一瓢饮，没有大富大贵，其人生并不显赫，但文化巨人却普遍认为颜子的人生最为成功，因为惟（唯）有德者才能如此安贫乐道，从而为普通人的人生成功提供希望和路径。世界上能拥有富、贵的人很少，因而富、贵无法成为普遍意义上的成功，但“德”人人都可以通过修身获得，具有普遍性、非功利性。《史记》把《伯夷列传》作为列传之首、把孔子列入世家，也是出于有德者居上的考虑。

“德”字的甲骨文字形是“行”与“直”的结合，表达人在街道上向正前方直道而行之意；“道”字的甲骨文字形是“行”与“人”的结合，表达人在街道上行走之意，可见，“德”字与“道”字的甲骨文字形相似，而且都具有共同、规范等含义，所不同的是前者比后者多了“直行”之意。因此，《道德经》将“道”与“德”前后并列论述有着非常悠久的传统和渊源，与此相互印证的是，《论语·述而》也认为德与道以及仁、六艺有着内在联系，“志于道，据于德，依于仁，游于艺”。金文中的“德”字字形在“直”字下面加了一个“心”，意味着“德”字的含义从“直行为德”发展为“直心为德”，反映了殷周之际发生的文化变革。“直”字甲骨文字形为“目”与直线的结合，表达直视、正见之意，引申出正直、公正、正义等含义。《孟子·离娄上》有一段论述，非常精彩地表达了“德”字本身所蕴含的文化精神与思想精义，“存乎人者，莫良于眸子。眸子不能掩其恶。胸中正，则眸子了焉；胸中不正，则眸子眊焉。听其言也，观其眸子，人焉廋哉？”

古人认为“德”源于天，例如《论语·述而》说：“天生德于予”，“直”字的甲骨文字形也似乎说明了这一点。如果我们把“目”上方的直线看作光线的话，那么“德”与天便可建立起联系，而这一假设绝非无端揣测。《诗经·小雅·大东》说：“周道如砥，其直如矢”，《论语·卫灵公》说：“直哉史鱼！邦有道，如矢；邦无道，如矢”，可见古人以矢喻直、喻德，而最直、最远之矢为太阳光线，《墨子·经说下》说：“景，光之人，照（煦）若射”。因此，矢与光线，进而与时间有了内在联系，冯时认为“矢所具有的直与时间的双重象征意义正决定了陶寺圭表以矢镞垂正槷表的独特做法，反映了圭表致日的固有传统”。可见，“光阴似箭”的观念有着异常久远的源头。

---

① 案例来源：隋云鹏. “德”的文化精神. (2023-08-18)[2024-04-20]. https: //paper. cntheory. com/html/2023-08/18/nw. D110000xxsb_20230818_3-A7. htm.

先民在观象授时、圭表致日的过程中，发现天具有因理性守时而表现出来的信、诚、公、直、明等高尚品德，这些品德也体现在观测者（圣王）朝乾夕惕、公而忘私、兢兢业业制定历法、指导农时、服务民众的高尚行为上，从而构建起了“德”（品德）与“道”（天道）的内在联系。《周易·乾·文言》对此进行了全面总结，明确指出“德”是天人合一的产物。

上古时期，天文历法学是维护统治的主要科学和工具，统治者掌握着观象授时的权力，天文历法学知识也只在统治集团内部私相传授，例如《论语·尧曰》说：“‘咨！尔舜，天之历数在尔躬，允执其中。四海困穷，天禄永终。’舜亦以命禹。”从春秋时期开始，随着科技的进步和生产力的发展，观象授时在维护统治中的作用日益降低，“德”也不再为圣王所独有。以孔子创办私学为标志，知识和“德”的话语权开始从统治者手中转移到知识分子手中。由此我们会注意到，孔子之前，圣人同时也是统治者——圣王；自孔子始，圣人也可以是不在位而有德的知识分子。不仅如此，文化巨人普遍阐发人人具有德性，可以成为圣人，例如《孟子·告子下》认为“人皆可以为尧舜”，《荀子·性恶》认为“涂之人可以为禹”。《大学》则论述了人皆可以成为圣人的实现路径，仁体现在子女身上是孝，体现在父母身上是慈，体现在君主身上是仁爱，体现在臣子身上是恭敬，体现在人与人交往上是诚信，每一方面做到至善都是仁，因此，自天子以至于庶人，人人不论高低贵贱和社会分工，只要努力修身，提升道德修养和精神境界，都是成功的人生。

《周易·坤·文言》《孟子·尽心上》认为，随着道德修养的提升，一个人会发生由内而外的变化，美在其中，畅于四支，发于事业。《孟子·尽心下》则提出了道德修养提升的几个阶段，“充实之谓美，充实而有光辉之谓大，大而化之之谓圣，圣而不可知之之谓神”。

《史记·五帝本纪》认为“天下明德皆自虞帝始”，陶寺时期天文历法的巨大进步可以与此相互印证，从此，先民把个体生命的有限人生与无限光明联系在一起，为我们确立了“充实而有光辉”的人生意义，所以“德”常常与“明”连用为“明德”。千百年来，我们发展出了庞大的美德体系，涵盖了信、诚、公、直、明、仁、义、忠、孝、善、良知等，为不同的个体生命提供了不同的成功路径。阳光普照在每一个人的身上，人生成功的密码也蕴藏在每一个人的心中，虽然每个人的能力有大小、地位有高低、财富有多少，但只要心中有“德”，都是充实而有光辉的成功人生。

案例研讨：在中国传统文化中，拥有高尚的品德被认为是人生最大的成功，请结合我国优秀传统文化中对“德”的解读，并联系当前的实际谈一谈你对“德”的认识和理解？

二、阅读拓展

可不可以“尊孔读经”①（节选）

中国传统文化创造性转化中，有一个重要问题就是文化复兴与文化复古的界线问题。其中最尖锐最具争论性的问题，就是要不要尊孔读经，可不可以尊孔读经。按照历史唯物主义

① 资料来源：陈先达. 可不可以“尊孔读经”. (2021-07-12)[2024-03-23]. http: //www. chinakongzi. org/zt/xjh/202107/t20210712_518825. htm.

观点，没有抽象的真理，真理是具体的。为维护封建制度或复辟封建帝制的“尊孔读经”，无论是清末的中体西用还是袁世凯们提倡的“尊孔读经”，都是我们必须反对的。某些文化保守主义者提倡的以对抗马克思主义为目的、以抵制西方文明优秀成果为旨归的“尊孔读经”，也是我们不能赞同的。

在社会主义条件下，“尊孔读经”是另一种性质的问题。此一时，彼一时。经，要不要读？这是毫无疑问的。“经”是中国传统文化的文本载体，要深入研究和理解传统文化，读经是必经之路。“孔”，要不要尊？孔子是中国伟大的思想家、教育家，是中国传统文化的整理者、继承者和创造者，理应受到尊敬。关键不在于是否“尊孔读经”，而在于为什么读，如何读；为什么尊，如何尊。创造性转化，是文化复兴和文化复古的界线。文化复兴立足点是今，是古为今用；文化复古的立足点是古，是今不如古。

只有创造性转化，才是正确处理马克思主义与中国传统文化关系的枢纽。而创造性转化的理论和方法论原则，就是坚持马克思主义的基本理论和方法论指导。我们不可能依然按照封建统治者的态度对待孔子和儒家学说。中国的变革，不是沿着原有的改朝换代方式向前发展，而是社会形态的变化。这种变化，不可能不改变孔子和儒学在封建社会原来的地位和功能。中国共产党人从中国历代帝王对孔子加封的那些“阔得吓人的头衔”中，既看到孔子在中华民族的地位，同时也看到历代统治者尊孔的政治意图。中国共产党人同样尊重孔子，但不是把它作为维护既定社会秩序的思想工具。中国共产党人是革命者、是改革者，是一切既得利益和等级制度的反对者。我们要真正恢复孔子作为中国伟大文化整理者、创造者、伟大思想家、伟大教育家的地位，还原一个在中华民族文化创建中具有至高无上地位的真实的孔子。对于儒家学说，我们也不是像历代封建王朝那样看重论证等级制度合理性、维护既定社会秩序的政治职能，而是吸取其中治国理政、道德教化的哲学智慧和人生伦理智慧，清洗它在中国传统文化中处于主导作用的浓重的政治性因素，重视它对中华民族特性塑造的文化功能，并与中国传统文化中博大精深的多种智慧相结合。

我们提倡中华民族的文化复兴，祭拜孔子，阅读经典，不是简单呼唤回归儒学，回归传统，更不是独尊儒术。祭孔，是国家大典，表示我们国家对中华民族伟大先圣孔子的尊敬，并非要在所有地方、所有学校普遍开展全民的祭孔运动；读经，深入研究经典是国学家的专业，也并不需要学校普遍开展全民读经活动。在中国传统文化的教育中，我们当然要注重经典的学习。但终究不是所有学生都是国学家或准备当国学家。在当代世界，我们应该引导学生的目光关注世界，关注世界形势和科学技术的新发展；关注现实，关注中国特色社会主义的建设。我们不能把学生的全部注意力和兴趣引向“古书”。专业研究是一回事，传统文化教育是另一回事。

传统文化教育更不能取代马克思主义教育。马克思主义教育完全能够与中国传统文化教育相结合，并行不悖，相得益彰。如果社会主义国家的青年学生不学习马克思主义，对什么是辩证唯物主义、什么是历史唯物主义、什么是资本主义、什么是社会主义，对马克思主义最基本的原理，如生产力和生产关系、经济基础和上层建筑等一点常识都没有，那请问，他们拿什么去观察当代世界，观察当代社会，观察我们的国家呢？而且可以断言，不懂马克思主义基本理论和方法，对中国传统文化的精髓也很难把握。

在中国传统文化教育中，应该区分学生文化程度和接受水平，有选择性地阅读“经典”，包括某些骈散名篇，诗词佳作。这有利于文化素质和道德水平的培养。但对没有分辨能力的青少年，要加强引导。我不赞同不加区分地宣扬用《女儿经》去造就现代的淑女和闺秀，用《二十四孝》中的“埋儿得金”“卧冰求鲤”作为孝道的榜样，用《弟子规》把我们的孩子培养成“中规中矩”“低眉下目”没有创造性的小大人，更反对不问是非只讲温良恭俭让的绵羊性格。

中国传统文化是阴阳合一、刚柔相济的文化。当代世界并不平静，波涛汹涌，要有忧患意识。我们要重视培养我们青少年的爱国主义传统，刚健有为，有血性、有刚性、有韧性。这是中华民族复兴伟大事业代代相续不会中断的保证。“加强爱国主义、集体主义、社会主义教育，引导我国人民树立和坚持正确的历史观、民族观、国家观、文化观，增强做中国人的骨气和底气。”习近平总书记这段话，应该是我们重视中国传统文化教育的根本目的。

三、实践项目

项目一

大学生日常行为规范调查

（一）调查目的

通过对大学校园内不文明行为的调查，引导大学生认真反思出现这些不文明行为的原因及改正办法。

（二）调查对象

在校大学生

（三）活动方案

时间：4 学时

地点：校园

方式：调查分析

流程：

（1）将调查问卷复印 100 份，将所在班级同学分为 10 组，每组完成调查问卷 10 份，调查对象不限本班同学，尽量做到男女比例均衡。

（2）调查采取无记名的方式进行，要求选出同意的选项。

（3）调查完成后收齐问卷，并对 10 个小组的数据进行汇总。

（4）将调查情况写成调查报告，上交任课教师。

【附】调查问卷

（1）您所在年级？（ ）

A. 一年级 B. 二年级 C. 三年级 D. 四年级

（2）参加升旗仪式时您会（ ）。

A. 有时与别人交头接耳 B. 不会说话，但有时会走神

C. 对国旗行注目礼，默唱国歌

（3）您做过以下哪些行为？（ ）（多选）

A. 迟到 B. 早退 C. 旷课 D. 作弊

E. 课堂睡觉

（4）见到老师时，您会（ ）。

A. 对熟悉的老师才会打招呼 B. 感觉是老师的都会打招呼

C. 装作没看见，低头走开

（5）您如何看待情侣在公共场所时做过分亲密的动作？（ ）

A. 不觉得这是不文明的行为，完全接受

B. 基本接受，因为这是普遍现象

C. 觉得这是不文明的行为，不能接受

（6）您穿以下哪些着装进入过教室、餐厅、图书馆？（ ）（多选）

A. 半透衣服 B. 背心 C. 拖鞋 D. 以上都没穿过

（7）以下哪些行为您曾经有过？（ ）（多选）

A. 随意践踏草坪

B. 随地吐痰

C. 随地扔垃圾

D. 没有进行垃圾分类

E. 在公共场所乱画或乱张贴

F. 用餐后把用过的餐具放在桌子上，自己不收拾

G. 以上行为都没有做过

（8）对于"休息时间在宿舍大声说话，开电脑时不用耳机，大声聊电话，随意带陌生人留宿"等行为：（ ）。

A. 室友和自己从来没有过这些行为

B. 自己没有过，但是室友有过这些行为

C. 自己有过这些行为

D. 自己和室友都经常有这些行为

（9）您是否曾经利用网络发布不健康或损毁他人形象的文字或图片？（ ）

A. 经常这样 B. 偶尔这样 C. 从不这样

（10）学校学生手册的学生行为准则中关于文明的条例，您是否知道？（ ）

A. 知道且十分清楚其具体内容

B. 知道但不清楚具体内容

C. 完全不了解

（11）您在排队时，会插队吗？（   ）

A. 不会　　B. 偶尔　　C. 经常　　D. 总是

（12）您在校期间会晚归吗？（   ）

A. 从不　　B. 偶尔　　C. 经常　　D. 总是

| 项目二 |

“敬老孝亲”主题感恩教育活动

（一）实践目标

开展尊老爱幼、敬老孝亲是中华民族的优良传统，是家庭美德的重要内容。教师在讲授这一内容时，组织学生开展“敬老孝亲”主题感恩教育活动，使学生懂得知恩、感恩，不断增进父母亲情，主动承担家庭责任，为构建和谐家庭贡献力量。

（二）实践方案

【活动一】编演“敬老孝亲”家庭情景剧

以“弘扬家庭美德，倡导敬老孝亲”为主题，围绕家庭生活中的孝道、敬老、劝学、向善、励志等内容，以学生班级或宿舍为单位，组织学生广泛开展家庭生活情景剧自编、自导、自演、自评活动，并评选优秀剧本、典型台词、最佳角色、最优道具等，遴选优秀作品，参加课堂展演通过情景剧这种体验式教育使学生加深对感恩父母、感恩家庭、感恩亲情的理解。其中剧本具体要求为：①必须有故事情节特定人物身份，剧中人物要有对白；②必须有具体场景；③要体现服装及道具设计。

【活动二】开展致家长一封信——亲情倍增活动

1. 围绕“爸爸妈妈辛苦了”“爸爸妈妈生日快乐”“爸爸妈妈我在学校挺好的”等主题，每名学生手写一封家书。要求问候家长的同时分享在校学习生活成长情况，信件要内容真实、感情真挚、层次清晰、有感染力，通过活动加深亲情传递、促进情感交流。

2. 收集家长回信，并由全班学生从中选出最具亲情、最佳励志、最感人的三类父母回信，通过学生本人课堂朗读使家庭亲情感染鼓舞激励全班同学，达到增进亲情的目的。

【活动三】社会实践活动——我和同学换爸妈

根据学校教学安排，利用寒假、暑假节假日等重要时间节点安排学生进行“我和同学换爸妈”大型情景体验活动，全面感受不同家庭环境、不同生活背景下的父母亲情，使学生触发感恩父母的真情实感。学生实践结束一周内提交实践报告，成绩纳入思想政治理论课社会实践考核体系。

1. 时间安排，整个寒假的 35 天或整个暑假的 45 天，或选择其中不少于 7 天的时间，或利用小长假 3～7 天的时间。

2. 实践对象：全体学生，可以采用两两互换或交叉互换的形式。

3. 互换原则：互换同学家庭应遵循地域差异、家庭经济条件差异、城乡差异、生活背景差异等原则，从强烈客观反差对比中，体验“相同”父母亲情。

4. 安全保障，通过制定安全预案、购置人身保险、加强通信联络、指导教师督导等方式保证实践学生人身财产安全。

【活动四】观看微电影《父亲是个农民工》

《父亲是个农民工》是一部公益短片，描述了适婚年龄的儿子对农民工父亲情感的转变。请结合影片反映的主题以及个人成长经历进行反思，深刻体会父母的爱与付出。

第六章　学习法治思想　提升法治素养

一、案例精选

“党大还是法大”是个伪命题[①]（节选）

在中国，讲到依法治国，很多人会提出这么一个问题：一方面，中国共产党是领导核心；另一方面，法治强调宪法法律至上，那么党的领导和法治之间到底是什么关系？党的十八届四中全会召开后，人们普遍认为，全会的一个重大贡献，就是从理论和实践的结合上把党和法治的关系讲清楚、讲透彻了。历史和现实表明，党和法治的关系是法治建设的核心问题，只有正确认识和处理好二者关系，才能确保法治中国建设沿着正确方向前进。

一、党和法治的关系为何是法治建设的核心问题

回顾历史，我们可以清楚地看到，如果党和法治的关系处理得好，则法治兴；处理得不好，则法治衰。这个问题，不仅事关法治建设的兴衰成败，甚至决定着整个社会主义事业的前途命运。

新中国成立初期，我们在坚持党的领导的同时，重视加强社会主义法治建设，相继颁布了婚姻法、“五四宪法”等一批重要法律法规，为国民经济的迅速恢复和新生政权的巩固提供了有力的法治保障。但后来不太重视法制的作用，甚至出现了“文化大革命”期间无法无天的状态，使党的领导也受到严重冲击，党和国家的事业遭到严重挫折。惨痛的教训告诫我们，在党的领导下，必须发挥好法治的引领和规范作用，否则就会带来灾难性的后果。

改革开放以来，我们始终坚持党在中国特色社会主义事业中的领导核心地位，同时把依法治国确定为党领导人民治理国家的基本方略，把依法执政确定为党治国理政的基本方式，保证了改革开放和现代化建设这艘航船顺利前行。这 30 多年，我们之所以能创造发展的奇迹，之所以有今天这样的良好局面，可以说经验有很多条，其中很重要的一条就是，正确地处理党的领导和法治的关系，为事业发展提供了重要保证。

当前，全面建成小康社会进入决定性阶段，改革进入攻坚期和深水区。我们怎样完成艰巨繁重的改革发展稳定任务？怎样应对严峻复杂的矛盾风险挑战？说到底，一个是要毫不动摇坚持党的领导，发挥党总揽全局、协调各方的作用；一个是要全面推进依法治国，用法治方式调节社会利益关系、化解各种社会矛盾。

因此，在当代中国，党和法治的关系是法治建设的核心所在。要走好中国特色社会主义法治道路，就要始终正确把握两者的关系，妥善处理两者的关系，确保法治中国建设行稳致远。

① 资料来源：人民日报.“党大还是法大”是个伪命题. (2015-02-04)[2024-2-28]. https: //www. chinanews. com/gn/2015/02-04/7033007. shtml.

二、为何说“党大还是法大”是个伪命题

在现实生活中，一讲到党和法治的关系，经常有人会说，到底是党大还是法大？要把握好、回答好这个问题，需要从多个角度作出分析。

要看到，有的人之所以提出“党大还是法大”的问题，是因为它反映了实际存在的一些现象。在社会生活中，一些党员干部特别是领导干部法治观念不强，决策不讲程序，办事不依法依规，甚至以言代法、以权压法、徇私枉法。这些现象的存在，严重影响了群众对法治的信心，使人产生“权比法大”“党比法大”的感受。

但如果往深里看，“党大还是法大”其实是一个伪命题。因为从逻辑上讲，党的本质是政治组织，而法的本质是行为规则，两者不存在谁比谁大的问题，否则就会落入话语陷阱。如果说党比法大，那就是承认法治、依法治国都是虚假的，法就不存在了；如果说法比党大，那就好像党的领导又出了问题，难以实施了。因此在党和法之间不能搞简单的比较。

那么，现实中为什么有人老拿党和法说事，死磕“党大还是法大”这个问题呢？究其本质，这是一些别有用心者所为，他们纠缠这个问题不放，并不是真为了推进中国的法治建设，而是故意把党和法治对立起来，宣扬“党、法不能两立”，其目的是企图从“法治”问题上打开缺口，达到搞乱人心、否定党的领导和社会主义制度的目的。对此，我们必须保持清醒的头脑。

事实上，在当今中国，社会主义法治必须坚持党的领导，党的领导必须依靠社会主义法治，两者之间是根本一致的。从性质上看，党领导人民干的事业就是建设社会主义，我们搞的法治也是社会主义性质的法治；从宗旨上看，始终坚持人民主体地位、保证人民当家做主、维护人民合法权益，既体现了我们党的根本宗旨，也是社会主义法治建设的根本目的；从任务上看，我们党带领人民实现现代化，包括实现国家治理体系和治理能力现代化，而法治建设也是实现国家治理体系和治理能力现代化的重要内容，所以说这两者是根本一致、内在统一的。

总之，党的领导与依法治国二者是并行不悖的，缺一不可。坚持在党的领导下依法治国、厉行法治，同时坚持党在宪法法律范围内活动，这样才能真正实现党的领导、人民当家做主和依法治国有机统一，国家和社会生活法治化才能有序推进。正如有的群众所说：“党的领导和社会主义法治本质上是一致的，这个木鱼需天天敲。”

案例研讨：结合材料思考为什么“党大还是法大”是一个政治陷阱，是一个伪命题？

二、阅读拓展

法治和德治缺一不可[①]

公共秩序是人们公共活动的有序状态，是公民各种权利实现的现实环境，是现代社会人们进行正常公共活动的基本保证。没有一定的公共秩序，整个社会的安定就会受到威胁，每个公民的工作、学习和生活就不能正常进行。要使人们遵守公共秩序，必须制定一定的行为规则。一般来讲，行为规则分为两个方面：一种是具有成文规定的正式规则，比如法律法规

① 资料来源：向春玲. 法治和德治缺一不可. (2015-12-09)[2024-2-28]. http: //theory. people. com. cn/n1/2017/0221/c150452-29096582. html.

和各种有严格惩奖措施的制度安排；另外一种是非正式的规则，即人们在长期社会交往过程中逐步形成的并得到社会认可的约定俗成的行为准则，比如价值信念、道德规范、文化传统、风俗习惯、社会舆论等等。正式规则与非正式规则在一个国家、一个社会的治理中总是相辅相成，法治和德治是任何一个社会常规治理不可忽视的两个方面。

公共道德是指社会公共活动中的道德原则和规范，是人们进入公共活动过程中可以认识到、并要遵守和维护的共同准则，或者说是指导和约束人们行为的符号标准和规范。要人们遵守公共秩序，遵守各种公共活动的道德规范还必须以正式的制度和法律的形式固定下来，使人们遵守公共道德的行为具有强制性。这是因为道德只对遵守道德的人起作用，如果一些人的行为突破了道德规范，严重伤害他人正常的公共生活，制造混乱，给个人、集体或国家造成了损失，这就需要法律和制度来惩治和约束。法律和制度的强制约束力使那些突破法律底线的社会成员不管是否愿意都必须接受相应的惩罚。而这些惩罚将违规行为重新纳入制度化和法制化轨道，使无序的行为变得有序。例如，在德国，恶意骂人将受到500欧元的罚款惩罚；见死不救或作为不够，都将视为违法，受到刑拘，因此才会出现一个四五岁的孩子在大街上迷路哭着找妈妈，周围5个人同时拿出手机报警，直到警察出现的情况。

在任何社会里，公共秩序的实现，不仅需要制度化、法制化的强制作用来保障，也需要社会成员对秩序的自觉遵守和维护。

外部环境因素的影响力度再大，最终也必须通过个体内在的“选择”才能起作用，也就是说，必须通过个体内部机制一系列复杂的加工而转化成人们内在的自觉意识。这就需要将公共道德规范和法律制度通过家庭教育、学校教育、社会媒体的广泛宣传等方式渗透到社会成员的思想意识之中，使遵守社会公德、维护社会秩序化为行为习惯。例如，新加坡中小学的道德教育课程直接向青少年正面传授公民道德知识、行为规范，提高其道德认知水平；韩国历来重视学校道德教育，把它作为塑造民族精神的重要渠道。

公共秩序的建立和维护是一个复杂、持久的社会系统工程，要靠道德规范、教育，也需要法律、规章制度。必须综合运用各种方式，把提倡与反对、引导与约束结合起来，通过严格、科学的社会管理，培养公民的文明行为和公共道德意识，使我们的社会走向更加健康、有序的发展道路。

三、实践项目

| 项目一 |

大学生的法律意识调查

（一）调查目的

通过对在校大学生法律意识的调查，了解大学生对法律在现实生活中作用的认识程度及运用法律保护自己合法权益的意识，鼓励大学生努力学习法律知识，积极运用法律手段来保护自己的合法权益，做学法、懂法、用法的新一代。

（二）调查对象

在校大学生

（三）活动方案

时间：4 学时
地点：校园
方式：调查分析
流程：

（1）将调查问卷复印 100 份，将所在班级同学分为 10 组，每组完成调查问卷 10 份，调查对象不限本班同学，尽量做到男女比例均衡。

（2）调查采取无记名的方式进行，要求选出同意的选项。

（3）调查完成后收齐问卷，并对 10 个小组的数据进行汇总。

（4）将调查情况写成调查报告，上交任课教师。

【附】调查问卷

（1）您认为法律与您的工作和生活的关系如何？（　　）

A. 关系密切　　B. 关系不大　　C. 没有关系　　D. 说不清

（2）您认为您在学习法律中面临的主要问题是什么？（　　）

A. 懂点法律知识但不会实际运用

B. 缺乏法律知识

C. 不能运用所学法律知识并解决现实问题

（3）您认为法律在现实生活中是否有作用？（　　）

A. 非常有用　　B. 用途一般　　C. 基本没用　　D. 法律不如权利有用

（4）您认为对法律的执行哪些监督方式是最有效的？（　　）

A. 报刊、电视广播等新闻舆论的监督

B. 党委、政府、人大、政协的监督

C. 群众监督

D. 执行机关自我监督

（5）您能区分违法和犯罪吗？（　　）

A. 能　　B. 不一定能

C. 大部分能

（6）您认为我国目前法律所保护的权益是否平等？（　　）

A. 对所有公民都是平等的

B. 略有不平等，没有充分保护底层劳动人民的利益

C. 非常不平等，劳动人民没有得到保护

（7）您对知法犯法的人怎么看？（　　）

A. 人都这样，可以饶恕　　B. 该严惩

C. 依情况而定

（8）您认为公路上闯红灯或者骑车带人的行为是否应该进行管理？（　　）

A. 不必大惊小怪　　B. 应严格禁止　　C. 应加以处罚　　D. 应加强教育

（9）在日常生活中当您的名誉受损时，您会采取什么样的措施来保护自己？（　　）

A. 无所谓，清者自清

B. 说说就行，激怒了人则会被群殴

C. 根据法的规定来维护自己的权利

（10）当您的权益受到侵害时，您首先想到的是（　　）。

A. 拿起法律武器来保护自己

B. 用武力解决

C. 通过关系解决

D. 感觉很委屈但也没办法

（11）假如您在公交车上遇到骚扰时，您会如何去做？（　　）

A. 出声制止，维护自己的权益　　B. 用适当的方法让他得到惩罚

C. 瞪他一眼，然后换个地方下车　　D. 默默地离开，不敢作声

（12）假如您在公交车上看到小偷扒窃时，您会如何做？（　　）

A. 装作没有看见　　B. 想办法提醒被偷者

C. 当场阻止小偷

（13）假如您在商场买到一件伪劣商品，您会怎么办？（　　）

A. 只能怨自己倒霉　　B. 要求退货

C. 通过法律渠道解决　　D. 到该商场骂他们一顿

（14）如果您购物时商场保安人员无礼搜查您随身携带的物品，您会怎么做？（　　）

A. 拒绝，强烈抗议　　B. 找商场领导或者消费者协会解决

C. 忍让，不跟他一般见识，但以后再也不来这里购物了

（15）当您的财物在寝室被偷时，您会采取的措施是（　　）。

A. 报案　　B. 向管理员求助　　C. 寻找目击证人　　D. 其他

项目二

大学生公民意识调查

（一）调查目的

通过对在校大学生公民意识的调查，了解大学生对自己作为公民的权利和义务的了解程度，鼓励大学生努力学习，成为新时代的公民。

（二）调查对象

在校大学生

（三）活动方案

时间：4 学时

地点：校园

方式：调查分析

流程：

（1）将调查问卷复印 100 份，将所在班级同学分为 10 组，每组完成调查问卷 10 份，调查对象不限本班同学，尽量做到男女比例均衡。

（2）调查采取无记名的方式进行，要求选出同意的选项。

（3）调查完成后收齐问卷，并对 10 个小组的数据进行汇总。

（4）将调查情况写成调查报告，上交任课教师。

【附】调查问卷

（1）您了解“公民意识”的内涵吗？（　　）

A. 非常了解　　B. 不太了解　　C. 没听说过

（2）您通过哪些途径了解有关公民的知识？（　　）

A. 自学法律　　B. 学校教育　　C. 新闻宣传　　D. 其他

（3）您对宪法规定的公民权利与义务了解吗？（　　）

A. 了解　　B. 大体了解　　C. 不太了解　　D. 不了解

（4）假如有机会担任所在社区居委会或村委会的职务，您持何种态度？（　　）

A. 认为是展现自己才能的好机会，积极参与

B. 不能确保自己有能力干好工作，尽力而为

C. 觉得没实际意义，不参与

（5）对于习近平新时代中国特色社会主义思想，您是否关注？（　　）

A. 很感兴趣，非常关心　　B. 不太在意，看到了就留意一下

C. 没看过，不关心

（6）您认为法律在您日常生活中的作用如何？（　　）

A. 非常重要，能切实维护我的利益　　B. 比较重要，能感受到法律的存在

C. 没什么感觉，体会不到法律的实际作用

（7）假如您的合法权益受到侵害，您会怎么办？（　　）

A. 一定要通过法律讨回公道　　B. 尽量避免官司，私了

C. 不涉及自己核心利益就算了

（8）如果学校举行有关法律知识的活动，您会怎么做？（　　）

A. 积极参与　　B. 没要紧事就去参加

C. 没什么兴趣，但可能会参加　　D. 和我无关，不会参加

（9）假如您看到别人做有损公德的事，您会怎么做？（　　）

A. 上前严词阻止　　B. 婉转地指正

C. 如果涉及自己的利益就指出　　D. 就当没看见

（10）之前因帮助老人反被冤枉的事件屡屡发生，现在您看到跌倒的老人会上前帮忙吗？（　　）

A. 还是会　　B. 不敢，害怕被讹上

C. 视情况而定

（11）到目前为止，您对于学校组织的爱心奉献活动持什么态度或看法？（　　）

A. 认为应该帮助有困难的人，积极参与

B. 怀疑真假，只会捐很少的钱

C. 认为自己的钱也是血汗钱，凭什么捐给别人

D. 麻木了，觉得没意义

（12）假如您手里有垃圾，但是附近没有垃圾桶，您会怎么做？（　　）

A. 随便乱扔

B. 趁没人的时候偷偷扔在地上

C. 先拿着，等找到垃圾桶再扔

第二篇

中国近现代史纲要

第一章　进入近代后中华民族的磨难与抗争

第二章　不同社会力量对国家出路的早期探索

第三章　辛亥革命与君主专制制度的终结

第四章　中国共产党的成立和中国革命新局面

第五章　中国革命的新道路

第六章　中华民族的抗日战争

第七章　为建立新中国而奋斗

第八章　中华人民共和国的成立与中国社会主义建设道路的探索

第九章　改革开放与中国特色社会主义的开创和发展

第十章　中国特色社会主义进入新时代

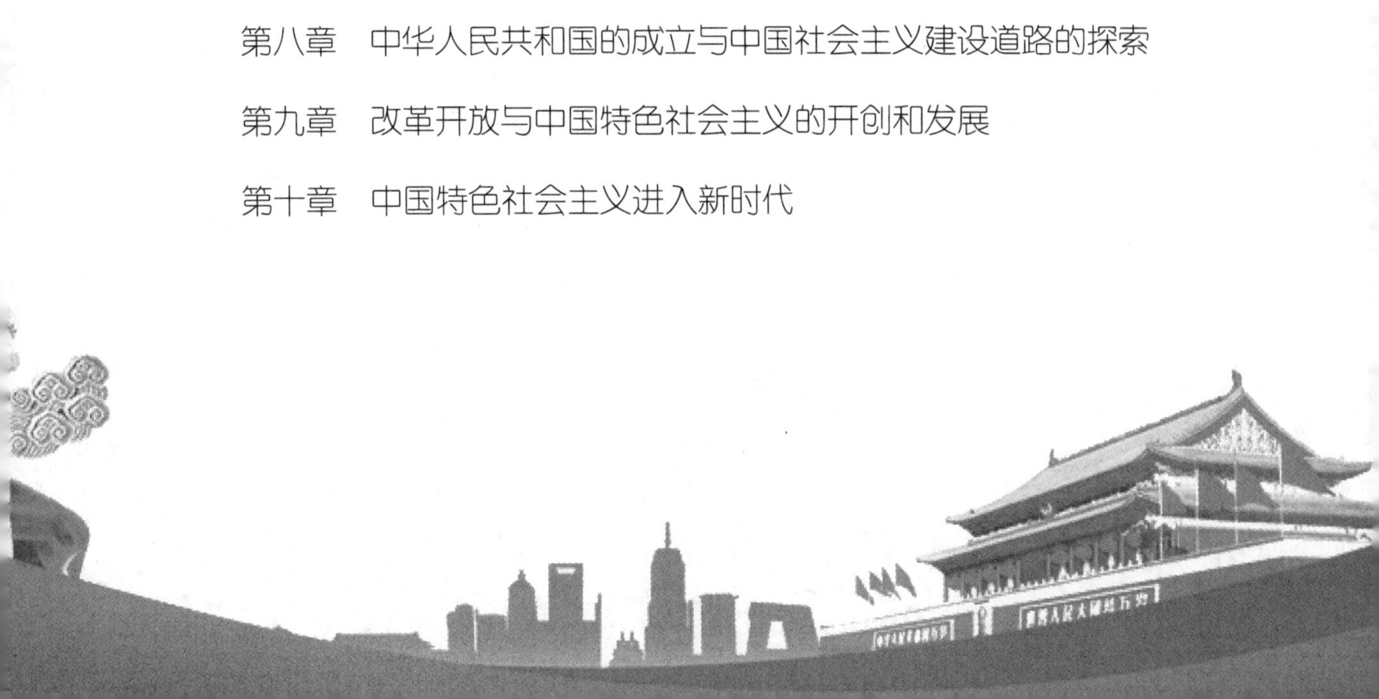

第一章　进入近代后中华民族的磨难与抗争

一、案例精选

甲午战争的直接后果与长远影响[①]（节选）

甲午战争是晚清中国遭遇的一场大灾难，对于中华民族生存发展之危害，至为重大而深远。1840 年以来，中国虽然迭遭鸦片战争、第二次鸦片战争和中法战争的猛烈冲击，被迫割让土地、赔偿战费和签订一系列不平等条约，但总的说来，欧美列强的主要政治、经济影响力集中在沿海沿江地区和沿边数省，尚未从根本上危及中国的核心利益。甲午战争是与中国一衣带水的邻国日本蓄谋挑起的，其入侵中国领土之深广，打击中国尊严之沉重，都是前者无法比拟的。在这场为时不到一年的战争中，日军不仅在朝鲜半岛上横冲直撞，而且长驱直入中国东北，占据山东半岛东侧，对清政府腹心所在的京津，构成两翼包抄之势。中国湘、淮精锐在日军咄咄进逼之下，几乎每战必溃，毫无还手之力。特别是北洋海军的全军覆没，致使中国丧失了最引以为傲的军事支柱，自此门户洞开，长期任人宰割。与此相连的，是国人的生命财产遭到前所未有的野蛮践踏。抛开在两军对垒中英勇捐躯的爱国官兵不论，就在中日两国尚未正式宣战之前，日本军舰就曾悍然违背国际惯例，突袭中方雇佣的英国运兵商轮“高升号”并射杀落水者，致使近千名中国官兵死于非命。1894 年 11 月下旬，在日本侵华军事当局同意和批准下，日军更连续四天在旅顺虐杀清军战俘和手无寸铁的男女老幼两万余人，制造了惨绝人寰的“旅顺大屠杀”。而类似这样的血腥杀戮，在此后长达半个世纪的日本侵华史上，还仅仅是一个小小的开端。

1895 年 4 月 17 日，在军事与外交努力均告失败的绝望境地下，走投无路的清政府最终接受日本政府的敲诈勒索，签订中国历史上空前屈辱的《马关条约》。依照条约规定，日方不仅要求中国断绝与朝鲜的传统宗藩关系，意图将朝鲜置于日本的殖民统治之下，而且强迫清政府割让辽东半岛、台湾岛及其附属岛屿、澎湖列岛给日本，赔偿日本军费白银 2 亿两（大约相当于清政府 3 年的财政总收入），给予日本与列强同等的特权地位，开放长江航运，增辟沙市、重庆、苏州、杭州为商埠，允许日本人在中国通商口岸“任便从事各项工艺制造”等。其中，无论是割取中国领土的广阔富饶与地理位置的“冲要”，还是所开赔款数额的巨大、苛刻，都是令欧美列强都瞠乎其后的。至于在对华资本输出方面的种种规定，更是当时欧美列强中任何一国都未曾攫取的全新权利。不仅如此，这场战争还刺激列强纷纷步日本之后尘，通过对华大借款，攫夺铁路、矿务利权，加紧对中国进行经济剥削和政治渗透；通过开办银行，投资办厂，不遗余力地打压和扼杀中国的民族资本主义。紧随其后，还有以日本为首的外国在华租界的扩张及愈演愈烈的“瓜分”狂潮，将本已孱弱不堪的中国，进一步推向四分五裂的境地。“敌无日不可以来，国无日不可以亡”（《南学会叙》，梁启超：《饮冰室合集》第

---

① 资料来源：张海荣. 甲午战争的直接后果与长远影响. (2014-07-09([2024-03-22]. http: //epaper. gmw. cn/gmrb/html/2014-07/09/nw. D110000gmrb_20140709_1-14. htm.

1 册“文集之二”，中华书局 1989 年版，第 65—66 页），正是在这种创痛巨深的惨重教训下，在这种山河破碎的严峻形势下，国人才真正意识到“救亡图存”的迫切性。寻求国家富强，赶追世界先进，从此成为中华民族在此后一个多世纪乃至今时今日，不懈追求的目标和努力奋斗的方向。

案例研讨：为什么从甲午战争开始国人才真正意识到“救亡图存”？

二、阅读拓展

马克思：鸦片贸易史[1]（节选）

联军全权代表强迫中国订立新条约（1858 年《天津条约》——编者注）的消息，看来引起了以为贸易将有大规模扩展的狂想，同第一次对华战争结束后 1845 年时商人们头脑中产生的狂想完全一样。即使彼得堡的电讯所传属实，是否能完全肯定，通商口岸一增多，对华贸易就必然会扩大呢？是否能够指望 1857—1858 年的战争会比 1841—1842 年的战争导致更好的结果呢？有一件事是肯定无疑的：1843 年的条约并没有使美国和英国对中国的出口增加，倒是起了加速和加深 1847 年商业危机的作用。现时的这个条约也是一样，它使人们梦想得到一个无穷尽的市场，使人们产生不切实际的希望，可能就在世界市场刚刚从不久以前的普遍恐慌中逐渐复原的时候，又促进新危机的形成。除了这个消极后果以外，第一次鸦片战争还刺激了鸦片贸易的增长而损害了合法贸易；只要整个文明世界的压力还没有迫使英国放弃在印度强制种植鸦片和以武力在中国推销鸦片的做法，那么这第二次鸦片战争就会产生同样的后果。我们不想详述这种贸易的道德方面，关于这种贸易，连英国人蒙哥马利·马丁都这样写道：“不是吗，‘奴隶贸易’比起‘鸦片贸易’来，都要算是仁慈的。我们没有毁灭非洲人的肉体，因为我们的直接利益要求保持他们的生命；我们没有败坏他们的品格、腐蚀他们的思想，也没有毁灭他们的灵魂。可是鸦片贩子在腐蚀、败坏和毁灭了不幸的罪人的精神存在以后，还杀害他们的肉体；每时每刻都有新的牺牲者被献于永不知饱的摩洛赫之前，英国杀人者和中国自杀者竞相向摩洛赫的祭坛上供奉牺牲品。”

中国人不能既购买商品又购买毒品；在目前条件下，扩大对华贸易也就是扩大鸦片贸易；增加鸦片贸易是和发展合法贸易不相容的。这些论点早在两年以前已经得到相当普遍的承认。1847 年为调查英中贸易状况而委派的一个下院委员会曾提出报告说：“我们感到遗憾的是：一段时间以来，同这个国家的贸易处于很不能令人满意的状态，扩大我们交往的结果竟一点也没有实现我们的合理期望，而这种期望本来是在能够更自由地进入这样一个了不起的大市场的基础上自然而然地产生出来的……我们发现，贸易受到阻碍并不是因为中国不需要英国商品或别国竞争加强……花钱买鸦片……消耗了白银从而大大妨碍了中国人的一般贸易；实际上就必须用茶叶和丝来偿付其他商品。”

---

①资料来源：中央编译局. 马克思恩格斯选集（第一卷）. 2 版. 北京：人民出版社，1995：713.

三、实践项目

项目一

大学生对中国近现代历史的认知度调查

（一）调查目的

通过调查，了解在校学生对中国近现代历史的认知度，为教师教学提供参考和借鉴。

（二）调查对象

在校大学生

（三）活动方案

时间：4 学时
地点：校园
方式：调查分析
流程：

（1）将调查问卷复印 100 份，将所在班级同学分为 10 组，每组完成调查问卷 10 份，调查对象不限本班同学，尽量做到男女比例均衡。

（2）调查采取无记名的方式进行，要求选出同意的选项。

（3）调查完成后收齐问卷，并对 10 个小组的数据进行汇总。

（4）将调查情况写成调查报告，上交任课教师。

【附】调查问卷

（1）您在高中时代是（　　）。

A. 文科生　　B. 理科生　　C. 其他

（2）您对中国近现代历史（　　）。

A. 基本了解　　B. 非常了解　　C. 不太了解　　D. 说不清

（3）您学习、了解中国近现代历史的方式、途径有（　　）。

A. 课堂　　B. 视频　　C. 网络

D. 竞赛活动　　E. 其他

（4）您认为，中国近现代历史（　　）。

A. 非常重要　　B. 比较重要　　C. 与生活无关　　D. 不重要

（5）您认为中国近现代历史的主流和本质是（　　）。

A. 中国仁人志士和人民群众为实现中华民族伟大复兴而艰苦奋斗的历史

B. 人民群众进行艰难斗争赢得人民解放的历史

C. 把一个贫穷的旧中国变成一个充满生机的新中国

D. 不清楚

（6）在中国近现代历史中，给您印象最深刻的历史事件是________________。

（7）请用一句话概括，您对这一历史事件印象最深刻的原因。

____

（8）您最崇拜的中国近现代历史人物是____________。

（9）请用一句话概括，您崇拜他（或她）的原因。

____

| 项目二 |

观看纪录片《甲午！甲午！》

（一）实践内容

《甲午！甲午！》是中央电视台一部大型人文历史类纪录片。该纪录片由中国人民解放军国防大学和中央电视台新影制作中心即中央新闻纪录电影制片厂（集团）联合拍摄。该片分为“绝地东北亚”“不宣而战”“龙旗飘落”“悲歌涅槃”四个章节，从史学角度切入，多角度、全方位地展现了120年前甲午海战的全过程，深刻剖析了“落后就要挨打”和“弱国无外交”的历史结论。北洋舰队的悲壮和惨烈留给我们的是警醒和深思，特别是在当前复杂的国际海洋形势下，这部影片更具有深刻的现实教育意义。

（二）实践要求

任课教师在课堂上布置需要观看的视频内容、要求及所要达到的预期效果，讲清楚相应的理论内容，让学生在理论指导下进行观看。学生观看任务完成后，结合自己的所思所想所感，通过搜集、查阅各种资料，形成一篇不少于2 000字的观后感，在规定时间内提交任课教师。

第二章　不同社会力量对国家出路的早期探索

一、案例精选

农民与太平天国的兴亡[①]（节选）

太平天国运动是中国近代史上一次伟大的农民运动，其规模之大，影响之深，超过了以前任何一次农民运动。而从整个运动过程看，太平天国政权的兴亡与农民的支持与否有着密切的关系。

太平天国的兴起离不开农民的支持，而要获得农民支持，就必须重视和照顾农民利益，尤其是农民的土地问题。早在金田起义以前，洪秀全根据广大农民迫切要求摆脱贫穷苦难的愿望，表示（达）了对土地问题的极大关注和对地主土地所有制的强烈不满。在《原道醒世训》中，洪秀全对私有制作了深刻批判，认为“世道乖漓，人心浇薄，所爱所憎，一出于私”。定都天京不久，太平天国颁布了解决土地问题的经济纲领——《天朝田亩制度》。这个改革方案以农民土地问题为中心，要求按照平均主义原则重新分配土地，即土地归天父公有，将田地划分九等，由农民平均分耕，所谓“凡天下田，天下人同耕”。

如果说农民的支持是太平天国政权建立初期取得成功的关键，那么，太平天国政权后来的衰亡则与失去农民的支持有关。

在土地政策方面，《天朝田亩制度》的改革方案，虽然对动员广大农民起到了积极作用，但后来对于农民的吸引力越来越小。因为从分配形式看，以绝对平均主义的原则来分配土地，完全是不现实的空想，无法具体实行。从所有制结构看，太平天国虽然主张有田同耕，但农民仅有土地使用权而没有所有权。太平天国强调所有土地归天父公有，“天下人人不受私，物物归上主”。实际上，这不仅否定了地主土地所有制，也否定了农民土地所有制。此外，太平天国还推行“圣库”制度，将农民的生产资料、生活资料所有权统统废除。

这样做极大地损害了农民的利益，违背了他们的愿望。据载，当时反映太平天国经济政策的“此示一出，被惑乡民方如梦觉。然此令已无人理，究不能行”（张汝南《金陵省难纪略》）。诚然，太平天国在政权建立初期为了动员需要而宣传平均主义和实行“圣库”制度，有其合理性的一面；但问题在于定都天京后，太平天国仍然将这些主张作为新政权的经济纲领，就难以得到广大农民的支持，也根本行不通了。

更有甚者，后来迫于形势，太平天国要求农民“照旧交粮纳税”。这一措施虽然暂时缓解了太平军的供给困难，但对农民土地问题的解决无助，反而是对地主土地所有制的一种承认。在一些地区，太平军规定“富户贫民宜一体完纳”，“示谕佃农照常输租”（《太平天国文书汇编》，第 118 页、第 134 页）。太平军还在江浙等地发给地主田凭，设立收租局，公然保护地

① 资料来源：朱庆葆. 农民与太平天国的兴亡. (2005-04-26)[2024-03-25]. https: //www. gmw. cn/01gmrb/2005-04/26/content_222295. htm.

主利益，强迫农民交租，规定“租户仍将该还钱米缴还原主，不得抗欠”（沈梓《避寇日记》）。不仅如此，在太平天国统治的许多地区，农民的负担不但没有减轻，反而不断加重。有些附加税，如田捐由太平军直接向佃农征收，就更加引起广大佃农的不满。

不仅如此，定都天京后，太平天国将农民置于新的等级统治之下，其上层领导开始全面腐化，甚至因争权夺利而发生严重内讧。政治上平等、经济上平均、一切财产公有等主张，本来是太平天国动员农民起义的激动人心的口号，现在却成了太平天国领导人利用农民、谋取私利、享受特权的幌子。这样，太平天国以一种落后的东西去否定另一种落后的东西；靠农民起家，但又不能真正解决农民问题；从依靠农民到失去农民，最终自身也被农民抛弃。这就是太平天国的悲剧所在，也是所有农民政权的悲剧所在。

案例研讨： 太平天国从依靠农民到失去农民，被农民抛弃，这是其悲剧所在，如何认识？

二、阅读拓展

同途殊归：洋务运动与明治维新[①]

中国的洋务运动与日本的明治维新产生于同一历史时期，变革的出发点都是救亡图存，但是最终的结果却大相径庭，可谓同途殊归。但是，不可以狭隘地把洋务运动置于历史的平面进行“点线式”的分析，更不能单纯以甲午战争中国的失败作为衡量洋务运动成败的唯一标准。相反，我们应在洋务运动与明治维新的多维比较和重新审视中客观评价洋务运动的作用，多一份理性，少一份苛责，还历史以本真。

一、洋务运动产生于中国内忧外患的大历史背景之下，近代中国先后经历了两次鸦片战争，惊醒了大清“天朝上国”的迷梦，中国开始重新审视诸多“蛮荒之国”，有识之士探索救亡图存的真理，相继提出“自强”“求富”“中学为体，西学为用”等口号，进行了长达三十几年的改革运动。而日本同一时期也在经历着一场自上而下、具有资本主义性质的全面西化与现代化的改革运动，中国和日本所处的国际和国内环境是有很多相似之处的，都是封建制度逐步土崩瓦解，出现了资本主义生产关系的早期萌芽，但与日本不同的是，中国的封建制度经历了几千年的苦心经营，保守势力顽固而强大，致使洋务运动先天动力不足，如《周易》之《井》卦（《序卦传》），虽到“井道不可不革，故受之以革”的时期，但是因其泥沙积淤、僵化久长，所以革新起来必然耗费更大气力，加之中国的洋务派在中央以奕䜣为代表，地方以曾国藩、李鸿章、左宗棠、张之洞等人为代表，其成员都是封建官僚，阶级立场所限，不可能有打碎封建制度，重新建立新政权的想法，在改革的目的上存在一定程度上的不彻底性，而日本明治维新虽然在时间上落后于中国洋务运动七年，但是日本的顽固势力与中国的封建统治阶级是无法相提并论的，并且，日本变革运动的主体是武士、大名阶层，是新兴的资产阶级。

① 资料来源：梁大伟，黄定天.同途殊归之思：洋务运动与明治维新的再审视.东北师大学报（哲学社会科学版），2011（4）：258-259.

明治维新以“脱亚入欧”为宗旨，经济上效法英国，军事上效法德国，文化上效法美国，推行“富国强兵、殖产兴业、文明开化”三大措施，走出了“民族主义的、家族式的、反个人主义的”“日本模式”的现代化道路，使日本迅速从一个落后的农业国转变为一个经济较为发达的工业国。但即便如此，中国仍然以渐进式的改革方式冲破了牢笼，建立了轮船招商局、开平矿务局、天津电报局、上海机器织布局等一批近代民用工业，拉动了内需，缓解了原料、燃料不足等问题，为军用工业的发展提供了宝贵的资金；平息了太平天国农民运动，消除了内乱给原本已经千疮百孔的大清统治造成的严重威胁，为中国的发展提供了和平稳定的国内环境；创办了新式学堂，选派幼童赴美留学，培养了翻译人才，以特殊的方式化解了国际的诸多影响中国发展的不利因素；尤为重要的是建立起以福建水师、广东水师、南洋水师和北洋水师为建制的强大的海上军事力量。

二、透过甲午战争的烽烟，我们更多需要反思的是中国的洋务运动与日本的明治维新同途殊归的深层次原因。

诚然，洋务派在兴办洋务的过程中是有限制私营经济发展的某些做法，但洋务派兴建的近代民用工业对中国资本主义经济的发展不能说没有正方向的影响，而且为国家积累了大量资金。明治维新之所以可以使日本在政治上突破了封建制度的束缚，走上资本主义道路，促进了日本的经济发展，使其在军事上迅速强大起来，首先在于日本的封建制度开始就不曾也从来没有中国的封建制度完善、坚固和难以摧毁，改革的阻力小于中国，可谓占尽天时；其次，日本一般被看作是接近于理想民族国家，本州虽然有朝鲜族、华人、菲律宾人和巴西人，以及一些西洋系民族，但比例不足百分之五，所以在意识形态的推广和政策的实行方面相对容易，可谓占尽地利；再次，日本领导明治维新的阶级是以武士、大名为首的新兴资产阶级，革命相对彻底并具有颠覆性，在思维观念的更新和接受新生事物能力方面相对见长，可谓在人和方面有较为明显的优势。

中国在先天不足、肘腋兼忧的情况下依然能够建立起近代军事工业、民用工业、文化产业，不能不说明中华民族的伟大和智慧，而且，洋务运动在思维观念上对中华民族的巨大影响也是无可估量的，随之而来的戊戌维新、辛亥革命、新文化运动、五四运动、中国共产党的成立以及波澜壮阔的革命浪潮与实践，不能说与洋务运动在客观上对中华民族意识觉醒的促进作用无关。一般说来，某个历史时期或者某个历史时期的某个特定年代出现少数思想先驱并非难事，但精英思想能够为多数人所普遍认同并为之前仆后继，才是真正理性意义上的民族觉醒。这种真正意义上的民族觉醒，没有长久以来的思想积淀和偶然的历史事变的撞击是不可能促成的。我们不应该将一次大的思想解放和民族振兴的运动简单地放在历史中的某一点或者某一时段进行“点线式”的分析，更不能以一次战争的胜负作为片面的评判标准。当然，我们也必须看到，明治维新取得了丰硕的成果，打破了传统的东方静态社会的模式，建立了开放的环境，加强了与世界民族间的联系与沟通，引入竞争机制，从而彻底地激发了社会活力，使一潭死水得以波澜壮阔。梁启超当时就曾提出，中国欲自强，首先要“取法东洋”“以日为师”，甲午一役振聋发聩，中国人从此在思想上彻底觉醒，重新看待中国的现状和周遭世界，理性地思考中国的前途和命运，由此更不能否认洋务运动的进步作用。

三、实践项目

| 项目一 |

参观张之洞与武汉博物馆有感

（一）实践内容

张之洞与武汉博物馆位于武汉市汉阳区月湖桥西侧，原“汉阳铁厂”旧址，这里曾经见证了中国近代工业的梦想与辉煌。通过参观学习，了解张之洞在湖北武汉兴实业、办教育、练新军、修铁路等主要业绩，在此基础上加深对我国近现代史的全面认知和理解。

（二）实践要求

任课教师在课堂上布置需要参观的内容、要求及要达到的预期效果，并讲授清楚相应的理论内容，让学生理论联系实际参观学习，学生完成实践后，结合自身学习体会，通过搜集、查阅相关资料，形成一篇不少于 2 000 字的观后感，在规定的时间内提交任课教师。

| 项目二 |

经典影视鉴赏——《辛酸的洋务运动》

（一）鉴赏目的

通过对经典影视的观看，让学生深刻了解洋务运动及其对中国的影响。

（二）鉴赏内容

1860 年，英法联军攻入北京城，咸丰皇帝逃至热河避难，清朝在第二次鸦片战争中战败。英法联军进入北京城后，不仅洗劫了皇宫，还一把火烧了圆明园。清政府战败后，一些有远见的大臣，如李鸿章、曾国藩、张之洞等人开始睁眼看世界。在亲自去西方考察归来后，李鸿章等人提出“师夷长技以制夷”的主张，得到皇帝的大力支持。责令掌握实权的恭亲王奕䜣督办，地方上则有李鸿章、曾国藩、张之洞等人，设厂办学，引进西方先进科学技术。轰轰烈烈的洋务运动自此开始……可是，这场运动集结了晚清最后的一批重臣，几乎投入了全部心血，却成了一个未完成的笑话。

（三）鉴赏作业

学生结合所学内容观看影片，根据影片内容与个人感受，提交 2 000 字的观后感。

第三章　辛亥革命与君主专制制度的终结

一、案例精选

辛亥革命与中华民族的复兴伟业①（节选）

习近平总书记在纪念辛亥革命110周年大会上的重要讲话中指出："110年前，以孙中山先生为代表的革命党人发动了震惊世界的辛亥革命，推翻了清朝政府，结束了在中国延续几千年的君主专制制度，近代以来中国发生的深刻社会变革由此拉开了序幕。这是中国人民和中国先进分子为实现民族独立、人民解放进行的一次伟大而艰辛探索。"110年时光犹如一把刻满了时间刻度的标尺，客观地度量着无数重大历史事件，其中，辛亥革命无疑是值得后人永远铭记的一场伟大革命。

一

辛亥革命标志着中华民族共同体建构的新开端。民族共同体是民族复兴伟业的先决条件，它是在长期历史发展进程中，逐步形成的具有高度认同、命运相连、利益一致的民族群体。不同的民族在其形成的道路上具有不同的特点，中华民族共同体体现为"多元一体"，一体是趋势和结果，多元是一体化进程中的基础和现状。到了辛亥革命，包括维新派、革命派在内的资产阶级知识分子将中华民族共同体的建构上升到了新的高度。革命领袖孙中山先生率先喊出了"振兴中华"的口号，主张"把中国所有各民族融成一个中华民族"。即使是激进的革命派也主张"民族主义之大目的，在统一全族以立国"（余一：《民族主义论》，《浙江潮》第3期）。因此，早在革命理论准备阶段，革命派就已经开启了中华民族共同体的文化与政治建构。

革命派的民族主义主张中华民族共同体内各民族一律平等，无高低贵贱之分，"满洲政府既倒之后，凡汉、满、蒙、苗诸族，同受治于共和政治之下，同享有平等之权利，满、蒙诸族其有抱负不凡者，起而为中华民国之总统可也"（章开沅、罗福惠、严昌洪主编：《辛亥革命史资料新编》第1册，第25页）。孙中山先生在《中华民国临时大总统宣言书》中明确宣布，"合汉、满、蒙、回、藏诸地为一国，即合汉、满、蒙、回、藏诸族为一人——是曰民族之统一"。从此之后，中华民族以整体面貌存在于世界民族之林，民族共同体成为新型民族关系建设的重要原则，也是国家根本大法的重要内容。《中华民国临时约法》规定，"中华民国人民一律平等，无种族、阶级、宗教之区别"，奠定了"五族共和"的法律基础。1936年，国民政府宣布的《中华民国宪法草案》规定，"中华民国各民族均为中华国族之构成分子，一律平等"。1946年通过的中华民国宪法重申，"中华民国各民族一律平等"（《中华民国宪法》，

① 资料来源：彭南生. 辛亥革命与中华民族的复兴伟业. (2021-11-22)[2024-03-22]. https://news. gmw. cn/2021-11/22/content_35326686. htm.

商务印书馆 1947 年版）。

在国难当头的抗战时期，民族意识进一步高涨，中华民族共同体意识从政界、知识界向学校教育渗透，植根于青少年心中，中华民族凝聚力进一步增强。李方晨的《中华民族统一运动史》、李广平的《中华民族发展史》、张旭光的《中华民族发展史纲》、李震同的《中华民族的来源》等，大多描述了汉族和各少数民族是如何融合成中华民族的。中小学历史课本以生动的语言、通俗的文字讲述着中华民族形成的历史故事，培植学生的民族共同体意识和家国情怀：

我们都是中华民族的儿女，中华是我们四万（万）五千万人的家，我们的祖宗生在这儿，死在这儿，我们自己现在也是生长在这儿。我们爱护我们四万（万）五千万人的家，也爱护我们的民族。可是，我们的民族是怎样形成的呢？假使我们知道我们的祖宗是怎样地从相打而相识，从相识而团结成为整个的中华民族，那末（么），我们将加倍热忱爱护我们的民族（陈鹤琴、陈选善主编，马精武编辑：《中华民族的成形》导言，世界书局 1943 年版）。

文化认同既是民族内聚力的强大纽带，又是民族共同体存在与发展的强劲精神源泉。从根本上说，民族共同体由自在到自觉的过程就是文化认同的过程，辛亥革命的发生促成了民族共同体建构的新开端，“中华民国的成立标志着中华民族共同体与民族国家建设的新开端，抗日战争时期共同的命运强化了中华民族的高度认同与命运共同体意识，中华人民共和国的成立宣告了中华民族多元一体格局的基本形成”（彭南生：《辛亥遗产：中华民族共同体建构的新开端》，《史学月刊》2011 年第 4 期）。新中国成立后，中华民族共同体的建设进入了一个新的历史时期，实行民族区域自治，有力地促进了少数民族聚居区社会经济的发展。

二

辛亥革命迈开了中国民主政治的第一步。辛亥革命推翻了封建君主专制统治，建立了中华民国，这是中国历史上的第一个资产阶级共和国。同盟会十六字纲领提出“建立民国”，孙中山先生将它阐释为民权主义，后来又明确宣布，“国家之本，在于人民”。《中华民国临时约法》规定，“中华民国由中华人民组织之”，“中华民国之主权属于国民全体”。《中华民国临时约法》还确立了人民享有人身、居住、财产、言论、出版、集会、结社、通信、信仰等自由，有请愿、诉讼、选举与被选举等权利，这是对民权主义的深化与发展。孙中山先生还对民权的实施路径进行了设计，从建立国民政府逐步过渡到人民主政，最后实行五权宪法。

民权主义理想是美好的，但革命党人对实现民权主义的艰巨性认识不足。袁世凯窃夺辛亥革命的果实之后，以孙中山先生为代表的革命党人痛定思痛，认为民权主义的挫折在于封建专制主义旧势力过于强大，必须与之进行彻底的斗争。经过革命洗礼的一批先进分子继续探寻救国救民的道路，辛亥革命后十年，中国共产党应运而生，在新的形势下，民权主义发展到新的阶段。孙中山先生在国民党一大宣言中将三民主义重新解释为联俄、联共、扶助农工三大政策的新三民主义。他总结了辛亥革命以来为民权主义而奋斗的经验教训，认为“以后应当把调和妥协的手段一概打消，……来做彻底成功的革命”。难能可贵的是，以孙中山先生为代表的革命党人认识到民权主义不能套用西方的民主制度，“外国的民权办法不能做我们的标准，不足为我们的导师。”“我们要解决民权问题，如果仿效欧美，一定是办不通的”（《孙中山选集》下卷，人民出版社 1956 年版）。至此，以孙中山先生为代表的革命党人进一步深化了在中国实现民权主义的认识。可惜，他未能看到民权主义真正实现的那一天。

经过几十年探索与实践，中国共产党带领中国人民找到了一条适合自身国情的政治文明发展道路，社会主义民主政治不断发展。在中国共产党的领导下，通过多党合作和协商民主，真正实现了党的领导、人民当家作主与依法治国的有机统一。党的十八大以来，以习近平同志为核心的党中央深化对民主政治发展规律的认识，提出全过程人民民主的重大理念，把社会主义民主政治建设推向一个新阶段，民主政治的中国实践显示出强大优越性。

三

辛亥革命开启了中国经济现代化建设的新起点。民族复兴伟业需要强大的物质基础，同盟会十六字纲领提出“平均地权”，表明以孙中山先生为代表的革命党人已经意识到土地问题在中国经济建设中的重要性，孙中山先生进一步将它概括为民生主义，希望以此从根本上解决中国的贫弱问题。以孙中山先生为代表的革命党人认识到，仅仅依靠平均地权与节制资本还不够，还需要“发达国家资本”，振兴实业，包括交通运输、工矿企业等。南京临时政府将其民生主义付诸实践，专门确立了商业注册章程、商业银行暂行条例等，鼓励创办各种有利于国计民生的工业、煤矿、铁路、航运、机械制造及各类工厂。然而，由于南京临时政府存续时间很短等原因，上述发展经济的举措未能产生实际效果。

在革命果实被袁世凯窃取后，孙中山先生将主要精力放在民生建设上，精心撰写了《实业计划》，为中国经济现代化描绘了一幅美好蓝图，他雄心勃勃地提出要在十至二十年内，修建十万英里铁路和具有世界水平的三大海港，修建全国公路网，整修运河和内河航道，全面开采煤、铁、石油、有色金属等矿藏，加快钢铁、石油、水泥等行业的发展。农业实现机械化，广泛采用现代农业技术，大力发展粮、棉、油、纺织、日用品、印刷、蚕丝、茶等加工制造业。虽然由于种种原因，这个庞大的实业计划未能成为现实，但他希望通过加强实业建设解决中国民生问题的崇高理想，激励着后人为之不懈奋斗。他提出的平均地权、节制资本等民生主义的核心理念超越了时代条件，对社会建设具有重大启迪。

中国共产党从成立的那一天开始，就把为中国人民谋幸福、为中华民族谋复兴作为矢志不渝的追求，以孙中山先生为代表的辛亥革命先驱们为中华民族所描绘的美好蓝图，已经在中国共产党的领导下成为现实，并正在向更高水平的经济现代化冲刺。我国建成的高铁里程、高速公路里程均居世界第一，基础设施网络四通八达，全球十大港口中，中国占据 7 个。西气东输、西电东送、南水北调、神舟升空、北斗定位、嫦娥奔月、蛟龙入海等伟大工程接连完成，中华民族正在不可逆转地走向伟大复兴。

虽然由于种种限制，辛亥革命未能完成时代所赋予的历史重任，但它吹响了中华民族复兴伟业的号角。110 年来，中国人民接续奋斗，今天，我们比历史上任何时期都更加接近实现中华民族伟大复兴的目标。习近平总书记强调：“孙中山先生和辛亥革命先驱为中华民族建立的历史功绩彪炳千秋！在辛亥革命中英勇奋斗和壮烈牺牲的志士们名垂青史！辛亥革命永远是中华民族伟大复兴征程上一座巍然屹立的里程碑！”新的征程上，海内外全体中华儿女应当更加紧密地团结起来，发扬孙中山先生等辛亥革命先驱的伟大精神，携手向着中华民族伟大复兴的目标继续奋勇前进。

案例研讨： 如何理解“辛亥革命永远是中华民族伟大复兴征程上一座巍然屹立的里程碑”？

二、阅读拓展

辛亥革命的历史局限和启示[①]

辛亥革命是20世纪中国发生的第一次历史性巨大变化，它跨出了一大步。但这一步仍是有限的，没能从根本上改变中国：中国的半殖民地半封建社会性质没有改变，中国人民的悲惨境遇也没有结束。

为什么辛亥革命这样全国规模的革命运动依然不能解决这些根本问题？这是当时中国新旧社会势力的力量对比所决定的，也是中国还不成熟的社会条件所决定的。

帝国主义和封建势力在中国的统治，盘根错节，根深蒂固，推翻它、消灭它不是一两次革命运动的冲击所能完成的，而需要经过持久的多次冲击。更重要的，在中国不成熟的社会条件下，当时的革命党人确实也存在严重的弱点。

第一，那时的革命党人充满着对祖国的热爱，有着革命的决心，却提不出一个彻底的明确的反帝反封建的革命纲领。他们中许多人并未认清帝国主义的真面目，甚至天真地认为，他们既然以西方为学习榜样，就一定能得到西方国家的援助，并且总害怕革命的猛烈发展会招致帝国主义列强的干涉，所以在革命起来后小心翼翼地避免触动列强在中国的既得利益。他们对封建主义也没有多少认识，大多数人把清政府看作唯一的敌人，不但看不到旧社会制度的基础是地主阶级土地所有制，而且把一切赞成或被迫同意推翻清朝统治者的汉族地方官僚看作自己人，不惜向他们作出重大让步。因此，当清朝的统治一旦被推倒，建立了民国，许多人便以为革命已经成功，失去继续前进的方向和动力，妥协心理上升为主流，导致革命半途而废。

第二，辛亥革命在一定程度上依靠并发动了群众，但做得远远不够。革命党人不仅在会党和新军中做了许多工作，并且开展了有力的革命宣传，举行了多次武装起义，在社会上博得相当广泛的同情。这是武昌起义能够很快得到多数省响应的重要原因。可是，依靠并发动群众的严重不足，尤其是没有深入到社会底层去，同占中国人口绝大多数的劳动人民相脱离，又是导致它不能把革命进行到底的重要原因。帝国主义和封建势力在中国的统治那样根深蒂固，要推倒它们，不充分发动广大民众是办不到的。当时的革命党人恰恰做不到这一点，特别是没有一场农村的大变动，不可能吸引广大农民积极参与革命。这样，他们在强大的帝国主义和封建势力面前只能深感自己缺乏实力而处于孤立无援的境地，从而走向妥协。

第三，领导这场革命的中国同盟会是一个松散的组织，成员复杂。当革命开始取得胜利时，革命阵营内部便呈现出一派分崩离析的混乱局面：内部意见分歧，不少人转眼间成为享有权势的新贵而心满意足，开始争权夺利。吴玉章回忆道："在南京临时政府中，不仅原来的官僚政客毫无生气，并且有些革命党人也在他们的影响下，开始蜕化，逐渐地丧失革命意志，而一味追求个人的官职和利禄去了。"没有一个坚强有力的革命政党作为团结群众的核心，也无法使革命进行到底。

一句话，缺乏一个能够提出明确的科学的革命纲领、能够发动并依靠全国最大多数民众、由有共同理想和严格纪律的先进分子组成的革命政党的领导。这是辛亥革命留下的发人深思

---

① 资料来源：金冲及. 辛亥革命的历史局限和启示. 人民日报，2011-09-07.

的沉重（痛）教训，而这又是当时中国不成熟的社会条件所决定的。

路总得一步一步走。跨出了第一步，就可能有第二步和第三步。中国共产党领导人中的年长者，如朱德、董必武、林伯渠、吴玉章等早年都参加过中国同盟会，投身辛亥革命，这在当时是最进步的思想和行动。比他们年轻一点的毛泽东在武昌起义爆发后也支持辛亥革命，曾投身湖南新军。他们正是在辛亥革命的洗礼中受到了深刻的教育，用新的眼光来看待中国的问题，提高了民族民主觉悟和革命决心；又从它遭受的沉重挫折中接受教训，思考它的不足，开始新的探索。辛亥革命的成功和失败从正反两个方面教育了中国的先进分子，起了某种阶梯的作用。

1921 年成立的中国共产党，一开始就显示出中国以往任何政党不曾有过的全新特点：有着科学的理论——以马克思主义为指导来观察和分析中国的问题，提出明确的反帝反封建纲领；能够到社会底层去，坚决发动并依靠占中国人口绝大多数的劳动民众共同奋斗；组成一个有共同理想和严格纪律的先进分子的革命政党，成为凝聚群众的核心力量。毛泽东同志指出，“中国产生了共产党，这是开天辟地的大事变。”有了中国共产党，中国的面目就为之一新。尽管在历史发展的征程中遇到了种种困难和曲折，但中国共产党始终坚持立党的根本，不断开拓前进，取得了革命、建设、改革的光辉成就，在中华民族伟大复兴的道路上大步前进。

这就是历史：后人总是以前人已经达到的位置作为出发点继续前进，又大大超越前人。但前人的历史功绩不容遗忘，应当永远铭记，因为没有昨天，也就不会有今天和明天。

三、实践项目

| 项目一 |

参观辛亥革命纪念馆有感

（一）实践内容

辛亥革命武昌起义纪念馆，是依托“中华民国”军政府鄂军都督府旧址（即武昌起义军政府旧址）而建立的纪念性博物馆，位于湖北省武汉市武昌阅马场，西邻黄鹤楼，北倚蛇山，南面首义广场。

（二）实践要求

任课教师在课堂上布置需要参观的内容、要求及所要达到的预期效果，讲清楚相应的理论内容，让学生在理论指导下进行观看。学生观看任务完成后，结合自己的所思所想所感，通过搜集、查阅各种资料，形成一篇不少于 2 000 字的观后感，在规定时间内提交任课教师。

| 项目二 |

经典影视鉴赏——《辛亥革命》

（一）鉴赏目的

通过对电影的观看，详细了解辛亥革命爆发的背景和经过，加深对辛亥革命的全面认识和理解。

（二）鉴赏内容

19 世纪末 20 世纪初，清王朝三百年江山气数将尽，内忧外患，时局动荡，正值乱世之际，英雄辈出，中华民族面临着重大的历史变革。以孙中山为首的仁人志士意识到只有民主共和才能救中国，他们组成一个个革命政党，旨在推翻满清政府，建立人民当家作主的民主国家。在这一过程中，无数革命者流血牺牲，许多革命家站出来与落后的封建体制作斗争，终于在武昌打响了辛亥革命的第一枪。在此期间，黄兴、黎元洪、袁世凯、宋教仁等各方人物你方唱罢我登场，来到这一重大历史关口的中国该何去何从？……

（三）鉴赏作业

学生结合所学内容观看电影，根据影片情节与个人感受，提交 2 000 字观后感。

第四章　中国共产党的成立和中国革命新局面

一、案例精选

毛泽东论述中国共产党的成立①

关于中国共产党的成立，毛泽东有过许多精辟的论述，其中有三句话影响最大，分别是“其作始也简，其将毕也必巨”“自从有了中国共产党，中国革命的面目就焕然一新了”“中国产生了共产党，这是开天辟地的大事变”。

“其作始也简，其将毕也必巨”

1956 年 2 月，中共中央政治局委员、中共“一大”代表董必武到上海“一大”会址视察，并为纪念馆题词：“作始也简，将毕也巨。”这句话出自《庄子·人间世》，原文为“其作始也简，其将毕也必巨”，是指有些事情开始时极其微小，不被重视，后来却发展壮大起来，成就了一番大事业。其实，最早引用这一古语来论述中国共产党成立的人是毛泽东。

1945 年 4 月，中国共产党第七次全国代表大会在延安隆重举行。4 月 21 日，在预备会议上，毛泽东作报告，简要地回忆了中国共产党成立的情况。他说：一九二一年，我们党开第一次代表大会。在十二个代表中，现在活着的还是共产党员的（叛变了的如张国焘之流不算），一个是陈潭秋，现在被国民党关在新疆监牢里，一个是董必武，现在飞到旧金山去了，我也是一个。十二个代表中现在在南京当汉奸的就有两个，一个是周佛海，一个是陈公博。会是在七月间开的，我们现在定七月一日为党的周年纪念日。……所谓代表，哪有同志们现在这样高明，懂得这样，懂得那样。什么经济、文化、党务、整风等等，一样也不晓得。当时我就是这样，其他人也差不多。当时陈独秀没有到会，他在广东当教育厅（厅）长。我们中国《庄子》上有句话说：“其作始也简，其将毕也必巨。”现在我们还没有“毕”，已经很大。接着，毛泽东回顾了中国共产党走过的 24 年历程，满怀豪情地说：“我们党尝尽了艰难困苦，轰轰烈烈，英勇奋斗。从（自）古以来，中国没有一个集团，像共产党一样，不惜牺牲一切，牺牲多少人，干这样的大事。”

毛泽东这番讲话，透露了许多鲜为人知的信息。比如，一大召开的时间、地点、代表人数，为什么要移到南湖开会，当时还活着的代表的情况，以及毛泽东本人入党的情况等等。但核心的内容，是讲中国共产党怎样由“简”到“巨”，由“年幼无知，不知世事”到“翻天覆地”的。当时绝大多数代表是第一次听到关于中共一大的情况介绍，感到很新鲜，很兴奋，同时又备受鼓舞。

1945 年 6 月 17 日，在中国革命死难烈士追悼大会上，毛泽东发表演说，又一次引用了这句话，并解释说：“‘作始’就是开头的时候，‘简’就是很少，是简略的，‘将毕’就是快

---

① 资料来源：李腊生，刘明钢. 毛泽东论述中国共产党的成立. (2011-11-16)[2024-03-25]. https://epaper. gmw. cn/gmrb/html/2011-11/16/nw. D110000gmrb_20111116_2-11. htm.

结束的时候，‘巨’就是巨大、伟大。这可以用来说明是有生命力的东西，有生命力的国家，有生命力的人民群众，有生命力的政党。”

“其作始也简，其将毕也必巨”，这句富有哲理的话正是中国共产党的真实写照。中国共产党刚刚成立时，只有几十名党员，也没有什么重大影响。胡乔木说：“‘一大’开过了，似乎什么也没有发生，连报纸上也没有一点报道。但是中国的伟大事变在实质上却开始了。”中国共产党由“简”到“巨”的事实雄辩地证明，代表人民群众根本利益、代表历史前进方向的新生力量是充满旺盛生命力的，是不可战胜的。

“自从有了中国共产党，中国革命的面目就焕然一新了”

“自从有了中国共产党,中国革命的面目就焕然一新了”,这是毛泽东非常经典的一句话。这句名言道出了一个有目共睹的事实，反映了广大人民群众的亲身体验，表达了许多人想说但又没有恰当词语表达的那份感情，因而广为传播，深入人心。

这句名言出自《全世界革命力量团结起来，反对帝国主义的侵略》一文。为纪念俄国十月革命 31 周年，1948 年 11 月，毛泽东给欧洲共产党和工人党情报局机关刊物写了这篇文章，发表在该刊 1948 年第 21 期，后收入《毛泽东选集》第 4 卷。

文章在论述俄国十月革命的世界意义之后，毛泽东笔锋一转写道：“既要革命，就要有一个革命党。没有一个革命的党，没有一个按照马克思列宁主义的革命理论和革命风格建立起来的革命党，就不可能领导工人阶级和广大人民群众战胜帝国主义及其走狗……自从有了中国共产党，中国革命的面目就焕然一新了。”

这段论述是对中国共产党成立伟大意义的最精辟的概括。中国共产党的成立开辟了中国近现代历史的新纪元。只有中国共产党才能领导中国人民取得民族独立、人民解放，才能开创建设中国特色社会主义的道路，实现民族振兴、国家富强和人民幸福。这是历史的结论。

“中国产生了共产党，这是开天辟地的大事变”

步入嘉兴南湖革命纪念馆，首先映入眼帘的是几个大字：“开天辟地大事变”。这是整个展览的主题，也是对中国共产党成立的历史地位和历史意义本质的概括。

“开天辟地的大事变”，这句话出自毛泽东撰写的《唯心历史观的破产》一文。在中国革命已经取得基本胜利的时刻，美国国务院在 1949 年 8 月 5 日发表了题为《美国与中国的关系》的白皮书，为惨遭失败的扶蒋反共政策进行辩护。在白皮书编好之后，主持编写的国务卿艾奇逊给总统杜鲁门写了一封信，报告白皮书的编写情况。白皮书和艾奇逊的信发表之后，毛泽东为新华社写了五篇评论，《唯心历史观的破产》是其中的最后一篇。

在这篇文章中，毛泽东用事实驳斥了艾奇逊所谓的“西方的影响”引发了中国革命的谬论，指出：“不是什么西方思想的输入引起了‘骚动和不安’，而是帝国主义的侵略引起了反抗。”接着，他指出：“在这个反抗运动中，在一个很长的时期内，即从一八四〇年（1840）的鸦片战争到一九一九（1919）年的五四运动的前夜，共计七十多年中，中国人没有什么思想武器可以抗御帝国主义。旧的顽固的封建主义的思想武器打了败仗了，抵不住，宣告破产了。不得已，中国人被迫从帝国主义的老家即西方资产阶级革命时代的武器库中学来了进化论、天赋人权论和资产阶级共和国等项思想武器和政治方案，组织过政党，举行过革命，以为可以外御列强，内建民国。但是这些东西也和封建主义的思想武器一样，软弱得很，又是抵不住，败下阵来，宣告破产了。一九一七（1917）年的俄国革命唤醒了中国人，中国人学得了一样新的东西，这就是马克思列宁主义。中国产生了共产党，这是开天辟地的大事变。”科学理论对实践的指导作用在于其可以使人们科学地揭示问题的本质，发现事物发展的规律，进而找到解决实际问题的办法。毛泽东在这篇文章中写道：“马克思列宁主义来到中国之所以发生这样大的作用，是因为中国的社会条件有了这种需要，是因为同中国人民革命的实践发生了联系，是因为被中国人民所掌握了。”

在浩瀚的历史长河中，曾发生过许许多多的重大事件。但是，在中国工人运动与马克思主义相结合的基础上成立中国共产党，这是开天辟地头一遭。由于掌握了马克思主义这个锐利的思想武器，中国共产党就能为中国革命指明斗争的目标和走向胜利的道路，就能给灾难深重的中国人民带来光明和希望。这也是毛泽东将中国共产党的成立称为“开天辟地的大事变”的原因。

案例研讨：中国共产党成立的背景是什么？为什么中国共产党的成立是中华民族发展史上开天辟地的大事变？

二、阅读拓展

在庆祝中国共产党成立100周年大会上的讲话[①]（节选）

（2021 年 7 月 1 日）

习近平

……

中华民族是世界上伟大的民族，有着 5 000 多年源远流长的文明历史，为人类文明进步作出了不可磨灭的贡献。1840 年鸦片战争以后，中国逐步成为半殖民地半封建社会，国家蒙辱、人民蒙难、文明蒙尘，中华民族遭受了前所未有的劫难。从那时起，实现中华民族伟大复兴，就成为中国人民和中华民族最伟大的梦想。

为了拯救民族危亡，中国人民奋起反抗，仁人志士奔走呐喊，太平天国运动、戊戌变法、义和团运动、辛亥革命接连而起，各种救国方案轮番出台，但都以失败而告终。中国迫切需要新的思想引领救亡运动，迫切需要新的组织凝聚革命力量。

十月革命一声炮响，给中国送来了马克思列宁主义。在中国人民和中华民族的伟大觉醒中，在马克思列宁主义同中国工人运动的紧密结合中，中国共产党应运而生。中国产生了共产党，这是开天辟地的大事变，深刻改变了近代以后中华民族发展的方向和进程，深刻改变了中国人民和中华民族的前途和命运，深刻改变了世界发展的趋势和格局。

中国共产党一经诞生，就把为中国人民谋幸福、为中华民族谋复兴确立为自己的初心使命。一百年来，中国共产党团结带领中国人民进行的一切奋斗、一切牺牲、一切创造，归结起来就是一个主题：实现中华民族伟大复兴。

① 资料来源：习近平. 在庆祝中国共产党成立 100 周年大会上的讲话(2021-7-15)[2024-03-25]. http://www. xinhuanet. com/politics/leaders/2021-07/ 15/c_1127658385. htm.

——为了实现中华民族伟大复兴，中国共产党团结带领中国人民，浴血奋战、百折不挠，创造了新民主主义革命的伟大成就。我们经过北伐战争、土地革命战争、抗日战争、解放战争，以武装的革命反对武装的反革命，推翻帝国主义、封建主义、官僚资本主义三座大山，建立了人民当家作主的中华人民共和国，实现了民族独立、人民解放。新民主主义革命的胜利，彻底结束了旧中国半殖民地半封建社会的历史，彻底结束了旧中国一盘散沙的局面，彻底废除了列强强加给中国的不平等条约和帝国主义在中国的一切特权，为实现中华民族伟大复兴创造了根本社会条件。中国共产党和中国人民以英勇顽强的奋斗向世界庄严宣告，中国人民站起来了，中华民族任人宰割、饱受欺凌的时代一去不复返了！

——为了实现中华民族伟大复兴，中国共产党团结带领中国人民，自力更生、发愤图强，创造了社会主义革命和建设的伟大成就。我们进行社会主义革命，消灭在中国延续几千年的封建剥削压迫制度，确立社会主义基本制度，推进社会主义建设，战胜帝国主义、霸权主义的颠覆破坏和武装挑衅，实现了中华民族有史以来最为广泛而深刻的社会变革，实现了一穷二白、人口众多的东方大国大步迈进社会主义社会的伟大飞跃，为实现中华民族伟大复兴奠定了根本政治前提和制度基础。中国共产党和中国人民以英勇顽强的奋斗向世界庄严宣告，中国人民不但善于破坏一个旧世界、也善于建设一个新世界，只有社会主义才能救中国，只有社会主义才能发展中国！

——为了实现中华民族伟大复兴，中国共产党团结带领中国人民，解放思想、锐意进取，创造了改革开放和社会主义现代化建设的伟大成就。我们实现新中国成立以来党的历史上具有深远意义的伟大转折，确立党在社会主义初级阶段的基本路线，坚定不移推进改革开放，战胜来自各方面的风险挑战，开创、坚持、捍卫、发展中国特色社会主义，实现了从高度集中的计划经济体制到充满活力的社会主义市场经济体制、从封闭半封闭到全方位开放的历史性转变，实现了从生产力相对落后的状况到经济总量跃居世界第二的历史性突破，实现了人民生活从温饱不足到总体小康、奔向全面小康的历史性跨越，为实现中华民族伟大复兴提供了充满新的活力的体制保证和快速发展的物质条件。中国共产党和中国人民以英勇顽强的奋斗向世界庄严宣告，改革开放是决定当代中国前途命运的关键一招，中国大踏步赶上了时代！

——为了实现中华民族伟大复兴，中国共产党团结带领中国人民，自信自强、守正创新，统揽伟大斗争、伟大工程、伟大事业、伟大梦想，创造了新时代中国特色社会主义的伟大成就。党的十八大以来，中国特色社会主义进入新时代，我们坚持和加强党的全面领导，统筹推进"五位一体"总体布局、协调推进"四个全面"战略布局，坚持和完善中国特色社会主义制度、推进国家治理体系和治理能力现代化，坚持依规治党、形成比较完善的党内法规体系，战胜一系列重大风险挑战，实现第一个百年奋斗目标，明确实现第二个百年奋斗目标的战略安排，党和国家事业取得历史性成就、发生历史性变革，为实现中华民族伟大复兴提供了更为完善的制度保证、更为坚实的物质基础、更为主动的精神力量。中国共产党和中国人民以英勇顽强的奋斗向世界庄严宣告，中华民族迎来了从站起来、富起来到强起来的伟大飞跃，实现中华民族伟大复兴进入了不可逆转的历史进程！

一百年来，中国共产党团结带领中国人民，以"为有牺牲多壮志，敢教日月换新天"的大无畏气概，书写了中华民族几千年历史上最恢宏的史诗。这一百年来开辟的伟大道路、创造的伟大事业、取得的伟大成就，必将载入中华民族发展史册、人类文明发展史册！

同志们、朋友们！

一百年前，中国共产党的先驱们创建了中国共产党，形成了坚持真理、坚守理想，践行初心、担当使命，不怕牺牲、英勇斗争，对党忠诚、不负人民的伟大建党精神，这是中国共产党的精神之源。

一百年来，中国共产党弘扬伟大建党精神，在长期奋斗中构建起中国共产党人的精神谱系，锤炼出鲜明的政治品格。历史川流不息，精神代代相传。我们要继续弘扬光荣传统、赓续红色血脉，永远把伟大建党精神继承下去、发扬光大！

……

同志们、朋友们！

未来属于青年，希望寄予青年。一百年前，一群新青年高举马克思主义思想火炬，在风雨如晦的中国苦苦探寻民族复兴的前途。一百年来，在中国共产党的旗帜下，一代代中国青年把青春奋斗融入党和人民事业，成为实现中华民族伟大复兴的先锋力量。新时代的中国青年要以实现中华民族伟大复兴为己任，增强做中国人的志气、骨气、底气，不负时代，不负韶华，不负党和人民的殷切期望！

……

同志们、朋友们！

中国共产党立志于中华民族千秋伟业，百年恰是风华正茂！回首过去，展望未来，有中国共产党的坚强领导，有全国各族人民的紧密团结，全面建成社会主义现代化强国的目标一定能够实现，中华民族伟大复兴的中国梦一定能够实现！

伟大、光荣、正确的中国共产党万岁！

伟大、光荣、英雄的中国人民万岁！

三、实践项目

项目一

大学生对本地红色文化资源认知度调查

（一）调查目的

通过调查，了解大学生对红色文化资源了解的程度，为高校思政课教师将红色文化资源有效融入思政课教学提供帮助。

（二）调查对象

在校大学生

（三）活动方案

时间：4 学时

地点：校园

方式：调查分析

流程：

（1）将调查问卷复印100份，将所在班级同学分为10组，每组完成调查问卷10份。调查对象不限本班同学，尽量做到男女比例均衡。

（2）调查采取无记名的方式进行，要求选出同意的选项。

（3）调查完成后收齐问卷，并对各小组的数据进行汇总。

（4）将调查情况写成调查报告，上交任课教师。

【附】调查问卷

（1）你的年级（　　）。

A. 大一　　B. 大二　　C. 大三　　D. 大四

（2）你对本地的红色文化有多少了解？（　　）

A. 非常了解　　B. 了解一些　　C. 不太了解　　D. 完全不了解

（3）你是否曾参与过有关本地红色文化的活动或考察？（　　）

A. 经常参加　　B. 偶尔参加　　C. 从未参加

（4）你认为学校是否充分利用红色文化资源进行思政课教学？（　　）

A. 非常充分　　B. 比较充分　　C. 一般　　D. 不够充分

（5）你最近了解本地红色文化是通过什么渠道？（　　）

A. 学校组织的社团活动　　B. 课堂教学

C. 社交媒体　　D. 图书资料

E. 其他

（6）你认为红色文化对大学生的思想政治教育有何重要性？（　　）

A. 非常重要　　B. 重要　　C. 一般　　D. 不太重要

（7）你觉得学校是否应该增加红色文化相关的课程或者活动？（　　）

A. 是　　B. 否

（8）你是否认为更多的红色文化融入思政课教学会对学生的思想产生积极的影响？（　　）

A. 强烈同意　　B. 同意　　C. 不确定　　D. 不同意

（9）请分享你对本地红色文化的一次深刻印象或体验。

____

（10）如果你有机会参与红色文化的活动，你希望是什么类型的活动？

____

（11）你认为学校还可以通过什么方式更好地融入红色文化资源到思政课中？

____

（12）你对思政课中的红色文化教学有其他建议吗？

____

项目二

经典影片鉴赏——《建党伟业》

（一）鉴赏目的

通过对经典电影的观看，促使学生深入了解和体会中国共产党成立前后的艰辛历程。

（二）鉴赏内容

《建党伟业》记录了从 1911 年辛亥革命爆发开始至 1921 年中国共产党第一次全国代表大会召开为止共 10 年中国所发生的一系列重大历史事件，大体上由民初动乱、五四运动及中共建党三部分剧情组成。

（三）鉴赏作业

学生结合所学内容观看影片，根据影片内容和个人认识，提交 2 000 字的观后感。

第五章　中国革命的新道路

一、案例精选

铸就我们民族的精神航道——写在长征胜利 80 周年之际[1]（节选）

这些名字，我们或许不太熟悉，但重温他们的故事，却每每让人震撼：

郑金煜，17 岁，红四团通讯员，过草地时饿得走不动路，被战友们绑在马背上前进。“在政治上我是块钢铁，但是我实在是不行了，我坚持不住了，我要死了，我看不到革命的胜利了。”说完临终遗言，他牺牲在了走出草地的前一天。

姜秀英，24 岁，红四（中国工农红军第四）方面军藏族女战士。翻越雪山时，她的脚趾被冻坏了，为了跟上行军队伍，她从老乡家里借来斧头，砍掉溃烂的脚趾，简单处理后继续前进。

更多的红军战士，他们的名字已经难以寻找，他们的事迹也难以还原，唯山河记取，唯天地见证。他们的精神，早已汇入了长存的浩气之中，与国家民族的脉搏一起，永恒跳动。

“没有理想，红军连一千里都走不了。”长征锻造了一支“历史上无与伦比的坚强队伍”，因为对革命事业的忠贞不渝，对共产主义的信念坚如磐石，红军战胜了常人看来不可战胜的艰难险阻，创造了人间奇迹。多次与共产党“交手”的张学良感慨，共产党、红军信仰他们的主义，即便是普通士兵也是如此。曾跟随红军长征的英国传教士薄复礼，在《神灵之手》中这样描述，“这些被国民党称作土匪的人，实际上是坚信马克思主义并实践着其原理的人。”

长征精神是什么？是为掩护中央红军，红 34（红军第 34）师死守湘江阵地的壮烈与卓绝；是宿营地的篝火旁，用法语唱起《马赛曲》、用德语背诵《共产党宣言》的乐观与豪迈；是瞿秋白神态自若走向刑场，对着枪口坦然说“此地甚好”的从容与坚定；是陈毅转战粤赣边在大山中坚持游击战，笑称“取义成仁今日事，人间遍种自由花”的信仰与信念。长征精神，在宁肯自己挨饿也要保障后勤的“金色鱼钩”上闪耀，在怀着对胜利的无限渴望留下来的“半截皮带”上刻印，在临死前托付给战友的“七根火柴”上熊熊燃烧……

长征精神是什么？是把全国人民和中华民族的根本利益看得高于一切，坚定革命的理想和信念，坚信正义事业必然胜利的精神；是为了救国救民，不怕任何艰难险阻，不惜付出一切牺牲的精神；是坚持独立自主、实事求是，一切从实际出发的精神；是顾全大局、严守纪律、紧密团结的精神；是紧紧依靠人民群众，同人民群众生死相依、患难与共、艰苦奋斗的精神。

这是中国革命史中至为关键的一环，信仰的锤炼，意志的锻造，激荡着永不言败的革命乐观主义豪情。出发，出发！向着理想豪迈进军。前进，前进！信仰支撑我们前行。胜利，胜利！未来终将属于我们。“革命理想高于天”“不怕牺牲、排除万难去争取胜利”“面对形形

---

① 资料来源：任仲平. 铸就我们民族的精神航道：写在长征胜利 80 周年之际. (2016-10-19)[2024-03-25]. https://www. chinanews. com. cn/gn/2016/10-18/8035859. shtml.

色色的敌人决一死战、克敌制胜”……长征展现出信念的力量、意志的力量、精神的力量，体现了以爱国主义为核心的民族精神，构筑起中华民族的精神路标。

案例研讨：我们作为中国特色社会主义事业的建设者和接班人，如何传承长征精神，实现中华民族的伟大复兴？

二、阅读拓展

从红军长征中学习运用六大思维能力[①]（节选）

80 多年前，我们党领导的红军，以非凡的智慧和大无畏的英雄气概，战胜千难万险，付出巨大牺牲，胜利完成震撼世界、彪炳史册的长征。红军长征，是中国共产党人成功运用战略思维、历史思维、辩证思维、创新思维、法治思维、底线思维能力解决当时紧迫而又复杂问题的典范。

1. 战略思维能力

面对日本帝国主义侵略的逐渐升级，面对国民党反动派的围追堵截，中国共产党和红军在长征途中虽然面对的形势异常艰难，但始终没有放弃“北上抗日打东洋”的宣传，始终坚持“北上抗日”的正确方针，站在民族道义的制高点上，在战略上赢得主动。

针对 1935 年日本对华侵略的扩大，国民党当局丧权辱国地把河北、察哈尔两省大部分主权奉送给日本，致使中华民族又一次陷入严重的民族危机。长征途中的中国共产党人把长征前进的大方向与奔赴抗日前线联系在一起。1935 年 8 月 1 日，中共代表团在共产国际大会上发出《为抗日救国告全体同胞书》，呼吁“集中一切国力去为抗日救国的神圣事业而奋斗”。同年 11 月，长征到达陕北的中共中央以中华苏维埃共和国中央政府主席毛泽东、中国工农红军革命军事委员会主席朱德的名义，于 11 月 13 日、28 日连续发表《抗日救国宣言》，揭露日本的侵略罪行，指出中华民族已处在生死存亡的紧急关头，号召停止一切内战，共同对日抗战。与国民党面对日本侵略采取的妥协的不抵抗主义相比较，中国共产党的抗日主张在社会各阶层中引起强烈反响，广大民众逐渐认识到，中国共产党是真正高举抗日大旗，积极抗日的。

习近平总书记指出：“长征胜利启示我们：一个党要立于不败之地，必须立于时代潮头，紧扣新的历史特点，科学谋划全局，牢牢把握战略主动，坚定不移实现我们的战略目标。”

2. 历史思维能力

在《西行漫记》一书中，长征胜利结束后，毛泽东同志曾对斯诺说，强渡大渡河是长征中关系最重大的一个事件，如果当初红军渡河失败，就很可能遭到歼灭。这种状况，在历史上不是没有先例的。太平天国时期，石达开率领的十万太平军将士在大渡河遭到清军的包围，

① 资料来源：金文斌. 从红军长征中学习运用六大思维能力. (2019-06-11)[2024-03-25]. https: //news. gmw. cn/2019-06/11/content_32907906. htm.

全军覆灭。国民党叫嚣“要朱、毛成为石达开第二”，让红军重演一次太平天国的历史。而中国共产党人“知道石达开失败的主要原因是贻误军机”。

此外，据当年目睹石达开失败的一个老翁对陈云同志说，太平军和石达开之所以失败，还有一个，就是他不知道对待少数民族——彝民应有的态度。以毛泽东同志为主要代表的中国共产党人“决心不要重蹈他（注：石达开）的覆辙”，指挥红军迅速地北移到四川境内，并且很好地执行了民族政策。在船只太少、渡河缓慢、追兵迫近的危急关头，毛泽东同志决定另辟蹊径，红军主力沿大渡河右边而上，强行军 120 里（1 里=500 米），抢夺上游的泸定桥，终于强渡了大渡河，使红军避免了太平军当年悲剧的重演。

习近平总书记强调，“历史是一面镜子，鉴古知今，学史明智”“新时代坚持和发展中国特色社会主义，更加需要系统研究中国历史和文化，更加需要深刻把握人类发展历史规律，在对历史的深入思考中汲取智慧、走向未来”。

3. 辩证思维能力

遵义会议结束了“左”倾教条主义在中央的统治，确立了毛泽东同志在党和红军的领导地位，在中国革命最危急的关头挽救了党，挽救了红军，挽救了中国革命。遵义会议上，毛泽东同志在大敌当前情况下，抓住了当时最为紧迫的军事领导指挥上的错误问题来解决。

周恩来同志曾回忆说，遵义会议的主旨是纠正军事路线错误，因为当时是在惊涛骇浪中作战，军事路线最紧迫。先解决军事路线，这就容易通，很多人一下子就接受了。如果当时说整个都是路线问题，很多人暂时会保留，反而阻碍党的前进。周恩来同志感叹“这是毛主席的辩证唯物主义，解决矛盾首先解决主要矛盾，其次的放后一点嘛”。

习近平总书记强调：“我们的事业越是向纵深发展，就越要不断增强辩证思维能力。”

4. 创新思维能力

红军长征途中四渡赤水战役，是毛泽东同志直接指挥的运动战。他创造性地把历代兵家的谋略，如出其不意、声东击西、避实击虚、诱而取之等运用得淋漓尽致，让 3 万多名红军巧妙地穿插迂回于几十万敌军之间，在机动中创造新的战机。红军从战略的被动中，打破了敌军的围追堵截，牢牢地掌握了战役的主动权。

习近平总书记指出：“创新是（一个）民族进步的灵魂，是一个国家兴旺发达的不竭（动力），也是中华民族最深沉的民族禀赋，正所谓‘苟日新，日日新，又日新’。”

5. 法治思维能力

1934 年 10 月，红军总政治部发布的《关于准备长途行军与战斗的政治指令》等就明确指出，“坚决的与脱离群众、破坏纪律的现象斗争”。要求每一个红军将士严格执行党的纪律，不侵犯群众利益，不侵占民宅，不违犯禁令，不强买；同时专门成立纪律检查队，对部队执行纪律工作进行监督检查。在经过少数民族地区时，总政治部又发布训令，要求红军将士绝对地遵从少数民族群众的风俗习惯，绝对禁止对少数民族进行骚扰，反对大汉族主义。红军长征途经地区有半数以上为少数民族聚居区或杂居区，但红军将士模范执行纪律的行为受到了沿途群众热烈欢迎和真心拥护，彻底打破了敌人利用民族矛盾和地方宗教势力消灭红军的阴谋。

由于长征需要不断进行战略转移，很多情况下军队纪律就代替了法律。有的纪律规定基本与苏维埃政权的刑法等法规类似，起了非常重要的作用。

习近平总书记指出，各级领导干部要提高运用法治思维和法治方式深化改革、推动发展、化解矛盾、维护稳定能力，努力推动形成办事依法、遇事找法、解决问题用法、化解矛盾靠法的良好法治环境，在法治轨道上推动各项工作。

6. 底线思维能力

面对敌军不断压缩中央苏区空间，中国共产党人为了保存革命有生力量，被迫战略转移，走上漫漫长征路。面对敌军的围追堵截，遵义会议后为在战斗中尽可能多地减少伤亡，以取得胜利为最低目标。1935 年 3 月 10 日，在讨论进攻打鼓新场的军事会议上，毛泽东同志提出不能“啃硬”的意见一时不被大家接受，但他为了减少红军不必要的伤亡，深夜独自一人提着马灯，先后到周恩来住处和朱德住处深谈，最终说服二人。3 月 11 日早上再次举行中央负责人会议，毛泽东同志说服了大多数与会者，放弃进攻打鼓新场的计划，避免了一次将要发生的重大损失，又一次保存了革命有生力量。

党的十八大以来，习近平总书记多次强调要坚持底线思维，对一些重要领域要坚守底线进行了深刻阐述。

红军长征路上，中国共产党人运用战略思维、历史思维、辩证思维、创新思维、法治思维、底线思维能力解决当时紧迫而又复杂的问题，不是单一的（地）、逐个地使用，而是在整体性视野中综合运用，这也要求新时代的领导干部在工作中坚持问题导向，聚焦突出矛盾，深入调查研究，打好六大思维能力组合拳，以钉钉子精神狠抓落实，不断在新时代长征路上取得一个又一个伟大胜利。

三、实践项目

| 项目一 |

模拟导游——重走长征路

（一）实践目标

通过模拟导游的实践活动，再现长征历程，加深学生对长征的全面认识和理解，深刻体会长征精神的内涵，激发学生继承和弘扬长征精神的情感。

（二）实践方案

1. 任课教师提前布置任务，说明活动主题和注意事项。

2. 学生以小组为单位，分工合作，收集资料，绘制旅游路线图，准备导游词，重点突出长征途中的重要战役、重大会议、重要历史人物等内容。

3. 各小组推选代表依次进行汇报展示，以导游的身份带领大家重走长征路。任课教师根据各小组的展示情况进行点评。

4. 各小组提交本小组准备的相关资料。

| 项目二 |

经典影视鉴赏——《井冈山》

（一）鉴赏目的

通过对经典电影的观看，促使学生深入了解和体会中国共产党探索革命新道路的艰辛历程。

（二）鉴赏内容

三湾改编以后，毛泽东提出争取王佐和袁文才地方武装，使他们的部队加入工农武装。随后，又派何长工去寻找参加南昌起义的朱德、陈毅等率领的部队。这时，湖南省委派特派员要毛泽东派部队支援湖南暴动，毛泽东一面向省委领导申诉，一面派兵增援湖南。结果，遭到严重挫折。于是，毛泽东再次回到井冈山。1928 年，毛泽东与朱德的部队在宁冈砻市会师。从此，井冈山成了工农革命军的坚强根据地。

（三）鉴赏作业

学生结合所学内容观看影片，根据影片内容与个人感受，提交 2 000 字的观后感。

第六章　中华民族的抗日战争

一、案例精选

抗战时共产党创造八个第一①

第一个表明抵抗日本侵略的鲜明立场

1931 年九一八事变发生后，中共中央立即作出《关于日本帝国主义强占满洲事变的决议》，随后又连续多次发表宣言，声讨日本法西斯的侵略罪行，表明了中国共产党坚决抵抗日本侵略的立场。

第一个提出建立抗日民族统一战线

1935 年 8 月 1 日，中国共产党发表《八一宣言》，明确表示只要国民党军队停止进攻苏区，实行对日作战，红军愿立刻与之携手，共同救国。1935 年 12 月，中共中央在陕北子长县瓦窑堡召开政治局扩大会议，从理论和政策上正式确立了中国共产党关于建立抗日民族统一战线策略的总路线。1936 年 12 月，西安事变爆发，在中国共产党的积极奔走和推动下，事变得到和平解决，抗日民族统一战线初步形成。

第一个指明抗日战争的道路、前途和命运

抗日战争初期，我们应该开辟出一条什么样的抗战道路？抗日战争将会面临怎样的命运？抗日战争的发展前途究竟如何？一时成了人们关注的焦点。为此，毛泽东写下了著名的《论持久战》，于 1938 年 5 月公开发表。在这篇著作中，毛泽东作出了中国不会灭亡，也不能速胜，只要经过艰苦、持久的抗战，最后的胜利就一定属于中国的正确结论。

第一个打破日军不可战胜的神话

卢沟桥事变后，中国共产党为了配合友军作战，阻挡日军的攻势，派出八路军第 115 师开抵平型关地区集结待命。9 月 25 日晨 7 时许，日军第 5 师团第 21 旅团一部进入我 115 师主力预伏地域，随即双方展开激烈战斗，最终八路军取得胜利。平型关战斗给日军最精锐的部队板垣第 5 师团第 21 旅团一部以歼灭性打击，是抗战以来中国军队的第一次胜利，打破了日军不可战胜的神话。

第一个在最艰难的时刻全力奋勇出击

1940 年下半年，在八路军总部的统一领导下，彭德怀指挥八路军 129 师、120 师和晋察

① 资料来源：佚名. 抗战时共产党创造八个第一. (2015-09-03)[2024-03-25]. http: //politics. people. com. cn/n/2015/0902/c1001-27542660. html.

冀军区等共 105 个团 20 余万兵力，对华北地区的日伪军发动了一次大规模的进攻战役。这次战役共进行大小战斗 1 800 余次，攻克据点 2 900 余个，歼灭日伪军 4.5 万余人。“百团大战”给日伪军以沉重打击，鼓舞了中国军民抗战的斗志，增强了必胜的信心。

第一次成功开展大生产运动

1941 年，由于日本侵略军的疯狂进攻和“扫荡”、国民党顽固派的军事包围和经济封锁，中国共产党领导的抗日根据地的财政经济发生了极为严重的困难。1942 年底，中共中央决定在抗日根据地开展大生产运动，粉碎了敌、伪、顽的封锁，密切了党政军民关系，树立了自力更生、艰苦奋斗的延安精神。

第一个喊出“对日寇的最后一战”

1945 年夏，世界反法西斯战争进入最后胜利的阶段。8 月 9 日，毛泽东发表《对日寇的最后一战》的声明。各抗日根据地按照延安总部的命令，从华北、华中、华南和东北向拒降日伪军展开全面大反攻，共歼敌 39 万余人，收复县以上城市 250 座，为最后打败日本侵略军做（作）出了决定性的贡献。

第一次完成马克思主义中国化历史飞跃

马克思主义中国化是一个长期的历史过程，而最具关键意义的第一次飞跃，则是在抗日战争期间完成的。120 万党员、120 万人民军队、260 万民兵和近 1 亿人口、面积达 100 万平方公里的 19 个敌后抗日根据地，构成了新中国政权的雏形，奠定了未来中国政治发展的基本走向。

案例研讨：如何理解中国共产党在抗日战争中发挥的中流砥柱作用？

二、阅读拓展

国家公祭日，构筑民族记忆共同体①（节选）

这是人类文明史上最黑暗的一幕。1937 年 12 月 13 日侵华日军侵入南京，40 多天灭绝人性的大屠杀，让 30 多万生灵惨遭杀戮。有历史学家估算，如果把南京死难者的手连接起来，可以从南京一直拉到杭州，足有 320 多公里长。在第四个南京大屠杀死难者国家公祭日前夕，遇难者名单墙上又增刻 20 个名字，总计达到 10 635 名。更多罹难者，只有累累白骨空对江风。这一段沉痛历史，从来不只是历史学家的历史，而是每个中国人的历史。汇集爱国情感的力量，构筑民族记忆共同体，国殇民难才不会重演，复兴意志才更加强劲。

悲痛会随时间久远而湮没，但历史的启示不会。一年一度的国家公祭，恰如振聋发聩的警钟，提醒人们，历史记忆需要时常擦拭，人类道义需要不断砥砺，民族精神需要时常检阅。在第一个南京大屠杀死难者国家公祭日公祭仪式上，习近平总书记强调：“我们为南京大屠杀

① 资料来源：人民日报. 国家公祭日，构筑民族记忆共同体. (2017-12-31)[2024-03-25]. http: //news. cctv. com/2017/12/13/ARTIjqinaqX7xnfFOWMHlUzR171213. shtml.

死难者举行公祭仪式，是要唤起每一个善良的人们对和平的向往和坚守，而不是要延续仇恨。”在南京大屠杀惨案 80 周年这个举国悲痛的日子，我们尤需记取历史的启示，凝聚起反对侵略战争、捍卫人类尊严、维护世界和平的国家力量和人类共识。

第一层启示，正义不被扭曲，和平才有可能。墨写的谎言掩盖不了血写的事实，在历史问题上倒行逆施，掩耳盗铃美化侵略战争，于人于己都有百害而无一利。度尽劫波的中国人民有足够的胸襟接纳一个曾经给自己带来深重灾难的国家，但也有清晰的底线对待日本军国主义的历史罪恶和当下余孽。举行国家公祭，正是为了守护不能忘却的记忆、捍卫不容否认的真相，用国家之力为历史正义撑腰，为和平发展护航。

第二层启示，国力更加强盛，和平才有保障。从甲午惨败到南京之殇，从慰安妇制度到细菌战试验，惨痛的历史辙印告诉我们，没有一个强盛的国家，没有一个巩固的国防，人民只能遭殃。国家公祭日是一次回溯苦难的历史反思，更是一次矢志复兴的精神检阅，回放着昨日的屈辱和苦难，也凝聚着此刻的责任与使命，更召唤着未来的太平与安康。正直之士感言：“吾辈当自强，方使国不受他人之侮”。传承家国情怀，进而凝聚民族复兴的伟大力量，只有国家强大起来，永久和平才会成为愈发切近的希望。

第三层启示，构建人类命运共同体，和平才能永续。“我们记得！”有中国记者在纽约街采（街头采访），提问是否记得南京大屠杀惨案，许多外国人给出了肯定回答。历史总会前进，正义不会独行。南京大屠杀档案列入《世界记忆名录》，捷克总统泽曼专程参观侵华日军南京大屠杀遇难同胞纪念馆，加拿大安大略省议会通过“设立南京大屠杀死难者国家公祭日”的动议……出于捍卫国际公理正义，出于对和平的向往和坚守，越来越多的国际人士加入到捍卫南京大屠杀惨案历史记忆的队伍中来。国际社会共同谴责反人类暴行，就是为了建设一个共同繁荣、更加安全的世界。

“泱泱华夏，赫赫文明。仁风远播，大化周行。”经历了站起来、富起来到强起来的中华民族，更加热爱和平，更懂得珍惜和平。今天的中国人民意气风发行进在中华民族复兴的伟大征程上，他们有决心和能力开辟国家的崭新未来，也有信心和意志捍卫人类尊严和历史正义，为人类作出新的更大的贡献。

三、实践项目

| 项目一 |

大学生对抗日战争的认识调查

（一）调查目的

通过调查，了解大学生对抗日战争的认知程度，为教师开展“中国近现代史纲要”课程的教学工作提供参考。

（二）调查对象

在校大学生

（三）活动方案

时间：4学时

地点：校园

方式：调查分析

流程：

（1）将调查问卷复印100份，将所在班级同学分为10组，每组完成调查问卷10份，调查对象不限本班同学，尽量做到男女比例均衡。

（2）调查采取无记名的方式进行，要求选出同意的选项。

（3）调查完成后收齐问卷，并对10个小组的数据进行汇总。

（4）将调查情况写成调查报告，上交任课教师。

【附】调查问卷

（1）您认为大学生有必要了解抗日战争的历史吗？（　　）

A. 非常有必要　　B. 有必要　　C. 没必要　　D. 说不清

（2）您认为了解抗日战争史对于增强大学生的爱国主义情感有作用吗？（　　）

A. 作用很大　　B. 作用不大　　C. 作用一般　　D. 没有作用

（3）您了解抗日战争的主要途径有哪些？（　　）

A. 教科书和老师上课　　B. 课外阅读

C. 长辈家人或朋友的讲述　　D. 网络

E. 新闻媒体的报道　　F. 观看相关的纪录片、电视剧或电影

G. 其他

（4）关于抗日战争，您最关心哪些方面的问题？（　　）（多选）

A. 抗日英雄　　B. 双方武器装备

C. 战争双方的基本战略　　D. 战争历程

E. 其他

（5）抗日战争全面爆发的标志性事件是什么？（　　）

A. 七七事变　　B. 九一八事变

C. 西安事变　　D. “一·二八”事变

（6）回顾中华民族的抗日战争，您感受最深的是什么？（　　）

A. 落后就要挨打，中国人民必须自强不息，建设好自己的国家

B. 中日两国人民必须世代友好下去

C. 美苏等国对中国抗战的大力援助

D. 抗日民族统一战线促成的中华民族民族意识的大觉醒

E. 其他

（7）以下哪位英雄人物的描述与抗日背景不符？（　　）

A. 董存瑞——舍身炸碉堡　　B. 赵一曼——东北抗联

C. 方振武——收复察哈尔　　D. 张自忠——喋血枣宜

（8）抗日战争中的著名战役有（　　）。

A. 淞沪会战　　B. 百团大战　　C. 武汉会战　　D. 淮海战役

（9）您对日本右翼势力一再否认对华侵略战争和南京大屠杀持何态度？（　　）

A. 极端痛恨　　B. 强烈不满　　C. 漠不关心　　D. 表示理解

（10）日本签署投降书的日期是1945年（　　）。

A. 8月15日　　B. 9月2日　　C. 5月9日　　D. 不清楚

（11）下列人物中属于发动或参与对华侵略战争的战争罪犯的有（　　）。

A. 东条英机　　B. 冈村宁次　　C. 土肥原贤二　　D. 中曾根康弘

（12）当您听到一些对抗日英雄的真实性产生怀疑的言论时，您的反应是（　　）。

A. 愤怒，完全是无稽之谈　　B. 动摇，也开始有些怀疑

C. 支持，一直以来都怀疑　　D. 没什么感觉

（13）您认为哪些抗战精神值得我们继续发扬？（　　）

A. 爱国主义　　B. 国际主义　　C. 人道主义　　D. 其他

项目二

抗战歌曲大家唱——抗战歌曲展演

（一）实践目标

抗战歌曲蕴含着深厚的爱国情感和民族精神，通过演绎这些歌曲，加深学生对抗日战争的全面认识，增进对抗战精神的理解，激励学生汲取力量，传承和弘扬苦难辉煌中孕育出的伟大抗战精神。

（二）实践方案

1. 任课教师提前布置好任务，说明活动的主题和要求。

2. 学生以小组为单位，每组人数15～20人，各小组选择曲目进行编排，可以参考央视节目“纪念抗日战争胜利70周年歌曲展播”，选择歌曲，制作合适的背景视频音乐。

3. 各小组轮流在课堂上展示，任课教师点评。

第七章 为建立新中国而奋斗

一、案例精选

新中国掀起回国潮：海外归来学子成科教事业中坚[①]（节选）

中华人民共和国诞生的喜讯，给那些在海外的中国留学生带来了民族振兴、国家富强的希望，并在海外掀起了一场为建设新中国服务的留学生回国高潮。

1950年1月，中国留德学生会向中国驻苏联大使王稼祥请求协助返国服务。7月1日，他们在致学联（中华全国学生联合会）的信中表示："我们对于新中国的一切寄予无限的热忱与关怀。"

3月1日，中国留美学生回国服务委员会在给办理留学生回国事务委员会的信中说："盼望你们不断地指示或协助，使学有专长，决心为人民服务的同学一批一批地回到祖国的怀抱，为建设新中国去工作！"

3月25日，中国留日同学总会在致全国学联的信中说："我们得知祖国已经迈上建设之途"，"使我们深深感到留日同学们的责任之重大以及祖国对我们所期待之盛。由是，已从大学、专科学校毕业的同学与侨胞联合起来共同成立了留日中国科学技术协会，并着手组织归国促进委员会，以期将取集体行动，突破一切障碍与困难，归回祖国怀抱。"

8月10日，奥地利中国学生会在给全国学联的信中说："我们一方面为灿烂的祖国前途欢欣鼓舞，另一方面我们也积极地在把握时间，充实自己，提早回国为人民服务。"

案例研讨： 为什么说中华人民共和国成立标志着"中华民族从此进入了发展进步的历史新纪元"？

二、阅读拓展

信任的流失[②]

1944年10月，美国蒙大拿州国会议员迈克尔·曼斯菲尔德作为罗斯福总统的代表来到中国。1945年1月，他返回华盛顿，向国会提交了一份长达7 000多字的报告。他在报告中写道："国民党越来越不得民心，普通民众怕国民党兵，怕国民党的收税官。农民造反、省级政府官员的批评、学生抵制征兵抓壮丁，这些都是有力的证据。"而共产党的组织纪律严明，"他们用榆树树干制造小型火炮"，"如果没有枪，就用长矛和棍棒"。民众对国民党信任的流失，

① 资料来源：熊华源，费虹寰. 新中国掀起回国潮：海外归来学子成科教事业中坚. (2010-03-25)[2024-03-25]. http://www.hprc.org.cn/gsyj/whs/kjs/201003/t20100325_3981210_2.html.

② 资料来源：谢春涛. 历史的轨迹：中国共产党为什么能？北京：新世界出版社，2011.

由此可见一斑。国民党发动内战后，民众对国民党信任的流失更是呈现了加速的趋势。

战争是烧钱的，是需要物资支撑的。由于战争的巨大需求，使得国民党军费激增，由此造成了国统区（国民党统治区）的恶性通货膨胀和物价飞涨等一系列连锁反应。当时的通货膨胀已到了这样严重的程度，美国的一位外交官记述说，1949 年 2 月底，“全部流通的金元（圆）券用两千万美元即可买光。而过了一个月，只要上述数目的一半就可以买下这些金元（圆）券了”。“由于纸币厂印制的纸币满足不了需要，局势变得严峻而又可笑。利率达到了令人诧异的数字。四月间，国民政府的收入是其支出的百分之五，但是为了搜集这笔钱而花掉的费用比这笔钱本身还多。”

物价飞涨使得民众连最低限度的生活也难以维持。1947 年 5 月 17 日，南京的高校学生在游行宣言中说：印钞机无休止地周转，已迫使我们学生及极（绝）大多数的人民，从人的生活水准，降低到畜牲（生）的生活水平。而现在，这个畜牲（生）的生活水准也无法维持了。我们所面临的是严重的饥饿和失学危机，是使难民的行列增加新的伙伴，是使饿死的骷髅中增加新骨骼。

再来看知识精英阶层。1948 年，国民政府中央研究院选出了第一届院士 81 人，其中 1949 年随国民党到台湾者 9 人，滞留国外者 12 人，逝世 1 人，其余 59 人都选择了留在大陆。为什么这些中国最具代表性的知识精英会选择留在大陆？著名学者季羡林晚年回忆说：“我同当时留下的中老年知识分子一样，对共产党并不了解；对共产主义也不见得那么向往；但是对国民党我们是了解的。因此，解放军进城我们是欢迎的，我们内心是兴奋的，希望而且也觉得从此换了人间，觉得从此河清有日，幸福来到了人间。”

知识分子、青年学生、小商人、手工业者、自由职业者等各阶层民众，从自身生存环境的恶化中，对国民党失去了信任，他们形成了反对国民党的第二条战线，诚如毛泽东所讲，“蒋介石国民党已经处在了人民的包围之中”。

三、实践项目

| 项目一 |

家乡红色旅游资源开发与利用的现状调查

（一）调查目的

通过调查，了解大学生家乡的红色旅游资源开发利用的现状，总结开发利用红色旅游资源的意见和建议。

（二）调查对象

在校大学生

（三）活动方案

时间：4 学时

地点：校园

方式：调查分析

流程：

（1）将调查问卷复印100份，将所在班级同学分为10组，每组完成调查问卷10份，调查对象不限本班同学，尽量做到男女比例均衡。

（2）调查采取无记名的方式进行，要求选出同意的选项。

（3）调查完成后收齐问卷，并对10个小组的数据进行汇总。

（4）将调查情况写成调查报告，上交任课教师。

【附】调查问卷

（1）您的家乡是否拥有红色旅游资源？（　　）

A. 有　　B. 没有　　C. 不清楚

（2）您认为家乡的红色旅游资源有助于（　　）。

A. 了解历史，开阔视野　　B. 接受爱国主义教育，增强历史责任感

C. 激励自己努力奋斗，奋发有为　　D. 毫无意义

E. 其他

（3）您对家乡红色旅游资源的开发力度是否满意？（　　）

A. 满意　　B. 不满意　　C. 说不清

（4）您家乡的红色旅游景点（　　）。

A. 门票收费　　B. 门票免费　　C. 不清楚

（5）您家乡的红色旅游景点的交通（　　）。

A. 非常便利　　B. 比较便利　　C. 不便利　　D. 不清楚

（6）您对家乡红色旅游景点的讲解（解说）如何评价？（　　）

A. 讲解详尽、生动　　B. 讲解平淡，史实介绍不全

C. 讲解很差，甚至有错漏　　D. 没有讲解

（7）您认为红色旅游资源的开发对家乡是否有影响？（　　）

A. 有影响　　B. 没影响　　C. 不清楚

（8）您认为红色旅游资源的开发给家乡带来了哪些影响？（　　）（多选）

A. 增加了乡亲们的收入　　B. 破坏了家乡的生态环境

C. 提升了家乡的知名度　　D. 其他

（9）您的家乡是否存在破坏红色旅游资源的现象？（　　）

A. 存在　　B. 不存在　　C. 不清楚

（10）您认为家乡存在破坏红色旅游资源现象的原因有（　　）（多选）。

A. 缺乏保护意识　　B. 历史责任感缺失

C. 盲目追求经济利益　　D. 相关部门监查力度不够

（11）您认为您的家乡在红色旅游资源开发方面存在什么不足？（　　）

A. 基础设施配套跟不上　　B. 商业化泛滥

C. 服务态度不佳　　　　D. 宣传力度不够

E. 其他

（12）您对家乡旅游资源的开发和利用有什么建议？

____

项目二

经典影视鉴赏——《三大战役》

（一）鉴赏目的

通过对经典影视的观看，促使学生深入了解和体会三大战役的发生、发展及对解放战争胜利的影响。

（二）鉴赏内容

三大战役是指 1948 年 9 月～1949 年 1 月，中国人民解放军同国民党反动军队进行的战略决战，包括辽沈战役、淮海战役、平津战役三个战略性战役。三大战役是解放战争中，我军由战略防御转入战略进攻的转折点，不仅沉重打击了国民党反动派，大量消灭了其有生力量，而且奠定了人民解放战争在全国胜利的坚实基础，从而大大加快了全国解放的进程。

（三）鉴赏作业

学生结合所学内容观看影片，根据影片内容与个人认识，提交 2 000 字的观后感。

第八章　中华人民共和国的成立与中国社会主义建设道路的探索

一、案例精选

农业社会主义改造①（节选）

农业社会主义改造分三个阶段：

第一阶段是1949年10月至1953年，以办互助组为主，同时试办初级形式的农业合作社。1951年9月，中共中央召开了第一次互助合作会议，讨论通过了《关于农业生产互助合作的决议》，并以草案的形式发给各地党委试行。此后，各地党委加强了领导，使农业互助合作运动取得了较大的发展。到1952年底，全国农业互助合作组织发展到830余万个，参加的农户达到全国总农户的40%，其中，各地还个别试办了农业生产合作社（初级社）3 600余个。

1952年冬至1953年春，在发展农业互助合作运动中出现了急躁冒进倾向。为纠正这种倾向，中共中央于1953年3月8日发出了《关于缩减农业增产和互助合作五年计划的指示》，又于3月26日发表了《关于春耕生产给各级党委的指示》，并公布了《中共中央关于农业生产互助合作的决议》。4月3日，中共中央农村工作部召开第一次全国农村工作会议，阐述了“稳步前进”的方针。10月15日、11月4日毛泽东两次同中共中央农村工作部负责人谈话，提出互助合作运动是农村中一切工作的纲，是农村工作的主题，说“纠正急躁冒进”是一股风，吹倒了一些不应吹倒的农业生产合作社。两次谈话，有许多正确的意见，但也表现出在农业合作化问题上急于求成、贪多图大的思想。12月16日，中共中央公布了《关于发展农业生产合作社的决议》，此后，农业合作社从试办进入发展时期。

1954年至1955年上半年，是农业合作化运动的第二阶段，初级社在全国普遍建立和发展。1954年春，农业生产合作社发展到9.5万个，参加农户达170万户，大大超过了中央提出的数字。4月中央农村工作部召开第二次农村工作会议。会议分析了互助合作运动的形势，指出农村将相继出现一个社会主义革命高涨的局面。为了吸引更多的农民入社，国家从各方面大力支援农业生产合作社。到同年秋，全国新建农业生产合作社13万多个，加上原有的共22.5万多个。

1954年10月，中央农村工作部召开了全国第四次互助合作会议，决定到1955年春耕以前，将农业生产合作社发展到60万个。中共中央批准了中央农村工作部关于这次会议的报告。到1955年4月，合作社发展到67万个。由于发展速度过猛，不少地方又出现了强迫命令、违反自愿互利原则的现象。中共中央在1955年初发现了上述问题，发出了一系列通知和采取措施纠正偏差。1月10日，中央发出《关于整顿和巩固农业生产合作社的通知》，要求各地

---

① 资料来源：佚名. 农业合作化运动. (2009-08-21)[2024-03-25]. http://hprc. cssn. cn/gsgl/dsnb/zdsj/200908/t20090821_3955876. html.

停止发展，集中力量进行巩固，在少数地区进行收缩。3 月上旬，毛泽东提出了“停、缩、发”的三字方针，即根据不同地区的情况，停止发展、实行收缩和适当发展。为了贯彻三字方针，农村工作部于 4 月下旬召开了全国第三次农村工作会议，总结经验，布置工作，提出要求。到 1955 年 7 月，全国原有 67 万个合作社，经过整顿，巩固下来的有 65 万个。

1955 年 5 月 17 日，中共中央召开华东区、中南区和河北、天津、北京等 15 个省市委书记会议。根据毛泽东原来的提议，会议提出 1956 年发展到 100 万个社的意见。6 月中旬，中央召开政治局会议，批准了关于到 1956 年合作社发展到 100 万个的计划。不久，毛泽东从南方考察回来，主张修改计划， 加速发展。担任农村工作部部长的邓子恢不赞成改变计划，认为合作化运动应与工业化速度发展相适应，不宜发展过快。毛泽东认为邓子恢和中央农村工作部思想右倾。

1955 年下半年至 1956 年底，是农业社会主义改造的第三个阶段，也是农业合作化运动迅猛发展时期。1955 年 7 月 31 日，中共中央召开省、自治区、直辖市党委书记会议。毛泽东在会议上作了《关于农业合作化问题》的报告，对党的农业合作化的理论和政策作了系统阐述，并对合作化的速度提出新的要求。报告还严厉批评了邓子恢等人的“右倾”。10 月 4 至 11 日，中共中央在北京召开七届六中全会，通过了《关于农业合作化问题的决议》，要求到 1958 年春在全国大多数地方基本上普及初级农业生产合作，实现半社会主义合作化。会后，农业合作化运动急速发展，仅 3 个月左右的时间就在全国基本实现了农业合作化。到 1956 年底，参加初级社的农户占总农户的 96.3%，参加高级社的达总到农户总数的 87.8%，基本上实现了完全的社会主义改造，完成了由农民个体所有制到社会主义集体所有制的转变。

案例研讨：如何理解中国共产党对农业进行社会主义改造的基本政策。

二、阅读拓展

毛泽东：两类不同性质的矛盾①（节选）

我们的国家现在是空前统一的。资产阶级民主革命和社会主义革命的胜利，以及社会主义建设的成就，迅速地改变了旧中国的面貌。祖国的更加美好的将来，正摆在我们的面前。人民所厌恶的国家分裂和混乱的局面，已经一去不复返了。我国的六亿人民正在工人阶级和共产党的领导下，团结一致地进行着伟大的社会主义建设。国家的统一，人民的团结，国内各民族的团结，这是我们的事业必定要胜利的基本保证。但是，这并不是说在我们的社会里已经没有任何的矛盾了。没有矛盾的想法是不符合客观实际的天真的想法。在我们的面前有两类社会矛盾，这就是敌我之间的矛盾和人民内部的矛盾。这是性质完全不同的两类矛盾。

为了正确地认识敌我之间和人民内部这两类不同的矛盾应该首先弄清楚什么是人民，什么是敌人。人民这个概念在不同的国家和各个国家的不同的历史时期，有着不同的内容。拿我国的情况来说，在抗日战争时期，一切抗日的阶级、阶层和社会集团都属于人民的范围，日本帝国主义、汉奸、亲日派都是人民的敌人。在解放战争时期，美帝国主义和它的走狗即

① 资料来源：毛泽东. 毛泽东文集. 第 7 卷. 北京：人民出版社，1999：211-212.

官僚资产阶级、地主阶级以及代表这些阶级的国民党反动派，都是人民的敌人；一切反对这些敌人的阶级、阶层和社会集团，都属于人民的范围。在现阶段，在建设社会主义的时期，一切赞成、拥护和参加社会主义建设事业的阶级、阶层和社会集团，都属于人民的范围；一切反抗社会主义革命和敌视、破坏社会主义建设的社会势力和社会集团，都是人民的敌人。

敌我之间的矛盾是对抗性的矛盾。人民内部的矛盾，在劳动人民之间说来，是非对抗性的；在被剥削阶级和剥削阶级之间说来，除了对抗性的一面以外，还有非对抗性的一面。人民内部的矛盾不是现在才有的，但是在各个革命时期和社会主义建设时期有着不同的内容。在我国现在的条件下，所谓人民内部的矛盾，包括工人阶级内部的矛盾，农民阶级内部的矛盾，知识分子内部的矛盾，工农两个阶级之间的矛盾，工人、农民同知识分子之间的矛盾，工人阶级和其它（他）劳动人民同民族资产阶级之间的矛盾，民族资产阶级内部的矛盾，等等。我们的人民政府是真正代表人民利益的政府，是为人民服务的政府，但是它同人民群众之间也有一定的矛盾。这种矛盾包括国家利益、集体利益同个人利益之间的矛盾，民主同集中的矛盾，领导同被领导之间的矛盾，国家机关某些工作人员的官僚主义作风同群众之间的矛盾。这种矛盾也是人民内部的一个矛盾。一般说来，人民内部的矛盾，是在人民利益根本一致的基础上的矛盾。

敌我之间和人民内部这两类矛盾的性质不同，解决的方法也不同。简单地说起来，前者是分清敌我的问题，后者是分清是非的问题。当然，敌我问题也是一种是非问题。比如我们同帝国主义、封建主义、官僚资本主义这些内外反动派，究竟谁是谁非，也是是非问题，但是这是和人民内部问题性质不同的另一类是非问题。

在一般情况下，人民内部的矛盾不是对抗性的。但是如果处理得不适当，或者失去警觉，麻痹大意，也可能发生对抗。这种情况，在社会主义国家通常只是局部的暂时的现象。这是因为社会主义国家消灭了人剥削人的制度，人民的利益在根本上是一致的。匈牙利事件所表现的那种范围相当宽广的对抗行动，是（因为）有内外反革命因素在起作用的缘故。这是一种特殊的也是暂时的现象。社会主义国家内部的反动派同帝国主义者互相勾结，利用人民内部的矛盾，挑拨离间，兴风作浪，企图实现他们的阴谋。匈牙利事件的这种教训，值得大家注意。

三、实践项目

项目一

家乡在近现代革命和建设史中的重大事件调查

（一）调查目的

通过调查，促使学生加深对自己家乡在近现代革命和建设史中发生的重大事件的认知和了解，从而拉近学生与近现代史教材的距离。

（二）调查对象

在校大学生

（三）活动方案

时间：4 学时
地点：校园
方式：调查分析
流程：

（1）将调查问卷复印 100 份，将所在班级同学分为 10 个组，每组完成调查问卷 10 份，调查对象可为本班同学，也可为外班同学，但尽量做到被调查者男女比例均衡。

（2）调查采取无记名的方式进行，请按要求选择或填写。

（3）调查完成后，由本组的负责同学收齐问卷，在本组其他同学的协助下，完成问卷每项所分布的人数的统计工作，并对 10 个小组的数据进行汇总。

（4）活动结束后，每组同学将此次调查情况写成调查报告，上交任课教师。调查报告应包括对调查问卷的汇总和分析。

【附】调查问卷

（1）您的家乡在________省_______市（县）

（2）您的家乡在近现代革命和建设史中是否发生过重大历史事件？（　　）

A. 发生过　　　　B. 没发生过　　　　C. 不清楚

（3）您的家乡在近现代革命和建设史中发生过哪些重大历史事件？（概况）

____

（4）这些重大历史事件对您的家乡乃至我们的国家产生了怎样的影响？

____

（5）这些重大历史事件中涌现出的哪些历史人物给您印象最深？为什么？

____

| 项目二 |

经典影视鉴赏——《正道沧桑——社会主义五百年》第 29 集春天的脚步

（一）鉴赏目的

通过对经典影片的观看，促使学生对社会主义改造有更深刻的了解和认知。

（二）鉴赏内容

1949 年 10 月到 1952 年底，中华人民共和国的经济得到全面恢复，土地制度改革和其他民主改革顺利完成。毛泽东的“过渡时期总路线”明确向全国人民提出了建设社会主义的伟大任务，三大改造正式兴起。1956 年“一五”计划主要指标提前完成。1956 年底，我国对农业、手工业和资本主义工商业的社会主义改造基本完成，实现了由新民主主义向社会主义的转变，社会主义基本制度在我国初步确立。中国共产党通过国家资本主义的途径对民族资本主义工商业采取和平赎买，开辟了从新民主主义到社会主义的道路。

（三）鉴赏作业

学生结合所学内容观看影片，根据影片内容与个人认识，提交 2 000 字的观后感。

第九章　改革开放与中国特色社会主义的开创和发展

一、案例精选

改革开放只有进行时没有完成时[1]

改革开放是一项长期的、艰巨的、繁重的事业，必须一代又一代人接力干下去。必须坚持社会主义市场经济的改革方向，坚持对外开放的基本国策，以更大的政治勇气和智慧，不失时机深化重要领域改革，朝着党的十八大指引的改革开放方向奋勇前进。

历史、现实、未来是相通的。历史是过去的现实，现实是未来的历史。要把党的十八大确立的改革开放重大部署落实好，就要认真回顾和深入总结改革开放的历程，更加深刻地认识改革开放的历史必然性，更加自觉地把握改革开放的规律性，更加坚定地肩负起深化改革开放的重大责任。

必须认真总结和运用改革开放的成功经验。第一，改革开放是一场深刻革命，必须坚持正确方向，沿着正确道路推进。在方向问题上，我们头脑必须十分清醒，不断推动社会主义制度自我完善和发展，坚定不移走中国特色社会主义道路。第二，改革开放是前无古人的崭新事业，必须坚持正确的方法论，在不断实践探索中推进。摸着石头过河，是富有中国特色、符合中国国情的改革方法。摸着石头过河就是摸规律，从实践中获得真知。摸着石头过河和加强顶层设计是辩证统一的，推进局部的阶段性改革开放要在加强顶层设计的前提下进行，加强顶层设计要在推进局部的阶段性改革开放的基础上来谋划。要加强宏观思考和顶层设计，更加注重改革的系统性、整体性、协同性，同时也要继续鼓励大胆试验、大胆突破，不断把改革开放引向深入。第三，改革开放是一个系统工程，必须坚持全面改革，在各项改革协同配合中推进。改革开放是一场深刻而全面的社会变革，每一项改革都会对其他改革产生重要影响，每一项改革又都需要其他改革协同配合。要更加注重各项改革的相互促进、良性互动，整体推进，重点突破，形成推进改革开放的强大合力。第四，稳定是改革发展的前提，必须坚持改革发展稳定的统一。只有社会稳定，改革发展才能不断推进；只有改革发展不断推进，社会稳定才能具有坚实基础。要坚持把改革的力度、发展的速度和社会可承受的程度统一起来，把改善人民生活作为正确处理改革发展稳定关系的结合点。第五，改革开放是亿万人民自己的事业，必须坚持尊重人民首创精神，坚持在党的领导下推进。改革开放在认识和实践上的每一次突破和发展，改革开放中每一个新生事物的产生和发展，改革开放每一个方面经验的创造和积累，无不来自亿万人民的实践和智慧。改革发展稳定任务越繁重，我们越要加强和改善党的领导，越要保持党同人民群众的血肉联系，善于通过提出和贯彻正确的路线方

① 资料来源：习近平. 改革开放只有进行时没有完成时. (2015-07-20)[2024-03-25]. http: //cpc. people. com. cn/xuexi/n/2015/0720/c397563-27331294. html.

针政策带领人民前进，善于从人民的实践创造和发展要求中完善政策主张，使改革发展成果更多更公平惠及全体人民，不断为深化改革开放夯实群众基础。

改革开放只有进行时没有完成时。没有改革开放，就没有中国的今天，也就没有中国的明天。改革开放中的矛盾只能用改革开放的办法来解决。我们要全面贯彻党的十八大精神，坚持以邓小平理论、“三个代表”重要思想、科学发展观为指导，积极回应广大人民群众对深化改革开放的强烈呼声和殷切期待，凝聚社会共识，协调推进各领域各环节改革，努力把改革开放推向前进。

案例研讨：如何理解“改革开放只有进行时没有完成时”？

二、阅读拓展

伟大改革开放精神的深刻内涵①

改革开放是中国人民和中华民族发展史上一次伟大革命。从其生发逻辑、演进历程、主要目标、重大战略等维度考量，伟大改革开放精神可以概括为：解放思想、求真务实，敢闯敢试、开放开明，创新进取、攻坚克难，合作共赢、强国富民。其中，解放思想、求真务实是改革开放的精神基质，敢闯敢干、开放开明是改革开放的精神气度，创新进取、攻坚克难是改革开放的精神内核，合作共赢、强国富民是改革开放的精神旨归。

精神基质：解放思想、求真务实

改革开放是在中国特定的历史背景下展开的，要与旧思想、旧观念、旧做法分道扬镳，唯有以思想解放瓦解人的认知结构，重建新结构。思想解放的原动力源于客观的社会现实。到 20 世纪 70 年代末，新中国成立 30 年后，吃不饱肚子者尚有 2.5 亿人。当时，广东 70%以上人口和劳动力在农村，属于典型的农业大省。不仅粮食供给不足，各种生活消费品也长期短缺，居民家庭恩格尔系数达到 66.6%，整体生活状况低于全国水平。与广东宝安县比邻的香港比较，1978 年香港农民人均收入为 13 600 港元，折合人民币 4 365 元，而宝安县人均收入只有 134 元。巨大的经济落差成为当时宝安、东莞、珠海、中山等地出现“逃港风潮”的根本原因。

经济基础决定人们的价值观念和行为方式。在邓小平同志看来，大规模群众集体逃港事件，是我们的政策有问题；习仲勋同志认为，这属于人民内部矛盾，不能按阶级斗争的性质来处理。中共广东省委一方面认真贯彻落实十一届三中全会有关精神，另一方面结合广东省情，努力争取“尚方宝剑”。习仲勋同志多次强调，要把解放思想与深入实际结合起来、与执行党的政策统一起来、与讲求经济效果联系起来。后来的一系列事实证明，正因为做到了这“三个起来”，广东不仅在思想解放中走在全国前列，而且在解决很多历史遗留问题、率先发展社会主义市场经济等诸多方面，都走在了全国前列。

① 资料来源：张谨，张敏琦. 伟大改革开放精神的深刻内涵. (2024-01-08)[2024-03-25]. https://epaper. southcn. com/nfdaily/html/202401/08/content_10086933. html.

精神气度：敢闯敢试、开放开明

在“一大二公”的计划经济时代，本能的求生欲望，使固有的思维定式被解构，主观能动性得到充分发挥。一是敢于闯“禁区”。闯“禁区”需要勇气和魄力。1978 年 12 月，安徽小岗村村干部发出“坐牢杀头也甘心”的“誓言”，带领本村 18 户村民签字按手印，率先分田到户。与此不分先后，广东的肇庆、怀集等地农民也纷纷走上“单干”之路。二是敢于涉“盲区”。涉“盲区”需要冒险和胆识。1983 年 1 月全国首家股份合作制企业在浙江温岭县诞生，开启了合伙生产、自负盈亏、联劳联办的经营模式。随着改革开放的不断深化，很多民营企业也纷纷试探“新路”，探“新路”需要智慧和情怀。华为公司推行员工持股制度，在收入分配上，把按劳分配与按资分配的比例设定为 3∶1，以此避免收入分配向资本倾斜，这样既有利于调动一线技术人员和劳动者的积极性，又为企业的可持续发展提供了技术和人才支撑。

如果说敢闯敢试表现了人民群众的首创精神和旺盛鲜活的生命力，那么开放开明则彰显了决策者旷达超逸的胸襟和高屋建瓴的引领。中央充分尊重人民群众的自主选择，同意广东省委“先走一步”的工作方案，并给予广东“特殊政策和灵活措施”，创办经济特区，打开对外开放的大门。中共历代领导集体一直把扩大开放作为推动改革的重中之重。为了以开放促发展，党和政府出台了很多重要举措，启动了一系列重大行动。如对外经济由“引进来”为主，转向“引进来”与“走出去”并重；构建以国内大循环为主体、国内国际双循环相互促进的新发展格局；高标准建设自贸试验区，加快形成市场化法治化国际化的营商环境以及公平宽松、统一高效的开放新高地；扎实推进粤港澳大湾区建设；积极参与世界贸易组织相关改革，不断提升驾驭高水平对外开放能力等。

精神内核：创新进取、攻坚克难

改革开放史就是勇于创新、书写“特色”的历史，创新是贯穿改革开放始终的一条主线、红线、生命线。一是中国特色社会主义理论不断完善。广东是改革开放的前沿阵地，也是邓小平理论、“三个代表”重要思想、科学发展观以及习近平新时代中国特色社会主义思想的阐发地。改革开放为中国特色社会主义输送实践养料，催生了中国特色社会主义理论的诞生，又在深化改革开放中使其得到丰富发展。二是中国特色社会主义实践不断深入。中国共产党带领人民抓机遇、固底板、扬优势、补短板，把中国特色社会主义推进到了新的历史时代；社会主要矛盾发生深刻变化；打赢了人类历史上规模最大的脱贫攻坚战，全面小康社会如期实现；深入开展全面从严治党，反腐败斗争取得压倒性胜利；中国的崛起和发展速度，表现出强大的韧性和实力，国际地位和影响力日益提高。

改革开放是一个由浅入深、由简到繁的探索过程。从家庭联产承包责任制的推行到“三权”分置改革，从取消农业税到建设社会主义新农村，再到实施乡村振兴战略；从乡镇企业改革到国有企业股份制改造，再到其混合所有制改革；从党和国家机构改革到自我革命，再到以自我革命引领社会革命等。其时代境遇、主体责任、难易程度等都各不相同，经历了一个由线性改革模式到非线性改革模式的跃迁，不可能一蹴而就，都是打硬仗。改革开放越深化，遇到的问题就越尖锐，这些问题严重阻碍了中国特色社会主义发展进程，必须迎难而上、久久为功。新时代改革是牵一发而动全身，是一项系统工程，风险更大，没有把握的事情会更多，需要试验试点示范，把大胆探索与加强顶层设计结合起来。在“摸着石头过河”的过程中发现规律、积累经验，力争把改革的代价和损失减少到最低限度，如中国特色社会主义先行示范区建设、共同富裕先行示范区建设等都是如此，待突破难点痛点堵点之后，再全面推广。

精神旨归：合作共赢、强国富民

在改革开放中，我们在筑牢马克思主义坚强主阵地的同时，摆脱了单纯“以意识形态划线”旧观念，超越了“零和博弈”旧规则，批判了“单向度发展”旧理念，摒弃了“政治军事结盟”老套路。如致力于携手构建人类命运共同体，推动共建“一带一路”倡议，加入亚太经合组织，参与金砖国家峰会，首倡亚投行，与世界各国开展新冠疫苗研发合作等。

实践一再证明，实现国家富强、民族振兴、人民幸福，靠的是改革开放。正如习近平总书记所说，“改革开放是决定当代中国命运的关键一招，也是决定实现‘两个一百年’奋斗目标、实现中华民族伟大复兴的关键一招。”党的二十大报告明确指出，以中国式现代化全面推进中华民族伟大复兴，是新时代新征程中国共产党的使命任务。深化改革开放是推进中国式现代化的根本动力，是应对现代化建设中各种风险挑战的有力武器。深化改革开放就是要根据中国式现代化的主要特点，在重点领域和关键环节实现新突破。由此可见，中国式现代化建设是深化改革开放的新方略、新路径，两者目的相同，合二为一，都服从于党的二十大战略总安排。具体来说，就是要在“国强”与“民富”上下功夫。

综上所述，伟大改革开放精神是改革开放理论和实践的高度凝结升华。其精神基质、精神气度、精神内核、精神旨归构成了独特的层次结构。它们内涵不同，表现形态各异，但又相互作用、相互映衬，形成了一个有着内在逻辑关联的有机整体，贯穿于改革开放全过程。推进中国式现代化历史进程，实现中华民族伟大复兴，更应该将这种精神永续传承并发扬光大。

三、实践项目

| 项目一 |

关于对改革开放成就认知情况的调查

（一）调查目的

通过调查，了解大学生对改革开放成就的认知情况，激发学生对改革开放的认同感。

（二）调查对象

在校大学生

（三）活动方案

时间：4 学时

地点：校园

方式：调查分析

流程：

（1）将调查问卷复印100份，将所在班级同学分为10组，每组完成调查问卷10份，调查对象不限本班同学，尽量做到男女比例均衡。

（2）调查采取无记名的方式进行，选出同意的选项。

（3）调查完成后收齐问卷，并对10个小组的数据进行汇总。

（4）将调查情况写成调查报告，上交任课教师。

【附】调查问卷

（1）您的性别是（　　）。

A. 男　　B. 女

（2）您的年级是（　　）。

A. 大一　　B. 大二　　C. 大三　　D. 大四

（3）您来自（　　）。

A. 城市　　B. 农村

（4）如今，您家的经济状况如何？（　　）

A. 贫困　　B. 温饱　　C. 小康　　D. 富裕

（5）您认为改革开放给您和您的家庭带来了哪些实惠？（　　）（多选）

A. 家庭收入增加　　B. 消费品更加丰富

C. 住房条件改善　　D. 出行方式更加便捷

E. 享受更优质的教育　　F. 其他

（6）改革开放至今，您的家乡发展情况如何？（　　）

A. 发展迅速　　B. 发展速度一般　　C. 发展速度很慢

（7）您对改革开放以来中国的发展成就（　　）。

A. 非常满意　　B. 满意　　C. 不满意

（8）您认为改革开放对提高我国的国际地位有影响吗？（　　）

A. 影响巨大　　B. 影响一般　　C. 没影响

（9）您认为改革开放以来我国取得的哪方面的成就最大？（　　）

A. 政治　　B. 经济　　C. 军事

D. 文化　　E. 外交

（10）您认为改革开放下一步的重点应集中在哪一方面？（　　）

A. 进一步推进经济体制改革，建立成熟的市场经济体制

B. 大力推进国家治理体系和治理能力建设

C. 继续扩大开放，不断提升国际地位

D. 加强环保力度，建设美丽中国

E. 其他

项目二

经典影视鉴赏——《旋风九日》

（一）鉴赏目的

通过对经典影视的观看，促使学生深入了解和体会邓小平出访美国推动改革开放的历史进程，以及他在推动改革开放过程中所展现的智慧和勇气。

（二）鉴赏内容

1979 年 1 月 28 日，时任国务院副总理的邓小平作为中华人民共和国领导人第一次正式访问美国，踏出了开放国门的第一步。

此次访美无疑是邓小平一生外交行程中最重要的一次出访，也是他人生中最后一次出国。时任美国总统的卡特这样说："邓小平 1979 年 2 月访美之后，两国友谊与合作的大门终于敞开。"有人说：邓小平访美的那九天是当代中国人中国梦的启航之旅！它改变了此后中国发展的进程，影响了所有国人的生活。从此，中国进入了一个新时代。

（三）鉴赏作业

学生结合所学内容观看影片，根据影片内容与个人认识，提交 2 000 字的观后感。

第十章　中国特色社会主义进入新时代

一、案例精选

新时代的“新提法”①

（1）中国特色社会主义进入了新时代。经过长期努力，中国特色社会主义进入了新时代，这是我国发展新的历史方位。

（2）社会主要矛盾已经转化。中国特色社会主义进入新时代，我国社会主要矛盾已经转化为人民日益增长的美好生活需要和不平衡不充分的发展之间的矛盾。

（3）社会主义现代化强国。分两步走在本世纪中叶建成富强民主文明和谐美丽的社会主义现代化强国。

（4）新时代中国特色社会主义思想。我们党进行艰辛理论探索，取得重大理论创新成果，形成了新时代中国特色社会主义思想。

（5）新时代中国特色社会主义基本方略。一是坚持党对一切工作的领导；二是坚持以人民为中心；三是坚持全面深化改革；四是坚持新发展理念；五是坚持人民当家作主；六是坚持全面依法治国；七是坚持社会主义核心价值体系；八是坚持在发展中保障和改善民生；九是坚持人与自然和谐共生；十是坚持总体国家安全观；十一是坚持党对人民军队的绝对领导；十二是坚持“一国两制”和推进祖国统一；十三是坚持推动构建人类命运共同体；十四是坚持全面从严治党。

（6）“两个一百年”奋斗目标的历史交汇期。从十九大到二十大，是“两个一百年”奋斗目标的历史交汇期。

（7）新时代中国特色社会主义发展战略安排。从全面建成小康社会到基本实现现代化，再到全面建成社会主义现代化强国，是新时代中国特色社会主义发展的战略安排。

（8）建设现代化经济体系。我国经济已由高速增长阶段转向高质量发展阶段，正处在转变发展方式、优化经济结构、转换增长动力的攻关期，建设现代化经济体系是跨越关口的迫切要求和我国发展的战略目标。

（9）探索建设自由贸易港。赋予自由贸易试验区更大改革自主权，探索建设自由贸易港。

（10）乡村振兴战略。实施乡村振兴战略。

（11）全面增强执政本领。领导十三亿多人的社会主义大国，我们党既要政治过硬，也要本领高强。

（12）打铁必须自身硬。中国特色社会主义进入新时代，我们党一定要有新气象新作为。打铁必须自身硬。

（13）中央全面依法治国领导小组。成立中央全面依法治国领导小组，加强对法治中国建

---

① 资料来源：王坎，胡程远，蒋川. 进入新时代！习近平这 19 个新提法你一定要知道. (2017-10-19)[2024-03-25]. https: //mp. weixin. qq. com/s?__biz=MjM5MjAxNDM4MA==&mid=2666171406&idx=1&sn= 0df270ca97187dc9fdb53565cbf14f4a&scene= 58&subscene=0.

设的统一领导。

（14）留置取代“两规”。制定国家监察法，依法赋予监察委员会职责权限和调查手段，用留置取代“两规”措施。

（15）防止和反对“八个主义”。把党的政治建设摆在首位。坚决防止和反对个人主义、分散主义、自由主义、本位主义、好人主义，坚决防止和反对宗派主义、圈子文化、码头文化。

（16）夺取反腐败斗争压倒性胜利。当前，反腐败斗争形势依然严峻复杂，巩固压倒性态势、夺取压倒性胜利的决心必须坚如磐石。

（17）新型国际关系。推动建设相互尊重、公平正义、合作共赢的新型国际关系。

（18）“六个任何”。我们绝不允许任何人、任何组织、任何政党、在任何时候、以任何形式、把任何一块中国领土从中国分裂出去！

（19）新时代中国特色社会主义伟大胜利。全党（全军）全国各族人民要紧密团结在党中央周围，高举中国特色社会主义伟大旗帜，锐意进取，埋头苦干，为实现推进现代化建设、完成祖国统一、维护世界和平与促进共同发展三大历史任务，为决胜全面建成小康社会、夺取新时代中国特色社会主义伟大胜利、实现中华民族伟大复兴的中国梦、实现人民对美好生活的向往继续奋斗。

案例研讨：如何认识中国特色社会主义进入新时代？

二、阅读拓展

如何理解党的第三个历史决议的理论贡献①

党的十九届六中全会审议通过的历史决议鲜明地指出，习近平新时代中国特色社会主义思想是当代中国马克思主义、二十一（21）世纪马克思主义，是中华文化和中国精神的时代精华。习近平新时代中国特色社会主义思想对新时代党和国家事业发展、对推进中华民族伟大复兴历史进程具有决定性意义。全党必须全面、完整、准确体悟其思想精髓，自觉以马克思主义中国化的最新理论成果武装头脑，在全面建成社会主义现代化强国新征程上夺取新的胜利。

习近平新时代中国特色社会主义思想实现了马克思主义中国化新的飞跃

党的第三个历史决议在总结党的百年奋斗“十个坚持”的历史经验中将“坚持理论创新”作为一条重要经验。决议指出，习近平新时代中国特色社会主义思想实现了马克思主义中国化新的飞跃。这一新的伟大飞跃具体体现在习近平新时代中国特色社会主义思想的继承性、创新性和开放性之中。

这一思想全面继承了马克思主义鲜明的理论品格和精神实质。习近平新时代中国特色社会主义思想始终坚持马克思主义基本原理，坚持科学社会主义基本原则，坚持用辩证唯物主义和历史唯物主义世界观方法论观察世界、引领时代、指导中国实践，始终强调对马克思主义的信仰、对社会主义和共产主义的信念，坚持把马克思主义作为我们党和国家的指导思想，坚持解放思想、实事求是、与时俱进这三大法宝和马克思主义活的灵魂。

① 资料来源：胡敏，思想政治工作研究. 2022（04）：25-26.

这一思想结合新的实践不断推动马克思主义的中国化时代化。习近平新时代中国特色社会主义思想对马克思主义在当代中国的实践做（作）出了一系列重大原创性、开创性理论贡献。比如，提出新时代我国主要矛盾发生变化的思想，是对马克思主义社会矛盾学说的新发展；提出进入（立足）新发展阶段、贯彻新发展理念、构建新发展格局的思想，是对马克思主义政治经济学的新升华；提出坚持和加强党的全面领导、推进党的自我革命思想，是对马克思主义建党学说的新发展；提出坚持以人民为中心的发展思想，既是对马克思主义人本学说的新拓展，又是对中华文化和中国精神的新深化。

这一思想致力于展现当代马克思主义更有说服力的真理力量。习近平新时代中国特色社会主义思想强调实践没有止境、理论创新也没有止境。时代是思想之母，实践是理论之源，世界每时每刻都在发展变化，中国也每时每刻都在发生变化，只有善于聆听时代声音，在理论上跟上时代，不断认识规律，不断推进理论创新、实践创新、制度创新、文化创新以及其他各方面创新，才能高高举起二十一（21）世纪科学社会主义的思想旗帜，才能展现二十一（21）世纪中国的马克思主义更强大、更有说服力的真理力量。

"十个明确"新概括全面系统回答了当代中国发展的重大时代课题

党的第三个历史决议用"十个明确"全新概括了这一思想，融入了党的十九大以来党和国家事业最新的实践创新和理论创新成果，进一步丰富和发展了习近平新时代中国特色社会主义思想。这一全新表述具有重要的理论意义和时代价值。

思想引领紧扣时代、回应关切。党的十八大以来，习近平总书记对关系新时代党和国家事业发展的一系列重大理论和实践问题进行了深邃思考和科学判断，提出一系列原创性的治国理政新理念新思想新战略，由其作为主要创立者的习近平新时代中国特色社会主义思想对新时代坚持和发展什么样的中国特色社会主义、怎样坚持和发展中国特色社会主义，建设什么样的社会主义现代化强国、怎样建设社会主义现代化强国，建设什么样的长期执政的马克思主义政党、怎样建设长期执政的马克思主义政党这三大时代主题进行了全面系统回答，成为用马克思主义之"矢"射准新时代中国之"的"的典范，科学回答了新时代中国之问、世界之问、人民之问、时代之问。

理论建构更趋完整、更具体系。党的第三个历史决议用"十个明确"更加完整地概括了习近平新时代中国特色社会主义思想，包括新时代坚持和发展中国特色社会主义的总目标、总任务、总体布局、战略布局和发展方向、发展方式、发展动力、战略步骤、外部条件、政治保证等基本问题，进一步作出了完整阐释，充分体现当代中国共产党人治国理政的政治优势、制度优势和中国特色社会主义的本质特点。"十个明确"根据党的十九大以来在治党治国治军、内政外交国防、改革发展稳定诸方面的新实践作出新的理论概括，在理论范畴、逻辑顺序、体系架构上更加系统化、建制化。

价值立场更加巩固、更加坚定。理论信服于民重在其价值立场，重在解决好执政党用怎样的价值立场指引为谁执政、为谁用权、为谁谋利这个根本问题。习近平新时代中国特色社会主义思想的基本核心思想就是坚持以人民为中心的发展思想，推动人的全面发展、全体人民共同富裕取得明显的实质性进展，展示出对新时代三大规律的深刻认识，鲜明地昭示中国共产党立足新时代、面向全人类，在自己探索的中国特色社会主义道路上始终践行为（中国）人民谋幸福、为（中华）民族谋复兴、为世界谋大同的初心使命，是以中国式现代化谱写人类文明进步的新图景。

当代中国马克思主义不断彰显时代特色引领开创人类文明新形态

党的第三个历史决议全面总结了党的百年奋斗的重大成就和历史经验，“十个坚持”的历史经验和五个方面的历史性贡献高度概括了一百年来党团结带领人民绘就的人类发展史上的壮美画卷，也展示了中华民族前所未有的光明前景。习近平新时代中国特色社会主义思想的“十个明确”既是对我们党一百年来经过长期实践积累的“十个坚持”的宝贵经验和精神财富在理论上的抽象，又是结合新时代实践在理论发展上的不断丰富和升华。比如，坚持党的领导、坚持人民至上、坚持独立自主、坚持中国道路，与“十个明确”指出的坚持和发展中国特色社会主义的总目标、总任务、总体布局、战略布局和发展方向等紧密契合、逻辑一致；坚持理论创新、坚持开拓创新、坚持胸怀天下、坚持统一战线等与我们解决发展方式、发展动力、战略步骤、外部条件等基本问题相映交辉（交相辉映）；坚持敢于斗争、坚持自我革命等也直接体现在习近平新时代中国特色社会主义思想的理论品格和思想精髓之中。充分体现了习近平新时代中国特色社会主义思想作为当代中国马克思主义，实现了从实践上升到理论、再将理论付诸实践的伟大思想飞跃。

时代在发展，当代中国马克思主义也必然随着实践的发展而发展，习近平新时代中国特色社会主义思想也必然在不断坚持马克思主义和发展马克思主义的有机统一中彰显新的时代特色、彰显强大生命力和说服力。习近平总书记在庆祝中国共产党成立100周年大会上的讲话中指出，“走自己的路，是党的全部理论和实践立足点，是党百年奋斗得出的历史结论”。今天的中国，坚持和发展中国特色社会主义，就是要推动物质文明、政治文明、精神文明、社会文明、生态文明协调发展，创造中国式现代化道路，创造人类文明新形态。这是当代中国共产党人需要回答的时代之问，也为当代中国化马克思主义提供了更加丰富的实践土壤。只要我们党继续坚持解放思想、实事求是、守正创新，不断推进马克思主义基本原理同中国具体实际相结合、同中华优秀传统文化相结合，就一定能够续写好马克思主义中国化时代化新篇章。

三、实践项目

| 项目一 |

演讲比赛——我眼中的新时代

（一）实践目标

经过长期努力，中国特色社会主义进入了新时代，这是我国发展新的历史方位。实现中华民族伟大复兴进入了不可逆转的历史进程，我们比历史上任何时期都更接近、更有信心和能力实现中华民族伟大复兴的目标。通过组织演讲比赛，加深学生对“新时代”的理解，增强学生实现中华民族伟大复兴的主人翁意识，激发学生对美好生活的奋斗热情。

（二）实践方案

1. 任课教师提前布置活动任务，阐明演讲主题，动员学生积极参与，做好充分准备。

2. 将学生分为若干小组，小组成员分工合作，收集资料、撰写演讲稿、练习演讲等，推选出一名演讲者进行演讲。

3. 每组演讲者演讲时间控制在 5～8 分钟，该小组成员对演讲进行评价，每人 1～2 分钟。

4. 全部演讲完毕后，任课教师进行总结评价。

5. 活动结束后，各小组提交演讲稿及活动总结。

项目二

“读党史经典，颂成就辉煌”知识竞赛

（一）实践目标

通过组织知识竞赛，激发学生对课程学习的兴趣，加深学生对党史、新中国史、改革开放史、社会主义发展史的全面了解和认识，激励学生自觉将个人梦融入中国梦，为实现中华民族伟大复兴贡献力量。

（二）实践方案

1. 知识竞赛分初赛和决赛两个阶段。初赛在学习通中进行，报名参赛的同学可先扫码加入知识竞赛账号中，待任课老师通知后，在通知时间段内进入学习通比赛账号参加初赛。初赛题型包括单选、多选、填空等，出题范围为《中共中央关于党的百年奋斗重大成就和历史经验的决议》全文，初赛时间为 13 周前后。经过初赛角逐，21 位同学（各学部初赛成绩位居前三的 3 人）将代表七个学部在线下参加决赛，最终产生冠亚季军及优秀奖。

2. 成绩评定：凡参加初赛并获得有效成绩的同学，课外活动项成绩记为 70 分。初赛成绩位居全体参赛者前 100 名的同学，课外活动项成绩记为 90 分。参加决赛的 21 位同学，课外活动项成绩记为 100 分，颁授“知识竞赛优秀个人”获奖证书。

【附】中国近现代史纲要课程特色实践项目

为引导同学学习《中共中央关于党的百年奋斗重大成就和历史经验的决议》（后简称《决议》），促使学生在实地参观、实景体验等实践活动中深刻理解《决议》内容和中国近现代史纲要课所学知识，深切感悟中国共产党领导国家革命、建设、改革的峥嵘历程和辉煌成就，学部特举办“探访红色武汉，体悟百年风雨”CITY WALK 微视频秀。

作品内容：通过 CITY WALK 的方式探访武汉本地与中国近现代史、党史、国史相关的红色历史资源（如纪念馆、展览馆、故居、旧址等），拍摄《红色武汉 CITY WALK》微视频

作品，体悟红色武汉百年风雨。

作品要求：团队合作完成，分工明确，每个团队不超过 8 人，作品标题自拟，总时长不超过 5 分钟，须有主题打卡的照片，音视频清晰稳定、音画同步，格式为“.MP4”，像素不低于 720×576 PIX。（详见活动实施方案等相关文件）

成绩评定：凡提交微视频的同学，课外活动项成绩记为 90 分。获评优秀作品的同学，课外活动项成绩记为 100 分，颁授“‘探访红色武汉，体悟百年风雨’优秀微视频”获奖证书。

附件一：

《红色武汉 CITY WALK》实施方案

<table>
<tr><td rowspan="12">活动设计</td><td rowspan="3">活动性质</td><td>项目式</td><td>明确主题与要求，小组分工合作，严格过程管理，以视频方式提交作品</td></tr>
<tr><td>实践性</td><td>检索信息制订计划，实地参观探访，图片视频记录，编辑制作视频</td></tr>
<tr><td>开放性</td><td>视频风格及形式上，不拘一格，给学生创意发挥空间</td></tr>
<tr><td>活动形式</td><td colspan="2">围绕主题，小组合作，探访记录，视频呈现</td></tr>
<tr><td>活动目的</td><td colspan="2">以流行元素切入，拉近与学生距离，调动学生参与主动性；
以红色武汉为题，引导学生深入挖掘武汉红色资源，直观感悟历史，因地制宜教学；
以视频方式呈现，用开放性激发学生个性化创造性；
以过程管理牵引，引导学生增强合作意识、过程管理意识和能力</td></tr>
<tr><td>活动时间</td><td colspan="2">《中国近现代史纲要》课程开课期间</td></tr>
<tr><td rowspan="6">活动特点</td><td>拓展教学空间</td><td>走出教室，丰富形式</td></tr>
<tr><td>优化参观见学</td><td>给学生自由度，让参观更深入，避免集体参观诸多弊端</td></tr>
<tr><td rowspan="4">促进体悟内化</td><td>用路线推荐，带动学生聚焦重要目标点，收缩注意力</td></tr>
<tr><td>用信息检索，带动学生以关键词为牵引，深入了解历史，掌握更多信息</td></tr>
<tr><td>用视频呈现，引导学生认真参观，发现并记录关键影像</td></tr>
<tr><td>用实践探访，穿越历史尘烟，直观感受历史事件的历史意义</td></tr>
<tr><td rowspan="4">活动口号</td><td>来源</td><td colspan="2">此次：由课程组拟制，统一发布使用，如：探访红色武汉，体悟百年风雨！</td></tr>
<tr><td rowspan="3">作用</td><td colspan="2">简洁点题：对外宣传简洁直接</td></tr>
<tr><td colspan="2">聚焦目的：对内发动目标明确</td></tr>
<tr><td colspan="2">形成标志：视频开篇统一呈现口号，字幕口播皆可，所有作品形成一个整体系列</td></tr>
</table>

续表

<table>
<tr><td rowspan="7">推荐思路</td><td rowspan="3">选点</td><td>场馆类</td><td colspan="3">纪念馆：辛亥革命纪念馆等
博物馆：警察博物馆等
旧址：八七会议旧址、中共五大旧址等
旧居：宋庆龄旧居、詹天佑旧居等</td></tr>
<tr><td>建筑类</td><td colspan="3">广为人知：起义门、江汉关等
少有人知：施洋烈士陵园等</td></tr>
<tr><td>街道类</td><td colspan="3">以历史人物命名：张之洞路、黎黄陂路、郝梦龄路、张自忠路等</td></tr>
<tr><td>方式</td><td colspan="4">公共交通与步行结合，践行绿色出行，落实 CITY WALK
借助公共交通，抵达步行起始点；借助步行，探访感受红色武汉历史积淀和今昔对比</td></tr>
<tr><td rowspan="3">路线</td><td>交通层面</td><td colspan="3">步行起止点附近方便搭乘公交地铁</td></tr>
<tr><td>密度层面</td><td colspan="3">步行路线连缀 2～3 个重要目标点</td></tr>
<tr><td>强度层面</td><td colspan="3">步行路线总长合理，可以在一天之内完成，且能确保足够时间认真参观记录</td></tr>
<tr><td rowspan="11">活动流程</td><td rowspan="2">发起阶段</td><td>课上</td><td colspan="3">任课老师结合课程考核在课堂发布活动信息并介绍参与方式</td></tr>
<tr><td>线上</td><td colspan="3">任课老师在课程班级群内发布实施方案推荐线路及任务单</td></tr>
<tr><td rowspan="9">实施阶段</td><td rowspan="2">统计分组情况</td><td>分组</td><td colspan="2">同班级学生自由组合成组，每组 2～8 人为宜</td></tr>
<tr><td>统计</td><td colspan="2">分组填写《任务单》</td></tr>
<tr><td rowspan="7">强调严控过程</td><td rowspan="2">提交《任务单》</td><td>立意</td><td>说明具体路线及路线选择原因
说明信息检索关键词及检索成果
说明作品想表达的主题
结合信息检索与作品主题初步准备作品文案</td></tr>
<tr><td>攻略</td><td>说明外出交通方式及预计用时
借助导航等工具制作步行路线示意图</td></tr>
<tr><td rowspan="2">实地探访记录</td><td>记录</td><td>拍摄图片及视频</td></tr>
<tr><td>体悟</td><td>课程所学和信息检索的印证
超出预期的实地新发现等</td></tr>
<tr><td rowspan="3">作品剪辑提交</td><td rowspan="2">制作</td><td>片头出现活动口号</td></tr>
<tr><td>片尾标明组员、专业、姓名、学号</td></tr>
<tr><td>提交</td><td>上交《策划表》后四周之内完成</td></tr>
</table>

附件二：

《红色武汉 CITY WALK》推荐路线

路线一：伟人足迹

武汉防汛纪念碑—横渡长江博物馆—八七会议会址纪念馆—武汉关客运码头—中华路客

运码头—长江大桥桥头堡—毛泽东旧居纪念馆

路线二：租界感怀

武汉警察博物馆—汉口俄租界巡捕房旧址—黎黄陂路街头博物馆—宋庆龄汉口旧居纪念馆—沿江大道租界旧址建筑群—江汉关博物馆

路线三：辛亥首义

起义门—工程营—辛亥革命博物馆—黄兴拜将台—辛亥革命武昌首义纪念馆—孙中山先生纪念碑—辛亥革命武昌首义纪念碑

路线四：工农觉醒

施洋烈士陵园—武汉二七纪念馆—汉口中华全国总工会旧址—武汉中共中央旧址纪念馆—中央农民运动讲习所旧址纪念馆—中共五大会址纪念馆

路线五：抗战烽火

解放公园苏联空军志愿队烈士墓—汉口新四军军部旧址纪念馆—八路军武汉办事处旧址纪念馆—郝梦龄路—张自忠路—武汉中山公园受降堂

附件三：

中国近现代史纲要课程《红色武汉 CITY WALK》任务单

专业及班级			
团队名称			
团队负责人	姓名：	学号：	手机号：
	主要职责：		
团队成员	姓名：	学号：	分工任务：
	姓名：	学号：	分工任务：
	姓名：	学号：	分工任务：
	姓名：	学号：	分工任务：
	姓名：	学号：	分工任务：
	姓名：	学号：	分工任务：
	姓名：	学号：	分工任务：

续表

<table>
<tr><td rowspan="2">探访线路（模板）</td><td>线路一</td><td>伟人足迹</td></tr>
<tr><td>路线</td><td>武汉防汛纪念碑—横渡长江博物馆—八七会议会址纪念馆—武汉关客运码头—中华路客运码头—长江大桥桥头堡—毛泽东旧居纪念馆</td></tr>
<tr><td>选定此路线的原因</td><td colspan="2"></td></tr>
<tr><td>计划出行时间（年月日）</td><td colspan="2"></td></tr>
<tr><td>往返交通方式</td><td colspan="2"></td></tr>
<tr><td>步行路段示意图</td><td colspan="2">（可借助导航等工具制作步行路线示意图，在此处插入图片）</td></tr>
<tr><td>全天预计用时</td><td colspan="2"></td></tr>
<tr><td rowspan="3">信息检索成果</td><td>检索关键词</td><td></td></tr>
<tr><td>检索收获与启发</td><td></td></tr>
<tr><td>可用于视频文案的信息</td><td></td></tr>
<tr><td>视频作品主题</td><td colspan="2"></td></tr>
</table>

来自老师的重要提示：

1. 记得随身携带身份证，并妥善保管；

2. 外出建议两人以上结伴同行，不要晚归，参观拍摄时，请务必指定一人做“安全小卫士”，帮助留心台阶平台门槛等路面情况以及往来车辆，务必注意拍摄时的安全；

3. 出发前，充分检索信息，认真制定攻略，明确路线、地铁转乘、进出站口等细节；充分考虑步行里程和体力体能；

4. 充分考虑天气情况，注意防暑，尽量避开降雨天气；

5. 外出注意饮食卫生，及时补充水及能量；

6. 返程时会疲劳，不要因为熟睡坐过站呦。

第三篇

马克思主义基本原理

第一章　世界的物质性及发展规律

一、案例精选

《道德经》成语之哲学解析[1]（节选）

老子提倡“道”是世界的本源。在《道德经》一书中老子不仅论“道”，从其对“道”的释义中也论述了丰富的哲学思想，政治思想以及文化思想等。《道德经》中的语言优美而又富有内涵，用现在的语言可以将《道德经》中的内容归纳并用成语表述出来。共有成语 162 个，涉及了老子对不同问题的思想和见解，哲学思想是老子《道德经》中的精髓。

一、辩证法

马克思所讲述的辩证法是在经过了三个阶段的进步过程而得来的。老子讲述的辩证法不同于古代朴素唯物主义对自然现象的直观猜测，对物质的简单归纳。也不同于近代形而上学唯物主义中孤立、静止与片面的世界观。反而与马克思主义的唯物辩证法有许多相似的观点。

老子认为世间万物都是处在一种矛盾中，对立统一规律是事物普遍联系与发展的根本规律。矛盾双方既对立又统一，事物总是具有两面性的，两个方面之间既相互依存，又保持着对立的一面，在矛盾的同一与斗争过程中，由此推动着事物的发展。在矛盾的对立统一规律之外，注意事物的质变与量变也是很重要的。量的积累到了一定的限度就会引起质的变化，是一种质态间的飞跃与转化。

成语：有无相生、难易相成、福祸相依

以上成语皆体现了老子辩证法中的这种彼此依附、对立又统一的关系。有无、难易都同时是一件事情的两个对立面，二者之间在彼此对立的基础上又同时相互依存。这种关系是相辅相成的，也是和谐的。正是处在这种同一事物中对立又统一的两面性中共同推动着事物的前进。

在《道德经》中还有许多表示老子论述哲学思想中辩证法对立统一原则的成语，例如：大成若缺、大盈若冲、大直若屈、大巧若拙、大辩若讷、祸兮福所倚、福兮祸所伏、光而不耀、善战者不怒、兵强则灭、木强则折、正言若反。

二、唯物论

思维与存在的关系问题无论在老子的《道德经》中还是马克思主义哲学中一直以来都是区分唯物论与唯心论的本质。换句话说也就是说物质与意识何为第一性的问题。老子认为人类世界是先有了物质的存在，由此才依据物的存在而产生了意识。在《道德经》中，老子认为世界是物质的世界，是物质的存在决定了意识的形成，也因此说明了老子唯物论的主张。

---

① 资料来源：李欣. 时代文学，2015（11）：112-113.

1. 成语：绵绵若存

老子承认“道”连绵不断，永远恒久地存在着，而它的作用也是长久持续无穷尽的。“道”就等同于存在。“道”是世间天地万物的源头所在，“道”的存在是恒久的，客观的，也是在不断变化着的，并且时时刻刻发挥着作用。充分体现了老子的唯物论思想，存在先于思维，是世界上先有了物质，由此才有了意识。类似成语还有：独立不改、周行不殆、反者道之动。

2. 成语：天地之始　万物之母

此成语中提出了思维和存在的关系问题，对“道”与“名”不同的理解决定着我们的哲学观。老子在这里表明了他的世界观，老子认为世界的本源是物质，存在决定思维，思维反映存在，两者又“和而不同”，体现了他的唯物论思想。此外其他表现唯物论的成语有：道生德畜、物形势成。

3. 成语：视之不见　听之不闻

成语中论述了“道”的抽象性，它看不见也听不到。但是我们却不得不承认“道”的存在。“道”是无形的，但却是存在并且它以一定的规律运动变化着，促进事物的变化发展，由此也充分体现了老子的唯物主义思想。

类似成语有：无状之状、无物之象、有生于无、无中生有。《道德经》的哲学中心是“道”，而唯物主义所体现的世界观是世界万物的变化与发展都是受规律的支配与制约的。“道”的存在，虽然没有什么显著的作为，但不可否认“道”的存在也必然是遵循一定规律的。

案例研讨： 我国传统文化中蕴含着丰富的唯物辩证法思想，结合《道德经》中相关成语，谈一谈你对事物联系和发展的基本规律的认识。

二、阅读拓展

读懂用好《实践论》《矛盾论》的哲学智慧[①]（节选）

“两论”是毛泽东思想的标志性成果、毛泽东哲学思想的代表性著作，是马克思主义世界观与方法论相统一的典范，是马克思主义与中国实际相结合的结晶。“两论”为中国共产党人提供了科学的世界观和方法论，发挥了强大思想武器作用，具有伟大的理论意义和强烈的现实价值。

（一）“两论”是指导中国共产党正确领导中国实践的强大思想武器

深刻理解和把握“两论”的哲学真谛，必须全面考察“两论”形成的时代条件、中国国情和实际斗争需要等具体情况。

中国的具体实际和新民主主义革命实践是“两论”产生的实践基础。当时，资本主义社会形态由竞争发展到垄断即帝国主义阶段，中国作为帝国主义扩张侵略的牺牲品已经沦为半殖民地半封建境地，中国人民争取民族解放、国家独立的斗争，只有在无产阶级政党领导下，

① 资料来源：王伟光. 读懂用好《实践论》《矛盾论》的哲学智慧. (2017-09-01)[2024-03-25]. https: //epaper. gmw. cn/gmrb/html/2017-09/01/nw. D110000gmrb_20170901_5-06. htm.

纳入世界社会主义革命，才能成功。“两论”是毛泽东同志在当时的历史时代大背景下，在领导中国革命的具体实践中，为了纠正误导中国革命、导致革命挫折的错误路线，确立科学的思想和政治路线以正确地指导中国革命而写就的。1921 年至 1935 年，“左”右倾的错误路线给蓬勃兴起的中国革命带来了重大挫折和重大损失。要解决中国革命正确的理论路线和战略策略问题，就必须从根本上解决思想路线问题。从理论根基上、从思想路线上，从世界观和方法论层面对主观主义特别是教条主义进行一次彻底的清算，已经十分紧迫地摆在了在陕北站稳脚跟、准备进行全民族抗战的中国共产党人面前。

“两论”既是一定历史条件和实践条件的产物，也是对中国革命经验教训的哲学总结。从更广阔的视野看，“两论”的产生同中国革命由第二次国内革命战争向抗日战争的转变密切相关，也是为即将来临的抗日战争和争取未来中国革命的最后胜利做思想理论准备，为全党提供最锐利的思想武器和理论武装。正是在这样的历史转折关头，毛泽东同志从哲学的高度认真总结经验教训，对中国革命实践的独创性经验作出哲学概括和创新。他领导全党开展马克思主义理论教育和整风运动，亲自讲授马克思主义哲学，用科学的世界观和方法论武装全党，克服主观主义特别是教条主义，在全党牢固树立了实事求是的思想路线。

（二）“两论”的精神实质和伟大意义

只有把“两论”放到马克思主义普遍真理与中国革命实际相结合的实践过程中来考察，才能深刻理解其精髓要义和重大意义。中国革命的挫折和失败告诫年轻的中国共产党人，必须解决两个重大认识问题。一要正确认识中国的实际国情。一切正确的思想、理论和路线都来自对中国实际的正确认识，既不来自书本，也不是人们头脑中所固有的，这是《实践论》所集中解决的。二要正确认识中国社会矛盾运动的特殊性，唯有如此才能在具体问题的具体分析中找到解决中国问题的正确思路，这是《矛盾论》要集中解决的。“两论”正是为了解决这样根本性的思想路线问题应运而生的。这两篇经典著作是解决中国革命一系列重大问题的思想路线上的“金钥匙”。

第一，坚持实践第一的观点，一切从实际出发。实践的观点是马克思主义哲学首要的、基本的观点。针对主观主义特别是教条主义者忽视在中国大地上正在推进的革命实践，热衷于生搬硬套马克思主义的个别词句和外国革命的经验问题，毛泽东同志强调实践的观点，并把他的著作命名为《实践论》。他从实践是认识的来源、认识的动力、认识的检验标准和认识的目的等多个方面，说明了实践之于认识的基础地位和决定作用，说明认识的基础是实践，从实践发生又转过来为实践服务。这就彻底拔除了主观主义尤其是教条主义的思想根子，筑牢了正确思想路线的哲学依据。

第二，坚持矛盾的观点，一切从矛盾的特殊性出发。《矛盾论》不是简单描述唯物辩证法的一般原理，而是以马克思主义基本原理同中国革命实践相结合为出发点，抓住主观主义的要害和形而上学的命门，即脱离中国矛盾的特殊实际的总病根，一针见血、直击要害。毛泽东同志论述了矛盾的普遍性，强调对立统一规律是唯物辩证法的实质和核心，把对立统一规律概括为宇宙间的普遍规律，定义为最普遍的客观法则。在论述矛盾普遍性的基础上，他特别阐述了矛盾的特殊性，强调必须坚持具体矛盾具体对待的马克思主义的活的灵魂。他指出，任何矛盾体都是特殊性与普遍性的统一，不仅要注意矛盾的普遍性，更要注意矛盾的特殊性。他深刻分析了当时中国社会特殊的诸矛盾，在具体矛盾分析的基础上形成了指导中国革命的正确路线。

第三，坚持“特殊”与“普遍”相统一是认识论和辩证法精髓的观点，一切从普遍原理与特殊实际相结合出发。马克思主义辩证法与认识论是一致的，“特殊”与“普遍”的统一关系既是辩证法的精髓，也是认识论的精髓。毛泽东同志牢牢抓住了马克思主义哲学的精髓，深刻论述了认识论和辩证法的个别与一般、特殊与普遍的辩证关系，提出了特殊与普遍相结合的马克思主义普遍原理，从辩证唯物主义认识路线的高度提出了党的正确的思想路线，为实现马克思主义中国化提供了哲学依据。毛泽东同志指出，要运用马克思主义指导中国革命，必须实现马克思主义中国化。所谓马克思主义中国化，就是把马克思主义的一般原理应用于中国的“具体环境”和“特殊条件”，使之发生内容和形态的改变，形成适应中国实际需要的、具有中国内容和表现形态的、为中国人民所接受的中国化的马克思主义。既坚持马克思主义普遍原理，又坚持普遍原理与中国特殊实际相结合；不能因为强调“特殊性”而否定“普遍性”，从而否定马克思主义普遍原理，沦为经验主义；也不能因为强调“普遍性”而否定“特殊性”，从而否定马克思主义中国化的必要性，落入教条主义的窠臼。把马克思主义一般原理与中国特殊国情相结合，这是马克思主义认识论和辩证法的真谛所在，也是解决中国革命问题的出发点、根本点。

《实践论》主要解决的是认识与实践的统一问题，《矛盾论》主要解决的是矛盾的普遍性与特殊性的统一问题。这两个统一的解决，就实现了马克思主义基本原理和中国革命实践的统一。

（三）“两论”具有开创性的重大价值

第一，“两论”创造性地发展和丰富了马克思主义哲学理论体系。“两论”创造性地发展了马克思主义辩证法和认识论，是思想方法和工作方法的统一，是马克思主义的光辉发展，为马克思主义哲学中国化作出了奠基性贡献。一是在马克思主义哲学史上，第一次对认识的辩证发展过程作了科学全面的论述。二是创造性地运用中国话语、中国概念，提出了“从实践到认识，又从认识到实践”“从群众中来，到群众中去”“实践是检验真理的标准”“改造客观世界，也改造自己的主观世界”等一系列中国化的马克思主义认识论的标识性概念。三是科学地论述了真理问题，坚持和发展了马克思主义真理观，强调“我们的结论是主观与客观、理论与实践、知和行的历史的统一，反对一切离开具体历史的‘左’的或‘右’的错误思想”，指出“在绝对真理的长河中，人们对于在各个一定发展阶段上的具体过程的认识只具有相对的真理性”，发展了列宁关于“无数相对真理之总和就是绝对真理”的思想。四是把对立统一规律形象地称之为矛盾规律，把对立统一观点，生动地概括为矛盾观点，形成关于对立统一规律的马克思主义哲学辩证法中国化的理论与话语创新体系。五是提出事物矛盾特殊性和普遍性的统一是辩证法的精髓，认识事物矛盾的特殊性是科学认识事物的基础的哲学原理。六是强调要学会运用矛盾分析方法认识问题、解决问题。

第二，“两论”确立了马克思主义哲学中国化的理论高度。一个理论，只有在哲学层面上实现了思想自觉，才能说它已经成熟，并且达到了科学思维的高度。“两论”是自觉按照马克思主义的基本立场观点方法，充分吸取中国优秀传统文化的有益要素，并从哲学层面进行了系统深入的理论概括和总结，具有高度的科学性和真理性，代表了马克思主义哲学中国化所应有的理论高度。

第三，“两论”开创了马克思主义哲学大众化的成功典范。“两论”最初是毛泽东同志在抗日军政大学的讲演稿，讲课的主要目的是用马克思主义哲学世界观方法论武装广大干部，使他们认清教条主义的本质和危害，从而为迎接革命新阶段的到来作（做）思想上理论上的准备。“两论”充分考虑到广大干部的思维习惯和语言习惯，运用短小精悍的表述方式，把深邃的理论转变为通俗易懂的语言，把抽象的理论逻辑转变为形象的生活逻辑，形成了新鲜活泼的、为中国老百姓所喜闻乐见的中国特色、中国风格、中国气派和中国话语，开创了马克思主义哲学大众化的成功典范。

第四，“两论”奠定了实事求是思想路线的哲学基础。在中国共产党的领导下，中国革命和建设事业取得了一个又一个胜利，其中一个至关重要的经验就是我们党确立了一条正确的思想路线，即实事求是。对于一个政党来说，思想路线的正确与否事关生死存亡，而一个政党能否创立正确的思想路线，取决于它是否具有科学世界观和方法论的指导，这最终还是要归结到哲学基础问题。毛泽东同志曾经指出，总结经验必须提高到哲学高度，因为“一切大的政治错误没有不是离开辩证唯物论的”。不从哲学高度彻底解决思想路线问题，那么即使纠正了一个错误，还会犯另一个错误。“两论”写作的着眼点恰恰在这里，其历史贡献也在于为党的实事求是的思想路线和科学的领导方法、工作方法奠定了坚实的理论基础。

三、实践项目

项目一

经典作品鉴赏——《哲学与人生》

（一）鉴赏目的

通过对经典作品的学习，促使学生深入了解和体会哲学的价值，为运用哲学指导人生发挥重要作用。

（二）鉴赏内容

《哲学与人生》分理解哲学、思辨人生、生活智慧、历史视野、文化反思、叩问信仰六辑，收录了我国著名马克思主义哲学家陈先达教授近年来有关哲学与人生的随笔漫谈六十余篇、哲思断想百余篇。作者认为，哲学是智慧的大海，是安身立命之学。哲学无处不在，无处不可用，要让哲学走出书斋，走进人们心中。本书结合作者丰厚的人生阅历和观察思考，阐释困扰人们的哲学认知、人生智慧、历史文化、价值信仰等重大命题，让人们在轻松阅读中获得系统的哲学知识，坚定理想信念，不断完善自我，勇敢迎接挑战。

（三）鉴赏作业

利用课余时间阅读作品，根据作品的内容与个人认识，提交 2 000 字的读后感。

项目二

诗词品读会——古典诗词的思辨之美

（一）实践目标

诗词是中华民族的传统文化，不仅韵律优美，也包含着丰富的哲理。结合本章节的基本原理品读鉴赏诗词中的哲学意蕴和思辨之美，激发学生的学习兴趣，增强本章节内容的吸引力和感染力，优化学习效果。

（二）实践方案

1. 任课教师布置活动任务，帮助学生明确活动目的，动员学生积极参与。

2. 任课教师将班级学生分为若干小组，选出组长，负责组织协调。

3. 每个小组明确本组所选的一首诗词提前发给任课教师。小组内部成员提前搜集相关材料，联系本章节的学习内容对诗词进行赏析。

4. 任课教师根据小组选择诗词的时间顺序对小组的分享发言进行排序。

5. 各小组轮流上台朗诵诗词、鉴赏诗词。小组代表分享赏析心得后，全班同学可根据自己的体会自由发言，补充对该诗词的赏析评论。

6. 任课教师进行小结。

第二章　实践与认识及其发展规律

一、案例精选

《实践论》对传统认识论的创造性转化和创新性发展[1]（节选）

毛泽东的《实践论》阐述了人的认识过程，是马克思主义认识论中国化的典范。实质上，《实践论》也是在马克思主义指导下，对传统认识论创造性转化与创新性发展的结果。

《实践论》通过论述知和行的关系进而阐述人的整个认识过程。毛泽东认为人的认识过程有两步："第一步，是开始接触外界事情（物），属于感觉的阶段。第二步，是综合感觉的材料加以整理和改造，属于概念、判断和推理的阶段。"在马克思主义认识论的指导下，毛泽东对荀子、张载、王夫之等人的认识论进行了创造性的转化。

在我国传统文化中，荀子的认识论初步概括了人的认识过程，但没有意识到实践在认识过程中的重要作用；张载的认识论区别了人的感性认识和理性认识，但忽视感性认识对理性认识的基础性作用；王夫之的认识论具有唯物主义色彩，但对历史领域的认识论却含有唯心主义的先验论。结合马克思主义认识论，《实践论》对传统认识论进行了创造性转化和创新性发展。

一、强调实践作用：弥补荀子认识论的局限性

传统文化中智与知的音义相同，二字多通用。比如"知者乐水，仁者乐山"（《论语·雍也》）中"知"通"智"，表示聪明；而荀子对"知"和"智"作了区分。荀子将"知"理解为感性认知或人特有的认知能力，比如"水火有气而无生，草木有生而无知，禽兽有知而无义，人有气有生有知亦且有义"（《荀子·王制篇》）中的"知"就是知觉，可理解为草木、禽兽及人共有的一种感性认知。

荀子将"知"的主体定位于人，比如"人生而有知""心生而有知"（《荀子·解蔽篇》），说明荀子将"知"理解为人生来就有的认知能力。由此可见，荀子肯定了人的先天认知特质，这一点和马克思的认识论前提相同。"知有所合谓之智"（《荀子·正名篇》），荀子将"知"的结果称为"智"，即知识。

荀子简要地指明了人的认识过程，即人通过自身的认知能力获得知识，并提出了认识的至高境界："虚壹而静，谓之大清明。万物莫形而不见，莫见而不论，莫论而失位。"（《荀子·解蔽篇》）但认识的整个过程具体是如何实现的，荀子没有给出明确的答案。

与荀子的认识论相比，马克思主义认识论则强调实践在认识活动中的作用："全部社会生活在本质上是实践的。凡是把理论引向神秘主义的神秘东西，都能在人的实践中以及对这种实践的理解中得到合理的解决。"人的认识活动是社会生活的一部分，马克思反复强调实践在人的认识生活中的重要作用，认为人的认识活动需要通过实践来完成。

① 资料来源：张晨昕. 济源职业技术学院学报，2023，22（04）：17-22.

在马克思主义认识论的指导下，毛泽东弥补了荀子认识论的局限性。《实践论》将荀子的“知”赋予了新的内涵，认为“这叫做认识的感性阶段，就是感觉和印象的阶段”，把荀子的“智”创造性地转化成认识的第二个阶段，即理性认识。毛泽东将“知有所合谓之智”（《荀子·正名篇》）的认识过程赋予了新的时代形式：“认识的过程，第一步，是开始接触外界事情（物），属于感觉的阶段。第二步，是综合感觉的材料加以整理和改造，属于概念、判断和推理的阶段。”在如何从“知”达到“智”的问题上，毛泽东给出了答案——实践。“社会实践的继续，使人们在实践中引起感觉和印象的东西反复了多次，于是在人们的脑子里生起了一个认识过程中的突变（即飞跃），产生了概念。”这种概念能产生判断与推理，进而实现人的理性认识。如何达到认识的“大清明”阶段，毛泽东则认为“实践、认识、再实践、再认识，这种形式，循环往复以至无穷，而实践和认识之每一循环的内容，都比较地进到了高一级的程度。”也就是说毛泽东认为人的认识不是一次就能实现的，只有通过实践和认识的反复循环才能达到认识的完成，即“大清明”阶段。

二、重视感性认识：完善张载认识论的缺陷

“世人之心，止于见闻之狭。圣人尽性，不以见闻梏其心，其视天下无一物非我，孟子谓尽心知性知天以此。天大无外，故有外之心不足以合天心。见闻之知，乃物交而知，非德性所知；德性所知，不萌于见闻。”张载将“知”分为“见闻之知”和“德性所知”（学界普遍将张载的“德性所知”等同于“德性之知”），拥有“世人之心”的人只能得到“见闻之知”，拥有“天心”的圣人则能达到“德性之知”。

“见闻之知”就是眼睛看到、耳朵听到的知识。毛泽东将其赋予现代的表达形式，即“感性认识”，认为“见闻之知”“引起了他们的感觉，在他们的脑子中生起了许多的印象，以及这些印象间的大概的外部的联系，这是认识的第一个阶段”。

张载对于“德性所知”论述得极少，多数学者认为张载的“德性之知”“是对性理、人理的认识”，毛泽东则将其创造性地转化为人的认识过程的第二个阶段，即理性认识：“认识的真正任务在于经过感觉而达到于思维，到达于逐步了解客观事物的内部矛盾，了解它的规律性，了解这一过程和那一过程间的内部联系，即到达于伦理的认识。”

张载有言：“诚明所知乃天德良知，非闻见小知而已。”张载认为“见闻之知”是小知，侧面体现出对“见闻之知”的轻视。毛泽东在《实践论》中指出“感性认识有待于发展到理性认识”，同时强调了感性认识的重要性。他这样概括道：“理性的东西所以靠得住，正是由于它来源于感性，否则理性的东西就成了无源之水，无本之木，而只是主观自生的靠不住的东西了。”

在人的认识是否有限的问题上，由于张载认为人的“见闻之知”依赖于与认识客体之间的接触，“见闻之知，乃物交而知”，而人作为万物中的一物，“万物不能不散而为太虚”，所以人固有一死，则人与认识客体的接触也是有限的，因而张载认为人的认识是有限的。马克思主义唯物论认为客观物质世界是可知的，物质世界不依赖于人的主观意志而独立存在，世界上只有尚未认识之物，没有不可认识之物，因此毛泽东得出了“人们在实践中对真理的认识永远没有完结”的结论。

三、彻底的唯物主义：深化王夫之朴素唯物主义认识论

传统认识论中，毛泽东受王夫之认识论的影响更加深刻。毛泽东的启蒙老师杨昌济就很

尊仰王夫之，毛泽东推崇的谭嗣同也是船山学的信徒，因而他在写作《实践论》的过程中，系统地参考了《船山遗书》。

王夫之批判地继承了佛教哲学中的“能”与“所”这对范畴，认为“所谓能者即思也，所谓所者即位也”，“所谓能者即己也，所谓所者即物也”。就是说，“能”是思维能力，即认识主体，“所”是被认识的对象，即客体。“‘所’著于人伦物理之中，‘能’取诸耳目心息之用”，王夫之对“能”和“所”的区分，是其唯物主义认识论的反映。但在社会历史领域，王夫之的认识论中含有唯心主义的先验论，“乃吾所得于天而即所得以自喻者也……如暗中自指其口鼻，不待镜而悉”（《张子正蒙注》卷四·大心篇）。王夫之认为，道德观念能通过内省达到自我认识，因此王夫之唯物主义认识论在道德层面存在不彻底性。

毛泽东对马克思以前的唯物论作过这样的批判：“马克思以前的唯物论，离开人的社会性，离开人的历史发展，去观察认识问题，因此不能了解认识对社会实践的依赖关系，即认识对生产和阶级斗争的依赖关系。”毛泽东将唯物主义应用于社会历史发展，将王夫之的朴素唯物主义认识论发展成为辩证唯物论的认识论。

王夫之对“格物”和“致知”作出了新的解释：“博取之象数，远征之古今，以求尽乎理，所谓格物也。虚以生其明，思以穷其隐，所谓致知也。”并指明二者相互作用的关系：“非致知，则物无所载而玩物以丧志，非格物，则知非所用而荡志以入邪，二者相济，则不容不各致焉”。王夫之的“格物”指的是要考察古今的历史事实及演变，“致知”指的是要清楚事物内部的本质关系。毛泽东将王夫之的“格物”和“致知”创造性转化为人以感官认识为主的感性认识及以思辨认识为主的理性认识。在二者的关系上，毛泽东指出：“理性认识依赖于感性认识，感性认识有待于发展到理性认识，这就是辩证唯物论的认识论。”

综上所述，《实践论》对传统认识论进行了创造性转化。毛泽东对荀子认识论中“知”和“智”赋予了新的时代内涵，打破了荀子认识论在“知”到“智”的认识过程及实现路径上的局限性。毛泽东将张载认识论中的“见闻之知”和“德性之知”理解为人的“感性认识”和“理性认识”。针对张载对“见闻之知”的轻视、人的认识是否有限的问题，毛泽东从马克思辩证唯物主义认识论的角度给出了新的诠释。毛泽东肯定了王夫之“格物”“致知”的认识论，创造性地将其朴素唯物主义认识论发展成为辩证唯物主义认识论。

案例研讨：毛泽东的《实践论》对传统认识论有哪些创造性转化和创新性发展？

二、阅读拓展

从阿兹特克“水肚脐”到欧洲“狼桃”①

从番茄的词源学可以看出，番茄在墨西哥得到了种植、培育和改良，繁衍出类别多样的新品种。哥伦布发现新大陆开启了番茄的第二次长途旅行——向更远的欧洲前行。16 世纪初，

① 资料来源：孟夏韵．“红”遍地球：番茄的跨洋之旅. (2024-01-18)[2024-03-25]. https://epaper. gmw. cn/gmrb/html/2024-01/18/nw. D110000gmrb_20240118_1-13. htm.

番茄与玉米、马铃薯、辣椒和甘薯一起被引入西班牙，彼时西班牙的塞维利亚与意大利同为国际贸易中心，当1540年番茄传入塞维利亚后，人们称它为“Pomo de Moro”或“Manzana Morisca”，意为“摩尔人的苹果”。而在意大利，人们称其为“Pomo d'oro”或“Manzana Dorada”，意为“金苹果”，由此推断，最早到达欧洲大陆的番茄可能是黄色品种。

随后的几十年里，不同品种的番茄种植扩展到了意大利、西班牙、法国和英国，在这些国家，番茄还被称为“Pomo d'amore”或“Manzana del Amor”，意为“爱的苹果”，一旦与爱这个词有了联系，便可得知番茄在欧洲的受欢迎程度之高了。不过那时，人们多把番茄种在庄园里观赏，有时作为象征爱情的玫瑰花般的礼品赠送爱人。相传，英国沃尔特·雷利爵士就曾将番茄作为爱情见证送给他的情人伊丽莎白一世女王，“爱情果”的名称从此广为流传。

然而番茄到达欧洲的前期，大部分欧洲人只是观赏它，却不敢食用。可以说，作为食物的番茄在欧洲的传播并非一帆风顺。人们对这种新水果还没有给予充分信任，当它于1544年进入意大利时，植物学家彼得罗·安德里亚·马蒂奥利形容它为“不健康的苹果”，法国植物学家马蒂亚斯·德·洛贝尔也表示“意大利人会食用番茄，但它那浓烈的臭味可能意味着对人健康有害”，而另一些植物学家则将它描述为观赏植物，认为其叶子与曼德拉草的叶子相似，可能存在危险，形容它的果实易腐烂且没有营养。同样，番茄在前往北欧和东欧的途中也遭遇坎坷，一个多世纪中，它所获得的最佳分类始终是观赏植物。伊丽莎白时代的许多英国人认为，正如形态各异、色泽娇艳的蘑菇有剧毒一样，番茄鲜红欲滴的外表和锋利的叶子恰恰释放出有毒的警告信号，人们于是对它敬而远之。德国民间更是有关于茄科植物、女巫和狼人的传说，人们认为果实中的生物碱是使人变成狼人的毒药，于是将番茄与这些迷信联系起来，将其命名为“狼桃”。1753年，博物学家卡尔·林奈为了纪念这一德国民间传说，将番茄的学名定为“Solanum Lycopersicum”（狼桃）；1768年，植物学家又基于该名称再次将番茄的学名定为“Lycopersicum esculentum”，字面意思是“可吃的狼桃”。关于狼桃是否可食，则有一段有趣的传说：18世纪的一位法国画家痴迷于番茄的艳丽色泽，在一次给番茄写生时忍不住品尝了摆在桌上的“静物”，顿感酸甜味美、清爽宜人，然而吃完一整颗后，他又突然想起狼桃有毒的传言，开始担惊受怕地躺在床上等待死神降临，不料却安然无恙并健康地活了下去。如此狼桃有毒的传闻也不攻自破，这一事件加速了番茄作为食物在欧洲的传播。

在欧洲站稳脚跟后，番茄又继续着它的全球旅程。17世纪由西班牙人传入菲律宾、爪哇等东南亚国家。1650年在马来西亚东部有了种植，由此揭开了番茄在亚洲传播的序幕。日本画家狩野探幽在《草木花写生图卷》中描述，长崎于1668年引种一种名为“唐柿”的植物，实则就是番茄。而番茄到达中国的时间则是明朝万历年间（1573—1620），当时主要由西方传教士和商人引入，由东南沿海地区向内地推广，人们常以“喜报三元”“番柿”“洋柿”“六月柿”等名称称呼它。虽然我国南方古代也有野生番茄的分布，但却因未改良栽培，至今仍保留野生状态。番茄引入中国的早期同样作为观赏之用，1621年，明朝农学家王象晋在《群芳谱》中提及：“番柿，一名六月柿，茎似蒿，高四五尺，叶似艾，花似榴，一枝结五实，或三四实，一树二三十实。缚作架，最堪观。火伞火珠，未足为喻，草本也。来自西番，故名。”这成为中国最早记载番茄的文字。19世纪后，番茄被正式引种和零星栽培，不过种植并不普遍，新中国成立后开始对其进行大规模培育。

三、实践项目

项目一

关于大学生参加社会实践情况的调查

（一）调查目的

通过调查，了解大学生参加社会实践的基本情况。

（二）调查对象

在校大学生

（三）活动方案

时间：4 学时
地点：校园
方式：调查分析
流程：

（1）将调查问卷复印 100 份，将所在班级同学分为 10 组，每组完成调查问卷 10 份，调查对象不限本班同学，尽量做到男女比例均衡。

（2）调查采取无记名的方式进行，要求选出同意的选项。

（3）调查完成后收齐问卷，并对 10 个小组的数据进行汇总。

（4）将调查情况写成调查报告，上交任课教师。

【附】调查问卷

（1）您的性别是（　　）。

A. 男　　B. 女

（2）您的年级是（　　）。

A. 大一　　B. 大二　　C. 大三　　D. 大四

（3）您来自（　　）。

A. 城市　　B. 农村

（4）您是否经常参加社会实践？（　　）

A. 经常参加　　B. 偶尔参加　　C. 从未参加

（5）您倾向参加哪些形式的社会实践？（　　）（多选）

A. 社会服务　　B. 学习调查　　C. 打工或做兼职　　D. 其他

（6）您参加社会实践的目的是什么？（　　）

A. 接触社会，增加社会经验　　B. 为以后求职做准备

C. 赚取生活费　　D. 娱乐

E. 其他

（7）您一般在什么时间参加社会实践？（　　）

A. 任何没有课的时间　B. 周末　C. 寒暑假

（8）您参加社会实践有哪些方式？（　　）

A. 单独　B. 组织团体　C. 和同学

D. 和亲人　E. 其他

（9）您认为参与社会实践时，什么最重要？（　　）

A. 专业知识　B. 学校　C. 个人能力　D. 其他

（10）您认为参加社会实践活动的困难在于（　　）。

A. 联系单位　B. 确立项目　C. 组织团队　D. 政策保障

E. 其他

（11）假如您暑假参与社会实践活动，通常会参与多长时间？（　　）

A. 一个星期以下　B. 一个星期　C. 半个月　D. 半个月以上

（12）假如您参与社会实践活动，您所选的实践内容是否与专业相关？（　　）

A. 紧密相关　B. 相关　C. 不相关

（13）您认为大学学到的知识能否用于社会实践活动中？（　　）

A. 能　B. 不能　C. 不一定

（14）您认为参与社会实践活动有哪些意义？（　　）

A. 社会实践能锻炼学生实践能力，提高学生综合素质

B. 社会实践是对当代大学生价值观构建与个性塑造和检验的良好方式

C. 大学生社会实践活动意义在于能够推进其职业生涯的建构

D. 其他

（15）您认为学校在组织社会实践过程中有什么问题？（　　）

A. 向学生宣传力度不够

B. 学生实践过程中没有专业老师指导

C. 学校太过于形式化，不切实提高学生能力

项目二

主题讨论：“认识世界”和“改造世界”哪个更重要

（一）实践目标

认识世界和改造世界是人类创造历史的两种基本活动，通过主题讨论，加深学生对二者关系的理解。认识世界和改造世界是相辅相成、辩证统一的，正是在认识世界和改造世界相互促进的过程中，人类不断地从必然王国走向自由王国，创造更加美好的未来。

（二）实践方案

1. 任课教师布置讨论主题，帮助学生明确活动目的，动员学生积极参与。

2. 任课教师可给学生提供指导帮助，向学生提供参考资料，引导学生从经典著作中思考认识世界和改造世界的关系。

3. 主题讨论以小组为单位展开，小组成员集思广益，形成本组统一观点在全班分享交流。

4. 小组轮流发言后，集体讨论交流，未发言的同学在听取各小组的发言后，针对不同的观点提出个人见解。

5. 任课教师结合所学知识和学生讨论情况进行小结。

第三章　人类社会及其发展规律

一、案例精选

三位皇帝和三次农民战争[①]

三位皇帝是秦始皇、汉武帝和唐太宗。

秦始皇的贪欲极度膨胀，大肆挥霍天下财富，压榨民脂民膏，他企图使自己的子孙世世代代做皇帝，采取了暴力统治方式。结果，民不堪命，二世而止。

汉武帝登上皇帝宝座以后，贪欲膨胀，大肆挥霍天下财富，压榨民脂民膏，长期征伐“四夷”，“师出三十余年，天下户口减半”。在对外征伐的同时，对内又大兴土木，多次巡游，祭祀名山大川，举行封禅大典，这极大地增加了人民群众的赋税、兵役和劳役的负担。到汉武帝晚年，社会危机极度严重。大臣徐乐上疏指出：当时已出现“土崩”之势。汉武帝接受徐乐的意见，下诏“深陈既往之悔”，提出：“当今务在禁苛暴、止擅赋、力本农，修马复令以补缺，毋乏武备而已。”这就是征和四年发出的“轮台哀痛之诏”——下诏罪己，改弦更张。正由于控制了贪欲，转变了政策，汉武帝才创造了“有亡秦之失而免亡秦之祸”的历史。

唐太宗吸取隋朝短命而亡的历史教训，认为：为君之道，必须先存百姓；若损百姓以奉其身，犹割股以啖腹，腹饱而身毙；人君赋敛不已，百姓既毙，其君亦亡。于是，他将自己的欲望控制在不膨胀为贪欲的范围以内。正是在这种思想主导下，历史上才出现了著名的“贞观之治”。

三次农民起义战争是黄巢起义、朱元璋参加并领导的农民起义和太平天国起义。黄巢起义和太平天国起义都采取了“流寇主义”的作战方式，最终都失败了。朱元璋参加的农民起义，在早期，他控制自己的欲望，注意安民，力求兵不扰民，并注意屯田垦荒，恢复生产，改善人民的生活。在攻打元大都战役前他做了精心布（部）署，充分发扬了理性精神。朱元璋与众将讨论作战计划。常遇春提出孤军深入直捣元都的战略，朱元璋反对，他认为，孤军深入，一旦元军死守，久攻不下，援军被截断，粮食供应不上，必然产生极大的困难。他提出的战略方针是：先取山东，撤元军左翼屏障；再取河南，破元军正面藩篱；再攻潼关，除元军右翼屏障；最后，旋师开封，直取元都，“一切形势之地都在我掌握之中”。朱元璋的战略思想，显然是实事求是的，他最终取得反元斗争的胜利。

案例研讨：结合材料理解人民群众是历史的创造者。

① 资料来源：茅家琦. 历史发展的“真正动力”是什么. (2016-05-24)[2024-03-25]. https: //www. thepaper. cn/newsDetail_forward_1471053.

二、阅读拓展

面向新质生产力，“人工智能+”到底怎么加？①

2024年《政府工作报告》中，“人工智能+”作为新的发展战略被正式提出。那么，“人工智能+”究竟该如何做加法？为此，记者专访了中国科学院虚拟经济与数据科学研究组成员刘锋博士。

“‘人工智能+’作为新的发展战略被正式提出，标志着人工智能在推动国家现代化产业体系建设中的核心地位得到了进一步确认。”刘锋给出了这一观点。《政府工作报告》强调，要深化大数据、人工智能等技术的研发应用，开展“人工智能+”行动，以打造具有国际竞争力的数字产业集群。这一战略不仅凸显了人工智能在数字经济创新发展中的重要性，更揭示了其与新质生产力之间的紧密联系。

客观来看，新质生产力为人工智能等前沿技术发挥价值和作用提供了全新的大舞台。新质生产力作为一个全新的概念，在2023年首次被提出，并迅速成为引领发展战略性新兴产业和未来产业的重要指引。新质生产力强调通过技术革命性突破、生产要素创新性配置以及产业深度转型升级来催生当代先进生产力。“新质生产力的核心在于全要素生产率的提升，而这正是人工智能等前沿技术擅长的领域。”

人工智能价值和作用的发挥，并非孤立的。“得益于互联网、大数据、云计算和5G等技术的快速发展，人工智能的发展获得了丰富的算力、算法、数据和应用场景。”刘锋指出。而在此基础上，“人工智能+”的提出进一步突出了人工智能在科技生态中的核心位置。尤为值得一提的是，要形成真正“有战斗力”的新质生产力，人工智能还需要与更多前沿科技进行协同做好加法，例如与互联网、6G、低空智联网、机器人等技术深度融合。

从技术发展的角度来看，“人工智能+”战略的提出恰逢其时。大模型技术作为人工智能领域的一项重要突破，正在引领人工智能的发展方向。所有的算法、算力和数据都在向大模型集中，形成了通用人工智能AGI的雏形。这不仅将极大提高人类社会的生产效率，更有望把人类从重复性的脑力劳动中解放出来，从而让人们能够有更多的时间去从事创新性工作。刘锋认为，大模型技术的出现和快速发展，无疑为“人工智能+”战略提供了强大的技术支撑，推动其在各个领域的广泛应用。

“人工智能+”战略强调必须做好加法。人工智能的发展不能仅仅局限于科技领域本身，要真正发挥新质生产力的作用，人工智能必须与其他行业深度融合，特别是与制造业、农业、建筑业、航运业等传统行业“做好加法”。将人工智能等前沿技术与传统行业相结合，可以全面提升人类社会这台大机器各个零部件的运行效率，避免出现“头大四肢弱小”的局面。“也就是说，在推动人工智能发展的同时，必须注重传统行业的提升和转型，确保社会资源在人工智能和传统行业之间得到合理分配和利用。”刘锋强调。

“人工智能+”战略的实施，离不开政府加大政策引导和监管力度。刘锋认为，一方面，政府要制定出台一系列支持人工智能发展的政策措施，包括财政扶持、税收优惠、人才培养等方面；另一方面，要加强对人工智能技术的监管和管理，确保其应用符合法律法规和伦理

---

① 资料来源：姚春鸽. 面向新质生产力，“人工智能+”到底怎么加？(2024-03-12)[2024-03-25]. https://www.cnii.com.cn/rmydb/202403/t20240312_551042.html.

道德要求。

“面向新质生产力，应以人工智能为抓手形成合力，通过深度融合前沿技术和传统行业，全面提升人类社会的生产效率和创新能力。”刘锋认为，与此同时，基于良好的政策环境，要充分发挥新质生产力的潜力，充分发挥人工智能的技术价值，推动国家现代化产业体系建设迈上新的台阶。

三、实践项目

| 项目一 |

经典作品鉴赏——《未来简史——从智人到智神》

（一）鉴赏目的

通过对经典作品的学习，促使学生深入了解和体会科技发展给人类社会带来的巨大变化。

（二）鉴赏内容

《未来简史——从智人到智神》讲述了进入 21 世纪后，曾经长期威胁人类生存、发展的瘟疫、饥荒和战争已经被攻克，智人面临着新的待办议题：永生不老、幸福快乐和成为具有“神性”的人类。在解决这些新问题的过程中，科学技术的发展将颠覆我们很多当下认为无须佐证的“常识”，比如人文主义所推崇的自由意志将面临严峻挑战，机器将会代替人类做出更明智的选择。更重要的，随着以大数据、人工智能为代表的科学技术发展的日益成熟，人类将面临从进化到智人以来最大的一次改变，绝大部分人将沦为“无价值的群体”，只有少部分人能进化成特质发生改变的“神人”。

（三）鉴赏作业

利用课余时间阅读作品，根据作品的内容与个人认识，提交 2 000 字的观后感。

| 项目二 |

翻转课堂：社会历史发展的动力

（一）实践目标

人类社会是发展变化的，唯物史观从人们的物质生产活动出发深刻揭示历史发展的动力系统。在教师讲授的基础上，积极鼓励学生对重点知识进行梳理讲解，充分发挥学生的学习主动性和积极性，加深学生对社会历史发展的动力这一重要知识点的全面理解。

（二）实践方案

1. 任课教师完成对本章第二节内容的授课后，为帮助学生进一步夯实巩固本节的重点内容，引导学生从“社会基本矛盾、阶级斗争和社会革命、科学技术、文化”四个方向中选择一个小主题讲解社会发展的动力，明确翻转课堂的任务要求。

2. 以小组为单位做好翻转课堂的准备工作，选定主题后，小组同学搜集资料，制作课件，讲解时间限定在 5～8 分钟内。

3. 翻转课堂时间可以放在本章学习结束后，教师精讲，适当留白，引导学生围绕主题设计讲解思路。

4. 各小组轮流讲解，任课教师点评总结。

第四章　资本主义的本质及规律

一、案例精选

剩余价值规律是美国次贷危机的根源[1]（节选）

美国政界认为“金融机构的贪婪和政府缺乏对金融机构的有力监管”是美国次贷危机的原因。这种认识不能说没有道理，但不透彻。人们要问金融机构“贪婪”的是什么。美国的房地美和房利美这两家房屋抵押贷款金融机构滥发住房抵押贷款，造成了住房价格的高涨；而房价的暴涨迅速推动住房生产大规模的扩张，反过来造成了房价的下跌；于是贷款购房者的住房资产缩水，所贷的款的价格高于所购的住房的价格，贷款者便拒绝偿还贷款，宁可让贷款机构收走住房。这样，房地美和房利美首先陷入了还贷危机，由此引起了跟房地美、房利美进行与其次贷有关系的金融衍生品买卖的其他金融机构的信用危机。于是，一系列像房地美、房利美这样几十年长盛不衰的具有一定国有性质的房贷机构、雷曼兄弟这样百年的大型私人金融机构以及大量中、小银行相继破产，股市狂跌，金融欺诈行为露馅，形成了所谓的货币由“流动性”过剩急转为 “流动性”不足的“金融危机”。金融机构的这种不顾风险的滥放贷款和肆意创新的金融衍生品的买卖，以及被揭露出来的美国金融巨头麦道夫用后面顾客投资的钱来偿还前面顾客投资的利息的长期金融欺诈行为，其“贪婪”的当然不是房子或其他什么物质使用价值，也主要不是高管的高额奖金，而是资本积累所需要的以货币形式表现的利润。《资本论》早已指出：银行利润只能来源于产业资本创造的剩余价值，银行利润只是剩余价值的转化形式。因此，金融机构归根到底是对剩余价值的贪婪。美国的次贷危机再次证明利润规律从而剩余价值规律是市场经济的绝对规律。西方经济学在经济繁荣时把经济增长的原因归于利润的刺激，但在经济不景气时却不把原因归于利润目的本身，而把原因归于供求的不平衡，归于需求不足这种表面现象。美国次贷危机对《资本论》原理的正确性是一个有力的例证，而对西方经济学也是一个有力的批判性例证。马克思曾指出：资产阶级的经济学没有科学的价值理论，不懂得价格是由价值决定的，而认为价格由供求关系决定，这是被经济现象所迷惑，并造成了其逻辑上的混乱——资产阶级经济学的供求是指有一定价格的供求，这样，供求概念以价格概念的存在为前提，而价格概念又由供求概念决定，这是同义反复。没有科学的价值理论也就不可能有科学的剩余价值理论和利润理论，从而对金融机构的“贪婪”也就理解不深，对次贷危机的根源也就缺乏科学的认识，其“救市”政策就必然事倍功半。

美国政界把次贷危机的另一个主要原因归于政府对金融机构缺乏有力的监管。但是一向以调节供求关系为政策基础的政府为什么会对房地美、房利美的次级房贷供给长期监管

① 资料来源：姚挺.《资本论》的当代例证：美国的次贷危机. 中共福建省委党校学报，2009（04）：13-18.

不力呢？首先，这是过分相信市场经济的供给会自动产生需求的作用。马克思早就指出，在简单商品经济条件下，以货币为媒介的商品买卖关系就隐藏着买卖脱节即供求脱节的危机，因为一个人把商品卖出获得货币后不一定立即就买，这样另一个人的商品就会卖不掉。当简单商品经济发展为以利润竞争为目的的市场经济的时候，严重的供求不平衡危机就会周期性地产生。因此，虽然新产品的出现会产生需求，或产品以低价供给也会刺激需求，但这些都只能在一定的限度内起作用；利润的竞争决定了供给必然大大超过需求的趋势。物质商品生产领域是这样，金融市场领域的供求关系也是这样。美国的“两房”金融机构以低息进行次级贷款并以此为基础创造金融衍生品，这对金融需求起了一定的刺激作用；但是利润的贪婪使“两房”金融机构不顾还贷能力提供的贷款大大地超过了有还贷能力的贷款需求，从而使以借款进行的超前消费盛行起来，出现了货币“流动性”过剩的繁荣；而一旦出现还贷困难，就立即陷入了“流动性”不足的危机之中。可见，建立在西方经济学的供给会自动产生需求的教条基础上的经济增长政策是与控制供给的经济监管政策相互冲突的，而前者是起主导作用的，后者理所当然的就只能是一种效力不大的宏、微观干预政策了。其次，美国政府没有认识到“贪婪”与“监管不力”之间的内在联系，把“贪婪”和“监管不力”并列起来，这也是美国政府对“贪婪”理解的一种肤浅。《资本论》是至今为止对资本的“贪婪”规律最深刻最系统分析的理论。资本的“贪婪”规律从而剩余价值规律的内在矛盾就是剩余价值的生产和剩余价值的实现之间的矛盾。《资本论》指出：“前者（指剩余价值生产——引者注）只受社会生产力的限制，后者（指剩余价值的实现——引者注）受不同生产部门的比例和社会消费力的限制，但是社会消费力既不是取决于绝对的生产力，也不是取决于绝对的消费力，而是取决于以对抗性的分配关系为基础的消费力；这种分配关系，使社会上大多数人的消费缩小到只能在相当狭小的界限以内变动的最低限度。这个消费力还受到追求积累的欲望的限制，受到扩大资本和扩大剩余价值生产规模的欲望的限制。……这个内在矛盾力图用扩大生产的外部范围的办法求得解决。但是生产力越发展，它就越和消费关系的狭隘基础发生冲突。在这个充满矛盾的基础上，资本过剩和日益增加的人口过剩结合在一起是完全不矛盾的；因为在二者结合在一起的时候，所生产的剩余价值的量虽然会增加，但是生产剩余价值的条件和实现这个剩余价值的条件之间的矛盾，正好因此日益增长。”利润的生产只受生产力的限制，从而表现为供给有无限扩大的趋势；而实现利润的大众消费力则受分配的对抗性的限制而相对缩小（资本家的消费力也因资本积累的竞争而相对缩小）。物质商品生产的这个剩余价值的内在矛盾规律是通过商业领域和金融领域表现出来的。既然利润规律支配着金融市场的供求关系，那么说政府对金融机构的供求行为缺乏有力的监管，那毋宁说金融机构的利润本性拒绝让政府来进行有力的干预。目前，相对来说，德国的监管力较大，法国次之，英国再次之，美国最小，因此，危机在美国首先爆发就是自然而然的了。

案例研讨： 为什么追求剩余价值是美国次贷危机的根源？

二、阅读拓展

货币幻象：马克思的历史哲学解读[①]（节选）

（一）货币：人与人关系内在维度的改变

货币幻象主要指货币在观念中所彰显出的过溢的权力张力，或指各种未能把货币量值符号同真实量值区别开来的现象。它是人的主观感觉、意念、联想和想象的产物。显然，货币幻象与人有关，它起源于货币的特权对人性的侵蚀，使人对外部世界的价值判断出现可量化和不可量化的双重标准，并由此带来人与人关系内在维度的改变，这种改变为货币幻象提供了最基本的经验感觉形式，但同时，也提供了量度人性及其社会文明发展状况的一个重要依据。

货币作为交换关系的自主表现，它受需要的驱动，并被对象化为经济对象，内在设定了对象的可替代性。……它之所以能侵蚀到人与人关系的内在维度中，是因为货币有着交换价值的功能，它所交换的不是特定的品质、事物，而是人的社会关系、属人的整个对象世界。……在马克思看来，货币对人与人关系中内在维度的改变主要反映在两个方面：其一，将人与人之间的自然血缘关系变为单纯的物的联系。其二，由单个人原始空乏的社会关系变为世界历史范围中的人的普遍交往的社会关系。马克思在《政治经济学批判》货币章中明确指出，“在发展的早期阶段，单个人显得比较全面，那正是因为他还没有造成自己丰富的关系，并且还没有使这种关系作为独立于他自身之外的社会权利和社会关系同他自己相对立。留恋那种原始的丰富，是可笑的，相信必须停留在那种完全的空虚化之中，也是可笑的。”

（二）货币幻象的产生：符号的实体化、主体化与神灵化

随着货币对人性的侵蚀和对人与人内在关系维度的改变，货币对人的认知系统和评价系统产生影响。货币幻象首先发生在货币符号被实体化、主体化和神灵化的过程中。

首先，由于货币所交换的是整个对象世界，有着广泛的价值通约性，人们往往将货币符号视为外部感性事物的真正本质，而与它发生实际交换关系的交换对象，反成了货币符号的派生之物。

其次，单把货币符号看成是第一性存在还不够，还要把符号转化为购买现实一切商品的权力或想象拥有一切商品的权力，转化为货币创造众生，人类却软弱无能的实际效果。

第三，货币的主体化也使得人对世界理解趋向物欲化和神灵化。人对货币的顶礼膜拜达到了无以复加的地步。货币是神，是上帝，货币在商品世界中取得了至上的神的权柄和力量的象征。人的物化和异化在所难免。在《资本论》中，马克思深刻地揭示了货币异化的历史根源：在物物交换中，生产的社会关系还多少表现为当事人的意志关系，可是，当货币从一般商品中分离出来与人相独立并且变成一种物化的社会力量时，原有的社会关系不再以无形的存在与单个人相对立，而是作为有形的存在即“物”与人相对立，这样，人与人的社会关

---

① 资料来源：张雄. 中国社会科学，2004（04）：53-60，206-207.

系变成了物与物的交换关系，劳动所创造的商品被神秘化了，交换所产生的货币符号被主体化和神灵化了，人对物的崇拜和对货币的崇拜，使得劳动与商品、劳动者与货币的关系完全颠倒过来。……但如果把货币异化、商品拜物教视为天然合理的、符合人性的，这也是极端错误的理论。货币的异化只是证明：人们还处于为自己的自由和全面发展创造条件的过程中，而不是从异化出发人类才开始有了真正人的生活。

（三）货币幻象的实质：在观念中用货币来剥夺整个世界的固有价值

货币符号被主体化和神灵化后，人类的精神世界便有可能从“观念形态”走向“幻象世界”，货币幻象便充满着极为丰富的内容。值得提出的是，货币化生活世界直接影响和关联着人的世界观、人生观和价值观，它使得一种纯粹数量的价值不断压倒品质的价值，从而追求生活意义的平等化、量化和客观化，把人生的消费和积累作为惟（唯）一至上的终极追求目标。马克思在《论犹太人问题》中指出，“金钱贬低了人所崇奉的一切神，并把一切神都变成商品。金钱是一切事物的普遍的、独立自在的价值。因此它剥夺了整个世界——人的世界和自然界——固有的价值。金钱是人的劳动和人的存在的同人相异化的本质；这种异己的本质统治了人，而人则向它顶礼膜拜。”在马克思看来，货币幻象产生于“以货币为基础的有效需求和以我的需要、我的激情、我的愿望等等为基础的无效需求之间的差别，是存在和思维之间的差别，是只在我心中存在的观念和那作为现实对象在我之外对我而存在的观念之间的差别。”

（四）货币幻象更深层次问题：两种价值能否通约

货币幻象充满着经济个人主义和自由主义色彩，在价值尺度、交换媒介、支付手段和价值储藏等方面都显示了精神设定对象化存在的自由空间和意志。为什么在这一领域思维对存在的把握是充分自由的？它需要价值论分析，其中一个十分重要的方面是价值通约性问题。

货币的主要特征之一就是它的可通约性，它的背后总是对应着商品，它在追求经济利益的驱动下可与一切物品相通约。它可以将所有不可计算的价值化为可计算的量，平均化了所有性质各异的事物。可是，在现实的社会里，不是所有的存在都与货币有着可通约性，也不是所有的可通约的行为和结果都是合乎理性的，更不是所有合乎理性的通约都是合乎人道主义的。

无论如何，作为资本的货币不同于作为货币的货币。两者的不同表现为：第一，作为货币的货币主要是在其纯粹形式上进行阐述的，并没有同发展程度较高的生产关系联系起来；而作为资本的货币它与机器大工业生产相伴随；第二，作为货币的货币其规定的特点就在于，货币交换遵循的原则是：不同交换主体之间的关系是平等的，交换物是等价的。所以，单从货币交换的角度不可能揭示出在资本家与工人之间发生的人的价值和货币价值相通约的不对称、不合理的事实，可以称之为剩余价值的被遮蔽。在马克思看来，资本按其概念来说是货币，但是这种货币不再以简单的金银形式存在。因此，就这一点来说，它作为资本不是与使用价值相对立，而正是只存在于货币以外的各种使用价值之中。

三、实践项目

项目一

经典影视鉴赏——《资本主义：一个爱情故事》

（一）鉴赏目的

通过对经典影视的观看，促使学生深入了解和体会资本主义社会对剩余价值的追求与金融风暴的内在关系。

（二）鉴赏内容

2008 年的金融危机让世界陷入了经济大衰退，银行破产，企业倒闭，甚至连冰岛政府都难以幸免，《资本主义：一个爱情故事》这部纪录片，客观地阐述了“人性与贪婪”“金钱与政治”“富裕与贫穷”这些关乎所有人民生的话题。透视影片，我们可以看到金融危机中美国民众的普遍情绪：愤怒、失望、焦虑。

（三）鉴赏作业

学生结合所学内容观看影片，根据影片内容与个人认识，提交 2 000 字的观后感。

项目二

“悦”读经典：资本的秘密——马克思《资本论》（第一卷）如是读

（一）实践目标

本书是一本简洁、通俗、有趣的关于《资本论》的导读书目，通过阅读，同学们可以对资本主义的一般基础（商品经济）、剩余价值的秘密、资本的本质、资本主义的基本矛盾及其发展的历史趋势等问题有更清晰的认识。

（二）实践方案

1. 任课教师布置阅读任务，指定阅读书目。
2. 任课教师对学生进行分组，选定组长；学生以小组为单位在课余时间组织阅读活动，分组讨论，形成本小组的阅读小结。
3. 选派 1 名学生代表以小组为单位进行课堂分享。
4. 任课教师结合学生分享的情况进行总结，进一步对经典文献进行讲解诠释，帮助学生全面把握经典文献的内核，加深学生对重点知识的理解和把握。

第五章　资本主义的发展及其趋势

一、案例精选

后危机时代国家垄断资本主义的新发展[①]

和任何社会经济制度一样，资本主义也是一个变动不居、不断发展演变的制度型类（类型）。资本主义基本矛盾的每一次激化和由此导致的周期性经济危机在严重打击和动摇资本主义制度的同时，也必然推动资本主义生产关系的嬗变与发展。如同20世纪30年代经济大萧条和随后出现的“凯恩斯革命”和“罗斯福新政”使国家垄断资本主义获得新发展一样，2008年国际金融与经济危机和随后出现的凯恩斯主义复归及“奥巴马新政”使国家垄断资本主义生产关系在第二次世界大战后形成的基础上获得进一步的调整和发展。

（一）国家垄断资本主义理论基础——凯恩斯主义的复归

众所周知，作为垄断资本主义生产关系调整和发展新阶段的国家垄断资本主义早在第一次世界大战期间就萌芽产生。“帝国主义战争大大加速和加剧了垄断资本主义变为国家垄断资本主义的过程。”（《列宁选集》第3卷第109页）但是，只是在20世纪30年代大萧条后伴随凯恩斯主义的横空出世和资本主义国家对经济生活的普遍干预，国家垄断资本主义才获得广泛发展。这是因为，如同古典经济学或新古典经济学是自由竞争资本主义的理论基础一样，凯恩斯主义是国家垄断资本主义的理论基础。

但是，作为国家垄断资本主义理论基础的凯恩斯主义，其真正贡献并不完全在于它医治了20世纪30年代的大萧条。其实，当凯恩斯的《就业、利息和货币通论》在1936年出版的时候，大萧条最糟糕的阶段已经渡（度）过，凯恩斯主义对当时经济复苏所起的作用是有限的。成为国家垄断资本主义理论基础的最关键的地方在于凯恩斯主义在承认市场经济系统不完善性的同时没有抛弃市场和市场机制，而是主张向市场系统输入政府干预这一关键参数，对市场系统进行扰动，使市场运行趋于充分就业均衡。正是以这一理论创新为基础和出发点，发达资本主义国家在大萧条演变、蔓延期间以及第二次世界大战后调节干预经济的实践中，在吸取前苏联计划经济经验的基础上，对垄断资本主义生产关系进行大范围的调整与变革，实现了政府调节和市场调节的有机结合，为科学技术和社会生产力的发展提供了较为广阔的空间，缓和了资本主义基本矛盾，推动了资本主义经济的发展，国家垄断资本主义生产关系最终得以形成，资本主义经济最终发展为混合经济。如果没有市场或者没有政府，现代经济运行就会孤掌难鸣。2008年国际金融与经济危机的爆发和新自由主义的彻底破产从反面充分证明了这一点。

以2008年国际金融与经济危机爆发和新自由主义破产为标志，发达国家的政治重新迈入

① 资料来源：刘儒. 国际金融危机与国家垄断资本主义新发展. 红旗文稿，2016（05）：18-20.

另一个大的循环周期：凯恩斯主义和大政府时代。凯恩斯主义重拾官方经济学地位，国家垄断资本主义理论基础——凯恩斯主义的复归，必然有利于资本主义国家政权和私人垄断资本在新世纪的进一步融合发展。

（二）国家垄断资本获得明显发展

国有经济不但是国家垄断资本主义的经济基础或所有制基础，而且本身就是国家垄断资本主义的重要形式。纵观 19 世纪末 20 世纪初以来的资本主义发展史，实行国有化措施是资本主义国家应对经济危机，缓和资本主义基本矛盾的重要手段和基本经验。第二次世界大战后国家垄断资本主义之所以获得广泛深入的发展，就在于发达资本主义国家为了应对资本主义基本矛盾激化导致的大萧条，掀起了广泛持续的国有化浪潮，国有经济几乎在所有的经济部门获得空前发展，建构起国家垄断资本主义稳固的经济基础。进入 20 世纪 80 年代以来，随着西方国家的私有化浪潮，国有经济的比重虽有明显下降，但并没有改变和动摇国家垄断资本主义的所有制基础，私有化影响所及主要是一般工业部门中的国有企业的数量和比重。

2008 年国际金融与经济危机爆发和蔓延以来，从发达国家应对危机和救市的实践看，推行国有化仍然是重要的措施和手段之一。其实，“9·11”事件后，美国等发达国家出于经济和社会安全考虑，国有经济已经在悄然恢复当中。2008 年以来，美、英、德等发达国家在对经济进行救助和调控过程中，国有化的步伐明显加快，国有经济即国家垄断资本获得明显发展，甚至有人认为西方国家掀起了新一轮国有化浪潮。此次发达国家国有化的一般做法和特点是，运用财政资金对濒临破产的金融机构和大型企业进行注资，购买其不良资产并对其债务提供担保，换取这些金融机构和大型企业的优先股或普通股，实施国有化控股。例如，美国财政部通过向遭受重创的房地美和房利美注资，获得了“两房”各 79.9%的股票；美国财政部、联邦储备委员会和联邦存款保险公司通过向深陷危机灾难的花旗集团注资，购买其优先股和普通股，美国政府最终持有花旗的权益提升至 36%。通过这些措施，不但国有垄断资本获得明显发展，而且国有垄断资本与私人垄断资本在企业和社会范围的结合都得到了加强。英国和德国等发达国家在危机中国有化的途径和美国的做法大体相似。

（三）宏观调控和微观规制获得空前加强和发展

面对资本主义近百年来最严重的经济危机，就连信奉新自由主义教义的布什政府也不能袖手旁观，早在 2008 年 2 月就实施 1 680 亿美元减税方案，紧接着 10 月份又批准《2008 年紧急经济稳定法案》，推出 7 000 亿美元的救援计划。危机蔓延到欧洲以后，为了挽救欧元区国家经济，欧盟紧急拿出总额达 7 500 亿欧元进行救助，这是欧洲有史以来最大规模救助计划。

奥巴马政府上台以后，面对严峻的经济形势，美国政府、财政部和美国联邦储备委员会更是联手推出美国自第二次世界大战以来力度最大的金融救助和财政刺激计划。奥巴马政府通过《美国复苏与重建法案》，实施 7 870 亿美元经济刺激计划，资金总额中三分之二用于公共开支和投资，三分之一用于减税，刺激内容几乎涵盖美国所有经济领域。在货币政策方面，为了增加流动性，降低利息率，刺激投资和消费，美国联邦储备委员会多次下调基准利率，实行非常规即超宽松的货币政策，最具代表性的就是美国联邦储备委员会连续三轮实行的以邻为壑的量化宽松货币政策，长时间维持近乎于零的利率水平。

美国政府在对经济加强宏观调控的同时，还一反危机爆发之前放松金融等领域进行监管的做法，全面恢复和加强对金融的监管，2009 年 6 月奥巴马政府公布《金融监管改革：新基础》，就此开启了自大萧条以来最大规模的金融监管改革。美国政府还加快推进医疗保险制度改革步伐；面对美国经济的颓势和新兴经济体的挑战，抓紧实施新能源计划和“再工业化”战略，对经济的监管和干预超过第二次世界大战以来任何时期。

资本主义国家的宏观调节和微观规制是国家垄断资本主义的重要形式。2008 年国际金融与经济危机爆发以来西方国家对经济的调节、干预和监管的恢复加强，直接推动了国家资本主义的发展和深化。

案例研讨： 国家垄断资本主义产生的原因是什么？国家垄断资本主义后危机时代的发展与之前有什么不同？

二、阅读拓展

审视当代资本主义的新发展与新变化①

20 世纪 70 年代以来，全球资本主义发生了剧烈的结构性调整，呈现出金融化、信息化、灵活化、全球化等多元特征。资本主义的这种新面貌，既不同于二战后二十年的“福特制”资本主义，也不同于马克思所目睹的 19 世纪工业资本主义。当代资本主义的主要特征是显著的停滞与动荡。20 世纪 70 年代以来，主要资本主义国家面临严重的资本过剩问题，经济增长率连年下降，再也没有回到过二战后二十年“黄金年代”的水平。各种经济危机、社会危机频繁爆发，而资本主义国家应对危机的手段又难以长期缓和矛盾，只能将更严重的矛盾和危机延迟到未来。这些迹象均表明，资本主义生产关系与生产力的矛盾已经严重激化，再也无法形成一种可持续的“增长体制”。当代资本主义的诸般新变化，都是资本主义通过各种“修复机制”暂时延续自身寿命的表现。有鉴于此，当代国外马克思主义者以资本主义的“危机—修复”机制为主轴，推演当代资本主义的各种新现象，构建了多元化、立体化的理论图景。

“金融修复”与资本主义金融化

当代资本主义的主导性修复机制是“金融修复”。20 世纪七八十年代以来，资本主义国家呈现出鲜明的“金融化”趋势，金融部门迅速膨胀，在国民经济中占据支配性地位。一些国外左翼学者认为，“金融化”是资本主义用以转移自身矛盾的一种修复机制。例如，西方左翼经济学的垄断资本学派主张，金融化趋势是资本主义对利润率下降趋势的反应：由于产业资本积累过剩、利润率下降，大量货币资本为了追求利润转移到了金融领域，从而维持了资本主义投资和积累活动的存在。如约翰·贝拉米·福斯特（John Bellamy Foster）所指出的，在营利性投资机会日渐稀缺的情形下，如何营运巨额可支配盈余？20 世纪 70 年代以来，他们

① 资料来源：牛子牛. 审视当代资本主义的新发展与新变化. (2023-07-19)[2024-03-25]. https: //www. xuexi. cn/lgpage/detail/index. html?id=13601452710766938808&；item_id=13601452710766938808.

采取的主要应对措施是扩大金融产品需求，将金融产品作为货币资本保值、增值的方式之一。

在产业资本利润率下降的背景下，为什么金融部门能保持利润率高涨？这一问题是解释金融修复机制的关键。为此，国外马克思主义者探讨了“信用货币”和“虚拟资本”两种机制。例如，大卫·哈维认为，当代银行系统能在没有价值作为基础的情况下，通过债务凭空创造信用货币；这些货币所代表的不是“价值”，而是“反价值”，因为其所造成的债务要用未来生产的价值去偿还。信用货币为金融市场提供了大量货币供给，导致虚拟资本泡沫迅速膨胀，使得金融资本很容易从中获利。然而，虚拟资本同样不是真实的价值，而是未来收益的预期在当下的折现。这样，货币系统与价值系统就发生了分离，在金融市场内部形成了不以价值为基础的高额货币利润。但是，这并不意味着金融资本可以完全脱离产业资本、独立创造价值，而只是意味着金融资本提前掠夺了未来价值的分配权。因此，“金融修复”机制并没有解决利润率下降问题，而是将其转化成了投机过热与债务过剩问题，从而造成了新的动荡。

“技术修复”与当代科技革命

金融资本与不同的产业资本结合，会衍生出不同的修复机制，其中最主要的是金融资本与信息技术产业结合而成的“技术修复”机制，它构成了当代科技革命的经济起源。如新近兴起的“认知资本主义”（cognitive capitalism）学派所主张的，金融资本的行动逻辑同信息技术产业的内在结构有着天然的契合性，这使得互联网信息技术成为当代金融投机的热点。信息技术所生产的“知识产品”，具有“非排他性”和“零边际成本”等特征，这意味着其价值很难像传统的有形产品一样，由过去耗费的劳动来衡量。实际上，知识产品的定价更加类似于虚拟资本，其当下的价格是其未来收益预期的折现。在生产知识或信息产品时，价格形成借用了安德烈·奥尔良（André Orléan）曾经强调的一种机制，它本来是在金融投机中运作的，在玩家之间形成一种共同意见。于是，知识产品的价值形成同证券交易资产的金融估值之间就有了一种很强的关联。信息技术产业的此种特征，为金融资本的介入提供了良好机会，金融资本可以运用金融资产估值技术，为知识产品建立估值模型、募集融资，在此基础上通过炒作虚拟资本获利。在这一模式中，无论是金融资本还是产业资本，其首要目的都不是真实的利润，而是虚拟资本增殖。如保罗·朗利（Paul Langley）所说，平台资本表现出了风险资本的结构，而风险资本正是平台投资的主要来源。因此，即使在利润率下降的大环境下，只要虚拟资本的投机活动依然火热，信息技术产业的投资就有可能维持下去，从而延续资本主义的寿命。

既然信息技术产业所生产的是公共性的知识产品，而这类产品大多数是免费的，那么这一产业的高额利润从何而来？为了解决这一问题，卡尔罗·维塞隆（Carlo Vercellone）等学者提出了“利润租金化”（the becoming rent of profit）的理论。这一理论认为，当代科技产业的主要收入，并不是来自劳动时间对象化而成的剩余价值，而是来自圈占公共性资源、制订公共性标准，以便向用户收取费用，这种费用更加接近马克思的“租金”概念。利润租金化的表现形式就是公共性的私有化，它通过人为制造资源稀缺来获得收入。齐泽克也认为，今天，剥削越来越多地采取了租金的形式：就像维塞隆所说的，后工业资本主义的特征是“利润租金化”。在这一趋势下，资本为了顺利圈占公共性，不免要借助政治和法权手段，这决定了资本必须同国家结成紧密的同盟。这种同盟关系，同时包含着资本主义的因素和封建制的因素，因而也被朱迪·迪恩（Jodi Dean）等学者称作“新封建主义”（neofeudalism）。

当代资本主义的扬弃路径："生态转向"抑或空间的不平衡？

面对当代资本主义的新动态、新矛盾，国外马克思主义者也试图寻求扬弃资本主义的新路径。值得注意的是，许多西方左翼学者将兴趣转向了生态问题，试图揭示资本主义的生态限度。垄断资本学派的代表人物约翰·贝拉米·福斯特、调节学派的代表人物阿兰·利比兹（Alain Lipietz）等，均有大量关于生态问题的著述。最近，日本学者斋藤幸平（Kohei Saito）又在新著《人类世的"资本论"》中提出了"去增长"的主张。斋藤认为，资本主义无止境的价值增殖欲望导致了无止境的增长冲动，这是当代生态问题的根源；只有抛弃资本主义的增长逻辑，才能重建人与自然的平衡关系。

这种"生态转向"表现了国外马克思主义者对于克服资本主义的悲观态度。当代资本主义尽管充满了矛盾和动荡，但也比从前更加灵活和强韧。国外马克思主义者在资本主义的内在矛盾中找不到扬弃资本主义的契机，就试图诉诸资本主义的"外在限度"，即地球生态环境的限度。这种理论路径，固然提供了一些有益的洞察，但也很容易同当代资本主义秩序形成共谋。如前所述，当代资本主义的问题恰恰不是"增长过快"，而是"无力增长"，是生产关系难以容纳生产力的进一步发展。在这种局势下主张"去增长"，实质上是以"生态"为名，对资本主义的现状予以合理化，同时拒绝变革生产关系、解放生产力，从而拓宽人类生存空间，彻底解决生态问题。这种论调，极易成为美、日等发达国家遏制后发国家经济增长的意识形态武器，必须予以谨慎甄别和批判。

解决当代资本主义全球性问题的希望，蕴含在广大后发民族的发展模式之中，尤其是中国式现代化模式之中，而这种模式乃是与资本主义的"空间修复"机制同步形成的。我们知道，资本主义的发展向来是空间不平衡的，因此，当代资本主义的修复机制，也总是伴随着相应的"空间修复"进程。"空间修复"是大卫·哈维创造的术语，其主要表现是，发达资本主义国家将过剩资本转移到后发国家，利用后者的低廉成本恢复利润率，从而重构全球分工格局，形成了一张蔓延世界各地的全球供应网络。这种"空间修复"机制为"金融修复"和"技术修复"机制提供了条件。例如，意大利学者马拉奇（Marazzi）指出，美国的金融化有赖于美国与东亚国家的经济交往模式：东亚国家用廉价消费品换取美元，将美元储备投资于美国国债，这有助于美国国内的低利率政策，为金融化进程提供了廉价的货币供给。同样地，西方国家的高科技企业之所以能长期收取"垄断租金"，一定程度上也是因为它们占据了全球供应链中的研发、设计等上游环节，只将加工、制造等下游环节分包给后发国家。

从空间视角出发，能够更好地审视西方左翼思想的局限性，探寻克服资本逻辑的有效路径。国外马克思主义的当代资本主义研究，主要是从本土经验出发的，它们将西方经验夸大为全世界的普遍经验，从而忽视了全球资本主义的空间不平衡，忽视了各民族发展道路的多样性。它们只看到西方国家工业外流所造成的"工人阶级消失"，却看不到大量产业工人依然集中在东亚国家，构成了当代最先进的阶级；只看到西方国家经济结构的"脱实向虚"，却看不到后发国家的制造业仍然承担着全球价值生产的任务，集聚着全球的先进生产力。

在广大后发国家当中，中国又是最具代表性的。我国积极参与和倡导全球化进程，在世界经济发展中占据着不可替代的地位。当代资本主义内在矛盾的激化，以及随之而来的全球产业分工重构，都为中国提供了历史性机遇。为此，当代学者有必要坚守中国立场，批判吸收国外马克思主义的当代资本主义理论，以中国经验重绘当今世界格局的理论图谱，以理论研究助推中国式现代化蓬勃发展，力争为解决世界和平与发展问题不断提供中国智慧、中国方案。

三、实践项目

项目一

大学生对中西文化差异的认识

（一）调查目的

今天，各国之间经济文化交流日益频繁，中国日益走近世界舞台的中央，文化已经越来越成为影响国家发展的重要力量。在这样的背景下，了解中西文化的差异，可以帮助大学生加强自身认识、加深“文化自信”。

（二）调查对象

在校大学生

（三）活动方案

地点：校园
方式：调查分析
流程：

（1）将调查问卷复印100份，将所在班级同学分为10组，每组完成调查问卷10份，调查对象不限本班同学，尽量做到男女比例均衡。

（2）调查采取无记名的方式进行，要求选出同意的选项。

（3）调查完成后收齐问卷，并对10个小组的数据进行汇总。

（4）将调查情况写成调查报告，上交任课教师。

【附】调查问卷

（1）您的性别是？（　　）

A. 男　　　　B. 女

（2）您更倾向于中国传统文化还是西方文化？（　　）

A. 中国传统文化　　　　B. 西方文化

（3）您能记住几个中国传统节日？（　　）

A. 0个　　B. 3个及以上　　C. 6个及以上　　D. 9个及以上

（4）您对中国传统文化的了解途径是？（　　）

A. 社会实践活动或书籍　　　　B. 课堂教学

C. 长辈教授　　　　D. 其他

（5）您认为传统文化对于当下的中国社会（　　）。

A. 很重要　　B. 有一些作用　　C. 可有可无　　D. 与现代精神格格不入

（6）对于传统文化的未来您觉得（　　）。

A. 很乐观　　B. 比较乐观　　C. 很难说　　D. 不乐观

E. 很悲观

（7）您是否注重西方节日，例如圣诞节、情人节（　　）。

A. 是　　B. 否

（8）下列节日中您常过的有（　　）。

A. 端午节　　B. 儿童节　　C. 情人节　　D. 元旦

E. 清明节　　F. 圣诞节　　G. 除夕　　H. 七夕

I. 春节　　J. 中秋节　　K. 愚人节　　L. 重阳节

M. 元宵节　　N. 父亲节　　O. 母亲节　　P. 教师节

Q. 国庆节　　R. 劳动节

（9）您更喜欢中国传统节日还是西方节日？（　　）

A. 中国传统节日　　B. 西方节日

为什么？（　　）

A. 长久以来的风俗和根深蒂固的传统观念

B. 庆祝形式很有意思

C. 联络家人感情的好机会

（10）您是否赞成这是个西方文化处于优势的时代？（　　）

A. 是　　B. 否

（11）您觉得是什么原因让西方文化在中国流行起来了？（　　）

A. 更多外国人来到中国　　B. 外国品牌带动了外国文化

C. 西方文化更有趣，更有吸引力　　D. 西方文化更符合现代潮流

（12）对于现在世界各地兴起的孔子热、汉字热，您是如何看待的？（　　）

A. 是对中国文化的肯定　　B. 商业炒作　　C. 不清楚，不关心

（13）您是否愿意学习、继承中国传统文化？（　　）

A. 非常愿意　　B. 无所谓　　C. 没兴趣

（14）您对中西文化差异有什么想说的？

____

____

____

项目二

经典影视鉴赏——《世界历史》第 62 集（资本主义向垄断过渡）

（一）鉴赏目的

通过观看经典影视，引导学生关注第二次工业革命和经济危机大规模的爆发是导致生产

集中和资本集中的主要原因。

（二）鉴赏内容

《世界历史》是一部跨越国度、跨越时空、跨越民族，以人类社会发展史为题材的大型纪录片。它以丰富的视听手段再现自远古人类起源到万隆会议的浩瀚历史图景，较全面地讲述了人类社会发展过程，揭示了人类历史发展趋势及规律。

（三）鉴赏作业

学生结合所学内容观看影片，根据影片内容与个人认识，提交 2 000 字的观后感。

第六章　社会主义的发展及其规律

一、案例精选

深刻把握中华优秀传统文化同科学社会主义价值观主张的契合性①

中华优秀传统文化源远流长、博大精深，是中国人民思想观念、风俗习惯、生活方式、情感样式的集中表达，是我们党创新理论的“根”。习近平总书记在党的二十大报告中指出：“坚持和发展马克思主义，必须同中华优秀传统文化相结合。”这进一步拓展和深化了我们党对马克思主义中国化时代化的规律性认识，为推进马克思主义基本原理同中国具体实际相结合、同中华优秀传统文化相结合提供了科学指南。

为马克思主义基本原理同中华优秀传统文化相结合提供前提条件

习近平总书记指出：“马克思主义传入中国后，科学社会主义的主张受到中国人民热烈欢迎，并最终扎根中国大地、开花结果，决（绝）不是偶然的，而是同我国传承了几千年的优秀历史文化和广大人民日用而不觉的价值观念融通的。”中华优秀传统文化的价值观念同科学社会主义价值观主张具有高度契合性，这为马克思主义基本原理同中华优秀传统文化相结合提供了前提条件。

科学社会主义价值观主张能够成为中国人民认识世界、改造世界的基本价值遵循，其深层原因在于中华优秀传统文化所蕴含的天下为公、民为邦本、为政以德、革故鼎新、任人唯贤、天人合一、自强不息、厚德载物、讲信修睦、亲仁善邻等价值观念，同科学社会主义价值观主张具有高度契合性。这种契合性，主要是指中华优秀传统文化同科学社会主义价值观主张作为两种独立的价值体系，具有价值共通性。同时，还与二者的开放性、包容性品质密切相关。马克思主义具有开放性和时代性的特征，一部马克思主义发展史就是马克思、恩格斯以及他们的后继者们不断根据时代、实践、认识发展而发展的历史，是不断吸收人类历史上一切优秀思想文化成果丰富自己的历史。作为马克思主义重要内容的科学社会主义价值观主张，同样具有开放性和时代性的特征。中华优秀传统文化的包容性，为其同科学社会主义价值观主张相契合提供了可能、创造了条件。

习近平总书记在党的二十大报告中指出：“只有把马克思主义基本原理同中国具体实际相结合、同中华优秀传统文化相结合，坚持运用辩证唯物主义和历史唯物主义，才能正确回答时代和实践提出的重大问题，才能始终保持马克思主义的蓬勃生机和旺盛活力。”一百多年来，在马克思主义中国化时代化进程中，中华优秀传统文化同科学社会主义价值观主张的契合性不断凸显，中国化时代化马克思主义始终保持蓬勃生机和旺盛活力，中华优秀传统文化不断实现创造性转化、创新性发展。这是我们党不断推进马克思主义中国化时代化，把马克思主

① 资料来源：张政文. 深刻把握中华优秀传统文化同科学社会主义价值观主张的契合性(认真学习宣传贯彻党的二十大精神). (2023-03-22)[2024-03-25]. http://theory.people.com.cn/n1/2023/0322/c40531-32648892.html.

义思想精髓同中华优秀传统文化精华贯通起来、同人民群众日用而不觉的共同价值观念融通起来的必然结果。中华优秀传统文化的价值观念同科学社会主义价值观主张的高度契合性，为马克思主义基本原理同中华优秀传统文化相结合提供了前提条件和重要基础。同时，我们党把马克思主义基本原理同中华优秀传统文化相结合，促进了马克思主义为中国人民所喜爱、所认同、所拥有，使马克思主义中国化时代化的历史基础和群众基础更为坚实。

深刻把握中华优秀传统文化同科学社会主义价值观主张的基本契合点

中华优秀传统文化的价值观念同科学社会主义价值观主张具有高度契合性，这种高度契合性在中华优秀传统文化的宇宙观、天下观、社会观、道德观中得到鲜明体现。

在宇宙观方面具有高度契合性。习近平总书记指出："中华文明历来崇尚天人合一、道法自然，追求人与自然和谐共生。"中华文明注重从整体性角度把握整个宇宙以及人与宇宙万物的关系，主张天人合一的理念。马克思主义认为："我们连同我们的肉、血和头脑都是属于自然界和存在于自然界之中的"，人与自然、人与人、人与社会是相互依存、和谐共生的关系。这当中包含着从万物相联而非孤立片面的角度看待世界的价值观念。中华优秀传统文化的宇宙观同这些价值观主张具有高度契合性。

在天下观方面具有高度契合性。习近平总书记强调："中华文明自古就以开放包容闻名于世，在同其他文明的交流互鉴中不断焕发新的生命力。"在中华文明史上，"兼容并包"的气魄格局、"亲仁善邻"的价值传统、"协和万邦"的和合理念等，鲜明体现中国人天下观的气质、气度、气派。科学社会主义主张"无产阶级只有在世界历史意义上才能存在，就像共产主义——它的事业——只有作为'世界历史性的'存在才有可能实现一样"，倡导建立"自由人的联合体"，实现人的自由全面发展和解放全人类，具有宽广高远的世界眼光和深厚博大的人类情怀。中华优秀传统文化的天下观同这些价值观主张具有高度契合性。

在社会观方面具有高度契合性。习近平总书记指出："中华文化崇尚和谐，中国'和'文化源远流长"。和平、和睦、和谐是中华民族一直以来追求和传承的理念，"和而不同"集中彰显中华优秀传统文化蕴含的社会观。千百年来，"以和为贵""与人为善""己所不欲，勿施于人"等价值观念在中国代代相传，深深植根于中国人民心中。基于唯物辩证法形成的科学社会主义价值观，强调矛盾的两极不仅存在对立，也存在彼此的统一，应当承认、尊重和包容差异，在多样性的对立中把握统一、在彼此依存中求同存异，从而达到社会和谐。中华优秀传统文化的社会观同这些价值观主张具有高度契合性。

在道德观方面具有高度契合性。习近平总书记强调："人无德不立，品德是为人之本。"中华民族是重视道德、崇尚修德的民族，强调"道德当身，故不以物惑"。中华民族在长期实践中培育和形成了独特而系统的价值观念和道德规范，比如，在坚守道德底线方面，强调"勿以善小而不为，勿以恶小而为之""尽小者大，慎微者著"；在树立道德理想方面，倡导"兼善天下""利济苍生"。这些价值观念和道德规范铭刻于中国人民心灵深处，融入中华民族血脉，成为支撑中华民族生生不息、薪火相传的重要力量，同马克思主义道德观、社会主义道德观具有内在共通性、高度契合性。

坚持以科学世界观和方法论为指导，不断赋予科学理论鲜明的中国特色

实践没有止境，理论创新也没有止境。习近平总书记在党的二十大报告中指出："继续推进实践基础上的理论创新，首先要把握好新时代中国特色社会主义思想的世界观和方法论，

坚持好、运用好贯穿其中的立场观点方法。”这为科学把握、不断发扬中华优秀传统文化的价值观念同科学社会主义价值观主张的高度契合性，持续推进实践基础上的理论创新提供了科学世界观和方法论指导。

马克思主义真理之树只有植根本国、本民族历史文化沃土，才能根深叶茂。让马克思主义在中国牢牢扎根，必须把握好习近平新时代中国特色社会主义思想的世界观和方法论，坚持好、运用好贯穿其中的立场观点方法，深度发掘和发扬中华优秀传统文化的价值观念同科学社会主义价值观主张的高度契合性，不断赋予科学理论鲜明的中国特色，不断夯实马克思主义中国化时代化的历史基础和群众基础。

坚持人民至上，传承和弘扬中华优秀传统文化中“民为邦本”的价值观念，站稳人民立场、把握人民愿望、尊重人民创造、集中人民智慧，形成为人民所喜爱、所认同、所拥有的理论，使之成为指导人民认识世界和改造世界的强大思想武器。

坚持自信自立，传承和弘扬中华优秀传统文化中“自强不息”的价值观念，坚定“四个自信”，既不刻舟求剑、封闭僵化，也不照抄照搬、食洋不化，以更加积极的历史担当和创造精神为发展马克思主义作出新的贡献。

坚持守正创新，传承和弘扬中华优秀传统文化中“革故鼎新”的价值观念，以科学的态度对待科学、以真理的精神追求真理，以满腔热忱对待一切新生事物，不断拓展认识的广度和深度，敢于说前人没有说过的新话，敢于干前人没有干过的事情，以新的理论指导新的实践。

坚持问题导向，以“路漫漫其修远兮，吾将上下而求索”的执着精神，聚焦实践遇到的新问题、改革发展稳定存在的深层次问题、人民群众急难愁盼问题、国际变局中的重大问题、党的建设面临的突出问题，不断提出真正解决问题的新理念新思路新办法。

坚持系统观念，传承和弘扬中华优秀传统文化中“万物并育而不相害，道并行而不相悖”的价值观念，用普遍联系的、全面系统的、发展变化的观点观察事物，努力把握事物发展规律，为前瞻性思考、全局性谋划、整体性推进党和国家各项事业提供科学思想方法。

坚持胸怀天下，传承和弘扬中华优秀传统文化中“协和万邦”的价值观念，深刻洞察人类发展进步潮流，积极回应各国人民普遍关切，以文明交流超越文明隔阂、文明互鉴超越文明冲突、文明共存超越文明优越，以海纳百川的宽阔胸襟借鉴吸收人类一切优秀文明成果，推动建设更加美好的世界。

案例研讨： 中华优秀传统文化同科学社会主义价值观主张的基本契合点表现在哪些方面？

二、阅读拓展

当代世界社会主义的新局面①

社会主义从空想到科学、从理论到实践、从一国到多国的历程，很值得深入研究。事实上，准确把握当前世界社会主义的发展态势，也正是坚持和发展中国特色社会主义的题中应有之义。

① 资料来源：朱可辛. 当代世界社会主义的新局面. (2021-09-20)[2024-03-25]. https: //paper. cntheory. com/html/2021-09/20/nw. D110000xxsb_20210920_1-A4. htm.

当代世界社会主义源起

世界历史的几乎全部领域，在谈及“当代”时都是从二战后算起。但有一个例外，那就是社会主义的发展史。在20世纪80年代末90年代初，社会主义发生了一个重大的历史性事件——苏东剧变[①]。从那之后，世界社会主义的面貌为之一变。

从当代世界的现实基础看，一方面，“资强社弱”的基本格局未变。正如习近平总书记所指出的，“我们依然处在马克思主义所指明的历史时代”。另一方面，世界处于百年未有之大变局。现实社会主义国家的改革取得了很大的进展，尤其是中国，社会主义制度优越性的成功彰显使中国成为世界社会主义运动的焦点。与此同时，其他社会主义力量也不断出现新情况和新亮点。这一现实决定了当代社会主义的基本形态和发展状况。

总体上看，当代世界社会主义发展处于重大历史转折期，挑战与机遇并存。

当代世界社会主义新格局

苏东剧变后，20世纪社会主义实践的很多重要特征已经不存在了，由此导致的结果是：社会主义的固定制度模式和思想理论上的教条已然不复存在。因此，各个社会主义力量开始“摸着石头过河”，实践中虽有失败，但总体上取得了较大的成就，形成了“各美其美”的局面。

在社会主义国家中，除中国社会主义改革开放取得伟大成就外，其他社会主义国家也顶住冲击，坚持走社会主义道路，继续推进政策调整和经济革新，探索适合本国国情的社会主义发展道路。这些社会主义国家都明确表达了坚定走社会主义道路的信心和决心，并在以往社会主义实践的基础上进行了相应的理论创新。

在原苏东地区，经过了几十年的变革调整，在现行政体框架基本搭建起来之后，社会主义力量纷纷进行组织恢复和重建。目前，经过30年选举政治大浪淘沙式的磨练（炼），各社会主义力量基本找到了自己的生存空间及活动方式，并保持了一定的稳定状态。如苏东地区最大的共产党组织——俄罗斯联邦共产党，是俄罗斯左翼力量的领导者。

在各发达国家当中，其左翼力量为适应国内外形势变化而不断进行理论革新和战略调整。如欧洲激进左翼，在2008年金融危机后进入了一个相对活跃时期。其中，较为突出的如西班牙、葡萄牙、法国和希腊共产党。另外，近年来南欧还出现了一批新兴左翼政党，在一定程度上给欧洲的左翼运动打开了新局面。2015年，伯尼·桑德斯在美国总统初选中，将“民主社会主义”理念引入了美国政治的主流。尽管两次竞选均以退选而中止，但桑德斯及其“民主社会主义”在美国左翼知识界和年轻人中产生了很大影响，并使美国本土长期存在的左翼因素浮现出来。自2008年金融危机以来，资本主义国家爆发了新一轮社会运动，诸如“愤怒者”运动、“占领华尔街”运动、“黄马甲”运动，等等。总体上看，这一轮社会运动在发展前景上展现出较为显著的社会主义倾向，可以将其视为一股推动资本主义制度变革的重要社会力量。

在广大发展中国家，一些国家的共产主义、社会主义政党很快摆脱了苏共的影响，适时进行了总结和反思，开始了独立自主的探索。南亚是共产党和左翼政党比较活跃的地区之一。突出的如尼泊尔，2018年5月，“联合马列”同“毛主义中心”合并成立尼泊尔共产党，随后通过选举成为尼泊尔执政党。另一个左翼政党活跃的地区是拉丁美洲，在挽救拉美民族经济的过

① 苏东剧变一般指东欧剧变。

程中，一些国家的领导人相继举起社会主义旗帜。同时，自20世纪90年代末以来，先后有多个拉美国家的左翼政党上台执政，有多个国家的左翼政党保持执政地位。

在全球化时代，世界社会主义力量也一直在努力探索社会主义国际团结合作的新形式。其中最主要的形式，是建立各种层面的交流与合作平台。如今，已形成规模的有世界共产党与工人党国际会议、全球左翼论坛等。中国也倡议发起了世界社会主义论坛和世界马克思主义大会，目前已成为全球马克思主义者深入交流的平台。

当代世界社会主义发展态势

当前，21世纪世界社会主义发展正展现出一些新趋势，包括以下几点。

第一，人与自然和谐共生将是社会主义的重要特征。本质上，生态文明的意识形态基础是社会主义。当前，人类社会的可持续发展成为世界各国的共同任务，这也是社会主义的题中应有之义和重要特征。

第二，全球化成为世界社会主义的历史舞台。频发的种种危机促使一些资本主义国家以“逆全球化”来对抗全球化，但这种回头浪只会激起一些涟漪和浪花，却不能阻挡全球化的时代大势。在这样的时刻，社会主义更应该利用好全球化提供的历史条件，以社会主义价值引导全球化朝正确方向发展。

第三，多样化将成为世界社会主义运动的常态形式。社会主义思想和实践形式正越来越多地表现出民族或地域特点。而多样性的社会主义正体现了世界社会主义力量独立自主地对社会主义进行多角度、多层面的探索。

第四，社会主义目标越来越直接地与国家的现代化目标相联系。社会主义国家的改革成就，使得社会主义现代化成为强有力的模式。如果社会主义国家的现代化在本世纪中叶得以实现，那将改变世界社会主义的图景，全球范围内的资本主义与社会主义的力量对比有可能发生历史性逆转。

第五，新一轮科技和产业革命正成为社会主义发展的重要动力。新一轮科技和产业革命已经在新的规模和程度上展示了生产力发展的态势，并以前所未有的力量驱动着经济社会发展。这将极大改变人类的生产方式和生活方式，进而推动社会主义的发展。

第六，中国特色社会主义正成为世界社会主义运动的重要推动力量。中国特色社会主义道路、理论、制度、文化不断发展，拓展了发展中国家走向现代化的途径，给世界上那些既希望加快发展又希望保持自身独立性的国家和民族提供了全新选择，为解决人类问题贡献了中国智慧和中国方案。

社会主义已经走过了500多年。正如习近平总书记所说，“资本主义最终消亡、社会主义最终胜利，必然是一个很长的历史过程”，在相当长时期内，“最重要的，还是要集中精力办好自己的事情”，不断建设对资本主义具有优越性的社会主义，不断为我们赢得未来打下更加坚实的基础。

三、实践项目

项目一

经典影视鉴赏——《苏联亡党亡国20年祭——俄罗斯人在诉说》(共六集)

(一)鉴赏目的

通过观看经典影视，引导学生了解苏联亡党亡国前后的历史发展。

(二)鉴赏内容

苏共亡党、苏联解体已过去20多年，但克里姆林宫上空红色的带有镰刀锤子图案的苏联国旗悄然落下的那令人叹息的一幕，却仿佛永远定格在眼帘。2010年4月，苏联亡党亡国20周年的前夕，中国社科院世界社会主义研究中心摄制组踏上俄罗斯土地，倾听并记录了20年前那场剧变的亲历者、当事人和普通民众对那场巨变及其后果的诉说，特别是对戈尔巴乔夫时期六年多的“改革”所作出的反思。

(三)鉴赏作业

学生结合所学内容观看影片，根据影片内容与个人认识，提交2 000字的观后感。

项目二

“悦”读经典：共产党人的使命——马克思恩格斯《共产党宣言》如是读

(一)实践目标

1848年年初马克思和恩格斯合写的《共产党宣言》发表，170多年来，它不仅没有因为岁月流逝而失色，反而随着实践发展越发闪耀着真理的光芒，并对人类社会进程产生深刻影响。本书是《共产党宣言》的导读书目，通过阅读，加深学生对经典著作写作背景、具体内容和精神要义的全面把握，在体悟经典的过程中掌握马克思主义立场、观点、方法，不断提高马克思主义理论素养。

(二)实践方案

1. 任课教师布置阅读任务，指定阅读书目。
2. 任课教师对学生进行分组，选定组长；学生以小组为单位在课余时间组织阅读活动，分组讨论，形成本小组的阅读小结。
3. 选派1名学生代表以小组为单位进行课堂分享。
4. 任课教师结合学生分享的情况进行总结，进一步对经典文献进行讲解诠释，帮助学生全面把握经典文献的内核，加深学生对重点知识的理解和把握。

第七章　共产主义崇高理想及其最终实现

一、案例精选

我们为什么要信仰共产主义[①]（节选）

人为什么要有信仰？根本是为了寻找生与死的意义和价值，也只有解决了这个问题，人类才能永续发展。这大概就是古希腊神庙金顶上“认识你自己”这句格言的立意所在。人类无限的认识过程，就是意义与价值的发现与产生过程，也是避免出现哲学家叔本华所说的，由“绝对价值丧失”而来的精神虚无。由于宗教着力于这样的根本问题，所以伏尔泰说：“没有上帝也要造出一个上帝来。”其实，共产主义信仰解决的根本问题也是意义和价值。习近平早先提出：“学习雷锋的幸福感！”这显然不仅是倡导学习英雄模范，而是引导人们思考一些终极命题：我们从哪里来到哪里去，何为人生价值和如何实现价值，什么是幸福和怎样赢得幸福。

关于信仰的特征与本质，我们或许可以作出若干判断。人生活在世间，主要存在于三种状态：政治信仰者、宗教信仰者、只求功利而没有精神追求者；要想活得轻松，不要有信仰，有信仰就会产生敬畏和约束，但要活得有意义，必须树立信仰，因为人活着本身没有意义，是信仰带来意义；信仰是看不见的，看得见的不叫信仰，由于看不见而生魅力，进而化作精神归宿。这里再借用现代管理学奠基人德鲁克的观点：“信仰不是非理性的、伤感的、情绪化的、自主自发的。信仰是经历严肃的思考和学习、严格的训练、完全清醒和节制、谦卑、将自我服从于一个更高的绝对意愿的结果。”

那么，有了信仰会怎样呢？有了信仰会使一个民族变得伟大，使一个集团或个人变得有力量。中国历史上产生过三个以万里为计的活动：万里长城、万里丝绸之路、万里长征。其中一个半与信仰有关，半个是万里丝绸之路，所谓“丝绸西去，佛法东来”；一个是万里长征，今天的香格里拉有着连绵雪山，道路艰险而难以逾越，历史上靠双脚从这里走过的只有两支队伍，一支是喇嘛教（藏传佛教）的僧侣，另一支是中国工农红军，他们都在追求自己的精神天堂。更能证明信仰力量的民族是犹太民族，犹太人创立了一神教——犹太教，因为找到了永恒和神圣，所以，历经千年大流散，仍形散神聚，尤其是以1 500万人产生出五分之一的诺贝尔奖获得者。

中国共产党为什么取得了革命的胜利？根源是共产主义信仰。有许多现象值得我们深思。二战（第二次世界大战）时期，全世界只有一个国家，其叛国的人比侵略军还要多，这个国家就是中国。因为百年屈辱让整个民族丧失了信心，没有精神支撑，很容易堕落、苟且偷生。中国共产党找到共产主义信仰后，一种前所未有的支撑牺牲的意义和价值产生出来，一种前所未有的强大精神力量得以形成，这就是为什么志愿军在十分艰难的条件下，能把以美国为首的联合国军逼到谈判桌上来，而此前的美军刚刚迫使德国纳粹与日本军国主义投降。美军有人这样说：“中国的军人，面对美军炽烈的火网就像不在意似的，第一拨倒下，第二拨跨过

① 资料来源：公方彬. (2015-10-19)[2024-03-25]. http://zqb. cyol. com/html/2015-10/19/nw. D110000zgqnb_20151019_6-01. htm.

尸体继续前进，还有第三拨、第四拨……他们战斗到最后一个人的姿态就像殉道者似的，这大概不是因为命令和纪律，一定是信仰，他们信仰共产主义，憎恶帝国主义，这已经进入他们思想的深处，不，已经深入骨髓。”

既然共产主义信仰如此重要和有力量，为什么仍然出现了苏联解体、东欧剧变，出现了社会主义阵营瓦解和国际共运低潮？为什么今天有那么多人质疑共产主义信仰？原因有很多，最主要的是理论滞后。历史地看问题，共产主义信仰的教育实际上是因理论缺失而走了一个弯路。

有人或许提出，我们放弃共产主义信仰行不行？要回答这一问题，需要先作一些相关分析。人类社会抑或国家和民族，都必定建构一种适合本民族文化传统与文化性格的精神大厦，或者说因为文化传统的差异而形成不同的信仰，哪怕同宗同源。比如，基督教与伊斯兰教都再生于犹太教，二者渊源相同，但差异巨大。中国是非宗教传统国家，即便有传入的佛教和本土道教，但都为儒家所改变，中国历代王朝都是依靠儒家伦理规则维系社会运行的，经过两千多年的发展，终于形成独具特点的精神系统。只是进入工业化时代，儒家越来越不能满足需要，因此有了一次次文化之争、文化之困。

根本而言，西方人的精神世界主要由宗教支撑，此外辅之政治活动和职业精神。由于职业精神主要源自基督教新教伦理，所以，大众的精神世界主要由宗教信仰支撑。作为在农业经济基础上成长起来的中国，虽然工业生产总量已经世界第一，但尚未形成职业精神，宗教信仰又过度功利化，唯一能够支撑起中国共产党和中华民族精神世界的只能是共产主义信仰。结合社会现象分析，结论更清楚。为什么中国历代反腐鲜有成功者？因为官员“千里当官为了吃穿”，没有更高尚的精神目标和价值追求，贪腐就不可能真正消除。为什么今天的中国人活得如此之累，甚至孩子从懂事起就要参与竞争？因为我们追求的是做“人上人”，如此价值追求与价值尺度，只能导致残酷竞争。为什么我们有悠久的历史，但较少产生影响世界的科学文化成果？因为精神世界缺少永恒，更多是短期行为和急功近利，是以我为中心，以物质利益为原则，等等。怎样才能解决这些问题？我们找不到共产主义信仰之外的精神力量之源和价值系统。

所以，我们今天讨论共产主义信仰，根本而言不是要不要。“没有剥削和压迫”，“人的自由解放全面发展”，即便热爱资本主义制度的人，只要跳出“二元对峙”与“冷战思维”，跳出旧有的话语系统和先入为主的价值判断，都应当承认这是普世价值，属于人类终极追求。一定意义上，共产主义社会是当下各种制度的殊途同归。因此，我们应当把重点放在如何发展和完善这一信仰，保证其活力、生命力。比如，要研究世界政治生态变化与中国共产党由革命党转变为执政党，尤其中国作为参与世界规则制定的大国，一再强调“人类命运共同体”“跳出冷战思维零和博弈”“中国不输出革命也不输出贫穷”的情况下，如何在“社会主义消灭资本主义，最终实现共产主义”之外，找到新的实现共产主义的路径。我们需要确立新政治观，在此基础上重新诠释共产主义信仰，厘清其作为精神目标、政治目标与社会目标分别承载的价值内涵。需要跳出“左”右之争与旧有的思维方式和话语系统，弄清当代共产主义信仰的机理，产生依靠自己的科学定律即可证明路径与结果的先进理论。可以肯定，只要我们能够把共产主义作出符合时代的诠释，焕发其生机并非不可能。

总之，只要中国共产党执政，就不可能也不应当放弃共产主义信仰，而一旦放弃了共产主义信仰，中国共产党将迷失，中国社会的主流精神将瓦解。那将是一场灾难。

案例研讨：你的信仰是什么？如何确立共产主义的信仰？

二、阅读拓展

共产主义理想的价值魅力①

今年是中华人民共和国成立 70 周年，身处这样一个伟大历史节点，不能不让我们思考一个根本性的问题：究竟是什么使得中华民族获得了从站起来、富起来到强起来的动力源泉？一个归根结底的答案就是：中国共产党人对共产主义远大理想和中国特色社会主义共同理想的执着追求。

人的自由而全面发展思想散发着共产主义理想的价值光芒

马克思恩格斯在《共产党宣言》中指出：“代替那存在着阶级和阶级对立的资产阶级旧社会的，将是这样一个联合体，在那里，每个人的自由发展是一切人的自由发展的条件。”这个重大论断不仅表明了马克思主义经典作家对人类社会发展目标的美好憧憬，而且揭示了共产主义精神在中国特色社会主义道路进程中的时代意义。

关于人的自由而全面发展思想，一直是马克思恩格斯思考和创作的思想主线。早在《1844 年经济学哲学手稿》中，马克思就提出劳动应该是人的“自由自觉的活动”，而私有制条件下人的劳动是一种“异化的劳动”，必然造成人的片面畸形发展。在 1845—1846 年《德意志意识形态》中，马克思恩格斯从现实的个人及其物质生产出发，揭示了生产力及生产关系矛盾运动，特别指出分工是劳动异化的根源。只有生产力的巨大增长与发展，才能消灭分工从而扬弃人的劳动的异化。在《1857—1858 年经济学手稿》中，马克思恩格斯从人和社会的关系出发，分析人的发展将依次经过前资本主义（自然经济）条件下“人的依赖性阶段”，资本主义（市场经济）条件下“以物的依赖性为基础的人的独立性阶段”，以及共产主义社会的“人的全面而自由发展阶段”。在 1859 年的《〈政治经济学批判〉序言》中，马克思提出了“两个决不会”的思想，即“无论哪一种社会形态，在它所能够容纳的全部生产力发挥出来之前，是决不会灭亡的；而新的更高的生产关系，在它的物质存在条件在旧社会的胎胞里成熟之前，是决不会出现的”。可以认为，“两个决不会”思想的提出，既是对《共产党宣言》中“两个必然”思想的丰富和补充，从而为共产党人的最高纲领和最低纲领提供理论依据，同时也科学地指出了人的自由全面发展是一个历史进程和“现实的运动”。总之，在马克思的宏大视野里，人类社会发展总体上要经历三个阶段，即人对人的依赖关系——人对物的依赖关系——自由人的联合体。与此同时，每一阶段的发生、发展乃至于消亡，又都建基于生产力对生产关系的决定性之上。由此，人类物质财富极大丰富、人类精神境界极大提高、建立“自由人的联合体”构成了人类社会发展的最高价值和社会理想，从而也就构成了共产主义的最本质特征。

共产主义理想信念指引着共产党人的行动方向

习近平总书记指出：“中国共产党之所以叫共产党，就是因为从成立之日起我们党就把共产主义确立为远大理想。我们党之所以能够经受一次次挫折而又一次次奋起，归根到底是因为我们党有远大理想和崇高追求。”我们党是马克思主义政党，马克思主义与共产党人是浑然

① 资料来源：李刚. 共产主义理想的价值魅力. (2019-01-28)[2024-03-25]. https ://news. gmw. cn/2019-01/28/content_32420975. htm.

天成的联合体。马克思主义揭示了自然界、人类社会、人类思维发展的普遍规律，以其真理和道义的强大力量吸引一大批“马克思主义笃诚的信仰者”。从领导革命到领导建设再到领导改革，共产主义理想信念始终是共产党人的精神之钙，是共产党带领中华民族从站起来、富起来到强起来的重要法宝。正如习近平总书记所指出的：“马克思主义的命运早已同中国共产党的命运、中国人民的命运、中华民族的命运紧紧连在一起，它的科学性和真理性在中国得到了充分检验，它的人民性和实践性在中国得到了充分贯彻，它的开放性和时代性在中国得到了充分彰显！”

98 年来，无论是作为革命党还是作为执政党，中国共产党人在追求共产主义的漫长路途上总是力求社会和自我的双重革命：一方面敢于拿出推动社会革命的勇气和魄力，着力推进中国社会深度变革；另一方面以勇于自我革命的精神打造和锤炼自己，不断推动每一个党员干部进行自我净化、自我完善、自我革新、自我提高的自我革命问题。这两个方面交织前行，生动诠释着马克思恩格斯关于共产主义精辟论断的当代价值和实践意蕴。

回望改革开放 40 年中国经济社会发展的巨大成就，不能不说是对我们党不懈坚持马克思主义信仰和社会主义信念的最好诠释和有力宣示。中国特色社会主义是改革开放新时期开创的，也是建立在我们党长期奋斗的基础之上的，是由我们党团结带领全党全国各族人民历尽千辛万苦、付出各种代价、接力探索得来的。以毛泽东同志为主要代表的中国共产党人为在新的历史时期开创中国特色社会主义提供了宝贵经验、理论准备、物质基础；以邓小平同志为主要代表的中国共产党人成功开创了中国特色社会主义；以江泽民同志为主要代表的中国共产党人成功把中国特色社会主义推向 21 世纪；以胡锦涛同志为主要代表的中国共产党人成功在新的历史起点上坚持和发展了中国特色社会主义。党的十八大以来，以习近平同志为核心的党中央推动党和国家事业取得历史性成就、发生历史性变革，使中国特色社会主义进入了新时代。一代代共产党人在开创和推动中国特色社会主义的艰辛探索中始终贯穿着一条红线，那就是坚信共产主义一定能够实现的美好理想和强大信念。以此观之，40 年的改革开放，我们党始终坚持共产主义远大理想和中国特色社会主义共同理想，在用伟大实践检验中国特色社会主义道路正确性的同时，也检验了马克思恩格斯提出的关于全人类解放的学说的真理性，而把这种真理性与价值性、理论性与实践性有机统一起来的最新理论成果和集中体现，就是形成、发展并在实践中不断运用的习近平新时代中国特色社会主义思想。

用习近平新时代中国特色社会主义思想武装头脑、指导实践、推动工作

党的十八大以来，以习近平同志为核心的党中央，坚持以马克思列宁主义、毛泽东思想、邓小平理论、“三个代表”重要思想、科学发展观为指导，坚持解放思想、实事求是、与时俱进、求真务实，坚持辩证唯物主义和历史唯物主义，紧密结合新的时代条件和实践要求，以全新的视野深化对共产党执政规律、社会主义建设规律、人类社会发展规律的认识，进行艰辛理论探索，取得重大理论创新成果，创立了习近平新时代中国特色社会主义思想。

习近平新时代中国特色社会主义思想是一个科学系统的理论体系。蕴含其中的最为深刻的价值立场是关于对共产主义理论和价值的继承与发展，这构成了这个科学思想理论体系的重要组成部分，同时又为其形成和发展提供了博大视野、广阔场景和深厚动力。习近平新时代中国特色社会主义思想是当代中国马克思主义、21 世纪马克思主义，是践行共产主义理想信念和未来社会构想的科学指引和行动指南。

新时代，用习近平新时代中国特色社会主义思想武装头脑、指导实践、推动工作，是做好一切工作的重要前提。我们一定要坚持共产主义远大理想和中国特色社会主义共同理想，着力提高全党的马克思主义水平，持续强化问题意识、时代意识、战略意识，用深邃的历史眼光、宽广的国际视野把握事物发展的本质和内在联系，紧密跟踪亿万人民的创造性实践，借鉴吸收人类一切优秀文明成果，不断回答时代和实践给我们提出的新的重大课题，让当代中国马克思主义放射出更加灿烂的真理光芒。

三、实践项目

| 项目一 |

经典纪录片鉴赏——《正道沧桑——社会主义 500 年》

（一）鉴赏目的

通过观看纪录片，了解社会主义的"前世今生"，在此基础上深刻认识实现共产主义的历史必然性和长期性，把握共产主义远大理想与中国特色社会主义共同理想的辩证关系，坚定理想信念，积极投身新时代中国特色社会主义事业。

（二）鉴赏内容

《正道沧桑——社会主义 500 年》内容涵盖了早期空想社会主义设想与探索、科学社会主义的创立及工人运动在欧洲的发展、社会主义实践在苏联的成功直至苏东剧变、新中国成立后对社会主义的探索以及中国特色社会主义在现当代的发展；宣传阐释了中国特色社会主义的真谛要义，全面反映中国特色社会主义的生动实践，充分展示中国特色社会主义的发展前景。

（三）鉴赏作业

学生结合所学内容观看纪录片，提交不少于 2 000 字的观后感。

| 项目二 |

关于大学生共产主义理想信念的情况调查

（一）调查目的

共产主义是马克思主义的终极制度理想，当代大学生对共产主义信念的理解有两个误区：一是怀疑共产主义事业的科学性，认为共产主义社会是不切实际的美好空想，是不可能实现的；二是把共产主义抽象化、神秘化，把共产主义看成是超然现实世界之外的纯粹精神境界，从而否定了它的现实性。调查当代大学生对共产主义理想的认知状况，对坚定他们的马克思主义信仰、巩固他们的中国特色社会主义道路信念，具有重要作用。

（二）调查对象

在校大学生

（三）活动方案

时间：4 学时
地点：校园
方式：调查分析
流程：

（1）将调查问卷复印 100 份，将所在班级同学分为 10 组，每组完成调查问卷 10 份，调查对象不限本班同学，尽量做到男女比例均衡。

（2）调查采取无记名的方式进行，要求选出同意的选项。

（3）调查完成后收齐问卷，并对 10 个小组的数据进行汇总。

（4）将调查情况写成调查报告，上交任课教师。

【附】调查问卷

（1）如果您有信仰，您的信仰是（　　）。

A. 共产主义　　B. 宗教　　C. 个人主义

（2）您是否了解共产主义的内容？（　　）

A. 很了解　　B. 一般　　C. 不怎么了解　　D. 不关心

（3）您了解的共产主义是（　　）（可多选）。

A. 消灭私有制

B. 是一个没有阶级国家的制度

C. 集体生产的社会

D. 每个人都高度自由

E. 人的全面自由和解放

（4）您相信共产主义的实现吗？（　　）

A. 确信　　B. 不确定　　C. 不相信　　D. 不关心

（5）您通过什么渠道了解共产主义？（　　）

A. 思想政治课堂　　B. 电视报刊　　C. 同学朋友交谈　　D. 网络

（6）您认为大学生应当确立共产主义信念吗？（　　）

A. 很需要　　B. 不是很必要　　C. 不应当

（7）您认为共产主义只是一个抽象理想吗？（　　）

A. 是，不一定实现　　B. 是，能否实现并不重要

C. 不是，它能实现　　D. 不关心

（8）您认为共产主义是历史发展的必然趋势吗？（　　）

A. 是　　B. 不一定　　C. 不是　　D. 不关心

（9）您认为共产主义信念的作用是（　　）。

A. 精神支柱　　B. 政治宣传　　C. 人生鞭策　　D. 不关心

（10）您对中国特色社会主义了解吗？（　　）

A. 很了解　　B. 不怎么了解

C. 想了解，但感到矛盾　　D. 不关心

（11）您对今天中国的社会主义制度有信心吗？（　　）

A. 有信心　　B. 缺乏信心　　C. 不关心　　D. 怀疑动摇

（12）共产主义是马克思主义的必然结论吗？（　　）

A. 是　　B. 不一定　　C. 不了解　　D. 不是

（13）您认为今天大学生的共产主义信念牢固吗？（　　）

A. 不牢固　　B. 很不牢固　　C. 一般

D. 较好　　E. 很牢固

（14）您认为哪些措施可以加强大学生共产主义信念？（　　）（可多选）

A. 加强思想政治理论课力度

B. 加强课外共产主义宣讲

C. 兴建共产主义学习团体

D. 组织社会主义共产主义实践教育

E. 加强马克思主义理论学习

第四篇

毛泽东思想和中国特色社会主义理论体系概论

第一章　毛泽东思想及其历史地位

第二章　新民主主义革命理论

第三章　社会主义改造理论

第四章　社会主义建设道路初步探索的理论成果

第五章　中国特色社会主义理论体系的形成发展

第六章　邓小平理论

第七章　“三个代表”重要思想

第八章　科学发展观

第一章　毛泽东思想及其历史地位

一、案例精选

习近平总书记在纪念毛泽东同志诞辰130周年座谈会上的讲话[①]（节选）

同志们，朋友们：

今天，我们怀着十分崇敬的心情，在这里隆重集会，纪念中国共产党、中国人民解放军、中华人民共和国的主要缔造者，中国各族人民的伟大领袖毛泽东同志诞辰130周年。

毛泽东同志是伟大的马克思主义者，伟大的无产阶级革命家、战略家、理论家，是马克思主义中国化的伟大开拓者、中国社会主义现代化建设事业的伟大奠基者，是近代以来中国伟大的爱国者和民族英雄，是党的第一代中央领导集体的核心，是领导中国人民彻底改变自己命运和国家面貌的一代伟人，是为世界被压迫民族的解放和人类进步事业作出重大贡献的伟大国际主义者。

毛泽东同志的一生是为国家富强、民族振兴、人民幸福而不懈奋斗的一生。新民主主义革命时期，以毛泽东同志为主要代表的中国共产党人团结带领人民，浴血奋战、百折不挠，打败日本帝国主义，推翻国民党反动统治，完成新民主主义革命，建立了中华人民共和国，实现了近代以来中国人梦寐以求的民族独立、人民当家作主。新中国成立后，团结带领人民自力更生、发愤图强，进行社会主义革命，消灭延续几千年的封建剥削压迫制度，确立社会主义基本制度，推进社会主义建设，实现了中华民族有史以来最为广泛而深刻的社会变革，取得了社会主义建设的伟大成就，使中国成为在世界上有重要影响的大国，积累起在中国这样一个社会生产力水平十分落后的国家进行社会主义建设的重要经验。

在几十年艰难而辉煌的战斗生涯中，毛泽东同志为中华民族、中国人民建立了不可磨灭的历史功勋，作出了光耀千秋的历史贡献。

毛泽东同志带领人民开创了马克思主义中国化的历史进程。没有革命的理论，就没有革命的实践。马克思主义基本原理具有普遍适用性，只有同各国实际相结合才能显示出强大的真理力量。毛泽东同志说，“马克思列宁主义的伟大力量，就在于它是和各个国家具体的革命实践相联系的。对于中国共产党来说，就是要学会把马克思列宁主义的理论应用于中国的具体的环境。”毛泽东同志高度重视、始终坚持用马克思主义基本原理解决中国的实际问题，在同各种错误倾向作斗争并深刻总结中国革命经验的过程中创立了毛泽东思想，在探索适合中国国情的社会主义建设道路的实践中丰富和发展了毛泽东思想。毛泽东思想是马克思列宁主义在中国的创造性运用和发展，是被实践证明了的关于中国革命和建设的正确的理论原则和经验总结，实现了马克思主义中国化的第一次历史性飞跃。毛泽东同志把辩证唯物主义和历史唯物主义运用于无产阶级政党的全部工作，在中国革命和建设的长期艰苦斗争中形成了具有中国共产党人鲜

① 资料来源：习近平. 在纪念毛泽东同志诞辰130周年座谈会上的讲话. (2023-12-26)[2024-03-25]. http://www. news. cn/politics/20231226/14ebf5c903b84fdf9ae14dff59d70205/c. html.

明特色的立场、观点、方法，体现为实事求是、群众路线、独立自主三个基本方面。这是毛泽东思想活的灵魂。毛泽东思想是我们党的宝贵精神财富，将长期指导我们的行动。毛泽东同志用马克思主义之“矢”射中国具体实际之“的”的伟大实践，为我们正确对待马克思主义、不断推进马克思主义中国化时代化提供了光辉典范。

毛泽东同志带领人民锻造了伟大光荣正确的中国共产党。中国革命、建设事业必须由一个先进政党来领导。毛泽东同志指出：“没有中国共产党的努力，没有中国共产党人做中国人民的中流砥柱，中国的独立和解放是不可能的，中国的工业化和农业近代化也是不可能的。”毛泽东同志是最早一批建立地方党组织的领导人之一，参加了党的一大会议，在井冈山斗争时期领导了红军和根据地党的建设。他明确提出要把党的建设作为一项“伟大的工程”来推进，并且成功领导实施了这一伟大工程。毛泽东同志是我们党党的建设理论的奠基人。他在马克思主义政党史上第一次科学地阐明了党的建设同党的政治路线的关系，揭示了党的建设的基本规律，为加强党的建设指明了方向；着重强调要从思想上建党，创造了通过批评和自我批评进行思想教育的整风形式；创造性地运用民主集中制原则正确处理党内关系、维护党的团结统一；概括形成了党的“三大作风”，成为中国共产党区别于其他任何政党的显著标志；在探索跳出历史周期率的深刻思考中，给出了第一个答案，那就是“让人民来监督政府”，等等。新中国成立后，毛泽东同志积极探索执政党建设规律，强调要始终保持谦虚谨慎、戒骄戒躁、艰苦奋斗的作风，高度警惕并着力防范党员干部腐化变质，坚决惩治腐败，等等，积累了执政条件下党的建设的初步经验。毛泽东同志亲手缔造的中国共产党，在一次次革命性锻造中不断走向成熟，始终走在时代前列，成为全国人民的主心骨，成为中国革命、建设、改革事业的坚强领导核心。

毛泽东同志带领人民建立了人民当家作主的新中国。为人民谋幸福、为民族谋复兴（、为世界大同）是我们党的初心使命。我们党自成立之日起就致力于建设人民当家作主的新社会。毛泽东同志强调，“我们是人民民主专政，各级政府都要加上‘人民’二字，各种政权机关都要加上‘人民’二字。”新中国的成立，实现了中国向人民民主制度的伟大跨越，掌握了自己命运的中国人民，通过各种途径参与管理国家事务，管理经济、文化和社会事务。毛泽东同志指出：“中国的命运一经操在人民自己的手里，中国就将如太阳升起在东方那样，以自己的辉煌的光焰普照大地，迅速地荡涤反动政府留下来的污泥浊水，治好战争的创伤，建设起一个崭新的强盛的名副其实的（中华）人民共和国。”在党的领导下，新生的人民政权实现和巩固全国各族人民的大团结，实现和巩固全国工人、农民、知识分子和其他各阶层人民的大团结。大力推动经济建设，奋力改变一穷二白的落后面貌，有力保障了人民的基本生活需要；不断发展社会主义（先进）文化，提高人民群众的思想道德和科学文化素质；建立和发展了包括“两弹一星”在内的强大国防力量，彻底结束了旧中国屡遭外敌入侵的历史，我国国防力量走在世界前列；坚持独立自主的和平外交政策，坚定维护国家独立主权尊严，彻底结束了旧中国的屈辱外交，中国作为一个独立的、具有完整主权的国家屹立于世界东方。古老的中国在人民的手中换了人间，中国人民扬眉吐气，新中国的国际地位日益提高。

毛泽东同志带领人民创建了先进的社会主义制度。只有社会主义才能救中国、才能发展中国。毛泽东同志指出：“社会主义制度的建立给我们开辟了一条到达理想境界的道路。”在中央苏区和延安时期，毛泽东同志为建立人民民主主义的制度，进行了大量的理论和实践探索。新中国成立后，毛泽东同志领导制定《中国人民政治协商会议共同纲领》《中华人民共和国宪法》，确定了我国的国体、政体、国家结构形式，建立了新中国国家政权组织体系，建立起人民代表大会制度、中国共产党领导的多党合作和政治协商制度、民族区域自治制度。1956 年，我国基本完成对生产资料私有制的社会主义改造，基本上实现生产资料公有制和按劳分配，建立起社会主义经济制度。在开展大规模社会主义建设中，还探索建立了社会主义科技、教育、文化、医疗卫生等方面的具体制度。毛泽东同志领导建立的植根中华大地、符合中国国情、体现人民愿望的社会主义制度具有无比优越性，不仅在推进社会主义革命和建设中发挥了重要作用，并且为当代中国的一切发展进步奠定了根本政治前提和制度基础。

毛泽东同志带领人民缔造了战无不胜的新型人民军队。没有一个人民的军队，便没有人民的一切。毛泽东同志最早提出并领导武装斗争、创建人民军队工作。在艰苦卓绝的革命战争中，他系统解决了以农民为主要成分的革命军队如何建设成为一支无产阶级性质的、具有严格纪律的、同人民群众保持亲密联系的新型人民军队的问题。他规定了人民军队全心全意为人民服务的唯一宗旨，规定了党指挥枪的原则，确立了政治建军原则，制定了三大纪律八项注意，实行政治、经济、军事三大民主，执行官兵一致、军民一致和瓦解敌军的原则，形成了一套人民军队政治工作的方针和方法，系统提出了建设人民军队的思想，制定了一系列人民战争的战略战术，为人民军队打败国内外异常凶恶的敌人、夺取中国革命的胜利提供了根本指引。新中国成立后，毛泽东同志深入探索人民军队建设新的特点规律，提出必须加强国防，建设现代化革命武装力量和发展现代化国防技术的重要指导思想，为巩固新生人民政权、确立中国大国地位、维护中华民族尊严提供了坚强后盾。毛泽东同志亲手缔造的人民军队，成为忠诚于党、忠实执行革命政治任务的武装力量，成为完全彻底为中国人民奋斗的子弟兵，是保证国家独立、人民幸福、国防巩固的坚强柱石。

毛泽东同志把自己的一生献给党和人民，留下了永志后人的崇高精神风范。毛泽东同志展现出一个伟大革命领袖高瞻远瞩的政治远见、坚定不移的革命信念、勇于开拓的非凡魄力、炉火纯青的斗争艺术、杰出高超的领导才能、心系人民的赤子情怀、坦荡宽广的胸怀境界、艰苦奋斗的优良作风，赢得了全党全国各族人民的爱戴和敬仰，毛泽东同志的崇高精神风范永远是激励我们继续前进的强大动力。

……

同志们、朋友们！

一百多年前，毛泽东同志说："我们总要努力！我们总要拼命的（地）向前！我们黄金的世界，光华灿烂的世界，就在前面！"今天，毛泽东等老一辈革命家开创的伟大事业正欣欣向荣，他们追求的伟大理想正在变成现实，中华民族伟大复兴展现出前所未有的光明前景。让我们更加紧密地团结起来，只争朝夕、顽强奋斗，沿着中国特色社会主义道路，为以中国式现代化全面推进强国建设、民族复兴伟业而奋勇前进！

案例研讨： 如何认识和理解"毛泽东同志是伟大的马克思主义者，伟大的无产阶级革命家、战略家、理论家，是马克思主义中国化的伟大开拓者、中国社会主义现代化建设事业的伟大奠基者，是近代以来中国伟大的爱国者和民族英雄，是党的第一代中央领导集体的核心，是领导中国人民彻底改变自己命运和国家面貌的一代伟人，是为世界被压迫民族的解放和人类进步事业作出重大贡献的伟大国际主义者。"

二、阅读拓展

论毛泽东思想的理论来源、实践本源和文化资源[①]（节选）

中华优秀传统文化是毛泽东思想的文化资源

习近平总书记和第三个历史决议提出的“两个结合”思想，也是毛泽东思想的重要底蕴。前面论述了毛泽东思想是首个坚持马克思主义基本原理同中国具体实际相结合的创新理论。这里继续讲第二个相结合：毛泽东思想实际也是首个马克思主义基本原理同中华优秀传统文化相结合的创新理论。我们也从三个维度来分析。

第一，毛泽东一生酷爱优秀传统文化，是中国共产党倡导的中华民族新文化的主要缔造者。

党的百年历史上，中国共产党凝聚了不少谙熟中国传统文化的有识之士。但在过去党的领导层中，将马克思主义理论与中华优秀传统文化结合得最好、成就最为突出者，非毛泽东莫属。

毛泽东从小就博览群书。他不仅用心攻读过“四书五经”等经典古籍，还读了从先秦诸子到明清思想家的著作，以及浩瀚的二十四史、司马光的《资治通鉴》、116 卷《御批历代通鉴辑览》和郑观应等人的近代时政著作。他在上中学时写的论商鞅变法的习作，被老师嘉奖为“才气过人，前途无可限量”，“练成一色文字，自是伟大之器，再加功候，吾不知其所至”。毛泽东的过人才气并非天生的。他不是书香门第或官宦世家出身。他的才气，对中国传统文化的谙熟，完全是靠勤奋获得的。他的传统文化深厚根基，主要是在青年时代奠定的。

毛泽东酷爱古籍，但不拘泥古籍。他不断用马克思主义解读中国传统文化，让传统文化为革命事业服务。这里最著名的例子就是对“实事求是”的新解。“实事求是”是古代中国的一个成语，其本意是讲治学态度，做学问要注重事实根据，才能得出正确认知。毛泽东在投身中国革命后，不断使实事求是思想成为改变中国命运和改造中国社会的思想武器。抗战期间，他经常引用这个广为人知而又容易理解的成语，来讲述共产党的思想作风、思想方法和思想路线。他在《改造我们的学习》中，给这个千年前的古典成语赋予新的含意，指出：什么是实事求是？“‘实事’就是客观存在着的一切事物，‘是’就是客观事物的内部联系，即规律性，‘求’就是我们去研究。”此后，“实事求是”成为中国共产党的马克思主义思想路线的通俗表达。这就是毛泽东化古为今之妙用，也是他的点石成金之术。中国文明数千年，古典成语万万千，但成为中国共产党第一金句的成语，无出其右者。“实事求是”成为党的思想路线的代名词，是马克思主义基本原理同中华优秀传统文化相结合的光辉典范。

1943 年 6 月，共产国际为适应形势发展需要，便于各国共产党根据各国实际情况决定自己的路线和方针政策，宣布解散。中共中央在关于共产国际解散的决定中指出：“中国共产党人是马克思列宁主义者。因为马克思列宁主义是科学，而科学是没有国界的。中国共产党人必将继续根据自己的国情，灵活地运用和发挥马克思列宁主义，以服务于我民族的抗战建国事业。中国共产党人是我们民族一切文化、思想、道德的最优秀传统的继承者，把这一切优秀传统看成和自己血肉相连的东西，而且将继续加以发扬光大。”

以毛泽东为主要代表的中国共产党人，既是中华（民族）优秀传统文化、思想、道德的

① 资料来源：石仲泉. 中共党史研究，2023（02）：106-115.

继承者，也是中华民族新文化的倡导者、缔造者。他将马克思主义理论与中华优秀传统文化相结合，用马克思主义“化”中国传统文化的目的，不是复归中国旧传统，而是要大力创造中华民族的新文化。党领导人民进行革命，就是为了建设一个新社会和新国家，在这个新社会新国家里，不但有新政治、新经济，还要有新文化。前面讲到的《新民主主义论》，为缔造中国共产党倡导的中华民族新文化奠定了坚实的理论基础。这篇著作明确了新民主主义文化的基本内涵，指出新文化是民族的、科学的、大众的文化。所谓民族的，即是反对帝国主义压迫、坚持中华民族的尊严和独立的、带有民族特性的、革命的民族文化。所谓科学的，即是反对一切封建思想和迷信思想、坚持实事求是、坚持客观真理、坚持理论和实践相统一的文化。所谓大众的，即是民主的、为广大工农群众服务并逐渐为他们所掌握的文化。“民族的科学的大众的文化，就是人民大众反帝反封建的文化，就是新民主主义的文化，就是中华民族的新文化。”这个新文化的称谓——“民族的科学的大众的文化”，被与时俱进地赋予时代的要求，不断地丰富其内涵，一直沿用到现在。

第二，毛泽东提出了中国共产党人正确对待中国传统文化的基本原则。

中国共产党人信仰马克思主义，并以其作为指导思想；同时又是吮吸中华文明的乳汁成长的，不能不担当中华文明的传人。毛泽东不仅是把马克思主义与中华优秀传统文化相结合的典范，而且在二者相结合进而实现马克思主义民族化、本土化、大众化的过程中，提出了正确对待中国传统文化的基本原则。

——取其精华，去其糟粕。中国传统文化极其丰富，但这些文化主要在长期的封建社会中形成，因而异常庞杂，精华和糟粕并存，有其阶级的、历史的局限性。毛泽东虽然酷爱本民族传统文化，但态度一直鲜明，决不会不加区分地兼收并蓄。他指出：中国历史遗留给我们的有很多好东西，但也有许多毒素和糟粕。这些东西对于今天的中国不仅不适用而且有害，必须抛弃。清理古代文化遗产，“剔除其封建性的糟粕，吸收其民主性的精华，是发展民族新文化提高民族自信心的必要条件”。这里讲的“封建性的糟粕”，就是那些毒害青少年、毒害人民的迷信文化、腐朽文化、邪恶文化、厚黑文化和反动文化等；“民主性的精华”，主要是那些属于“真、善、美”，对人民有益无害的文化；要发展的“民族新文化”，就是马克思主义与中华优秀传统文化相结合的新民主主义文化（改革开放以来发展成为中国特色社会主义的先进文化）。这样的新文化，无疑是提高民族自信心、使中华民族屹立于世界先进民族之林的必要条件。

——批判改造，推陈出新。对于“封建性的糟粕”要抛弃，对于“民主性的精华”是否就可以照抄照搬呢？非也，必须进行改造，“批判地继承”。毛泽东指出：“对中国的文化遗产，应当充分地利用，批判地利用”“有区别地加以利用”。这也就是他讲的“推陈出新”。怎么“批判地利用”或“推陈出新”？他说过：“从孔夫子到孙中山，我们应当给以总结”。在延安时期，他对孔夫子的评价还是比较客观的。一方面，他认为孔子出身贫寒，办过多年的学校，著有《春秋》这样的历史著作，教出了许多有才干的学生，培养出颜回、曾参、子思、孟子四大贤人，是中国古代的思想家、教育家、音乐家。“我们共产党看孔夫子，他当然是有地位的，因为我们是历史主义者。但说是圣人，我们也是不承认的。”另一方面，他又认为孔子的思想体系是唯心主义的，对其道德论应给以唯物论的分析，加以更多的批判。毛泽东对孔子的这种分析，为“批判地利用”历史文化中的“民主性的精华”指出了方向。

——厚今薄古，古为今用。毛泽东在延安时提到古今问题说，古人讲过，“人不通古今，马牛而襟裾”。这是说，人不知道古今，等于牛马穿了衣裳一样。什么叫“古”？“古”就是历史，过去的都叫“古”，自盘古开天地，一直到如今，这个中间过程就叫“古”。“今”就是现在。我们只通现在是不够的，还须通过去。“延安的人要通古今，全国的人要通古今，全世界的人也要通古今，尤其是我们共产党员，要知道更多的古今。通古今就要学习，不但我们要学习，后人也要学习。”毛泽东提出厚今薄古是新中国成立后的事。他认为，尊重历史，“不是颂古非今”“向古人学习是为了现在的活人”，使之“变成革命的为人民服务的东西”。1964年9月，他在一个批示中提出“古为今用”思想。厚今薄古，虽不是他提出的，但是根据他的思想作的概括。很长时期以来，厚今薄古，古为今用，成为对于传统文化的重要方针。

——百花齐放，百家争鸣。这是毛泽东在20世纪50年代提出的。“百花齐放”出自清代章回小说《镜花缘》。毛泽东用此语比喻，提倡艺术上应有不同形式和风格的自由发展。他在多次会上说：文艺界有人要我写几个字，我就写了“百花齐放，推陈出新”。现在春天来了嘛，100种花都让它开放，不要只让几种花开放，还有几种花不让它开放，这就叫百花齐放。“百家争鸣”本来是说春秋战国社会处于大变革时期，产生了各种思想流派展开争论，呈现出空前的繁荣景象。后世称这个时代的学术氛围为“百家争鸣”。毛泽东用此语也是来比喻学术上的不同学派应当自由争论。他说：“百家争鸣”是两千年以前就有的事，现在也需要这个。“在《中华人民共和国宪法》范围之内，各种学术思想，正确的、错误的，让他们去说，不去干涉他们。”有那么多的自然科学学派，“就是社会科学，也有这一派、那一派，让他们去谈。在刊物上、报纸上可以说各种意见。”“艺术问题上的百花齐放，学术问题上的百家争鸣，我看应该成为我们的方针。”“采取现在的方针，文学艺术、科学技术会繁荣发达，党会经常保持活力，人民事业会欣欣向荣，中国会变成一个大强国而又使人可亲。”毛泽东提出的这些基本论断为我们党正确对待中国传统文化提供了基本原则。正如党的十九届六中全会决议对毛泽东思想作出的评价：“这些独创性理论成果至今仍有重要指导意义。”

第三，毛泽东著作浸润着马克思主义基本原理同中华优秀传统文化相结合的墨香。

毛泽东既是推行马克思主义中国化的伟大政治领袖，也是马克思主义中国化无与伦比的文化宗师。他将马克思主义基本原理同中华优秀传统文化相结合，在继承和弘扬中国优秀传统文化方面有许多独特创造。这里不论及毛体书法和毛氏诗词推陈出新的惊世创造，单讲他的文章风格，同字如其人、诗如其人一样，也是文如其人，洋溢着天马行空的才气、豪气、灵气、神气和王者之气，令人叹为观止。

——创造了为中国老百姓所喜闻乐见的新文风。还在全民族抗战初期，毛泽东就强调，中国共产党人坚持共产主义世界观和社会革命论的新思想，一定要通过民族形式来表现。这个民族形式就是“新鲜活泼的、为中国老百姓所喜闻乐见的中国作风和中国气派”。这也就是中华民族的新文风。它体现在毛泽东的文章中，有这样几个特点：一是高屋建瓴，气势恢宏。他在早年求学时的读书笔记《讲堂录》中写道：“才不胜今人，不足以为才；学不胜古人，不足以为学。”那年他20岁，刚出乡关进省城，就有这样的抱负，很了不得！12年后，被选入《毛泽东选集》开篇之作的开篇之语就是：“谁是我们的敌人？谁是我们的朋友？这个问题是革命的首要问题。”这体现出非凡气势！不是非凡政治家，谁能有这种高屋建瓴的非凡之言？！二是文野相济，雅俗汇融。中华传统文化，可分为主流经典文化和非主流草根文化。毛泽东不仅熟悉经史子集等主流经典文化，而且对非主流的草根文化也充满浓厚兴趣。许多历史故事，无论是经史子集中的还是野史杂书中的，他都能如数家珍地娓娓道来。三是叙议画龙，用典点睛。凡是文章大家，写的文章不仅要让人家看得懂，更重要的是让人家看得有味，有文有质，深刻生动。毛泽东叙事议理很讲逻辑，明白晓畅，清澈碧透。凡能用典能使文章更生动、更入神的地方，他能顺手拈来一个典故，使所画之龙“点睛”飞天。从而，文章就有灵动感。所谓文章五诀——“形、事、情、理、典”，毛泽东用活了。

——创造了哺育一代又一代广大干部群众的新文体。毛泽东独特的文风，形成独特的文体，一看便知是“毛文”。它的特点是，既能将深奥的学理化成妇孺易懂的大白话，又能嬉笑怒骂皆成文章；既能纵横捭阖、辨析剥离，又能汪洋恣肆、磅礴“收官”。比如，《丢掉幻想，准备斗争》一文，通过驳斥美国白皮书，叙述近代中国遭受帝国主义列强侵略和中国人民不断斗争直至夺取全国（面）革命胜利的历史，总结出两条历史发展的逻辑和定律。一是帝国主义者的逻辑，即“捣乱，失败，再捣乱，再失败，直至灭亡——这就是帝国主义和世界上一切反动派对待人民事业的逻辑，他们绝（决）不会违背这个逻辑的。这是一条马克思主义的定律”。另一条是人民的逻辑，即“斗争，失败，再斗争，再失败，再斗争，直至胜利——这就是人民的逻辑，他们也是绝不会违背这个逻辑的。这是马克思主义的又一条定律”。他作出结论指出：“阶级斗争，一些阶级胜利了，一些阶级消灭了。这就是历史，这就是几千年的文明史。拿这个观点解释历史的就叫做历史的唯物主义，站在这个观点的反面的是历史的唯心主义。”一篇 4 000 多字的政论文，通过概述中国近代史讲解历史唯物主义基本原理，将阳春白雪的高深理论化成下里巴人能听懂的通俗白话，居然装了一本教科书的容量。也只有毛泽东有此本事！直到现在，人们还不断袭用这个“毛体”，它滋养了一代又一代新人！

——创造了许多广泛使用和长久传播的名言金句和新文辞。毛泽东作为全面推进马克思主义中国化的文化宗师，不仅创造了新文风、新文体，还创造了许多闻名遐迩又朗朗上口的名言金句，成为广为传颂的新词语。以“老三篇”为例。《纪念白求恩》写道：“白求恩同志毫不利己专门利人的精神，表现在他对工作的极端的负责任，对同志对人民的极端的热忱。”“我们大家要学习他毫无自私自利之心的精神。从这点出发，就可以变为大有利于人民的人。一个人能力有大小，但只要有这点精神，就是一个高尚的人，一个纯粹的人，一个有道德的人，一个脱离了低级趣味的人，一个有益于人民的人。”这里的两个“极端”和“五个人”，从此成为党的先进性的标杆。《为人民服务》是他纪念警卫战士张思德的讲演。此后，“为人民服务”成为中国共产党人的座右铭，也成为包括周恩来在内的许多伟大的共产主义战士终身佩戴的徽章。《愚公移山》是党的七大闭幕词，讲了古代寓言“愚公移山”故事。这个寓言也成为中国人民改天换地的强大精神力量。

三、实践项目

项目一

经典影视鉴赏——《建国大业》

（一）鉴赏目的

通过对经典影视的观看，促使学生深入了解和体会中华人民共和国成立前后的风云岁月。

（二）鉴赏内容

《建国大业》讲述了从1945年抗日战争结束到1949年中华人民共和国成立前夕发生的一系列故事，影片以第一届中国人民政治协商会议的筹备为主线，反映了中华人民共和国成立前夕的那段风云岁月。

（三）鉴赏作业

学生结合所学内容观看影片，根据影片内容与个人认识，提交2 000字的观后感。

| 项目二 |

主题演讲：我心目中的毛泽东

（一）实践目标

毛泽东同志是伟大的马克思主义者，伟大的无产阶级革命家、战略家、理论家。组织学生收集有关毛泽东同志事迹的资料，使学生了解毛泽东同志的生平及为中国人民作出的贡献，深刻理解毛泽东同志和毛泽东思想的历史地位，并通过演讲的方式加深对毛泽东及毛泽东思想的认知和思考。

（二）实践方案

1. 任课教师宣布实践活动主题，明确实践要求，进行初步指导。
2. 学生搜集整理与演讲主题相关资料，积极讨论并撰写演讲稿。
3. 任课教师将学生分为若干小组，小组成员就各自的演讲稿展开讨论交流。
4. 各小组确定演讲稿定稿，并推选1名组员，代表小组进行演讲比赛。
5. 任课教师对参赛人员进行具体指导，各小组根据老师的建议完善演讲稿。
6. 任课教师选定演讲比赛的主持人、评委、记分员，并指导主持人进行比赛流程的制定。同时任课教师需拟定评分标准和活动计划。
7. 组织进行演讲比赛，主持人简述比赛流程和比赛规则，介绍参赛选手及评委。
8. 参赛选手依次开始演讲（每位选手演讲时间控制在5分钟以内），评委按要求进行评分，记分员适时统分计分；其间，主持人可邀请评委及听众代表对参赛选手的演讲进行点评。
9. 演讲比赛结束，主持人宣布选手成绩及名次。如设有奖项，可进行颁奖。
10. 任课教师就学生表现给予评判，并对本次实践活动进行总结。

第二章　新民主主义革命理论

一、案例精选

农村包围城市革命道路理论[①]

国民大革命时期，毛泽东在湖南开展和考察农民运动过程中，方开始感受到农民和农村在民主革命中的巨大分量。他说："进步的工人阶级尤其是一切革命阶级的领导，然若无农民从乡村中奋起，打倒宗法封建的地主阶级之特权，则军阀与帝国主义势力总不会根本倒塌。"面对大革命后期严峻的形势，毛泽东在 1927 年 7 月 4 日中央常委扩大会上提出"上山"主张，认为"上山可造成军事势力的基础"。8 月 9 日，毛泽东出席由瞿秋白主持召开的临时中央政治局会议。在会议进行中，瞿秋白提议毛泽东去上海党中央工作，毛泽东回答："我要跟绿林交朋友，我定上山下湖，在山湖之中跟绿林交朋友。"由此可以说，大革命失败后，毛泽东在党的领导层中是最早把眼光投向农村的人。他领导秋收起义攻打长沙受挫后，便果断向敌人统治力量薄弱的农村转移，并在井冈山创建了中国第一个农村革命根据地。

党的六大以后，中国农村的革命游击战争正处于特别困难的时期。8 月间，工农红军第四军（红四军）在湘南遭到重大损失。11 月起，敌人第三次"会剿"井冈山时，红军中一部分人又提出"红旗到底打得多久"的疑问。1929 年 1 月，毛泽东、朱德率红四军主力向赣南进军中又遭敌人截击和追击。在这种情况下，周恩来对形势感到忧虑，加之共产国际也认为红军只能分散存在，要求高级干部离开红军，所以他在 1929 年 2 月 7 日代中共中央起草的给红四军的信中，提出了分散红军、毛泽东离开红军到中央工作的意见。这自然是不正确的。4 月 3 日，红四军前线委员会才接到"中央二月来信"，而此时红四军已经在赣南打开了局面。

4 月 5 日，毛泽东起草给中央的报告（即"四五"复信），认为中央来信"对客观形势及主观力量的估计，都太悲观了"，并表示不同意朱德、毛泽东离开队伍。这时，由于客观形势的发展，中共中央的认识也在改变。4 月 4 日，也就是毛泽东写报告的前一天，中央常委讨论红四军问题时，周恩来说："朱、毛出来的问题，原则上是如此，但根据现在实际情形要写得活一些。"4 月 7 日，中共中央发出经周恩来修改过的致毛泽东、朱德的指示信。信中说："军阀战争本身不是革命高潮"，"以为有军阀战争就一定表示着统治阶级斗争要迅速的崩溃，这个观点是错误的"。红军目前的总任务是：扩大游击战争范围，发动农民武装斗争，深入土地革命。信中也不再坚持朱、毛离开红军。

1929 年 6 月 12 日，中央政治局开会讨论毛泽东、朱德的"四五"复信。讨论中，周恩来虽然仍强调城市的领导问题，但认为分散红军的策略"是有些毛病"，红军只有集中才能扩大，也才能成为促进中国革命高潮的动力之一。8 月 21 日，周恩来起草的《中央给四军前委的指示信》明确指出，"你们的任务便首先是：游击区域的发展，农民武装的加强，红军的扩大，而

① 资料来源：姜相志. 毛泽东思想和中国特色社会主义理论体系概念、教学案例. 北京：中国时代经济出版社，2010.

土地革命的深入更是根本任务”。8月底，陈毅赴上海向中央详细汇报了红四军的奋斗历程和内部分歧。9月，经周恩来审定的给红四军前线委员会的指示信（即“九月来信”）指出：“先有农村红军，后有城市政权，这是中国革命的特征，这是中国经济基础的产物。”规定红军目前的主要任务是：“一、发动群众斗争，实行土地革命，建立苏维埃政权；二、实行游击战争，武装农民，并扩大本身组织；三、扩大游击区域及政治影响于全国。”这是周恩来第一次以中央名义对中国革命道路所作的正确结论，是对毛泽东等实践经验的总结和对毛泽东“工农武装割据”思想的升华。后来毛泽东撰写的《星星之火，可以燎原》的主题思想明显受到“九月来信”的影响。1930年1月15日，在周恩来主持下，中共中央军事委员会主办的机关刊物《军事通讯》创刊号出版，全文刊登陈毅写的《关于红四军历史及其情况的报告》，编者加写了按语，要求各地红军、各地方党组织学习红四军的经验。

农村包围城市革命道路理论的形成是中国共产党集体智慧的结晶，其中毛泽东、周恩来做（作）出了最为突出的贡献。从“上山”主张到“工农武装割据”、从“先有农村红军、后有城市政权”到红色政权的建立和发展，“无疑义地是促进全国革命高潮的最重要的因素”，毛泽东、周恩来的思想随实践不断得到丰富和升华。虽然在某些环节上，周恩来的理论认识甚至比毛泽东更早一些，但以毛泽东为代表的农村游击战争的实践经验始终是中国共产党人探索革命道路理论的基础。当然，农村包围城市革命道路理论的最后成熟还是在抗日战争时期。毛泽东在《论新阶段》《战争和战略问题》《中国革命和中国共产党》等报告和文章中，进一步从理论上阐述了中国革命道路问题，提出“共产党的任务，基本地不是经过长期合法斗争以进入起义和战争，也不是先占城市后取农村，而是走相反的道路”，从而标志着农村包围城市革命道路理论的完全成熟。

案例研讨：为什么中国必须走农村包围城市，武装夺取政权的革命道路？

二、阅读拓展

毛泽东发表《中国社会各阶级的分析》：初步提出新民主主义革命基本思想[①]

毛泽东《中国社会各阶级的分析》一文，以马克思主义的阶级分析方法，分析了中国社会各阶级，辨明了中国革命的敌人和朋友，初步提出关于中国新民主主义革命的基本思想，堪称毛泽东思想萌芽的一篇光辉文献。

《毛泽东选集》第一卷第一篇就是《中国社会各阶级的分析》，把这篇文章作为全部《毛泽东选集》的开篇之作，可见毛泽东对这篇文章的珍视。

“谁是我们的敌人？谁是我们的朋友？这个问题是革命的首要问题。”1925年12月1日，毛泽东在国民革命军第二军司令部政治部编辑的半月刊《革命》第四期公开发表《中国社会各阶级的分析》一文，开宗明义地提出要辨明中国革命的敌人和朋友。

① 资料来源：余蓉. 毛泽东发表《中国社会各阶级的分析》：初步提出新民主主义革命基本思想. (2021-04-20)[2024-03-25]. https://www.xuexi.cn/lgpage/detail/index.html?id=11574986130005863464&item_id=11574986130005863464.

共产党内存在着两种倾向。第一种倾向以陈独秀为代表，只注意同国民党合作，忘记了农民，这是右倾机会主义。第二种倾向以张国焘为代表，只注意工人运动，不注意团结国民党内的革命力量，同样忘记了农民，这是“左”倾机会主义。

为了让党内早一些认识到“中国无产阶级的最广大和最忠实的同盟军是农民”，认识到无产阶级是革命的领导力量，同时，也认识到国民党的“革命”性，毛泽东一直酝酿着要写一篇文章。

1924 年 12 月，因为工作困难重重，加之劳累成疾，毛泽东请假回到湖南老家韶山。

这一次，毛泽东在韶山住了 203 天。虽说是养病，但毛泽东并未闲着，他利用这宝贵的时间和家乡的人缘之便，搞起了农民运动。毛泽东先后在毛氏宗祠、毛震公祠、李氏祠堂等处，创办了 20 多所农民夜校，并在 20 多个乡成立农民协会。这使得大家更加清晰地看到了蕴藏在农民中的革命力量。

1925 年秋，毛泽东呕心沥血，终于写成《中国社会各阶级的分析》这篇光辉文献。在这篇文章中，毛泽东运用马克思主义的阶级分析方法，将中国社会各阶级分为五大部分，并指出：“一切勾结帝国主义的军阀、官僚、买办阶级、大地主阶级以及附属于他们的一部分反动知识界，是我们的敌人。工业无产阶级是我们革命的领导力量。一切半无产阶级、小资产阶级，是我们最接近的朋友。那动摇不定的中产阶级，其右翼可能是我们的敌人，其左翼可能是我们的朋友——但我们要时常提防他们，不要让他们扰乱了我们的阵线。”

通过这样的阶级分析，毛泽东初步阐明了中国新民主主义革命的基本思想：无产阶级团结一切半无产阶级、小资产阶级，争取中产阶级的左翼，打倒帝国主义、军阀、官僚、地主、买办阶级，建立各革命阶级的联合统治，反对在中国建立民族资产阶级一阶级统治的国家，争取非资本主义的前途。

1926 年，《中国农民》和《中国青年》先后转载了这篇文章，随后在广州、汕头出版单行本。本文发表前后，毛泽东还以该文为教材，在广州第五、六届农民运动讲习所和国民党政治讲习所等进行讲授。此后湖南省各县主办的农民运动干部训练班，也几乎都以此为基本教材。

《中国社会各阶级的分析》一文提出的要正确认识我国社会阶层结构的新变化，解决“依靠谁，团结谁，打击谁”这一首要问题的思想，这些对我们当下仍具有现实意义。在推进社会主义现代化建设宏伟事业中，这一思想仍然闪烁着伟大的光芒。

《中国社会各阶级的分析》的三次修改

1925 年 12 月，《中国社会各阶级的分析》在国民革命军第二军司令部政治部编辑的半月刊《革命》第四期一经刊登，立即引起人们的广泛关注。

1926 年 2 月，《中国农民》第二期全文转载了该文。同年 3 月，中国社会主义青年团的机关刊物《中国青年》致信毛泽东，对该文提出修改意见，并决定在当月发表修改之后的《中国社会各阶级的分析》。

毛泽东得到消息后，慎重地对《中国社会各阶级的分析》进行了第一次修改——主要是对文章的结构和文字进行了加工，比如第一段由原来的 440 多字精简为不足 200 字，将大资产阶级“乃民族革命运动之死敌”改为“其政治主张之代表为国家主义”等等。这次修改后，《中国社会各阶级的分析》基本定型，成为现今我们所看到的版本。

新中国成立后，毛泽东仍然十分重视这篇文章，对其又进行了两次修改。

第一次是 1951 年 8 月，中央编辑的《毛泽东选集》要收入这篇文章。毛泽东对这篇文章逐字推敲并再三斟酌——对各阶级的分析，取消了原来的“第一”“第二”等冠称；结论部分做了提炼与概括；把“生产工具”改为“生产手段”；把“流动资金”改为“资金”；把“主力”改为“领导力量”；使文章在段落上更加明细等等。

第二次是 1952 年 7 月，中央第二次印刷《毛泽东选集》第一卷。毛泽东精益求精，对文字精雕细琢，对《中国社会各阶级的分析》做了再次修改。这次修改后，这篇文章的语言更加精练流畅，其思想更为准确深刻，其思想内容更加体现了毛泽东思想的成熟形态。

三、实践项目

| 项目一 |

经典影视鉴赏——《建军大业》

（一）鉴赏目的

通过对经典影视的观看，促使学生深入了解和体会老一辈无产阶级革命家创建人民军队的艰苦历程。

（二）鉴赏内容

《建军大业》讲述了 1927 年第一次国内革命战争失败后，中国共产党为挽救革命，于当年 8 月 1 日在江西南昌举行武装起义，从而创建中国共产党领导的人民军队的故事。

（三）鉴赏作业

学生结合所学内容观看影片，根据影片内容与个人认识，提交 2 000 字的观后感。

| 项目二 |

讲好红色故事　传承革命精神

（一）实践目标

挖掘和讲述新民主主义革命时期的历史故事，了解这一时期中国共产党及其领导的人民和人民军队坚定的革命信念和无畏的斗争精神。他们坚定共产主义理想信念，敢于直面困难，不怕流血牺牲，为革命的胜利展开了艰苦卓绝的斗争。通过故事讲述展现革命者和人民群众在艰苦条件下勇于斗争的精神气概，激励学生传承革命先烈崇高精神，坚定信念、勇于奋斗，为实现中华民族伟大复兴的中国梦而努力奋斗。

（二）实践方案

1. 任课教师布置活动任务，帮助学生明确活动目的，动员学生积极参与。

2. 任课教师将班级学生分为若干小组，选出组长，负责组织协调。

3. 各小组按照活动要求准备材料，材料内容要紧扣主题，积极展现中国共产党和革命先烈英勇奋斗的事迹，也可以选择人民群众在党的领导下勇于斗争的故事，时间限定在新民主主义革命时期。

4. 各小组做好充分准备后，任课教师选择合适的时间组织学生进行课堂展示，时间限定在 5～6 分钟，讲故事的过程中，可以辅以必要的音乐或者视频。

第三章 社会主义改造理论

一、案例精选

社会主义改造既未“改早”，更未“改错”[①]

1956 年，社会主义改造基本完成，社会主义制度的确立，为当代中国一切发展进步奠定了根本政治前提和制度基础。中国共产党带领人民进入社会主义社会，这是一个伟大的历史性胜利，由此中国进入了崭新的社会形态，中国人民迎来了发展的新篇章。

1956 年，对农业、手工业、资本主义工商业的社会主义改造基本完成，由此社会主义制度确立，为当代中国一切发展进步奠定了根本政治前提和制度基础。中国共产党带领人民进入社会主义社会，这是一个伟大的历史性胜利，是新中国成立后党和国家历史上一个重要的里程碑。然而，党的十一届三中全会以后，随着所有制结构由单一公有制变为多种所有制并存，一些人产生了社会主义改造“改早了”“改错了”的观点。其所以如此，一个重要原因是他们不懂得历史的进程和逻辑。

真是“早知今日，何必当初”吗？

有人认为，当年进行的社会主义改造根本不是“早”或“晚”“快”或“慢”的问题，而是根本没有开展的必要。这种观点从根本上否定了社会主义改造的历史地位。事实果真如此吗？

在新民主主义革命取得胜利后的过渡阶段，中国是多种所有制经济并存。在当下社会主义初级阶段，中国依然是多种所有制经济并存。两者看似“一致”，但当前的多种所有制经济共同发展，是在前人进行社会主义改造的基础之上，以公有制为主体的多种所有制经济共同发展，并非所谓的“回到过去”。

客观而言，社会主义改造完成之前和之后，多种所有制经济成分在国民经济中所占的比重有着巨大差异。社会主义改造完成的 1956 年同 1952 年相比，国营经济由 19.1%上升到 32.2%，合作社经济由 1.5%上升为 53.4%，公私合营经济由 0.7%上升到 7.3%，个体经济由 71.8%下降到 7.1%，资本主义经济由 6.9%下降到接近于 0。这说明随着社会主义改造的完成，社会主义性质的国营经济、合作社经济及基本上属于社会主义性质的公私合营经济，占到了国民收入的绝大多数。

改革开放以来，中国共产党主动打破单一的公有制，逐步扩大对外开放局面，这是根据国内外局势变化，对社会主义实践的认识不断深化的结果。1987 年，党的十三大报告明确提出，“要在以公有制为主体的前提下发展多种经济成份（分），在以按劳分配为主体的前提下实行多种分配方式”。党的十九届六中全会通过的《中共中央关于党的百年奋斗重大成就和历史经验的决议》指出，“党毫不动摇巩固和发展公有制经济，毫不动摇鼓励、支持、引导非公

---

① 资料来源：韩晓青. 历史评论，2021（06）：11-15.

有制经济发展，支持国有资本和国有企业做强做优做大”。坚持公有制经济的主体地位是党一以贯之的准则，如今实行的社会主义市场经济制度依然是在马克思主义的指导下进行的，与社会主义改造完成之前的经济制度有着本质区别。目前实行的经济制度不是“历史的倒退”，更不是所谓的“重新出发”，而是始终坚持社会主义发展方向，顺应历史与时代发展潮流，不断把握历史主动，勇于自我革命作出的必然举措。

“新民主主义社会”能继续走下去？

有观点认为，社会主义改造之前的过渡时期和现在的社会主义初级阶段有许多相似性，也符合现今的中国国情；中国可以既不走向资本主义社会，也不走向社会主义社会，而是沿着新民主主义社会继续发展下去。这实际上也是脱离中国具体情况的一种空想。

中国共产党从成立之日起，其理想就是要在中国实现社会主义乃至共产主义。早期的中国马克思主义者普遍接受了《共产党宣言》中阐述的“两个必然”观点，即“资产阶级的灭亡和无产阶级的胜利是同样不可避免的”。中共一大纲领明确规定，要在中国进行消灭资本主义的社会主义革命。在革命过程中，中国共产党人很快意识到，在半殖民地半封建社会的中国，立即进行社会主义革命是行不通的。中共二大接受列宁和共产国际的指导，确定革命分两步走：第一步先进行反帝、反封建的民主革命，第二步再进行推翻资产阶级的社会主义革命。

如何实现两个革命的衔接，以毛泽东为代表的中国共产党人把马克思主义基本原理与中国革命的具体实际相结合，创立了新民主主义理论。1940 年 1 月，毛泽东发表了《新民主主义论》。在这篇文章中，毛泽东提出，民主革命胜利后，将“不容横插一个资产阶级专政的阶段”，但是也不能立即建立社会主义社会，而是要建立一个“新民主主义的社会”和“新民主主义共和国”作为过渡。过渡阶段的任务，是在多种所有制基础上发展生产力，实现农业国向工业国的转变，为向社会主义转变准备条件。由此可见，“新民主主义社会”在中国共产党人的设想中本身就是过渡到社会主义的准备阶段。

既然社会主义社会是国家发展的既定目标，为什么没有把社会主义的前途写进具有临时宪法性质的《共同纲领》呢？毛泽东解释说：“纲领中只说现阶段的任务，如果再说得远一点就变得空洞了。”也就是说，纲领是行动纲领，是为着规范当时的行动而规定的。1952 年 6 月 19 日，周恩来在全国统战部长会议上的讲话中，也对没有把“社会主义社会”写进《共同纲领》作了说明：“《共同纲领》没有写社会主义前途，是因为当时新中国刚刚成立，虽然把这个前途写出来他们也是可以接受的，但是有点强加于他们，所以我们采取等待的政策，没有把社会主义前途写进去。但是这个前途是肯定了的。”

《共同纲领》没有把社会主义的前途写进去，是考虑到当时的种种条件，并不影响中国共产党人在中国实现社会主义的奋斗目标。随着各种条件的成熟，1953 年 6 月，毛泽东提出了党在过渡时期的总路线的基本内容，同年 8 月形成了比较完整的表述：“从中华人民共和国成立，到社会主义改造基本完成，这是一个过渡时期。党在这个过渡时期的总路线和总任务，是要在一个相当长的时期内，基本上实现国家工业化和对农业、手工业、资本主义工商业的社会主义改造。”随着过渡时期总路线的提出，中国开始了由新民主主义向社会主义的过渡。

事实胜于雄辩。后来的实践证明了完成社会主义改造、确立社会主义制度的历史必然性。改革开放以来，中国人民成功走出了一条中国特色社会主义道路，在中国共产党的带领下，中国特色社会主义道路越走越宽广，“正在意气风发向着全面建成社会主义现代化强国的第二个百年奋斗目标迈进”。我们何必要“再举新民主主义的大旗”，再走新民主主义之路呢？

伟大的历史性胜利

在社会历史演进过程中，生产关系的急剧变革往往会伴随着对社会生产力不同程度的破坏。但中国的社会主义改造，是在保证国民经济基本稳定发展、人民群众普遍拥护的情况下完成的。1956 年与 1955 年相比，农业总产值增长 6.4%，工业总产值增长 28.2%。在农业合作化过程中，农田水利建设和农业技术改造逐年都有所发展，粮食产量逐年增长。生产资料私有制的社会主义改造与国民经济稳定发展之间的良性互动，证明了 1953 年中国共产党提出的“一化三改”的过渡时期总路线是完全正确的。

由新民主主义向社会主义过渡，在中国建立社会主义社会，是中国共产党的既定目标。新中国成立后，在经济十分落后的情况下，中国共产党创造性地走出了一条社会主义革命的道路，社会主义改造完成后，中国建立起社会主义经济基础，而人民代表大会制度、中国共产党领导的多党合作和政治协商制度，以及民族区域自治制度等构筑的社会主义政治制度业已形成。社会主义制度成功确立，为当代中国一切发展进步奠定了坚实基础。

在社会主义改造的过程中，中国共产党开创了一条适合中国国情的社会主义改造道路，是创造性运用马克思主义关于生产力与生产关系、经济基础与上层建筑辩证统一关系原理，解决中国革命和建设具体问题的一个成功典范。对于社会主义改造，1981 年党的十一届六中全会通过的《关于建国以来党的若干历史问题的决议》对其作出了这样的评价，“到一九五六年，全国绝大部分地区基本上完成了对生产资料私有制的社会主义改造。这项工作中也有缺点和偏差”，“但整个来说，在一个几亿人口的大国中比较顺利地实现了如此复杂、困难和深刻的社会变革，促进了工农业和整个国民经济的发展，这的确是伟大的历史性胜利”。

在庆祝中国共产党成立 100 周年大会上，习近平总书记再次指出，社会主义制度的确立，“实现了中华民族有史以来最为广泛而深刻的社会变革，实现了一穷二白、人口众多的东方大国大步迈进社会主义社会的伟大飞跃，为实现中华民族伟大复兴奠定了根本政治前提和制度基础”。这就是历史的结论！

案例研讨：如何理解社会主义改造是“伟大的历史性胜利”？

二、阅读拓展

公私合营前后的北京同仁堂的新生[①]

提起同仁堂，家喻户晓，它是我国久负盛名的中医药企业，始创于清康熙八年，距今已有 330 多年的历史。

北京解放前夕，同仁堂的经营状况十分危急，只能勉强度日。1949 年 3 月，同仁堂成立国药业基金工会，乐松生任总经理。通过不断学习，他对中国共产党的民族工商业政策有了基本认识，坚信个人在政治上、企业经营管理上必须紧紧依靠共产党和人民政府，重要决策

① 资料来源：孙洪群，金永年. 北京党史，2000（4）：47-50.

听取职工意见。在后来的“五反运动”中，同仁堂也经受了考验，经过审查核实，被评为基本守法户。

同仁堂作为民族工商业，有其代表性，而所经营的中药又是人民生活所需。因此，一直受到党和政府的重视与关怀。彭真市长亲自支持乐松生开展中医药研究，开发新品种的工作，并成立了中药提炼厂。在党的关怀下，同仁堂在解放后有了很大发展，工人生活稳定，而且质量有了很大提高。1953 年，同仁堂盈利按国家所得税、企业公积金、职工福利奖、资方股息分红四部分分配。随着国民经济的恢复，党适时地提出了过渡时期的总路线和总任务。北京市积极响应，很快制定了利用、限制、改造资本主义工商业的具体措施，并召集在京民族工商业者召开工商业联合大会。会上，同仁堂总经理乐松生积极发言，拥护总路线，会上，市地方工业局拟选同仁堂这个国药大户首先进行试点，为全行业合营扩展影响，奠定基础，积累经验。

这一变革，不能不引起同仁堂乐氏家族的震动。他们因将失掉生产资料占有权、企业，现统治权和企业利润分配权。这是切肤之痛。乐松生先生做（作）为当时民族资产阶级的代表，对其家族已经经营了 200 多年的同仁堂药店面临着抉择。经过反复思考，他深感这是大势所趋，人心所向。历史潮流不可违背。同时也看到，共产党和职工群众仍让自己做同仁堂的总经理，生活待遇不薄，这是对自己的信任和期望，因此必须听党的话，走社会主义道路。于是，他毅然决定同仁堂带头实行公私合营。在这次代表大会上，乐松生当选为工商联执行委员，推动了同仁堂实行公私合营的进程。

1954 年 2 月 16 日，中共北京市委统战部关于北京市工业公私合营工作计划中明确提出同仁堂是第一批合营的单位。同年 8 月 9 日，在大栅栏同仁堂成立了公私合营筹备工作委员会。27 日，同仁堂彩旗高挂，在庆乐戏院召开了庆祝公私合营大会，锣鼓喧天，鞭炮齐鸣。全体员工欢欣鼓舞，这家古老的私营企业在风雨飘摇 258 个春秋之后，迈进了社会主义大门，开辟了同仁堂历史上的新纪元。

三、实践项目

项目一

经典影视鉴赏——《国家记忆》第 1 集（1949 年毛泽东访苏）

（一）鉴赏目的

通过对经典影视的观看，促使学生深入了解和认识毛泽东首次出访苏联的过程。

（二）鉴赏内容

1949 年 11 月 12 日，毛泽东主席接到了来自当时苏联最高领导人斯大林的一份邀请信，在信中他邀请毛泽东主席出访苏联。如果毛泽东主席接受了斯大林的邀请，那么这将是刚刚成为中华人民共和国领导人的毛泽东主席第一次走出国门，作为中华人民共和国的国家元首正式出访。为了向世人展示新生的中国，为了解决过去中国与苏联的遗留问题，毛泽东主席决定接受邀请，出访苏联。

（三）鉴赏作业

学生结合所学内容观看影片，根据影片内容与个人认识，提交2 000字的观后感。

项目二

穿越时空的对话——写给伟人的一封信

（一）实践目标

引导学生通过书信等方式与伟人进行对话，结合实际分析伟人思想所带来的变革，从理论、历史、现实的维度分享自己的体会和感悟，加深学生对历史人物的理解和认同，激发学生对历史事件、伟人思想的深入思考，并从中汲取智慧，指导现实生活。

（二）实践方案

1. 选择伟人：结合所学课程确定写信的伟人对象，学生可以根据个人兴趣或主题要求选择。

2. 了解伟人：学生需要对所选择的伟人进行足够的了解，包括其生平、成就、影响等方面的资料，以便写信时能够有深入的思考和表达。

3. 信函内容：书写内容可以包括对伟人生平、成就及思想的赞美和感悟，同时在内容书写上也要紧密联系实际。

4. 注意事项：要求以班级为单位提交书信，任课教师认真批阅，根据书信内容客观评定，优秀作品可在课堂上进行展示。

第四章　社会主义建设道路初步探索的理论成果

一、案例精选

社会主义革命和建设时期中国工业化道路的形成逻辑[1]

从1949年新中国成立到1978年党的十一届三中全会召开，是中国社会主义革命和建设时期。中国共产党人将马克思主义理论与中国实践相结合，面对在落后国家建设社会主义的国情，面对资本主义国家经济封锁禁运的国际环境，在迅速医治战争创伤、恢复国民经济的基础上，创造性地进行社会主义改造，建立了社会主义制度。在社会主义建设过程中，我国以苏联为鉴，独立自主地探索适合国情的社会主义建设道路。经过近三十年的建设和奋斗，中国社会主义现代化建设成就显著，逐步建立了相对完整的独立工业体系和国民经济体系，为其后的改革开放奠定了物质基础。

一、新中国成立初期的国内外政治经济形势及发展任务

在解放战争即将取得胜利的历史关头，对于中国未来的发展路径和目标，1949年3月党的七届二中全会指出："在革命胜利以后，迅速地恢复和发展生产，对付国外的帝国主义，使中国稳步地由农业国转变为工业国，把中国建设成一个伟大的社会主义国家"。正是因为有着这种明确坚定的前进方向，新中国成立初期短短几年时间就取得了国民经济恢复和社会主义革命的伟大成就。

新中国成立初期，中国共产党面对的是一个遭受长期战争破坏的、衰败混乱的社会经济状况，财政赤字庞大，市场投机盛行，恶性通货膨胀不时发作，百姓生活困苦。1949年我国人均国民收入仅为27美元，而当时整个亚洲的平均收入为44美元，我国在亚洲国家中处于末位。同时，我国还面临严峻复杂的国内外军事政治形势。国内解放战争还在局部地区继续进行，国民党反动政权不甘心失败，采取各种手段企图对新生的人民政权进行颠覆破坏，严重危害人民生命财产安全。国际范围内反法西斯联盟在二战结束后迅速分化，社会主义和资本主义两大互相对立的阵营逐渐形成，世界很快陷入冷战。新中国成立后，一些西方国家对新生的人民政权不予承认，并对新中国实行贸易封锁禁运政策。1950年美国介入朝鲜战争，并把战火烧到我国边境地区，使我国的国家安全受到极大威胁，我国组成中国人民志愿军抗美援朝。这更加大了我国国防和国家安全的压力，在这种紧张的国际环境中我国首先必须使自己强大起来，才能抵御住敌对势力的进攻，国防工业被提到优先发展的位置。与一些西方国家关系破裂，也使我国丧失很多进行正常的国际经贸往来的条件。基于这种形势，我国被迫在外交上选择一边倒的政策，即倒向以苏联为首的社会主义阵营一边，因而国际贸易在相当长的一段时间内大部分局限在与苏联等社会主义国家与民族主义国家展开。

① 资料来源：姜长青. 社会主义革命和建设时期中国工业化道路的形成逻辑与发展路径研究，经济纵横，2021（06）：21-26.

新中国成立初期面临的政治形势和时代任务，决定了在整个社会主义革命和建设时期，中国共产党始终把建立独立的工业体系、实施重工业优先发展战略、巩固国防作为这一时期经济探索的首要任务。正如中国共产党在过渡时期总路线的学习和宣传提纲中说道：“因为我国过去重工业的基础极为薄弱，经济上不能独立，国防不能巩固，帝国主义国家都来欺侮我们，这种痛苦我们中国人民已经受够了。如果现在我们还不能建立重工业，帝国主义是一定还要来欺侮我们的。”新中国成立初期的产业选择，是中国共产党对当时国内外各种因素综合分析、反复权衡做出的重大战略决策。

二、重工业优先发展战略的形成逻辑

中国共产党是以马克思主义为指导的政党，自成立之日起就把马克思主义写在自己的旗帜上，把为人民谋幸福、为民族谋复兴、为世界谋大同作为自己的使命。新中国成立后，中国共产党深知现代工业对于中国经济和国家安全的重要意义。对于中国这样一个落后国家如何通过工业化走上现代化道路，中国共产党在确立中国工业化的发展路径时，综合兼顾了马克思主义的工业化理论、中国面临的国内外环境、百年来中国落后挨打的历史教训、增强社会主义阵营的力量、苏联模式的历史经验和苏联对中国援助等多重因素，最终确立了重工业优先发展的赶超战略。

确立重工业优先发展的赶超战略，是基于新中国成立初期工业严重落后的基本国情。1949年新中国成立之初，工业基础十分薄弱，重工业在全国工业总产值中仅占 26.3%，轻工业占73.6%。到 1952 年国民经济恢复工作完成时，重工业在工业总产值中的比重只有 35.5%。1954年第一个五年计划已经推进一年时，我国仍然不能造一辆汽车、一架飞机、一辆坦克、一辆拖拉机。而汽车、飞机、坦克等被视为现代工业发展的标志性产品，我国工业化发展任务艰巨。另外，斯大林曾明确地表示：工业化的中心就是发展生产资料的生产，发展本国的机器制造业。中国共产党接受了马克思主义关于生产资料优先发展的理论，把机器制造业放在了优先发展的位置。第一届全国人民代表大会二次会议指出：“社会主义工业化是我们国家在过渡时期的中心任务，而社会主义工业化的中心环节，则是优先发展重工业。”

优先发展重工业也是中国共产党人对社会主义阵营的重要贡献。毛泽东同志认为，中国应对世界做出更大贡献，“因为中国是一个具有九百六十（多）万平方公里土地和六万万人口的国家，中国应当对于人类有较大的贡献。而这种贡献，在过去一个长时期内，则是太少了。这使我们感到惭愧。”他还认为赶超资本主义发达国家是一种责任，指出“如果不是这样，那我们中华民族就对不起全世界各民族，我们对人类的贡献就不大。”加快使中国发展起来，对世界能够做出更大的贡献，是实行重工业优先发展赶超战略的一个重要原因。

在工业化建设中，我国对苏联的经济运行进行了深入学习研究。1952 年 7 月 6 日刘少奇同志致信斯大林，提出中共中央代表团拟在莫斯科学习苏联的国家机构、经济的计划与管理、文化教育、苏共的组织与群众团体的组织等问题。信中还提请苏联政府为培养新中国的建设管理人才做出帮助，在苏联办一所专门学校，派出各方面的教授到中国工作等。苏联对中国的“一五”计划在项目资金技术和人才方面提供了大量帮助，这种援助是全方位的，涉及资金、技术、人才等各个领域。苏联发展模式对中国社会经济产生了深远影响。对于中国经济发展方式向苏联学习一事，1987 年陈云同志在一次谈话时指出：“在某种意义上可以说计划经济是战时经济。说过去我们学的是苏联那一套，美国和西方其他国家对中国实行封锁政策，那时我们不能不学苏联。只能结合中国实际向苏联学习，苏联那时对我们的援助也是真心实意的。”新中国制定的第一个五年计划从 1953 年开始，这是一个以重工业优先发展为目标的社会经济发展计划，建设的重点是苏联援助的 156 个和我国自行确立的限额以上的 694 个大中型建设项目，为我国工业化打下了坚实的基础。“一五”计划的制定标志着重工业优先发展战略的确立，从而在总体上为中国发展道路规划了路径。

案例研讨： 走中国工业化道路的思想，是中国共产党探索我国社会主义建设道路的一个重要思想，对于加快我国社会主义建设事业发展具有重要意义。在实践中，适合我国国情的社会主义工业化道路是如何开拓的？

二、阅读拓展

用民主方法解决人民内部矛盾[①]（节选）

民主是社会主义的生命，没有民主就没有社会主义。1957 年 6 月 19 日，毛泽东同志在《人民日报》发表了《关于正确处理人民内部矛盾的问题》的文章。在这篇经典文献中，毛泽东同志提出一个重要论断，那就是“用民主方法解决人民内部矛盾”。他说：“许多人觉得，提出采用民主方法解决人民内部矛盾的问题，是一个新的问题。事实并不是这样。马克思主义者从来就认为无产阶级的事业只能依靠人民群众，共产党人在劳动人民中间进行工作的时候必须采取民主的说服教育的方法，决不允许采取命令主义态度和强制手段。中国共产党忠实地遵守马克思列宁主义的这个原则。”

实际上，关于民主的价值，马克思恩格斯早在《共产党宣言》中就强调过：工人革命的第一步就是使无产阶级上升为统治阶级，争得民主。毛泽东同志在著名的“窑洞对”中也提出了打破“‘其兴也勃焉’‘其亡也忽焉’”这个“历史周期率”、实现长治久安的“新路”就是民主的重要观点。在社会主义建设时期，面对社会处于大变动的过渡时期和很多困难问题，毛泽东同志再次主张“解决人民内部矛盾”只能用“民主方法”而非压服的方法，其本质是走群众路线，他精辟指出，“所谓正确处理人民内部矛盾问题，就是我党从来经常说的走群众路线的问题”。而这种民主其实就是充分体现人民民主优势的协商民主，它的真谛就是有事好商量，众人的事情由众人商量。通过商量，扩大和畅通群众诉求表达渠道，促进科学、民主决策，实现自我教育管理，进而化解矛盾、统一思想、凝聚共识，找到全社会意愿和要求的最大公约数，维护社会和谐稳定和长治久安。

“治政之要在于安民，安民之道在于察其疾苦。”经过改革开放近 40 年的发展，我国社会生产力水平明显提高，人民生活显著改善；而与此同时，人民对美好生活的向往更加强烈，人民群众的需要呈现多样化多层次多方面的特点，人的期望值也在不断提高，期待满足更加平衡更加充分的需求。因此，这就更需要用好“民主方法”，深入群众、了解民情、集中民智、维护民利、凝聚民心，不断改革，调整布局，想为民所想，办为民所愿，从而正确处理好新形势下人民内部矛盾，用有效的政策举措防范和管控各种风险。正如习主席曾指出的，“毛泽

① 资料来源：张光辉. 用民主方法解决人民内部矛盾. (2017-11-14)[2024-03-25]. http: //theory. people. com. cn/n1/2017/1124/c40531-29665650. html.

东同志在《关于正确处理人民内部矛盾的问题》中提出过一个重要论断：‘用民主方法解决人民内部矛盾’”“伟人著作至今读起来，对我们正确处理人民内部矛盾，维护社会稳定仍然很有启发意义。”

三、实践项目

| 项目一 |

纪录片赏析——《旗帜》第 4 集（艰辛探索）

（一）赏析目的

通过对纪录片的观看学习，深入了解我国社会主义建设道路初步探索的社会背景，帮助学生更好理解和掌握社会主义建设道路初步探索的理论成果。

（二）赏析内容

1956 年，全国人民在中国共产党的带领下，怀着对未来美好生活的向往，自此开始转入大规模的社会主义建设。1956 年 4 月 25 日和 5 月 2 日，毛泽东提出要以苏联为鉴，总结自己的经验，探索一条适合中国实际国情的社会主义道路，调动一切积极因素把我国建设成一个强大的社会主义国家。然而前进的道路并不平坦，社会主义建设也绝非一帆风顺，中国共产党带领中国人民在理论和实践上进行着不懈地探索。

（三）赏析作业

学生结合所学内容观看纪录片，根据观看内容撰写学习感悟，提交不少于 1 500 字的观后感。

| 项目二 |

经典研读——《实践论》

（一）实践目标

毛泽东的《实践论》是一部在马克思主义发展史上具有重要地位和意义的著作。《实践论》的核心意义在于把马克思主义认识论的基本观点通过中国革命的具体实际这一中介形式而清晰地、原创性地表达出来。通过对经典文献的阅读，帮助学生对中国共产党人自觉推进马克思主义中国化时代化的理论和实践历程作出更为深刻的把握。

（二）实践方案

1. 任课教师布置研读任务，指定研读篇目，做简单导读。

2. 任课教师对学生进行分组，选定组长；分配各小组需要研究的重点问题，提示学生研读文献的注意事项，讲清楚研究问题的方法思路。

3. 学生研读文献，思考问题，撰写研读心得，组长组织讨论，形成小组学习小结，选派1名学生代表以小组为单位进行课堂汇报。

4. 任课教师结合学生汇报情况进行总结，进一步对经典文献进行讲解诠释，帮助学生全面把握经典文献的内容及历史意义。

第五章　中国特色社会主义理论体系的形成发展

一、案例精选

这 18 个故事告诉你，中国特色社会主义为什么“好”[①]（节选）

1. 十一届三中全会：春天里的宣言书

1978 年 12 月 18 日，一个推动中国历史大转折，开启国家新命运的会议——中共十一届三中全会在举国期待中拉开帷幕。在邓小平的领导和其他老一辈革命家的支持下，十一届三中全会坚决批判了“两个凡是”的错误方针，确定了解放思想、开动脑筋、实事求是、团结一致向前看的指导方针，果断停止使用“以阶级斗争为纲”的口号，作出了把党和国家工作重心转移到经济建设上来，实行改革开放的历史性决策。此后，拨乱反正全面展开，解决历史遗留问题有步骤进行，社会主义民主法制建设走上正轨，党和国家领导制度和领导体制得到健全，国家各项事业蓬勃发展。

2. 汶川见证：中国力量创造中国奇迹

2008 年 5 月 12 日 14 时 28 分，四川汶川，大地震颤，山河破碎。第一时间，党中央发出了“全力以赴，拯救生命”的号令！地震消息传出不到 5 分钟，驻川武警部队就收到来自武警总部下达的预先号令；20 分钟后，数千武警将士已经整装开拔；不到 12 个小时，汶川、北川、茂县、理县、青川、绵竹……空中运送、铁路输送、摩托化开进，武警部队成为第一时间投放兵力范围最广、兵种最多的救援力量。震后第 37 天，党中央作出“一省帮一重灾县”的部署。随后，对口援建省市确定的 3880 个项目全部竣工交付使用。这再次证明：中国共产党始终是人民的主心骨、顶梁柱；党的领导是人民的利益所系、幸福所系。

3. 希望工程：托举希望圆梦未来

1989 年，河北省保定市涞源县桃木疙瘩村，13 岁的张胜利经历家庭变故后辍学在家。源于对上学的渴望，他给时任涞源县政协副主席车志忠写了一封求助信。这封信辗转到了中国青少年发展基金会工作人员手中，成为希望工程的一个发端。上（19）世纪 80 年代末，我国每年有 100 多万小学生，因交不起四五十元的书杂费而失学。“再穷不能穷教育，再苦不能苦孩子。”1989 年，希望工程在团中央、中国青基会的发起下建立，成为中国第一个救助贫困地区失学少年的基金。1990 年 5 月 19 日，全国第一所希望小学——金寨县希望小学落成。截至 2021 年底，全国希望工程累计接受捐款 194.2 亿元，资助家庭经济困难学生 662.6 万人，援建希望小学 20 878 所。

---

① 资料来源：CQDK 全媒体. 这 18 个故事告诉你，中国特色社会主义为什么“好”. (2020-04-15)[2024-03-25]. https://www.12371.gov.cn/Category_1569/Index.aspx.

4. 中国扶贫的西海固答卷：从苦甲天下到脱胎换骨

西海固，包括宁夏回族自治区六盘山地区西吉、海原、固原等贫困市县，是宁夏脱贫攻坚的主战场。曾被联合国粮食开发署确定为“最不适宜人类生存的地区之一”，有着“苦甲天下”的穷名声。党的十八大以来，党吹响了打赢脱贫攻坚战的嘹亮号角。在西海固，宁夏探索实施吊庄移民、生态移民、劳务移民、插花移民，先后 6 次移民 120 余万人，移民得以在近水、沿路、靠城的区域拔掉穷根，大大减轻了西海固的人口、资源矛盾。如今的西海固，格桑花怒放、月季香阵阵，苹果、酥梨压弯了枝。西海固山绿了、水清了、天蓝了，绿水青山变成了金山银山。

5. 北京：用实力让世界点赞

2001 年 7 月 13 日北京时间晚上 10 点，万众瞩目的 2008 年奥运会举办城市终于在莫斯科国际奥委会第 112 次全会上揭晓。萨马兰奇的宣告声中只有一个名字：BEIJING！中国北京凭借其过人的优势，完美的陈述报告，在 5 个申办城市中脱颖而出，夺得 2008 年奥运会举办权。正是因为祖国的强大，世界才会有今夜的选择。2008 年 8 月 8 日，北京奥运会开幕仪式上，姚明拉着四川省汶川县映秀镇渔子溪小学二年级学生林浩的手，走在队伍最前列。腾空而起的李宁，点燃火炬的那一瞬间，一条火龙盘旋着飞向体育场顶端。奥林匹克圣火，照亮了北京的夜空，也照亮了这个千年古国的光荣和梦想。

6. 也门撤侨：别怕！祖国接你回家

2015 年 3 月，位于阿拉伯半岛南部的也门陷入战火。为了保护中国公民的安全，我外交部和大使馆决定立即开展撤侨行动。而彼时，机场已经封闭，唯一的撤侨渠道就是海上。3 月 26 日深夜，根据习近平主席和中央军委命令，中国海军舰艇编队立即赴也门执行撤离中国公民的任务。接到任务后，护航编队为此在极短的时间内制定了 17 个预案。比如舰艇靠泊预案，包括港内航行要点、有无拖船和引水员协助进出港、舰艇靠泊、人员核准登舰、舰艇安全警戒、生活保障、卫生防疫等方案。3 月 29 日，悬挂着“热烈欢迎中国同胞登舰”“祖国派军舰接亲人们回家”横幅的一艘中国海军护卫舰停靠也门重要港口亚丁港，码头上等待撤离的中国人热泪盈眶。31 日早上 7 点，另两艘前往荷台达港的军舰将 449 名中国公民平安撤离。

7. 中国高铁：书写时代名片

时间回溯到 1978 年，全世界只有两条高速铁路，而且都在日本。那时，日本高速列车的时速已达 300 公里，而中国列车的平均时速却还不到 43 公里。时光荏苒，2008 年 8 月 1 日，我国自主建设的第一条最高时速 350 公里的高速铁路——京津城际开通运营，中国正式跨入高铁时代。从渤海之滨到西部戈壁，从中部平原到西南群山，从东北雪原到江南水乡，中国高铁串珠成线、连线成网，运营里程超过 3.5 万公里，占全球高铁运营总里程的三分之二。从引进时速 200 公里高速列车技术，到自主开发时速 350 公里、380 公里“和谐号”动车组；从京津城际铁路、武广高铁、沪宁高铁先后投入运营，到中老铁路、中泰铁路、雅万高铁等中外合作项目的建设，中国正以前所未有的迅猛势头，跨入引领世界的“高铁时代”。

8. 港珠澳大桥：汇众力浇筑“海上长城”

2018年10月24日9点，港珠澳大桥正式通车。伶仃洋上“作画”，大海深处“穿针”。历时6年筹备、9年建设，全长55公里，集桥、岛、隧于一体的港珠澳大桥横空出世。这个曾经被认为是不可能完成的任务，如今屹立为世界上最长的超级世纪工程。从中国高铁迈入350公里时速，到中国大飞机“三兄弟”蓝天聚首；从神舟九号“上九天揽月”，到蛟龙号“下五洋捉鳖”，10年之间，中国在航空、铁路、桥梁等领域不断取得重大成果。党的十九届四中全会指出，坚持全国一盘棋，调动各方面积极性，集中力量办大事是我国国家制度和国家治理体系的显著优势之一。可以自豪地说，港珠澳大桥的建成，就是中国特色社会主义制度优越性的集中体现。

案例研讨：如何理解只有中国特色社会主义才能发展中国，只有坚持和发展中国特色社会主义才能实现中华民族伟大复兴？

二、阅读拓展

在纪念邓小平同志诞辰110周年座谈会上的讲话（节选）①

邓小平同志的一生，同中国共产党、中国人民解放军、中华人民共和国创建和发展的历史进程紧紧相连，同中国革命、建设、改革的历史进程紧紧相连，同中华民族抗争、独立、振兴的历史进程紧紧相连，是光辉的一生、战斗的一生、伟大的一生。

新民主主义革命时期，邓小平同志为党领导的民族独立和人民解放事业建立了卓越功勋，是中华人民共和国的开国元勋。新民主主义革命时期，邓小平同志作为毛泽东同志的亲密战友，始终坚持正确路线，以充沛的革命热情，先后担任党和军队许多重要领导职务，为创建发展新型人民军队、赢得革命战争胜利作出了重要贡献。北伐战争期间，他从苏联回国直接参加革命斗争。土地革命战争期间，他先后在上海极端险恶的环境下从事地下工作，在广西领导发动百色起义和龙州起义、创立左右江革命根据地，参加艰苦卓绝的长征，亲历标志着党的历史伟大转折的遵义会议。抗日战争和解放战争期间，他坚决执行党中央和毛泽东同志的战略决策，军政兼任、勇挑重担，不畏艰险、出奇制胜，一直处在战略全局的关键位置，处在对敌斗争的最前线。特别是先后同刘伯承、陈毅等同志一起，开辟晋冀鲁豫抗日根据地，率部千里跃进大别山，组织实施淮海战役和渡江战役，进军解放大西南，建立了赫赫战功。

在社会主义革命和建设时期，邓小平同志为胜利完成社会主义革命、探索我国社会主义建设道路作出了杰出贡献。新中国成立初期，邓小平同志主政西南，不久就参加中央领导工作，先后担任中共中央秘书长、中共中央政治局委员、政府副总理。1956年党的八届一中全会上，他当选中共中央政治局常委、中共中央总书记，成为以毛泽东同志为核心的党的第一代中央领导集体的重要成员。此后10年间，他负责党中央大量日常工作，为探索适合我国情况的社会主义建设道路、为克服经济困难提出许多正确主张，进行了卓有成效的工作。“文化

① 资料来源：习近平. 在纪念邓小平同志诞辰110周年座谈会上的讲话. (2014-08-20)[2024-03-25]. http://www.xinhuanet.com/politics/2014-08/20/c_1112160001.htm.

大革命”开始后不久，他受到错误批判和斗争，被剥夺一切职务，直到 1973 年复出。1975 年他开始主持党、国家、军队日常工作，为扭转“文化大革命”造成的严重混乱局面，开展大刀阔斧的全面整顿，同“四人帮”进行针锋相对的斗争。不久，他再次被错误撤职、批判。

在改革开放新时期，邓小平同志成为党的第二代中央领导集体的核心，为开创中国特色社会主义作出了历史性贡献。“文化大革命”结束，“中国向何处去”又成为摆在中国人民面前头等重要的问题。邓小平同志以他的远见卓识、丰富政治经验、高超领导艺术，强调实事求是是毛泽东思想的精髓，旗帜鲜明反对“两个凡是”的错误观点，支持和领导开展真理标准问题的讨论，推动进行各方面的拨乱反正。在邓小平同志指导下，1978 年 12 月召开的党的十一届三中全会，重新确立了解放思想、实事求是的思想路线，停止使用“以阶级斗争为纲”的错误提法，确定把全党工作的着重点转移到社会主义现代化建设上来，作出实行改革开放的重大决策，实现了党的历史上具有深远意义的伟大转折。

党的十一届三中全会以后，邓小平同志始终站在时代要求、国家发展、人民期待的高度，同中央领导集体一起，领导我们党作出一系列重大决策，把改革开放和社会主义现代化建设一步一步推向前进。邓小平同志指导我们党系统总结建国（新中国成立）以来的历史经验，解决了科学评价毛泽东同志的历史地位和毛泽东思想的科学体系、根据新的实际和发展要求确立中国社会主义现代化建设的正确道路这样两个相互联系的重大历史课题，彻底否定了“文化大革命”的错误实践和理论，坚决顶住否定毛泽东同志和毛泽东思想的错误思潮，为党和国家发展确定了正确方向。邓小平同志紧紧抓住“什么是社会主义、怎样建设社会主义”这个基本问题，响亮提出“走自己的道路，建设有中国特色的社会主义”的伟大号召，领导我们党在新中国成立以来革命和建设实践的基础上，成功走出了一条中国特色社会主义新道路。邓小平同志强调必须坚持以经济建设为中心，坚持四项基本原则，坚持改革开放，领导我们党制定了党在社会主义初级阶段的基本路线。邓小平同志指导我们党正确认识我国所处的发展阶段和根本任务，制定了现代化建设“三步走”发展战略。邓小平同志突出强调“改革是中国的第二次革命”，领导我们党有步骤地展开各方面体制改革，勇敢打开对外开放的大门。邓小平同志反复强调“两手抓、两手都要硬”，必须抓好社会主义精神文明建设和民主法制建设，实现社会全面进步。他创造性提出“一国两制”科学构想，指导我们实现香港、澳门平稳过渡和顺利回归，推动海峡两岸关系打开新局面。邓小平同志明确提出和平与发展是当代世界的两大问题，领导我们党及时调整各方面政策，为改革开放和社会主义现代化建设创造了难得历史机遇和良好外部环境。邓小平同志强调加强党的领导必须改善党的领导，必须聚精会神抓党的建设，使党的建设充满新的生机活力。正是这些重大思想理论和实践，使 20 世纪的中国又一次发生天翻地覆的变化。

邓小平同志对党和人民的贡献，是历史性的，也是世界性的。正是由于有邓小平同志的卓越领导，正是由于有邓小平同志大力倡导和全力推进的改革开放，中国特色社会主义才能欣欣向荣，中国人民才能过上小康生活，中华民族和中华人民共和国才能以新的姿态屹立于世界东方。

邓小平同志的贡献，不仅改变了中国人民的历史命运，而且改变了世界的历史进程。邓小平同志赢得了中国人民衷心爱戴，也赢得了世界人民广泛尊敬。

三、实践项目

| 项目一 |

经典纪录片鉴赏——《必由之路》

（一）鉴赏目的

通过对八集大型政论专题片《必由之路》的观看，促使学生深入了解中国特色社会主义是中国共产党带领人民在长期奋斗中探索出来的，明确改革开放是实现中华民族伟大复兴的关键一招。

（二）鉴赏内容

《必由之路》以改革开放是坚持和发展中国特色社会主义的必由之路为主题，全景式回顾改革开放40年历程，以风云激荡的感人故事，铺陈出一部国家民族砥砺奋进的壮丽史诗，深刻揭示中国特色社会主义是由我们党带领人民历经千辛万苦、付出各种代价、接力探索出来的，响亮回答改革开放是决定当代中国命运的关键一招，也是实现中华民族伟大复兴的关键一招。该片共分八集，分别是《历史之约》《关键抉择》《伟大跨越》《力量之源》《立国之本》《兴国之魂》《大国之盾》《共同命运》。

（三）鉴赏作业

学生结合所学内容观看政论专题片，根据专题片内容与个人认识，提交约 2 000 字的观后感。

| 项目二 |

微视频制作——中国大事年表 1949—1978 年

（一）实践目的

新中国成立后，我国进入社会主义革命和建设时期，党团结带领全国各族人民围绕社会主义改造和建设重任，探索形成并巩固发展了社会主义制度，实现了人民当家作主。梳理这一时期的重大历史事件，有利于帮助学生全面了解这一时期重大理论成果的时代背景和实践基础，进而加深对重要思想理论的全面把握。

（二）实践方案

1. 任课教师布置活动主题，明确实践要求。
2. 学生以小组为单位制作微视频，做好资料收集工作，确定视频内容。

3. 视频制作要求：①视频制作要注重质量，必须为原创，不得侵犯他人著作权；②内容严禁含有涉及民族问题、宗教问题的内容；③微视频制作中所出现的文字、语言、场景等不得与中华人民共和国法律法规相抵触；④时长控制在10分钟以内。

4. 视频提交后，任课教师安排好时间进行课堂展示。

5. 评分由任课教师和学生共同完成，评分标准可结合所带课堂的实际制定。

第六章　邓小平理论

一、案例精选

邓小平理论：中国特色社会主义理论体系的开卷篇[①]

习近平总书记指出，坚持和发展中国特色社会主义是一篇大文章，邓小平同志为它确定了基本思路和基本原则，以江泽民同志为核心的党的第三代中央领导集体、以胡锦涛同志为总书记的党中央在这篇大文章上都写下了精彩的篇章。现在，我们这一代共产党人的任务，就是继续把这篇大文章写下去。邓小平理论作为中国特色社会主义理论体系的开卷篇，是毛泽东思想在新的历史条件下的继承和发展。理解邓小平理论，就要深刻理解邓小平理论产生的深刻背景、面对的首要的基本问题以及这一理论达到的目的，抓住了这三个问题，就抓住了邓小平理论的关键点。

探索中国向何处去的问题

以邓小平同志为核心的党的第二代中央领导集体对时代特征和总体国际形势的重大战略判断，为冷静观察国际问题和深刻思考国内问题，明确回答“中国向何处去”提供了基本前提。在国际上，我们党对发达国家的发展态势和矛盾，对世界上其他社会主义国家的成败，对发展中国家谋求发展的得失，进行了深入分析，明确坚持独立自主的和平外交政策和新型党际关系；在国内，坚持走自己的路，建设有中国特色的社会主义。

我们党旗帜鲜明地提出了“建设有中国特色的社会主义”这一命题，强调“改革是中国的第二次革命”。在对待一些重大历史问题上，以邓小平为核心的党的第二代中央领导集体运用马克思主义的立场、观点、方法，采取历史唯物主义和辩证唯物主义的科学态度，对我们党的历史作出科学总结。一方面，高举社会主义旗帜，坚定不移地继承以毛泽东同志为核心的党的第一代中央领导集体的伟大理想，为实现中国的现代化而继续奋斗。邓小平提出了“小康”目标，后来又将现代化的目标和路径加以发展和深化，擘画了“三步走”战略的宏伟蓝图，使中华民族伟大复兴的梦想第一次有了清晰具体的目标和切实可靠的步骤。

另一方面，科学评价毛泽东同志和毛泽东思想，统一全党和全国人民的思想，团结一致向前看。在总结新中国成立以来正反两方面经验和借鉴世界共产主义运动经验教训的基础上，以邓小平同志为核心的党的第二代中央领导集体对毛泽东同志和毛泽东思想进行了科学评价，坚决维护和继承了过去我们党在理论上和实践上取得的一切积极成果。邓小平在新的历史条件下把坚持和发展、继承和创新辩证地统一起来，在马克思主义中国化问题上既做到了一脉相承，又实现了突破创新，从而为全面开启改革开放新局面，提供了坚强有力的思想指引。

---

① 资料来源：石建国. 邓小平理论：中国特色社会主义理论体系的开卷篇. (2021-06-28)[2024-03-25]. https://www.dswxyjy.org.cn/n1/2021/0628/c423719-32142716.html.

解答中国怎么办的问题

为了打破“两个凡是”思想的禁锢，邓小平提出我们必须世世代代地用完整的毛泽东思想来指导我们全党、全军和全国人民，他亲自领导和支持真理标准大讨论，推动中央恢复马克思主义实事求是的思想路线，号召人们要解放思想，团结一致向前看，为搞清楚什么是社会主义、怎样建设社会主义创造了条件。

以邓小平同志为核心的党的第二代中央领导集体，紧紧把住一个关键，那就是在坚持社会主义基本制度的基础上进一步认清社会主义的本质。在1992年的南方谈话中，邓小平对社会主义本质作了总体性的概括，社会主义的本质是解放生产力，发展生产力，消灭剥削，消除两极分化，最终达到共同富裕。邓小平对社会主义本质的科学概括，既包括了社会主义社会的生产力问题，又包括了以社会主义生产关系为基础的社会关系问题，是一个有机的整体。这个概括反映了人民的利益和时代的要求，摆脱了长期以来拘泥于具体模式而忽略社会主义本质的错误倾向。

随着对社会主义本质认识的深化，我们党对“中国怎么办”这一问题，逐步有了清晰的答案，在社会主义初级阶段，建设有中国特色社会主义的基本路线，即领导和团结全国各族人民，以经济建设为中心，坚持四项基本原则，坚持改革开放，自力更生，艰苦创业，为把我国建设成为富强、民主、文明的社会主义现代化国家而奋斗。这条基本路线，是国家的生命线、人民的幸福线，它初步回答了在中国这样一个经济文化比较落后的大国，如何建设社会主义、如何巩固和发展社会主义的一系列基本问题，指明了中国特色社会主义的发展道路。

明确中国改革的目的是什么的问题

举一纲而万目张，解一卷而众篇明。要理解邓小平理论形成发展的初衷，就必须提到中国共产党的初心使命。实现中国的现代化，实现中华民族的伟大复兴，是中国共产党初心使命一以贯之的指向。邓小平曾旗帜鲜明地指出：“我们要赶上时代，这是改革要达到的目的。”追赶时代，是当时中国共产党人对内改革和对外开放的强大推动力。

为了追赶时代，统一全党全国人民共识，更好凝聚力量，邓小平郑重告诫全党：社会主义现代化建设是我们当前最大的政治。能否实现四个现代化，决定着我们国家的命运、民族的命运。为使现代化的目标扎实推进，邓小平不仅亲自擘画了“三步走”战略的宏伟蓝图，而且还领导和推动了第一、二步战略目标的实现。

邓小平作为一位深谙辩证法的实践大师，为使“现代化建设是最大的政治”这一主张落地生根，他不仅就经济建设本身的规律进行探索，而且对于社会主义建设、执政党建设等方面，都从系统、全局的角度予以详细的阐发，反复强调小局服从大局，小道理服从大道理。比如他对改革发展稳定、政治经济文化协调发展、沿海与内地、先富与后富等关系的处理，都着眼于改革开放全局，着眼于国家长治久安，着眼于社会主义事业的长远发展。邓小平理论围绕着“什么是社会主义、怎样建设社会主义”这个首要的基本问题，在社会主义发展道路、发展阶段、根本任务、发展动力、外部条件、政治保证、战略步骤、领导力量和依靠力量、祖国统一等重大问题上，形成一系列相互联系的基本观点，构成逻辑严密的科学体系。正是在邓小平理论以及后来我们党一系列创新理论成果的科学指引下，我国不仅大踏步赶上时代，而且日益成为世界经济增长的重要动力之源、活力之源。

综上所述，我们党在改革开放的艰辛探索和实践中，创立了邓小平理论，邓小平理论作为指导思想，又指引我们党谱写了改革开放的新篇章。实践永无止境，理论创新也永无止境。随着中国特色社会主义进入新时代，在推进伟大社会革命和伟大自我革命的历史进程中，党的十九大把习近平新时代中国特色社会主义思想确立为党的指导思想并写入党章，实现了党的指导思想的又一次与时俱进。习近平新时代中国特色社会主义思想是对马克思列宁主义、毛泽东思想、邓小平理论、“三个代表”重要思想、科学发展观的继承和发展，是马克思主义中国化最新成果，是当代中国马克思主义、21 世纪马克思主义。我们一定要继承邓小平同志所开创的中国特色社会主义事业，在全面建设社会主义现代化国家新征程上，不断增强坚持党的基本路线的自觉性和坚定性，在习近平新时代中国特色社会主义思想的指引下，为实现“三步走”战略的第三步即第二个奋斗目标、实现中华民族伟大复兴的中国梦而不懈奋斗。

案例研讨：邓小平理论作为中国特色社会主义理论体系的开卷篇，是毛泽东思想在新的历史条件下的继承和发展。邓小平理论的关键点有哪些？如何认识邓小平理论的历史地位？

二、阅读拓展

南方谈话新时代启示①

当今世界正在经历百年未有之大变局。经济全球化遭遇逆流，大国博弈日趋激烈，世界进入新的动荡变革期，新时代完整、准确、全面贯彻新发展理念，加快构建新发展格局，推进（着力推动）高质量发展的任务艰巨繁重。面对国际政治、经济大变局，能否在危机中育新机、于变局中开新局，是对一个国家决心意志、国力实力、能力智慧的立体考验。面对时代重任，通过重温邓小平南方谈话，可以从中获得一些重要启示。

一是必须坚持不懈用马克思主义中国化最新成果武装头脑、凝心聚魂。习近平总书记曾在中央政治局集体学习时语重心长地强调：“中国共产党为什么能，中国特色社会主义为什么好，从根本上说，是因为马克思主义行。”邓小平同志南方谈话通篇贯穿马克思主义哲学观点，将马克思主义实践哲学运用到解决中国具体实际问题。马克思主义认为，“全部社会生活在本质上是实践的”。由此逻辑起点，邓小平同志提出“改革开放胆子要大一些，敢于试验，不能像小脚女人一样。看准了的，就大胆地试，大胆地闯。深圳的重要经验就是敢闯”“不争论，大胆地试，大胆地闯，一争论就复杂了，把时间都争掉了”；马克思主义认为，社会革命是解放生产力，推动社会发展的重要动力。将马克思主义社会发展动力论运用到社会主义建设实践中，南方谈话第一次提出“社会主义的本质就是解放生产力，发展生产力”，振聋发聩，令人豁然开朗；南方谈话坚持马克思主义辩证法，明确了社会主义发展是前进性与曲折性的统一，只有站立在社会主义的高度，才能不畏浮云遮望眼，防御西方反共反社会主义敌对势力层出不穷的颠覆手段和花样。

毛泽东思想、邓小平同志理论、“三个代表”重要思想、科学发展观都是与时俱进发展马克思主义，是马克思主义中国化的创新成果。进入新时代，习近平总书记反复强调要坚持党

① 资料来源：李萍萍. 于变局中开新局：论南方谈话的时代意义. (2022-03-29)[2024-03-25]. https://www. xuexi. cn/lgpage/detail/index. html?id=2115112240394517216&amp%EF%BC%9Bitem_id%E2%80%85=%E2%80%852115112240394517216.

的创新理论武装。马克思主义能不能在实践中发挥作用，关键在于能否把马克思主义基本原理同中国实际和时代特征结合起来。十八大以来，以习近平同志为主要代表的中国共产党人创立了习近平新时代中国特色社会主义思想，形成了与时俱进的马克思主义中国化最新成果，用马克思主义的真理光芒照耀未来之路。

二是必须坚决做到“两个维护”。历史和实践反复证明，有没有一个成熟稳定的领导核心，能否确保党中央权威和集中统一领导，关乎党和国家的事业成败，关系党和国家的前途命运。

1992 年，邓小平同志已退休将近两年，忧国忧民的伟大情怀早已融入这位老一辈革命家血液，面对国际形势重大变局，他决定采取有力行动，支持改革开放、加速发展。1992 年年初，邓小平同志决定开启南方之行。

南方之行返程后不久，党中央即以《关于传达和学习邓小平同志重要讲话的通知》文件形式印发全体中央委员。6 月 9 日，江泽民同志在中央党校省部级学员毕业班上作了题为《深刻领会和全面落实邓小平同志的重要谈话精神，把经济建设和改革开放搞得更快更好》的讲话。南方谈话迅速赢得了全党上下、全国上下的拥护。

面对百年未有之大变局，更要坚定地维护党的核心，维护党中央权威和集中统一领导。《中共中央关于加强党的政治建设的意见》明确指出：“坚持和加强党的全面领导，最重要的是坚决维护党中央权威和集中统一领导；坚决维护党中央权威和集中统一领导，最关键的是坚决维护习近平总书记党中央的核心、全党的核心地位。”2018 年修订的《中国共产党纪律处分条例》增写了“两个维护”的内容。以党内基础性法规的形式明确“两个维护”，不仅是对党员思想认识上的强化，更是在政治上、纪律上的明确要求。

三是必须坚持党的集中统一领导，走中国特色社会主义道路。习近平总书记指出：“中国共产党领导是中国特色社会主义最本质的特征。”邓小平同志在南方之行的系列讲话中概括提炼出“社会主义本质论”，即：“社会主义的本质，是解放生产力，发展生产力，消灭剥削，消除两极分化，最终达到共同富裕。”在马克思主义的基本原理中，特征是一个事物区别于其他事物的特点，是事物特点的征象、标志等，本质是指事物本身内在的、固有的根本属性。中国特色社会主义是道路、理论、制度、文化的统一，而中国共产党的领导是贯穿其中最本质的特征。社会主义本质论是对什么是社会主义、怎样建设社会主义这一根本问题的回答。中国特色社会主义最本质的特征在于中国共产党的集中统一领导，离开了共产党的领导，社会主义事业就丧失了政治灵魂。中国共产党以推动人类社会向更高形态发展为己任，是从容应对各种复杂局面和风险挑战的最可靠主心骨。坚持中国共产党的领导必将是沿着社会主义道路前进、实现社会主义本质的根本保证。

四是必须坚持以经济建设为中心，不断解放和发展社会生产力。面对党内对待改革开放政策保守、谨慎的态度，邓小平同志反复告诫：“我们要用发展生产力和科学技术的实践，用精神文明、物质文明建设的实践，证明社会主义制度优于资本主义制度，让发达的资本主义国家的人民认识到，社会主义确实比资本主义好。”实际上，南方之行后到 1999 年，我国每年的经济增长率都超过了 10%，取得了世界上史无前例的增长率，凭借国内不可逆转的扩大开放政策和冷战结束后外国制裁逐渐减弱、经济全球化启动的有利外部环境，我国每年吸引外资平均达到 350 亿美元，对外贸易突飞猛进，切实抓住了经济腾飞的重要时机，南方谈话真正为未来综合国力的提升打下了坚实的思想基础。

新时代前进道路上，以习近平同志为核心的党中央化危机、应变局、开新局，立足新发展阶段、提出（贯彻）新发展理念、构建新发展格局，统筹推进“五位一体”总体布局、协调推进“四个全面”战略布局，坚持以供给侧结构性改革为主线，积极转变发展方式、优化经济结构、转换增长动力，积极扩大内需，实施区域协调发展战略，实施乡村振兴战略，加快建设现代化经济体系，努力实现更高质量、更有效率、更加公平、更可持续的发展，使我国更有底气、更有信心应对未来变局、处理突发危机。

面对复杂严峻的国内外形势和诸多风险挑战，在以习近平同志为核心的党中央坚强领导下，全国上下共同努力，取得了 2021 年国内生产总值达到 114 万亿元、增长 8.1%的重大成就，2022 年实现了“十四五”良好开局，这是对新时代中国共产党人践行社会主义本质要求的最好诠释。

五是必须积极培育和践行社会主义核心价值观。开放的大门敞开后，意味着先进技术、先进经验引进来的同时，腐朽的、丑恶的精神垃圾也会随之涌入国门。邓小平同志敏锐地洞察到改革开放对精神文明建设带来的挑战，南方谈话中提到：“开放以后，一些腐朽的东西也跟着进来了，中国的一些地方也出现了丑恶的现象，如吸毒、嫖娼、经济犯罪等。要注意很好地抓，坚持取缔和打击，决不能任其发展。”对此，邓小平同志提出，在整个改革开放过程中，要坚持“两手抓”“两只手都要硬”——“广东二十年赶上亚洲‘四小龙’，不仅经济要上去，社会秩序、社会风气也要搞好，两个文明建设都要超过他们，这才是有中国特色社会主义。”

中国特色社会主义较之资本主义的优越性，精神文明方面是重要的体现。习近平总书记指出：“只有站在时代前沿，引领风气之先，精神文明建设才能发挥更大威力”，并要求把精神文明建设贯穿改革开放和现代化全过程、渗透社会生活各方面。要把全社会意志和力量凝聚在“社会主义先进文化”共识中，必须有一套与经济基础和政治制度相适应的核心价值观。如果没有共同的核心价值观，人民群众就是一盘散沙、各行其是，严重削弱一个民族、一个国家的凝聚力、向心力、战斗力；有了共同的核心价值观，就有了中华民族一脉相承的精神追求、精神力量、精神脉络。

六是必须坚持以人民为中心的根本政治立场。针对有些人对改革开放姓“社”姓“资”的疑惑，南方谈话中明确提出了著名的“三个有利于”判断标准：是否有利于发展社会主义社会的生产力、是否有利于增强社会主义国家的综合国力、是否有利于提高人民的生活水平。“人民生活水平”标准是必要的判断依据，是改革开放国家利益与人民利益统一的根本立场和原则。

民惟邦本，本固邦宁。立场是一个政党的根本问题、首要问题，决定其性质宗旨和力量源泉。为中国人民谋幸福，为中华民族谋复兴，是中国共产党人的初心和使命。在革命、建设、改革开放的每一个关键阶段、每一次重大关头，中国共产党始终坚持人民主体地位，充分调动最广大人民的积极性、主动性、创造性，紧紧依靠人民战胜困难、赢得胜利。

进入新时代，习近平总书记发表了一系列关于以人民为中心的重要讲话，进一步明确了以人民为中心的发展思想，指出：“人民对美好生活的向往，就是我们的奋斗目标”“每个共产党员都要弄明白，党除了人民利益之外没有自己的特殊利益”“要把体现人民利益、反映人民愿望、维护人民权益、增进人民福祉落实到全面依法治国各领域全过程”“我们党的百年历史，就是一部践行党的初心使命的历史，就是一部党与人民心连心、同呼吸、共命运的历史”……

重温邓小平南方谈话，可以更加深切地感悟到，新时代我们国家拥有从容应对各种复杂局面和风险挑战的最可靠主心骨，拥有抵御风险挑战、不断化危为机的根本制度保障，在思想理论、体制机制、经济基础上都有信心有能力抓住机遇、应对变局、开拓新局、引领未来。我们坚信，有以习近平同志为核心的党中央的坚强领导，有习近平新时代中国特色社会主义思想的科学指引，必定在许多新的历史特点的伟大斗争中赢得胜利，必定能够实现既定目标，向着实现中华民族伟大复兴而不断前进。

三、实践项目

项目一

大学生国情认知情况调查

（一）调查目的

通过调查当代大学生的国情认知情况，掌握他们对于目前国情所持有的态度及个人观点，有助于高校从教育层面对学生进行引导。

（二）调查对象

在校大学生

（三）活动方案

时间：4 学时
地点：校园
方式：调查分析
流程：

（1）将调查问卷复印 100 份，将所在班级同学分为 10 组，每组完成调查问卷 10 份，调查对象不限本班同学，尽量做到男女比例均衡。

（2）调查采取无记名的方式进行，要求选出同意的选项。

（3）调查完成后收齐问卷，并对 10 个小组的数据进行汇总。

（4）将调查情况写成调查报告，上交任课教师。

【附】调查问卷

（1）我国的国体是什么？（　　）

A. 无产阶级专政　B. 民主集中制　C. 人民民主专政　D. 工农联盟

（2）我国的政体是什么？（　　）

A. 社会主义制度　B. 政治协商制度　C. 人民代表大会制度　D. 一国两制

（3）您认为中国崛起需要什么？（　　）（多选题）

A. 一个强有力的政府　　B. 国家精神的激励

C. 各界精英人才的努力　　D. 优厚的人才政策

E. 对大学教育进行改革

（4）发展壮大的经济实力能解决所有问题吗？（　　）

A. 能　　B. 不能

（5）您认为我国目前最主要的社会矛盾是什么？（　　）

A. 人民日益增长的美好生活需要和不平衡不充分的发展之间的矛盾

B. 人们日益增长的物质文化需求同现行制度之间的矛盾

C. 社会财富分配失衡

D. 人们道德水准不同

（6）您认为中国人的信仰是什么？（　　）

A. 修身，齐家，治国，平天下　　B. 安居乐业

C. 中国特色社会主义理论　　D. 自由，平等，人权

（7）您认为该如何消除城乡、东西贫富差距？（　　）（多选题）

A. 国家宏观调控，加大对二三线城市的建设投入

B. 政府引入积极竞争机制，减少乃至消灭垄断收入

C. 青年人积极竞争，融入“北上广”等一线城市

D. 完善社会保障制度

E. 严厉打击为富不仁行为，用法律约束先富起来的人积极承担社会责任

F. 其他

（8）您觉得中国有望如期实现全面小康吗？（　　）

A. 能　　B. 不能

项目二

经典影视鉴赏——《小平您好》

（一）鉴赏目的

通过对经典影视的观看，使学生了解邓小平同志带领中国人民励精图治的种种片段。

（二）鉴赏内容

纪录片《小平您好》以其翔实生动的镜头，记录了在血雨腥风的战争年代，邓小平为中华民族的独立解放和新中国的诞生立下过的赫赫战功。提出改革开放的伟大战略构想，创办了经济特区，提出了科学技术就是第一生产力，大力发展科技与教育，为推动党的干部队伍年轻化和废除领导职务终身制，率先提出了辞职，开始了他的退休生活。

（三）鉴赏作业

学生结合所学内容观看影片，根据影片内容与个人认识，提交 2 000 字的观后感。

第七章 "三个代表"重要思想

一、案例精选

社会主义市场经济的建立（改写）[①]

借着邓小平南方谈话的春风，人们寄希望于党的十四大在市场与计划关系的表述上能够有所定论。这成了十四大报告起草时的一个主题。是突破还是守规，关系到改革的方向、目标，这个问题不解决，其他改革只能是舍本逐末。

时任国家体制改革委员会主任的陈锦华邀请五个经济大省的体制改革委员会主任到北京座谈，他们秘密座谈了三个半天。虽然各省的改革开放程度不同，但他们都一致认为，今后应当明确提出"建立和发展社会主义市场经济"。

此后，江泽民在中央党校省部级干部进修班上发表的讲话中，列举了当时关于对计划与市场和建立新经济体制问题上的三个提法，第一个是"有计划的商品经济体制"，第二个是"有计划的市场经济体制"，第三个是"社会主义市场经济体制"。当时，已经是 1992 年 6 月 9 日，距离十四大召开已经不足百天。

在那次讲话中，江泽民说，我个人的看法，比较倾向于使用"社会主义市场经济"这个提法。三天后，邓小平在住地与江泽民谈话，也赞成这个提法。他说，实际上我们是这样做的，深圳就是社会主义市场经济。

10 月，党的十四大正式做出决议："我国经济体制改革的目标是建立社会主义市场经济体制，以利于进一步解放和发展生产力。"被称为"吴市场"的经济学家吴敬琏回顾历史感慨良多。他说，市场经济在中国命途多舛。1982—1983 年，批判"社会主义商品经济论"。20 世纪 90 年代最初两年，批判"市场取向论"。政府的方针绕来绕去，就是不敢提"市场经济"四个字。这导致了改革的停顿，经济的滑坡，付出了昂贵的代价。

认识在争论和反复中发展、深化，到党的十四大终于一锤定音。目标一旦得以确认，改革开放便展开了风帆，此后 20 年，中国经济发展高潮迭起，1993—1996 年实行的宏观调控，成功地使中国经济"软着陆"；2001 年 12 月，中国正式加入世界贸易组织，与世界通行规则接轨；2009 年，中国又在国际金融危机中率先走出低谷。

经历了这场伟大的变革，陈锦华撰文说他也在回顾和反思。其中一个感受和认识是，中国在变，世界也在变，旧的问题解决了，新的问题又产生了，我们没理由自满，没理由停滞不前。

案例研讨： 如何看待建立社会主义经济是中国经济体制改革的必然选择？

---

① 资料来源：孙文晔. 社会主义市场经济的建立. 北京日报，2011-06-28.

二、阅读拓展

江泽民的历史责任感①

临危受命："我一定做到'苟利国家生死以，岂因祸福避趋之'"

1989年政治风波后，江泽民临危受命，担任中共中央总书记。对此，他并没做好充分的心理准备。本来他准备从上海市委书记任上退休后，到母校上海交通大学任教，并已做了一些准备工作。然而现在一切都要重新打算。面对中央集体的决定，面对老一辈革命家和全党同志的信任，他决定勇敢地承担起历史的责任。赴中央工作后，他对邓小平明确表示：党和人民把我放到这个位置上，我一定鞠躬尽瘁、死而后已，一定做到"苟利国家生死以，岂因祸福避趋之"。

"苟利国家生死以，岂因祸福避趋之"，是清代政治家、虎门销烟英雄林则徐所写《赴戍登程口占示家人》中的两句诗。江泽民在离开上海去北京赴任前，他的老领导、老朋友汪道涵也曾以此诗句相赠。为了国家和民族，一个有担当的人不会因个人得失和利害而逃避自己的历史责任，林则徐的这种精神激励着江泽民。在他就任总书记后，大学时代的老师顾毓琇写信祝贺。江泽民在复函中，再次引用林则徐的这首诗表明心迹，坦陈了一位共产党人以国家民族利益为重，愿为党和人民的事业贡献一切的伟大胸怀。

十三届四中全会后的三年中，面对纷繁复杂的国际国内形势，江泽民本着对历史负责的态度，带领全党同志有条不紊、卓有成效地开展工作。在当时国内形势趋于稳定、中央领导机构刚刚进行调整的情况下，人们最关心的问题是：改革开放以来的政策会不会变？对此，江泽民在十三届四中全会上讲话时明确指出，十一届三中全会以来形成的党的基本路线和基本政策没有变。他说："在这个最基本的问题上，我要十分明确地讲两句话：一句是坚定不移，毫不动摇；一句是全面执行，一以贯之。"（《江泽民文选》第1卷，人民出版社2006年版，第57页）

围绕全面贯彻党的"一个中心、两个基本点"的基本路线，江泽民一方面为克服一段时间以来"一手硬、一手软"的偏向，聚精会神抓党的建设，加强思想政治工作；另一方面在深化改革中，为确立经济体制改革的目标模式，他注意倾听各方意见，不断进行理论探索和实践总结。经过充分研究和反复考虑，江泽民根据邓小平关于社会主义也可以搞市场经济的思想提出"社会主义市场经济"的目标，得到党内认同，并在党的十四大上得到确立。十四大后，我国改革开放进入了一个全新的阶段。

自觉担当："面对新世纪，我们肩负着重大的历史责任"

历史转眼进入1997年。做好香港回归各项工作和开好党的十五大，是这一年的两件大事，备受全世界瞩目。然而，年初中国改革开放总设计师邓小平的辞世，将世界的目光提前转移到中国。有人担心中国的改革开放政策会不会改变？中国的社会主义建设事业举什么旗，走什么路？

---

① 资料来源：戚义明. 江泽民的历史责任感. 党的文献，2013（03）：122-124.

人们注意到，在邓小平追悼会上，江泽民明确表示：邓小平建设有中国特色社会主义理论和在这个理论指导下制定的党的基本路线，“是我们必须遵循的行动指南”。他号召全党全军全国各族人民，继承邓小平的遗志，在跨越世纪的新征途上，把邓小平开创的建设有中国特色社会主义伟大事业推向前进。人们看到，这年秋召开的党的十五大，将建设有中国特色社会主义理论进一步以邓小平的名字来命名，并将大会的主题定为“高举邓小平理论伟大旗帜，把建设有中国特色社会主义事业全面推向二十一世纪”。江泽民在大会报告中指出：“旗帜问题至关紧要。旗帜就是方向，旗帜就是形象。坚持十一届三中全会以来的路线不动摇，就是高举邓小平理论的旗帜不动摇。邓小平同志逝世后，全党在这个问题上尤其要有高度的自觉性和坚定性。”这是以江泽民为核心的党中央在跨世纪征程上的宣言书，表明在后邓小平时代，中国的发展道路不仅不会改变，而且会进一步更好地向前发展。

党的十五大除了将邓小平理论写进党章、明确为党的指导思想外，还根据实践发展和形势需要，对跨世纪征途中中国的发展目标、发展步骤、发展战略等进行了全面部署。尽管前方仍会有这样那样的困难和风险，但这不会动摇全党和全国人民的信心和意志。在十五大报告中，江泽民指出：“坚持邓小平理论，在实践中继续丰富和创造性地发展这个理论，这是党中央领导集体和全党同志的庄严历史责任。”（《江泽民文选》第3卷，人民出版社2006年版，第68页）在十五届一中全会上，他要求中央委员和候补委员要“自觉担当起跨世纪的历史责任”。在年底的全国组织工作会议上，他又强调：“面对新世纪，我们党肩负着重大的历史责任，我们广大干部首先是几千名高级干部、几万名中级干部肩负着重大的历史责任。”（《论党的建设》，人民出版社2001年版，第275页）坚持并继续推进中国特色社会主义事业，是江泽民对党的高级干部的要求，也是他对历史的庄严承诺。

十五大后，人们普遍怀有这样一种信念和期待：以江泽民为核心的党中央将会把一个充满希望和活力的中国特色社会主义事业全面推向21世纪。

勇于创新：“我的历史责任，就是要带头解放思想”

世纪之交，我们所处的世界和时代发生深刻变化，面临一系列深层次的新情况和新问题。站在世纪之交，江泽民再次展现出一名成熟政治家的历史责任感和巨大的政治理论勇气。那段时间，他思考得最多的一个问题就是：在对外开放和发展社会主义市场经济的条件下，怎样使党不变质、始终保持旺盛生命力，同时能够不断将中国特色社会主义事业推向前进？

带着这样的思考，2000年2月，他在广东考察时，创造性地向广大党员干部提出“三个代表”的基本要求。在此后一年多时间内，他紧密结合实际，不断阐释和丰富“三个代表”的内涵。在2001年的“七一”讲话中，他第一次全面阐述了“三个代表”重要思想的内涵，并据此提出一系列新观点和新论断。使“三个代表”重要思想初步发展为一个完整的思想理论体系，成为我们党理论创新的一个重要成果。

在江泽民看来，理论创新不仅是实践发展的迫切要求，也是他自己的历史责任，是要为开好党的十六大做好准备。当时，江泽民担任党中央总书记已经十二年多了。从党和国家的长远出发，考虑到实现党和国家高层领导新老交替的制度化、规范化、程序化，他决定在十六大上卸任党的总书记一职。顺利完成交班，是他的一个重大政治考虑。开好十六大，不仅要做好组织上的准备，更要做好理论上的准备。2001年8月31日，他在国防大学军队高级干部理论研讨班上说："我深感，我现在最重要的工作，就是为今后党和国家事业发展创造一个更好的条件。""我现在的责任，也可以说我的历史责任，就是要带头解放思想，勇于进行理论探索和创新。"（《江泽民文选》第3卷，第335—336页）

高度的历史责任感和理论自觉性，使江泽民成功地带领全党进行了一次理论创新。这次理论创新，为十六大的胜利召开奠定了坚实的理论基础，也为中国特色社会主义事业的继续发展拓宽了新的道路。

完成使命："我尽到了自己的历史责任"

在2002年11月党的十六大上，江泽民退出中央委员会。2003年3月，他卸任国家主席一职。从党和国家大局出发，中央决定他留任中央军委主席。十六大后，江泽民始终尊重和支持以胡锦涛为总书记的新一届领导集体的工作。同时对自己继续担负的军委主席的工作，他也一直尽心尽力、尽职尽责。

十六大刚刚结束一个多月，江泽民就主持召开中央军委扩大会议，学习贯彻党的十六大精神，并集中讲了迎接世界新军事变革的挑战、加速推进军事斗争准备和军队现代化建设的问题。在2003年底的中央军委扩大会议上，他提出新世纪新阶段军队建设要坚持"四个扭住不放松"：扭住思想政治建设不放松、扭住军事斗争准备不放松、扭住中国特色军事变革不放松、扭住从严治军不放松。在2004年6月的中央军委扩大会议上，他又强调：必须明确把军事斗争准备的基点放到打赢信息化条件下的局部战争上，推动中国特色军事变革深入发展，实现建设信息化军队、打赢信息化战争的战略目标。

在确定了军队建设的一些大事之后，经过慎重考虑，江泽民于2004年9月十六届四中全会召开前，致信中央政治局，请求辞去中央军委主席一职，由胡锦涛接任。十六届四中全会同意了江泽民的请求，并高度评价他为党、国家和人民所作出的历史贡献。

回首自己担任总书记13年、担任军委主席15年的岁月，江泽民在一次中央军委扩大会议上说："现在，我完成了自己的历史任务，尽到了自己的历史责任。说句心里话，看到党、国家、军队的事业后继有人，我的心情是十分愉快的。"（《江泽民文选》第3卷，第603页）

历史长河滚滚向前，描绘出一幅幅画卷。历史责任，一个沉甸甸的字眼，值得每个人沉思。一代人有一代人的历史责任，一代人有一代人的历史使命。正是在我们一代又一代共产党人的不懈奋斗中，中国特色社会主义伟大事业不断发展向前，中华民族的复兴之梦正一步步走进现实！

三、实践项目

读书分享会——读《他改变了中国：江泽民传》有感

（一）实践目标

《他改变了中国：江泽民传》是美国作家罗伯特·劳伦斯·库恩的力作。本书介绍了江泽民同志的人生历程，尤其是阐述和评价了江泽民同志担任中国主要领导人的10多年中创立的历史功绩。通过对本书的阅读，帮助学生建立人物情感连接，加深对特定时期的社会背景了解，丰富对“三个代表”重要思想的认识和理解，以便更全面地掌握理论知识。

（二）实践方案

1. 任课教师提前布置阅读任务，明确阅读的主要内容及关键问题。

2. 任课教师对课堂学生进行分组，以小组为单位进行课下阅读、研讨，两周后由小组汇总读书心得，选派1名学生代表在课堂分享读书感悟，时间控制在5～8分钟。

3. 任课教师组织课堂分享，根据各小组分享情况进行评价总结。

4. 活动结束后，学生提交不少于1 500字的阅读心得。

第八章　科学发展观

一、案例精选

科学发展观最鲜明的精神实质①（节选）

解放思想、实事求是、与时俱进、求真务实，是人类实践和认识的发展规律，也是马克思主义的发展规律，是一种思想方法，也是一种精神状态。正是运用这种思想方法，发扬这种精神状态，一代又一代马克思主义者在开创和发展社会主义事业的历史进程中，不断解决新课题、开拓新境界，推动理论创新不断发展、不断前进。党的十六大以来，胡锦涛同志反复强调“坚持解放思想、实事求是、与时俱进，以科学态度对待马克思主义，用发展着的马克思主义指导新的实践”，反复强调“求真务实，是辩证唯物主义和历史唯物主义一以贯之的科学精神，是我们党思想路线的核心内容”。我们党准确把握世界发展大势，准确把握社会主义初级阶段基本国情，深入研究我国发展的阶段性特征，在研究新情况、解决新问题的过程中逐步创立和形成了科学发展观。科学发展观的创立和形成，反映了我们党思想上的新解放、理论上的新发展、实践上的新创造，使党的理论和工作更加体现时代性、把握规律性、富于创造性。

解放思想、实事求是、与时俱进、求真务实贯穿科学发展观的始终。科学发展观创造性地运用马克思列宁主义、毛泽东思想、邓小平理论和“三个代表”重要思想，紧密结合新的实践，提出以人为本、实现全面协调可持续发展、转变经济发展方式、建设社会主义新农村、建设创新型国家、建设社会主义核心价值体系、构建社会主义和谐社会、推进生态文明建设、推动建设和谐世界、加强党的执政能力建设和先进性纯洁性建设等一系列新思想、新观点、新论断，这些都是对马克思主义理论的重大贡献。可以说，科学发展观的每个组成部分、每个重要观点，都贯穿和体现了解放思想、实事求是、与时俱进、求真务实的精神品质，都既坚持了马克思主义基本原理，又讲出了新话，体现了坚持与发展的统一、继承与创新的统一，使人们深深感受到随着时代、实践和科学的发展而发展着的马克思主义的强大生命力。

实践永无止境，认识真理永无止境，理论创新也永无止境。党和人民的实践是不断前进的，指导这种实践的科学理论也要不断前进。科学发展观不是封闭的，而是开放的理论体系，它既是我们推进实践创新的根本指针，又是我们深化理论探索的崭新起点。中国特色社会主义事业是不断发展的事业，前进中还会遇到这样那样的新情况新课题，还要应对各种可以预料和难以预料的风险和挑战，还要进行新的实践和新的探索。只要我们始终坚持解放思想、实事求是、与时俱进、求真务实，把握时代发展要求，顺应人民共同愿望，勇于实践、勇于变革、勇于创新，永不僵化、永不停滞，就能在科学发展观的基础上，不断有所发现、有所创造、有所前进，进一步深化对中国特色社会主义规律的认识，不断丰富中国特色社会主义

① 资料来源：《新思想 新观点 新举措》编写组. 新思想·新观点·新举措. 北京：红旗出版社，2012.

的实践特色、理论特色、民族特色、时代特色，永葆党的生机活力，永葆国家发展动力，在党和人民创造性实践中奋勇开拓中国特色社会主义更为广阔的发展前景。

案例研讨：为什么说解放思想、实事求是、与时俱进、求真务实贯穿科学发展观的始终？

二、阅读拓展

十七大报告解读：科学发展观核心是以人为本①

党的十七大报告提出：科学发展观核心是以人为本。以人为本是党的十六大以来党中央突出强调的一个重要思想和基本要求。它之所以是科学发展观的核心，主要有以下三方面原因。

第一，以人为本是历史唯物主义的一项基本原则。以人为本，作为一种社会思潮和价值观念，古已有之。我国古代思想家早就提出“民惟邦本，本固邦宁”“天地之间，莫贵于人”，强调要利民、裕民、养民、惠民。近代西方人本主义反对迷信、崇尚科学，反对专制、崇尚自由，反对神性、张扬人性，对于反对封建主义、推进人的解放起到过一定的积极作用。但人本主义离开具体的历史条件，离开人的社会性，以抽象的、永恒不变的人性说明社会历史，在本质上是为资产阶级取得和维护统治地位服务的。马克思主义在科学阐明人类社会发展规律的同时，也指明了人民群众创造历史的规律，强调人民群众是历史的创造者，是推动社会发展的决定性力量；人民群众是生产力中最活跃、最革命的因素，创造了社会的物质财富和精神财富，从而第一次把以人为本的思想建立在历史唯物主义的科学基础之上，成为指导无产阶级改造客观世界和主观世界的一项重要思想原则。

第二，以人为本是我们党的根本宗旨和执政理念的集中体现。科学发展观强调的以人为本，与我们党全心全意为人民服务的根本宗旨和立党为公、执政为民的本质要求是完全一致的，与我们党提出的始终代表中国最广大人民的根本利益是完全一致的。胡锦涛同志指出，相信谁、依靠谁、为了谁，是否始终站在最广大人民的立场上，是区分唯物史观和唯心史观的分水岭，也是判断马克思主义政党的试金石。对于马克思主义执政党来说，坚持立党为公、执政为民，实现好、维护好、发展好最广大人民的根本利益，充分发挥全体人民的积极性来发展先进生产力和先进文化，始终是最紧要的。中国共产党始终坚持人民的利益高于一切，党除了最广大人民的根本利益，没有自己的特殊利益；党的全部任务和责任，就是带领广大人民实现自己的根本利益。无论是战争年代浴血奋战推翻“三座大山”，无论是建立社会主义制度、开展大规模的社会主义建设，还是进行改革开放和社会主义现代化建设，归根到底都是为了实现好、维护好、发展好最广大人民的根本利益。以人为本的人，指的是最广大人民群众。在当代中国，就是以工人、农民、知识分子等劳动者为主体，包括社会各阶层在内的广大人民群众。以人为本的本，就是根本，就是一切工作的出发点和落脚点。坚持以人为本，就要牢记党的根本宗旨，始终做到权为民所用、情为民所系、利为民所谋，始终把最广大人民的根本利益作为我们一切工作的最高标准，坚持尊重社会发展规律和尊重人民历史主体地位的一致性，坚持为崇高理想奋斗和为最广大人民谋利益的一致性，坚持完成党的各项工作

① 资料来源：邱翔．十七大报告解读：科学发展观核心是以人为本. (2007-11-13)[2024-07-20]. https://www. cnr. cn/2007zt/sqdjs/ bgjd/ 200711/t20071113_504627213. html.

和实现人民利益的一致性，切实把立党为公、执政为民的要求具体地、深入地落实到党和国家制定和实施方针政策的工作中去，落实到各级领导干部的思想和行动中去，落实到关心群众生产生活的工作中去。

第三，以人为本全面回答了科学发展观的一系列基本问题。为谁发展、靠谁发展、发展成果如何分配，这是任何一种发展观都必须回答和解决的基本问题。以人为本之所以是科学发展观的核心，就是因为科学发展观在对这些基本问题的回答上始终贯穿了以人为本的原则和理念。首先，在为谁发展上，科学发展观强调坚持发展为了人民，就是要把实现好、维护好、发展好最广大人民的根本利益，作为党和政府一切方针政策和各项工作的根本出发点和落脚点，坚持把人民拥护不拥护、赞成不赞成、高兴不高兴、答应不答应作为衡量一切决策和工作的标准，把发展的目的真正落实到满足人民需要、实现人民利益、提高人民生活水平上。其次，在靠谁发展上，科学发展观强调坚持发展依靠人民，就是要尊重人民主体地位，发挥人民首创精神，密切联系群众，始终相信群众，紧紧依靠群众，最充分地调动人民群众的积极性、主动性、创造性，最大限度地集中全社会全民族的智慧和力量，最广泛地动员和组织亿万群众投身中国特色社会主义伟大事业。其三，在发展成果如何分配上，科学发展观强调坚持发展成果由人民共享，就是要走共同富裕道路，把改革发展取得的各方面成果，体现在不断提高人民的生活质量和健康水平上，体现在不断提高人民的思想道德素质和科学文化素质上，体现在充分保障人民享有的经济、政治、文化、社会等各方面权益上，让发展成果惠及广大人民群众。

三、实践项目

纪录片赏析——《科学发展铸辉煌》

（一）赏析目的

通过对纪录片的观看学习，熟悉党的十六大以来，我们党带领人民在理论建设、经济建设、政治建设、文化建设、社会建设以及生态文明建设、党的建设和国防建设、祖国统一、对外交往等方面取得的重要成就和成功经验，学生能够进一步加深对科学发展观这一重要思想认识和理解。

（二）赏析内容

纪录片全面回顾和生动展示党的十六大以来，以胡锦涛同志为总书记的党中央团结带领全国各族人民，高举中国特色社会主义伟大旗帜，以邓小平理论、“三个代表”重要思想为指导，不断推进理论创新和实践创新，提出和深入贯彻落实科学发展观，取得的辉煌成就、成功经验，引导和激励人们进一步增强坚持中国特色社会主义道路、理论体系及制度的自觉性、坚定性，继续解放思想，坚持改革开放，推动科学发展，促进社会和谐，为全面建成小康社会而奋斗。

（三）赏析作业

学生结合所学内容观看纪录片，根据观看内容撰写学习感悟，提交约 1 500 字的观后感。

第五篇

习近平新时代中国特色社会主义思想概论

导　论

一、案例精选

习近平新时代中国特色社会主义思想为什么以"21世纪马克思主义"冠名？①

21世纪，人类最伟大的故事发生在哪里，世界社会主义运动的中心转移到哪里，那里就是马克思主义最钟情的研究样本，那里就是马克思主义研究的中心重镇，那个民族就是引领世界马克思主义创新发展的世界历史民族，那个国家的马克思主义最新形态就是21世纪马克思主义的主题形态。

习近平新时代中国特色社会主义思想冠名"21世纪马克思主义"，主要是基于：

第一，这一思想创立于世界级的中心重镇——走近世界舞台中央的中国。自古以来，伟大的理论创造、伟大的科学发现、伟大的科技进展往往都诞生于伟大的民族，边缘国家难以在理论舞台、科技舞台上扮演执牛耳、领风尚、立潮头、开先锋的角色。

不同世纪，世界马克思主义创新发展的中心重镇不是固定不变的。19世纪，西欧是世界经济中心、工业革命中心、无产阶级运动中心，因而也成为马克思主义创立发展的中心重镇和理论高地。20世纪初，俄国上升为世界社会主义运动的中心，苏俄也随之成为世界马克思主义发展的理论高地，列宁主义成为这一时期世界马克思主义创新发展的思想高峰。21世纪，曾一度滑落至被开除球籍边缘的中华民族重新回到世界舞台，世界历史迎来了"东升西降"的重要拐点，中华民族迎来了从站起来、富起来到强起来的伟大飞跃。站在从大国走向强国的历史方位上，中国需要重新思考：在世界马克思主义版图中我们应该扮演什么样的理论角色？在捍卫发展马克思主义过程中我们应该承担什么样的理论使命？我们在向世界提供发展动力的同时是否贡献了引领人类精神的中国原则？我们在确立世界大国地位的同时是否担负起了理论上的大国责任？我们在器物层面不断为人类作出更大贡献的同时是否在思想上、学术上作出了同等重要的贡献？我们的学术地位是否与我们的世界大国地位、文明古国身份正相匹配？我们作为一个走向复兴的社会主义大国是否扛起了21世纪马克思主义的旗帜？习近平新时代中国特色社会主义思想的创立，为上述问题给出了肯定的注脚，作出了正面的回答。

第二，这一思想的研究对象是21世纪最伟大的实践样本——中国样本。时代是思想之母，实践是理论之源，伟大的实践样本往往蕴藏着伟大的理论结晶。展望21世纪，我们有理由相信，世界上最伟大的样本将是中国样本。展望21世纪，中国样本必将成为中外理论家

① 资料来源：陈曙光. 第一次以"世纪"为尺度命名党的创新理论. (2023-01-11)[2024-03-25]. http: //news. cjn. cn/cjsp/qz/202301/t4410695. htm.

们最钟情的实践样本，解码中国样本必将成为马克思主义创新发展最重要的理论生长点，建构中国学派必将上升为21世纪中国哲学社会科学研究的伟大事业。在此背景下，中国故事成为21世纪马克思主义聚焦的基础样本，当代中国马克思主义——习近平新时代中国特色社会主义思想成为21世纪马克思主义的主题形态，将是不以中国意志为转移的理论大逻辑。

第三，这一思想属于马克思主义在21世纪的主干形态——主流马克思主义形态。马克思主义理论发端于西欧，扩展至全世界，理论家族庞大。21世纪，并非所有的马克思主义理论形态都可以冠名为“21世纪马克思主义”，在形形色色的马克思主义理论形态中，唯有那种理论创新程度最高、世界影响最广、介入现实能力最强、实践改造效果最优、理论体系最完整、引领时代功能最显著的马克思主义形态，方能冠名“21世纪马克思主义”。习近平新时代中国特色社会主义思想，代表了马克思主义在21世纪目前阶段发展的最高成就、思想高峰，是改变中国、影响世界、引领时代的当代中国马克思主义，是当今世界独领风骚、独树一帜的马克思主义理论形态。

第四，这一思想具有世界级的重大意义——为解决人类重大问题提供了中国方案。中国作为一个超大人口规模的发展中大国、超大经济体量的新兴市场国家、超长历史纵深的东方文明古国、与过往帝国完全不同类型的社会主义国家、与西方文明气质迥异的新文明类型国家，它的崛起必将对世界秩序、全球治理、人类文明、知识体系、学术格局带来重大影响，产生巨大的外溢效应。党的十八大以来，习近平新时代中国特色社会主义思想为解决人类共同难题，提出了一整套中国主张，采取了一系列中国行动，为建设美好世界贡献了中国方案。在总体层面，中国提出构建人类命运共同体，这是中国对国际秩序观的创新与发展，是中国为建设美好世界作出的顶层设计；在经济发展层面，中国提出发展观、合作观、新型全球化方案，提出了“一带一路”国际合作倡议，主导成立了亚投行、金砖银行、上合组织新开发银行、丝路基金等多边金融架构，为推动世界共同发展注入了中国动力；在全球治理层面，中国倡导建立新型国际关系、新型大国关系，倡导共商共建共享的全球治理观，为优化全球治理作出了中国贡献；在人类文明层面，中国提出了全人类共同价值、正确义利观，倡导新安全观、文明观、人权观，为重建人类文明贡献了中国智慧。这一系列中国理念、中国主张、中国方案，充分彰显了习近平新时代中国特色社会主义思想的世界历史意义。

从上述四个条件来看，将习近平新时代中国特色社会主义思想定位为“21世纪马克思主义”，是合乎逻辑、完全够格的，是顺理成章、水到渠成的。这一冠名意味着习近平新时代中国特色社会主义思想是“被把握在思想中的它的时代”，证明了“每个原理都有其出现的世纪”；这一冠名意味着中华民族在马克思主义发展史上乃至“在世界历史中创立了新纪元”，掌握了引领世界马克思主义创新发展的“重要权利”；这一冠名意味着中国担负起了引领理论创新创造、引领世界精神成长、引领人类文明进步的世界历史使命，不愧为“世界历史目前发展阶段的担当者”。

案例探讨： 结合材料谈一谈你对习近平新时代中国特色社会主义思想历史地位的认识。

二、阅读拓展

二十大报告节选
开辟马克思主义中国化时代化新境界①

推进马克思主义中国化时代化是一个追求真理、揭示真理、笃行真理的过程。十八大以来，国内外形势新变化和实践新要求，迫切需要我们从理论和实践的结合上深入回答关系党和国家事业发展、党治国理政的一系列重大时代课题。我们党勇于进行理论探索和创新，以全新的视野深化对共产党执政规律、社会主义建设规律、人类社会发展规律的认识，取得重大理论创新成果，集中体现为新时代中国特色社会主义思想。十九大、十九届六中全会提出的“十个明确”“十四个坚持”“十三个方面成就”概括了这一思想的主要内容，必须长期坚持并不断丰富发展。

中国共产党人深刻认识到，只有把马克思主义基本原理同中国具体实际相结合、同中华优秀传统文化相结合，坚持运用辩证唯物主义和历史唯物主义，才能正确回答时代和实践提出的重大问题，才能始终保持马克思主义的蓬勃生机和旺盛活力。

坚持和发展马克思主义，必须同中国具体实际相结合。我们坚持以马克思主义为指导，是要运用其科学的世界观和方法论解决中国的问题，而不是要背诵和重复其具体结论和词句，更不能把马克思主义当成一成不变的教条。我们必须坚持解放思想、实事求是、与时俱进、求真务实，一切从实际出发，着眼解决新时代改革开放和社会主义现代化建设的实际问题，不断回答中国之问、世界之问、人民之问、时代之问，作出符合中国实际和时代要求的正确回答，得出符合客观规律的科学认识，形成与时俱进的理论成果，更好指导中国实践。

坚持和发展马克思主义，必须同中华优秀传统文化相结合。只有植根本国、本民族历史文化沃土，马克思主义真理之树才能根深叶茂。中华优秀传统文化源远流长、博大精深，是中华文明的智慧结晶，其中蕴含的天下为公、民为邦本、为政以德、革故鼎新、任人唯贤、天人合一、自强不息、厚德载物、讲信修睦、亲仁善邻等，是中国人民在长期生产生活中积累的宇宙观、天下观、社会观、道德观的重要体现，同科学社会主义价值观主张具有高度契合性。我们必须坚定历史自信、文化自信，坚持古为今用、推陈出新，把马克思主义思想精髓同中华优秀传统文化精华贯通起来、同人民群众日用而不觉的共同价值观念融通起来，不断赋予科学理论鲜明的中国特色，不断夯实马克思主义中国化时代化的历史基础和群众基础，让马克思主义在中国牢牢扎根。

实践没有止境，理论创新也没有止境。不断谱写马克思主义中国化时代化新篇章，是当代中国共产党人的庄严历史责任。继续推进实践基础上的理论创新，首先要把握好新时代中国特色社会主义思想的世界观和方法论，坚持好、运用好贯穿其中的立场观点方法。

——必须坚持人民至上。人民性是马克思主义的本质属性，党的理论是来自人民、为了人民、造福人民的理论，人民的创造性实践是理论创新的不竭源泉。一切脱离人民的理论都是苍白无力的，一切不为人民造福的理论都是没有生命力的。我们要站稳人民立场、把握人民愿望、尊重人民创造、集中人民智慧，形成为人民所喜爱、所认同、所拥有的理论，使之

① 资料来源：习近平. 高举中国特色社会主义伟大旗帜 为全面建设社会主义现代化国家而团结奋斗：在中国共产党第二十次全国代表大会上的报告　二十大报告单行本. 北京：人民出版社，2022.

成为指导人民认识世界和改造世界的强大思想武器。

——必须坚持自信自立。中国人民和中华民族从近代以后的深重苦难走向伟大复兴的光明前景，从来就没有教科书，更没有现成答案。党的百年奋斗成功道路是党领导人民独立自主探索开辟出来的，马克思主义的中国篇章是中国共产党人依靠自身力量实践出来的，贯穿其中的一个基本点就是中国的问题必须从中国基本国情出发，由中国人自己来解答。我们要坚持对马克思主义的坚定信仰、对中国特色社会主义的坚定信念，坚定道路自信、理论自信、制度自信、文化自信，以更加积极的历史担当和创造精神为发展马克思主义作出新的贡献，既不能刻舟求剑、封闭僵化，也不能照抄照搬、食洋不化。

——必须坚持守正创新。我们从事的是前无古人的伟大事业，守正才能不迷失方向、不犯颠覆性错误，创新才能把握时代、引领时代。我们要以科学的态度对待科学、以真理的精神追求真理，坚持马克思主义基本原理不动摇，坚持党的全面领导不动摇，坚持中国特色社会主义不动摇，紧跟时代步伐，顺应实践发展，以满腔热忱对待一切新生事物，不断拓展认识的广度和深度，敢于说前人没有说过的新话，敢于干前人没有干过的事情，以新的理论指导新的实践。

——必须坚持问题导向。问题是时代的声音，回答并指导解决问题是理论的根本任务。今天我们所面临问题的复杂程度、解决问题的艰巨程度明显加大，给理论创新提出了全新要求。我们要增强问题意识，聚焦实践遇到的新问题、改革发展稳定存在的深层次问题、人民群众急难愁盼问题、国际变局中的重大问题、党的建设面临的突出问题，不断提出真正解决问题的新理念新思路新办法。

——必须坚持系统观念。万事万物是相互联系、相互依存的。只有用普遍联系的、全面系统的、发展变化的观点观察事物，才能把握事物发展规律。我国是一个发展中大国，仍处于社会主义初级阶段，正在经历广泛而深刻的社会变革，推进改革发展、调整利益关系往往牵一发而动全身。我们要善于通过历史看现实、透过现象看本质，把握好全局和局部、当前和长远、宏观和微观、主要矛盾和次要矛盾、特殊和一般的关系，不断提高战略思维、历史思维、辩证思维、系统思维、创新思维、法治思维、底线思维能力，为前瞻性思考、全局性谋划、整体性推进党和国家各项事业提供科学思想方法。

——必须坚持胸怀天下。中国共产党是为中国人民谋幸福、为中华民族谋复兴的党，也是为人类谋进步、为世界谋大同的党。我们要拓展世界眼光，深刻洞察人类发展进步潮流，积极回应各国人民普遍关切，为解决人类面临的共同问题作出贡献，以海纳百川的宽阔胸襟借鉴吸收人类一切优秀文明成果，推动建设更加美好的世界。

三、实践项目

| 项目一 |

观看《理响中国》特别节目《100 · 正青春》

（一）鉴赏目的

通过观看融媒体理论节目，学生回顾历史高光时刻，点亮前方筑梦之路。

（二）鉴赏内容

《100·正青春》根植现实土壤，贴近群众思想实际，以微观视角把握时代脉搏，深刻揭示中国发展奇迹背后的制度逻辑，用实践解码百年大党恰是风华正茂的“青春密码”。用深厚的理论积淀和创新思维支撑理论宣讲，用新颖的表现手法和呈现样态扩大传播效力，《100·正青春》以新思路、新举措推动理论宣传工作新发展，有效破解了“最后一公里”如何宣讲的难题。

（三）鉴赏作业

学生结合所学内容观看政论节目，根据节目内容与个人认识，提交约 2 000 字的读后感。

项目二

故事分享：青年榜样习近平

（一）实践目标

通过实践了解领袖故事，学习领袖品质，维护领袖权威，践行领袖教导。通过实践，深入学习《习近平谈治国理政》等著作，体悟蕴含其中的强大真理力量、思想力量、实践力量，更加自觉地做习近平新时代中国特色社会主义思想的坚定信仰者、忠实实践者。

（二）实践内容

查找如下四篇文献并认真阅读：

1.《习近平的七年知青岁月》，中央党校出版社，2017 年版。

2.《我是黄土地的儿子》，《西部大开发》，2012 年第 9 期。

3.《习近平总书记的成长之路》，《学习时报》，2017 年 7 月 28 日特约评论员文章。

4.《人民群众是我们的力量的源泉——记中国中共中央总书记习近平》，《习近平谈治国理政》第一卷附录，外文出版社，2018 年版。

（三）实践作业

1. 每人撰写一篇读后感。读后感需要回答以下问题：

（1）概述你阅读文献的主要内容；

（2）你印象最深的是哪一个片段？

（3）阅读这段文字的时候，你心里是如何想的？

（4）这篇文献对你最大的启发是什么？你的收获是什么？

2. 三分钟音视频：我的读书故事。根据读后感录制一个不超过三分钟的音频或视频，讲述你的读书故事，以交流对话的语气录制，尽量不要念稿子，和同学交换分享“我的读书故事”音视频。

第一章　新时代坚持和发展中国特色社会主义

一、案例精选

如何理解中国特色社会主义进入了新时代？[①]

习近平总书记在党的十九大报告中作出了“经过长期努力，中国特色社会主义进入了新时代，这是我国发展新的历史方位”这一重大政治判断。这对我们准确认识和把握中国特色社会主义发展阶段、发展现状、发展方向、发展要求具有十分重要的意义，也为我们党制定大政方针和行动纲领提供了根本依据。

理解中国特色社会主义进入新时代的深刻含义和重大意义，要抓住 4 个方面。

第一，什么是新时代。“时代”这个词含义很丰富，有广义和狭义之分，有长期和短期之别。有的从社会制度来划分，比如原始时代、奴隶时代、封建时代、资本主义时代、社会主义时代；有的从生产力发展水平来划分，比如石器时代、农耕时代、工业时代、信息化时代、全球化时代等；还有的从对一个时期社会运动主题的认识来划分，比如大革命时代、大建设时代、改革开放时代等。时代发展有一个从量变到质变的过程，在量变中蕴含和孕育着质变，质变是量变积累的结果，同时又开启新的量变。回顾党领导人民的奋斗历程，革命也好，建设也好，改革也好，都经历了从量的积累到质的飞跃的不同发展阶段。党的十九大报告作出“经过长期努力，中国特色社会主义进入了新时代，这是我国发展新的历史方位”这一重大政治判断，主要是从党和国家事业发展的角度来判断的，不是历史学上时代划分的概念。

第二，进入新时代的依据是什么。作出这样一个重大政治判断，是改革开放以来我国经济社会发展进步的必然结果，是我国社会矛盾运动的必然结果，是世情国情党情变化的必然结果，是我们党团结带领人民开创光明未来的必然要求。这“四个必然”表明，我们党作出的这一重大政治判断是有着充分的理论、实践和历史依据的。一是党的十八大以来党和国家事业发生了历史性变革，我国发展站到了新的历史起点上，中国特色社会主义进入了新时代。这个阶段既同改革开放近 40 年来的发展一脉相承，又有很大的不同，党的执政方式和方略有重大创新，发展理念和发展方式有重大转变，发展环境和发展条件发生深刻变化，发展水平和要求更高。二是党的理论创新实现了新飞跃，形成（创立）了习近平新时代中国特色社会主义思想，在马克思主义中国化进程中具有开创性意义和鲜明时代特色，开辟了马克思主义中国化新境界。三是从党的十九大到二十大，是“两个一百年”奋斗目标的历史交汇期，中国特色社会主义要从第一个百年迈向第二个百年。四是我国社会主要矛盾发生了变化，已经转化为人民日益增长的美好生活需要和不平衡不充分的发展之间的矛盾，经济建设依然是党和国家的中心工作，但要更加注重抓全面协调可持续发展，着力解决发展不平衡不充分问题。

第三，新时代的本质内涵是什么。习近平总书记在党的十九大报告中对中国特色社会主

① 资料来源：本书编写组. 党的十九大报告学习辅导百问. 北京：党建读物出版社，学习出版社，2017.

义新时代的本质内涵作了高度凝练和科学概括："这个新时代，是承前启后、继往开来、在新的历史条件下继续夺取中国特色社会主义伟大胜利的时代，是决胜全面建成小康社会、进而全面建设社会主义现代化强国的时代，是全国各族人民团结奋斗、不断创造美好生活、逐步实现全体人民共同富裕的时代，是全体中华儿女勠力同心、奋力实现中华民族伟大复兴中国梦的时代，是我国日益走近世界舞台中央、不断为人类作出更大贡献的时代。"这一科学概括，从几个维度上揭示了中国特色社会主义新时代的本质内涵："承前启后、继往开来、在新的历史条件下继续夺取中国特色社会主义伟大胜利"，讲的是新时代的历史脉络；"决胜全面建成小康社会、进而全面建设社会主义现代化强国"，讲的是新时代的实践主题；"全国各族人民团结奋斗、不断创造美好生活、逐步实现全体人民共同富裕"，讲的是新时代的人民性；"全体中华儿女勠力同心、奋力实现中华民族伟大复兴中国梦"，讲的是新时代的民族性；"我国日益走近世界舞台中央、不断为人类作出更大贡献"，讲的是新时代的世界性。简言之，中国特色社会主义新时代，本质上就是中华民族实现强起来的时代，我们要在全面建成小康社会基础上，分两步走在本世纪中叶把我国建成富强民主文明和谐美丽的社会主义现代化强国，实现中华民族伟大复兴的中国梦。

第四，进入新时代的意义是什么。这就是党的十九大报告阐述的"三个意味着"：一是意味着近代以来久经磨难的中华民族迎来了从站起来、富起来到强起来的伟大飞跃，迎来了实现中华民族伟大复兴的光明前景；二是意味着科学社会主义在21世纪的中国焕发出强大生机活力，在世界上高高举起了中国特色社会主义伟大旗帜；三是意味着中国特色社会主义道路、理论、制度、文化不断发展，拓展了发展中国家走向现代化的途径，给世界上那些既希望加快发展又希望保持自身独立性的国家和民族提供了全新选择，为解决人类问题贡献了中国智慧和中国方案。这"三个意味着"，深刻阐明了中国特色社会主义进入新时代的历史意义、政治意义、世界意义。

案例研讨：如何全面把握"中国特色社会主义新时代是我国发展新的历史方位"？

二、阅读拓展

从三大逻辑把握坚持和发展中国特色社会主义①

《习近平新时代中国特色社会主义思想学习纲要》（以下简称《纲要》）对当代中国发展进步的根本方向进行了全面阐述。深入学习《纲要》精神，应当从历史逻辑、现实逻辑和未来逻辑上来科学把握坚持和发展中国特色社会主义这一改革开放以来党的全部理论和实践的主题。

一、从历史逻辑看，中国特色社会主义是历史发展规律的必然趋向，更是人民创造历史的必然选择

《纲要》一再强调，中国特色社会主义是历史的结论、人民的选择。中国特色社会主义具

① 资料来源：辛向阳. 从三大逻辑把握坚持和发展中国特色社会主义. (2019-07-01)[2024-03-25]. https: //news. cri. cn/2019-07-01/289e6f43-c2b8-a850-9272-900a362b4e6a. html.

有深厚的历史渊源和广泛的现实基础，它是在改革开放四十多年的伟大实践中得来的。改革开放以来，我们党把马克思主义基本原理与中国实际结合起来，走自己的路，形成了中国特色社会主义；是在中华人民共和国成立七十年的持续探索中得来的，党在社会主义建设中取得的独创性理论成果和巨大成就，为新的历史时期开创中国特色社会主义提供了宝贵经验、理论准备、物质基础；是在我们党领导人民进行伟大社会革命九十多年的实践中得来的，九十多年的历史告诉我们，只有社会主义才能救中国，只有中国特色社会主义才能发展中国；是在近代以来中华民族由衰到盛一百七十多年的历史进程中得来的，这一历史进程告诉我们，只有坚持和发展中国特色社会主义，才能实现中华民族伟大复兴，才能使中华民族真正屹立于世界民族之林；是在世界社会主义五百年波澜壮阔的发展历程中得来的，世界社会主义经过了从空想到科学、从理论到实践、从一国实践到多国实践发展的历程，又经历了苏联解体、东欧剧变，五百年后的今天，中国特色社会主义蒸蒸日上，一派生机盎然；是在对中华民族五千多年的传承发展中得来的，中华优秀传统文化是我们最深厚的文化软实力，也是中国特色社会主义植根的文化沃土。

中国特色社会主义是从历史中得来的，但不是守株待兔得来的，而是通过伟大奋斗得来的，是中国共产党领导人民不断进行伟大创造得来的，是历尽千辛万苦得来的。党的十一届三中全会以后，以邓小平同志为主要代表的中国共产党人，科学回答了建设中国特色社会主义的一系列基本问题，成功开创了中国特色社会主义。党的十三届四中全会以后，以江泽民同志为主要代表的中国共产党人，在严峻考验面前捍卫了中国特色社会主义，开创全面改革开放新局面，成功把中国特色社会主义推向21世纪。党的十六大以后，以胡锦涛同志为主要代表的中国共产党人，抓住重要战略机遇期，在全面建设小康社会进程中推进实践创新、理论创新、制度创新，成功在新的历史起点上坚持和发展了中国特色社会主义。党的十八大以来，以习近平（同志）为核心的党中央深刻回答了新时代坚持和发展什么样的中国特色社会主义、怎样坚持和发展中国特色社会主义这个重大时代课题，推动党和国家事业取得历史性成就、发生历史性变革，中国特色社会主义进入了新时代。

二、从现实逻辑看，中国特色社会主义的实质是科学社会主义，既有总体布局和战略布局，又有四大自信

《纲要》明确指出，中国特色社会主义是社会主义，不是别的什么主义。这一论断的提出是有很强现实针对性的。近些年来，国内外有些舆论提出中国现在搞的究竟还是不是社会主义的疑问，有人说是“资本社会主义”，还有人干脆说是“国家资本主义”“新官僚资本主义”。甚至还有人说是“原始积累的资本主义”“野蛮的资本主义”。总之，给中国特色社会主义扣了很多顶帽子，试图让中国改向、改道，改到资本主义的邪路上去。针对这些说辞，习近平新时代中国特色社会主义思想旗帜鲜明地指出，这些都是完全错误的。中国特色社会主义，是科学社会主义理论逻辑和中国社会发展历史逻辑的辩证统一，是根植于中国大地、反映中国人民意愿、适应中国和时代发展进步要求的科学社会主义。科学社会主义基本原则是中国特色社会主义的精神根基，离开了科学社会主义基本原则，那就不成其为中国特色社会主义。

坚持科学社会主义基本原则，发展中国特色社会主义事业就要统筹推进总体布局和协调推进战略布局。《纲要》指出：“五位一体”总体布局和“四个全面”战略布局相互促进、统筹联动，从全局上确立了新时代坚持和发展中国特色社会主义的战略规划和部署。这两大布局都是对中国特色社会主义发展规律的深刻把握。中国特色社会主义事业总体布局要求我们坚持以经济建设为中心，促进经济、政治、文化、社会、生态文明建设各方面相协调，推动生产关系与生产力、上层建筑与经济基础相适应，这是我们党对社会主义建设规律在实践和认识上不断深化的重要成果。“四个全面”战略布局，是我们党站在新的历史起点上把握我国发展新特征确定的治国理政新方略，是深刻把握改革开放和社会主义现代化建设规律而提出来的。“五位一体”总体布局和“四个全面”战略布局都是对社会主义建设规律的科学把握，要求我们要树立整体思维和战略思维，把握长远性和战略性、整体性与系统性，使中国特色社会主义事业避免出现颠覆性错误。

把握客观规律的同时，要发挥主观能动性，就要坚定中国特色社会主义的“四个自信”。坚定“四个自信”能够使我们发挥出冲天干劲。中国特色社会主义是由道路、理论、制度、文化“四位一体”构成的，道路是实现途径，理论是行动指南，制度是根本保障，文化是精神力量。中国特色社会主义是实现中华民族伟大复兴的必由之路，是创造人民美好生活的必由之路，人民日益增长的美好生活需要和新期盼都会在这一道路上不断实现；中国特色社会主义理论体系是指导党和人民实现伟大复兴的正确理论，是立足时代前沿、与时俱进的科学理论，是始终为中国发展廓清迷雾、指明前进方向的思想指南；中国特色社会主义制度是当代中国发展进步的根本制度保障，是具有鲜明中国特色、明显制度优势、强大自我完善能力的先进制度，是既能够保持国家政治稳定性，又能够促进发展活力性的制度体系；中国特色社会主义文化积淀着中华民族最深沉的精神追求，代表着中华民族独特的精神标识，是激励全国人民奋勇前进的强大精神力量，源自于中华民族五千多年文明历史所孕育的中华优秀传统文化，熔铸于党领导人民在革命、建设、改革中创造的革命文化和社会主义先进文化。

三、从未来逻辑看，坚持和完善中国特色社会主义就要丰富和发展21世纪中国的马克思主义，要一以贯之地把伟大社会革命进行到底

《纲要》深刻指出：坚持和发展中国特色社会主义，必须增强理论自信和战略定力，发展21世纪中国的马克思主义。中国特色社会主义发展得好，一个重要原因就是我们党始终坚持马克思主义基本原理，同时与时俱进地发展马克思主义。在人类思想史上，还没有一种理论像马克思主义那样对人类文明进步产生了如此广泛而巨大的影响。习近平强调：马克思主义就是我们共产党人的“真经”，“真经”没念好，总想着“西天取经”，就要贻误大事。我们任何时候都要坚定马克思主义信仰，在守正中推进理论创新。

有了马克思主义的魂，我们就能够真正做到坚持和发展中国特色社会主义一以贯之。我们深知，新时代中国特色社会主义是我们党领导人民进行伟大社会革命的成果，也是我们党领导人民进行伟大社会革命的继续。全党同志只有保持充沛革命精神、革命斗志，勇于进行伟大的自我革命，勇于把我们党领导人民进行了98年的伟大社会革命继续推进下去，才能使中国特色社会主义展现出更加强大、更有说服力的真理力量、道德力量。在未来，无论遇到多大困难和挑战，无论取得什么样的伟大成就，我们都决不能因为胜利而骄傲，决不能因为成就而懈怠，决不能因为困难而退缩。只有这样，我们才能无往而不胜。

三、实践项目

项目一

经典影视鉴赏——“读懂新时代”丛书系列短视频

（一）鉴赏目的

通过观看系列短视频，让学生深刻认识到经过数代国人不懈奋斗，中国特色社会主义道路、理论、制度、文化取得不断的发展，中国特色社会主义进入新时代。

（二）鉴赏内容

道路、理论、制度、文化是中国特色社会主义的四个支柱，也是中国特色社会主义的根本标志。为推进中国特色社会主义伟大事业，巩固坚实的思想基础，坚定中国特色社会主义道路自信、理论自信、制度自信、文化自信，教育部组织编写“读懂新时代”丛书（共四册），全面阐释“四个自信”的理论逻辑、历史逻辑和实践逻辑，深入推动党的创新理论进教材、进课堂、进头脑，更好地帮助广大青年学生把爱国情、强国志、报国行自觉融入坚持和发展中国特色社会主义事业、建设社会主义现代化强国、实现中华民族伟大复兴的奋斗之中。

（三）鉴赏作业

学生结合所学内容观看政论节目，根据节目内容与个人认识，提交约 2 000 的字读后感。

项目二

专题访谈——老外眼中的中国道路

（一）实践目的

从更广阔的国际视野认识中国道路，深刻理解中国道路对中国人民的意义，提升走中国道路的自信和自觉。

（二）实践方案

1. 组建 3～5 人的访谈团队。

2. 确定访谈对象：访谈对象可以是本校的外教、留学生，也可以是来中国旅游、工作的外籍人员。注意访谈对象的国籍分布，尽量既有来自发达国家的，又有来自发展中国家的。尽可能选择一些对中国有一定了解、从事社会研究的人员作为被采访对象。

3. 设计访谈题提纲。围绕“老外眼中的中国道路”，参考以下提示进行访谈提纲的设计：①访谈对象基本情况，包括国籍、年龄、职业。②对中国的了解情况，包括来中国的时间、原因、对中国的了解程度等。③引导访谈对象结合所见、所闻、所感谈谈对中国发展道路的认识。④引导访谈对象对中国发展的成就、模式选择进行评价。⑤引导访谈对象谈一谈中国和他自己国家发展道路上的差异。⑥根据访谈对象设计其他问题。

4. 开展访谈。

5. 学生将访谈结果以书面或者视频的形式进行分享，教师给予评价。

第二章　以中国式现代化全面推进中华民族伟大复兴

一、案例精选

“全面建成社会主义现代化强国”的提出[①]

中国特色社会主义进入新时代，社会主义现代化建设的布局和实践方向日益明确，“全面建成社会主义现代化强国”的步骤和目标日渐明晰。党的十八大指出，“建设中国特色社会主义”，“总任务是实现社会主义现代化和中华民族伟大复兴”，并提出，“在中国共产党成立一百年时全面建成小康社会”，“在新中国成立一百年时建成富强民主文明和谐美丽的社会主义现代化强国”的“两个一百年”目标。党的十九大发展和完善了“两个一百年”目标任务，提出在“全面建成小康社会”之后，实现由“全面建设社会主义现代化国家”到“全面建成社会主义现代化强国”的“两步走”战略安排，指出“从全面建成小康社会到基本实现现代化，再到全面建成社会主义现代化强国，是新时代中国特色社会主义发展的战略安排”。至此，在全面建成小康社会基础上，从“全面建设社会主义现代化国家”到“全面建成社会主义现代化强国”的“两步走”目标被正式提出。

党的二十大指出，“全面建成社会主义现代化强国，总的战略安排是分两步走：从 2020 年到 2035 年基本实现社会主义现代化；从 2035 年到本世纪中叶把我国建成富强民主文明和谐美丽的社会主义现代化强国”。对全面建设社会主义现代化国家、全面建成社会主义现代化强国“两步走”进行谋篇布局，指明了全面建设社会主义现代化国家的实现途径，展现了全面建成社会主义现代化强国的光明前景，最终是要“把我国建设成为综合国力和国际影响力领先的社会主义现代化强国”，呈现了中国共产党对“全面建成社会主义现代化强国”的创造性探索、历史性实践、规律性认识。

“全面建成社会主义现代化强国”的生成并非一蹴而就，历经社会主义革命和建设时期的探索与实践，改革开放和社会主义现代化建设时期的孕育与发展，中国特色社会主义新时代的形成与完善，成为全面建成小康社会完成第一个百年奋斗目标、向第二个百年奋斗目标进军的引领性关键概念。纵观“全面建成社会主义现代化强国”的发展演进，揭示了中国共产党人对“现代化”的长期思想认知、理论探索和具体实践的历史轨迹，呈现了中国共产党人追求进步、发展变革的历史图景，体现了中国共产党人对社会主义建设规律认识的深化，指明了中国共产党带领中国人民全面推进中华民族伟大复兴的奋斗方向。

梳理“全面建成社会主义现代化强国”这一具有鲜明时代特征的概念可知，每一个政治概念的提出背后都浸透着中国共产党人的接续奋斗和伟大创造性实践。为了实现党的初心使

① 资料来源：胡国胜，刘佩阳.“全面建成社会主义现代化强国”概念意涵的历史演进. (2023-05-29)[2024-03-25]. https: //www. xuexi. cn/lgpage/detail/index. html?id=4247608449451323305&item_id=4247608449451323305.

命、为了中华民族伟大复兴重大历史任务，中国共产党人不断推进理论创新与实践创造并回答时代问题，不断取得新的伟大成就。今天，中国共产党人高举中国特色社会主义伟大旗帜，全面贯彻落实习近平新时代中国特色社会主义思想，坚定信心、同心同德，埋头苦干、奋勇前进，为全面建设社会主义现代化国家、全面推进中华民族伟大复兴而团结奋斗！

案例研讨： 新时代中国特色社会主义发展的战略安排是怎样的？

二、阅读拓展

中国式现代化创造人类文明新形态的双重逻辑①

中国式现代化创造人类文明新形态的历史逻辑

实现社会主义现代化是中国共产党矢志不渝的奋斗目标。经过新中国成立以来历代中国共产党人的接续奋斗，我们走出了一条中国式现代化新道路，创造了物质文明、政治文明、精神文明、社会文明、生态文明新形态。

中国式现代化创造了物质文明新形态。新中国成立后，在完成“一化三改”和推进“四个现代化”建设中，我们建立了社会主义经济制度，建成了独立的比较完整的工业体系和国民经济体系，为探索和推进中国式现代化奠定了物质基础。党的十一届三中全会后，我们党确立了“一个中心、两个基本点”的基本路线，突破对“姓公”与“姓私”“姓社”与“姓资”的教条式理解，明确经济体制改革的目标为建立社会主义市场经济体制，按照“三个有利于”标准，大力推动公有制为主体、多种所有制经济共同发展，按劳分配为主体、多种分配方式并存，充分发挥劳动、知识、技术、管理、资本等生产要素在创造物质财富中的积极作用。党的十八大以来，以习近平同志为核心的党中央统筹国内国际两个大局，（立足新发展阶段、）贯彻新发展理念、构建新发展格局、推动高质量发展，我国经济实力实现了历史性跃升。我国经济总量世界占比由 1978 年的 1.8%提高到 2021 年的 18.5%，我国连续多年对世界经济增长贡献率超过 30%。

中国式现代化创造了政治文明新形态。新中国成立后，我们建立了人民代表大会制度、中国共产党领导的多党合作和政治协商制度、民族区域自治制度等制度。党的十一届三中全会后，我们党推进政治体制改革，坚持和完善我国根本政治制度、基本政治制度，建立健全基层群众自治制度。党的十八大以来，以习近平同志为核心的党中央坚定不移走中国特色社会主义政治发展道路，全面加强党的领导，全面依法治国，积极发展全过程人民民主，不断推进国家治理体系和治理能力现代化，我国政治文明新形态更加成熟。

中国式现代化创造了精神文明新形态。新中国成立后，我们开展群众性扫盲运动，推动教育与生产劳动相结合，我国文化教育卫生事业不断发展，奋发图强精神充分彰显。党的十一届三中全会后，我们党坚持“两手抓，两手都要硬”，实施科教兴国战略，推进文化体制改

① 资料来源：刘武根，刘紫涵. 思想政治工作研究，2024（03）：10-11.

革和公民思想道德建设，建设社会主义核心价值体系，推动社会主义文化大发展大繁荣。党的十八大以来，以习近平同志为核心的党中央坚定不移走中国特色社会主义文化发展道路，加强社会主义意识形态建设，弘扬社会主义核心价值观，推动中华优秀传统文化创造性转化创新性发展，我国文化软实力和中华文化影响力大幅提升，社会主义意识形态的凝聚力和引领力不断增强。

中国式现代化创造了社会文明新形态。为人民谋幸福、为民族谋复兴、为世界谋大同，是中国共产党的初心和使命。我国社会建设在发展中保障和改善民生，把人民对美好生活的向往变为现实。新中国成立尤其是党的十一届三中全会后，随着经济建设的稳步推进，党中央越来越重视社会建设。经过长期努力，我国人民生活实现由温饱到小康再到全面小康的历史性转变，全面普及九年制义务教育，高等教育的毛入学率显著提高，全民医保基本实现，改革发展成果更多更广泛地为人民共享。党的十八大以来，以习近平同志为核心的党中央牢牢抓住人民最关心最直接最现实的利益问题，健全基本公共服务体系、社会保障体系，打赢脱贫攻坚战，全面建成小康社会，续写了社会长期稳定的奇迹。

中国式现代化创造了生态文明新形态。新中国成立后，党在恢复发展经济的同时全面开展水利工程治理和环境保护工作，奠定了我国生态文明建设的基础。党的十一届三中全会后，党中央统筹兼顾经济建设与人口资源环境的关系，环境保护成为基本国策、可持续发展上升为国家发展战略，生态文明纳入全面建设小康社会的重要目标，我国逐步走上生产发展、生活富裕、生态良好的文明发展道路。党的十八大以来，以习近平同志为核心的党中央全面推进我国生态文明体制改革，着力打赢污染防治攻坚战，一体推进山水林田湖草沙的保护和治理，美丽中国建设取得了明显的实质性进展。

中国式现代化创造人类文明新形态的实践逻辑

新征程以中国式现代化全面推进中华民族伟大复兴，丰富和发展物质文明、政治文明、精神文明、社会文明、生态文明新形态，要求我们牢牢把握以下基本原则。

坚持和加强党的全面领导。历史和实践已经证明，中国共产党的领导是中国式现代化创造人类文明新形态的根本保证。一百多年来，正是在中国共产党的领导下，我们实现了从被动现代化到主动现代化、从单一现代化到全面现代化的历史性转变，独立自主地探索出中国式现代化新道路，创造了人类文明新形态。新征程上全面建成社会主义现代化强国，实现第二个百年奋斗目标，以中国式现代化全面推进中华民族伟大复兴，我们面临的形势更加复杂、任务更加艰巨，更加需要坚持和加强党的全面领导，集聚起同舟共济、万众一心的磅礴力量，蹄疾步稳丰富和拓展人类文明新形态。

坚持中国特色社会主义道路。中国特色社会主义道路是中国式现代化本质特征的集中体现。坚持走中国特色社会主义道路，我们用几十年时间走完西方发达国家几百年走过的工业化历程，创造了经济快速发展和社会长期稳定的世界奇迹。历史和实践已经证明，中国特色社会主义是实现中华民族伟大复兴的必由之路。在坚持走中国特色社会主义道路问题上，我们的头脑要特别清醒、立场要特别坚定，真正做到一以贯之。

坚持以人民为中心的发展思想。人民性是马克思主义政党最鲜亮的底色。一百多年来，中国共产党始终把人民放在心中最高位置，以百姓心为心，始终同人民想在一起、干在一起。

新征程上我们要坚定不移全面贯彻落实以人民为中心的发展思想，扎实推进全体人民共同富裕，推进人的全面发展和社会全面进步，以人民的磅礴力量丰富和发展人类文明新形态。

坚持深化改革开放。改革开放是党的一次伟大觉醒，是中华民族和中国人民的一次伟大革命。随着改革开放的不断深入，我们党对中国式现代化在认识上不断深化、战略上不断完善、实践上不断丰富。新征程上我们要立足“两个大局”，积极识变应变求变，扎实推进全面深化改革，坚持和完善中国特色社会主义制度，推进国家治理体系和治理能力现代化。

坚持发扬斗争精神。中国共产党的百年历史就是一部顽强斗争的历史。通过斗争，我们创造了新民主主义革命、社会主义革命和建设、改革开放和社会主义现代化建设、新时代中国特色社会主义的伟大成就。船到中流浪更急，人到半山路更陡，新征程上进一步推进中国式现代化必然会遇到各种可以预料和难以预料的风险挑战甚至是惊涛骇浪，我们必须敢于斗争、善于斗争、勇于胜利，不断巩固和拓展人类文明新形态。

三、实践项目

| 项目一 |

经典视频鉴赏——《大国工匠》

（一）鉴赏目的

这系列节目讲述了不同岗位劳动者用自己的灵巧双手，匠心筑梦的故事。通过本次视频观看，让学生通过“大国工匠”的感人故事、生动实践明白，只有那些热爱本职、脚踏实地，勤勤恳恳、兢兢业业，尽职尽责、精益求精的人，才可能成就一番事业，才可能拓展人生价值。

（二）鉴赏内容

《大国工匠》是央视新闻自 2015 年“五一”开始推出的系列节目。中国“深海钳工”第一人——管延安，发动机焊接第一人——高凤林，CRH380A 的首席研磨师——宁允展，创造了打磨过的零件百分之百合格惊人纪录的胡双钱等等，他们虽行业不同，年龄有别，但都拥有一个共同的闪光点——热爱本职、敬业奉献。他们技艺精湛，有人能在牛皮纸一样薄的钢板上焊接而不出现一丝漏点，有人能把密封精度控制在头发丝的五十分之一，还有人检测手感堪比 X 光般精准，令人叹服。他们所以能够匠心筑梦，凭的是传承和钻研，靠的是专注与磨砺。

（三）鉴赏作业

学生结合所学内容观看视频，根据节目内容与个人认识，提交约 2 000 字的读后感。

项目二

出彩中国人：10 位中国百姓的梦想

（一）实践目标

深刻理解中国梦与个人梦想的关系，深刻体会中国梦是国家的梦、民族梦，也是每个人的梦的论断，引导新时代青年主动承担起中华民族伟大复兴的重任，将个人梦和中华民族伟大复兴的中国梦有机结合在一起。

（二）实践方案

1. 了解《东方杂志》“新年的梦”始末。每当新年来临之际，人们心中都会产生许多新的梦想，希望在新的一年能实现一些新的愿望。在 90 多年前的中国，人们心中会有一些什么样的梦想呢？1933 年元旦，当时中国的第一大刊《东方杂志》出版了一期新年的梦想“特大号”专辑，从中可以看到当时人们五花八门的梦想。请同学们到网上阅读《八十年前“新的梦想”是什么》一文，了解胡愈之是如何策划实施征梦活动的，都征集到了哪些“梦想”。

2. 开展走基层、看变化、问梦想活动。利用寒暑假返乡机会或课余时间，走出校园，走上街头，走进社区，走到企业，深入群众、深入农村、深入一线，开展参与式观察和服务式体验，采访记录普通老百姓的梦想和期待，感悟由亿万个中国梦组成的民族梦、时代梦，征集具有代表性的百姓梦想，用视频和文字记录下来。

3. 中国百姓的梦想小视频制作。以小组为单位，精选有代表性的百姓梦想剪辑制作一段不超过三分钟的小视频。

4. 评选优秀作品并给予奖励。经出镜人同意后，可将视频上传抖音、快手平台展示。

第三章　坚持党的全面领导

一、案例精选

闽西“二十年红旗不倒”的根源①

土地革命战争时期，闽西地方党组织通过夺取革命的政治领导权、形成坚强的政治领导核心、建立科学的政治领导制度、提高领导干部的政治水平、增强领导干部的政治执行力等具体实践，在革命斗争中表现出了较为坚强的政治领导力。其积累的经验教训，为闽西“二十年红旗不倒”打下了坚实的领导力基础。

夺取革命的政治领导权

领导权是革命的根本和首要问题。在领导农民武装暴动的初期，闽西各县党组织受机会主义遗毒的影响，“幻想国民党还可以革一点命”，借国民党的名义去做民众运动，“不相信群众力量，不发展群众的力量，而使之依赖国民党受国民党的压制，结果是取消革命”，没有向群众宣传中共的主张，犯了“出卖党、取消党”的错误。

1928 年 9 月，福建临时省委紧急代表会议再次批评闽西地方党组织在领导农民暴动中忽视了革命领导权的重要性，“永定龙岩都有农军受国民党收编与勾结匪首的倾向与事实，他们要在国民党旗帜之下，进行训练，避免缴械，扩大力量，这显然是使农民对国民党观念模糊，使一般同志腐化，助长反动派气焰，消灭自己的力量”，犯了军事投机的错误。为了掌握在农民暴动中的领导权，1927 年底福建各县负责同志联席会议要求农民暴动一经起来，闽西各地党组织便必须“勇敢直前干去，领导农民杀戮土豪、地主、绅士、没收土地”，不能有丝毫的畏缩、迟疑、动摇。

鉴于 1928 年闽西“四大暴动”中暴露出的“没有政治指导组织，只有军事的组织，以致群众没有政治上的认识”等对政治领导权认识的不足和错误，闽西各县党组织遵照中共福建省委指示要求，逐渐从多方面来巩固党的政治领导权。如，扩大宣传，群众才能认识党、受党的影响，在党的领导下行动起来；健全党的组织，“党要经常的（地）开会，进行日常工作，注意提拔工农暴动分子参加到指导机关来”；“与反革命派别夺取对于农民的领导权”；等等。

此外，在统一战线工作中也要注意坚持政治领导权。抗日战争爆发后，闽西地方党组织在中央的指示下，发挥高超的领导艺术，坚持主动求变，把建立抗日民族统一战线作为领导中国革命的新纲领，并强调要正确实施统战策略，反对“左”倾关门主义和右倾投降主义。针对闽西游击区实行统一战线过程中暴露出的问题，1936 年 6 月邓子恢的《在统一战线中几个错误倾向》指出，在统一战线工作中闽西南党内的错误倾向主要有狭隘的关门主义和投降政策。其中投降政策的错误倾向，便是忽视中国共产党在统一战线中政治领导权的一个重要表现。

① 资料来源：张小清．闽西“二十年红旗不倒”的根源．(2024-03-21)[2024-03-25]．http://www. uucps. edu. cn/sztsg/mblm/2017-05-16/2214. html?bclassid=null&domain=library. ttcdw. com&id=230608.

形成坚强的政治领导核心

对土地革命战争时期闽西地方党组织而言，其完整的组织领导机构层级涵盖自最高领导机构至基层支部之间垂直领导的全部层级。近十年间，闽西地方党组织建立了以基层乡村（党）支部、区委、县委、特委、省委为核心的领导机构，涌现出张鼎丞、邓子恢、谭震林（被誉为“南方三杰”）等领导人。他们团结并肩战斗，能够发挥各自的长处，相互补充，起到了较好的上传下达作用，形成了“善于将马克思主义的普遍原理和闽西南斗争实际相结合”“共擎南方一角天”的坚强的地方领导核心。

闽西土地革命战争时期特别是三年游击战争时期，张鼎丞、邓子恢、谭震林团结一致，发挥各人所长。张鼎丞、邓子恢倚重谭震林的军事才能，称他是“我们红四军四纵队和福建省军区的老领导”，要求各级干部“打起仗来，大家一定都听震林的指挥”。谭震林非常敬重张鼎丞、邓子恢，称他们是“当地群众领袖”，重大事情总是向他们讨教，商量研究。

此外，闽西党政军群团工作中还涌现出一批优秀领导干部群体，各级党组织大多形成了本层级的领导核心，组建了乡村（党）支部—区委—县委—特委—省委的垂直领导机构，将闽西群众和党组织凝聚为一股绳。闽西土地革命战争能够“红旗不倒”，其原因正如新四军全军第一次党代表大会总结指出的“三年一切工作与发展党起了绝对作用”，三年游击战争能够坚持、能够胜利的根本原因在于有坚强的党的领导和全党上下同心。

建立科学的政治领导制

早期中共组织和领导机构是在极其残酷、复杂的革命斗争中建立和发展起来的，大多处于秘密状态，这不利于党的民主选举制度的实施。

面对这种情况，福建省在改选和健全各级党的指导机关之时，一方面要求“从小组以至省委必须经过全体会议的选举”，在白色恐怖之下也要尽可能地扩大党内民主，指导机关由代表大会或党员大会选举产生。另一方面，采取灵活处置的方式：在条件允许时，尽量克服困难，采用选举制；在情况紧急特殊时，采用委派制。如 1929 年 3 月，闽西呈现出可能造成割据局面的时局，福建省委把握时机，决定恢复闽西临时特委，指定邓子恢为书记。

7 月间，闽西革命形势大好，此时召开的闽西一大正式选举产生了闽西特委书记和委员。此后至 1930 年 7 月，闽西特委领导机关的两次变动均由民主选举产生。12 月成立的闽粤赣边特委亦是经党的代表大会选举产生。1932 年 3 月，闽粤赣省委第二次代表大会选举产生了福建省委常委和代理书记。1935 年 4 月，闽西南军政委员会的主席和各部部长亦是由选举产生的。

集体领导与分工负责相结合，是党内民主集中制的另一个重要原则。土地革命战争时期闽西地方党组织努力创造条件积极推进集体领导制度的建立和实施。例如，针对闽西武装斗争中许多党员暴露出的“不受党支配工作，自由行动，不做党工作，不守秘密，不到会，不缴费”问题，闽西特委多次强调要反对极端民主化，严密党的组织，要求“一切问题要由支部集体讨论，一切工作归支部”。

案例研讨：党的领导是党和国家的根本所在、命脉所在，是全国各族人民的利益所系、命运所系。结合案例谈一谈你对“必须坚持党对一切工作的领导，坚决维护党中央权威和集中统一领导”的认识？

二、阅读拓展

中国共产党领导是中国特色社会主义最本质的特征①

深刻把握“中国共产党的领导是中国特色社会主义最本质的特征，是中国特色社会主义制度的最大优势”这一重大判断，必须要深刻理解党的领导对于中国特色社会主义的内在性、根本性和核心性。基于理论与实践、历史与现实的多重维度，从原初的理论逻辑、必需的前提基础、事业的开创发展、卓越的领导能力、坚强的领导核心五个方面出发，贯通指导思想与客观实际、历史发展与现实成绩、党的集体与领导核心，构成一个比较完整的问题分析框架，有助于深化对这一重大判断的理解与认识。

建设社会主义是共产党的历史使命。按照马克思主义基本理论，人类历史发展是一个由低级到高级的渐进过程，资本主义作为人类历史发展的一种社会形态也必将被共产主义这一新的社会形态所代替。但资产阶级本身并不会自动退出历史舞台，其是被代表生产力发展方向的无产阶级所推翻，而无产阶级要完成这一历史使命就必须成立政党。作为以马克思列宁主义为指导思想的政党，中国共产党把消灭阶级、建立新社会作为自己的历史使命。1921 年 7 月中国共产党第一次全国代表大会讨论和通过了《中国共产党纲领》，确定党的根本政治目的是实行社会革命。基于以上分析，要想理解党的领导是中国特色社会主义最本质的特征，在理论源头上首先必须回到马克思主义经典作家对于无产阶级政党的阐释，回到中国共产党成立伊始对于党的历史使命的认知，透彻把握共产党的领导与社会主义事业的内在相关性与一体性，深刻认识到，只有在党的领导下，社会主义作为一种新的社会形态才能够建立发展。

党的领导是中国特色社会主义形成发展的前提基础。中国特色社会主义虽然是在十一届三中全会以后改革开放的实践中逐步形成与发展的，但并不是无本之木、无源之水，新中国的成立为其奠定了根本性的政治前提，社会主义改造为其奠定了经济的制度基础，社会主义的建设探索为其积累了丰富的经验教训。新中国成立后，在党的领导下，我们国家完成了对农业、手工业和资本主义工商业的社会主义改造，完成了从新民主主义到社会主义的过渡，确立了社会主义基本制度。在整个社会主义革命与建设时期，党领导人民进行了艰辛探索，尽管经历了严重曲折，但这一时期的探索为在新的历史时期开创中国特色社会主义提供了宝贵经验、理论准备、物质基础。

党的领导与中国特色社会主义的形成发展。党的十一届三中全会实现了新中国成立以来党的历史上具有深远意义的伟大转折，开启了改革开放和社会主义现代化建设新时期。以思想解放为前提，基于初级阶段的基本国情，对内改革，对外开放，赋权于民，致力于调动社会成员的积极性与首创精神，致力于大力解放和发展生产力、提高人民生活水平，致力于实现社会主义现代化，区别于传统模式的中国特色社会主义由此得以开创。历经四十余年，中国特色社会主义已经发展为道路、理论、制度、文化四位一体的恢弘事业。改革开放以来的历史充分证明，没有共产党的卓越领导，既不可能有持续的理论创新，也不可能有不断的实践进步，中国特色社会主义既不会开创，更谈不上发展。要从根本上保证中国特色社会主义

① 资料来源：李海青. 中国共产党领导是中国特色社会主义最本质的特征. (2020-03-10)[2024-03-25]. https: //www. xuexi. cn/lgpage/detail/index. html?id=7348114876928841752&amp%EF%BC%9Bitem_id=%E2%80%857348114876928841752.

不变色、不变质，必须毫不动摇地坚持党的领导。就此而言，对于中国特色社会主义而言，党的领导并非一个变量，而是一个常量，并且是最为关键、最为核心、最为内在、最为本质的因素与常量。

卓越的领导能力是党成为中国特色社会主义最本质特征的关键。这种领导能力鲜明体现在以下几个方面：崇高的使命意识。中国共产党是一个典型的马克思主义使命性政党，具有强烈的历史使命感与长远的价值追求。坚定的人民立场。共产党不忘初心，强调人民至上，高度重视与人民群众的血肉联系，为人民谋幸福。严整的组织特性。组织边界严明、组织体系严密、组织原则有效、组织纪律严格，使得党能够通过自我革命统一全党思想，规范全党行为，集中全党力量，把党中央确定的路线、方针、政策迅速有效贯彻落实。极强的实践思维。中国共产党具有极强的实践性思维，注重实践探索、教训反思、经验总结、思想提升、理论创新，在理论和实践之间形成了一种较为有效的互动。出色的学习能力。面对新情况、新问题、新挑战，中国共产党明确提出要建立学习型政党并采取有效措施予以推进。持续的（地）回应创新。在中国特色社会主义推进过程中能够从实际出发积极应对各种问题与挑战，回应民众诉求，较为有效地实现指导思想、政策与制度的更替与创新。这种卓越的领导能力决定了党的领导是做好各项工作的根本保证，是战胜一切困难和风险的“定海神针”。

坚强有力的领导核心对于中国特色社会主义的决定性意义。一个国家、一个政党，领导核心至为重要。党的领导是中国特色社会主义最本质的特征，一个极为重要的内涵就是强调党的领导核心对于中国特色社会主义的决定性意义。纵观党的历史可以看到，真正的领导核心都是我们党在应对重大危机与挑战的过程中产生的，严峻复杂的形势和棘手难解的问题迫切需要一个强有力的领导核心来明确思路、凝聚力量，汇集共识，以力挽狂澜、化危为机，通过艰苦卓绝的努力开创伟大事业的新局面。今天，中国特色社会主义的发展又到了一个新的关键时期。改革必须全面深化，发展必须转型升级，而当前改革推进的艰巨程度、敏感程度、复杂程度，丝毫都不亚于改革之初，整体形势可谓是时间紧、任务重、问题多、挑战大、阻力强。而这就决定了现阶段的中国改革迫切需要一个强有力的党中央，一个强有力的领导核心来凝聚共识、整合力量、明确思路、贯彻落实，带领全党与全国人民共克时艰，再创辉煌。党的十八届六中全会明确习近平同志党内领导核心地位，正是适应了这样一种历史的需要。党的十八大以来的治国理政也充分显现了习近平同志作为全党领导核心的能力。维护习近平同志的领导核心地位对于在新时代续写中国特色社会主义的光辉篇章极为关键、十分重要。

三、实践项目

| 项目一 |

经典影视鉴赏——党史动漫专题片《血与火：新中国是这样炼成的》

（一）鉴赏目的

通过观看影视作品，学生能够深入了解和体会中国共产党建立新中国的艰辛历程，从中体会全面加强党的建设的重要性。

（二）鉴赏内容

该片聚焦从中国共产党成立到新中国成立 28 年的革命奋斗史，首次以动漫方式展现，共 30 集，每集 3 分钟左右，通过清新简洁、精美流畅的画面再现历史细节，生动讲述《开天辟地》《南昌城头一声枪响》《星火燎原》《四渡赤水出奇兵》等党史故事。

（三）鉴赏作业

依据所学内容观看影片，根据所学内容与个人认识，提交约 2 000 字的观后感。

| 项目二 |

人物故事——他们为什么选择了共产党

（一）实践目的

了解并讲述历史人物选择中国共产党的故事，沿着历史的轨迹，感悟信仰的力量，追寻真理的足迹，聆听时代前进的惊雷。训练挖掘人物历史、分享人物故事、透过具体现象分析时代发展趋势的能力。

（二）实践方案

1. 教师提供给学生历史人物名单，每人选择 1～2 个人物，通过查阅资料了解他们的生平事迹。参考历史人物名单（100 名）：李大钊、毛泽东、刘少奇、陈云、董必武、蔡和森、蔡畅、徐向前、聂荣臻、李立三、邓子恢、彭真、邓小平、邓颖超、李先念、谢觉哉、徐特立、恽代英、王若飞、周逸群、粟裕、罗瑞卿、许光达、张云逸、陈独秀、周恩来、任弼时、李富春、李维汉、王震、瞿秋白、陈潭秋、李达、李汉俊、张太雷、陈赓、黄克诚、朱德、杨尚昆、陈毅、王稼祥、谭政、王尽美、左权、习仲勋、薄一波、乌兰夫、宋任穷、刘伯承、贺龙、罗荣桓、叶挺、方志敏、赵世炎、林伯渠、吴玉章、王树声、张闻天、彭德怀、叶剑英、何叔衡、邓恩铭、邓中夏、项英、彭湃、萧劲光、徐海东、许世友、宋庆龄、张澜、李济深、黄炎培、沈钧儒、何香凝、陈叔通、马叙伦、陈嘉庚、郭沫若、马寅初、冯玉祥、张治中、傅作义、程潜、蔡廷锴、陶峙岳、龙云、钱学森、邓稼先、华罗庚、李四光、钱三强、钱伟长、朱光亚、斯诺、史沫特莱、爱泼斯坦、白求恩、马海德、柯棣华、艾黎。本名单出自刘全田、毛胜编著的《他们为什么选择了共产党》。

2. 整理他们选择中国共产党的故事。填写“历史人物故事卡”。

姓名：	生卒年月：
人物简介	
时代大背景	
生活小背景	
影响他做出选择的人物和事件	
他在思想上经历怎样的转变？	
他的故事对你有何启发？	

3. 组内限时分享历史人物故事。小组推荐若干代表参加更大范围的“他们为什么选择了共产党”故事汇报会，师生一起重温主人公的入党、人生选择或政治决断故事。

4. 全体同学参加线下或线上主题讨论：为什么说“中国共产党的领导地位是历史和人民的选择”？教师根据理论教学要点，针对学生的讨论进行引导、点评和总结。

第四章　坚持以人民为中心

一、案例精选

“江山就是人民，人民就是江山”的政治哲学意蕴①

“江山就是人民，人民就是江山”这一重要论述，包含着十分丰富和深刻的政治哲学意蕴。大致说来，主要有本体论层面上的三重含义和实践论层面上的五重含义。理解和掌握这个命题所包含的这八重内涵，在理论上、实践上都有着重要的现实意义。

第一，“江山就是人民，人民就是江山”，生动地揭示和描述了我国社会主义国家性质的人民性、民主性。国家的性质，即国家是属于谁的？这是国家政治哲学的首要问题、根本问题。历史上的所有国家形态，不论是奴隶制国家、封建制国家，还是现代资产阶级国家，尽管在职能上也具有维护社会公共秩序的功能，但它本质上都属于奴隶主、封建主（或地主阶级）、资产阶级的，而不属于人民，国家是这些在经济上占统治地位的统治阶级的政治工具。我国社会主义国家及其主权则属于全体中国人民，不属于任何有产阶级，更不属于任何个人。“江山就是人民，人民就是江山”形象而深刻地概括和描述了我国社会主义国家性质的人民性及其彻底的民主性。这就在根本上划清了我国社会主义国家与历史上一切传统国家形态之间的界限。

第二，“江山就是人民，人民就是江山”，生动地揭示了我国社会主义国家的组建方式、组织形式的人民性、民主性。与传统的国家由有产阶级所创建组建起来并为有产阶级的经济剥削、政治统治服务不同，我国是工人阶级领导的、以工农联盟为基础的人民民主专政的社会主义国家。阶级大联合、民族大联合、全体中国人民大联合和民主集中制的组建方式，表明了社会主义国家具有彻底的人民性、民主性，表明了我国社会主义国家是一种新型的由人民直接创建的民主形式，亦即是说我国社会主义国家是全体人民自己的政治结合方式，国家由人民结合而成。这就在国家创建方式、组织形式上与历史上过往的奴隶制国家、封建制国家、资产阶级国家划清了界限：历史上的过往国家，在组建形式上，人民是被裹挟进国家这个社会的政治外壳之中的，国家与人民的关系是一种外在的表象性、强制性关系，也正因为如此，国家在本质上不属于人民。与此相反，我国社会主义国家则是由全体人民共同自主地创建组织起来的，国家也因此而成为人民的社会（政治）存在方式。

第三，“江山就是人民，人民就是江山”，生动地揭示了社会主义制度下人民与国家之间“一体两面”的辩证关系。“江山就是人民”，指明了国家是属于人民的，指明了国家是人民社会性集合的存在形式。“人民就是江山”指明了人民是国家的内容、内在要素，指明了国家因人民的社会性集合而生。进而，“江山就是人民，人民就是江山”生动地揭示了社会主义制度下国家与人民之间“一体两面”的辩证关系：就其形式来说，人民的社会性存在以国家集合的方式呈现出来，而不限于地域的、血缘的集合方式呈现出来；就其内容来说，国家以人民为自己的内在内容，以人民的事务为自己的具体事务，而不限于统治阶级的统治事务或资产阶级

① 资料来源：胡承槐，张志军. “江山就是人民，人民就是江山”的政治哲学意蕴. (2021-12-20)[2024-03-25]. https://paper.cntheory.com/html/2021-12/20/nw.D110000xxsb_20211220_3-A2.htm.

政治学所说的“契约”事务。概而言之，“江山就是人民，人民就是江山”，在社会政治哲学本体论层面上，形象而深刻地揭示了我国社会主义国家与人民之间的同一性、一体性关系。

第四，“江山就是人民，人民就是江山”命题，蕴含着国家运行机制必然采取民主集中制的内在规定。既然国家是由人民自主组建起来，国家是属于人民的，人民与国家之间是“一体两面”的关系，那么在实践上，国家的运行机制必然要采取民主集中制的运行形式，以民主的方式集合人民的意志为国家的共同意志，进而转化为国家的路线、方针、政策和一系列制度安排，并指导人民在国家的一系列制度安排下依照共同的路线、方针、政策而行动，发挥主人翁的积极性、主动性、创造性。

第五，“江山就是人民，人民就是江山”，深刻地揭示了党和政府以人民为中心的价值理念的逻辑根源和社会现实基础。以人民为中心是共产党和共产党人的道德自觉，这一道德自觉是共产党与其他特殊利益政党相区别的本质特征。值得强调的是，这一道德自觉并不纯粹的是一种主观思想觉悟，更是社会主义国家的本质特征，是社会主义国家与人民相互关系的客观要求。也就是说，共产党人以人民为中心的道德自觉，是社会主义国家体制的本质特性及与人民的相互关系的客观现实的主观反映，是与客观实际相符合的科学的道德自觉。进而，依照“江山就是人民，人民就是江山”的内在逻辑和现实要求，在社会主义国家体制下，党和政府确立以人民为中心的价值指向，构建一系列以人民为中心的制度安排，展开以人民为中心的全部活动，既是党和政府的道德自律，也是社会主义国家的本质特性及与人民相互关系的客观强制。任何偏离以人民为中心的思想观念和实际行为，都是与党的主观愿望相背离的，也是与社会主义国家本质特性及与人民相互关系的客观规律相背离的。

第六，“江山就是人民，人民就是江山”深刻地揭示了推进人民民主的逻辑必然性和社会现实基础。人民民主是“江山就是人民，人民就是江山”的现实面相，它向党和国家的一切组织机构提出的实践要求是：必须鼓励和支持人民行使民主权利，确认和保护人民的民主权利。它向全体人民提出的要求是：人民应当乃至必须负起自己的民主责任。套用列宁在《无休的遁词》一文中所言，一个好的党员必是负起对党的机关和干部监督责任的党员，一个好的公民必是负起对国家机关和干部监督责任的公民。推而言之，“江山就是人民，人民就是江山”的现实面相，要求和推动着我们的人民积极承担起民主实践的责任和义务。当然，值得指出的是，由人民和国家是“一体两面”的本体论特性和民主集中制的实践原则所决定，我国的社会主义民主实践必然地是一种有序民主，而不是无序民主，那种把人民民主权利的绝对性理解为个人权利的绝对性，在认识上是片面的。

第七，“江山就是人民，人民就是江山”所蕴含的人民与国家的一体性、总体性涵义，还标示着我国社会主义国家主权的神圣性、整体性，捍卫国家主权及其完整性，与捍卫全体人民的整体利益具有高度的一致性，它要求着党和国家、全体人民为捍卫国家主权、领土完整作出不懈奋斗。

第八，“江山就是人民，人民就是江山”为评析和判断国家体制的性质、判断国家政治学说及其实践是否合乎马克思主义理论，是否正确、是否科学、是否先进提供了科学的依据和判断标准。国家越来越具有人民性是国家政治进步的根本标志。社会主义国家体制之所以是人类社会自有文明以来最先进、科学的国家体制，就在于它在内容上形式上实现了国家与人民的高度统一。

案例研讨：如何从哲学的角度思考“江山就是人民，人民就是江山”这一命题？

二、阅读拓展

深刻理解“坚持人民至上”的理论之基①

“坚持人民至上”是习近平新时代中国特色社会主义思想世界观和方法论的重要内容。“坚持人民至上”是对马克思主义人民性基本立场的鲜明体现，是对马克思主义群众观基本观点的创新发展，是对马克思主义认识论基本方法的灵活运用。

“坚持人民至上”是对马克思主义人民性的鲜明体现

人民性是马克思主义的本质属性和鲜明品格，人民立场是中国共产党的根本政治立场。中国共产党带领中国人民夺取新民主主义革命伟大胜利、完成社会主义革命、推进社会主义建设、进行改革开放和社会主义现代化建设、开创中国特色社会主义新时代。习近平总书记多次强调，“江山就是人民、人民就是江山，打江山、守江山，守的是人民的心”“党的根基在人民、血脉在人民、力量在人民”“时代是出卷人，我们是答卷人，人民是阅卷人”。这些重要论述深刻彰显了中国共产党坚定的人民立场。

坚持人民至上，肇始于马克思主义人民利益至上的思想精髓，赓续于中国共产党为人民服务的优良传统，成熟于中国共产党带领人民进行的伟大实践，发展对于新时代人民利益的现实分析。《共产党宣言》指出：“过去的一切运动都是少数人的或者为少数人谋利益的运动。无产阶级的运动是绝大多数人的、为绝大多数人谋利益的独立的运动。”为绝大多数人谋利益，坚持人民利益至上，彰显了马克思主义政党的根本价值立场和价值取向。进入新时代，全面从严治党向纵深推进，打赢脱贫攻坚战，加快生态文明建设，扎实推进共同富裕等等，都是坚持人民至上的实践阐释和生动写照。

坚持人民至上，要落脚到增进人民幸福感上来。马克思、恩格斯摒弃单一的整体主义幸福的虚幻许诺，避开狭隘的个人主义幸福的可能陷阱，将每个人自由全面发展的个人幸福与人类解放的整体幸福统一起来。“人的全面而自由的发展”是人类幸福的最高境界。党的百年奋斗史，就是为人民谋幸福的历史。习近平总书记指出：“中国共产党一经诞生，就把为中国人民谋幸福、为中华民族谋复兴确立为自己的初心使命。”人民生活幸福安康是一切工作的目的，要在历史方位标定中，更加深刻地把握人民群众对幸福生活的需要，始终与人民风雨同舟、与人民心心相印，想人民之所想、行人民之所嘱，不断把人民对美好生活的向往变为现实。

“坚持人民至上”是对马克思主义群众观的创新发展

人民群众是物质财富的创造者。物质资料生产是一切历史的前提，没有一定的物质资料生产，就不可能有人类历史。马克思、恩格斯以科学的实践观为理论基底，从“劳动”出发，提出物质资料生产和人的生产，指出后者是前者的关键和最终目的。人类生存和发展所需要的物质资料正是由广大人民群众生产的。“人民是创造历史的动力，我们共产党人任何时候都不要忘记这个历史唯物主义最基本的道理。”习近平总书记始终尊重劳动主体，指出劳动开创未来，劳动是推动人类社会进步的根本力量；强调劳动价值，指出人世间的一切幸福都需要靠辛勤的劳动来创造。同时，我们党注重改善劳动条件，构建和谐劳动关系，构建多层次的

---

① 资料来源：沈步珍，罗锐. 深刻理解“坚持人民至上”的理论之基. (2023-09-23)[2024-03-25]. https: //www. xuexi. cn/lgpage/ detail/ index. html?id=17585868414466710 84&item_id=17585868414466710 84.

社会保障体系；注重增强劳动教育，弘扬劳动精神，以劳树德，以劳增智，培养新一代中国梦的建设者；注重激发劳动活力，解放和发展生产力，为社会注入新的发展动力。

人民群众是精神财富的创造者。马克思、恩格斯在《黑格尔法哲学批判》和《神圣家族》中，批判了黑格尔辩证逻辑包裹下的虚无，揭开了唯心主义神秘的面纱，在确证物质第一性的基础上，肯定了意识对物质能动的反作用，使精神从虚幻转向现实。在马克思主义不断发展的过程中，“人民群众是精神财富的创造者”这一观点逐渐明晰。人民群众的生产实践为精神财富的创造提供了物质基础，一切精神财富都植根于人民群众的实践活动。习近平总书记强调，“要尊重人民首创精神，注重从人民的创造性实践中总结新鲜经验，上升为理性认识，提炼出新的理论成果”。中国人民是具有伟大创造精神的人民，是具有伟大奋斗精神的人民，是具有伟大团结精神的人民，是具有伟大梦想精神的人民。在夯实现代化物质的基础上，要丰富人民精神世界，建设高度的社会主义精神文明；引领人民精神生活，顺应人民精神文化新期待，建设中华民族共有的精神家园；增强人民精神力量，激发全民族文化创新创造活力，汇聚中华民族伟大复兴强大合力。

“坚持人民至上”是对马克思主义认识论的灵活运用

在倾听人民呼声中彰显人民至上。为了了解工人阶级的状况，马克思制定了包含近百个问题的《工人调查表》；恩格斯观察工人生活与工作状况，撰写了《英国工人阶级状况》。《农村调查》《论十大关系》等毛泽东同志的重要著作都是经过系统周密的调查研究而形成的。我们党注重建构调查研究的理论内容，确定调查研究的发展主题，理清调查研究的工作思路，明确调查研究的方法路径；塑造调查研究的实践样态，开展网上征求意见，在调查研究中解民忧、集民智、聚民心；阐发调查研究的价值立场，坚持调查研究牢牢根植人民，以人民群众的呼声为第一信号，以群众的满意为第一标尺，以人民群众的需要为第一导向，紧紧依靠人民，不断造福人民。

在尊重人民创新中彰显人民至上。创新是马克思主义的基本品格和重要命题，是唯物辩证法批判性与革命性的必然体现。马克思摆脱颠倒认识与实践本真联系的“本体论思维方法”，开启“实践论思维方法”，正确把握思维与存在、认识与实践的辩证统一关系，为创新提供了根本生长点。人民在实践中，一方面总结事物内在的、必然的、稳定的联系，形成理性认识，用以指导进一步的实践；另一方面形成联想、直觉、灵感等非逻辑思维，使创新成为现实可能。中国共产党人灵活运用马克思主义“实践论思维方法”，坚持理论与实践相结合，尊重人民首创精神，拜人民为师，推进在实践基础上的理论创新；坚持批判与建构相统一，敢于说前人没有说过的新话，敢于干前人没有干过的事情，以新的理论指导新的实践；坚持科学与价值相辉映，以科学的态度对待科学，以真理的精神追求真理，用创新把握时代、引领时代。

在满足人民需求中彰显人民至上。在马克思看来，人类社会的历史演进表现为矛盾运动过程，“按照我们的观点，一切历史冲突都根源于生产力和交往形式之间的矛盾”“我们判断这样一个变革时代也不能以它的意识为根据，相反，这个意识必须从物质生活的矛盾中，从社会生产力和生产关系之间的现存冲突中去解释”。矛盾的解决是与矛盾的形成和发展同时进行的。习近平总书记十分注重问题意识，指出要敢于面对新矛盾新挑战；强调抓住关键问题，指出要紧紧围绕社会主要矛盾推进各项工作；强调着眼实际问题，指出要不断回答人民之问，并作出符合实际的正确回答。当前，我国社会主要矛盾已经转化为人民日益增长的美好生活需要和不平衡不充分的发展之间的矛盾。人民对美好生活的向往总体上已经从“有没有”转向“好不好”，呈现多样化、多层次、多方面的特点。广大党员干部要牢记让人民生活幸福是“国之大者”，深入基层一线，往矛盾窝子里钻，紧紧抓住人民群众急难愁盼问题，采取更多惠民生、暖民心举措，及时为群众解难点、疏堵点、除痛点，真抓实干、务求实效，把各项工作做到人民群众的心窝里，让党的“人民性”这一永恒的价值底色熠熠生辉。

三、实践项目

| 项目一 |

关于大学生精准扶贫情况的调查

（一）调查目的

通过调查，了解大学生对国家精准扶贫政策的认知，强化学生对“以人民为中心”的执政理念的认同与理解。

（二）调查对象

在校大学生

（三）活动方案

时间：4 学时
地点：校园
方式：调查分析
流程：
（1）将调查问卷复印 100 份，将所在班级同学分为 8～10 组，每组完成相应的调查问卷，调查对象不限本班同学，尽量做到男女比例均衡。
（2）调查采取无记名的方式进行，要求选出同意的选项。
（3）调查完成后收齐问卷，并对各小组的数据进行汇总。
（4）将调查情况写成调查报告，上交任课教师。

【附】调查问卷

您好，非常感谢填写此问卷，这些问题仅反映您的个人观点，不会泄露您的任何隐私，请选择您认为合适的选项，感谢您的支持！

（1）您的性别（　　）。
A. 男　　　　B. 女
（2）您的年级（　　）。
A. 大一　　B. 大二　　C. 大三　　D. 大四

E. 研究生及以上

（3）您来自的地区（　　）。

A. 大型城市　　B. 中小型城市　　C. 县镇城区　　D. 农村

（4）您了解精准扶贫政策吗？（　　）

A. 非常了解　　B. 基本了解

C. 听说过，但不太了解　　D. 没听说过，也不了解

（5）您知道以下哪些对大学生的扶贫资助？（　　）（多选）

A. 国家/学校奖学金、助学金

B. 国家助学贷款/生源地助学贷款/校内贷款

C. 困难补助、勤工助学岗位

D. 国家资助定向培养教师、医生等

E. 其他

（6）您认为对贫困大学生进行扶贫资助有必要吗？（　　）

A. 很有必要，切实帮助到了贫困生

B. 没必要，贫困与否要靠自己

C. 无所谓

（7）您周围有同学获得过扶贫资助吗？（　　）

A. 有，而且很多　　B. 有，但是很少

C. 没听说过，可能有吧　　D. 没有

（8）您认为像助学金这样的扶贫申请，申请者应该具备怎样的条件？（　　）（多选）

A. 家庭困难，材料真实　　B. 学习态度认真

C. 生活俭朴，不攀比　　D. 人际交往良好

E. 社会、学习工作突出　　F. 其他

（9）您认为获得资助的大学生贫困的主要原因有哪些？（　　）（多选）

A. 教育费、生活费等费用大　　B. 地理条件差，地区经济落后

C. 家中有人患重大疾病　　D. 个人原因（如好吃懒做，不积极进取等）

E. 其他

（10）您身边存在假贫困现象吗？（　　）

A. 有，而且这个现象很普遍　　B. 有，但是个别现象

C. 没有，不存在　　D. 不清楚

（11）如果您获得扶贫资金资助，您会把钱用在哪些方面？（　　）（多选）

A. 交学费　　B. 用于生活开支

C. 购买学习用品　　D. 购买电器、电子设备等

E. 和同学出去吃一顿　　F. 去逛街买东西

G. 其他

（12）您所在的学校（院、系）在扶贫对象评定过后，是否出现过后续问题？（　　）

A. 有，而且很严重　　B. 有过但可以顺利解决

C. 不曾出现过　　D. 不清楚

（13）您认为现阶段您的学校在实施扶贫办法中有什么不足？（　　）（多选）

A. 扶贫对象筛选出错，很多同学无法获得相应的资助

B. 扶贫对象的评选过程未得到公开透明，存在不公平现象，如家庭不贫困的学生受到资助

C. 扶贫名额分配不均，有的院系过剩，有的院系则不足
D. 扶贫措施和后续工作不到位，对扶贫政策的宣传也不到位
E. 扶贫标准不明确，界定模糊，造成不合理现象
F. 其他

（14）您认为对大学生进行扶贫会造成哪些不良后果？（　　）（多选）
A. 扶贫措施助长了同学的依赖心理，得到扶贫的学生不再想着通过勤工兼职来解决经济困难
B. 没有得到扶贫的同学，心理失衡，不贫装贫，通过各种途径获得贫困证明
C. 得到扶贫资助的同学，生活变得铺张浪费，花钱大手大脚
D. 得到扶贫资助，学习变得不再认真
E. 以上现象都有

（15）您认为为了更好地对大学生精准扶贫，政府应该做些什么？（　　）
A. 政府鼓励大学生创业，给予资金支持和优惠政策扶持，通过创业自救脱贫
B. 政府可以提倡企业每年招收寒暑假工，为贫困生提供勤工俭学机会
C. 政府可以扩大定向培养范围和目标，如定向培养不只限于教师、医生等
D. 政府要保障助学金、奖学金、助学贷款等扶贫政策的稳步有效实施
E. 其他

（16）为了更好地对大学生精准扶贫，您认为学校应该做些什么？（　　）
A. 学校可以不定期开展思想教育，培养大学生的自主意识，完善大学生健康人格
B. 学校可以组织开展各种营销、创业大赛等，提高学生的自我救助能力和创业致富能力等
C. 学校要落实助学金等扶贫政策的实施
D. 学校可以协调机关团体、企事业单位和公民个人捐款、捐物资助贫困生
E. 其他

（17）对于大学生精准扶贫，您还有什么具体的看法？

____

____

| 项目二 |

经典影视鉴赏——《一个都不能少》

（一）鉴赏目的

通过对经典影视的观看，促使学生深入了解中国共产党始终为人民服务的初心，深刻明白精准扶贫、乡村振兴、共同富裕、伟大复兴战略的制定逻辑与现实路径。

（二）鉴赏内容

电视连续剧《一个都不能少》讲述了我国西部某地的贫困村“焉支村”合并到本县最富裕的“丹霞村”后，两村村民逐步摒弃过往嫌隙，共同走上致富道路的故事。

（三）鉴赏作业

学生结合所学内容观看影片，根据影视内容和个人认识，提交约 2 000 字的观后感。

第五章　全面深化改革开放

一、案例精选

在庆祝改革开放 40 周年大会上的讲话(节选)①

同志们，朋友们：

1978 年 12 月 18 日，在中华民族历史上，在中国共产党历史上，在中华人民共和国历史上，都必将是载入史册的重要日子。这一天，我们党召开十一届三中全会，实现新中国成立以来党的历史上具有深远意义的伟大转折，开启了改革开放和社会主义现代化的伟大征程。

今天，我们在这里隆重集会，回顾改革开放 40 年的光辉历程，总结改革开放的伟大成就和宝贵经验，动员全党全国各族人民在新时代继续把改革开放推向前进，为实现“两个一百年”奋斗目标、实现中华民族伟大复兴的中国梦不懈奋斗。

……

同志们、朋友们!

改革开放 40 年来，从开启新时期到跨入新世纪，从站上新起点到进入新时代，40 年风雨同舟，40 年披荆斩棘，40 年砥砺奋进，我们党引领人民绘就了一幅波澜壮阔、气势恢宏的历史画卷，谱写了一曲感天动地、气壮山河的奋斗赞歌。

——40 年来，我们始终坚持解放思想、实事求是、与时俱进、求真务实，坚持马克思主义指导地位不动摇，坚持科学社会主义基本原则不动摇，勇敢推进理论创新、实践创新、制度创新、文化创新以及（其他）各方面创新，不断赋予中国特色社会主义以鲜明的实践特色、理论特色、民族特色、时代特色，形成了中国特色社会主义道路、理论、制度、文化，以不可辩驳的事实彰显了科学社会主义的鲜活生命力，社会主义的伟大旗帜始终在中国大地上高高飘扬!

——40 年来，我们始终坚持以经济建设为中心，不断解放和发展社会生产力，我国国内生产总值由 3679 亿元增长到 2017 年的 82.7 万亿元，年均实际增长 9.5%，远高于同期世界经济 2.9%左右的年均增速。我国国内生产总值占世界生产总值的比重由改革开放之初的 1.8%上升到 15.2%，多年来对世界经济增长贡献率超过 30%。我国货物进出口总额从 206 亿美元增长到超过 4 万亿美元，累计使用外商直接投资超过 2 万亿美元，对外投资总额达到 1.9 万亿美元。我国主要农产品产量跃居世界前列，建立了全世界最完整的现代工业体系，科技创新和重大工程捷报频传。我国基础设施建设成就显著，信息畅通，公路成网，铁路密布，高坝矗立，西气东输，南水北调，高铁飞驰，巨轮远航，飞机翱翔，天堑变通途。现在，我国是世界第二大经济体、制造业第一大国、货物贸易第一大国、商品消费第二大国、外资流入第二大国，我国外汇储备连续多年位居世界第一，中国人民在富起来、强起来的征程上迈出

① 资料来源：习近平. 在庆祝改革开放 40 周年大会上的讲话. (2018-12-22)[2024-03-25]. http://www. qstheory. cn/dukan/qs/2018-12/22/c_1123888045. htm.

了决定性的步伐！

——40 年来，我们始终坚持中国特色社会主义政治发展道路，不断深化政治体制改革，发展社会主义民主政治，党和国家领导体制日益完善，全面依法治国深入推进，中国特色社会主义法律体系日益健全，人民当家作主的制度保障和法治保障更加有力，人权事业全面发展，爱国统一战线更加巩固，人民依法享有和行使民主权利的内容更加丰富、渠道更加便捷、形式更加多样，掌握着自己命运的中国人民焕发出前所未有的积极性、主动性、创造性，在改革开放和社会主义现代化建设中展现出气吞山河的强大力量！

——40 年来，我们始终坚持发展社会主义先进文化，加强社会主义精神文明建设，培育和践行社会主义核心价值观，传承和弘扬中华优秀传统文化，坚持以科学理论引路指向，以正确舆论凝心聚力，以先进文化塑造灵魂，以优秀作品鼓舞斗志，爱国主义、集体主义、社会主义精神广为弘扬，时代楷模、英雄模范不断涌现，文化艺术日益繁荣，网信事业快速发展，全民族理想信念和文化自信不断增强，国家文化软实力和中华文化影响力大幅提升。改革开放铸就的伟大改革开放精神，极大丰富了民族精神内涵，成为当代中国人民最鲜明的精神标识！

——40 年来，我们始终坚持在发展中保障和改善民生，全面推进幼有所育、学有所教、劳有所得、病有所医、老有所养、住有所居、弱有所扶，不断改善人民生活、增进人民福祉。全国居民人均可支配收入由 171 元增加到 2.6 万元，中等收入群体持续扩大。我国贫困人口累计减少 7.4 亿人，贫困发生率下降 94.4 个百分点，谱写了人类反贫困史上的辉煌篇章。教育事业全面发展，九年义务教育巩固率达 93.8%。我国建成了包括养老、医疗、低保、住房在内的世界最大的社会保障体系，基本养老保险覆盖超过 9 亿人，医疗保险覆盖超过 13 亿人。常住人口城镇化率达到 58.52%，上升 40.6 个百分点。居民预期寿命由 1981 年的 67.8 岁提高到 2017 年的 76.7 岁。我国社会大局保持长期稳定，成为世界上最有安全感的国家之一。粮票、布票、肉票、鱼票、油票、豆腐票、副食本、工业券等百姓生活曾经离不开的票证已经进入了历史博物馆，忍饥挨饿、缺吃少穿、生活困顿这些几千年来困扰我国人民的问题总体上一去不复返了！

——40 年来，我们始终坚持独立自主的和平外交政策，始终不渝走和平发展道路、奉行互利共赢的开放战略，坚定维护国际关系基本准则，维护国际公平正义。我们实现由封闭半封闭到全方位开放的历史转变，积极参与经济全球化进程，为推动人类共同发展作出了应有贡献。我们积极推动建设开放型世界经济、构建人类命运共同体，促进全球治理体系变革，旗帜鲜明反对霸权主义和强权政治，为世界和平与发展不断贡献中国智慧、中国方案、中国力量。我国日益走近世界舞台中央，成为国际社会公认的世界和平的建设者、全球发展的贡献者、国际秩序的维护者！

——40 年来，我们始终坚持加强和改善党的领导，积极应对在长期执政和改革开放条件下党面临的各种风险考验，持续推进党的建设新的伟大工程，保持党的先进性和纯洁性，保持党同人民群众的血肉联系。我们积极探索共产党执政规律、社会主义建设规律、人类社会发展规律，不断开辟马克思主义中国化（时代化）新境界。我们坚持党要管党、（全面）从严治党，净化党内政治生态，持之以恒正风肃纪，大力整治形式主义、官僚主义、享乐主义和奢靡之风，以零容忍态度严厉惩治腐败，反腐败斗争取得压倒性胜利。我们党在革命性锻造中坚定走在时代前列，始终是中国人民和中华民族的主心骨！

40 年春风化雨、春华秋实，改革开放极大改变了中国的面貌、中华民族的面貌、中国人民的面貌、中国共产党的面貌。中华民族迎来了从站起来、富起来到强起来的伟大飞跃！中国特色社会主义迎来了从创立、发展到完善的伟大飞跃！中国人民迎来了从温饱不足到小康富裕的伟大飞跃！中华民族正以崭新姿态屹立于世界的东方！

40年来取得的成就不是天上掉下来的，更不是别人恩赐施舍的，而是全党全国各族人民用勤劳、智慧、勇气干出来的！我们用几十年时间走完了发达国家几百年走过的工业化历程。在中国人民手中，不可能成为了可能。我们为创造了人间奇迹的中国人民感到无比自豪、无比骄傲！

……

全党全国各族人民要更加紧密地团结在党中央周围，高举中国特色社会主义伟大旗帜，不忘初心、牢记使命，将改革开放进行到底，不断实现人民对美好生活的向往，在新时代创造中华民族新的更大奇迹！创造让世界刮目相看的新的更大奇迹！

案例研讨：为什么说改革开放是我们党的一次伟大觉醒？

二、阅读拓展

在全面深化改革开放上的成就①

在全面深化改革开放上，党不断推动全面深化改革向广度和深度进军，中国特色社会主义制度更加成熟更加定型，国家治理体系和治理能力现代化水平不断提高，党和国家事业焕发出新的生机活力。

——摘自《中国共产党第十九届中央委员会第六次全体会议公报》

党的十一届三中全会以后，我国改革开放走过波澜壮阔的历程，取得举世瞩目的成就。随着实践发展，一些深层次体制机制问题和利益固化的藩篱日益显现，改革进入攻坚期和深水区。党中央深刻认识到，实践发展永无止境，解放思想永无止境，改革开放也永无止境，改革只有进行时、没有完成时，停顿和倒退没有出路，必须以更大的政治勇气和智慧推进全面深化改革，敢于啃硬骨头，敢于涉险滩，突出制度建设，注重改革关联性和耦合性，真枪真刀推进改革，有效破除各方面体制机制弊端。

党的十八届三中全会对经济体制、政治体制、文化体制、社会体制、生态文明体制、国防和军队改革和党的建设制度改革作出部署，确定全面深化改革的总目标、战略重点、优先顺序、主攻方向、工作机制、推进方式和时间表、路线图。党的十一届三中全会是划时代的，开启了改革开放和社会主义现代化建设新时期。党的十八届三中全会也是划时代的，实现改革由局部探索、破冰突围到系统集成、全面深化的转变，开创了我国改革开放新局面。

党坚持改革正确方向，以促进社会公平正义、增进人民福祉为出发点和落脚点，突出问题导向，聚焦进一步解放思想、解放和发展社会生产力、解放和增强社会活力，加强顶层设计和整体谋划，增强改革的系统性、整体性、协同性，激发人民首创精神，推动重要领域和关键环节改革走实走深。党推动改革全面发力、多点突破、蹄疾步稳、纵深推进，从夯基垒台、立柱架梁到全面推进、积厚成势，再到系统集成、协同高效，各领域基础性制度框架基

① 资料来源：《中国共产党第十九届中央委员会第六次全体会议公报》. 在全面深化改革开放上的成就. (2022-10-30)[2024-03-25]. https: //www. xuexi. cn/lgpage/detail/index. html?id=6904968159662941092&item_id=6904968159662941092.

本确立，许多领域实现历史性变革、系统性重塑、整体性重构。

党中央深刻认识到，开放带来进步，封闭必然落后；我国发展要赢得优势、赢得主动、赢得未来，必须顺应经济全球化，依托我国超大规模市场优势，实行更加积极主动的开放战略。我国坚持共商共建共享，推动共建“一带一路”高质量发展，推进一大批关系沿线（共建）国家经济发展、民生改善（提高）的合作项目，建设和平之路、繁荣之路、开放之路、绿色之路、创新之路、文明之路，使共建“一带一路”成为当今世界深受欢迎的国际公共产品和国际合作平台。我国坚持对内对外开放相互促进、“引进来”和“走出去”更好结合，推动贸易和投资自由化便利化，构建面向全球的高标准自由贸易区网络，建设自由贸易试验区和海南自由贸易港，推动规则、规制、管理、标准等制度型开放，形成更大范围、更宽领域、更深层次对外开放格局，构建互利共赢、多元平衡、安全高效的开放型经济体系，不断增强我国国际经济合作和竞争新优势。

党的十八大以来，党不断推动全面深化改革向广度和深度进军，中国特色社会主义制度更加成熟更加定型，国家治理体系和治理能力现代化水平不断提高，党和国家事业焕发出新的生机活力。

三、实践项目

| 项目一 |

经典影视鉴赏——《将改革进行到底》

（一）鉴赏目的

通过对经典影视的观看，促使学生深入了解和体会全面深化改革重大战略部署的决策过程。

（二）鉴赏内容

《将改革进行到底》围绕“完善和发展中国特色社会主义制度，推进国家治理体系和治理能力现代化”这一总目标，集中反映近年来全面深化改革各主要领域具有“四梁八柱”性质的改革主体框架已基本确立的过程，并分别关注经济、政治、司法、文化、生态文明、国防军队建设、党的建设、民生等领域的改革实践，既体现了较强的思想性，又讲述了生动的改革故事。

（三）鉴赏作业

学生结合所学内容观看影片，根据影片内容与个人认识，提交 2 000 字的观后感。

| 项目二 |

“光阴的故事”照片征集

（一）实践目的

以“光阴的故事”为主题开展老照片征集活动，通过老照片了解中国的过去以及对比中国改革开放的伟大实践，进一步深刻认识在中国共产党的领导下，中国经济、政治、文化、社会、生态等方面发生的历史性变化、取得的历史性成就，从而进一步明确个人未来发展目标，树立用奋斗的青春向祖国和人民交上一份满意的答卷的志向。

（二）实践内容

同学们利用课余时间深入博物馆、社区、家乡、高校参观学习，寻找改革开放前后照片进行对比，感悟改革开放带来的巨大变化，并对照片进行文字说明。文字描述要求：传递时代变迁的情感共鸣，体现中国特色社会主义伟大实践的风雨历程带来的日新月异。不超过500字，体裁不限，散文、诗歌等均可。

（三）实践作业

提交word文档或者纸质作品，老师精选优秀作品进行展览。

第六章　推动高质量发展

一、案例精选

新发展阶段贯彻新发展理念必然要求构建新发展格局[①]（节选）

着力构建新发展格局

构建以国内大循环为主体、国内国际双循环相互促进的新发展格局，是根据我国发展阶段、环境、条件变化，特别是基于我国比较优势变化，审时度势作出的重大决策。构建新发展格局是事关全局的系统性、深层次变革，是立足当前、着眼长远的战略谋划。我们要从全局和战略的高度准确把握加快构建新发展格局的战略构想。

从根本上说，构建新发展格局是适应我国发展新阶段要求、塑造国际合作和竞争新优势的必然选择。改革开放前，我国经济以国内循环为主，进出口占国民经济的比重很小。改革开放后，我们打开国门，扩大对外贸易和吸引外资。特别是 2001 年加入世贸组织后，我国深度参与国际分工，融入国际大循环，形成市场和资源“两头在外”的发展格局，对我们抓住经济全球化机遇快速提升经济实力、改善人民生活发挥了重要作用。

2008 年国际金融危机是我国发展格局演变的一个重要分水岭。面对严重的外部危机冲击，我们把扩大内需作为保持经济平稳较快发展的基本立足点，推动经济发展向内需主导转变，国内循环在我国经济中的作用开始显著上升。党的十八大以来，我们坚持实施扩大内需战略，使发展更多依靠内需特别是消费需求拉动。我国对外贸易依存度从 2006 年峰值的 67%下降到 2019 年的近 32%，经常项目顺差占国内生产总值比重由最高时的 10%以上降至目前的 1%左右，内需对经济增长的贡献率有 7 个年份超过 100%。我们提出构建新发展格局，是对我国客观经济规律和发展趋势的自觉把握，是有实践基础的。

未来一个时期，我国国内市场主导经济循环的特征会更加明显，经济增长的内需潜力会不断释放。从需求看，我国拥有 14 亿人口，其中有 4 亿多中等收入人群，我国商品零售额即将超过美国，位居世界首位，今后还有稳步增长空间。从供给看，我国基于国内大市场形成的强大生产能力，能够促进全球要素资源整合创新，使规模效应和集聚效应最大化发挥。只要顺势而为、精准施策，我们完全有条件构建新发展格局、重塑新竞争优势。

第一，构建新发展格局是把握发展主动权的先手棋，不是被迫之举和权宜之计。从国际比较看，大国经济的特征都是内需为主导、内部可循环。我国作为全球第二大经济体和制造业第一大国，国内经济循环同国际经济循环的关系客观上早有调整的要求。这是我们提出构建新发展格局的首要考虑。在当前国际形势充满不稳定性不确定性的背景下，立足国内、依

① 资料来源：习近平. 新发展阶段贯彻新发展理念必然要求构建新发展格局. (2022-08-31)[2024-03-25]. http: //dangjian. people. com. cn/n1/2022/0831/c117092-32516428. html.

托国内大市场优势，充分挖掘内需潜力，有利于化解外部冲击和外需下降带来的影响，也有利于在极端情况下保证我国经济基本正常运行和社会大局总体稳定。

第二，构建新发展格局是开放的国内国际双循环，不是封闭的国内单循环。我国经济已经深度融入世界经济，同全球很多国家的产业关联和相互依赖程度都比较高，内外需市场本身是相互依存、相互促进的。以国内大循环为主体，绝不是关起门来封闭运行，而是通过发挥内需潜力，使国内市场和国际市场更好联通，以国内大循环吸引全球资源要素，更好利用国内国际两个市场两种资源，提高在全球配置资源能力，更好争取开放发展中的战略主动。我国开放的大门不会关闭，只会越开越大。要科学认识国内大循环和国内国际双循环的关系，主动作为、善于作为，建设更高水平开放型经济新体制，实施更大范围、更宽领域、更深层次的对外开放。

第三，构建新发展格局是以全国统一大市场基础上的国内大循环为主体，不是各地都搞自我小循环。党中央作出构建新发展格局的战略安排，提出以国内大循环为主体，是针对全国而言的，不是要求各地都搞省内、市内、县内的自我小循环。各地区要找准自己在国内大循环和国内国际双循环中的位置和比较优势，把构建新发展格局同实施区域重大战略、区域协调发展战略、主体功能区战略、建设自由贸易试验区等有机衔接起来，打造改革开放新高地，不能搞“小而全”，更不能以“内循环”的名义搞地区封锁。有条件的地区可以率先探索有利于促进全国构建新发展格局的有效路径，发挥引领和带动作用。

构建新发展格局必须坚定不移贯彻新发展理念。我们提出新发展理念已有 5 年，各方面已形（达）成高度共识，实践也在不断深化。贯彻新发展理念，必然要求构建新发展格局，这是历史逻辑和现实逻辑共同作用使然。要坚持系统观念，加强对各领域发展的前瞻性思考、全局性谋划、战略性布局、整体性推进，加强政策协调配合，使发展的各方面相互促进，把贯彻新发展理念的实践不断引向深入。

构建新发展格局要把握好几个重要着力点

构建新发展格局是一个系统工程，既要“操其要于上”，加强战略谋划和顶层设计，也要“分其详于下”，把握工作着力点。

一是要加快培育完整内需体系。这是畅通国民经济循环、增强国内大循环主体地位的重要基础。经济活动是一个动态的周而复始的循环过程。要推进深层次改革和强化政策引导，着力打通制约经济循环的关键堵点。要以满足国内需求为基本立足点，把实施扩大内需战略同深化供给侧结构性改革有机结合起来，着力提升供给体系对国内需求的适配性，形成需求牵引供给、供给创造需求的更高水平动态平衡。要加强现代流通体系建设，完善硬件和软件、渠道和平台，夯实国内国际双循环的重要基础。

二是要加快科技自立自强。这是确保国内大循环畅通、塑造我国在国际大循环中新优势的关键。要增强责任感和危机感，丢掉幻想，正视现实，打好关键核心技术攻坚战，加快攻克重要领域“卡脖子”技术。要充分激发人才创新活力，全方位培养、引进、用好人才，造就更多国际一流的科技领军人才和创新团队，培养具有国际竞争力的青年科技人才后备军。要为科学家和留学生回国从事研究开发、学习、工作和生活提供良好环境和服务保障，让他们人尽其才、才尽其用、为国效力。

三是要推动产业链供应链优化升级。这是稳固国内大循环主体地位、增强在国际大循环中带动能力的迫切需要。制造业是我国经济命脉所系，是立国之本、强国之基。这次抗击新冠肺炎疫情，我国完备的制造业体系发挥了至关重要的支撑作用，再次证明制造业对国家特别是大国发展和安全的重要意义。要把增强产业链韧性和竞争力放在更加重要的位置，着力构建自主可控、安全高效的产业链供应链。要对重点行业产业链供应链进行系统梳理，摸清薄弱环节、找准风险点，分行业做好战略设计和精准施策，加快补齐产业链供应链短板，逐步在关系国家安全的领域和节点实现自主可控。要采取有力措施提高企业根植性，促进产业在国内有序转移，即使向外转移也要想方设法把产业链关键环节留在国内。

四是要推进农业农村现代化。城乡经济循环是国内大循环的重要方面，也是确保国内国际两个循环比例关系健康的关键因素。实现农业农村现代化是全面建设社会主义现代化国家的重大任务，是解决发展不平衡不充分问题的必然要求。要坚持把解决好“三农”问题作为全党工作重中之重，全面实施乡村振兴战略。要实现巩固拓展脱贫攻坚成果同乡村振兴有效衔接，接续推动脱贫摘帽地区乡村全面振兴，促进经济社会发展和群众生活改善。保障粮食等重要农产品供给安全，是“三农”工作头等大事。在粮食安全问题上千万不可掉以轻心。要确保谷物基本自给、口粮绝对安全，确保中国人的饭碗牢牢端在自己手中。要坚持推动农业供给侧结构性改革，优化农业生产结构，优化农业生产区域布局，加强粮食生产功能区、重要农产品生产保护区和特色农产品优势区建设。

五是要提高人民生活品质。这是畅通国内大循环的出发点和落脚点，也是国内国际双循环相互促进的关键联结点。适应人民群众需求变化，努力办好各项民生事业，让老百姓的日子越过越好，是社会主义生产的根本目的。优化分配结构，发展壮大中等收入群体，有利于增强高质量发展的内生动力，是畅通国民经济循环的一个关键环节。要坚持按劳分配为主体、多种分配方式并存，提高劳动报酬在初次分配中的比重，健全工资合理增长机制，探索通过土地、资本等要素使用权、收益权增加中低收入群体要素收入，切实保障劳动者待遇和权益，不断壮大中等收入群体。要坚持问题导向，多谋民生之利、多解民生之忧，坚持尽力而为、量力而行，加快补齐短板弱项，扎实推动共同富裕，不断增强人民群众获得感、幸福感、安全感。

六是要牢牢守住安全发展这条底线。这是构建新发展格局的重要前提和保障，也是畅通国内大循环的题中应有之义。这次中央全会对统筹发展和安全作出战略部署，对在复杂环境下更好推进我国经济社会发展具有重大指导意义。要坚持总体国家安全观，坚持国家利益至上，以人民安全为宗旨，以政治安全为根本，加强国家安全体系和能力建设。要把握好开放和安全的关系，织密织牢开放安全网，增强在对外开放环境中动态维护国家安全的本领。要把保护人民生命安全摆在首位，全面提高公共安全保障能力，促进人民安居乐业、社会安定有序、国家长治久安。

※这是习近平总书记2020年10月29日在党的十九届五中全会第二次全体会议上的讲话。

案例研讨：我国为何要构建以国内大循环为主体、国内国际双循环相互促进的新发展格局？

二、阅读拓展

从三个层面理解高质量发展的内涵[①]（节选）

我国经济已由高速增长阶段转向高质量发展阶段。推动高质量发展是当前和今后一个时期确定发展思路、制定经济政策、实施宏观调控的根本要求，必须深刻认识和理解高质量发展的内涵，为相关政策的制定和实施提供更加精准的依据，推动我国经济在高质量发展上不断取得新进展。

应该看到，速度与质量是辩证统一的，没有一定的发展速度就很难谈到发展的质量，高质量发展同时注重发展的“量”和“质”。其显著特征是：从关注经济规模和增长过程，转向关注增长的结果和增长的效益；从关注经济增长一个维度，转向关注经济发展、社会公平、生态环境等多个维度；从片面重视高增长产业，转向关注产业协同发展、构建现代化产业体系；从关注经济增长的要素投入，转向关注要素生产率的提升和要素优化配置；从关注 GDP，转向关注以人民为中心的各项制度安排和城乡区域之间的协调发展。

具体来看，可以从以下三个层面理解高质量发展的深刻内涵：

一、从宏观层面理解，高质量发展是指经济增长稳定，区域城乡发展均衡，以创新为动力，实现绿色发展，让经济发展成果更多更公平惠及全体人民。

一是表现为增长的稳定性。在推动经济高质量发展的同时，保持速度和规模的优势依然重要。高质量发展意味着必须保持经济增速稳定，不能出现大起大落的波动。

二是表现为发展的均衡性。在高质量发展进程中，经济发展的速度依旧重要，但是强调在更加宽广领域上的协调发展。就经济体系而言，国民经济重大比例关系要合理，需实现实体经济、科技创新、现代金融、人力资源协同发展，构建现代化产业体系；就创新而言，创新要成为推动高质量发展的主要动力，不断推动经济发展从规模速度型向质量效率型增长、从粗放增长向集约增长转变，推动经济发展向结构更合理、附加值更高的阶段演化；就城乡区域发展而言，高质量发展需是城乡之间、区域之间的均衡发展。

三是表现为环境的可持续性。绿色发展理念为高质量发展提供了更加丰富、广泛的内涵。高质量发展要求我们能够创造更多物质财富和精神财富，满足人民日益增长的美好生活需要。尤其是要提供更多优质生态产品，满足人民日益增长的优美生态环境需要。

四是表现为社会的公平性。高质量发展要兼顾生产、生活与生态，要坚持以人民为中心的发展思想，坚持发展为了人民、发展依靠人民、发展成果由人民共享。因此，在宏观经济层面，质量的内涵还涉及经济、社会、生态等诸多方面，应把增进民生福祉作为发展的根本目的，并且形成有效社会治理、良好社会秩序，促进社会公平正义。

二、从产业层面理解，高质量发展是指产业布局优化、结构合理，不断实现转型升级，并显著提升产业发展的效益。

一是产业规模不断壮大。高质量发展意味着产业规模不断扩大，现代农业、先进制造业、现代服务业等不断完善发展，形成健全的现代产业体系。尤其是要重视制造业的发展，制造业不但是实体经济的主体，还是技术创新的“主战场”，其产业规模反映了当前制造业发展的

---

① 资料来源：史丹，赵剑波，邓洲. 从三个层面理解高质量发展的内涵. (2019-09-08)[2024-03-25]. http: //theory. people. com. cn/n1/2019/0909/c40531-31343036. html.

基础实力，以及产业体系的完整程度与规模效益。

二是产业结构不断优化。产业实现高质量发展，要求产业组织结构日益优化，一二三产业结构合理，并且不断深化融合发展。

三是创新驱动转型升级。创新是引领发展的第一动力，是建设现代化经济体系的战略支撑；创新是产业实力的综合反映，是竞争能力的核心要素。因此，实施创新驱动发展战略，是促进我国产业转型发展的需要，是支撑消费升级的需要，是增强国家竞争力的需要。实现高质量的创新发展，就要在中高端消费、创新引领、绿色低碳、现代供应链、人力资本服务等领域培育新的增长点、形成新动能。

四是质量效益不断提升。质量与效益提升是产业转型的重点，要以最小的质量成本产出最大的质量效益，并不断提升可持续发展的能力。

三、从企业经营层面理解，高质量发展包括一流竞争力、质量的可靠性与持续创新、品牌的影响力，以及先进的质量管理理念与方法等。

作为企业价值创造的产出，产品与服务本身的质量是狭义的质量，在企业经营层面，可以从以下几个方面理解高质量发展。

一是具有全球一流竞争力。具有国际竞争力的世界一流企业，应具备国际竞争力、影响力、带动力。竞争力体现在企业能够跨越多个经济周期，在经济效益、风险防范、公司治理、管理水平、人才队伍建设等方面始终保持竞争优势，在激烈的国内外竞争中不断胜出、持续发展、创造价值。影响力体现在企业具有举足轻重的行业地位，在规模实力、区域布局、品牌影响力等方面处于行业的前列，在行业标准、行业规则制定上有话语权，是行业的重要整合者。带动力体现在企业是行业发展和变革的引领者，在技术创新、制度创新、商业模式创新、管理创新等方面走在前面，其产业培育与孵化能前瞻性地把握行业趋势，具有导向性和指引性。

二是保持产品质量的可靠性与持续创新。质量的范畴不仅包括产品质量，还应该包括服务质量和工程质量。坚持“质量为先”，就要提高农产品、工业产品的质量，以及服务质量和工程质量，全面提升我国质量总体水平。还要看到，高质量发展一定是由创新驱动的，需以企业为主体，强化技术创新和产品创新，才能不断增强经济创新力和竞争力。应该看到，提高产品创新能力是提高企业竞争力和产业竞争力的关键，创新能够提高产品和服务的附加值，降低资源消耗，以更少的生产资料生产出高质量产品。创新还能有力驱动生产率的提高和产品性能的提升，促进新科技、新模式、新产品、新业态的出现，不断推动产业向价值链的中高端迈进。

三是具有品牌影响力。从品牌价值看，“中国制造”还未具有“日本制造”或者“德国制造”那样的整体影响力，由于长期强调“质优价廉”的理念，造成“中国制造”的高端品牌不足。在企业层面实现高质量发展，意味着大量具有世界影响力的品牌出现，企业要顺应消费个性化、多样化发展的大趋势，努力增加高品质商品和服务供给，在产品细节、做工、创新、性能上多下功夫，形成具有全球影响力的知名品牌。

四是拥有先进的质量管理方法和技术基础。企业层面的质量管理包括企业先进质量管理方法、认证与检测、标准与计量等支撑产品质量提升的内容。企业推动高质量发展，要大力推广“卓越绩效”“六西格玛管理”等先进技术手段和现代质量管理理念及方法，并形成具有中国企业特色的质量管理体系，致力于全面提升质量和效益。

三、实践项目

项目一

经典影视鉴赏——《辉煌中国》

（一）鉴赏目的

通过对经典影视作品的观看，促使学生深入全面了解党的十八大以来中国经济社会发展取得的巨大成就。

（二）鉴赏内容

本片通过壮观震撼的大规模航拍现场、生动鲜活的百姓生活现场、激动人心的生产一线现场，呈现出“大美中国、大爱中国、龙腾虎跃、蒸蒸日上”的动人场景，展示出在以习近平同志为核心的党中央带领下，全国各族人民砥砺奋进、真抓实干，取得了历史性巨大成就；展示出中国人民更多的获得感、幸福感、安全感、自豪感；展示出中华民族实现了从站起来、富起来到强起来的历史性飞跃。

（三）鉴赏作业

学生结合所学内容观看影片，根据影片内容与个人认识，提交约 2 000 字的观后感。

项目二

人物故事分享

（一）实践目的

通过采访身边人，深入了解时代背景下政策的变化对个人的影响，加深对供给侧结构性改革意义的理解。

（二）实践方案

参照《供给侧改革——八个平凡人的平凡故事》，想一想你身边有没有类似的与供给侧结构性改革相关的故事，也可以采访一下你的老师、同学、父母、朋友，问一问有没有类似的故事，请将这些故事写出来，800 字左右。教师对这些作品进行总结点评和表彰。

第七章 社会主义现代化建设的教育、科技、人才战略

一、案例精选

新时代我国教育、科技、人才工作取得的历史性成就[1]

党的十八大以来，以习近平同志为核心的党中央立足中华民族伟大复兴战略全局和世界百年未有之大变局，全面深入实施科教兴国战略、人才强国战略、创新驱动（发展）战略，推动新时代教育事业、科技事业、人才工作取得历史性成就、发生历史性变革。

教育事业取得举世瞩目的历史性成就。我国建成了世界上规模最大的教育体系，教育普及水平实现历史性跨越。立德树人根本任务不断落实落细，教育公平取得新的重大进展，教育质量稳步提升，教育服务国家战略和区域发展的能力显著增强，教育保障更加有力，教师队伍建设迈上新台阶，教育对外开放呈现新格局，教育现代化取得重大进展。到 2021 年底，我国学前教育毛入学率达到 88.1%，比 2012 年提高 23.6 个百分点；义务教育阶段巩固率达到 95.4%，提高 3.6 个百分点；高中阶段教育毛入学率达到 91.4%，提高 6.4 个百分点；高等教育毛入学率达到 57.8%，提高 27.8 个百分点。各级教育普及程度达到或超过中高收入国家平均水平，其中义务教育普及程度达到世界高收入国家平均水平，高等教育进入世界公认的普及化阶段。

科技创新事业取得重大成就。党的十八大以来的十年，是我国科技进步最大、科技实力提升最快的十年。十年来，我国坚持把创新作为引领发展的第一动力，全社会研发投入从 2012 年的 1.03 万亿元增长到 2021 年的 2.79 万亿元，位居世界第二，研发投入强度从 1.91%增长到 2.44%，接近经合组织国家的平均水平。科学研究水平和学科整体实力大幅度上升。2021 年高被引论文数为 42 920 篇，排名世界第二位，是 2012 年的 5.4 倍。现在，我国正处于政治最稳定、经济最繁荣、创新最活跃的时期，若干学科方向已经达到国际领先水平，科学研究机构、大学、领军科技企业的研发能力在全球地位明显上升，面向国家重大需求的战略高技术研究取得重要成果，高端产业取得新突破，国防科技创新取得重大成就。

人才队伍快速壮大，人才效能持续增强。据全国总工会新闻中心公布的数据，截至 2021 年底，全国技能人才总量已超过两亿，高技能人才超过六千万。2022 年 6 月 30 日，中央组织部部务委员齐家滨表示，“新时代人才工作创新突破”“目前，我国人才资源总量达到二点二亿”。我国在全球创新版图中的地位和作用发生了新的变化，在世界经济体创新能力及产出年度排名中，中国全球创新指数排名由 2012 年的第三十四位上升至 2022 年的第十一位，是世界各国中唯一持续快速上升的国家。当前，我国已拥有一支规模宏大、素质优良、结构不

① 资料来源：周洪宇. 加快建设教育强国、科技强国、人才强国. 红旗文稿，2023（05）：24-28.

断优化、作用日益突出的人才队伍，我国的人才工作已经站在了一个新的历史起点上。

案例研讨：新时代我国教育、科技、人才事业为什么能取得历史性成就、发生历史性变革?

二、阅读拓展

为全面建设社会主义现代化国家贡献强大教育力量[1]

百年大计，教育为本。习近平总书记在党的二十大报告中强调“教育、科技、人才是全面建设社会主义现代化国家的基础性、战略性支撑”，首次将教育、科技、人才一体安排部署，赋予教育新的战略地位、历史使命和发展格局。教育系统要自觉提高政治站位，深刻把握我国教育发展的历史方位，加快建设教育强国，加快打造教育、科技、人才共同体，助力世界重要人才中心和创新高地建设，为全面建设社会主义现代化国家奠定坚实的人才基础、提供有力的战略支撑。

打造国家战略科技力量　加强高水平研究型大学建设

习近平总书记强调，高水平研究型大学要把发展科技第一生产力、培养人才第一资源、增强创新第一动力更好结合起来，发挥基础研究深厚、学科交叉融合的优势，成为基础研究的主力军和重大科技突破的生力军。党的十八大以来，随着“双一流”建设扎实推进，高水平研究型大学龙头作用彰显，创新资源加速汇聚，创新能力不断提升，初步形成层次清晰、布局合理、支撑有效的科研平台体系。在全国基础研究和重大科研任务、国家重大实验室建设、国家级三大科技奖励项目中，高校参与比重和贡献份额均超过 60%，国家自然科学基金项目 80%以上由高校承担，一批具有标志性意义的重大科技成果在高校涌现，有力支撑加快实现高水平科技自立自强。当前，全球科学研究范式和科研组织范式正在发生深刻变革，为我们提供了变道超车的难得历史机遇。教育系统要切实增强使命感、责任感，深刻认识高校作为科技第一生产力、人才第一资源、创新第一动力重要结合点的独特作用，坚持以服务国家战略需求为导向，积聚力量加强原创性引领性科技攻关，加快实现基础研究和关键核心技术的重大突破，努力开辟发展新领域新赛道，主动塑造发展新动能新优势，努力成为贯彻新发展理念、构建新发展格局、推动高质量发展的先导力量、战略力量。

打造国家战略人才力量　全面提高人才自主培养质量

习近平总书记指出，中国是一个大国，对人才数量、质量、结构的需求是全方位的，满足这样庞大的人才需求必须主要依靠自己培养，提高人才供给自主可控能力。党的十八大以来，教育系统坚持以习近平新时代中国特色社会主义思想铸魂育人，全面落实立德树人根本任务，实施“强基计划”、国家关键领域急需高层次人才培养专项等重大项目，集聚了全国超

① 资料来源：怀进鹏. 为全面建设社会主义现代化国家贡献强大教育力量. (2022-11-30)[2024-03-25]. https: //news. gmw. cn/2022-11/30/content_36197798. htm.

过40%的两院院士、近70%的长江学者和国家杰出青年科学基金获得者，成为识才、聚才、育才、用才的重要平台。面向未来，要坚持为党育人、为国育才，把战略人才力量建设作为重中之重，全面提高人才自主培养质量，着力造就拔尖创新人才，坚定不移走好人才自主培养之路。要加强基础学科人才和卓越工程师培养，突破常规、积极作为，着力推进课程、教材、教师和实践条件建设，有针对性地加强科学教育、工程教育。要加强哲学社会科学人才培养，加快推进构建中国自主的知识体系，在研究解决事关党和国家全局性根本性关键性问题上拿出真本事、取得好成果。要聚天下英才而用之，着力健全人才引进和有利于各类人才脱颖而出、发挥作用的制度体系，大力弘扬科学家精神，培养更多战略科学家、科技领军人才和创新团队，加大对青年科技人才的支持力度，造就大批德才兼备的高素质人才，筑牢国家和民族长远发展大计。

加快建设高质量教育体系　夯实教育、科技、人才强国基础

党的十八大以来，我们在幼有所育、学有所教上持续用力，建成世界上规模最大的教育体系，教育普及水平实现历史性跨越。目前，我国教育普及程度总体上稳居全球中上收入国家行列，其中义务教育和学前教育普及程度达到高收入国家平均水平，高等教育进入国际公认的普及化阶段。迈上以中国式现代化全面推进中华民族伟大复兴新征程，国家重大战略深入实施、经济社会创新发展和人民生活水平不断提高，对教育高质量发展提出新要求。党的二十大对加快建设高质量教育体系作出新的重大部署。下一步，教育系统要主动识变应变求变，加快建设教育强国，办好人民满意的教育，充分发挥教育的基础性、先导性、全局性作用。要坚持以人民为中心发展教育，加快建设高质量教育体系，发展素质教育，促进教育公平，优化区域教育资源配置，着力解决人民群众急难愁盼的教育问题。要系统提高教育发展效能，统筹职业教育、高等教育、继续教育协同创新，优化职业教育类型定位，加快建设中国特色、世界一流的大学和优势学科。要着力增强教育发展动能，以教育评价改革为牵引，统筹推进育人方式、办学模式、管理体制、保障机制改革，深入实施教育数字化战略行动，建设全民终身学习的学习型社会、学习型大国，为加快实现高水平科技自立自强、全面建设社会主义现代化国家作出新的更大贡献。

三、实践项目

| 项目一 |

暑期支教实践

（一）实践目的

对所支教地区的当地学生进行补充教育，开阔其眼界，促进学生的德、智、体、美、劳全面发展。同时也要锻炼自身相应的教学能力和沟通能力，在教学过程中能形成更深层次的思考，进一步提升自己。

（二）实践方案

1. 支教活动围绕乡村低年级儿童进行，内容主要为给孩子们授课，课程包括魅力语文、智慧数学、趣味英语、快乐体育、美术世界、心理知识、安全常识等。此外还有家访、联欢会等活动。课程采用新颖的形式进行，促进孩子们素质的提高。

2. 结合所参与的暑期支教实践活动，根据具体的实践情况和内容，撰写一篇约 2 000 字的实践报告。

| 项目二 |

调研报告——家乡的教育现状

（一）实践目的

通过对家乡教育现状的调研，了解问题和需求，提供宝贵的建议和对策，引导学生积极为提高家乡的教育质量作出贡献。

（二）实践方案

1. 确定调研目的和问题，明确调研的意义。

2. 选择调研方法，采取问卷调查、访谈、观察等方式全面了解家乡教育现状。

3. 撰写字数不少于 2 000 字的调研报告，报告要清晰、准确地呈现调研结果，提出针对性的改进建议，为家乡教育改革和发展提供参考。

第八章　发展全过程人民民主

一、案例精选

发展全过程人民民主（节选）①

习近平总书记在党的二十大报告中指出：“发展全过程人民民主，保障人民当家作主”“全过程人民民主是社会主义民主政治的本质属性，是最广泛、最真实、最管用的民主。必须坚定不移走中国特色社会主义政治发展道路，坚持党的领导、人民当家作主、依法治国有机统一”。

最广泛、最真实、最管用的民主

习近平总书记在党的二十大报告中指出，全过程人民民主是社会主义民主政治的本质属性，是最广泛、最真实、最管用的民主。

代表们表示，党领导人民实行人民民主，就是保证和支（坚）持人民当家作主。党的十八大以来，以习近平同志为核心的党中央深化对民主政治发展规律的认识，提出全过程人民民主的重大理念，丰富和发展了社会主义民主政治理论，为社会主义政治文明发展提供指引和遵循。在党中央坚强领导下，人民有序政治参与不断扩大，实现了内容广泛、层次丰富的当家作主。十年来，人民通过人民代表大会行使国家权力的制度化保障更加完善，实践方式不断创新。与此同时，社会主义协商民主深入推进，基层民主建设取得新的显著成就。

“我们将党务村务事项在村部公示栏、手机端等平台及时公开，让村民心里有数。”宁夏回族自治区隆德县凤岭乡李士村党支部书记齐永新代表介绍，宁夏细化制定涉及群众切身利益的20项议定事项，在宁夏的农村，这些事项都必须由村民代表大会商议决定，有效激发了内生动力。

湖南省怀化市鹤城区城北街道育林社区下辖7个小区，多为老旧小区，社区工作千头万绪。“我们积极利用居民议事会、居务监督委员会等，听取百姓心声，以协商的方式，解决居民身边的大事小事。”育林社区党支部书记、居委会主任李佳嫔代表介绍，有居民全程参与社区公共事务，社区工作推进得更顺利，社区面貌进一步改善。

党的二十大报告提出，健全以职工代表大会为基本形式的企事业单位民主管理制度，维护职工合法权益。梁碧华代表作为广东省肇庆市德庆县双华食品厂党支部书记，对此深有感触：“我所在的企业有100多名员工，厂党支部将职代会规范化建设纳入工作计划目标，制定了‘企业重大决策听取职工意见’的决策原则。”工资集体协商、劳动者权益保护等涉及职工切身利益议题都纳入职代会讨论；厂党支部动态了解职代会决议落实情况。“我要把党的二十大精神带回到基层生产一线，进一步推动职代会发挥好密切联系职工、倾听职工诉求、维护

① 资料来源：白之羽，贺勇，张文等. 党的二十大代表热议：发展全过程人民民主. (2022-10-22)[2024-03-25]. http: //hn. people. com. cn/n2/2022/1022/c208814-40166751. html.

职工权益的作用。”梁碧华说。

发挥人民群众积极性、主动性、创造性

习近平总书记在党的二十大报告中指出，要健全人民当家作主制度体系，扩大人民有序政治参与，保证人民依法实行民主选举、民主协商、民主决策、民主管理、民主监督，发挥人民群众积极性、主动性、创造性，巩固和发展生动活泼、安定团结的政治局面。

代表们一致认为，要深刻把握人民民主的真谛，坚持做到有事好商量、众人的事情由众人商量，找到全社会意愿和要求的最大公约数。

如何找到村民意愿的最大公约数，河南省林州市庙荒村党支部书记郁林英代表深有体会。近年来，村里建光伏发电站，组织成立种植合作社流转土地，建设“创客基地”……村两委严格落实“四议两公开”等制度，遇事商量着办，啃下了旧村改造中的硬骨头。2021年底，庙荒村人均收入达到2.5万元，乡村旅游发展良好，乡亲们干劲十足。“村里的事要办好，得在党组织领导下，靠大家商量着办。”郁林英说，将认真落实党的二十大报告要求，吸纳民意、汇集民智，全力推进乡村振兴。

京东物流北京鼎好营业部快递员宋学文代表说，要认真学习贯彻党的二十大精神，带动大家积极参与街道社区共建，共同建设美好家园。海淀区八里庄街道成立了3个新就业群体流动党支部，引导党员快递员发挥先锋模范作用，带动其他快递员参与疫情防控、垃圾分类、反诈宣传等工作，并组建起应急救护志愿服务队。

广西壮族自治区玉林市容县公安局党委副书记、政委黄堫代表说，党的十八大以来，群众的法治意识不断增强、法律素养不断提升，在参与社区治理时也发挥出更大的积极性、主动性和创造性。如今，当地在社区建设纠纷调解室等，倾听群众的心声与诉求，民意表达渠道更加畅通，社区治理不断优化。

拓展民主渠道，丰富民主形式

党的二十大报告提出，“拓展民主渠道，丰富民主形式”。

从城乡社区里的村（居）民议事会、村（居）民论坛、民主恳谈会、民主听证会到党代会代表、人大代表、政协委员走进社区，从“小院议事厅”到“协商议事室”，中国人民在火热的基层生活中，摸索创造了一个又一个充满烟火气的民主形式。人们通过这些接地气、聚人气的民主实践，发表意见建议，进行广泛协商，利益得到协调，矛盾有效化解。

聆听习近平总书记所作的报告，代表们表示，要立足本职工作，切实拓展渠道，不断丰富形式，进一步发展好全过程人民民主。

“我们利用聚湖同心体验馆、新创荟等特色载体平台，组织民营经济代表人士、新阶层人士等交流互动、建言献策。”江苏省建湖县委书记祁从峰代表介绍，建湖民营经济起步早、发展快，县里前100强工业企业中，有79家是本地创业者开办的。通过多渠道充分沟通、协商议事，建湖切实帮助企业解决好融资贷款、招工引才、降本增效、市场拓展等难题，有力推动了民营经济高质量发展。

内蒙古自治区呼和浩特市人民检察院第八检察部主任白静代表说，近年来，呼和浩特市检察院坚持以人民为中心，在办案中全面贯彻各项听证工作制度。今年以来，呼和浩特市检察机关共召开听证会288件次，拓宽群众参与渠道，提升监督效能。“我们要深入学习贯彻党

的二十大精神，胸怀‘国之大者’，履行好检察职能，助力国家治理体系和治理能力现代化建设，通过丰富和发扬司法民主，践行全过程人民民主。”白静说。

“人民参与民主实践越广泛，意愿表达越充分，人民当家作主的实现就越真实。”四川省雅安日报传媒集团时政新闻部主任、记者熊蕊代表说，雅安日报开设了网络问政平台，大到民生政策调整，小到门前绿化改善，群众都可以上网反映、讨论、建言。“我们要认真学习贯彻党的二十大精神，搭好媒体平台，拓宽基层各类群体有序参与基层治理渠道，凝聚起干部群众创造美好生活的合力。”熊蕊说。

全过程人民民主在我国社会主义民主政治伟大实践中形成，也必将在全面建设社会主义现代化国家新征程中不断发展。代表们纷纷表示，新征程上，要深入学习贯彻落实党的二十大精神，发展全过程人民民主，发挥人民群众积极性、主动性、创造性，共同为全面建设社会主义现代化国家、全面推进中华民族伟大复兴而团结奋斗。

案例研讨： 为什么全过程人民民主是最广泛、最真实、最管用的民主？

二、阅读拓展

不负责任的美式民主①

曾有不少人相信，美式民主是一种负责任的制度，他们的理由无外乎“有选举才有问责”“法治程序带来责任制”。事实上，美式民主是一种高度类似于有限公司的制度，制度的初心并非对人民负责，而是仅仅服务于作为“股东”的资产阶级和各种特殊利益集团。

从时间上看，缺乏代际责任

一个国家是这块土地上人们的共同空间，其制度也应反映当代人与后人之间的有机联系。但在这方面，美式民主存在缺乏代际责任的弊端。

美国选举是一种即时性授权制度，所授予的是某一政党有效期四年的权力。在美式民主下，政党不是一个能够代表人民长期、整体利益的政治力量，其服务于资本集团早已是公开的事实，其最高利益就是通过执政影响政府决策，但这种决策，如发行货币、借债投资、发动战争、开发资源等，不仅影响四年，而且会对后代人的命运影响深远。

美国两党轮流坐庄加剧了这个问题。在两个政党争取选举授权的情况下，执政者缺乏制定执行长期政策的动机和能力，频繁的政府更替带来的最直接后果就是政策的短视，无法对长期发展负责。坏的政策可以通过政府更替来停止，但好的政策同样会被废除，这就是美国每四年发生的事情。

另外，政策效果的呈现需要复杂的传导过程，所以政策通常会有滞后效应。如果没有一个稳定的权力中心进行耐心的（地）观察、试错、管理，就无法依据政策的中长期后果进行反馈调节，这可能导致振荡现象。一旦出现这种情况，多党竞争制度不仅无法做到反周期调节，反而会加剧政策摇摆。

① 资料来源：范勇鹏. 不负责任的美式民主. (2022-08-12)[2024-03-25]. https: //news. gmw. cn/2022-08/12/content_35948298. htm.

从空间上看，消解整体责任

从空间角度看，美国制度最大的问题就是“地方性”因素过重，缺乏整体责任。美国最初是由十三个州拼接而成，中央权力的产生源于各州权力的向上让渡。这种结构导致了权力“其专在下”的问题，而美式民主的选举代议制度就是产生于这个结构，因而无法克服其先天短板。

选举制度将地方利益传导至国家政治中。美国选举制度以选区为基础。一个选区的代表自然首先要代表该选区的利益。各级选举将地方性利益一层层向上传导，最终输入国家政治生活之中。在日常立法和政策制定过程中，各种地方利益的博弈和交易会造成低效、浪费及各种荒唐现象，例如美国国会中常见的“猪肉桶法案”现象。一旦发生严重的国内利益冲突，国家政治生活就会发生显著分裂，如体现为立法机关中的分裂极化。在这种制度下，如果再叠加上两党竞争和赢家通吃型的投票制度，还会导致地方性的不断自我强化。

“多元主义”政治过程为特殊利益输入大开方便之门。所谓“政治多元主义”，名义上是指各种社会力量可以公平竞争、影响政策，实际上只有各种特殊利益集团才能够广泛深入介入政治过程之中。“政治多元主义”除了倾向于将腐败行为合法化、服务于权钱交易外，最主要的弊端就是危害国家的整体性责任。任何一种规则与制度都绝非中性，强者和精英天然更擅长充分利用制度的规则为自己谋利，因而在多元主义政治过程中，政策和法律极易被各种权势集团所绑架，导致特殊利益压倒整体利益。

两党竞选加剧社会和文化撕裂。美国的两党制天然具有宗派性。在国家发展比较平稳、政治比较健康的时期，两党制的弊端尚不明显。但是每当共识消失、国内社会分裂时，两党力量又势均力敌，就会形成对峙局面。这在美国是常态。当此之际，两党为了赢得选举，政客为了个人的政治生命，均倾向于抓住和利用选民中的分裂性因素，挑起纷争，强化自己的政治优势。自二十世纪六七十年代以来，无论左翼的文化多元主义和各种身份政治的兴起，还是右翼保守主义掀起的“文化战争”，都离不开两党政治的刺激和强化。今天这种文化战争已经成了美国政治极化和社会撕裂的根源之一。

从结构上看，规避主体责任

除了时间和空间维度，美国政府的设置在结构维度上也豁免了政府的主体责任。表面上看，美国制度是以选举为基础，但是民选机关只拥有一部分权力，还有大量的重要权力由非民选机关，甚至是以私人组织为基础的机关来行使，这些机关既然不是由选举产生，自然就不对选民负责。

司法权力不受选举民主的约束。自美国建国之初，最高法院就获得了对国会立法进行宪法审查的权力，不仅获得了美国政治中的最高权力——宪法的解释权，而且实际上拥有了部分立法权力。另外美国政治生活本身具有法律化的倾向，这也导致司法权在很多方面可以侵入行政权的范围之内，法官取代行政官员决定重大行政事务的现象在二十世纪以来十分普遍，甚至导致行政机关本身的律师化以及整个美国的“律师治国”现象。如此重要的法律权力，却以专业和中立的名义游离于任何民主程序的监督之外，不用对选民承担任何直接的责任。

货币权力不承担任何民主责任。美国的货币发行权由私人银行组成的美联储掌握，政府发行货币实际上是向美联储借债。正如威廉·格雷德《美联储》一书所说，美国的体系更多靠的是交易而非选举，美联储就是一个不受选举约束的机构，一个缓解“民主”和“资本主义”

之间本质对立的机构。这个掌握着美国人的财富和命运的机构，在设计上就标榜与政治权力绝缘，但实质上却是一个以“独立”的名义控制货币和金融权力的、为资本集团深刻控制的机构。在这个意义上，选举、民意、舆论都与它无关，人民既难以影响它，也无法加以监督，它除了代表资本的利益，根本没有对于人民的责任。

文官集团掌握实际权力而不承担政治责任。美国建国之后并无正式的官僚制度，也无专业的文官群体，国家管理模式是“政治分赃制”。每次选举之后，由获胜政客的私人扈从和职业党棍掌控国家权力，腐败不堪。1883 年之后，美国才有了职业文官，但这个群体完全处于选举式民主程序之外，暗中掌握着实际的权力。他们是非政治性的，名义上是为了不受选举政治的影响，维持国家的稳定和政策的专业性、延续性，但是这也使他们豁免了政治性的责任。他们与大企业、大银行及各种利益集团、议题集团保持着密切关系，维护着圈子里人员、金钱和信息的流动，形成华盛顿特区环路内的“沼泽地”。纯粹民选的政客对他们而言是“圈外人”，政客们在舞台聚光灯下表演，官僚集团则躲在“深层国家”后面暗中操纵。

从以上三个维度看，美式民主制度并非真正的民主，其不承担对于人民的责任。这种制度在政治上自然秉承着有限责任的原则：三权分立，就是让责任无处可寻；联邦政府权力的有限性，就是对其责任的豁免；选举制度、两党制等加剧了时间和空间维度上的责任缺位；司法权、货币权和行政权则处在人民的监督和控制之外，成功规避了实现良好治理和保障人民权利的政治责任。

三、实践项目

项目一

经典影视鉴赏——五集政论片《中国的民主》

（一）鉴赏目的

通过对经典影视作品的观看，学生能够深入全面了解全过程人民民主生动的实践。

（二）鉴赏内容

“人民的事人民管，人民的事人民办”，这是一句老百姓耳熟能详的话。在中国，广大人民弘扬主人翁精神，积极行使民主权利，通过多种途径和形式，管理着国家的各类事务。此政论片以生动的现实案例展现全过程人民民主的实施过程。

（三）鉴赏作业

学生结合所学内容观看影片，根据影片内容与个人认识，提交约 2 000 字的观后感。

项目二

观看纪录片《共同的追求——民主自由人权的身边故事》

（一）鉴赏目标

通过对纪录片的观看，使学生全方位了解中国共产党高举人民民主旗帜、实现人民当家作主，中国人民成为国家、社会和自己命运的主人的伟大成就，深刻理解中国人民始终不渝追求全人类共同价值的历史逻辑、实践逻辑和理论逻辑。

（二）鉴赏内容

《共同的追求——民主自由人权的身边故事》是新华通讯社、新华社国家高端智库出品的重磅纪录片，由新华社记者拍摄，记录中国人追求全人类共同价值的故事。该片分为“听电影”“递民意”“慢火车”“草方格”“恳谈会”“望夕阳”六个章节，通过发生在身边的、普通的中国人的故事，讲述中国人追求民主、自由、人权等全人类共同价值需求的故事。

（三）鉴赏作业

任课教师在课堂上布置需要观看的视频内容、要求及所要达到的预期效果，讲清楚相应的理论内容，让学生在理论指导下进行观看。学生观看任务完成后，结合自己的所思所想所感，通过搜集、查阅各种资料，形成一篇不少于 2 000 字的观后感，在规定时间内提交任课教师。

第九章　全面依法治国

一、案例精选

国无常强，无常弱。奉法者强则国强，奉法者弱则国弱①

原典：

国无常强，无常弱。奉法者强则国强，奉法者弱则国弱。……故有荆庄、齐桓则荆、齐可以霸，有燕襄、魏安釐则燕、魏可以强。今皆亡国者，其群臣官吏皆务所以乱，而不务所以治也。其国乱弱矣，又皆释国法而私其外，则是负薪而救火也，乱弱甚矣！

——（战国）韩非子《韩非子·有度》

释义：

韩非子是战国时期法家思想的集大成者。“有度”，就是有法度。韩非子把“奉法”作为治乱兴亡的关键，提出“国无常强，无常弱。奉法者强则国强，奉法者弱则国弱”。意思是，国家不会永远富强，亦不会长久贫弱。执行法度的人坚决，国家就会富强；执行法度的人软弱，国家就会贫弱。

韩非子认为，各国皆有法度，关键是能否秉公执法。他以荆庄王（楚庄王）、齐桓公、燕襄王、魏安（xī）王为例，说明君主若能坚决推行法治，国家就能强盛，“故有荆庄、齐桓则荆、齐可以霸，有燕襄、魏安则燕、魏可以强。”他接着指出：“今皆亡国者，其群臣官吏皆务所以乱，而不务所以治也。其国乱弱矣，又皆释国法而私其外，则是负薪而救火也，乱弱甚矣！”亡：衰弱。务：从事。释：丢掉。私其外：违反法度，营求私利。意思是，现在这些国家都已衰落，是由于他们的大臣官吏，都去做使国家乱而不是使国家治的事情。国家已经衰落，又都舍弃国法而营求私利，如同负薪救火，国家就更衰落了。

解读：

卢梭曾经说过，“规章只不过是穹隆顶上的拱梁，而唯有慢慢诞生的风尚才最后构成那个穹隆顶上的不可动摇的拱心石”。管用而有效的法律，既不是铭刻在大理石上，也不是铭刻在铜表上，而是铭刻在公民的内心里。如何让法治成为全民信仰？这就需要像这句古语一样，让“奉法者强”。作为领导干部和立法、司法、执法者，一定要首先在实践中贯彻法治思维，做到知行合一、铁面无私。习近平同志强调，要“努力让人民群众在每一个司法案件中都能感受到公平正义”，人民群众的法治信仰，就是建立在这种“守法者得利，违法者受罚”的司法、执法过程中，建立在这种管用有效、已定必行的法制体系上。

① 资料来源：佚名. 国无常强，无常弱. 奉法者强则国强，奉法者弱则国弱. (2014-04-30)[2024-03-25]. https: //www. xuexi. cn/c6883fcf3687605 e9a7601be976f7d57/e43e220633a65f9b6d8b53712cba9caa. html.

案例研讨：“奉法者强则国强，奉法者弱则国弱。”法治是我们党矢志不渝的追求。新时代，党中央把全面依法治国摆到更加突出的位置，法治中国建设开创新局面，请结合以上材料思考全面依法治国的重大意义。

二、阅读拓展

党章修正案为什么增写中国特色社会主义法治道路的内容①

党的二十大党章修正案在总纲第十七自然段，增写“中国特色社会主义法治道路”的内容。作出这样的充实，主要有以下考虑。

第一，中国特色社会主义法治道路是建设社会主义法治国家的唯一正确道路。习近平总书记指出：“全面推进依法治国这件大事能不能办好，最关键的是方向是不是正确、政治保证是不是坚强有力，具体讲就是要坚持党的领导，坚持中国特色社会主义制度，贯彻中国特色社会主义法治理论。”这 3 个方面，实质上是中国特色社会主义法治道路的核心要义，规定和确保了中国特色社会主义法治体系的制度属性和前进方向。坚持走中国特色社会主义法治道路，是由我国社会主义制度和基本国情所决定的。走中国特色社会主义法治道路，是坚持和发展中国特色社会主义的必然要求，本质上是中国特色社会主义道路在法治领域的具体体现。法律制度与政治制度紧密相连，有什么样的政治制度，就必须实行与之相适应的法律制度。在我们这个 14 亿多人口的社会主义大国，要在较短时间内建成法治国家，必须始终坚持党的领导这个根本政治原则，坚持中国特色社会主义制度这个根本制度基础，坚持中国特色社会主义法治理论这个理论指导，传承中华优秀传统法律文化，从我国革命、建设、改革的实践中探索适合自己的法治道路。只有这样，才能为全面建设社会主义现代化国家、实现中华民族伟大复兴夯实法治基础。

第二，中国特色社会主义法治道路是社会主义法治建设成就和经验的集中体现。我国法治建设的成就，归结起来就是开辟了中国特色社会主义法治道路。党的十一届三中全会以来，我们党深刻总结我国社会主义法治建设正反两方面经验，把依法治国确定为党领导人民治理国家的基本方略，把依法执政确定为党治国理政的基本方式，推动社会主义法治建设取得重大进展，走出了一条中国特色社会主义法治道路。党的十八大以来，以习近平同志为核心的党中央明确提出全面依法治国，并将其纳入“四个全面”战略布局作出重大部署，坚持依法治国、依法执政、依法行政共同推进，坚持法治国家、法治政府、法治社会一体建设，不断健全中国特色社会主义法治体系，全面推进科学立法、严格执法、公正司法、全民守法，推动我国社会主义法治建设取得历史性成就、发生历史性变革，在新时代坚持和拓展了中国特色社会主义法治道路。历史和现实充分证明，这条道路走得通、走得对、走得好。在坚持和拓展中国特色社会主义法治道路这个根本问题上，必须树立自信、保持定力。我们可以借鉴

① 资料来源：佚名. 党章修正案为什么增写中国特色社会主义法治道路的内容? (2022-12-15)[2024-03-25]. https: //www. 12371. cn/ 2022/ 12/15/ARTI1671090028085796. shtml.

国外法治有益成果，但决不能照搬别国模式和做法，决不走西方所谓“宪政”“三权鼎立”“司法独立”的路子。

第三，新时代新征程，必须始终坚持建设社会主义法治国家的正确方向，坚定不移走中国特色社会主义法治道路。要坚持党的领导、人民当家作主、依法治国有机统一，健全党领导全面依法治国的制度和工作机制，推进党的领导制度化法治化，通过法治保障党的路线方针政策有效实施；坚持依法治国和依规治党有机统一，确保党既依据宪法法律治国理政，又依据党内法规管党治党、（全面）从严治党；坚持以人民为中心，坚持法治为了人民、依靠人民、造福人民、保护人民。要加快建设中国特色社会主义法治体系，统筹推进法律规范体系、法治实施体系、法治监督体系、法治保障体系和党内法规体系建设，全面推进各方面工作法治化。要深入贯彻中国特色社会主义法治理论，特别是推动党员、干部更加自觉地用习近平法治思想指导解决实际问题，不断提高运用法治思维和法治方式深化改革、推动发展、化解矛盾、维护稳定、应对风险的能力。

三、实践项目

项目一

大学生法治素养调查

（一）调查目的

法治素养，不仅是当代大学生思想道德素养的重要内容，也是大学生的学习、生活和社会交往的现实需要，更是其面对新时代走上工作岗位必需的核心素质和基本能力。本调查旨在通过了解大学生法治素养现状，以期有针对性地提升大学生的法治素养。

（二）调查对象

在校大学生

（三）活动方案

地点：校园

方式：调查分析

流程：

（1）将调查问卷复印 100 份，将所在班级同学分为 10 组，每组完成调查问卷 10 份，调查对象不限本班同学，尽量做到男女比例均衡。

（2）调查采取无记名的方式进行，要求选出同意的选项。

（3）调查完成后收齐问卷，并对 10 个小组的数据进行汇总。

（4）将调查情况写成调查报告，上交任课教师。

【附】调查问卷

（1）你会不会主动去了解法治知识？（　　）

A. 会，经常了解　　B. 会，偶尔去

C. 不会，太无聊，与自己无关

（2）你认为是否有必要开设法治课程？（　　）

A. 有，我们需要法律来维护我们的自身利益，同时也可以增强我们的法律意识

B. 没有这个必要，等要用再说

C. 与我无关，这些离我很遥远

（3）你获取法治知识的最主要的途径是？（　　）

A. 传统媒体（电视、广播、书刊等）　　B. 新媒体（网络、电子期刊等）

C. 学校教育（相关活动、课堂教学等）　　D. 其他

（4）你认为我们作为一个大学生，当你的合法权益受到侵害时，应该怎样维护自己的利益？（　　）

A. 用武力解决　　B. 没在意过

C. 用法律知识来保护自己的权益　　D. 自认倒霉，无能为力

（5）当下有很多人的父母为他人打工，你知道劳动法里规定的试用期是多少吗？（　　）

A. 3 个月　　B. 6 个月　　C. 一年　　D. 不清楚

（6）你是否关注国家的立法活动等于法律相关的决议？（　　）

A. 经常　　B. 偶尔　　C. 从来没有

（7）你认为法律与你生活的关系是什么？（　　）

A. 关系密切　　B. 关系不大　　C. 没关系　　D. 说不清楚

（8）对于法院等检察机关你的态度是什么？（　　）

A. 非常信任　　B. 比较信任　　C. 不信任

（9）你认为国家需要完善的法律是什么？（　　）

A. 婚姻财产法　　B. 物权法　　C. 知识产权法　　D. 其他

（10）我国的法律由下列哪个机构制定？（　　）

A. 政府机关　　B. 国务院　　C. 全国人民代表大会

（11）法治的关键在于？（　　）

A. 保证法律是切实保护人民利益的

B. 政府官员守法，有法律有效监督

C. 大家都相信法律，并能守法

D. 有法可依，有法必依，执法必严，违法必究

（12）你认为目前我们国家权力与法律的关系是？（　　）

A. 法大于权　　B. 权大于法

C. 有时法大于权，有时权大于法　　D. 说不清楚

（13）你对知法犯法的人怎么看？（　　）

A. 严惩不贷　　B. 很多人都这样，不足为怪　　C. 视情况而定

（14）你认为我国目前的法律？（　　）

A. 能做到人人平等　B. 略显不平等，不能充分保护底层人民的合法利益

C. 非常不平等，底层人民未得到保护

（15）在法治社会，仍然存在着家庭暴力，有些人认为清官难断家务事，你怎样看？（　　）

A. 群众的法律意识不强　　B. 法官的职业素质不够高

C. 法律不能解决所有问题　　D. 法律法规不健全

（16）你认为法律的主要作用是？（　　）（多选）

A. 保护公民权益　　B. 规定公民义务

C. 巩固阶级统治　　D. 制裁违法犯罪分子

E. 说不清楚

（17）法律义务与法律权利的关系是？（　　）（多选）

A. 息息相关　　B. 等值　　C. 互补　　D. 毫无关系

（18）你认为目前法律学习中的主要问题是？（　　）（多选）

A. 缺乏相关知识

B. 懂得法律知识但不知怎么利用

C. 较少使用法律知识解决实际问题，缺少实践机会

（19）你认为大多数大学生法律意识薄弱的原因是？（　　）（多选）

A. 高校教育的体制不合适　　B. 社会的风气等影响

C. 老师，家人同学的影响　　D. 平时接触较少

（20）你认为下列哪些侵犯了你的权益？（　　）（多选）

A. 未经你的同意翻看你的日记　　B. 未经同意擅自使用你的照片做宣传等

C. 一些重要决定被家长擅自决定　　D. 他人转载你空间的照片

（21）你认为下列哪些是加强大学生法律意识的好方法？（　　）（多选）

A. 通过大学的课程学习　　B. 各种丰富的宣传活动和讲座

C. 学校社团　　D. 各种媒体

E. 周围的实际例子

项目二

经典影视作品鉴赏——《法治中国》

（一）鉴赏目的

通过对经典影视作品的观看，促使学生深入全面了解中国的法治进程，激励学生坚定不移走中国特色社会主义法治道路，深刻感悟以习近平同志为核心的党中央攻坚克难、推动全面依法治国的决心与勇气。

（二）鉴赏内容

该片有奉法者强、大智立法、依法行政、公正司法（上）、公正司法（下）、全民守法六集，紧紧围绕习近平总书记系列重要讲话精神和治国理政新理念新思想新战略，全景式反映党的十八大以来以习近平同志为核心的党中央高瞻远瞩、审时度势、统筹谋划，坚持和拓展中国特色社会主义法治道路，将法治确立为治国理政的基本方式，把全面依法治国纳入“四个全面”战略布局，带领 14 亿中国人民凝心聚力、团结奋斗，在新的历史起点上全面推进法治中国建设的伟大征程。

（三）鉴赏作业

学生结合所学内容观看影片，根据影片内容与个人认识，提交约 2 000 字的观后感。

第十章　建设社会主义文化强国

一、案例精选

“国潮”背后，文化自信与日俱增①

春暖花开，“新春战袍”马面裙热度不减，频频亮相。如今，包括马面裙在内的新中式服饰不但在景区频频亮相，还逐渐成为日常穿搭。事实上，带有中国元素、传统特色的国货“潮品”越来越得到市场认可。人们为何热衷于新中式风格？“国潮”究竟是什么？是谁在推动“国潮”？“国潮”兴起又意味着什么？外媒纷纷聚焦“国潮”，探寻这一趋势的意义。

“新中式”火爆出圈

“马面裙又称马面褶裙，是汉服的一种，也是中国明清时期汉族女子着装的典型款式。马面裙在中国的热销得益于近年刮起的‘新中式’国潮风，即流行兼具中国传统风格与现代设计感的服装。”这是新加坡《联合早报》网站3月初一篇题为《马面裙让曹县再成宇宙中心？》的文章对马面裙的介绍。文章引用的数据显示，2023年，曹县汉服年销售额超70亿元人民币，而今年，以马面裙为主的龙年拜年服销售额达3亿元。今年开年，曹县的汉服工艺水平加上马面裙的网红效应，令这个山东小城再度出圈。

俄罗斯卫星通讯社报道也关注到“新中式”风格爆火：“新中式”风格在中国掀起了一股热潮，它将传统中式元素与现代时尚巧妙融合，呈现出独特的魅力与吸引力。这种风格在中式审美的基础上进行了现代化改良，更加注重简约和日常化。这一特质正是它吸引越来越多年轻人喜爱的关键。

英国《金融时报》网站报道指出，中国的社交媒体平台上现在流行“新中式”等词语。明代椅子和木雕餐具柜常常经过重新设计，以时髦的新形式与北欧家具一起出现在时尚的餐厅和时尚杂志的书页中。

美国有线电视新闻网报道了苏州在春节期间举办的为期约一周的穿中国传统服饰免费乘地铁活动。报道指出，近年来，穿传统服饰游览景点已成为中国人体现节日气氛的一种潮流，在年轻人当中尤其流行。很多人都在社交媒体上晒出自己穿汉服出游的照片。

今年3月发布的《2024抖音电商女性消费趋势数据报告》显示，过去一年，该平台女性消费者购买新中式服饰的订单量同比增长195%，其中马面裙订单量同比增长841%，汉服订单量同比增长336%。

“当下的汉服热是一群具备时尚意识的年轻人掀起的。”美国《Vogue》杂志这样评价汉服的流行，“在追逐西方潮流数载之后，一种传统主义意识让中国年轻一代的目光开始回归本

① 资料来源：张红. “国潮”背后，文化自信与日俱增(国际论道). (2024-03-25)[2024-03-25]. http: //ent. people. com. cn/n1/2024/0325/c1012-40202499. html.

土。”根据得物 APP 数据，2023 年国货“潮品”消费中，95 后、00 后正成为消费主力，占国货“潮品”消费的 82.6%，其中 00 后消费占比近六成。

2019 年，美国有线电视新闻网曾报道过中国传统服饰的回归。近年来，中国汉服市场发展迅速。从 2015 年开始，中国汉服市场开始形成过亿元的规模。全球新经济产业第三方数据挖掘和分析机构艾媒咨询《2022—2023 年中国汉服产业现状及消费行为数据研究报告》显示，2021 年，中国汉服市场规模达 101.9 亿元。2025 年，中国汉服市场规模有望达到 191.1 亿元。未来汉服市场仍有较大的上行空间。

答案在于“国潮”

“人们为何热衷于新中式风格？答案在于‘国潮’。”美国《时代》周刊网站文章这样分析。“年轻人对中国文化越来越自信。”法新社报道如是说。

俄罗斯卫星通讯社报道指出，“新中式”的火爆源于一些偶然事件，也有新媒体的放大效应。不过，这种趋势的出现是长期发展的结果，当下是它的一个爆发节点。这彰显出中华文化越来越自信，吸纳和创新正是文化自信的表现。

美国《华尔街日报》网站报道称，在中国，越来越多的人购买本土产品，部分原因是被称为“国潮”的趋势，即在产品设计中融入中国文化元素。自从李宁在 2018 年纽约的时装秀上发布了以中国代表性的红色和金色为基调的系列服饰以来，国潮风已经愈刮愈烈。

何为“国潮”？清华大学文化创意发展研究院发布的《国潮研究报告》指出，国潮是“国”与“潮”的相加。“国”的指向很明确，即为中国，意指中国文化的复兴，将中华各民族的优秀传统文化都纳入视野。对“潮”的解读却是千差万别，基本以 2018 年为分水岭。在国潮元年之前，国潮大多指狭义上的特定品牌，即由中国本土设计师创立的潮流品牌，是具有鲜明特色的小众文化代表。如今，国潮泛指广义上的某种消费概念，即国货群体和带有中国特色产品的走红。

拉美社报道称，在当下的中国，“国潮”正掀起一股强大推动力和吸引力，这是一场促进国家传统文化复兴，并将文化元素融入日常物品的运动。大约在 2020 年，随着中国人的民族自豪感大大加强，“国潮”迎来腾飞，尤其是在 1980 年至 2010 年出生的人群中。对很多人而言，“国潮”是通过强调文化来重塑中国身份的一种方式。中国年轻人大力支持“国潮”，他们看到了中国在经济、外交及其他领域的潜力。

“国潮”的影响不仅限于服饰领域

美国《华尔街日报》网站报道指出，全球消费品牌近期有了一个新的担忧：中国买家正愈发转向本土品牌。许多中国品牌在网购平台和商店货架上备受欢迎，这些品牌在质量、设计和销售技巧等方面有所改进，巧妙迎合了不断变化的消费者品位。而且，随着直播购物盛行，这些本土品牌迅速调整跟进。它们会为本地消费者量身打造产品，包括适合中国人肤色的眼影盘、人参牙膏以及新款运动鞋。

美国《福布斯》双周刊网站注意到，中国本土小众香氛品牌开始崭露头角。法国博圣轩咨询公司的一份报告称，中国本土香水品牌借助越来越高涨的文化自信浪潮，积极瞄准本国年轻消费者。本土调香师利用“国潮”趋势，发挥出本土叙事的优势。

美国《时代》周刊网站则以《中国正在酝酿一场快餐革命》报道了一家快餐连锁店的发展。这家店销售的汉堡加入了中国传统菜肴内馅，消费者欣然接受。这家店的快速发展得益于当下中国的“国潮”趋势。报道指出，随着中国经济迅猛发展催生出世界上最大的中产群体，近年来中国一直在倡导文化自信。“国潮”一词反映了中国消费者与日俱增的文化自豪感。

新的消费增长点

巴西《论坛》杂志网站报道称，汉服风格这一时尚潮流在中国引起了广泛关注，并为全国各地带来了新的商机，包括传统中式妆、摄影和服装租赁等服务。统计数据显示，中国有近 6 000 家汉服相关企业。2023 年，新增汉服相关企业达 2 686 家，同比增长 355.25%。“汉服热”也蔓延到意大利等地。在前不久的威尼斯狂欢节期间，中国传统服饰成为亮点之一。

今年的《政府工作报告》提出，积极培育智能家居、文娱旅游、体育赛事、国货“潮品”等新的消费增长点。全球著名咨询机构弗若斯特沙利文发文指出，国货“潮品”在《政府工作报告》中被重点提及，无疑凸显了“国潮”在近年来消费行业中的重要地位，成为新消费的代表。

“优质的国货承载着民族精神和优秀传统文化，而‘潮品’则代表时尚消费、品质消费的潮流。国货和‘潮品’两者的跨界碰撞交融，已经激发出居民生活和消费的新热点。”中国商务部部长王文涛表示，商务部将持续关注国货“潮品”消费，将办好“老字号嘉年华”和“老字号数字博物馆”，通过这些方式，推动老字号保护传承和创新发展，为国货“潮品”消费厚植文化和商业基础。

美国《时代》周刊网站文章指出，中国决策机构注意到了“国潮”体现出的文化自豪感，顺势出台鼓励更多品牌的支持性政策和激励措施。

各地区各部门和行业组织对相关产业的大力培育支持，有效助推了“国潮”消费。2022 年工业和信息化部、商务部等 5 部门联合印发《数字化助力消费品工业“三品”行动方案（2022—2025 年）》，明确提出挖掘中国文化、中国记忆、中华老字号等传统文化基因和非物质文化遗产，推进“国潮”品牌建设；2024 年商务部推出“老字号嘉年华”活动，鼓励促进国货“潮品”扬帆出海；中国纺织工业联合会提出突出文化引领的纺织时尚升级行动，支持国产服装品牌做强做优做大。

对于“国潮”的未来，各方信心满满。俄罗斯卫星社网站报道引用业内人士的话指出，“新中式”风格的流行是必然的，也有着更好、更远的发展前景。随着中国文化影响力不断扩大，“新中式”风格有望走向国际。目前，东南亚市场的相关面料订单量有所加大，中国的流行元素和织造技术正逐渐“走出去”。拉美通讯社引用观察人士的话说，“国潮”将持续下去，因为它代表了中国消费者心中真实而深刻的改变。他们意识到中国的文化、身份和市场在商业世界的重要性和日益强大的影响力。

案例研讨：文化是一个国家、一个民族的灵魂。结合以上材料，思考推进文化自信自强的重大意义。

二、阅读拓展

为什么要坚持马克思主义在意识形态领域指导地位的根本制度？①

2018 年 5 月 5 日，马克思诞辰 200 周年之际，一尊高 4.6 米、重 2.3 吨的巨型马克思铜像在德国特里尔市中心的西蒙教堂广场揭幕。这尊来自中国的铜像，寄托着亿万中国人民对马克思的敬意。马克思主义创立 170 多年来，不仅深刻改变了世界，也深刻改变了中国。党的十九届四中全会着眼新时代党和国家事业全局，明确将坚持马克思主义在意识形态领域指导地位确立为我们必须始终遵循的根本制度。这是历史的结论、现实的必然，意义重大而深远。

习近平总书记指出，马克思主义犹如壮丽的日出，照亮了人类探索历史规律和寻求自身解放的道路。马克思主义是科学的理论、人民的理论、实践的理论、开放的理论。它深刻揭示了自然界、人类社会、人类思维发展的普遍规律，为人类社会发展进步指明了方向，是“对”的理论；它坚持实现人民解放、维护人民利益的立场，以实现人的自由而全面的发展和全人类解放为己任，反映了人类对理想社会的美好憧憬，是“好”的理论；它具有鲜明的实践品格，为改变人民历史命运而创立，为人民认识世界、改造世界提供强大思想武器，是“行”的理论；它始终站在时代前沿，不断探索时代和实践发展提出的新课题、回应人类社会面临的新挑战，是“活”的理论。无论时代如何变迁、科学如何进步，马克思主义依然显示出科学思想的伟力，依然占据着真理和道义的制高点。坚持马克思主义在意识形态领域指导地位这一根本制度，必须坚定不移，任何时候任何情况下都不能有丝毫动摇。

马克思主义是共产党人的“真经”。中国共产党人始终是马克思主义的忠诚信奉者、坚定实践者。我们党从诞生之日起就把马克思主义郑重写在自己的旗帜上。中国共产党的初心使命源于马克思主义科学理论的指引和召唤，党的团结统一首先在于指导思想上的团结和统一，党的先进性纯洁性基础在于思想理论上的先进和纯洁。正是因为选择了马克思主义，我们党才掌握了认识世界、改造世界的锐利思想武器，从而成为最先进的政治力量，在近代以后中国政治舞台上脱颖而出；正是因为毫不动摇地坚持和发展马克思主义，我们党才能够始终走在时代前列、历经百年风雨依然风华正茂。恪守党的本质属性、巩固党的团结统一，必须坚持马克思主义在意识形态领域指导地位这一根本制度，确保我们党始终成为时代先锋、民族脊梁。

马克思主义是社会主义事业的“北斗”。在长期的奋斗历程中，我们党始终坚持马克思主义指导思想，坚持把马克思主义基本原理同中国具体实际相结合，开辟了新民主主义革命道路、社会主义革命道路、社会主义建设道路、中国特色社会主义道路，建立并不断发展壮大社会主义中国。找到一条正确道路、建立一个国家政权不容易，坚持住这条道路、巩固好这个政权更不容易。只有始终不渝坚持以马克思主义为指导，才能保证道路不偏向、江山不变色，保证国本永固、事业常青。当今世界正经历百年未有之大变局，我国正处于实现中华民族伟大复兴关键时期，统一思想、坚定信心、凝聚力量的任务更加凸显。必须坚持马克思主义在意识形态领域指导地位的根本制度，坚定主心骨、把准定盘星，确保我国始终沿着社会主义方向凝心聚力、阔步前进。

① 资料来源：佚名. 为什么要坚持马克思主义在意识形态领域指导地位的根本制度？(2021-09-01)[2024-03-25]. https: //www. xuexi. cn/lgpage/detail/index. html?id=92040921848351342&item_id=92040921848351342.

马克思主义是当代中国文化发展的灵魂。“龙衮九章，但挈一领。”社会主义文化之所以先进，就在于它以马克思主义这一先进理论为指导。习近平总书记指出：“意识形态决定文化前进方向和发展道路。”坚持以马克思主义为指导，是当代中国文化区别于其他文化的根本标志。只有旗帜鲜明坚持马克思主义指导地位，中国特色社会主义文化才能固本开新、永葆生机。实践一再证明，马克思主义指导地位坚持得好、把握得牢，就能形成文化繁荣兴盛的生动局面，推动党和人民事业发展。否则，就会造成思想文化上的混乱，给党和人民事业带来损害。当代中国正在发生广泛而深刻的变革，社会文化生态更加复杂，先进的和落后的相互交织，积极的和消极的相互激荡，民族的和外来的相互碰撞。必须坚持马克思主义在意识形态领域指导地位的根本制度，确保我国文化建设始终沿着正确方向前进。

当前，社会上有这样一种论调，马克思主义是西方文化，我们作为拥有 5000 多年文明的东方大国，怎能靠马克思主义这个“外来户”来指导？这种观点是完全错误的。其实质是想否定马克思主义的普遍指导意义，进而否定马克思主义在我国意识形态领域的根本指导地位。这种论调只看到了马克思主义起源于西方这一点，没有认识到，马克思主义是具有世界普遍意义的科学真理，早已超越了时代和地域的局限；没有认识到，我们始终坚持马克思主义基本原理同中国具体实际相结合，不断推进马克思主义中国化，以中国化的马克思主义解决各种重大理论和实践问题；没有认识到，马克思主义的命运早已同中国人民的命运紧紧连在一起，中华民族迎来从站起来、富起来到强起来的伟大飞跃就是在马克思主义指导下取得的。实践证明，历史和人民选择马克思主义是完全正确的，中国共产党把马克思主义写在自己的旗帜上是完全正确的，坚持不懈推进马克思主义中国化时代化大众化是完全正确的。

在坚持马克思主义指导地位这个问题上，我们经常讲两句话，一句是“老祖宗不能丢”，另一句是“又要讲新话”。“老祖宗不能丢”，就是要把握科学理论的正确方向，不能偏离马克思主义基本原理；“又要讲新话”，就是不断推进实践基础上的理论创新，不断开辟马克思主义中国化（时代化）新境界。习近平新时代中国特色社会主义思想是马克思主义中国化最新成果，是当代中国马克思主义、21 世纪马克思主义。新的时代条件下，坚持马克思主义在意识形态领域指导地位的根本制度，摆在第一位的要求就是推动全党全社会全面贯彻落实习近平新时代中国特色社会主义思想。要健全用党的创新理论武装全党、教育人民工作体系，不断筑牢全党全国人民团结奋斗的共同思想基础。

三、实践项目

| 项目一 |

大学生对传统文化认知情况调查

（一）调查目的

通过调查了解大学生对优秀传统文化的熟知认可程度与传承态度，有助于提升高校开展优秀传统文化教育的实效性，增强大学生为中华民族伟大复兴而奋斗的责任感与使命感。

（二）调查对象

在校大学生

（三）活动方案

时间：4 学时
地点：校园
方式：调查分析
流程：

（1）将调查问卷复印 100 份，将所在班级同学分为 10 组，每组完成调查问卷 10 份，调查对象不限本班同学，尽量做到男女比例均衡。

（2）调查采取无记名的方式进行，要求选出同意的选项。

（3）调查完成后收齐问卷，并对 10 个小组的数据进行汇总。

（4）将调查情况写成调查报告，上交任课教师。

【附】调查问卷

（1）您对传统文化的态度是（　　）。

A. 很喜欢，应发扬光大　　B. 不感兴趣，但应该了解
C. 想要接触，但缺少机会　　D. 不愿了解，不如做点别的实际的事

（2）您通过哪些途径了解传统文化？（　　）（多选题）

A. 中小学教育　　B. 书刊阅读　　C. 网络媒体等
D. 长辈讲述　　E. 其他

（3）对仁、孝、忠等传统道德，您认为（　　）。

A. 应继承并发扬　　B. 取其精华去其糟粕
C. 已经过时　　D. 不知道

（4）您认为传统文化对于当下社会（　　）。

A. 有积极作用　　B. 有消极作用　　C. 辩证看待
D. 可有可无　　E. 很悲观

（5）您认为大学生是否承担着文化传承的责任？（　　）

A. 是　　B. 否　　C. 无所谓

（6）如果大学里开设有关于传统文化的选修课，您的态度如何？（　　）

A. 积极选择　　B. 尝试学习　　C. 无所谓、混学分　　D. 不选择

（7）您对四大名著了解多少？（　　）

A. 都看过　　B. 看过其中一两部
C. 都没看过　　D. 都没看过也不打算看

（8）您了解多少个中国传统节日的起源与内涵？（　　）

A. 1～2 个　　B. 3～5 个　　C. 6～8 个　　D. 10 个以上

（9）您对所在的城市的历史文化了解多少？（　　）

A. 阅读过相关资料，有较多了解　　B. 了解不多

C. 不太了解，但愿意学习　　D. 没有必要学习了解

（10）您对下列哪些类型的传统文化最感兴趣？（　　）（多选题）

A. 手工艺　　B. 饮食文化　　C. 文学

D. 科学技术　　E. 都不感兴趣

（11）对于 CCTV“百家讲坛”关于历史和古典文学的解读，您的态度是（　　）。

A. 完全支持，能提高人民文化素质　　B. 比较支持，只支持部分人的学术观点

C. 感觉一般，一些人文化水平有限　　D. 不支持，有误导倾向

（12）您有没有接触过与中国传统文化相关的校园活动？（　　）

A. 参与较多　　B. 参与过　　C. 听说过但没参与　　D. 没听说过

| 项目二 |

经典影视作品鉴赏——《故事里的中国》

（一）鉴赏目的

通过对经典影视作品的观看，学生能够了解中国文化五千年历史进程中传承下来的优秀文化基因，引导学生以自己的实际行动去传承中华优秀传统文化，增强学生文化自信。

（二）鉴赏内容

《故事里的中国》通过回顾新中国 70 年的经典文艺，邀请实力演员用极致的表演形态再现经典文艺作品，邀请经典的创造者和时代亲历者讲述文艺作品背后的真实故事，希望以致敬经典的方式去创造新的经典，让弥漫着时代光辉的中国故事、中国精神代代相传。

（三）鉴赏作业

学生结合所学内容观看影片，根据影片内容与个人认识，提交约 2 000 字的观后感。

第十一章　以保障和改善民生为重点加强社会建设

一、案例精选

不断增进最普惠的民生福祉[①]

青山碧水、鸟语花香，人们都希望在优美环境中工作和生活。习近平总书记指出：“良好生态环境是最公平的公共产品，是最普惠的民生福祉。”新时代，我们党带领人民推进高质量发展，以满足人民日益增长的美好生活需要为出发点和落脚点，把发展成果不断转化为生活品质，不断增强人民群众的获得感、幸福感、安全感。新征程上，要始终坚持人民至上，不断满足人民群众对优美生态环境的需要，牢固树立和践行绿水青山就是金山银山的理念，把解决突出生态环境问题作为民生优先领域，不断增进良好生态环境这个最普惠的民生福祉，让人民幸福生活的成色更足。

环境就是民生，青山就是美丽，蓝天也是幸福。生态环境关乎人的生命健康，关系人民群众的生活幸福。当前，人民群众对优美生态环境有了更高的期盼和要求，希望有更清新空气、更清澈水质、更清洁环境。唯有保持良好的生态环境，人们的生活品质才能不断提高。不仅如此，生态环境还与经济社会可持续发展息息相关。我国作为一个拥有 14 亿多人口的发展中大国，环境容量有限、生态系统脆弱，要整体迈入现代化社会，高耗能、高污染、高排放的发展模式是行不通的。必须坚持可持续发展，像保护眼睛一样保护自然和生态环境，坚定不移走生产发展、生活富裕、生态良好的文明发展道路。

政之所要，在乎民心。习近平生态文明思想是新时代我国生态文明建设的根本遵循和行动指南。这一思想聚焦人民群众感受最直接、要求最迫切的突出环境问题，将良好的生态环境作为最普惠的民生福祉，积极回应人民群众日益增长的优美生态环境需要。在习近平生态文明思想指引下，我国以前所未有的决心和力度推进生态文明建设，坚决打好污染防治攻坚战，全力推进碳达峰碳中和各项工作。生态优先、绿色发展的理念深入人心，生态环境保护发生历史性、转折性、全局性变化。我国成为世界上空气质量改善最快的国家，地表水质量持续向好，土壤污染风险得到有效管控，实现固体废物“零进口”的目标，可再生能源开发利用规模、新能源汽车产销量都稳居世界第一，群众身边的突出生态环境问题不断得到解决，人民生态福祉显著增强。

习近平总书记在党的二十大报告中指出：“中国式现代化是人与自然和谐共生的现代化。”我们必须始终坚持生态惠民、生态利民、生态为民，把建设优美的生态环境作为一项基本公共服务，加快改善环境质量，提供更多优质生态产品，让人们在高质量发展中过上高品质生活。

环境问题具有复合型、综合性、区域性的特点，加强生态文明建设，必须保持战略定力，

① 资料来源：王焰新. 不断增进最普惠的民生福祉(大家手笔). (2023-05-26)[2024-03-25]. http: //gs. people. com. cn/n2/2023/0526/c183343-40432181. html.

坚持方向不变、力度不减。当前，要在细颗粒物和臭氧协同防控、黑臭水体治理、土壤和地下水污染防治、危险废物处置、新污染物治理等重点领域持续发力。遵循生态系统的整体性、系统性及其内在规律，坚持节约优先、保护优先、自然恢复为主的方针，使遭到破坏的生态系统逐步恢复原有的功能和结构，健全草原森林河流湖泊休养生息制度，提高生态系统的生产力和自我维持力。科学开展大规模国土绿化行动，合理规划城市的生产、生活和生态空间，让城市融入自然，把城市建设成为人与自然和谐共生的美丽家园。着力推进乡村振兴，重点解决农业面源污染治理等紧迫问题，持续开展农村人居环境整治行动，聚焦农村厕所革命、生活污水处理和生活垃圾治理，制定更切合实际、可持续、可操作的举措，建设宜居宜业和美乡村。

保护生态环境是人民共同建设、共同享有的事业，要把建设美丽中国转化为全体人民自觉行动，动员全民参与生态文明建设。增强全民节约意识、环保意识、生态意识，鼓励绿色消费、绿色居住、绿色出行等，形成文明健康的生活风尚。坚定信念、久久为功，持续增进生态环境这个最普惠的民生福祉，让人们在良好生态环境中过上更健康更幸福的生活。

案例研讨：请你谈一谈对“增进民生福祉是我们党坚持立党为公、执政为民的本质要求”的具体理解。

二、阅读拓展

把握和处理好发展经济与改善民生的关系[①]

经济发展和改善民生的关系是现代政党、政府和学术界共同关注的重大议题。从部分发达国家和陷入“中等收入陷阱”的发展中国家的发展历程看，经济发展和改善民生的互动可能会出现三种不利景象：一是经济高速增长而民生没有得到相应的改善，民众对发展无感；二是经济快速增长一段时期后陷入停滞，导致民生资源供给短缺；三是经济从高速增长期转向温和增长期后，民生供给仍然在高位运行，导致“福利病”的出现。经济发展和改善民生之间存在的这些悖论关系值得高度警惕。中央经济工作会议提出，要注意把握和处理好发展经济与改善民生的关系。经济发展和改善民生是一种相互联系、相互促进的关系。不断巩固和增强经济回升向好态势，就要努力实现经济发展和改善民生良性循环。

经济发展是民生改善和社会进步的基石。经济发展提供了改善民生最为重要的资源、资金和服务，离开经济发展，改善民生就是无源之水、无本之木。增进民生福祉是发展的根本目的。我们的发展是以人民为中心的发展，发展为了人民、发展依靠人民、发展成果由人民共享。如果经济发展不能回应人民的期待，不能让人民有与经济增长相符合的实际收益和主观的获得感，那么这样的发展就会失去意义，也不可能持续。在社会主义革命、建设、改革等不同历史时期，我们党根据不同的经济发展状况，先后围绕解决温饱、基本小康、全面小

① 资料来源：王道勇. 把握和处理好发展经济与改善民生的关系. (2024-01-31)[2024-03-25]. https: //paper. cntheory. com/html/2024-01/31/nw. D110000xxsb_20240131_2-A2. htm.

康等民生改善目标，坚持不懈抓发展，不断扩大经济总量，让改革发展成果更多更公平惠及广大人民群众，实现经济发展和民生改善的协调同步。

抓民生也是抓发展。民生是发展的起点和落脚点，民生改善通过提升人力资本质量、扩大消费需求、稳定就业状况、改善社会预期等，为经济高质量发展提供重要动力。办好人民满意的教育，可以提供更大规模和更高质量的新就业群体和高素质人才队伍，使劳动者能够更快地接受新的生产系统，更好地适应在不同生产部门之间的岗位转变和技能匹配，从而为经济高质量发展提供人力资本支撑。充分就业既是民生事业发展的目标，也是衡量经济发展状况的“晴雨表”，更是衡量宏观经济发展状况的重要指标。构建初次分配、再分配、第三次分配协调配套的制度体系，增加城乡居民收入，扩大中等收入群体规模，调节收入分配差距过大局面，公平地分配劳动成果，有利于调动劳动者的生产积极性和能动性，有利于扩大内需和促进有效消费增长。社会保障为暂时或永久丧失劳动能力以及由于各种原因而导致生活困难的群体提供相对稳定的生活保障，有效防范和化解各种社会风险，增强人民的安全感和对未来经济发展的信心。推进健康中国建设，实现人口高质量发展能够有力支撑中国式现代化，养老、托育和社区服务业等既是新兴的民生事业，也为高质量发展提供新的重要增长点。

党的十八大以来，以习近平同志为核心的党中央坚持人民至上，扎扎实实贯彻新发展理念，遵循民生事业发展规律，不断优化民生供给结构和质量，推进人民生活全方位改善，为我们展现了一幅经济发展和民生改善有效对接、良性循环、相得益彰的生动图景。新时代新征程，要全面准确把握民生和发展相互牵动、互为条件的辩证关系，以同频共振为指向，在更高水平上实现经济发展和民生改善良性循环。

一方面，要统筹需要和可能，把保障和改善民生建立在经济发展和财力可持续的基础之上。改善民生要坚持尽力而为量力而行的原则。尽力而为是底线，能够做到的民生实事绝不拖延；量力而行是方法，我国仍处于并将长期处于社会主义初级阶段，不能脱离发展阶段作出过高的承诺，让人民群众的根本利益受损，要一年接着一年干，锲而不舍向前走。这表明改善民生关键在兜住、兜准、兜牢民生底线，各项民生政策要发挥好托底作用，要突出重点群体、重点地区、重点领域和重点制度，对特殊群体实现应保尽保，做到横向到边、纵向到底、一个也不能少。

另一方面，改善民生也要有发展的思维，要通过更好地保障和改善民生，积极培育高质量发展的内生动力。当前我国经济回升向好，但国内有效需求仍然不足，居民消费意愿有待进一步提升，需要在具体民生制度上不断进行创新，助推经济实现质的有效提升和量的合理增长。要通过教育改革发展，培养更多的科学大师，造就更多大国工匠和高技能人才。要更加突出就业优先导向，确保高校毕业生、新生代农民工等重点群体就业稳定。要织密扎牢社会保障网，在推动社会保障事业高质量发展上持续用力，增强制度的统一性和规范性，以制度创新将依托平台经济的各种新就业群体逐步纳入社会保障体系，健全分层分类的社会救助体系，充分发挥好社会保障的兜底作用。要适应少子化、老龄化和区域人口增减分化等新的人口结构特征，加快完善生育支持政策体系。要大力发展银发经济，围绕衣食住行、文教娱乐、医养康护等主题大力深挖制造业和服务业的发展创新潜力，为老年人提供各类优质产品和服务，更好满足老年人多层次多样化的需求，让全体人民更加充分地共享改革发展成果。

三、实践项目

项目一

大学生社会服务意识调查

（一）调查目的

服务意识是每个大学生应该具备的一种精神意识和树立的一种价值观念。大学生服务意识的培养是现代社会一项重要任务。本调查旨在通过了解大学生社会服务意识情况，以期有针对性地培养大学生的良好服务意识，为良好品质的养成打下基础。

（二）调查对象

在校大学生

（三）活动方案

时间：4 学时
地点：校园
方式：调查分析
流程：

（1）将调查问卷复印 100 份，将所在班级同学分为 10 组，每组完成调查问卷 10 份，调查对象不限本班同学，尽量做到男女比例均衡。

（2）调查采取无记名的方式进行，要求选出同意的选项。

（3）调查完成后收齐问卷，并对 10 个小组的数据进行汇总。

（4）将调查情况写成调查报告，上交任课教师。

【附】调查问卷

（1）您的青少年时期主要是在什么地方度过的？（　　）

A. 省会城市或直辖市　　B. 中小城市　　C. 城乡接合部
D. 农村　　E. 其他

（2）您是否参加过社会服务？（　　）

A. 是　　B. 否

（3）您参加社会服务的频率（　　）[第（2）题选“是”的回答]。

A. 经常参加　　B. 偶尔参加

（4）您没参加社会服务的原因是（　　）[第（2）题选“否”的回答]。

A. 没及时获得相关信息　　B. 不感兴趣

C. 认为没有必要　　D. 没有时间

（5）您参加社会服务的主要原因是（　　）（多选题）。

A. 帮助有需要的人　　B. 做对社会有意义的事

C. 消磨空闲时间　　D. 实现个人价值

E. 令生活更加充实　　F. 增加社会见识

G. 有助于找工作　　H. 想多结识些朋友

I. 这是我的社会责任　　J. 倡导社会文明

K. 发挥自己潜能　　L. 能使自己有成功感和满足感

M. 向党组织靠拢　　N. 受亲友影响参加的

O. 其他

（6）您主要通过什么渠道获得社会服务信息？（　　）（多选题）

A. 社会志愿服务机构　　B. 学校团委、学生会、志愿服务社团

C. 朋友、同学及其他社会服务者　　D. 报纸、电台、电视、网络等媒体

（7）您一般利用什么时间参加社会服务？（　　）（多选题）

A. 双休日　　B. 课余时间

C. 节假日（包括寒暑假）　　D. 只要需要，任何时间都可以

E. 其他

（8）您参加社会活动是否有阻力？（　　）

A. 有　　B. 没有

（9）如果有，主要的阻碍因素有哪些？（　　）

A. 时间因素，与学习工作生活相冲突　　B. 经济因素，参加社会服务还要花钱

C. 家庭或朋友因素，家人或朋友不理解　　D. 社会因素，多数人对服务者有偏见

E. 社会服务中涉及的法律责任不清楚　　F. 对服务者权益的保障比较欠缺

G. 其他

（10）对于社会服务期间的补贴，您同意下列哪种看法？（　　）

A. 不需要任何补偿　　B. 只报销与服务行为相关的开支

C. 在报销的基础上，有适当的奖励　　D. 报销费用、有适当奖励，有一定的补贴

E. 说不清

（11）您参加过哪一类社会服务活动？（　　）

A. 支教　　B. 助老扶幼

C. 社区服务　　D. 为大型活动或赛事提供服务

E. 其他

（12）您觉得下面哪一种说法最能准确地评价自己的社会服务活动？（　　）

A. 服务社会，回馈社会

B. 实现了自己的价值

C. 有利于专业学习或所学知识的运用

D. 发掘了个人潜力，锻炼了自己

E. 认识了很多朋友

F. 有成就感和归属感

G. 占用时间太多，影响了学习、生活和工作

H. 流于形式，缺乏实际意义

I. 对个人的影响不大

J. 其他

（13）您认为未来一段时期我国社会服务发展的趋势是（　　）。

A. 迅速发展　　B. 较快发展

C. 较慢发展　　D. 没有发展

E. 不清楚

（14）在参与社会服务的过程中，您的心理感受是（　　）。

A. 总是非常快乐　　B. 大多数时候快乐

C. 总是不快乐　　D. 总是非常不快乐

E. 感受复杂，说不清　　F. 不知道

（15）参与社会服务的经历，对学习工作生活的影响是（　　）。

A. 积极影响　　B. 负面影响

C. 没什么影响　　D. 不清楚

| 项目二 |

参与社区服务实践

（一）实践目的

学生通过社区服务活动，能够进一步接触社会，增强社会责任感，培养并提高社会交往、组织管理、分析思考和实践创新能力。

（二）实践方案

1. 参与社区管理，协助社区出墙报，普法宣传，进行清洁楼道、捡拾垃圾等活动。
2. 为社区孤寡老人做家务事，收集社区废品，为社区种植绿色植物，开展绿色环保活动。
3. 在社区开展节约用水，保护水资源的宣传活动。
4. 开展读书学习互助活动，帮助和指导社区内的小朋友开展读书活动。
5. 学生结合所参与的社区服务实践内容，根据具体的实践情况，撰写一篇约 2 000 字的实践报告。

第十二章　建设社会主义生态文明

一、案例精选

为什么“绿水青山就是金山银山”？[①]

今年的 8 月 15 日，是我国第一个全国生态日。

设立生态日标志着习近平生态文明思想正在深入人心，人们的生态意识正在快速提高。设立生态日也是生态学工作者的夙愿。

生态学是生态文明建设的基础性学科

生态是生物在一定的自然环境下生存和发展的状态，也指生物的生理特性和生活习性。

1869 年，德国生物学家赫克尔首次提出“生态学”一词，认为生态学是研究生物与其环境相互关系的科学。经过 100 多年的发展，生态学已经构建相对完整的学科体系。

生态学有两个最重要的使命，一是认识包括人在内的生物与环境相互作用、共生机制与演替变化规律；二是为人与自然和谐共生、经济社会的可持续发展提供科学基础和解决途径。随着人与自然矛盾的加剧，生态学已成为协调人与自然关系，建设生态文明的重要基础学科。

地球上生物资源丰富、自然环境多样，生物资源与自然环境的关系尤为复杂，相应的生态学研究内容也十分丰富。

根据研究尺度，生态学的分支学科有分子生态学、生理生态学、种群生态学、群落生态学、生态系统生态学、景观生态学、全球生态学等。

根据研究对象，生态学包括人类生态学、植物生态学、动物生态学、微生物生态学，以及森林生态学、草地生态学、湿地生态学、海洋生态学等。

根据应用对象，生态学有农业生态学、城市生态学、工业生态学、保护生态学与恢复生态学等。

随着人们对自然认识的深入，科学技术的进步，及生态文明建设的推进，生态学还会产生新的研究领域与方向。

以生态系统为代表的自然环境　为人类提供了生存与发展条件与资源

生态系统不仅为人类提供了粮食、肉蛋奶、蔬菜、水果、木材、生物能源、水资源等人类生活必需的物质产品；还通过调节气候、释放氧气、涵养水源、保持土壤、洪水调蓄、防风固沙、净化环境等功能形成和维持了人类赖以生存的环境条件；自然景观还为人类提供了

① 资料来源：欧阳志云. 为什么“绿水青山就是金山银山”?(2023-08-15)[2024-03-25]. https: //www. kepuchina. cn/article/articleinfo?ar_id=432412&business_type=100&classify=0.

美学体验、旅游观光、休闲娱乐、促进精神健康等文化服务，为人类生活品质的提升提供了基础保障。

“绿水青山就是金山银山”正是人类对自然价值认识的精辟概括，从生态学理解，“绿水青山”就是高质量森林、草地、湿地等自然生态系统的统称，它不仅为人类提供生存与发展的生态产品，这些生态产品具有巨大的生态价值和经济价值，能带来经济效益，造福人们。

人与自然的矛盾仍然尖锐

工业革命以来，人类利用自然资源与改造自然能力得到极大增强。由于缺乏对“人-自然”相互关系与作用机制的认识、不合理开发自然资源与环境污染，使得一些具有重要生态功能的森林、草地、湿地受到破坏。它们部分被改造为农田、城市或其他人为建设设施，导致生态系统破坏和退化，野生动植物物种丧失。

不仅如此，涵养水源、保持土壤、洪水调蓄、防风固沙等生态系统服务供给能力也大幅度降低，生态功能退化导致土地荒漠化、洪涝灾害、沙尘暴等自然灾害加剧，增加了人畜共患的恶性传染病发生风险，生态安全面临威胁，经济社会可持续发展面临挑战。

“生态日”的设立也是人类对当前全球性生态危机全面觉醒的标志，对人与自然和谐共生的呼唤。

生态学的新机遇

为了推进生态文明建设，保障国家生态安全，党的二十大对全国生态保护修复提出了明确要求与战略部署。

首先确立了“中国式现代化是人与自然和谐共生的现代化”，明确要求“必须牢固树立和践行绿水青山就是金山银山的理念，站在人与自然和谐共生的高度谋划发展。”国家对于生态保护修复的要求与部署，为我国生态学发展提供了新机遇。

全国生态学工作者，应围绕“提升生态系统多样性、稳定性、持续性”的科技需求，加强人与自然相互作用机制的基础研究，研究在人类世背景下，我国乃至全球生态系统格局、生态系统结构、生态过程与生态功能的演变规律，发展生态监测与评估技术，研发生物多样性保护、退化生态系统修复的关键技术、山水林田湖草沙冰系统治理模式，为国家实施重要生态系统保护和修复重大工程、推进以国家公园为主体的自然保护地体系建设、生物多样性保护重大工程、建立生态产品价值实现机制提供系统的科技支撑。

生态学工作者还应积极参与生态学知识的教育普及工作，为全民提高生态保护意识，推动全社会为可持续发展、人与自然和谐共生、建设美丽中国作出贡献。

案例研讨：结合材料谈一谈生态文明建设在新时代中国特色社会主义事业中具有什么样的重要地位和战略意义？

二、阅读拓展

在推进美丽中国建设中加速发展新质生产力①

从去年9月习近平总书记在黑龙江考察调研期间首次提到“新质生产力”，到今年1月中共中央政治局第十一次集体学习时强调加快发展新质生产力，再到前不久习近平总书记在参加十四届全国人大二次会议江苏代表团审议时强调要因地制宜发展新质生产力。“新质生产力”一词引发各界的高度关注和热议。

新质生产力是创新起主导作用，摆脱传统经济增长方式、生产力发展路径，具有高科技、高效能、高质量特征，符合新发展理念的先进生产力质态。

我国经济社会发展已进入加快绿色化低碳化，推动实现高质量发展的转型阶段，新一轮以绿色低碳为特征的科技革命和产业变革正在加速演进。新质生产力在生态环境保护领域中具有广泛的应用前景和深远的发展潜力，我们要大力发展新质生产力，促进加速实现人与自然和谐共生的现代化。

高标准规划引领新质生产力培育和发展。统筹谋划生态环境领域重大科技需求，编制发布一批综合治理重大科技项目，谋划推动实施一批跨区域流域、陆海统筹、多要素协同的生态环境领域重大工程，供给侧和需求侧同时发力，打造生态环境领域战略科技力量，用环境保护科技引领新质生产力培育和发展。

高水平保护发展新质生产力。党的十八大以来我国生态文明制度体系越织越密，不断完善环评、排污许可、碳排放等一系列管理制度，不断加严节能减排等约束性指标管理，既防范化解了安全风险，维护了国家生态安全，又在此过程中促进了传统企业的转型升级，使新质生产力得到了发展。要积极推进生态环境监测条例等规章制度出台实施，适时制修订大气、水、新污染物等重点行业污染物排放标准，提高生态环境管理要求，以高标准严要求的法律政策标准推动发展新质生产力。

高效能治理赋能新质生产力。党的二十大报告指出：“构建新一代信息技术、人工智能、生物技术、新能源、新材料、高端装备、绿色环保等一批新的增长引擎。”随着我国生态文明建设的不断深入，近年来我国在细颗粒物、土壤、危废固废等治理领域，已经形成了一批有国际竞争力的技术和企业。环保产业已经成为新质生产力发展的关键领域之一。要继续提升生态环境治理现代化水平，以绿色环保新兴产业发展推动新质生产力发展。

高品质生活催生新质生产力。新质生产力形成的新供给能够提供更多高品质健康环保、安全节能的绿色产品和服务，更好地把高颜值生态、高水平发展和高品质生活有机统一起来，实现科技发展成果惠及人民群众。要通过新质生产力的发展，不断提升人们的生活品质，让人们感受到发展新质生产力的重要意义和价值，从而形成全社会倡导、助力新质生产力发展的共识和行动。

---

① 资料来源：赵向阳，康学辉. 在推进美丽中国建设中加速发展新质生产力. (2024-03-26)[2024-03-25]. https: //www. xuexi. cn/lgpage/detail/index. html?id=14964790926512676704&item_id=14964790926512676704.

三、实践项目

项目一

“美丽校园我先行”实践活动

（一）实践目的

以提升校园绿化美化程度为宗旨，坚持将校园绿化美化活动与学生思想道德教育相结合。大力营造优美整洁、绿色高雅、文明和谐的育人环境，全力打造绿色校园、生态校园、文明校园、和谐校园。

（二）实践方案

1. 参与校园绿化活动。植树造林、栽花养花，美化校园环境，使校园绿意盎然。

2. 参与校园美化活动。对校园内的垃圾场所、厕所卫生等进行检查和清理，并开展学生个人卫生评比活动。

3. 积极丰富校园文化。关注校园文化建设，建设具有校园特色的文化阵地和宣传橱窗，教室、办公室要布置美观。

4. 学生结合所参与的实践内容，根据具体的实践情况，撰写一篇约 2 000 字的实践报告。

项目二

经典影视作品鉴赏——《美丽中国》

（一）鉴赏目的

通过对经典影视作品的观看，学生能够全方位了解美丽中国的建设历程。

（二）鉴赏内容

该片主要有清水绿岸、蓝天白云、沃土如金、生态文明之路四集，以生态文明是人类又一崭新文明形态的站位高度，阐释“生态兴则文明兴、人与自然和谐共生”的新思想内涵。表现形式以鲜活的普通人物故事切入，生动反映中国生态环境改善给广大群众带来的获得感和幸福感。

（三）鉴赏作业

学生结合所学内容观看影片，根据影片内容与个人认识，提交一篇约 2 000 字的观后感。

第十三章　维护和塑造国家安全

一、案例精选

国安部：自媒体不能为流量做有损国家安全的错误行为[①]

随着网络自媒体兴起，随手拍摄的一条视频、随性发表的一番言论，都可能受到大量关注，每个人都有机会成为“网红”，一大批户外打卡、知识分享型博主广受欢迎。“网红”们手握“流量密码”的同时，还需提高自身的国家安全意识，莫让“有心人”钻了空子。

分享经历分场合、须谨言

近年来，一些曾在党政机关、国防军工、科研院所等涉密单位工作过的人员，为吸引网络流量，抓住网友们对涉密行业的好奇心理，在公开网络平台上分享自己此前的从业经历，言语间透露着神秘。更有甚者为哗众取宠，不惜主动泄露原单位仍处于保密期限内的国家秘密。殊不知，这种行为在炒高网络热度的同时，也可能引起境外间谍情报机关的关注。

根据新修订的《中华人民共和国保守国家秘密法》规定，涉密人员在脱密期内，不得以任何方式泄露国家秘密；脱密期结束后，应当遵守国家保密规定，对知悉的国家秘密继续履行保密义务。

在法律法规和行业规则允许范围内，分享自己的专业知识和职场经验，确实可以起到向目标受众传播正能量的积极作用。但了解掌握国家秘密的涉密人员在对外发声时，应严格落实保密法律法规和规章制度，自觉坚守保密底线。在努力成为“网红”的同时，更应时刻注意个人言行，切勿因小失大泄露国家秘密、危害国家安全。

打卡探险分场景、须慎行

个别户外爱好者在社交媒体上分享“小众”打卡地的拍照攻略，堂而皇之将“禁区”作为博取眼球的噱头，不仅毫无顾忌地以“军事重地　禁止进入”警告标识为背景拍照，还向网友详细介绍翻越铁网进入军事禁区的多条路线。这种为了引流吸粉，不惜闯入军事禁区的违法行为，不仅严重扰乱我军事重地管理秩序，甚至可能为境外间谍情报机关刺探、分析我国军事部署提供可乘之机，危及国家安全。

根据《中华人民共和国军事设施保护法》规定，中华人民共和国的组织和公民都有保护军事设施的义务。任何扰乱军事禁区、军事管理区管理秩序和危害军事设施安全的行为都将受到法律严惩。

网络让公众足不出户，便可跟随网络博主们的脚步领略祖国大好河山、饱览各地风土人

① 资料来源：国安部. 自媒体不能为流量做有损国家安全的错误行为. (2024-03-26)[2024-03-25]. https: //www. peopleapp. com/column/30044065038-500005249589.

情。但是，军事管理区、涉密敏感区域绝非旅游景点，有关情况一旦被别有用心之人掌握，可能会对国家安全造成严重威胁，这种以牺牲国家安全为代价换取流量关注的“网红”行为绝不可取。广大网友追寻网络热点、探访“小众”风光时，也需保持理性，切勿盲目跟风，损害国家安全。

国家安全机关提示

互联网不是法外之地，自媒体运营者亦有维护国家安全的责任义务，绝不能为了追求流量曝光，而做出有损国家安全的错误行为，甚至走上违法犯罪的道路。广大网友应当增强国家安全意识，提高警惕、遵法守法。各网络平台作为网络服务提供者，应当健全完善相关经营管理制度，严格履行审核、监管责任，紧盯保密风险、杜绝泄密隐患，对于可能泄露国家秘密、危害国家安全的情况要及时消除影响，积极配合国家安全机关或相关部门依法予以处置。

案例研讨：什么是国家安全，我们如何维护国家安全？

二、阅读拓展

深刻领会总体国家安全观，总书记引用这些典故①

2024 年 2 月 27 日，《平“语”近人——习近平喜欢的典故》（第三季）播出第十集《雄关漫道真如铁》。

党的二十大报告中，习近平总书记指出，国家安全是民族复兴的根基，社会稳定是国家强盛的前提。必须坚定不移贯彻总体国家安全观，把维护国家安全贯穿党和国家工作各方面全过程，确保国家安全和社会稳定。围绕“国家安全”这一主题，总书记曾讲到哪些典故？

“天下之势不盛则衰，天下之治不进则退。”世界总是在矛盾运动中发展的，没有矛盾就没有世界。纵观历史，人类正是在战胜一次次考验中成长、在克服一场场危机中发展。我们要在历史前进的逻辑中前进、在时代发展的潮流中发展。

不论风吹雨打，人类总是要向前走的。我们要善于从历史长周期比较分析中进行思考，又要善于从细微处洞察事物的变化，在危机中育新机、于变局中开新局，凝聚起战胜困难和挑战的强大力量。

——2022 年 1 月习近平在 2022 年世界经济论坛视频会议的演讲

原典：天下之势不盛则衰，天下之治不进则退。

——《东莱博议》吕祖谦（南宋理学家、文学家）

释义：天下各种力量此消彼长，不强盛就会走向衰落；治理国家如果不寻求发展进步，已

① 资料来源：马玮璐. 深刻领会总体国家安全观，总书记引用这些典故. (2024-02-28)[2024-03-25]. http: //cn. chinadaily. com. cn/a/202402/29/WS65e0767ca3109f7860dd3754. html?ivk_sa=1023197a.

有的安定和谐就会遭到破坏，社会就会面临倒退。

解读：2014 年 4 月 15 日，习近平总书记在十八届中央国家安全委员会第一次会议上，首次提出“总体国家安全观”。在党的二十大报告中，总书记再一次指明坚持总体国家安全观必须遵循的基本要求。任何一个时代，治国理政都要有居安思危、不进则退的思维。当今世界正经历百年未有之大变局，风险挑战之严峻前所未有，我们更应时刻警醒，“天下之势不盛则衰，天下之治不进则退”。

“于安思危，于治忧乱。”我们党在内忧外患中诞生，在磨难挫折中成长，在战胜风险挑战中壮大，始终有着强烈的忧患意识、风险意识。党的十八大以来，我多次强调要坚持底线思维，就是要告诫全党时刻牢记，“安而不忘危，存而不忘亡，治而不忘乱”。

——2018 年 6 月习近平在十九届中央政治局第六次集体学习时的讲话

原典：

于安思危，于治忧乱。

——《默觚，学篇七》魏源（清代）

释义：即使居于安乐环境里，也要想到可能出现的危险；即使处在稳定的境况中，也要忧虑可能发生的动乱。

解读：居安思危是中华民族的优秀文化基因，我们需要时刻保持警惕之心。新形势下，我国面临复杂多变的发展和安全环境，各种可以预见和难以预见的风险因素明显增多，我们要不断提高化解各种风险的能力。就像习近平总书记告诫我们的那样，以史为鉴，以国家民族的利益为重，“于安思危，于治忧乱。”

志不求易者成，事不避难者进。我们要辩证认识和把握国内外大势，加强战略性、系统性、前瞻性研究谋划，做好较长时间应对外部环境变化的思想准备和工作准备，善于在危机中育新机、于变局中开新局。要发扬斗争精神，敢于斗争、善于斗争，根据形势变化及时调整斗争策略，团结一切可以团结的力量，调动一切积极因素，不断夺取具有许多新的历史特点的伟大斗争新胜利。

——2020 年 9 月习近平在全国抗击新冠肺炎疫情表彰大会上的讲话

原典：

志不求易，事不避难。

——《后汉书·虞诩传》范晔（南宋史学家、文学家）

释义：立志不能只立容易完成的目标，做事也不能逃避风险和困难。

解读：习近平总书记化用“志不求易，事不避难”，意在强调今天的我们不但要“志不求易”而且要“成”；不但要“事不避难”，而且要“进”。我们要辩证认识和把握国内外大势，坚持底线思维、增强忧患意识，有效防范和化解前进道路上的各种风险，善于在危机中育新机、于变局中开新局。

三、实践项目

| 项目一 |

大学生国家安全知识知多少调查

（一）调查目的

了解大学生的国家安全知识掌握程度，可以培养学生的国家意识和责任感，提升安全意识和防范能力，以及保障国家长远发展和维护社会稳定。通过学习国家安全知识，大学生能够深入了解国家安全面临的挑战和威胁，认识到自身在国家安全中的角色和责任。

（二）调查对象

在校大学生

（三）活动方案

地点：校园

方式：调查分析

流程：

（1）将调查问卷复印100份，将所在班级同学分为10组，每组完成调查问卷10份，调查对象不限本班同学，尽量做到男女比例均衡。

（2）调查采取无记名的方式进行，要求选出同意的选项。

（3）调查完成后收齐问卷，并对10个小组的数据进行汇总。

（4）将调查情况写成调查报告，上交任课教师。

【附】调查问卷

判断题

（1）国家安全机关的工作人员在依法执行紧急任务的情况下，出示相应证件，可以优先乘坐公交工具，遇交通阻碍时，优先通行。（　　）

（2）执行国家安全工作任务的车辆，可免费通过收费公路及高速公路。（　　）

（3）公民因支持、协助国家安全工作造成人身伤害或者死亡的，可以按照国家有关规定请求有关机关给予抚恤优待。（　　）

（4）国家秘密的保密期限，除另有规定外，绝密级不超过30年，机密级不超过20年，秘密级不超过10年。（　　）

（5）中华人民共和国公民有维护国家的安全、荣誉和利益的义务，不得有危害国家的安全、荣誉和利益的行为。（　　）

（6）国家安全机关在反间谍工作中必须依靠人民的支持，动员、组织人民防范、制止和惩治危害国家安全的间谍行为。（　　）

（7）维护国家安全，可不与经济社会发展相协调。（　　）

（8）因支持、协助国家安全工作，本人或者其近亲属的人身安全面临危险的，可以向公安机关、国家安全机关请求予以保护。公安机关、国家安全机关应当会同有关部门依法采取保护措施。（　　）

（9）任何个人和组织都不得非法持有属于国家秘密的文件、资料和其他物品，不得持有、使用窃听、窃照等专用间谍器材。（　　）

（10）任何个人和组织不得有危害国家安全的行为，不得向危害国家安全的个人或者组织提供任何资助或者协助。（　　）

| 项目二 |

观看微电影《冰山上的“新来客”》

（一）鉴赏目的

国家安全，人人有责。通过观看此微电影，学生能够深入了解间谍窃密活动正从传统领域持续向非传统领域延伸，数据作为新的重要生产要素，已成为基础性、战略性资源，与国家安全机关一道共同筑牢反间防谍的钢铁长城！

（二）鉴赏内容

影片根据多个真实案例改编，讲述了境外某机构借商业合作名义，对境内多个机构和人员进行拉拢，通过在我国边疆地区开展“公益活动”、架设非法设备的方式，妄图对我多个领域的数据实施窃取，最终被国家安全机关依法处置。

（三）鉴赏作业

学生结合所学内容观看影片，根据影片内容与个人认识，提交一篇约 2 000 字的观后感。

第十四章　建设巩固国防和强大人民军队

一、案例精选

强国必须强军　军强才能国安[①]

“国家大柄，莫重于兵。”巩固国防和强大人民军队是新时代坚持和发展中国特色社会主义、实现中华民族伟大复兴的战略支撑。

党的十九届六中全会通过的《中共中央关于党的百年奋斗重大成就和历史经验的决议》指出：“强国必须强军、军强才能国安，必须建设同我国国际地位相称、同国家安全和发展利益相适应的巩固国防和强大人民军队。”这一重要论述，体现了党中央、习主席以强军支撑强国的战略考量，饱含着党和人民对我军的期望重托。

党的十八大以来，习主席始终把国防和军队建设放在实现中华民族伟大复兴这个大目标下来认识和推进，摆在党和国家事业全局的重要位置来考察和运筹，鲜明提出实现中国梦对军队来说就是要实现强军梦，强调军事手段是实现伟大梦想的保底手段，要求我军担当起“四个战略支撑”的新时代使命任务。这些重要论述，深刻揭示了国防和军队现代化建设的重要地位和内在规律，充分体现了习主席强国复兴、锻造强大人民军队的历史担当。

“军事上的落后一旦形成，对国家安全的影响将是致命的。”习主席反复用历史上国门洞开的剜心之痛警醒我们，强调落后就要挨打，发展必须自强，斗争才能胜利。从鸦片战争到甲午战争，再到八国联军侵华战争，我国军事力量薄弱、武器装备落后，尽管广大军民十分勇敢、浴血奋战，但最终还是不堪一击。建设巩固国防和强大军队是我们党孜孜以求的目标。新中国成立以来，正是因为我们高度重视国防和军队建设，敢于在关键时刻亮剑，才顶住了来自外部的各种压力，维护了国家的独立、自主、安全、尊严。

一个国家往往在两个时期面临的外部压力最大，一个是积贫积弱之时，另一个是发展振兴之时。中华民族伟大复兴绝不是轻轻松松、敲锣打鼓就能实现的，必然会面对各种重大挑战、重大风险、重大阻力、重大矛盾。这是我国由大向强发展进程中无法回避的挑战，是实现中华民族伟大复兴绕不过的门槛。历史深刻昭示，中华民族走出苦难、中国人民实现解放，有赖于一支英雄的人民军队；中华民族实现伟大复兴，中国人民实现更加美好的生活，必须加快把人民军队建设成为世界一流军队。

“凡益之道，与时偕行。”习主席强调，国防实力要同经济实力相匹配，经济社会发展到哪一步，国防实力就要跟进到哪一步。实践证明，经济建设和国防建设的关系处理不好，就会走弯路、吃苦头。一个国家富而不强，也会被动挨打。如果国防和军队现代化同国家现代化进程不相适应，军事能力同国家战略需求不相适应，强国就是不完整的。在全面建设社会主义现代化国家、实现第二个百年奋斗目标新的征程上，必须把国防和军队建设摆在更加重

① 资料来源：范晶. 国必须强军　军强才能国安. (2022-04-11)[2024-03-25]. http: //www. 81. cn/yw_208727/10147080. html.

要的位置，加快建设巩固国防和强大人民军队。

军队与使命共生，军人与使命同在。着眼国家安全和发展战略需求，党中央、中央军委和习主席赋予人民军队“四个战略支撑”使命任务，明确指出，我军必须为巩固中国共产党领导和我国社会主义制度提供战略支撑，为捍卫国家主权、统一、领土完整提供战略支撑，为拓展我国海外利益提供战略支撑，为促进世界和平与发展提供战略支撑。这“四个战略支撑”，深刻阐明了我军的政治属性、根本职能、战略功能、国际责任，体现了新时代党的历史使命的新要求，表达了国家发展和人民群众的新期待，适应了国际形势和安全环境的新变化，是党和人民赋予人民军队的新时代使命任务，为新时代国防和军队建设明确了发展方向、奋斗目标和战略指导。党和人民所需就是军队使命任务所系。我军必须服从服务于党的历史使命，把握新时代国家安全战略需求，为实现中华民族伟大复兴提供战略支撑。

“凡国之重也，必待兵之胜也。”党对（人民）军队的绝对领导为履行使命任务提供了坚强政治保证，新时代中国特色社会主义的发展成就为履行使命任务奠定了坚实基础，强军兴军的伟大实践为履行使命任务提供了强大能力支撑。在强国强军的伟大征程上，全军应强化使命担当，增强忧患意识和进取精神，以时不我待、只争朝夕的紧迫感，大抓实战化军事训练，扎实做好各战略方向军事斗争准备，加快提升履行新时代使命任务能力，以更强大的能力、更可靠的手段捍卫国家主权、安全、发展利益。

案例研讨：为什么必须把国防和军队建设摆在更加重要的位置？

二、阅读拓展

方志敏：政治建军的践行者①

方志敏是经中央军委正式确认的36位军事家之一。他在军事斗争和军队建设过程中，始终坚持从思想上、政治上建设和掌握军队，创造性开展工作，初步形成了比较系统并具有鲜明特色的人民军队政治建军思想，为中国共产党独立创建新型人民军队、毛泽东军事思想的形成和中国革命伟大事业的开拓发展，作出了重要的贡献。

以立足实际为根本　创建赣东北工农红军

在大革命失败的血雨腥风中，面对白色恐怖，方志敏没有丝毫退缩，而是秘密潜回家乡继续革命。他把马克思主义的基本原理与赣东北的革命实际结合起来，在实践中探寻中国革命的道路。根据党的八七会议精神，他与邵式平、黄道等共产党员一起，从1927年10月底到1928年2月，先后领导了弋阳九区暴动、横峰年关暴动和弋横暴动。在暴动受挫的过程中，方志敏痛感“没有红军，是可以组织和爆发一个群众的暴动；但是在暴动之后，不积极去建立坚强能战的红军，无论如何，暴动是不能长久支持下去的”。2月，他在农民革命团中挑选20余名积极勇敢分子，集中20余支枪，在漆工镇齐川源村建立一支正规军队——工农革命军第二军第

① 资料来源：方小勇，方丽娜. 方志敏：政治建军的践行者. (2022-12-12)[2024-03-25]. https://www. xuexi. cn/lgpage/detail/index. html?id=12148375342774750748&item_id=12148375342774750748.

二师第十四团第一营第一连，赣东北第一支正规的工农革命武装诞生了。随着红色武装的发展、壮大，1930 年 7 月 21 日，根据中央军委决定，中国工农红军第十军在江西乐平众埠镇界首村成立。这支赣东北苏区的主力红军，是在没有正规武装力量为基础和外援的情况下，以方志敏为代表的赣东北共产党人，经过不屈不挠的艰苦奋斗，在根据地人民支持下独立发展起来的红军。1933 年 1 月 20 日，红十军奉调中央苏区后，方志敏等又迅速在根据地赤色警卫师的基础上，扩编为新的红十军。1931 年 11 月，中华苏维埃共和国临时中央政府授予方志敏红旗勋章一枚，授予红十军奖旗一面，予以表彰。1934 年 1 月，闽浙赣省被中华苏维埃共和国第二次全国代表大会授予“苏维埃模范省”的称号。巩固的根据地，为建设一支能征善战的红军队伍，奠定了牢固的政治、经济基础。

以政治建军为引领　锻造铁的红军

方志敏是红十军的主要创建者。作为一个在革命实践中锻炼出来的马克思主义者，方志敏在创建工农武装和红军的过程中，始终把眼光聚焦在政治和战略层面，不断总结经验，形成了建设铁的红军的理论。方志敏撰写的《建设我们铁的红军》，系统论述了加强政治工作、严格部队纪律、开展军事训练等方面的工作对于红军建设的重要意义，要求把红军建设成一支铁军。方志敏提出，要在红军中“十百倍地加强政治工作”。在方志敏和赣东北省委的领导下，红军中逐步建立起了各级党组织，配备政工人员，部队的一切军事行动都置于党的领导之下。1932 年 11 月 20 日，赣东北省委向党中央报告：当时苏区共有党员 17375 名，党支部 972 个，其中红军中建有党支部 160 个。打造一支铁的红军，更为根本的是开展深入细致的思想政治工作，解决“为谁当兵，为谁打仗”的问题。方志敏担任信江苏维埃主席时，就曾用两个月的时间，对红军独立团进行集中整训。他采取的工作方法，“是自己亲自深入队伍中去检查，去讲话，去指导，去督促……对于战斗员的生活，极力改善，加以爱护，亲之爱之如家人兄弟一般。”经过整训，独立团面貌焕然一新。

方志敏认为，“铁的纪律是造成铁的红军的必要条件之一”。1930 年 7 月，方志敏等率领红军独立第一团攻占景德镇，驻扎六天期间，部队军纪严明，秩序井然，没有扰民之事发生。那时，红军禁止吸烟，部队上下几千人没有一个人吸纸烟，这不能不使镇上的人感到惊奇和叹服，在乡村里竟能训练出这样的军队来。出现这样的奇迹，是方志敏和赣东北的党组织，在红军中坚持政治建军，实行严格的纪律的结果。方志敏等对赣东北红军提出具体的纪律要求，特别是作战的军纪，不论何人，都是严格执行，不稍宽贷。方志敏说：首先我自己就做到一个模范的遵守红军纪律的人。方志敏带领根据地红军密切地融入群众，使赣东北工农武装割据的军事斗争，成为一场真正的人民战争。红军出征，群众倾情相送，敌人来“围剿”了，群众坚壁清野，与敌周旋。1932 年 10 月 4 日，方志敏等率第二次出师闽北的红十军凯旋，在省会葛源受到苏区群众的盛大欢迎。

方志敏从战争中学习战争，与战友们在实践中不断推进建军治军。开办军校，是赣东北党组织培养红军政治军事干部主要途径之一。1929 年 10 月 25 日，信江苏维埃政府创办的信江军事政治学校正式开学。方志敏、邵式平、黄道等苏区领导人制定教育方针、审定教学计划，并授课。学校先后易名为彭杨军事政治学校、中国工农红军学校第五分校。这是我党较早创办的军校之一，培养了数以千计的红军指挥员，其中有黄开湘、吴克华、饶守坤等我军高级将领。

以听党指挥为根本　践行革命初心

将军队置于党的绝对领导之下，一切行动听从党中央指挥，这是红军最基本的建军原则，方志敏就是一个努力的践行者。

1930 年 6 月，正当赣东北革命根据地和红军胜利发展之时，中共中央要求红十军攻打鄱阳、湖口，夺取九江，配合各路红军形成对南昌、武汉的包围圈，争取一省或数省的首先胜利。方志敏坚决抵制"左"倾冒险主义的错误，把主要精力放在巩固和发展苏区上。当他的意见被否决后，方志敏服从组织决定。1933 年 1 月，为粉碎国民党第四次"围剿"，中央电令赣东北唯一的主力红军红十军开赴中央苏区，配合中央红军作战。为稳定红十军指战员情绪，方志敏临时兼任该军政委，做思想说服工作，要求指战员坚决服从命令。他强调："我们一切都该听中央指挥，尤其是军事，更要集中与统一。"他反复叮嘱部队领导邵式平、周建屏、方志纯等，一切听从中央指挥。1934 年 11 月末，以方志敏为主席的军政委员会，率领红十军团向赣浙边先行出击，继续执行红军北上抗日先遣队的使命。临危受命的方志敏，"下了决心去完成党所给我的任务，党要我做什么事，虽死不辞"。红十军团在皖南军事失利，回师闽浙赣苏区时遭到国民党军重兵围堵，被困于怀玉山区。1935 年 1 月，方志敏等率红军先遣队先头部队血战脱险，因后续主力部队未能前来会合，方志敏复入重围。这一铁血担当，致使他不幸被俘，并于 1935 年 8 月 6 日在南昌英勇就义。方志敏用行动和生命践行了自己的革命初心，书写一张"听党指挥"的高分答卷，成为革命军人楷模。

三、实践项目

项目一

经典影视鉴赏——《锻造雄师向复兴》

（一）鉴赏目的

通过对经典影视作品的观看，学生能够深入了解和体会习主席领导人民军队重整行装再出发、政治建军翻开时代新篇的光辉历程，让学生以更加宏阔的视野，去认识自己的战位，感悟肩上的使命。

（二）鉴赏内容

该片共 8 集，分别为《擘画》《铸魂》《重塑》《胜战》《砺剑》《强基》《同心》《和平》，每集约 50 分钟，紧紧围绕习主席领航新时代强军事业的重大思想和实践，全面反映党的十八大以来国防和军队建设取得的历史性成就、发生的历史性变革，充分展现全军部队维护核心、听党指挥、继往开来、接续奋斗的昂扬风貌。

（三）鉴赏作业

学生结合所学内容观看影片，根据影片内容与个人认识，提交约2000字的观后感。

项目二

经典影视鉴赏——《长津湖》

（一）鉴赏目的

通过对经典影视的观看，促使学生学习习近平总书记关于加强全民国防教育的重要指示精神，不断增强学生的国防意识和爱国情怀，使关心国防、热爱国防、建设国防、保卫国防成为他们的思想共识和自觉行动。

（一）鉴赏内容

该片是以抗美援朝战争中的长津湖战役为背景的战争电影，讲述了中国人民志愿军东线作战部队在极寒严酷环境下，凭着钢铁意志和英勇无畏的战斗精神，扭转了战场态势，凸显出志愿军战士不怕牺牲的革命精神。影片画面精美，剧情感人，让人对志愿军战士的英勇精神深感敬佩。

（三）鉴赏作业

学生结合所学内容观看影片，根据影片内容与个人认识，提交约2 000字的观后感。

第十五章　坚持“一国两制”和推进祖国完全统一

一、案例精选

《香港国安法》是一部治港良法（节选）[①]

《中华人民共和国香港特别行政区维护国家安全法》（以下简称《香港国安法》）已于2020年6月30日由十三届全国人大常委会第二十次会议正式通过。这部法律的颁布实施的目的就在于切实保障香港居民合法权益、维护香港社会长久安宁与和平、尊重和反映香港发展客观规律，充分体现了良法之治的根本要求，是一部治港良法，为保持香港长期繁荣稳定和长治久安打下坚实的政治基础、法治基础和社会基础。

国家安全事关国家主权、人民福祉和经济社会可持续发展，维护国家安全归根结底在于保障人民利益，从根本上来说同尊重和保障人权是一致的。《香港国安法》坚持法治的人民性，以切实保障香港居民合法利益为根本目的，明确规定尊重和保障人权，依法保护香港居民根据香港基本法和《公民权利和政治权利国际公约》《经济、社会与文化权利的国际公约》适用于香港的有关规定享有的包括言论、新闻、出版的自由，结社、集会、游行、示威的自由在内的权利和自由。这部法律针对分裂国家、颠覆国家政权、恐怖活动、勾结外国或者境外势力危害国家安全四类犯罪行为作出了规定，但这只是对香港现有法律不足的补充，并不影响普通香港居民。

有效维护香港社会长久安宁与和平

国家安全有保障，社会才会安定有序。而法治旨在创设一种正义的社会秩序，只有符合正义的秩序，才能保证社会的长久安宁与和平。同时，法的正义包含着自由、平等、公平、公正等核心价值，引领着社会的和谐稳定与繁荣发展。《香港国安法》坚持良法的正义价值追求，规定了一系列体现公平正义的法治原则，包括法律规定为犯罪行为的，依照法律定罪处刑；法律没有规定为犯罪行为的，不得定罪处刑；任何人未经司法机关判罪之前均假定无罪；保障辩护权和其他诉讼权利；公平审判，“一事不再审或罚”；等等。因此，这部法律的出台，进一步巩固和增强了切实保障公平正义的法治优势，彰显了正义性的良法价值追求，必将有效维护香港社会的长久安宁与和平。

充分尊重和反映香港发展客观规律

科学立法的核心在于尊重和体现客观规律。对于香港的发展而言，其最大的社会现实和客观规律就是坚持和发展“一国两制”、港人治港和高度自治的制度优势。贯彻落实“一国两制”，必须筑牢国家安全防线。然而，自“修例风波”以来在香港发生的许多危害国家安全的行为，严重挑战“一国两制”原则底线。如果不对这些行为采取有力措施依法予以防范、制

---

① 资料来源：周佑勇.《香港国安法》是一部治港良法. (2020-07-15)[2024-03-25]. https://paper. cntheory. com/html/2020-07/15/nw. D110000xxsb_20200715_1-A2. htm.

止和惩治，必将导致“一国”受损，“两制”也会失去稳固的基础。针对这种现实需要，《香港国安法》明确规定了四类危害国家安全的犯罪行为及其刑事责任。同时在制度设计上，采取了中央管治权底线性保留和香港自治权先行的双轨制模式，一方面在香港设立国家安全委员会并授权组建执法力量，主要依靠其检控和审判；另一方面规定中央政府在港派驻国家安全公署，会同最高人民法院、最高人民检察院指定的机构依法履行维护国家安全职责，在特殊情况下对极少数危害国家安全犯罪案件行使管辖权。这无疑让“一国两制”发展得更加深入。

案例研讨：《香港国安法》成为维护香港稳定的“定海神针”，对此你怎么理解？

二、阅读拓展

携手推进民族复兴　实现祖国完全统一[①]

“台湾问题因民族弱乱而产生，必将随着民族复兴而解决。”10 月 9 日，习近平总书记在纪念辛亥革命 110 周年大会上发表重要讲话，郑重宣示了坚决遏制“台独”分裂活动、捍卫国家主权和领土完整、实现祖国完全统一的坚强决心与坚定意志。总书记强调，两岸同胞都要站在历史正确的一边，共同创造祖国完全统一、民族伟大复兴的光荣伟业。

“一水之隔、咫尺天涯。”海峡两岸分隔已届 72 年。自 1949 年来，中国共产党、中国政府、中国人民始终把解决台湾问题、实现祖国完全统一作为矢志不渝的历史任务。先后实现了两岸全面直接双向“三通”，两岸双方达成“九二共识”，提出和平解决台湾问题的政策主张和“一国两制”科学构想等一系列顺应两岸同胞共同愿望的交流交往合作渠道、政治互动和推进祖国统一基本方略。两岸尚未完全统一是历史遗留给中华民族的创伤，抚平创伤就需要两岸中国人顺应历史大势，共同努力谋求国家统一。

辛亥革命是海峡两岸同胞共同的记忆。辛亥革命是中国成就为今天民主及现代国家的关键，包括台湾同胞在内的一代代中华儿女为抵御外敌入侵、争取民族解放、实现国家统一前仆后继。正如孙中山先生所言，“统一”是中国全体国民的希望。能够统一，全国人民便享福；不能统一，便要受害。以和平方式实现祖国统一，最符合包括台湾同胞在内的中华民族整体利益。这是中华民族历史演进大势所决定的，更是全体中华儿女的共同意志。

今日之中国，经过近代以来的长期艰苦奋斗，创造了令全世界刮目相看的伟大成就。在中国共产党的带领下，我们圆了数千年来未曾实现的小康梦，中国全面建成小康社会，正乘势而上开启全面建设社会主义现代化国家新征程。中国共产党始终把为中国人民谋幸福、为中华民族谋复兴作为初心使命。中国历来是一个不可分割的整体，台湾是中国一部分、两岸同属一个中国，两岸同胞都是中国人。中国共产党为中国人民谋幸福，也就自然包括为台湾同胞谋幸福，为两岸同胞谋幸福。有强大祖国做依靠，台湾同胞的民生福祉会更好，发展空间会更大，在国际上腰杆会更硬、底气会更足，会更加安全、更有尊严。

“吾心信其可行，则移山填海之难，终有成功之日。”中国人民对于捍卫国家主权和领土完整，有着坚强决心、坚定意志和强大能力。实现国家统一、中华振兴，是大势所趋、大义

① 资料来源：光明日报评论员. 携手推进民族复兴　实现祖国完全统一. (2021-10-11)[2024-03-25]. https: //news. gmw. cn/2021-10/11/content_35220925. htm.

所在、民心所向，更是孙中山先生和辛亥革命先驱的殷切期盼和未竟的遗愿。中国人民坚持“和平统一、一国两制”的基本方针，坚持一个中国原则和“九二共识”，推动两岸关系和平发展。祖国完全统一的历史任务一定要实现，也一定能够实现。

三、实践项目

| 项目一 |

经典影视鉴赏——大型电视专题片《领航》第十三集：一国两制

（一）鉴赏目的

通过对经典影视的观看，促使学生深入了解和体会“和平统一、一国两制”方针，积极履行维护祖国统一义务，履行维护国家安全、荣誉和利益的义务。

（二）鉴赏内容

本集聚焦展现以习近平同志为核心的党中央坚持“一国两制”，保持香港、澳门长期繁荣稳定，坚定不移推进祖国统一，深刻反映推动香港由乱到治、由治及兴，促进香港、澳门更好融入国家发展大局，牢牢把握两岸关系主导权和主动权。

（三）鉴赏作业

学生结合所学内容观看影片，根据影片内容与个人认识，提交 2 000 字的观后感。

| 项目二 |

经典影视作品鉴赏——《我和我的祖国：回归》

（一）鉴赏目的

通过对经典影视的观看，学生能够重温香港回归红旗升起的关键时刻，唤醒学生的爱国情感。

（二）鉴赏内容

《我和我的祖国：回归》讲述的是 1997 年 7 月 1 日香港回归的故事。准时在 1997 年 7 月 1 日 0 分 0 秒升起五星红旗，分秒不让，香港回归祖国的怀抱，是祖国统一迈出的重要一步。

（三）鉴赏作业

学生结合所学内容观看影片，根据影片内容与个人认识，提交约 2 000 字的观后感。

第十六章　中国特色大国外交和推动构建人类命运共同体

一、案例精选

国务院新闻办公室发布

《携手构建人类命运共同体：中国的倡议与行动》白皮书[①]

2023 年是习近平主席提出构建人类命运共同体理念 10 周年。为全面介绍构建人类命运共同体的思想内涵和生动实践，增进国际社会了解和理解，凝聚广泛共识，更好与各国携手构建人类命运共同体，国务院新闻办公室 26 日发布《携手构建人类命运共同体：中国的倡议与行动》白皮书。

白皮书说，10 年前，习近平主席提出构建人类命运共同体理念，目的就是回答“人类向何处去”的世界之问、历史之问、时代之问，为彷徨求索的世界点亮前行之路，为各国人民走向携手同心共护家园、共享繁荣的美好未来贡献中国方案。

白皮书指出，构建人类命运共同体，就是每个民族、每个国家、每个人的前途命运都紧紧联系在一起，应该风雨同舟，荣辱与共，努力把我们生于斯、长于斯的星球建成一个和睦的大家庭，推动建设持久和平、普遍安全、共同繁荣、开放包容、清洁美丽的世界，把各国人民对美好生活的向往变成现实。

白皮书说，10 年来，构建人类命运共同体的理念不断丰富和发展，实践稳步推进，观念日益深入人心。国际社会普遍认为，人类命运共同体理念超越利己主义和保护主义，打破了个别国家唯我独尊的霸权思维，反映出中国对人类发展方向的独到见解，对于推动各国团结合作、共创人类美好未来具有重要意义。

白皮书指出，人类命运共同体理念的提出和实践，已经在国际上凝聚起团结合作的广泛共识，汇聚起应对挑战的强大合力。展望未来，这一理念必将焕发出愈发鲜明的真理力量、更为彰显的引领作用和超越时空的思想伟力，为人类社会开辟共同发展、长治久安、持续繁荣的美好愿景。

白皮书说，构建人类命运共同体既是一个美好愿景，也是一个历史过程，需要一代又一代人接力跑才能实现。只要世界各国团结起来，共行天下大道，向着构建人类命运共同体的正确方向，一起来规划，一起来实践，一点一滴坚持努力，日积月累不懈奋斗，就一定能够共同创造人类更加美好的未来。

白皮书共约 2.2 万字，除前言、结束语外分为五个部分，分别是：人类站在历史的十字

① 资料来源：郑明达，董雪．国务院新闻办公室发布《携手构建人类命运共同体：中国的倡议与行动》白皮书．(2023-09-28)[2024-03-25]. http://www. news. cn/world/2023-09/26/c_1129885584. htm.

路口；解答时代之问，描绘未来愿景；扎根深厚历史文化土壤；既有目标方向，也有实现路径；中国既是倡导者也是行动派。

案例研讨：中国如何推动构建人类命运共同体？

二、阅读拓展

百年未有之大变局，“变”在哪？①

党的十九大后，习近平总书记着眼国际秩序的深刻重塑，多次指出世界面临“百年未有之大变局”，并且强调“纵观人类历史，世界发展从来都是各种矛盾相互交织、相互作用的综合结果。”面对当今世界“百年未有之大变局”，应从大历史和国际关系多重矛盾复杂演变的角度加以深刻把握。“百年未有之大变局”实乃多对矛盾共同作用的结果，具体呈现为六个方面：

其一，世界地缘经济与政治重心“东升西降”，“东西矛盾”由过去的“西强东弱、西主东从”转向如今的“东西平视”，这堪称五百年未有之大变局。当前亚洲地区经济发展与科技进步持续走强，其人口规模、地理版图、资源潜力均全球领先，中国倡议的“亚洲文明对话”助推东方文明复兴。IMF 数据显示，按购买力平价标准衡量，2019 年亚洲 GDP 的全球占比为 34%，而美国与欧盟合计占比为 31%；亚洲对全球经济增长的贡献率更是高达 63%，美国为 11%，欧元区仅为 4%。“世界经济论坛”载文指人类已迎来“亚洲世纪”。世界史学界公认西方自 16 世纪（1500 年）起开始赶超东方并领先全球，故当今“东升西降”可谓五百年未有之“大变局”。也正是在此背景下，美国、日本、印度、俄罗斯、欧盟等各大力量纷纷对亚洲加大投入，致使亚太乃至“印太”地缘角逐持续升温。

其二，国际体系主导权“南升北降”，“南北矛盾”由过去的“北强南弱、北主南从”转向“南北对等”。世界力量对比多极化与国际关系民主化难以逆转，老牌与新兴大国综合实力此消彼长仍是大势所趋。新兴经济体与发展中国家虽面临困难、但仍总体前进，以中印等“金砖五国”为代表的新兴大国走势虽有分化，但仍群体性崛起。与此同时，老牌发达国家政治与社会困境加剧，美国阶层与族群矛盾凸显、政党对立、社会撕裂，欧盟离心力增大，日本老龄化严重，西方七国集团（G7）影响式微，体现新老大国共治和“南北共治”的二十国集团（G20）影响增大。

其三，国际关系行为体“非（国家）升国（家）降”，这堪称近四百年未有之大变局。国际行为体从主权国家“一统天下”，朝国家与非国家行为体共同参与的方向转变，全球治理尤其如此。政府间国际组织、国际非政府组织、跨国公司等影响上升，高科技公司富可敌国、能量惊人。当代国际体系源自 1648 年确立的威斯特伐利亚体系，主权国家从此成为世界舞台的主角，故当今“非升国降”可谓近四百年未有之“大变局”。

其四，世界经济增长与科技创新的动能“新旧转换、新陈代谢”。新科技与新工业革命持

① 资料来源：陈向阳. 百年未有之大变局，“变”在哪?(2019-11-06)[2024-03-25]. https://www. xuexi. cn/lgpage/detail/index. html?id=13357993613966632208.

续发力，人工智能、生命科学、量子计算、无人化等日新月异，跨界融合、质变突破、叠加飞跃势头迅猛，其在更加方便与造福民生的同时，也蕴含人员失业、安全失控、伦理失序的风险，人类传统的生产与生活方式面临颠覆性挑战，大国高科技竞争更是空前激烈。

其五，中西互动趋于"平起平坐"，"中西矛盾"与力量对比由过去的"西强中弱""西攻中守"转向如今的"中西互有攻守"，这堪称一百年和近两百年未有之大变局。稳健迈向民族复兴的中国并非世界"百年未有之大变局"中的"最大变量"，因为中国的崛起及其建设性正能量是确定的，中国实乃大变局的主要"推手"，也是大变局的最大亮点。2019 年是"五四运动"一百周年，其导火索是西方列强达成出卖中国领土主权的《凡尔赛条约》，中西方关系从当年中国任人宰割到今天"平起平坐"，可谓一百年未有之"大变局"。而如从 1840 年鸦片战争开始中国被西方列强打败起算，中西方从过去的"西强中弱"，及至 1949 年中国"站起来"，发展到今天中国正从"富起来"迈向"强起来"，中西方实力对比渐趋均衡，这又可谓近两百年未有之"大变局"。

其六，气候变化等全球性挑战与美国单边主义共同作用，令全球治理供给严重不足，"治理赤字"明显增大，"供求矛盾"凸显。全球治理体系与国际形势变化的不适应、不对称"前所未有"。当前发达国家"反全球化"的民粹主义泛滥成灾，鼓吹"美国优先"的特朗普政府更是大开倒车，对外大搞保护主义，使得 1945 年二战结束后所确立、以联合国为中心的国际秩序与多边主义，以及冷战后快速发展的经济全球化与自由贸易，都面临"逆全球化"的严峻挑战，这也堪称战后和冷战后未有之大变局。

三、实践项目

项目一

经典影视鉴赏——微视频《构建人类命运共同体》

（一）鉴赏目的

通过对经典影视作品的观看，学生能够深入了解习近平主席全面认识构建人类命运共同体思想的科学内涵和时代意义。

（二）鉴赏内容

本片是三集系列微视频，第一集《思想力量》、第二集《天下情怀》、第三集《命运与共》，面对世界百年未有之大变局，站在人类前途命运发展的高度，习近平主席向世界提出了中国方案：构建人类命运共同体，实现共赢共享，不仅为世界发展破题，而且为中国和平发展、世界繁荣进步绘制了宏伟蓝图。

（三）鉴赏作业

学生结合所学内容观看影片，根据影片内容与个人认识，提交约 2 000 字的观后感。

| 项目二 |

经典影视作品鉴赏 ——《流浪地球》

（一）鉴赏目的

通过对经典影视作品的观看，学生能够深入全面了解在全球化的大背景下，只有构建“人类命运共同体”才能拯救全世界、全人类。

（二）鉴赏内容

这部影片故事背景设定在2075年，讲述了太阳即将毁灭，毁灭之后的太阳系已经不适合人类生存，而面对绝境，人类将开启“流浪地球”计划，试图带着地球一起逃离太阳系，寻找人类新家园的故事。影片中融入了一种思想理念，这种在星系间获得传播的思想就是“人类命运共同体”。

（三）鉴赏作业

学生结合所学内容观看影片，根据影片内容与个人认识，提交约2 000字的观后感。

第十七章　全面从严治党

一、案例精选

把握“打铁必须自身硬”的深邃意蕴①

习近平总书记在庆祝中国共产党成立100周年大会上强调，“新的征程上，我们要牢记打铁必须自身硬的道理”。这一重要论述，是对我们党百年奋斗历史深刻思考得出的科学结论，也是我们党不断自我革命所形成的真理性认识，体现了理论逻辑、历史逻辑、实践逻辑的有机统一，对推进新时代党的建设新的伟大工程具有重要指导意义。

打铁必须自身硬，是历史给予我们党的深刻启迪。回顾百年历程，我们党在内忧外患中诞生，在磨难挫折中成长，在战胜风险挑战中壮大，以自身的先进、坚强和过硬，带领人民披荆斩棘、攻坚克难，从胜利走向新的胜利。在半殖民地半封建的中国，我们党走上历史舞台，以区别于其他任何组织的马克思主义政党的先进性，赢得了最广大人民群众的拥护和支持。无论面对国内外任何强敌，我们党都坚定必胜信念，以大无畏的英雄气概和先进的战略战术，领导人民军队敢战能战胜战。无论面对经济社会发展任何困难，我们党都在学习探索中奋进拼搏，以改革创新的勇气和高超的执政能力，带领人民群众创造一个又一个奇迹。

打铁必须自身硬，集中体现了勇于自我革命的重要性。勇于自我革命是中国共产党区别于其他政党的显著标志。在我们党的历史上，“八七”会议、古田会议、遵义会议、延安整风运动以及党的十一届三中全会开始的全面拨乱反正等，无不展现出我们党具有极强的自我纠错能力和自我修复能力。2012年11月15日，在十八届中共中央政治局常委同中外记者见面时，习总书记深刻指出：“打铁还需自身硬。我们的责任，就是同全党同志一道，坚持党要管党、（全面）从严治党，切实解决自身存在的突出问题，切实改进工作作风，密切联系群众，使我们党始终成为中国特色社会主义事业的坚强领导核心。”新征程上，我们必须深刻认识“四大考验”的长期性和复杂性，深刻认识“四种危险”的尖锐性和严峻性，充分认清党的自我革命任重而道远，始终坚持问题导向，勇于解决矛盾问题，永葆党的旺盛生命力和强大战斗力。

打铁必须自身硬，深刻表达了加强党风廉政建设的自觉性。勤政廉政来自心正，国败家败源于腐败。土地革命战争时期，我们党即规定工作人员贪污公款在500元以上者，要处以死刑。在党的七届二中全会上，毛泽东同志郑重地向全党提出了“两个务必”的重要思想，告诫全党要谨防糖衣炮弹的袭击。新中国成立不久，严肃惩处了刘青山、张子善贪腐案，彰显了我们党反腐倡廉的坚定决心。党的十八大以来，全面从严治党持续深入推进，从“打虎”“拍蝇”“猎狐”到一体化推进不敢腐、不能腐、不想腐，我们党在革命性锻造中更加坚强。党风廉政建设，关系人心向背，关系党的生死存亡。强调“打铁必须自身硬”，就是要求我们

① 资料来源：赵军魁. 把握“打铁必须自身硬”的深邃意蕴. (2021-10-13)[2024-03-25]. http://www. qstheory. cn/qshyjx/2021-10/13/c_1127951648. htm.

每个党员干部坚定理想信念、践行根本宗旨，筑牢信仰之基、补足精神之钙、把稳思想之舵，炼就“金刚不坏之身”。

打铁必须自身硬，精辟阐明了不断提升能力素质的紧迫性。弓满方能射远箭，石坚才堪负重压。能力是成就事业的核心因素，能力是解决问题的关键所在。推进新时代党的建设，需要一大批德才兼备的高素质干部。为了适应进行具有许多新的历史特点的伟大斗争的现实需要，我们要保持本领恐慌，不断增强学习本领、政治领导本领、改革创新本领、科学发展本领、依法执政本领、群众工作本领、狠抓落实本领、驾驭风险本领，不断增强党的政治领导力、思想引领力、群众组织力、社会号召力。建立健全集体学习、个人自学、经验交流、岗位培训相结合的立体化学习网络，坚持从干中学、在学中干，干学融为一体，形成自觉学习、勇于实践的浓厚氛围。注重加快知识更新，改善知识结构，既要“温故知新”，在学习经典中汲取精华、在研究历史中把握规律、在赓续传统中谋求发展，又要突出“学新知新”，主动学习掌握新理论、新知识，打破固有思维模式，突破传统思维定势，不断增强创造力、凝聚力、战斗力，始终保持蓬勃朝气、昂扬锐气、血性胆气，在强国复兴伟大征程中跑好属于我们的这一棒。

案例研讨：如何理解“打铁必须自身硬”？

二、阅读拓展

习近平总书记关于以党的自我革命引领社会革命的重要论述[①]（节选）

习近平总书记自 2015 年提出“自我革命”这一概念，此后多次进行深刻阐发和强调，并上升到跳出治乱兴衰历史周期率的第二个答案的高度。关于社会革命，习近平总书记从最初引述毛泽东同志的论断，进一步阐发成表征党和人民“一以贯之”事业的重大论断和话语叙事。在此基础上，总书记深刻阐明“两个伟大革命”的逻辑关联，从而确立“以党的自我革命引领社会革命”这一重大命题。

一是分别提出。2015 年 5 月 5 日在中央全面深化改革领导小组第十二次会议上，习近平总书记明确强调，我们要“勇于自我革命，敢于直面问题，共同把全面深化改革这篇大文章做好”。2016 年 7 月 1 日在庆祝中国共产党成立 95 周年大会上，习近平总书记指出“要以勇于自我革命的气魄、坚忍不拔的毅力推进改革”，同时把“自我革命”和党的建设新的伟大工程紧密联系起来。2017 年 10 月 25 日在十九届中央政治局常委同中外记者见面时，习近平总书记明确指出，“中国共产党能够带领人民进行伟大的社会革命，也能够进行伟大的自我革命”。

二是深化发展。2018 年 1 月 5 日，习近平总书记在学习贯彻党的十九大精神研讨班上的讲话中提出“新时代中国特色社会主义是我们党领导人民进行伟大社会革命的成果，也是我

① 资料来源：王智. 坚持以党的自我革命引领社会革命学习强国：深入学习贯彻习近平总书记关于党的建设的重要思想. (2024-01-30)[2024-03-25]. https://www. xuexi. cn/lgpage/detail/index. html?id=15706765830177604520& item_id= 15706765830177604520.

们党领导人民进行伟大社会革命的继续”。这是总书记在再次强调自我革命和社会革命的同时，首次深刻阐释关于社会革命的重要观点。2018 年 3 月 1 日，习近平总书记在纪念周恩来同志诞辰 120 周年座谈会上的讲话，指出周恩来同志“总是以自我革命精神迎接新的挑战，参与领导和推动中国共产党进行的伟大社会革命”。2018 年 3 月 20 日，习近平总书记在第十三届全国人民代表大会第一次会议上的讲话中继续强调“中国共产党要担负起领导人民进行伟大社会革命的历史责任”。

三是持续升华。2021 年 7 月，在庆祝中国共产党成立 100 周年大会上，习近平总书记深刻总结“九个必须”的历史经验，既强调“必须继续推进马克思主义中国化”，明确“指导中国人民不断推进伟大社会革命”；又强调“必须不断推进党的建设新的伟大工程”，明确“勇于自我革命是中国共产党区别于其他政党的显著标志”。《中共中央关于党的百年奋斗重大成就和历史经验的决议》把“坚持自我革命”概括为十大历史经验之一，并鲜明提出“以伟大自我革命引领伟大社会革命”。在党的十九届六中全会第二次全体会议上，习近平总书记明确指出自我革命是我们党对如何跳出治乱兴衰历史周期率给出的第二个答案，要“以伟大自我革命引领伟大社会革命，以伟大社会革命促进伟大自我革命”。2022 年 10 月，关于“第二个答案”和“以党的自我革命引领社会革命”都被郑重写入党的二十大报告。

四是建构体系。2023 年 6 月，全国组织工作会议用“十三个坚持”系统阐述了习近平总书记关于党的建设的重要思想，其中第二个就是“坚持以党的自我革命引领社会革命”。2024 年 1 月，中国共产党第二十届中央纪律检查委员会第三次全体会议深刻阐述习近平总书记关于党的自我革命的重要思想。习近平总书记发表重要讲话，强调在深入推进党的自我革命实践中需要把握好九个问题，要“以引领伟大社会革命为根本目的”。

三、实践项目

| 项目一 |

经典影视鉴赏——中央广播电视总台推出的纪录片《永远吹冲锋号》

（一）鉴赏目的

通过对经典影视的观看，学生能够深入了解和体会以习近平同志为核心的党中央时刻保持解决大党独有难题的清醒和坚定，持之以恒推进全面从严治党，把严的基调、严的措施、严的氛围长期坚持下去，保持“永远吹冲锋号”的政治定力，发扬彻底自我革命的精神。

（二）鉴赏内容

专题片共分四集，分别为《第二个答案》《政治监督》《铁规矩硬杠杠》《永远在路上》，共选取 12 个案例，采访纪检监察干部、有关审查调查对象及涉案人员、干部群众 100 多人，生动讲述新的历史条件下，中国共产党持之以恒推进全面从严治党，以党的自我革命引领社会革命的故事。

（三）鉴赏作业

学生结合所学内容观看影片，根据影片内容与个人认识，提交约 2 000 字的观后感。

| 项目二 |

人物访谈：基层党务工作者访谈

（一）实践目的

“求木之长者，必固其根本。”对于一个拥有 500 多万个基层党组织和 9 800 多万名党员的世界第一大执政党而言，强基固本至关重要。通过此访谈，促使学生了解基层党组织在加强党组织建设和党员教育管理方面的具体措施。

（二）实践方案

1. 围绕课堂上所学的全面从严治党相关内容，采访学校党委、组织部、宣传部、院系党总支、党支部等党组织负责人，撰写访谈报告。

2. 实践成果的具体形式不限，探访、微电影制作、座谈会、讲座等均可。

3. 全体同学均须参加实践，分组进行，各组根据实际情况自行安排实践时间。

4. 以小组为单位设计实践方案，提交教师指导，方案通过后展开实践。

5. 每组撰写实践报告，各小组推选代表进行课堂汇报。

6. 实践报告应包括实践方案设计、实践过程记录、实践反思感言等内容，字数不少于 2 000 字。

7. 实践过程中注意安全，遵守法律和社会公德，注重团结合作，传播正能量，展示大学生的良好风貌。

人力资源管理实训

（第二版）

魏 钧 编著

科 学 出 版 社

北 京

内 容 简 介

本书以人力资源管理核心工具为对象，以作者完成的多家知名企业咨询为依托，分上、下两篇展开论述。作者坚持以实践为导向，以实用为目的，立足我国实践，结合西方理念，探索适合中国管理者使用的有效方法，努力把中国企业的经验和智慧，呈现给广大读者。书中系统地总结人力资源管理与开发中的一些常用工具，并进行详尽说明与举例示范。读者可以根据书中介绍的方法步骤，结合企业实际，将工具不断完善修订，以达到更为理想的效果。

本书适合作为大学生教材，也适合作为管理者的工具书使用。

图书在版编目（CIP）数据

人力资源管理实训/魏钧编著. —2 版. —北京：科学出版社，2019.1
ISBN 978-7-03-059787-8

Ⅰ. ①人…　Ⅱ. ①魏…　Ⅲ. ①人力资源管理-高等学校-教材　Ⅳ. ①F243

中国版本图书馆 CIP 数据核字（2018）第 269989 号

责任编辑：方小丽 / 责任校对：郑金红
责任印制：张　伟 / 封面设计：蓝正设计

科学出版社 出版
北京东黄城根北街 16 号
邮政编码：100717
http://www.sciencep.com
北京凌奇印刷有限责任公司印刷
科学出版社发行　各地新华书店经销
*
2019 年 1 月第　二　版　开本：787 × 1092　1/16
2025 年 7 月第四次印刷　印张：13 3/4　插页：4
字数：326 000

定价：42.00 元
（如有印装质量问题，我社负责调换）

魏钧教授

北京科技大学知识管理与领导力研究所所长，博士生导师，首都劳动奖章获得者，教育部新世纪优秀人才，北京市师德标兵，北京市青年名师。长期致力于胜任力开发、知识管理的研究和咨询工作，为国家电网、中国建设银行、中国银行、北京同仁堂集团等企业成功完成多项咨询项目。

晋道大讲堂演讲

论坛与报告会演讲

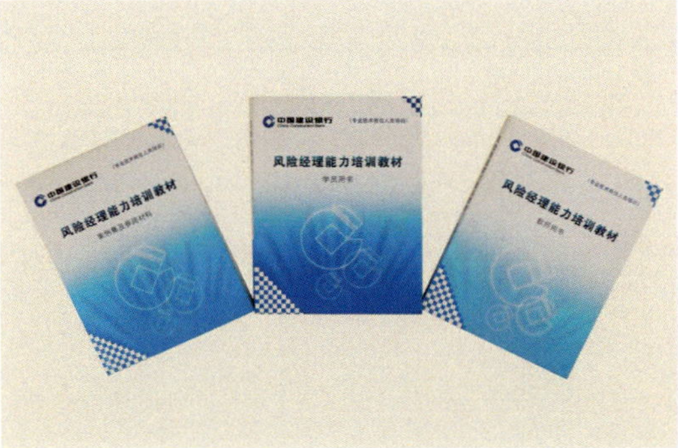

国家电网、中国建设银行和中国银行咨询成果

绩效指标设计方法
ZHONGCHENG GUANLI
剧变的时代 不变的御人之道
忠诚管理
组织契合与认同研究
中国传统文化对现代组织的影响
人力资源管理技能开发
修订版
课堂教学

管理科学学报
JOURNAL OF MANAGEMENT SCIENCES IN CHINA
2006
ISSN 1004-6062
管理工程学
Vol. 23
国务院发展研究中心 主办
管理世界
2009
第5期
Frontiers of Business Resea
human relations
HUMAN RESOURCE
RTERLY

出版专著和发表论文

前　言

近三十年来，人力资源管理发展迅速，已从管事和管人，迈向了管智时代。在这一过程中，新理念、新思维和新工具不断涌现，为了使大家全面掌握本领域的知识和技能，本书汇集了大量实用工具，结合实践案例，力图为大家呈现出人力资源管理各模块的核心工具和方法。

笔者经常接触企业的人力资源管理者，他们告诉我，学术性较强的课本，不能为实践所用，经典的理论与快速变化的实践，还有较大差距。为此，笔者试想写一部帮助大家实践的工具书，方便大家学以致用。笔者出版过四部书，大都属于工具书，这是源于自己倾向于研究实践中的管理智慧。笔者每年都完成几个咨询项目，这些项目让我获益良多。实践出真知，在为优秀企业进行咨询的同时，笔者也学到了许多知识。咨询任务完成后，笔者会把咨询涉及的有效工具，全部留给企业，一段时间之后，再把其中可以通用的方法集结成书，回报社会，笔者的书大都是这样完成的。

本书被列为北京科技大学校级“十三五”规划教材，可以作为人力资源管理专业的学习课本。本书的出版还受益于科学出版社领导和同仁的帮助，写作过程中得到方小丽编辑的全力配合和协助，她的专业精神激励着我不断完善书稿。书中所有插图都是笔者的哥哥魏楠手绘的，他是一位独立设计师，他手绘的插画给本书增加了许多美感。笔者还精心选了几张照片放在书的前面，它们记录了笔者的一些工作经历，与大家分享。

希望本书对大家有所帮助，笔者也会不断完善它，使它成为一部务实有效的工具型教科书。

魏钧

2019 年 2 月 7 日

目　录

上篇　人 事 管 理

下篇 人力开发

上 篇

人 事 管 理

第一章　战略规划

【学习目标】

掌握人力资源战略制定步骤，学习战略分析工具，应用基于资源的视角（resource-based view，RBV）等工具分析企业核心竞争优势。学习人力资源规划中的需求预测技术、供给盘点技术，以及人力资源行动计划的有关方法。

趣味导入：境随心生

联合国对世界儿童展开了一项调查，问题是："对于其他国家的粮食短缺问题，请你谈谈自己的看法？"

非洲儿童回答："什么是粮食？"

欧洲儿童回答："什么是短缺？"

美国儿童回答："什么是其他国家？"

亚洲儿童回答："什么是自己的看法？"

第一节　人力资源战略的发展历程

一、什么是人力资源战略

《淮南子·说山训》说："欲致鱼者先通谷，欲求鸟者先树木。水积而鱼聚，木茂而鸟集。”可见，预见性和事先准备是成事的关键。早在20世纪初，国外一些企业就开始了人力资源战略规划的探索，直到今天这一领域都是学术界与企业界关注的焦点。人力资源战略从广义上讲，是指企业制定的所有的与人相关的方向性规划；从狭义上讲，是指在不断变化的环境中，分析组织的人力资源需求，设计满足这些需求的行动方案的管理过程。

人力资源战略与其他战略理论具有相同的表述形式，即通过分析企业外部环境与自身现状，得出企业的长远目标和行动计划。人力资源战略的前身是人力资源规划，从研究内容上也不难看出，人力资源战略从规划起步，大体经历了三个发展阶段，即职能规划阶段、系统规划阶段、战略规划阶段。第二次世界大战之后，产品与服务的需求旺盛，以致出现人才短缺的现象，大家把注意力放在如何获得有能力的管理者和熟练工人上，人力资源战略解决的问题主要是合理安排工人以提高生产效率，这一阶段被称为“职能规划”。

进入20世纪60年代，人力资源战略不断发展完善，进入了“系统规划”阶段。人力资源战略的使命变为让适当数量的人，在适当的时间和地点，从事使组织与个人双方获得最大长期利益的工作。这个概念的诞生，使人力资源战略的内容更加丰富，形成五大部分，即确定组织目标与计划、预测人力资源需求、评价企业内部人员技能和供给特征、确定净人力资源需求、制订行动方案以保证人才到位，这些成为当今人力资源管理工作的主要内容之一。

20世纪70年代末，人力资源战略研究发生了巨大变化，其研究范围不再局限于供求平衡或数量预测，而是上接企业战略，下到方案落实，到达了真正意义上的战略规划阶段。此时的人力资源战略由于其内容广、作用大、具有战略意义，摇身变为战略层次上的规划，陡增了这项工作的难度与挑战。也就是在这个时候，雇员被重新认识，他们被视作企业的一种资源而不是一种费用的表达式。

20世纪80年代以后，伴随企业的充分精简，企业家极力降低管理费用，他们更加关注职业规划、绩效考核、弹性工作时间与多样化的福利制度。人力资源战略的重点也集中在继任计划、企业变革、人员精简等方面。1989年学者对美国137家企业的调查表明，人力资源战略规划技术变得更加短期化，很少有企业还用多年前常见的长期规划技术，也不太常用人才供求的定量预测技术了（Greer et al.，1989）。

【例1-1】人力资源战略的重要性

飞龙集团总裁姜伟总结了飞龙集团自1990年成立以来的“二十大失误”，其中与人力资源战略和规划相关的有五条：没有一个长远的人才战略；没有人才储备构想；没有对人才结构进行战略性设计；没有一个完整的选择和培养人才的规章；人才结构不合理造成企业各部门发展不均衡。

姜伟最后总结道：“总之，人才战略的失误是集团成立以来的一个重大错误。”由此可见，一个企业的兴衰离不开人力资源战略和规划。

二、人力资源战略的制定与实施

在人力资源战略制定方面，一些成熟的模型得到了广泛认可。人力资源战略制定不是一般人认为的自上而下的单向过程，这样的战略是很难推行的。李·戴尔指出，自上而下的规划可以提供战略框架，自下而上的规划则能提供具体行动方案（Dyer，1986）。事实也是如此，人力资源战略是一个自上而下与自下而上的双向过程。只有基于这样的认识，通过人力资源战略规划，把企业战略和人力资源管理很好地连贯起来，构成一个双向互动的整体，才能保证人力资源战略最终的可行性。

人力资源战略的制定也有规律可循，一般而言，它是一个从外到内、再由内到外的制定过程，图 1-1 反映了这个流程的核心部分。我们可以看到，人力资源战略的核心流程大体上包括依据企业战略制定人力资源战略，依据人力资源战略进行人才盘点和人才需求分析，通过供求对比得出招聘计划、培训计划、继任计划及策略，从而完成人力资源战略的主要工作。这个核心流程揭示了人力资源战略的主要任务，中间框图表示人力资源战略的重点和难点，如果这部分得出不正确的结论，会导致整个战略的失败。核心流程中没有列出薪酬（compensation）策略等内容，因为那些工作需要在人力资源战略原则确定后单独制定。

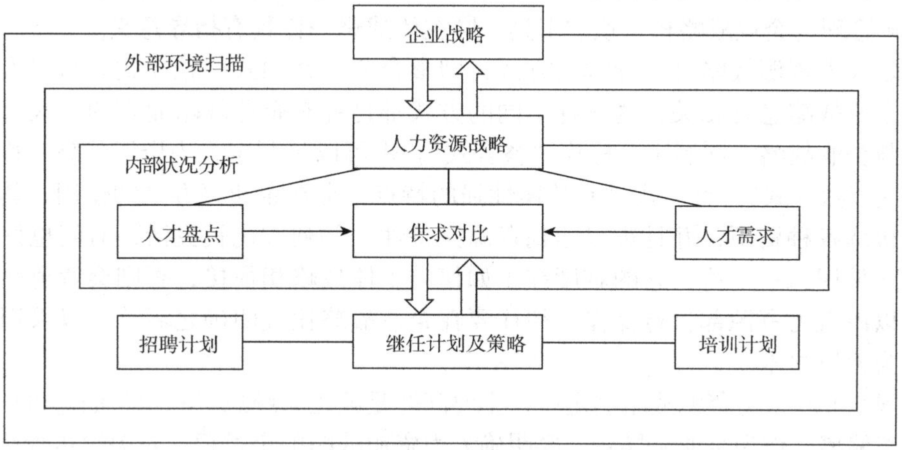

图 1-1　人力资源战略制定的核心流程

【例 1-2】公司战略与人力资源战略密不可分

苹果公司的公司战略与人力资源战略。

（1）公司战略要点包括：公司通过提供独特的个人计算机产品和创新性的顾客服务，帮助人们改变工作学习及交流的方式；作为新方向与方法的先导；做到与众不同；致力于使顾客满意；成为更加全球化的公司；建设完整平台及良好的“苹果人”关系。

（2）人力资源战略要点包括：组织结构重组，重新部署管理与技术人才；1990 年，公司近半数的雇员只有两年工作经验，技术和管理的候补力量明显不足；1991 年，公司采取了整体裁员措施，重点转向人员配置和人员利用率的改进。

第二节 如何制定人力资源战略

一、人力资源战略制定方式与步骤

20 世纪 90 年代以来，由于技术更新和环境变化的速度加快，企业制定人力资源战略的工具和技术呈现出多样化趋势。首先，在不同时期和不同环境下使用不同的规划工具成为共识。其次，管理者对人才的数量预测逐渐淡化，转而关注战略性人才的配置与培养。最后，人们更加明确了人力资源战略的作用，它不是一套空洞的技术，而是保证人力资源管理与企业战略相一致的工具，同主体战略一样具有指导意义。

制定人力资源战略有三种常见方式，即整合式、并列式、独立式。由于人力资源战略与企业战略息息相关，这三种不同的方式都是针对企业战略而言的。人力资源战略可以与企业战略一同制定，称作“整合式”。也可以只制定人力资源战略，称作“并列式”或“独立式”。整合式具有整体性强的特点，常在企业兴办之初使用，其主要难点在于协调各种资源，并且难以达到资源完备性。并列式比较灵活，时间也好掌控，许多企业采用这一方法，它的难度在于如何与主体战略相衔接，否则会背道而驰。独立式可以由人力资源部自行操作，往往要在企业战略比较明确之后才可以采用，否则也会成为无根之木。

我国企业在人力资源战略制定中，主要问题是缺乏系统思考和执行的连贯性，战略与执行相偏离。作为企业领导者，要明确人力资源战略的全过程，对关键步骤给予高度重视，才能使人力资源战略具备有效性。我们依据上面提出的核心流程，结合具体工作，可以把人力资源战略的落实分成三个阶段，即评估阶段、制定阶段、实施阶段。具体步骤包括：第一，明确企业战略；第二，分析企业核心优势；第三，了解企业人才供求；第四，制订行动方案（图 1-2），各阶段又包含一些具体工作（图 1-3）。

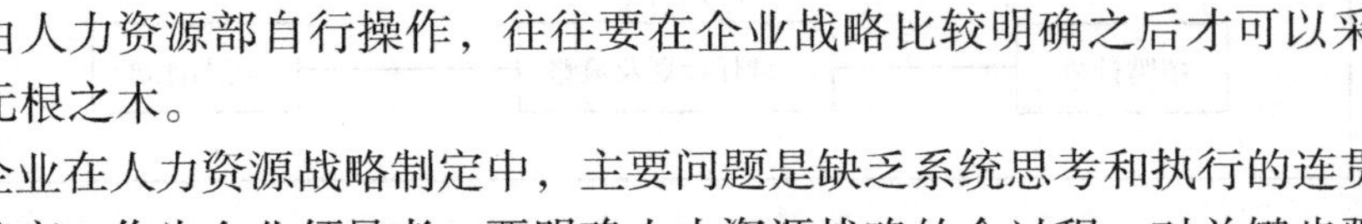

图 1-2 人力资源战略制定的步骤

二、明确战略与优势分析

企业战略是人才需求、结构调整、培训计划等工作的指南针，对人力资源战略的

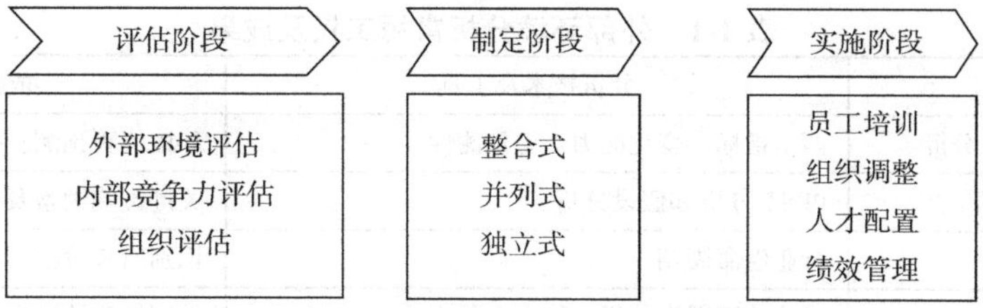

图 1-3 各阶段的主要工作内容

“质”和“量”都有指导意义。例如，北京同仁堂集团的集团战略是“三步走”和“三个上台阶”，利用同仁堂的品牌优势和无形资产，向国际知名的中医药集团迈进。这一公司战略清晰地指明了同仁堂集团人力资源战略，表明了该企业对核心工种和跨国人才有迫切需求。

（一）环境分析工具

在做环境扫描时，人事主管只有抓住关系企业命运的七要素，才能运筹帷幄，这七个要素包括一般环境分析、影响行业的要素、行业成功因素、竞争者、合作者、顾客、替代品（图 1-4）。前三个要素较为宏观，需要从高处俯视企业；后四个要素更贴近企业，相对容易鉴别。其中对竞争者的分析十分重要，它可以帮助我们了解竞争对手的人才战略和用人制度。例如，分析中药行业，就可以把三九企业集团、同仁堂集团、上海复星医药集团、天津天士力集团、广州医药集团等企业进行比较分析，对制定人力资源战略极为有益。

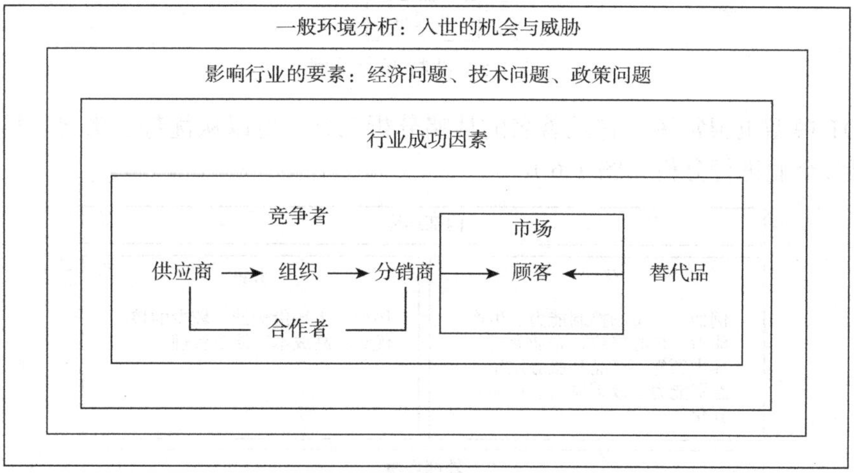

图 1-4 七要素分析法

外部环境分析一般包括不同组织的环境特征分析、影响组织的因素分析、增长分析、影响行业的特定因素、影响行业竞争的因素、影响行业合作的因素等（表 1-1）。

表 1-1 外部环境分析常用工具及成果

分析内容	分析技术及工具	成果形式
不同组织的环境特征分析	两个指标：变化能力、可预测性	环境能否预测？机会、威胁是什么？
影响组织的因素分析	PEST 分析和假设分析	关键影响因素及应对
增长分析	行业生命周期	识别增长阶段
影响行业的特定因素	成功关键因素分析、核心竞争力	识别战略性要素
影响行业竞争的因素	波特五力模型分析	竞争力动态描述
影响行业合作的因素	SWOT 分析	组织联系分析
直接竞争者分析	竞争者分析和 SWOT 分析	竞争者及自我描述
顾客分析	市场和细分研究	当前和潜在顾客

注：PEST 分别指政治（politics）、经济（economy）、社会（society）、技术（technology）；SWOT 分别指优势（strength）、劣势（weakness）、机会（opportunity）、威胁（threat）

公司战略分析的常用工具为波特五力模型，该模型从潜在进入者、供应者、购买者、替代品、行业内竞争者五个方面分析和制定企业战略（图 1-5）。

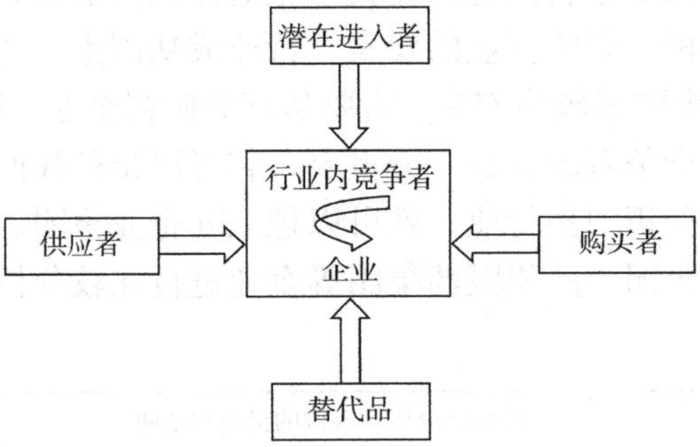

图 1-5 波特五力模型

SWOT 模型也很常用，它是著名的战略分析工具，可以从优势、劣势、机会和威胁四个方面对企业进行分析（图 1-6）。

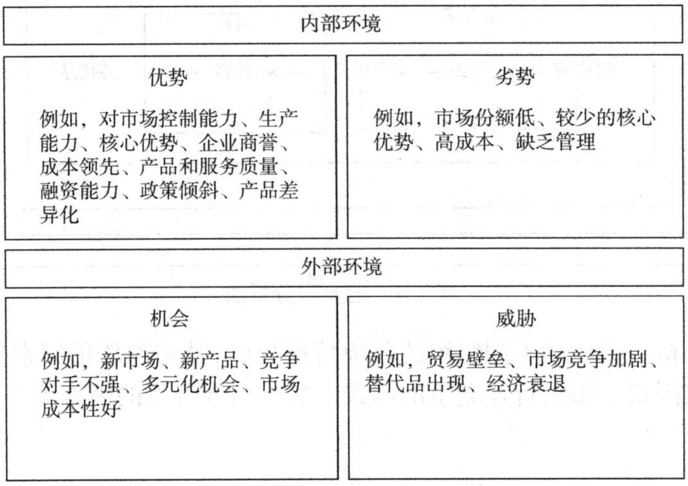

图 1-6 SWOT 模型结构

【例 1-3】某中药企业利用 SWOT 模型工具分析自身内、外部环境，得出如下结论（表 1-2）。

表 1-2 某中药企业的 SWOT 分析结论

项目	结论
优势	强势品牌作为产品后盾
	悠久的历史及由此形成的浓厚文化底蕴
	丰富的产品线（共有产品 500 多种）
	高知名度（根据市场调查结果，品牌知名度达 95%）
	高顾客满意度
劣势	没有形成长期系统的产品、品牌发展战略
	没有建立现代营销管理体系（部门）
	生产导向的营销观念
	销售人员的激励机制陈旧
	没有建立起货流畅通、管理有效的销售（经销商）网络
	缺乏终端控制机制
机会	中药产业良好的发展势头和前景
	国家大力支持中药产业发展的政策
威胁	新的中药企业的崛起
	新兴生物制药产业的兴起
	假货的冲击
	中药的作用机理复杂，适应症范围广，定位（definition）困难
	现代人对传统中药的接受程度有限（主要表现在剂型、服用方便性上）
	平价药店、超市药店的兴起

（二）组织分析

组织分析是对组织进行全面系统的剖析，发现与战略相匹配的优势要素与存在的问题，以便更好地进行人力资源规划。如图 1-7 所示，企业战略与外部环境如同河岸，指引着企业在一定河道内不断发展。例如，当企业以单一产品和区域市场为主时，大都采用简单松散型组织结构，而当组织发展成为跨领域、跨国家的组织时，就需要与之相适应的创新型组织结构。

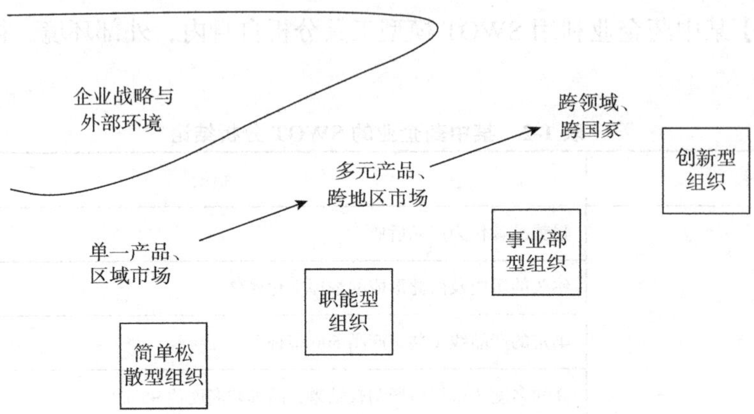

图 1-7 组织结构和企业战略与外部环境的关系

（三）优势评估工具

优势评估就是寻找企业的核心竞争力，只有围绕这一中心开展人力资源战略规划，才不会偏离跑道。以美国电话电报（American Telephone & Telegraph，AT&T）公司为例，该公司的使命是“成为信息运转与管理方面的世界级领袖”，公司人力资源战略围绕着创造变化来进行；摩托罗拉以新产品上市速度为核心优势，人力资源战略把重点放在了技术培训和产品开发上；佳能公司以技术为核心优势，人力资源战略的主要措施便是知识共享管理和技术人员内部流动制度。不同的行业和企业有着不同的竞争优势，但一些研究方法是可以通用的，其中包括高层访谈、客户调研、产品收入成本分析、业务营利能力分析等。客户调研是不可忽视的，正如通用汽车公司（General Motors Corporation，GM）所说的，客户可能比自己看得更清楚。我们可以通过访谈或问卷，了解客户眼中的公司形象和实力。

优势评估就是寻找企业的核心竞争力，一些常用的理论模型包括 SWOT 模型、行业生命周期理论等，都可以为制定人力资源战略规划所用（表 1-3）。例如，我们对某企业的竞争优势进行调查时发现，质量可信和品类齐全是该企业的竞争优势，这一信息提醒人力资源总监要重视对核心工艺人员的培养和储备，同时也要保证中小批量产品加工人员的供给。

表 1-3 优势分析方法与调研手段

企业优势分析	调研手段
关键财务数据分析	指标分析（销售、利润投资回报率、经济利润瀑布）
各业务价值链贡献和增长潜力分析	通用矩阵（行业吸引力、本身竞争力）
现有各业务定位与资源分配分析	内部访谈
资源投入与产出效果分析	客户访谈
各业务的市场特征分析	研讨会
成功要素和核心竞争力分析	问卷调查
各种业务的战略地位分析	专家访谈

【例 1-4】不同行业的典型特点与优势

不同行业会有不同的竞争优势，表 1-4 总结了一些常见的典型优势。

表 1-4 不同行业的竞争优势举例

高科技企业	服务企业	小型公司	制造企业
技术卓越 高质量声誉 顾客服务 财务资源低成本生产	高服务质量 员工培训 顾客服务 著名商标 顾客驱动	质量好 即时服务 个性化服务 竞争性价格 当地可获得性	低成本 强势品牌 良好分销 产品质量

（四）基于资源的竞争优势理论

组织战略领域中基于资源的视角认为，一个企业的竞争优势来源于其资源的价值（value）、稀有性（rarity）、不可模仿性（non-imitability）和不可替代性（non-substitutability）。企业要建立外部认同，公开组织的资源十分必要。Sillince（2006）的一项研究表明，企业可以通过运用修辞学，将品牌宣传与资源特征联系起来。该研究强调，有效运用修辞学，可以促使受众的注意力在资源与认同之间进行转换，对企业创造竞争优势十分有利。这一观点推翻了 Porter（1985）竞争理论的基本假设，因为 Porter 假定了企业的同质性（homogeneity），相反，组织认同及资源基础理论假定了企业的异质性（heterogeneity），强调通过难以模仿或复制的资源，寻找企业的竞争优势（Whetten and Godfrey，1998）。

【例 1-5】基于资源观点的应用

以下是蒙牛乳业的特仑苏牛奶包装上印制的介绍，你能否指出哪些内容体现了基于资源的视角理论？

特仑苏

纯牛奶

世界乳业大会是一个独立的、非政治性的、非营利性的乳品行业国际组织。它拥有 104 年的历史，50 个成员国，覆盖全球 74% 的牛奶产量。

期待了 104 年！蒙牛特仑苏唯一代表中国乳业赢得第 27 届世界乳业大会最高奖。

“特仑苏”源自蒙语，是“金牌牛奶”之意。海拔、纬度、阳光、沙土，国际专业牧场，精挑高质牧草，优选良种乳牛，造就出富含天然优质乳蛋白的特仑苏牛奶。

蛋白质有助于构成或修复人体组织。特仑苏纯牛奶富含天然优质乳蛋白，每 100 克牛奶的蛋白质含量高达 3.3 克，比国家标准高出 13.8%。

特仑苏，给享受生活的人。

资料来源：2007 年蒙牛特仑苏产品包装

第三节　如何分析人力资源供给与需求

企业战略是基于外部环境和内部核心竞争力做出的，人力资源战略要依据并服务于这个主战略，不可能也没有必要比企业战略更超前（表 1-5）。只有基于企业战略的人力资源管理才能真正为企业发展服务，人力资源规划又是主要管理工具之一，所以，无论是供给分析还是需求分析，都离不开企业战略的指导。

表 1-5　企业战略与人力资源管理的对应关系

企业战略	人力资源管理
我们从事的是什么业务?	我们在业务中需要找怎样的人?
我们的发展方向是什么?	为了实现这一方向我们需要怎样的组织?
我们的优势与不足、机遇与挑战分别是什么?	这些优势与不足在多大程度上与人力资源能力相关联?
	我们拥有怎样的机会来发展和激励我们的员工?
公司主要业务面临的战略性问题是什么?	人力资源要做好哪些积极配合?
实现我们目标的关键的成功因素是什么?	我们员工的素质、奉献程度与态度在多大程度上帮助或阻碍了我们业务的成功?

一、供给分析工具

企业人力资源盘点就像观察一个人，不仅要看他的身高、相貌，还要看他的能力、心态，这样才能做出综合判断。典型的人力资源盘点分为两部分：静态盘点和动态盘点。

1. 静态盘点

静态盘点包括性别结构、年龄结构、人员配置图、职务结构、职称结构、专业结构等方面，这些指标大家经常用到。例如，一家企业通过盘点发现，财会、人事、其他业务等辅助部门人数占总人数的 37.6%，而研发人员仅占 1.8%（图 1-8）。辅助部门比例过大，影响公司的效率和效益，而企业战略又以发展科技产业为主。因此，盘点结果告诉我们，裁减非生产、非主要职能部门的人员是人力资源规划的一个重点。

2. 动态盘点

动态盘点包括各岗位能力评估、流动率、晋升率、员工满意度等方面。以管理能力评估为例，一家企业对管理者进行了能力评估，图 1-9 显示了评估结果。数据显示，该企业管理者的合作能力和自我驱动能力较强，但创新能力不足，这就为下一步的培训和招聘指明了方向。

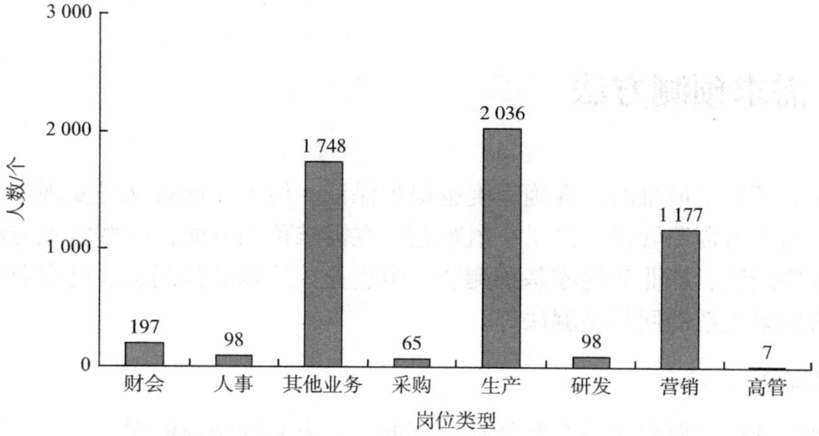

图 1-8 人员结构分析举例

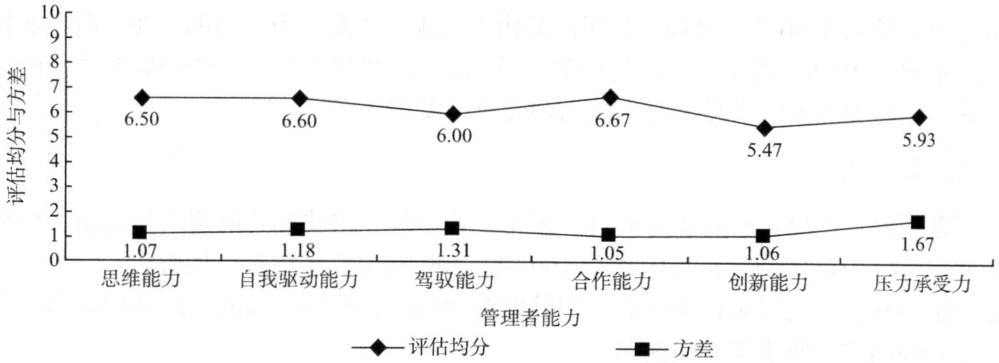

图 1-9 管理者能力评估均分与方差

晋升率与转移率也是人才动态盘点的主要指标，晋升率反映了员工的晋升年限和晋升比率，转移率则反映出本岗级人员调离情况。表 1-6 为一家企业某岗级的晋升率，通过数据我们不难发现，在该岗级工作，三年内得到提升的可能性不大，而六年内仍得不到提升，以后提升的概率也将很小。有了晋升率，我们还要计算转移率和人员供给量，其公式为

$$转移率=转移出该岗级的人员 / 该岗级原有人员总数$$

$$某级人员的供给量（T）=该级人员总数\times（1-转移率）+下级人员总数\times 晋升率$$

表 1-6 某岗级的晋升率

晋升上一级的年限	1	2	3	4	5	6	7	8	9
晋升率	0	0	0	20%	25%	55%	0	0	0

晋升率、转移率的计算，能够动态地反映出人员供给和变动情况，为人才计划提供制订依据。

二、需求预测方法

对未来的预测是最难的，准确程度也很难保证，但人才储备又是实现企业战略所必需的，这就给人力资源管理者出了一道难题。在需求预测方面，一些常见方法有：查漏补缺的经验判断法、新业务的零基预测法、跟进业务的基准预测法、已有业务的比率预测法、分析因果关系的回归预测法等。

1. 经验判断法

经验判断法的主要用途是查漏补缺。例如，一家制药企业面对“十三五”期间每年药品需求将增长12%的市场预测，公司内部却缺乏市场推广人才和销售策划人才，因此，急需专业营销人才50人。又如，公司产品供不应求，产能成为公司的瓶颈，而专业技术岗位严重缺编10人，需要快速招聘相关人员到位。这些都是管理者的经验能够判断出来的，尤其是根据业务需求提出的人员增加要求，基本属于这一类。

2. 零基预测法

零基预测法主要针对新业务而言，根据新业务的需求状况，确定人员需求。例如，某企业要开办500家门店，其中独资100家，400家为特许经营、加盟店，需要培训促销业务员500名，配置店长100名，因其中有80家是中心店，还需要派驻80名财务主管，这种预测方法属于零基预测法。

3. 基准预测法

基准预测法是指通过行业调研，得出同行业的基准数据，预测本企业人员需求。例如，某企业准备开设一家医院，通过对不同规模医院进行调研，得到了医护人员数与床位数的比例关系，如果本企业准备达到400个床位的医院规模，大约需要210名医护人员（图1-10）。使用基准预测法时，调研对象一定要与本企业的情况类似，否则不具有参考价值。

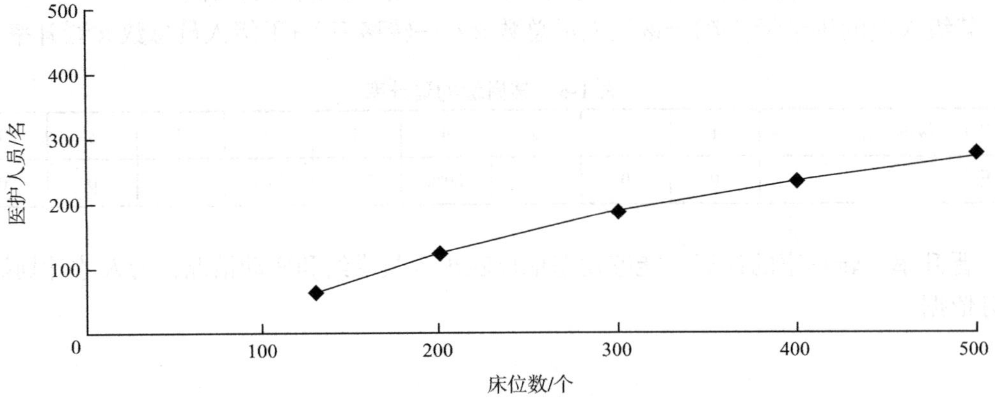

图1-10　医院规模与医护人员数量

4. 比率预测法

比率预测法是先分析业务与人员比，然后预测业务增长后的人员增长的方法。例如，一家公交运输公司计算出司售人员与运营车辆的比率为 4.8∶1，公司将有 100 辆车投入运营，需要配置 480 名司售人员。使用比率预测法有时还要考虑员工的效率提升，随着员工技能的提高，有时会出现人员的负需求。

5. 回归预测法

如果我们知道影响人员增长的主要因素，并掌握了真实的历史数据，则可以使用回归预测法。回归预测法是通过自变量来预测因变量，公式如下：

$$Y=a+bX\text{（单一因素回归）}$$

$$Y=a+b_1X_1+ b_2X_2+\cdots+ b_KX_K\text{（多因素回归）}$$

其中，X 代表自变量；Y 代表因变量；a、b 代表待估计变量。

不难看出，回归预测法最困难的是寻找因变量，因为人才需求往往是多因一果，而且各种原因之间也存在相互影响，我们称之为“共线性”。所以，用有限信息推论结果一定发生，存在较大风险，这也是所有人才需求预测方法共同面临的问题。应当说，我们只能预测到人员需求的概率，而不可能确保其一定发生。

三、编写规划方案

1. 战略性人才配置方案

当招聘或提拔战略性核心人才时，招聘者或管理者往往只重视他们的“硬件”，忽视一些“软件”。研究发现，员工的满意度和绩效表现，取决于他们是否认同企业的文化与管理风格。我们经常看到许多踌躇满志的人离开了企业，不是因为能力不高，而是由于理念不合。美国通用电气公司对待这种人采取忍痛割爱的方式，以免因为个别人破坏企业的整体文化。人力资源总监在部署战略性人才时，必须考虑他是否可以融入企业和团队。

2. 人才招聘方案

制订招聘计划是人力资源管理的主要工作之一，但作为战略规划的执行部分，它还有另一个特点，就是确保战略重点。人力资源战略之所以高于人力资源规划，就是因为它可以提出保证企业实现战略的工作重点。为了解决企业不同时期的主要矛盾，人力资源战略要说明各类人才在不同时期的需求迫切程度，而这是一种重点排序过程。例如，2017 年，实现企业战略目标的瓶颈在于生产能力，于是技术人才就成为招聘的重头戏；2018 年，在产能问题解决后，企业要拓展国际市场，跨国营销人才必须提前到位。可见，人力资源战略规划只有保证了企业的战略重点，才能称得上是有效的。

3. 全员培训方案

培训计划是人力资源管理者所熟悉的一项工作，但作为战略规划，最大的作用在于要对战略需求与人才现状的差距做出理性判断。培训计划的有效性取决于这个判断的正确与否。对企业战略的深邃理解和对培训需求的准确判断再一次告诉我们，人力资源战略制定者需要有超凡的预见力。

4. 效果控制方案

管理理论中，各种战略规划一般都以评价和控制（control）结尾，人力资源战略也不例外。人力资源战略的实施效果（consequence）是多方面的，包括绩效提升、企业战略的实现等，因此，评价人力资源战略优劣也需要综合考虑。最主要的工作是找到关键成果领域，通过人力资源战略实施所能表现出的关键成果来评估战略达成率比较合理。例如，把人力资源战略的关键成果领域分为企业绩效、人才满足率、员工满意度等方面，并制定出相应量化目标，以便进行人力资源战略实施效果的跟踪与监控，确保战略顺利完成。

5. 辅助方案

为了做好人才“质”与“量”的配合，人力资源战略还要制定出相关政策与措施的指导原则，这些指导原则就是大家耳熟能详的考核制度、薪酬制度、用人制度等。明确了人力资源战略的重点，自然就会找到各种措施的平衡点。例如，某企业是一家以科技创新为核心竞争力的企业，产品创新是战略重点，人力资源战略就要把视线集中到科研人才身上，在薪酬机制上表现为对科研骨干的倾斜。

【复习与思考】

1. 简述人力资源战略的发展历程。
2. 简述人力资源战略规划三阶段的主要内容。
3. 波特的五力模型包括哪些内容？
4. 人力资源供给分析包括哪些方法？
5. 人力资源需求预测包括哪些方法？

【课后技能训练】

请针对你所在的高校分析其核心竞争优势，进而分析师资力量的供给与需求情况，可以围绕师生比、博士学位教师比等数据展开讨论。

参 考 文 献

汤姆森 A A，斯迪克兰德 A J. 2000. 战略管理：概念与案例[M]. 段盛华译. 北京：北京大学出版社.

沃克 J W. 2001. 人力资源战略[M]. 吴雯芳译. 北京：中国人民大学出版社.

Beatty R W. 1989. Competitive human resource advantage through the strategic management of performance[J]. Human Resource Planning，12（3）：179-194.

Dyer L. 1986. Bringing human resources into the strategy formulation process[A]//Heneman H，Schwab D. Perspectives on Personnel/Human Resource Management[C]. 3rd ed. Homewood：Irwin.

Greer C R，Jackson D L，Fiorito J. 1989. Adapting human resource planning in a changing environment[J]. Human Resource Management，28（1）：105-123.

Porter M E. 1985. Technology and competitive advantage[J]. Journal of Business Strategy，5（3）：60-78.

Porter M E. 1996. What is strategy?［J]. Harvard Business Review，86（5）：926-929.

Sillince J A A. 2006. Resources and organizational identities[J]. Management Communication Quarterly，20：186-212.

Whetten D A，Godfrey P C. 1998. Identity in Organizations[M]. Thousand oaks：Sage Publications.

第二章 招聘甄选

【学习目标】

掌握履历分析技术，能够对求职简历做出正确判断。学会面试技术，能够使用行为事件访谈法（behavior event interview，BEI）控制面试过程。学习评价中心的理论及操作步骤，能够组织无领导小组讨论（leaderless group discussion）。

趣味导入：不假外求

2008 年 4 月 12 日，南方航空史上最大规模的空姐招聘——“中国新空姐招募大汇”北京赛区的海选在王府井新东安商场正式启动。据统计，应聘者大部分是大专学历，也不乏硕士，很多都是空乘专业和其他与航空相关的专业。很多人来自河北、山东、重庆等地。选拔包括目测、笔试、体检和复试。目测分为基本目测和专业目测，笔试由大赛组委会统一组织的专业考试及综合文化考试组成，体检环节包括辅助体检和民航专业体检，复试则是由无领导小组讨论、二对一面试及决策面试组成。

这次应聘的第一关就是量身高，身高在 165~175 厘米才能达标。一名女孩量出只有 164 厘米，而她坚持称在校量的是 165 厘米，要求再次测量，最终还是被淘汰。

（整理于《新京报》2008 年 4 月 13 日 A08 版）

第一节 履历分析

一、什么是传记资料分析

传记资料分析又称“自传资料分析”，是一种通过传记资料问卷收集应聘者相关信息的方法，这些信息包括教育经历、业余爱好、家庭关系、休闲方式、个人健康和工作生活经历等。这种方法与应聘申请表不同的是，除了关注教育背景、培训和工作经验等方面，还关注个人背景、兴趣、态度和价值观。同时，传记资料问卷比申请表篇幅更长，申请表一般包括 10~15 个题目，而传记资料问卷通常会有上百个题目。

弗雷德·梅尔强调了传记资料分析的两个指导原则：其一，题目应该是能反映在塑造个人行为和身份方面起重要作用的历史事件；其二，为了减少答题者按照社会称许的方式作答或捏造答案，传记资料题目应反映外部事件，即生活中过去发生的行为，限定为直接回想起来的事物，可以验证，具有唯一性、独立性的事件（如首次驾车的年龄）。

罗伯特·莫里森和他的同事的一项研究显示，生活经历与研究人员的工作业绩具有相关关系。他们研究了积极的自我评价、主动（proactive）学习的意愿、强烈的目标导向、对不确定性具有包容性、较强的整体适应力五个维度，对创造性、整体绩效水平和专利获得数量三个效标的影响，结果是积极的自我评价、强烈的目标导向和较强的整体适应力对整体绩效水平具有预测力，主动学习的意愿和对不确定性具有包容性对专利获得数量具有预测力。因此，如果我们希望招聘到的研究人员未来能够获得更多专利，就需要在传记资料评价中加大主动学习的意愿和对不确定性具有包容性两项的权重。

【例 2-1】传记资料分析的应用

请一位学员回答以下问题，大家就其回答做出评价。

1. 您认为自己的工作效率比其他人高吗？举例说明。
2. 您在大学中为自己设定了什么样的学习目标？
3. 您在大学期间除奖学金外，获得过何种学校和社会奖励？
4. 您是否能够与持有不同观点的人共事？举例说明。
5. 您是否能够有效地说服别人？举例说明。

阅读表 2-1，对比自己的评价，看看是否符合各分析维度。

表 2-1 典型传记资料分析维度和相应题目

分析维度	题目	评价要点
积极的自我评价	您认为个人业绩在同职业中处于前 5%吗？举例说明	正向回答反映出对自己的能力有信心，自我效能感高
	您认为自己的工作效率比其他人高吗？举例说明	
	请从人际关系和个人成就方面进行自我评价	
	如果有机会，您认为您可以成为非常成功的主管吗？	
主动学习的意愿	您通常都希望自己取得优异的考试成绩吗？	有较强的学习愿望与积极的学习态度
	您的中学成绩在班上处于什么位置？	
	与其他同学相比，您学习更加努力？	
	在您中学毕业时，您对母校有何种感情？	
	您在大学中为自己设定了什么样的学习目标？	
	您是否通常利用较多时间阅读各种书籍？	
强烈的目标导向	您认为自己是否能够影响他人？举例说明	希望获得社会额外的奖励，有支配控制欲
	您在大学期间除奖学金外，获得过何种学校和社会奖励？	
	您是否乐于表达个人的观点？	
	您认为自己在同事中的威信如何？举例说明	
	您最大的愿望是什么？	
对不确定性具有包容性	您是否经常同时从事两件以上的工作？	对不符合自己价值观的事物有包容性
	您是否能够与持有不同观点的人共事？举例说明	
较强的整体适应力	您是否认为学校中学到的知识能够充分应用到工作中？举例说明	有效地自我调整以适应变化
	您是否认为您的家庭十分美满？举例说明	
	您是否能够有效地说服别人？举例说明	
	举例说明您在工作中犯过的失误	

传记资料分析的内部一致性信度系数通常在 0.60~0.80，这是因为量表中各题目的相关性低。再测信度系数在 0.60~0.90，尤其是那些带有客观性、可验证的传记资料要比主观性、不可验证的资料有更高的再测信度。在效度方面，传记资料对于工作熟练程度和工作培训成功率具有最佳的预测力，效度系数一般会达到 0.30 以上，比个性测试、操作能力测试、兴趣测试的预测力更高。大量相关研究显示，对于晋升率、生产率和流动率这三个效标而言，传记资料量表的效度为 0.20~0.26，即有 1/5 的预测力。

二、履历分析的主要维度

通过履历绝大多数招聘者产生了对应聘者的第一印象，但招聘者面临的最大挑战就是判断简历的真实性，一项研究发现，只有 41%的大学生没有夸大简历，简历常见的虚假成分包括：夸大教育经历（学习成绩、获得学历）；掩盖学业或职业中断的时间；夸大技能和经历；使用限定词进行模糊处理，如“参与”“帮助”；使用模糊信息，如

"某跨国集团"。

关于通过履历评估求职者能力的效度研究并不多见，但有一些研究涉及如何通过简历推断求职者的特征。一般而言，招聘者可以从简历中与教育成就相关的项目，推断应聘者语言能力和数学逻辑能力，从参与的体育运动项目推断身体运动能力，从参与的社会活动和涉及权力职位的项目推断出领导才能和人际关系能力（表 2-2）。

表 2-2 招聘者履历题目及能力判断

简历项目	能力推断					
	语言能力	数学逻辑能力	运动能力	人际关系能力	领导才能	能动性
教育项目						
攻读与工作相关的学位						
专业课成绩		√				√
总体学业成绩						√
大学勤工俭学						√
电脑技能						√
外语技能	√					
全职工作经历						
曾经管理他人				√	√	√
个人工作成绩						√
暑假实习						√
大学期间工作经历						兼职工作经历
作为学生辅导员的经历				√	√	√
专业协会的成员						√
被推选担任某一职务				√	√	√
体育比赛代表队队长				√	√	√
参加过运动项目			√			
参加过社会实践活动				√		√
大学俱乐部成员				√		√
社会或学生互助会成员				√		
学习成绩优秀						√

资料来源：Brown B K，Campion M A. Biodata phenomenology：recruiters' perceptions and use of biographical information in resume screening[J]. Journal of Applied Psychology，1994，79：901-902

【**例 2-2**】简历编写格式

以下是一份真实的毕业生工作申请简历，只是略去了一些个人信息。一般而言，简历应当包括求职意向、个人情况、主修专业及工作实践、所获奖励与学生活动、职业技能、自我评价等，以下简历基本都具备了这些内容。试分析一下该简历，谈谈你的评价。

简 历 表

<table>
<tr><td colspan="3">求职意向 desired position</td><td rowspan="2">蓝底色
免冠照片</td></tr>
<tr><td colspan="3">商业银行对公业务客户经理</td></tr>
<tr><td colspan="4">个人情况 personal information</td></tr>
<tr><td>姓名</td><td>（略去）</td><td>性别</td><td>男</td></tr>
<tr><td>学历</td><td>硕士研究生</td><td>年龄</td><td>24</td></tr>
<tr><td>婚姻状况</td><td>未婚</td><td>毕业时间</td><td>2007 年 6 月</td></tr>
<tr><td>生源户口所在地</td><td>北京市</td><td>电子邮件</td><td>（略去）</td></tr>
<tr><td>第一联系方式</td><td>（略去）</td><td>第二联系方式</td><td>（略去）</td></tr>
<tr><td>通信地址</td><td>（略去）</td><td>邮编</td><td>（略去）</td></tr>
<tr><td colspan="4">主修专业及工作实践 education and job experience</td></tr>
<tr><td>2001~2005 年</td><td colspan="3">主修专业：会计学　学历：本科
主修课程：会计学原理、财务会计、成本会计、管理会计、财务管理、税收概论、经济法、行业会计等</td></tr>
<tr><td>2004 年 7~8 月</td><td colspan="3">实践项目：中国建设集团下属医院改制项目评估
实践内容与职责描述：主要负责资产勘查与现场调查，收集资产评估资料。具体负责现金以及存货等资产项目的监盘，收集该项目资产评估所需资料</td></tr>
<tr><td>2005~2007 年</td><td colspan="3">主修专业：企业管理　学历：硕士研究生
主修课程：管理心理学、会计制度设计、财务管理、人力资源管理、中级经济学、决策过程中的数量方法、营销管理等</td></tr>
<tr><td colspan="4">所获奖励与学生活动 awards and student activities</td></tr>
<tr><td>获得奖学金</td><td colspan="3">2003 年，获得建龙奖学金；2004 年，获得特等人民奖学金</td></tr>
<tr><td>其他奖励</td><td colspan="3">2003~2004 年，连续两年被评为优秀三好学生；
2005 年，被评为北京地区高等学校优秀毕业生；
2006 年，获得“挑战杯”创业大赛北京市一等奖和全国三等奖</td></tr>
<tr><td>校内担任职务</td><td colspan="3">2004 年以来，担任学习委员</td></tr>
<tr><td colspan="4">职业技能 professional skills</td></tr>
<tr><td colspan="4">英语水平：CET 6 通过；CET 4 优秀
计算机：熟练掌握 Office 软件，熟悉 SPSS、MINITAB 统计分析软件
其他资质证书：2005 年，以优异的成绩通过全国注册会计师考试中的审计和会计（75 分）科目</td></tr>
<tr><td colspan="4">自我评价 self evaluation</td></tr>
<tr><td colspan="4">为人谦和，有进取心，能够很好地与人合作，善于完成各项工作任务，做事认真细致</td></tr>
</table>

三、培训与经历的评估

培训与经历评估有许多方法，常见的包括计分法、行为一致法、任务基础法。对整体绩效预测而言，行为一致法的效度最高，修正后的平均效度系数为 0.45。计分法和任务基础法的效度较低，平均值为 0.15 和 0.11。

（1）计分法：这种计分方式需要预先设立评估体系，来评估求职者的教育、培训和工作经历，在培训经历、工作经历、教育时间长度等方面赋以不同的分数。最好是根据工作分析的结果对工作经历和教育给予不同的分数。

（2）行为一致法：这种方法要求应聘者描述其过去的成绩，这些陈述主要用来反映应聘者在某些重要能力方面已经取得的实际成绩。

（3）任务基础法：这种方法要求应聘者就工作中的关键任务进行相应回答，以反映其过去是否从事过这些任务，技能水平又如何。

第二节 面 试 技 术

一、什么是面试

面试就是用谈话方式，发掘应聘者与拟聘职位相关的信息，并据此预测应聘者在该职位上的表现。面试被认为是甄选工具中最常用的一个，但是关于面试信度和效度的研究发现，面试的信度和效度比较低。究其原因，一是使用不恰当的面试问题；二是存在影响面试者评估的其他外部因素。面试是最常用的工具，也可能是最容易被误用的工具，因为在现实当中，大家通常把面试看成一个综合性甄选工具，而不是针对少数几个重要特征进行鉴别。这样一来，大家往往会比较在意外表、喜好、非语言行为等影响人际互动的个体特征，并做出综合性判断，造成面试工具的误用。很显然，任何一种测试技术都无法全面反映被试，越是测量目的单一的工具效度会越高，面试技术也不例外。

面试研究的一个趋势是研究面试认知模型，认知心理学和社会心理学就成为这类研究的理论基础。其中比较著名的是罗伯特·迪普博伊模型，其核心在于“知识结构”的构建，即面试考官对工作要求与求职者特征的理解。面试考官将自己对求职者的印象与理想求职者的知识结构进行比较，纵使信息非常有限，这种对比也能够进行。面试考官的知识结构，主要包括理想任职者、印象分类方法和固有的个性特征。由此可见，面试考官的决策模型主要由这种三位一体的“知识结构”决定。

面试误差来源于常见的“三大效应”，即首因效应、对比效应、晕轮效应。首因效应，按第一印象轻易下结论；对比效应，被试的比较产生了误差；晕轮效应，发现优点便认为一切都好。

二、BEI 面试方法

招聘面试主要的访谈技术是行为事件访谈法，它是一种开放式的行为回顾式的行为探索技术，是揭示个人经历和特质的主要途径。该方法的基本假设是：第一，用过去的行为来预测将来的行为；第二，在相似情景下人往往会重复已经形成的行为。行为事件访谈法的一般步骤如下。

步骤一，介绍和解释：①创造轻松气氛，以便观察真我。②给被试访谈提纲，以便参与。③强调私密，建立相互信任。

步骤二，工作任务职责描述：①询问最为核心的任务和职责。②追问行为，如答：我主要是监督下属。问：做什么来完成监督？

步骤三，关键行为事件访谈：①“最”字句提问，如请您描述三件您最满意的工作（最开心、最成功、最失败、最遗憾、最棘手、最有挫折感）。②以成功或满意问题开头，以增加被试自信。③寻找完整的故事（何为完整事件：起因、人物、感受、想法、做法、结果）。④逆述正听：注意被试的讲述顺序可能是先从结果开始的。⑤提醒对方描述最重要的情节。⑥提醒对方讲真实情节而不是“他认为”。⑦追问细节以验真伪。⑧积极反应强化被试，如点头、微笑。⑨不提引导性、结论性的问题。⑩尽量使对方情绪平静。⑪找不到关键事件，从工作职责入手。⑫健谈的人引导其谈具体发生的事件。⑬讲述自我性格时最好请其举出事例。

在访谈中常用的题目一般要覆盖情景、目标、行动、结果，通常被称为“STAR 模型”：S（situation）——情景；T（target）——目标；A（action）——行动；R（result）——结果。

常见的面试题目包括以下几种类型。

知识型：加入 WTO（World Trade Organization，即世界贸易组织）对我国最大的影响是什么？

意愿型：你乐于从事有挑战性的工作吗？

行为型：你任职期间进行的最大改革是什么？

情景型：假设你是一家银行的客户经理，你以前对客户的优惠承诺违反了总行的政策，你会如何处理这个问题？

【例 2-3】编写基于胜任力的面试题目

表 2-3 是我们根据商业银行个人业务客户经理胜任力模型结构设计的面试题目和答案要点，这种设计模式是基于胜任力模型结构的，具有更强的岗位能力针对性，是目前较好的结构化面试手段。

表 2-3 基于胜任力模型结构的面试题目设计

胜任力结构	面试题目	答案中的技能要点	得分
冲突管理	某客户申请助业贷款，个人业务客户经理提出需要提交若干材料，客户问：“凭什么提供我的账务明细”，“个人理财凭什么要提供给你”，“我的房产要查你自己查”，等等。如果你作为该个人业务客户经理，将如何处理？	告知客户材料提交不可避免； 告知客户及时提交材料对其有利（如节省时间）； 申明保密性	1 2 3 4 5
	如果客户讲：“你们银行的竞争手段真落后，贷款速度太慢了，提成和好处费根本没法和某银行相比。”作为个人业务客户经理的你，该如何应对？	不急于反驳，只对扭曲事实的部分进行澄清； 回答要积极向上，可从我行的其他优势上进行说明，不要直言他行坏话	1 2 3 4 5

续表

胜任力结构	面试题目	答案中的技能要点	得分
风险控制	某客户买车申请贷款，作为个人业务客户经理的你发现其在两年前买房进行按揭贷款，但已连续三个月未还款，请问你将如何处理？	询问缘由，调查信息，告知如果连续三个月不还按揭，不仅无法贷车款，而且会进入银行个人征信系统，影响以后的贷款； 分析情况，针对性地回答（若是离婚后不愿为共同资产还款，可告知个人信誉会影响孩子将来的助学贷款；若是学校、政府、报社工作人员，可以上单位催收）	1 2 3 4 5
	在你以前的工作中，有无出现过假个人贷款或贷款未及时收回的情况？ 若有，请举例具体说明；若无，你所遇到的风险最大的贷款经历是哪次？你是如何规避风险的？举例具体说明	根据被试对事件发生、如何补救、结果如何、吸取教训等角度的回答情况予以打分； 积极向上的态度和处乱不惊的心理	1 2 3 4 5
资讯把握	平时是否关注国家在房地产方面的政策和动向？ 若是，最近有哪些新政策？	要求被试具体且详细地回答； 如回答含糊不清，可追问	1 2 3 4 5
	对财务和外汇方面有多大程度的了解？		1 2 3 4 5
服务延伸	在你以前的工作中，有几位老客户（指主动找你服务过一次以上的客户）？ 你如何维护与他们的关系？ 能否举一个具体的例子？	侧重被试的服务意识； 如回答不具体，则追问细节	1 2 3 4 5

第三节　评价中心

一、什么是评价中心

评价中心就是通过多种方式对行为进行标准化评估的总称。评价中心最早出现在20世纪40年代，当时是美国战略情报局（Office of Strategic Services，OSS）发明的用以选拔特工的工具，1943年亨利在哈佛成立了评价中心，开始转为商用。美国AT&T公司成立评价中心开展了10年的测评实践，随后的贝尔公司、IBM、通用电器都成立了评价中心，到70年代末，已经有15 000人接受了评价中心的评估。进入80年代后，全社会开始广泛推广这一技术。

评价中心采用多种评估技术，使用多名受过培训的观察员进行评估，最终讨论汇总整体评估结果。评价中心是评价个体技能、知识、能力及特征的标准过程，它的目的是提高员工、小组、过程和组织层次的绩效与效率。在美国34家知名企业中，使用评价中心评鉴的能力维度最多的是沟通能力、领导能力、组织计划能力和决策能力（表2-4）。

表2-4 各种能力维度在美国34家知名企业中的使用频率

排序	能力维度	使用频率	排序	能力维度	使用频率
1	沟通能力	30%	11	授权能力	21%
2	领导能力	29%	12	说服能力	19%
3	组织计划能力	27%	13	创造力	17%
4	决策能力	25%	14	理解力	16%
5	问题分析能力	24%	15	推销能力	16%
6	压力承受能力	24%	16	风险承受能力	16%
7	书面表达能力	23%	17	管理控制	16%
8	适应能力	21%	18	独立性	14%
9	口头表达能力	21%	19	倾听能力	12%
10	精力	21%			

评价中心使用多种方法对绩效进行有效测量，如工作分析、胜任力建模、行为归类、评估技术、多项评估和工作模拟等（Joiner，2000）。评价中心与其他测量方法不同的是它采用了绩效测验工作，常见的形式有文件筐测验（in-basket）、无领导小组讨论、案例分析（case analysis）。文件筐测验就是使用纸笔测验，模拟现实管理任务；无领导小组讨论通过集体解决问题的方式，测量应聘者的管理特征；案例分析则为每个被试提供一个组织问题的详细描述，测试被试的相关能力，以上三种又以前两种最为常用。

另外一些研究给出了一些针对胜任力模型的评价中心设计思路，如Chen和Naquin（2006）的研究指出了基于胜任力的评价中心设计步骤：

（1）建立分级的胜任力系统（开发一个三层次的胜任力系统；使用定性和定量方法对胜任力定义进行开发和提炼）。

（2）将亚胜任力与基于胜任力的培训设计和基于胜任力的评价中心相结合（将亚胜任力作为连接培训设计和基于胜任力评价中心设计的中间纽带）。

（3）开发亚胜任力-评价中心行为矩阵（开发矩阵需使用亚胜任力而非胜任力；在矩阵设计中建立多个评价者评估方式）。

（4）区别内在和外在行为（区分内在行为亚胜任力和外在行为亚胜任力）。

（5）确定恰当的基于胜任力的评价中心行为（在亚胜任力水平上采用数字等级，

以确定恰当的评价中心行为）。

（6）确定行为的绩效结果（在培训设计和亚胜任力的工作成果中得出绩效结果；绩效的杠杆作用来自行为）。

（7）计划基于胜任力的评价中心材料（采用特定材料加强忠诚度；开发行为导向的支持性绩效指标）。

（8）选择并发展评估者（在组织中选择比评估对象高两级以上的评估者；在对评估者的培训中，明确指出培训目标和绩效指导，选用经验和技巧丰富的培训师）。

二、情景模拟

情景模拟（situation simulation）是美国心理学家茨霍恩首先提出的，情景模拟作为一种良好的绩效预测方法，曾经应用于第二次世界大战时期德国、英国、美国、澳大利亚和加拿大等国的高级军官选拔。情景模拟就是根据被试可能担任的职务，编制一套与该职务实际工作类似的题目，将被试安排在模拟仿真的工作环境中，要求被试处理各种模拟问题，来对其心理素质和潜在能力进行分析。情景模拟主要测量被试处理问题的外显行为，同时，考察被试在他人影响下所出现的行为。

三、无领导小组讨论

无领导小组讨论能够提供给被试一个充分展示其才能与人格特征的舞台。被试能够在一种动态的情景中表现自己，能使他们表现出更多的真实性的行为，表现出更多的更充分的行为，这样就更有利于评价者对他们进行评价。更重要的是无领导小组讨论提供给被试一个平等的相互作用的机会。在相互作用的过程中，被试的特点会得到更加淋漓尽致的表现，同时也给评价者提供了在与其他被试进行对照比较的背景下对某个被试进行评价的机会。

组织无领导小组讨论一般包括四个步骤：①开发评估标准；②设计工作情境；③记录讨论过程；④评估被试。通过这四个步骤完成测评。

【例 2-4】无领导小组讨论设计

以下是我们开发一个无领导小组测试的过程，其测量目标是团队协作能力。

步骤一：开发评估标准。

在罗宾斯九种团队角色理论和贝尔宾的八种团队角色理论基础上，我们开发出了团队四种角色类型和相应的行为标志，这四种角色类型包括支配型、支持型、回避型和敌对型（图 2-1）。

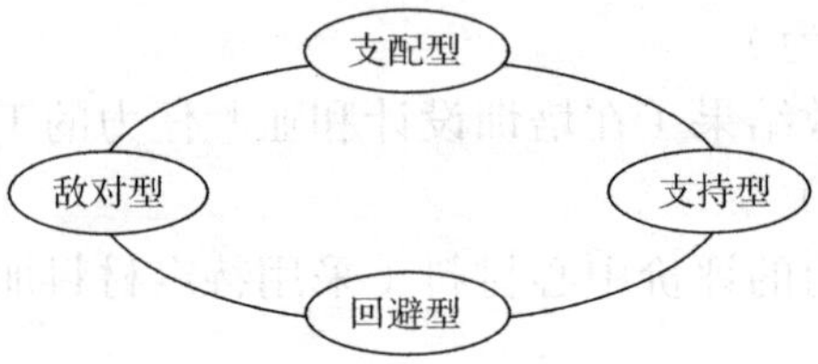

图 2-1 团队中存在的四种角色类型

支配型的角色是一种任务导向型的角色，这类成员主要关注于任务，把完成团队目标放在首要位置，工作是第一位的，其余事务，如维持人际关系的和谐、促进团队沟通等都处于次要地位。这类成员对团队的任务完成能够起到促进作用，如果没有成员承担这样的角色，团队往往需要花费更多的时间来完成任务，难以坚持目标。支配型的角色有时对团队工作起到建设作用，有时也起到一定破坏作用（表 2-5）。为了让大家更清楚行为定义的含义，我们列出了真实案例中出现过的一些典型语言。一般来讲，典型语言一栏需要在测评完成后才能整理出来。

表 2-5 支配型角色的典型语言与行为

角色特征	典型语言	行为定义	作用
计划	“每个人写下自己的想法，然后我们讨论。”“先把所有的景点列出来，然后再考虑。”“你负责第一条，我负责第二条。”	提供材料或规范工作程序，离题时将讨论引回主题	建设性
信息寻求	“去香山的路程有几千米？”“有什么特色小吃？”“行车路线怎么确定？”	强调从别处获得事实与信息	建设性
信息给予	“颐和园门票 20 元一张。”“前门的旅店不错。”	提供外部信息	建设性
归类	“这是一类备选方案……”“对，去香山很不错，而且……”	将别人的观点进行归类与扩展	建设性
总结	“总体来说大家的意见集中在周边旅游。”“大家都想把旅游时间定在周末两天。”	记录群体行动与讨论内容	建设性
催促	“我们只有 3 分钟了。”“快点，我们还有财务报告没有讨论呢！”	激励群体采取行动	建设性
评价	“你的办法不符合题目的要求。”“不能安排购物，现在出来旅游的人都很讨厌购物。”	用一些标准评估群体言行	破坏性
自我	“这个我最清楚，我去过无数次了。”“这个是四星级的，不好。”	试图说明自己的成就和经验	破坏性
训话	“大家要清楚我们不是要讨论如何执行。”	对群体进行讲座	破坏性
打断	“细节问题不用讨论。”“你说的那个景点就不去了，没意思。”“去哪先不议，咱们先把地点定下来。”	阻止对方完整表达，随意反驳	破坏性
专断	“就这么着了，讨论下一个。”“快，先把路线定下来。”	试图统治群体让他人听从	破坏性

支持型角色是关系导向型的角色，强调团队中人际关系方面的作用。这些成员关注维持团队中个体相互的良好感觉，喜欢团队工作，能够维持一种不紧张的环境。当分歧普遍存在，团队成员没有对团队绩效做出贡献的情况下，这些角色非常重要，并且这类成员倾向于承担更大的责任，乐意合作，努力寻求一致的结果，不会使注意力偏离任务，帮助团队更有效地一起工作（表 2-6）。

表 2-6　支持型角色的典型语言与行为

角色特征	典型语言	行为定义	作用
支持	“你的意见太棒了！”“这个建议很好！”	正面鼓励别人的贡献	建设性
鼓励	“我们顺利完成任务了。”	鼓舞大家的士气	建设性
劝解	“你们两个说的是一致的。”	试图缓解团队中的矛盾，给发生冲突的成员提供折中方案	建设性
融合	“你讲讲，我们看你的方法是否可行。”	融合群体内部的信息	建设性
发展	“我们要给你提供什么帮助？”	出于团队交往的基调，进行有目的性的观察	建设性
解压	“大家都发言吧。”	控制沟通与交流，使每一位成员都有说话的机会	建设性
妥协	“我看也是。”	对所有人都表达赞赏	建设性

敌对型角色对团队任务没有促进作用，相反会破坏团队间的合作。这类角色通过有意或无意地打压其他成员，破坏团队的一致性，有时还会挑起冲突，妨碍工作进展，阻止团队有效率地完成任务（表 2-7）。

表 2-7　敌对型角色的典型语言与行为

角色特征	典型语言	行为定义	作用
利己	“你们说我是不是该去一趟动物园。”	利用团队来处理个人的问题	破坏性
轻视	“吃多得了病，不好抢救啊！”	用幽默或其他不相关的行为转移群体工作的注意力	破坏性
偏离	“我看不用睡觉了，搞个通宵晚会。”	提出新奇思想和建议，但往往偏离主题	破坏性
对峙	“你的想法根本行不通。”	明确提出批评	破坏性
质疑	“这根本就不全面。”	辩论以获得自我满足，用攻击性的话质疑对方	破坏性

回避型角色也是非促进类角色，这类成员对完成任务没有贡献，但是也不会阻碍团队取得一致性的结果。如果这一类成员在团队中占了多数，将会使团队陷入僵局而无法正常工作（表 2-8）。

表 2-8　回避型角色的典型语言与行为

角色特征	典型语言	行为定义	作用
完全同意	“嗯”“对”	不表态，不参与，不争论	中性
领会	“我理解，也同意你们的想法。”	接受并支持团队中大多数人的意见	中性
推托	“我都来不及说话。”	用忧虑和不幸来博取同情	中性

步骤二：设计工作情境。

设置一个工作情境，使大家在一个平台上展开讨论。例如，每个团队作为旅游公司的旅游项目策划团队，策划外地游客到北京两日游的线路，游客中有老年人和小孩，要求团队通过十分钟的无领导小组讨论得到统一的景点线路、时间安排及财务预算。这个任务被设置为合作性的任务，团队成员在没有明确的角色分工条件下，更多的是根据自己的个性特点对自己应在团队中扮演的角色来采取行动，不能事先指派，这样更加方便我们分析随机团队中存在的不同角色，有利于我们高效分析团队的角色行为。

步骤三：记录讨论过程。

把每个人的发言记录下来是分析的基础工作，这一步工作量巨大，却十分关键。以下内容就是我们实地测试中的发言节选。

1号、2号、3号、4号、5号分别代表参加讨论的被试。

1号：这个先记录。

2号：先选好景点，大致可以选择一下，（要注意）老人小孩比较多。

1号：行！

2号：景点（安排）不能太紧，但是最经典的路线要给他们那个什么（安排），这些人是从南方来的。

1号：嗯！

2号：第一次来北京，这个秋天，那个比较有代表性的，如香山啊！

1号：嗯。

2号：像故宫、长城这些一般来说是游客都会去的地方。

3号：这些我都知道。

2号：然后其他，因为他说最少有六个景点嘛，咱们再看看，再选四个景点，但主要就是时间要安排得比较紧，毕竟只有两天。

4号：让他们选团体饭店。

5号：这不是咱们制订的方案，让他们来。

3号：咱们这个游览顺序好像有点乱。

1号：对，这个分析方法好像有点……

4号：应该先去哪？

2号：对，对，咱们就是尽量要有吸引力，要有特色，咱们肯定要把北京最有名的这些景点，最能代表北京的先列出来。

5号：故宫、天安门就得一天时间。

步骤四：评估被试。

无领导小组讨论的行为记录以行为和语言为主，需要对不同类型的行为进行归类，统计各自出现的频次。最后，根据每个被试不同行为发生的频次判断其团队角色（表2-9）。

表2-9 团队成员各角色行为出现频次统计表

角色行为		1号	2号	3号	4号	5号
支配型（建设性作用）	计划					
	信息寻求					
	信息给予					

续表

角色行为		1号	2号	3号	4号	5号
支配型（建设性作用）	归类					
	总结					
	催促					
支配型（破坏性作用）	评价					
	自我					
	训话					
	打断					
	专断					
支持型	支持					
	鼓励					
	劝解					
	融合					
	发展					
	解压					
	妥协					
敌对型	利己					
	轻视					
	偏离					
	对峙					
	质疑					
回避型	完全同意					
	领会					
	推托					

【案例分析】

说明：以下案例是一次无领导小组讨论纪实，包括题目要求和讨论的文本记录，请分析每个被试在团队中是何种角色？（编号是被试的座位号，分析时可以使用表 2-9）

无领导小组讨论题目："北京两日游"策划

某旅游公司准备投资"北京两日游"项目，特聘请各位来策划这项活动。从现在起，你们组成了一个小组，来共同完成这项策划工作。策划出的方案要求有新意、有特色、吸引游客。以下是背景资料：

这次"北京两日游"活动的游客来自某南方沿海发达地区小城市，每个旅行团的人数限定在 20 人左右，旅行团中各年龄阶段的人都有，既有青年人也有老年人，还有几个儿童。他们中的大多数人从没有来过北京，这次是乘飞机来京，季节是秋天。

策划这项活动的宗旨是让大多数游客满意，从而为公司赢得口碑。使游客满意的因素很多，既要满足不同背景的人的需要，又不能够让他们过于疲惫。这次策划要求旅游点不少于六个，每个旅游点的停留时间在一个小时以上。今天的策划工作最终要确定的内容必须包括如下几点：

（1）来京、返回的时间和住处的安排；

（2）两日游的具体内容、顺序及严格的时间安排；

（3）行车线路；

（4）除往返机票外的费用。

在策划工作中，首先，请每个人考虑自己的方案，在 15 分钟的时间内完成小组讨论。其次，确定小组成员一致通过的方案，并将讨论结果整理后记录在纸上。最后，请用 3 分钟的时间将讨论结果汇报给主持人。

请注意：在讨论的时候尽量坚持自己的观点，并说服大家接受你的观点。同时，要注意同大家合作，因为你们是一个小组。请认真参加本次讨论，每个人的参与程度是我们评价的一个重要指标。另外，在小组讨论时，不要以投票的方式来达成统一意见。

2 号：可以了吗？长城、十三陵水库一天。

3 号：对，这个景点我记了。

2 号：噢，行，行。

1 号：多列几个景点，王府井、地坛，还应该考虑小孩……

2 号：这几个太近了！

3 号：升国旗。

1 号：小孩可以去游乐园。我说就去地坛、天安门、游乐园。

5 号：咱们先把全部路线列出来，然后筛选，不同的人……

1 号：他们就两天，你要考虑时间。

2 号：来来回回……小孩喜欢去玩，老人跑不动。

3 号：景点比较单一啊，游乐园和天坛比较近，可不可以把这两个安排在一块啊？

1 号：对，对。

3 号：天安门广场，然后是天坛、游乐园。

1 号：天安门、天坛、游乐园，好的，然后是动物园，再去长城、十三陵水库。长城、十三陵水库是一天，上面四个是一天。

5 号：动物园也需要一天。

1 号：不不，就是天安门、天坛、游乐园、动物园是一天，然后就是长城、十三陵水库是一天。

3 号：长城、十三陵水库必须去的是吧，不到长城非好汉。六个是吧？这六个就够了。

1 号：是，六个够了。

5 号：这样的话，往返时间呢？不是，我觉得……那个，秋天的话，我觉得怎么着也要去香山看看红叶吧？

2 号：远了点。

1 号：太耗时间，爬山那个……

3 号：没有代表性，不突出北京的特色，天安门跟长城是北京的特色。

1 号：游乐园正好是针对小孩的，那个天坛是针对老人的……

3 号：天安门、长城是比较有特色的。

1 号：这样，就这六个，咱再定时间。

5 号：游乐园是哪个游乐园？

1 号：北京游乐园。

3 号：南三环那个，天坛南边，非常近。

1 号：行车路线就是天安门、天坛、游乐园、动物园，然后安排住“欣燕都”。

5 号：几星的？

2 号：嘻嘻……

1 号：四星？三星？

3 号：因为他们来自发达地区，要求应该比较高。

1 号：那就京都假日酒店，四星级，可以了吧。

5 号：我觉得北京饭店最好。

2 号：王府井也有便宜的！

1 号：不要王府井，因为咱们是到动物园……

2 号：没有啊！王府井离天安门很近，王府井出来就可以去天安门。然后去动物园，回来折去天坛、游乐园，晚上回来休息。第二天有车直接去长城、十三陵水库。或者就住在天安门也行。

3 号：乘飞机呢？

5 号：第二天下午，还是晚上？

3 号：那就晚上吧。

5 号：时间怎么算？时间就是前一天早上到，第二天晚上走。

3 号：不！不能！那太累了。前一天飞过来，然后当天晚上接，接过来住，第一天景点逛完了回来住，第二天晚上给他们订回程机票。

1 号：返回的时间和住宿如何定？

2 号：可以选几个方案，让他们选。咱们做策划，人家可以选啊！

1 号：咱们就是安排好了，我刚才说的是天安门、天坛、游乐园，最后上动物园，住在动物园附近。

3号：费用呢？

1号：那个标间180元一天。

3号：标间是吧？

1号：标间180元一天。

3号：这样的话，时间定在早上几点？

1号：噢，天安门，他们不是第二天早上到吗？

3号：看升国旗吗？

2号：早上太早了，要不看降旗（笑）。

3号：那就早上七点，七点能休息过来。

2号：七点吃早餐。

3号：第一天七点，天安门广场是吧？天安门之后是天坛。

1号：八点？天安门逛完了。

（主持人：还有三分钟。）

3号：九点天坛，然后游乐园，可以吗？最后动物园。

1号：下午两点吧。

3号：下午六点能结束吗？五点吧。时间太长了，他们回来再休息。第二天长城是吧？长城早一点吧？六点？

2号：我觉得住宿可以找一个繁华的……（被打断）

5号：第一天晚上可以住在长城、十三陵水库附近，找一个度假山庄。直接乘车过去，对吧？

1号：直接乘车过去。

5号：然后第二天直接从十三陵水库出发。

3号：这样门票呢？

1号：门票，所有的门票？

3号：天安门不要钱。

2号：其他自付。

3号：门票就实报实销，列个名单来。

2号：是不是自付住宿钱啊？

3号：不，就是包括除机票之外的费用。

3号：午餐什么标准啊？

1号：标准餐，30元一位。

3号：自助？

1号：自助也行。

2号：不是在游乐园吃吗？

1号：无所谓。

3号：600元一顿，共4顿，4顿2 400元，含早餐吗？

2号：含早餐，晚上不是说住度假村吗？可以吃点当地特色菜什么的，不能每天吃自助餐吧!

1号：不讨论细节，只讨论这个大致费用就行了。

3号：这样，租车呢？大巴一天需要多少钱？

1号：300元。

（主持人：还有一分钟。）

3号：7 000元加各个景点的门票，这是……

1号：每人240元。

3号：全部景点都包括了吗？

1号：对，对，对。

3号：包括长城、十三陵吗？

1号：对，对，对。

3号：每人240元，共计4 800元，还有1 800元租车费。时间就定在周末吧？

5号：对，周六、周日。

3号：起名为“欢乐北京周末游”，可以吗？

2号：两日游!

3号：噢，对，两日游。因为它有北京特色，就叫“北京周末特色游”吧？

1号：还是“首都两日游”吧，不要提（特色)!

5号：这个行!

4号：儿童也应该让他们早晨到天安门看看升国旗……（被打断）

1号：时间来不及。

4号：让小孩，老人……（被打断）

2号：写下具体内容吧。

4号：这个时间可以安排他们休息……（被打断）

1号：你说的是细节，我们不讨论细节，先有一个轮廓。

4号：基本上就这样吧？时间是两天，第一天晚上接机，接过来住下……

（主持人：时间到。）

【复习与思考】

1. 简述履历分析的五个维度。
2. 简述行为事件访谈法的主要步骤。
3. 简述评价中心的主要工具及所评价的能力项目。
4. 无领导小组讨论如何操作？
5. 如何评价团队中的四种不同角色？

【课后技能训练】

如果你是在校生，请针对你所在高校的餐厅服务人员，设计一套招聘面试的题目，说明你选拔的标准与评价方法。

参 考 文 献

Chen H，Naquin S S. 2006. An integrative model of competency development，training design，assessment center，and multi-rater assessment[J]. Advances in Developing Human Resources，8（2）：265-282.

Dreher G，Sackett P. 1983. Perspectives on Employee Staffing and Selection[M]. Homewood：Richard D. Irwin.

Gatewood R D，Feild H S. 2005. 人才甄选[M]. 薛在兴，等译. 北京：清华大学出版社.

Joiner D A. 2000. Guidelines and ethical considerations for assessment center operations：international task force on assessment center guidelines[J]. Public Personnel Management，29（3）：315-331.

第三章　心理测验

【学习目标】

学习心理测验的概念与原理，了解人格特质的主要测量工具。掌握麦尔斯-布瑞格斯测量工具（Myers-Briggs type indicator，MBTI）、加利福尼亚人格量表（California psychology inventory，CPI）测试维度，学会选择适合的测量工具，有效组织心理测量工作。

趣味导入：自念其意

唐僧率三位高徒去往西天取经，一路鞍马劳累，师徒四人便围坐小憩。唐僧说："徒儿们，我们每人讲一个笑话提提神吧，不过只有把大家都逗笑了才算过关，如果没笑，就惩罚他从山上跳下去，如何？"唐僧知道自己的徒弟们各个好身手，跳下去也上得来。

猪八戒抢着第一个讲，他讲完后大家果然都笑了。孙悟空也争着要讲，可他讲完后，师父和沙和尚笑了，猪八戒却没有笑。唐僧就命悟空跳下了山，不一会儿，悟空由山下一个筋斗翻上来，突然看见八戒笑了，原来是他"反应慢"。

第一节　心理测验原理

一、什么是心理测验

心理测验的定义是借助数量等级或固定类别分析行为的一个系统化过程，其本质是对行为实施客观和标准化的测量。在人员招聘中，可以考虑使用一些科学的测验量表，对应聘者的能力和个性进行预测，根据结果决定应聘者是否适合该目标岗位。心理测验的类型包括能力测验、智力测验、机械能力测验、行政能力测验、体力测验和个性测验。能力测验包括能力倾向测验和成就测验，智力测验主要针对语言能力、数学能力、记忆能力和推理能力等各项能力开展，机械能力测验通常根据操作表现来分析，行政能力测验更多侧重于分析被试处理语言和数字材料的速度和准确性，体力测验主要是就体力的三个因子进行分析，包括肌肉力量、心血管耐力、运动质量三个方面，个性测验主要是对人格特质的分析。

二、什么是人格特质

多数人格心理学家认为，性格是相对固定的，或者说，基因和早期经历决定了一生中性格基本稳定的部分。一项旨在说明个体稳定与变化关系的研究中，学者们连续对受试群体跟踪了九年，测试的内容包括三个方面，即智力、性格和态度。九年下来，最稳定的是智力，其次是性格，变化最大的是态度。有人会说，我的个性就变化很大，从前不善与人交往，现在喜欢与人交往。但是，你这样做是因为你觉得与人交往比自己独处更开心，还是因为你认识到没有社交生活会遇到麻烦？当回答是前者时，说明你的性格有所改变，当回答为后者时，说明你改变的只是态度。从不喜欢应酬到应酬自如，更多是由于态度转变而带来了社交技能的提高，但这种改变一般不会让你感到更快乐，而是更适应。也许，只有你自己独处时，才会感觉自在、放松和享受。这就是能力与性格的差异，前者可以通过重复习得，后者却无法通过重复而改变。

奥尔波特于 1937 年提出，特质是人格的基本结构要素，到了 20 世纪 60 年代，人格特质的研究已成为人格心理学的主流。特质就是某种特别的反应倾向，人们通常使用一种自己偏好的相对固定方式，对类似的刺激做出反应。当相似情境出现时，不同人有不同的适应方式，这种行为倾向具有一定的稳定性，我们通常称它为性格。心理学家霍兰德提出了“人格-工作适应”理论，指出不同人格特点的人适合不同的工作，进而划分出六种人格类型，即现实型、研究型、社会型、传统型、企业型、艺术型。该理论指出，当人格与职业匹配时，会产生高满意度和低流动率。由此可见，对人格特质的进一步研究，会对个体的职业生涯和企业的选人用人起到重要作用。

西方的人格测验由来已久，从早期的星相学、手相学和颅相学，到后来的人格测量学，人格测验不断朝着科学和量化的方向发展。布洛克把人格测量方法分为四种类型，即 L 类资料、O 类资料、T 类资料和 S 类资料（LOTS）。L 类资料来自生活经历或生活史资料，O 类资料包括由父母、老师、配偶或同伴所做的评定。T 类资料来自实验或标准化测验的结果，S 类资料是自我报告资料。其中 T 类资料被广泛关注，研究领域相对集中在性向（性格、兴趣等）和素质能力方面，如“斯特朗职业兴趣量表”（Strong，1927）、“人际关系倾向量表”（Schutz，1967）等许多量表。

三、个性测验的原理

为了全面分析人格特质，一些综合性的测量方法也相继问世，出现了“行为样本法”（Hartshorne et al.，1928）、“评价中心法”等诸多方法。另外，还有一些针对性比较强的测试技术，如诚实性测验、笔记分析等，也在人才选拔中得到广泛应用。一些学者通过研究发现，各种选拔工具的效度不尽相同：工作样本法、同事评价法、评价中心等方法表现出高效度，学习成绩、面试、个性和兴趣测试则表现出低效度。因此，选用一些综合性较强的测量方法，更容易测出“真我”，或者说更能够接近真实状况。

奥尔波特认为，特质是人的“神经心理系统的基础”，它是人与人之间在生物和生理上的差异，可以通过“可见的行为流”来观察。奥尔波特把特质划分成三类，即首要特质（cardinal traits）、中心特质（central traits）和次要特质（secondary dispositions）。首要特质表现了一个人生活中无时不在的倾向，中心特质则反映在较为有限的情境中，依然可以代表行为上的广泛一致性，次要特质的显著性比前两个要差一些，它的普遍性也因人而异。卡特尔在用人格16因素测量相关特质时发现，整体人格大致有三分之二是由环境决定的，三分之一是由遗传决定的，也就是说只有一小部分是相对稳定的。奥尔波特还指出，人们的行为存在变异性和复杂性，大家都是矛盾人格的载体，每个人都会因对抗倾向而产生内心冲突，用奥尔波特的话说就是“完美的、一成不变的自我一致性是找不到的”。

心理学对人才评价还使用一些其他方法，包括传记资料分析法、谈话法、行为评价法。传记资料分析法应用广泛，如加权传记资料法，其基本思路是对个人基本情况、个人履历、个人行为习惯等方面给予一定权重并打分。第二次世界大战期间，空军飞行员传记资料表格的加权得分，与实际飞行成功的相关系数为0.3（Guilford and Lacey，1947），可见，过去的行为对未来的行为有一定的预测力。谈话法可以对被试的表达风格进行测评，获取一些非语言信息，如脸红、犹豫、不安等，为人才测评提供充足的行为样本。对行为本身及其发生环境的研究是了解一个人最直接的方法，因此，人格评价并非完全针对个人内部心理结构，它主要针对个体外显行为来展开分析。

第二节　如何选择和使用测验工具

一、MBTI测量工具

现代心理学为甄选人才做出了卓越贡献，认知能力、性格、兴趣、成就动机等测验工具不断出现，有效地把外部行为特征与内部人格特质分析相结合，这将大大提高招聘的准确性，使选拔人才具有了量化的可能。一些权威的人格特质测试结果，可以较好地判断出员工未来可能的行为方式，对行为预测起到积极作用。其中最著名的就是 MBTI，这套方法对于了解个体行为方式及其适合的职业具有一定意义，得到企业界广泛认同。美国本土每年就有近 200 万人接受 MBTI 测验，一些国际著名公司，如苹果公司、通用电气公司、3M 公司等，也纷纷采用此测量工具。

该测量工具从外向–内向（E-I）、感觉–直觉（S-N）、理性–感性（T-F）、知觉–判断（P-J）四方面来揭示人格特质，从而导出 16 种人格特质组合，进一步的研究还发现了美国人口总数中不同类型的大概比重（表 3-1）。这些分析对人才选拔和个人从业都有很大指导意义。例如，一项对美国警官的人格测评结果显示：SJ 型的人占到 50%以上，这类人崇尚稳定和有序，工作严肃而努力；SP 型的人约有 25%，这类人喜欢挑战，善于抓住机会；NF 型的人不到 10%，他们具有洞察他人内心的能力，在人力资源、教育、咨询等方面有着较大的发展空间；NT 型的人有着较强的洞察力和逻辑思维能力，在司法工作中极有可能成为高层。可见，掌握人格特质理论对于我们鉴别人才大有帮助。

表 3-1　美国社会四类性格的大体比例

类型	SJ 型	SP 型	NF 型	NT 型
比例	38%	38%	12%	12%

资料来源：Tieger P D B. Do What You Are? [M]. London：Little Brown & Co，1992

MBTI 测量的四个核心维度，是在荣格心理模型基础上增加了一个知觉–判断维度，四个维度构成了人们从接受信息到处理输出信息的全过程。第一个维度是外向–内向，它主要用来区别人们在输出信息时的差异。外向的人注意力倾向于外部世界，会因他人的鼓舞而充满信心；内向的人更喜欢把精力集中于自身，喜欢沉浸在自我的内心世界，寻找内省的快乐。当然，我们不能试图把每个人强行分类，加盖一个外向或内向的章，这就违背了“双重人格”理论。我们每个人基本都是既内向也外向的，不同的是我们经常会倾向选择其中一种行为方式，它令我们更加舒服愉快。在工作中，外向的人会比较喜欢同人打交道，在人多的时候更加活跃。他们渴望与人交往，健谈、容易接触，而且比较透明。内向的人则喜欢安静，花较多的时间去独自深思，一个能够“日三省吾身”的人，可以很好地控制自己的情绪，行事风格内敛，有时会不太容易被人了解。

第二个维度是感觉–直觉，用来区分个体获取信息的差异。感觉型的人喜欢从视觉、听觉、触觉、味觉、嗅觉五个方面获取有效信息，比较关注事实本身。直觉型的人则不同，他们喜欢用第六感来预测和判断事物，更加擅长概念化的思考。在职场中，感觉型的人十分关注现实，善于处理实际问题，他们对于已经发生的事件十分关注，对可能发生的事件缺乏判断的兴趣。直觉型的人则不同，他们经常表现出跳跃式的思维，在工作中喜欢从事有变化的工作，喜欢按自己的直觉行事，不沉溺于往事，更喜欢着眼于未来。换句话说，对于未来的期盼胜过对于现实的关注。

第三个维度是理性–感性，用来区分人们判断决策时的差异。一些人在判断时“为情所困”，另一些人却可以依赖理性思考来判断。感性的人倾向于通过主观评价来判断，理性的人利用因果分析和推理来决策。依靠情感决策的人依赖感触和心情决策，这不完全符合管理者的要求。管理者的性格要更理性一些，能够从局外人的角度看问题，关注长远利益，这些大多是理性管理者的常见行为方式。感性的人在企业中有着另外一些优势，他们在意周围人的反应，重视和谐，遇到问题冲突时，善于理解别人。但过分感性的人，也会表现为情绪波动较大，喜欢宣泄情绪式的表达方式，很容易得罪别人。

第四个维度是知觉–判断，用来区分人们处理事务和安排生活的方式。知觉型的人较为灵活，不太愿意被束缚或按规定程序工作。在企业中，他们会表现得比较放松，不断地重复着类似开会迟到的错误，作息没有规律，喜欢灵活随意，个人生活显得无序。知觉倾向比较明显的人善于制订计划，却不善于执行，喜欢随遇而安，不想被束缚。判断型的人则表现出另一种行为习惯，他们喜欢有序地安排自己和他人的生活，只有这样才感觉自然而愉悦，行为漫无目的在他们身上很少见，他们也会因为生活混乱而沮丧（图 3-1）。

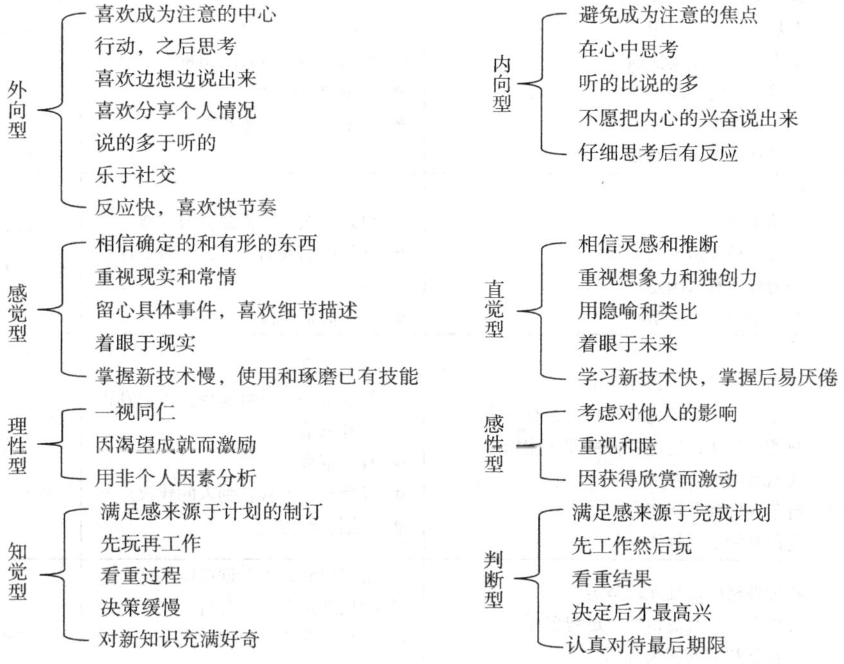

图 3-1 MBTI 八种类型的人格特质

根据这四大类指标，我们还可以把人格特质分为 16 种组合（表 3-2）。例如，INTJ 型人是幻想者，特点是怀疑、独立，有些顽固；ESTJ 型人则为组织者，他们很现实、善于组织和操纵活动；ENTP 型人则为抽象思考者，他们敏捷、聪明。不同类型的人适合做不同类型的事，有一项研究发现，对 13 名包括苹果公司、本田公司、微软公司在内的企业创始人进行 MBTI 测试，13 个人全部是直觉理性型（NT）。

表 3-2 MBTI 测量结果说明

类型	特征	优缺点	从业建议
ENFJ（4%）	○ 以热情的态度对待生活，有幽默感 ○ 有条理性，具有平和的性格和忍耐力 ○ 基于个人感受做决定，有时会很理想化，要学会放慢速度 ○ 对于赞美有很好的反应，容易被批评伤害 ○ 有同情心和理解力，愿意培养和支持他人，但由于在意别人的情感，要学会处理人际关系中不可避免的冲突 ○ 喜欢控制和对自己的工作负责 ○ 具有自我批评的自然倾向	○ 果断而有条理 ○ 能促进和谐，建立合作关系 ◆ 倾向于把人理想化 ◆ 过快做决定 ◆ 可能不够精细	○ 交流性职业 ○ 公共关系专家
INFJ（1%）	○ 独立思考，能发现深层内涵，相信自己的看法，并喜欢说服别人 ○ 原则坚定、为人正直 ○ 往往有一个小规模的朋友圈 ○ 经常是完美主义者	○ 善于想出替代方法 ○ 能够帮助他人发展 ◆ 可能不够灵活 ◆ 追求尽善尽美	○ 决策者 ○ 研究者
ENFP（2%）	○ 缺乏对已开始工作的自我约束 ○ 有热情，有新思想 ○ 待人热情、主动性强 ○ 保持广泛的人际关系 ○ 难于做决定 ○ 喜欢理解而不是判断	○ 人际冲突最小化 ○ 追求灵感，有冒险精神 ◆ 不是很有条理 ◆ 对细节不是很感兴趣	○ 创造性工作 ○ 对常规工作不感兴趣 ○ 天生的企业家且善于卖无形产品
INFP（1%）	○ 敏感、理想化、忠诚 ○ 灵活多变 ○ 没有兴趣强迫或支配别人 ○ 努力让所有人满意 ○ 有洞察力、有同情心	○ 忠于职守 ○ 只要他人认同就会努力工作 ◆ 常忽视别人的观点，但对批评很敏感 ◆ 不愿对别人说不	○ 创造性工作（艺术家）
ENTJ（22%）	○ 乐为人师、爱发号施令 ○ 喜欢处于控制、领导地位 ○ 有预见力，对环境有控制力，有影响力 ○ 只相信事实，通过逻辑推理才能相信 ○ 喜欢系统地学习 ○ 有条理性和分析能力 ○ 有严格的生活规律	○ 热心、真诚 ○ 给感情一个发泄途径，才会真正控制感情 ◆ 有时草率 ◆ 好争论、不喜欢别人的建议 ◆ 挑剔、严厉	○ 高层决策者
INTJ（9%）	○ 各种性格中最独立、坚定 ○ 思维严谨、有逻辑性、足智多谋 ○ 对自己和别人都很苛刻 ○ 专注、固执	○ 富于想象，善于创造体系 ○ 擅长理论和技术分析 ◆ 对高标准充满幻想 ◆ 容易忽略现实 ◆ 很孤独	○ 谋略家
ENTP（9%）	○ 有首创精神、有谋略 ○ 行动快速，健谈而聪明 ○ 追求个人权力 ○ 喜欢审视周围的环境 ○ 热情开放 ○ 多才多艺、随机应变 ○ 理解他人，人际关系好	○ 敏捷、公正 ○ 创新 ◆ 对别人的计划很草率 ◆ 不喜欢做具体工作 ◆ 经常打断别人的话	○ 政治、计划开发

续表

类型	特征	优缺点	从业建议
INTP （5%）	○ 外表超然，内心专心致志 ○ 苛求精细、惯于怀疑 ○ 只有条理性强的推理才会使其信服 ○ 有兴趣向他人挑战 ○ 可能忽视与他人相关的方面	○ 喜欢学新东西 ○ 具备创造性思想 ◆ 有些观点不现实 ◆ 对日常工作缺乏耐心 ◆ 对别人的情感、要求和批评反应迟钝	○ 充分发挥想象力和创造性的工作
ESTJ （23%）	○ 善于完成任务 ○ 喜欢促使事情发生 ○ 喜欢条理和细节 ○ 对真实的事物感兴趣 ○ 依照一套固定的规则生活 ○ 纪律的执行者	○ 非常务实，天生的组织者，善于做决定 ◆ 天生就挑剔，不愿祝贺与赞扬 ◆ 其追求目标总想凌驾于别人之上	○ 具有一定权力的机构工作
ISTJ （14%）	○ 工作缜密，深思熟虑 ○ 比较传统、谨小慎微 ○ 天生不喜欢外露 ○ 特别安静和勤奋 ○ 对于细节有很强的记忆和判断 ○ 安排有序、很有条理	○ 工作准确细致，遵守规则程序 ◆ 对于改变适应性差 ◆ 对自己及自己对组织的贡献估计低	○ 技术性的工作 ○ 有一些可以依赖的规则和标准 ○ 工作成果有形并可以测量 ○ 尽可能少安排社会活动
ESFJ （2%）	○ 把同别人的关系放在重要的位置上 ○ 健谈，有礼貌，渴望取悦他人 ○ 努力维持和睦的人际关系 ○ 对于批评和别人的漠视很敏感 ○ 参与周围的事件，十分小心谨慎	○ 对别人的情感比较敏感 ○ 愿意为团体尽力 ◆ 重视和睦，回避冲突；帮助别人时最好看看别人是否需要	○ 需要一定的控制权 ○ 能创造一个友好的工作环境
ISFJ （2%）	○ 安静、友好，有责任感 ○ 做事细致认真、谨慎 ○ 善于考虑别人的感受 ○ 力争在工作和家庭中创建有秩序的和谐环境	○ 尽全力工作以履行职责 ○ 热心为朋友和群体服务 ◆ 对技术领域缺乏兴趣	○ 在井然有序的工作环境下发挥出色
ESTP （2%）	○ 有一定的灵活性和忍耐力，乐于采用务实的方法快速达成结果 ○ 厌烦理论和概念解释，希望通过采取积极的行动解决问题 ○ 关注此时此地，享受与别人交往的时光 ○ 追求物质的舒适性	○ 喜欢动手操作、拆开并重组物体 ○ 不焦虑，不着急，随遇而安 ◆ 有点儿直率和不敏感	○ 擅长机械类工作
ISTP （2%）	○ 善于分析并利用数据找到问题的关键所在，对事情的原因和结果感兴趣，有逻辑性，重视效率 ○ 一位冷静的旁观者，安静而寡言，时有出人意料的独特幽默言行 ○ 对客观规律、机械事物的工作原理、因果关系感兴趣	○ 当问题出现时，具有忍耐性和灵活性，能很快找到可行的解决方案 ◆ 很少参与讨论，不愿表达意见	○ 分析师
ESFP （1%）	○ 外向、友好，容易被人接纳，热爱生活 ○ 喜欢与他人共同工作 ○ 工作中有理想主义色彩，让工作变得有趣 ○ 通过与他人一起尝试新技能而获得收获	○ 具有灵活性，能很快适应新的人和环境 ◆ 不能深入学习理论	○ 在需要丰富的常识且与人打交道频繁的工作场合中表现出色

续表

类型	特征	优缺点	从业建议
ISFP （1%）	○ 沉默、友好、敏感 ○ 享受当前的时刻，不想过分勉强 ○ 喜欢拥有自己独立的空间，遵循自己的工作时间安排 ○ 忠于自己的价值观，常常是忠诚的追随者	○ 能够保持谦逊的态度 ○ 不将自己的观点和意志强加于人 ◆ 通常不愿意做领导或挑头	○ 适合执行工作

资料来源：蒂戈尔 P D，蒂戈尔 B B. 做适合你的工作[M]. 张梅，张洁译. 北京：东方出版社，1999

二、MBTI 测量的操作步骤

步骤一：解释“偏好选择”后开始测试。

要让被试了解自然的人格选择偏好是什么含义，才能选择出自己最自然的行为，人格测量才更加准确。解释时，可以举一些例子，如“性格如同人的左右手，两只手都有用，但有一只是你的优势手，另一只是非优势手。人格选择偏好也类似，并不是说你不会出现另一种行为，只是说明你更偏好这一种行为”。

步骤二：分析每个维度的测试结果。

分析被试每个维度的得分，按差值大小划分为“完全符合”“比较符合”“一般符合”“轻度符合”四种程度，分析被试的主要人格特质。

步骤三：评定最符合的类型。

MBTI 包括 16 种人格类型，选择每个维度得分高的方向确定人格类型，然后根据手册得出评价结果。

操作时需要注意如下内容：

该测量工具是基于荣格心理模型开发的；

假定维度是相对的，而不是连续的；

四种维度可以分别独立地测量；

采取强迫选择就是要获得有关“偏好选择”的信息；

在性别和年龄上没有测试上的不同；

条目统计使用了项目选择理论，个别题目没有填致使出现缺失值是测量工具允许的。

【**例 3-1**】MBTI 测试结果分析

请通过以下测试结果（表 3-3）分析被试的性格特点。

表 3-3 MBTI 测试结果

ID	性别	类型	E	I	S	N	T-m	T-f	F-m	F-f	J	P
1	男	ESTJ	16	11	15	11	13		5		25	4
2	男	ESTJ	18	8	23	5	18		4		24	4
3	男	ENTJ	16	9	11	16	11		10		3	28
4	女	ESTJ	18	6	18	6		15		10	20	7

续表

ID	性别	类型	E	I	S	N	T-m	T-f	F-m	F-f	J	P
5	女	INTJ	12	15	8	15		22		6	16	12
6	女	ISTJ	10	16	18	9		24		4	25	2
7	男	ENTJ	17	6	14	17	19		4		21	5

注：E 代表外向、I 代表内向、S 代表感觉、N 代表直觉、T 代表理性、F 代表感性（f 为女性，m 为男性）、J 代表判断、P 代表知觉

三、CPI 测量工具

从韦布运用“传记资料法”到 20 世纪 40 年代的明尼苏达多项人格量表（Minnesota multiphasic personality inventory，MMPI），研究者试图用一些测验结果来分析个人素质并预测其行为。目前世界著名的测量工具也不少，CPI 就是其中之一。CPI 是由 Gough（1975）设计的，用来测量多维人格的，测试包括 15 个正式分量表、3 个效度量表，通过被试对问题的肯定或否定回答来给出分数，并对高分和低分的特征进行描述。该量表对支配性、进取能力、社交能力、自我接受、适意感、责任心、自我控制、宽容性、顺从成就、独立成就、灵活性、女性化/男性化等指标进行了不同侧面的分析，在招聘中起着重要的作用（表 3-4）。

表 3-4 CPI 各维度的说明

因素	维度定义	高分特征	低分特征
Do 支配性	评估领导能力及社会主动性等因素	自我确认，专断，有支配力，办事有计划，任务取向，具有首创精神	缺乏自信、谦卑、沉默寡言、兴味索然、思维及行动迟缓，回避紧张及需要做出决断的场合
Cs 进取能力	作为个人达到某种地位的能力（并非其实际所取得的地位）的一种指标，量表旨在测量获得每种社会地位所需要的个人品质和因素	雄心勃勃，力求进取和成功，独立自主，洞察力强，足智多谋，有独立见解和广泛的兴趣，多才多艺	因循守旧，思维方式刻板，眼界和兴趣狭窄，性情温和，迟缓，单纯质朴，不喜欢直接参与竞争
Sy 社交能力	用于评估社交能力	爱交际，喜欢人多的场合，开朗，坦率	害羞，退缩，在生疏的社交场合中往往显得拘谨不安
Sp 社交风度	评估镇定自若，坦然自在等因素以及在社会交往方面的自信心和风度	聪敏活跃，热情奔放，精力充沛，行为自发，在社交场合无拘无束，不会感到窘迫，想象力丰富，善于表达，健谈	小心谨慎，迟疑不决，自我克制，在思考和判断上缺乏想象力，无独创性
Sa 自我接受	评估自我价值感以及自我确定感等因素	自我评价较高，相信自己有才能并对他人有吸引力，机智，能言善辩	自我怀疑，当事情弄糟时容易自责和内疚，常认为别人比自己强，行为被动
Wb 适意感	确定身心健康、相对不受自我怀疑和幻想破灭情绪干扰的程度	对身体和情绪健康有良好的感受，能尽心尽力地工作，对未来持乐观的态度	过分关注健康，顾虑多端，对前途感到担忧，思想和行动受限
Re 责任心	评估认真负责、可靠等品质	办事严守职责，认真，一丝不苟，可靠，有理智	不够关心职责和义务，可能有些马虎或懒散

续表

因素	维度定义	高分特征	低分特征
So 社会化	表明个人所达到的社会成熟水平及自我整合的程度	自觉接受常规和准则，感到不难遵循它们；谦虚诚挚，自我克制，顺从社会的准则	抵制常规和准则，感到难以遵循它们；不守惯例，违拗，任性，强求，易生怨恨
Sc 自我控制	评价自我控制和自我调节及摆脱冲动性和自我中心的程度	善于自我克制，力图控制自己的情绪，审慎，有耐心，迟缓，好思考	易冲动，有强烈的感情和情绪，很少加以掩饰，易激怒，当愤怒或烦恼时便直言不讳，自我中心，缺乏抑制，过分追求个人快乐
To 宽容性	评估个人容纳和接受他人信念和价值的程度	能够容纳他人的信念和价值观念，即使它们与自己的信念不同或相反	敏感多疑，对周围世界持明显的审视和怀疑态度，对他人存在着不信任感
Gi 好印象	评估个人创造良好印象的能力，以及关注别人对他的看法和反应的程度	试图做一些取悦别人的事情，以给别人好的印象，注重别人对自己的看法和反应	行为出自自发，维持自己的本来面目，即使这样做会引起麻烦
Cm 同众性	确定个人反应与问卷中所设立的共同模式相一致的程度	通情达理，随遇而安，易合作，把自己视为普通大众中的一员	认为自己与众不同，较少与大家有共同的观点和爱好
Ac 顺从成就	确定促成成就的兴趣和动机因素，这些成就可在任何将顺从视为积极品质的场合下取得	喜爱智力活动和知识成就，有强烈的成就动机，喜欢在对任务和要求有明确规定的场所工作，易于合作	在有严格的规则和要求的场所难以做好工作
Ai 独立成就	确定促成成就的兴趣和动机因素，这些成就可在任何将独立自主视为积极品质的场合下取得	有强烈的成就动机，喜欢在能够激励自由和个人首创精神的场所工作	在没有明确规定，缺乏明确的方法和标准的场所难以做好工作
Ie 智力效率	确定个人智能得到有效发挥的程度	追求知识和智力活动，见识广博，有社交能力，办事有效率，能够有效地发挥智能，能够专心于一项别人可能会感到厌倦灰心的任务	保守，刻板，无进取精神，做事时缺乏始动性
Py 心理 感受性	评估个体对内部需求、动机和对别人内心体验的兴趣和反应	感受性强，对人们的行为动机比对行为本身更感兴趣，能够较好地判断人们的感受和他们对事物的看法	严肃，审慎，对实际和具体事物比对抽象事物更感兴趣，更多地注意人们在做些什么而不是他们有何感觉和想法
Fx 灵活性	表明个人思想和社会行为的灵活性和适应方式	灵活，不拘社会习俗，喜欢纷繁多变的事物，容易对日常生活每日例行的经历感到厌倦，可能不耐烦甚至反复无常，注重个人享乐和消遣，敢于冒险，愤世嫉俗，喜欢挖苦讽刺	缺乏变通性，喜欢过一种平静安稳和有规律的生活，过度依从权威、习俗和传统，可能有些固执、迂腐甚至僵化
F/M 女性化/ 男性化	测量兴趣的男性化和女性化程度	富有同情心，乐于助人，有鉴赏能力和忍耐力，尊重他人，对批评敏感，倾向于从个人观点解释事物，常感到易受责难	果断，有实干精神和首创性，不易屈服，冷静，不易动感情
In 独立性	评估自信心以及独立思考和行动的能力	自信，有智谋，依靠自己的能力解决问题	缺乏自信和独立性，依赖他人，遇到困难时喜欢寻求别人的帮助

【**例 3-2**】CPI 测试结果分析

请通过 CPI 部分维度的得分（表 3-5），分析被试的性格特点（数据真实故隐去实名）。

表 3-5 CPI 部分测试结果

姓名	性别	Do	Cs	Sy	Sa	Wb	Re	Sc	To	Ac	Ai	Fx	F/M
陈某	男	13	−2	9	−6	14	17	−1	1	15	1	3	−1
方某	男	3	3	9	1	−7	7	−9	6	−8	9	3	5
葛某	男	3	3	6	−6	−3	12	−1	−4	10	18	21	5
贾某	男	−6	−7	−1	−6	−7	−3	−6	−4	−8	−12	−15	−1
申某	女	−3	−2	−18	1	−3	12	5	1	10	1	−3	−6

四、情商测验

Mayer 和 Salovey 在 1990 年首次提出将情绪智力作为一种独立的智力成分，并且给出了一个全新的定义：情绪智力是一种加工情绪信息的能力，它包括准确地评价自己和他人的情绪，恰当地表达情绪，以及适应性地调控情绪的能力。他们于 1999 年再次修正了定义，将情绪智力定义为识别情绪的含义及其关系，以及在此基础上进行推理和问题解决的能力。2000 年，他们进一步强调将情绪智力界定为一种与认知有关的心理能力。

美国哈佛大学心理学家 Goleman 在《情感智力》（*Emotional Intelligence*）一书中首次使用与智商相对应的情商概念，并将情商概括为五方面，即认知自己的情绪、妥善管理情绪、自我激励、认知他人的情绪、人际关系的管理。认知自己的情绪是情商的基础，只有随时随地认知自身的感觉，才能真正了解自己，只有了解自身的真实感受，才能成为生活的主宰。妥善管理情绪必须建立在自我认知的基础上，这方面能力较差的人常受低落情绪的困扰。只有能控制自身情绪的人才能很快走出命运的低谷，重新奔向新的目标。自我激励包含两方面：①通过自我鞭策保持对学习和工作的高度热忱，这是一切成就的动力；②通过自我约束克制冲动、延迟满足，这是一切成就的保证。认知他人的情绪是指能否设身处地理解他人的情绪，这是了解他人需求和关怀他人的先决条件，这种能力被称为“同理心”（empathy）。它是同情、关怀与利他主义的表现，具有同理心的人能够从细微之处体察他人的需求。人际关系的管理是指恰当管理他人的情绪是处理好人际关系的需要，这方面能力强的人往往人际关系和谐，适合从事领导组织工作。由此可见，情商包括对待自己和对待别人两部分情绪的识别与管理。

我国儒学强调的“忠恕”与“慎独”，其实与情商涵盖的内容十分相近。“忠恕”要求根据自己内心的体验来推测别人的思想感受，达到推己及人的目的，它是儒家道德修养中用于处理人际关系的重要原则，这与情商中对人际情商的要求很一致。“慎独”是儒家对个人内心深处比较隐蔽的意识、情绪进行管理和自律的一种提高修养的方式，强调即使没有别人看见的场合，也要严格要求自己。“慎独”是孔门弟子在“自省”和“克己”基础上，为使自我修养达到更高境界而提出的一种方法，它属于情商中对自己情商管理的最高境界。

【例 3-3】神奇的“烦恼树”

一个运气糟糕的水管工被一个农场主雇来安装农舍的水管。那一天，先是车子的轮胎爆裂，接着就是电钻坏了，最后水管工开来的那辆载重一吨的老爷车也无法开动了。他收工后，雇主开车把他送回家去。到了家门口，满脸沮丧的水管工没有马上进去，他沉默了一阵子，伸出双手，轻轻抚摸着门旁一棵小树的枝丫。待到门打开时，水管工笑逐颜开地拥抱两个孩子，再给迎上来的妻子一个吻。在家里，水管工愉快地招待了这位新朋友。农场主离开时按捺不住好奇心，问：“刚才你在门口的动作，有什么用意吗？”水管工爽快地回答：“有，这是我的‘烦恼树’。我在外面工作，烦心的事情总是有的，可是烦恼不能带进家门，不能带给妻子和孩子，于是我就把它们挂在树上，明天出门再拿。奇怪的是，第二天我到树前去，‘烦恼’大半都不见了。”

组织领导力研究领域的专家 Cooper 和 Sawaf 则将情感智力定义为感知、理解并有效地运用情感的能力和智慧，他们的杰出贡献在于开发了测量情商的工具“情商图谱”（EQ map）。该测量工具包括目前环境、知识、能力、价值观、信念和结果六大方面，具体维度包括生活大事、工作压力、个人压力、情感自我认知、情感表达、意图、创造力、弹性、前景、直觉、信任范围、个人能力、正直、健康状况、生活质量、关系商、最佳表现 17 项内容。

【例 3-4】情商量表的使用

请按顺序答题，选择与您情况最相符的答案并圈起来（3、2、1、0 四个选项）（表 3-6）。快速完成题目，并尽可能按真实情况作答。答完每道题目，将所圈数字纵向相加，在每列底部空白处写下此列数字之和，将此数标注在情商得分图上，最后连出一条折线（表 3-7）。

表 3-6 情商量表

量表 1：情感的自我认知	非常准确	一般	一点	根本不
我能表达自己的感受	3	2	1	0
通过倾听自己的感受我对自己了解更多	3	2	1	0
大多数时间我知道自己的感受	3	2	1	0
当我心烦时能讲述出来	3	2	1	0
当我悲伤时我知道其中的原因	3	2	1	0
我过于重视他人对自己的看法	0	1	2	3
我喜欢自己的情感生活	3	2	1	0
那些感情丰富的人使我受到惊吓	0	1	2	3
我经常渴望自己是其他人	0	1	2	3
我关注自己的身体状况，以便理解自己的感受	3	2	1	0
我接受自己的感受	3	2	1	0
				Scale 1
	+	+	+	=

续表

量表 2：对他人的情感认知	非常准确	一般	一点	根本不
我能通过观察他人的眼睛认知其情感	3	2	1	0
我发现与那些和我持不同观点的人很难沟通	0	1	2	3
我关注他人的优秀品质	3	2	1	0
我很少有责备他人的冲动	3	2	1	0
在发表观点前我会考虑他人的感受	3	2	1	0
无论与谁交谈，我总是一个很好的倾听者	3	2	1	0
走进一间屋子时，我能对群体的情绪做出判断	3	2	1	0
我能使初次见面的人谈论他们自己	3	2	1	0
当他人交谈时，我善于“体会言外之意”	3	2	1	0
我能经常说出他人对我的看法	3	2	1	0
我能判断出他人的感受，即使他人没有表达出来	3	2	1	0
我根据不同的对象改变自己情绪的表达方式	0	1	2	3
当我身边的人烦躁时，我能判断出来	3	2	1	0
				Scale 2
	+	+	+	=

量表 3：人际关系	非常准确	一般	一点	根本不
当失去对我意义重大的事物时我很悲伤	3	2	1	0
当有人在感情上与我过于紧密时，我感到不舒服	0	1	2	3
当陷入困境时，我有一些能够依靠的朋友	3	2	1	0
我对朋友非常友好	3	2	1	0
当我遇到困难时，我知道向谁寻求帮助或如何解决问题	3	2	1	0
我的信仰和价值观指导我的日常行为	3	2	1	0
我的家人永远在我最需要他们时支持我	3	2	1	0
我怀疑我的同事是否真的在意我	0	1	2	3
我交朋友很难	0	1	2	3
我几乎从来不哭	0	1	2	3
				Scale 3
	+	+	+	=

表 3-7 情商得分图

程度	情感的自我认知	对他人的情感认知	人际关系
最佳	33 △ 29	39 △ 28	30 △ 28
优秀	28 △ 24	27 △ 22	27 △ 23
脆弱	23 △ 19	21 △ 15	22 △ 18
谨慎	18 △ 0	14 △ 0	17 △ 0

资料来源：Cooper R K，Sawaf A. Executive EQ：Emotional Intelligence in Leadership and Organizations[M]. Canada：Berkley Publishing Group，1997

【复习与思考】

1. 何为心理测验？何为人格特质？
2. 简述个性测试的研究发展历程。
3. MBTI 的测量维度有哪些？
4. CPI 量表如何使用？
5. 情商与中国儒家文化的观点有何相似之处？

【课后技能训练】

请针对你所在班级进行一次 MBTI 测试，并向大家汇报每个人的分数及所属人格特质类型。

参考文献

珀文 L A. 2001. 人格科学[M]. 周榕译. 上海：华东师范大学出版社.

蒂戈尔 P D，蒂戈尔 B B. 1999. 做适合你的工作[M]. 张梅，张洁译. 北京：东方出版社.

Cooper R K，Sawaf A. 1997. Executive EQ：Emotional Intelligence in Leadership and Organizations[M]. Canada：Berkley Publishing Group.

Gough H G. 1975. Manual for the California Psychological Inventory[M]. Palo Aho：Consulting Psychologists Press.

Guilford J P，Lacey J I. 1947. Printed classification tests[J]. Printed Classification Tests，（2）：125.

Hartshorne H，May M A，Shuttleworth F K. 1928. Studies in the Nature of Character，VO1.3：Studies in the Organization of Character[M]. London：Macmillan.

Schutz W. 1967. The Fundamental Interpersonal Relationship Orientation-behavior（FIRO-B）Test Manual[M]. Palo Alto：Consulting Psychologists Press.
Strong E K. 1927. Vocational guidance of executives[J]. Journal of Applied Psychology，11（5）：331-347.
Tieger P D B. 1992. Do What You Are？[M]. London：Little Brown & Co.

第四章　工 作 分 析

【学习目标】

掌握工作分析的原理及操作方法，能够进行工作分析访谈，设计工作分析问卷。学会岗位说明书的编写，掌握规范的格式和内容表达方式。

趣味导入：内外兼修

有两个人聊起了当前的有钱人，都颇为羡慕。

一个人说："我见过一位有钱人，在一家顶级奢侈名牌鞋店里，举起一双鞋对服务人员说'除了这一双全部打包！'"

另一个人说："现在有钱人就是多，我去看楼盘时，一位老兄指着一栋 20 层的高档住宅楼说'我要南边这一个单元'，他也不问什么价格，手续很快就办完了，他走后不一会儿又回来了，我们以为他是买多了回来退房的，可他对售楼小姐说'再来隔壁一个单元，我家宠物比较多'。"

第一节　工作分析原理

一、什么是工作分析

最早的工作分析思想源于古希腊的苏格拉底，他提出了"社会分工"的概念。20 世纪 70 年代出现了著名的职位分析问卷（position analysis questionnaire，PAQ）、职能工作分析法（functional job analysis，FJA）。1979 年，德国的罗莫特（Walter Rohmert）提出工作分析调查法，他被认为是工作分析的创始人。

工作分析就是通过科学有效的方法确定工作职责和任职资格。岗位说明书就是在工作分析的基础上，用以说明岗位工作内容（job description）和所需人员的任职资格（job qualification）的规范性文本。对人和事的了解是进行人力资源有效管理与开发的前提，因此，工作分析与岗位说明书就成为人力资源管理的基本平台。人力资源管理的技术与方法几乎都要以此平台为立足点，这也是企业组织以职责功能为管理起点的要求。一些相关概念说明如下。

1. 岗位与职位

某些职责、任务需要一位员工来承担时，就形成一个岗位。性质相同或相近的某些岗位统称为职位，如市场策划职位可能包括产品策划岗位和促销策划岗位。

2. 岗位说明书

岗位说明书是关于岗位的职责、任职资格的文本描述。如果岗位定义与职位定义一致，也有企业称之为职位说明书，但随后的薪酬设计、职业生涯规划中就会出现概念混淆。

3. 职责与任务

职责是指任职者为实现组织职能或使命，进行的一项或一系列工作。任务是指一个或多个工作要素，即一系列具体活动。

4. 一人多岗和一岗多人

岗位说明书是基于一人一岗编写的，基本原则是一岗一书。一人多岗指一人需要胜任多个岗位，一岗多人指多人分担一个岗位的工作，此时不需要重新编写岗位说明书。如果要求有变化，需要重新编写。

【**例 4-1**】何时需要工作分析

一家企业的仓库 2017 年周转量为 2 万吨，当时在职 38 人。2018 年周转量为 3.75 万吨，当时只有 27 人，那么，是否达到了最佳配置呢？

在对企业内部进行调研时，发现这家企业的仓库管理员经常受工伤，而且主管组织员工加班十分困难。于是，主管从其他部门借调来四位保安，发现十分有效。就目前而言，该企业在人员配置方面到底是否实现了高效率呢？于是，相关人员进行了工作分析，得出了人员现状与理想任职资格的标准。请大家分析表 4-1 中的任职资格与人员现状的对比，并分析其中存在的主要问题。

表 4-1 任职资格与人员现状的对比

项目	学历	年龄	性别	熟练期
任职资格	初中	30~40 岁	男、女均可	3~6 个月
人员现状	小学初中居多	平均 51 岁	全部是男性	80%达标

二、工作分析的作用

企业存在如下七种情况时，急需进行工作分析：

（1）缺乏明确的、完善的、书面的岗位说明书，人员对岗位职责和要求不清楚。

（2）虽然有岗位说明书，但与实际工作的情况不符，很难遵照实施。

（3）经常出现职责不清、决策困难的现象。

（4）人员素质与职位要求不符，过高或过低现象严重。

（5）刚刚进行过组织机构和工作流程的变革或调整。

（6）绩效考核时，无法根据岗位来确定指标。

（7）确定薪酬体系时，无法有效地评估各岗位的相对价值。

显然，工作分析可以解决部分管理问题，概括起来主要有两方面：一是明确工作内容，二是明确任职资格。在明确工作内容方面，工作分析可以针对诸如岗位名称混乱、权责不清、无法实现信息化管理、职责主次不明确、各岗位合作不畅等问题进行分析（表 4-2）。在明确任职资格方面，工作分析主要了解的是知识（knowledge）、技能（skill）、能力（ability）和其他特征（other characteristics），简称 KSAO。

表 4-2 工作分析与岗位说明书所对应的管理问题

管理问题	工作分析要素	岗位说明书相关内容
岗位名称混乱	工作识别	岗位名称（秘书与助理）
权责不清	工作身份	所属部门、直接上级、管理跨度、编制人数
无法实现信息化管理	工作编号	岗位代码
职责主次不明确	工作概要	又称职务摘要，指中心任务
各岗位合作不畅	工作关系	与内外、上下岗位的关系；可晋升岗位与可转换岗位
工作权限不明确	工作职责	工作内容、责任权限、绩效标准
工作条件不清楚	工作条件与环境	使用设备、运用信息；自然环境、危险性、均衡性

三、工作分析的成果应用

工作分析的成果是书写“工作说明书”和“工作规范”。工作说明书一方面可以教导任职者如何工作，另一方面也为职位评估提供依据。而工作规范主要针对员工完成工作所需要的知识、技术、能力，以及所应具备的最低条件。工作说明书主要是对工作的描述，工作规范则主要是描述工作所需资历。许多公司为了达到简化的目的，把工作说明书与工作规范合并在一起，形成岗位说明书（图 4-1）。

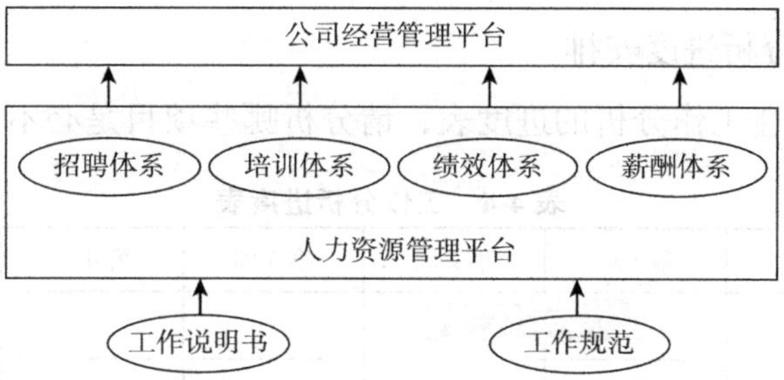

图 4-1　工作分析是人力资源管理的基础

这两项内容对人力资源管理至关重要，主要用途包括以下四个方面：

（1）在进行人力资源规划和招聘时，能够了解所需人才的任职资格。

（2）在人力资源开发当中，能够知道员工在工作上所需的技能。

（3）在考评员工绩效时，可以根据工作上要求的标准进行考评。

（4）在设计薪酬时，可以根据员工工作职责等薪酬因素进行职位评估与工资定级。

第二节　工作分析的操作流程

一、工作分析的操作步骤

工作分析包括三个阶段，即准备调研阶段、岗位说明书编写阶段、公布实施阶段，共分为六个步骤：步骤一，收集与岗位有关的背景信息；步骤二，选择有代表性的岗位进行分析；步骤三，运用工作分析技术工具进行调研；步骤四，与任职者一起审查分析结果；步骤五，编制岗位说明书；步骤六，岗位说明书的使用和调整。

为了确保工作分析顺利进行，首先要成立一个工作分析项目小组，其成员包括公司领导、人力资源部、外部专家（表 4-3）。只有聚集公司内部的有效资源，才能使工作分析顺利完成。

表 4-3　工作分析项目小组的内部分工

公司领导	人力资源部	外部专家
1. 决定总体进度 2. 检查监督 3. 验收成果	1. 收集信息 2. 分发回收调查问卷 3. 协调工作进度 4. 编写等具体工作	1. 提供技术方案和指导 2. 调研工具设计 3. 提供相关培训

【例 4-2】工作分析进度安排

表 4-4 是一家企业工作分析的进度表，请分析哪些项目是必不可少的。

表 4-4　工作分析进度表

工作内容	第 1 周	第 2 周	第 3 周	第 4 周	第 5 周	时间
准备调研阶段						
准备资料及全员动员						9 月 24 日
高中基层访谈						9 月 25 日
工作分析问卷调研						9 月 25 日~9 月 30 日
岗位说明书编写阶段						
整合所有资料						9 月 23 日
编写岗位说明书						9 月 23 日~9 月 27 日
审核修改阶段						9 月 27 日~10 月 2 日
公布实施阶段						
实施培训						10 月下旬

注：■ 代表进度　◆ 代表里程碑　■ 代表实施阶段

二、工作分析的方法

常见的工作分析方法分为观察法、问卷法、访谈法三大类，其主要内容不外乎著名的工作分析公式“6W1H”所概括的七项：

（1）做什么（what）——工作活动、工作结果、达到标准。

（2）为什么（why）——工作目的。

（3）用谁（who）——对身体素质、知识技能、教育培训、经验、个性特征等的相关要求。

（4）何时（when）——工作时间、完成期限。

（5）在哪里（where）——自然环境、社会环境。

（6）为谁（for whom）——向谁请示、受谁监控、给谁提供信息或向谁汇报。

（7）如何做（how）——工作程序、工具、要求。

具体而言，工作分析方法又分为访谈法、问卷法、观察法、关键事件法、工作写实法（又称工作日志法、主管分析法）五种。

1. 访谈法

访谈法就是针对某一岗位对被访谈对象进行访谈，利用标准的访谈提纲进行工作分析的方法。访谈对象包括该职位任职者、直接主管、与该职位工作密切相关的工作人员、任职者的下属。从访谈对象看，访谈法可以分为个体访谈和群体访谈，个体访谈包括一般访谈和深度访谈，群体访谈包括一般座谈、团体焦点访谈。从访谈提纲看，访谈法可以分为结构化访谈、半结构化访谈和无结构访谈。运用访谈法还需要遵循以下标准：

（1）问题要和职位分析的目的有关。

（2）访谈对象语言表达要清楚、含义准确。

（3）问题必须清晰、明确，不能太含蓄。

（4）问题和谈话内容不能超出被访谈对象的知识和信息范围。

（5）问题和谈话内容不能引起被访谈对象的不满，或涉及被访谈对象的隐私。

2. 问卷法

问卷法就是根据工作分析的目的和内容，设计一套问卷，请被调查者填写，然后将问卷信息加以汇总，形成工作分析的成果。问卷设计是问卷法的关键，从问卷设计形式看，可以分为开放式和封闭式两种。开放式就是由被调查者针对一些开放式问题作答，封闭式则是调查者事先设计好答案，由被调查者选择即可。具有代表性的工作分析问卷包括 PAQ 和管理职位描述问卷（management position description questionnaire，MPDQ）。PAQ 是 1972 年美国普渡大学的 McCormick 提出的，共包括六大类，即信息输入（员工如何得到信息，35 个工作元素）、思考过程（14 个工作元素）、工作产出（49 个工作元素）、人际关系（36 个工作元素）、工作环境（19 个工作元素）、其他特征（任职资格，41 个工作元素）。管理职位描述问卷是 Tornow 和 Pinto 于 1976 年提出，与 PAQ 十分相似，共 197 个问题，共分 13 类，即计划、协调、内部控制、产品服务责任、公共关系和客户关系、咨询指导、行动自主性、财务审批权、雇员服务、监督、复杂性和压力、财务责任、人事责任。

3. 观察法

观察法是工作分析人员在不影响被观察人员工作的前提下，通过观察将其工作的内容、方法、程序、设备、工作环境等信息记录下来，形成工作分析成果。观察法又可分为直接观察法、阶段观察法和工作表演法。一般而言，观察法适用于外部特征明显的岗位，如生产线上工人的工作、会计员的工作等，而不适用于脑力劳动的工作岗位。

4. 关键事件法

弗拉纳根（Flanagan）提出了关键事件法。关键事件法最早是用于提升军事环境下人力绩效的，重点是分析有效行为和无效行为。关键事件法要求任职者或其他相关人员描述能提升绩效的“关键事件”，内容包括导致该事件发生的背景与原因、员工的有效行为、关键行为的后果、员工对后果的控制能力。

5. 工作写实法

工作写实法是让员工以工作日记或工作笔记的形式，记录日常工作活动，以此获得有关工作的信息和资料。该方法适用于高水平、复杂的工作，可以显示出其经济且有效的优势。

工作分析的五种方法各有利弊，每种方法都有其适用范围和优缺点，有时需要综合各种方法一起使用（表 4-5）。

表 4-5 工作分析五种方法的对比

工作分析方法	适用范围	优点	缺点
访谈法	使用广泛	任务者直接参与沟通	口头夸大或弱化职责
问卷法	职位覆盖全面	速度快、费用低、范围广	被调查者单独完成，调查需要说明和质量监控
观察法	工作相对稳定的体力工作	全面了解任务所需行为动作	不适用于脑力劳动的工作
关键事件法	分析有效行为和无效行为	建立行为标准，引导绩效	对工作描述不完整
工作写实法	客观工作描述	工作描述清楚	过多关注过程而非职责

三、工作分析的成果

工作分析的主要成果表现在工作描述和任职资格两个方面，具体内容有工作识别、工作身份、工作编号、工作概要、工作关系、工作职责、工作条件与环境、任职条件（表 4-6）。同时，它也为工作描述标准化奠定了基础，如职能工作分析问卷就是对数据、人、事三个关键性要素进行等级划分的标准编码（表 4-7）。

表 4-6 工作分析的主要成果和处理要点

要素	内容	处理要点
工作识别	岗位名称	明确职责，如“主管”还是“助理”，“初级”还是“高级”
工作身份	所属部门、直接上级、管理跨度、编制人数	注明编写人、审核者与时间，以备调整
工作编号	岗位代码	每一种工作都应有一个代码
工作概要	又称职务摘要，指中心任务	常用动宾结构或状动宾结构
工作关系	与内外、上下岗位的关系；可晋升岗位和可转换岗位（职业生涯规划）	一般只列出内外和上下关系，不列出晋升或转换的可能
工作职责	工作内容、责任权限、绩效标准	使用三个纵栏完成描述
工作条件与环境	使用设备、运用信息；自然环境、危险性、均衡性	尤其注意特殊岗位对工作条件和环境的要求
任职条件	身体素质、心理素质、知识经验、职业道德、最低学历、外语等级、经历要求、能力要求（组织计划、协调沟通）	心理素质可以用心理图示法表达，其他内容以陈述资质要求为主

表 4-7 职能工作分析问卷编码表

等级	数据	人	事
复杂 ↑	0 综合	0 指导	0 创造
	1 调整	1 谈判	1 精密加工
	2 分析	2 教育	2 操作控制
	3 汇编	3 监督	3 驾驶和操作
	4 加工	4 使高兴	4 简单操作
	5 复制	5 劝解	5 照料
	6 比较	6 交谈	6 送入移出
简单	7 服务	7 服务应答	
		8 接受指示和帮助	

第三节 工作分析工具使用

一、访谈过程与问题设计

访谈过程包括开始访谈、控制访谈、结束访谈三个主要过程。在开始访谈时，以介绍自己和建立友好氛围为目的，明确访谈意图，表达自己通过访谈想要达到的目标，保持礼貌并表现出对对方所讲内容的兴趣，以真诚的态度鼓励对方讲话十分重要。在结束访谈时，需要确认从对方得到的信息，以友好的语气结束访谈。控制访谈过程将是最关键的一环，要遵从以下原则：

（1）根据其承担职责的逻辑顺序依次展开。

（2）给予对方充分的时间来回答每一个问题，一次只问一个问题。

（3）使用短语表述问题。

（4）避免使用引导性语言。

（5）使用容易理解的语言引导访谈。

（6）在合理运用时间和贴近主题方面控制访谈时间。

（7）出现任何对方感到紧张或者不自在的话题时要转向其他内容。

【例 4-3】草拟工作分析访谈提纲

以下是工作分析的访谈提纲，请分析其中询问了哪些工作分析要素。

（1）你所做的是一种什么样的工作？

（2）你所在岗位的主要职责是什么？你又是如何做的？

（3）你所在岗位的主要任务是什么？哪些是临时的？哪些是经常的？

（4）你所从事工作的基本责任是什么？说明你工作绩效的标准有哪些？

（5）你都参与什么工作？

（6）你投入精力最大的活动包括哪些？

（7）你在工作中与公司内外部哪些岗位有联系？要与哪些人正式沟通？

（8）做这项工作所需具有的知识、工作经验、技能和能力要求有哪些？它要求你必须具有什么样的学历或工作许可证？需要多长时间的熟练期可以胜任？

（9）工作对身体的要求是怎样的？工作对性格、脑力的要求又是怎样的？

（10）工作对个人安全和健康的影响如何？

（11）你的工作环境和工作条件是怎样的？理想的又如何？

（12）在工作中你有可能会受到身体伤害吗？你的工作时间均衡吗？

二、工作分析问卷设计

一些代表性的经过修订可以应用于人力资源管理的工作分析问卷包括：①通用工作分析问卷（common metric questionnaire）；②专业类和管理类职位问卷（professional and managerial position questionnaire）；③职位分析问卷（position analysis questionnaire）；④普通工作调查表（general work inventory）；⑤与人格相关的职位需求表格（personality-related position requirements form）；⑥职位要素调查表（job element inventory）。

在工作分析方法中，几乎没有一个工具在研究基础和应用广度方面可以与 PAQ 相比。近 30 多年的研究使得 PAQ 成为目前职位测量方法中的一个最优选择，针对 PAQ 的测量研究表明，它可以测得 32 项具体维度和 13 项整体维度，这些维度几乎可以对任何一项工作进行分析（表 4-8）。

表 4-8 工作分析问卷的工作维度定义

具体维度		整体维度
维度 1：信息输入 定义：工作者从哪里及如何获得工作所需信息 1. 解释所感觉到的信息 2. 使用各种信息来源 3. 注意获取信息的工具/材料 4. 评价/判断所感觉到的信息 5. 意识到的环境条件 6. 使用各种感官	维度 3：工作产出 定义：工作者在从事工作时所发生的身体活动，以及使用的工具和方法 9. 使用机器/工具/设备 10. 执行需要一般身体运动的活动 11. 控制机器/过程 12. 执行需要技能的/技术性活动 13. 执行手工控制的/相关的活动 14. 使用复合设备/仪器 15. 执行与操作有关的手工活动 16. 一般的身体协调	1. 负有决策、沟通及总的责任 2. 操作机器/设备 3. 执行行政性或相关活动 4. 执行技术性或相关活动 5. 执行服务性或相关活动 6. 工作的天数有规律或有其他工作时间表 7. 执行常规的/重复性活动 8. 对工作环境敏感 9. 从事体力劳动 10. 监督/协调其他人 11. 进行公共的/顾客/相关交往
维度 2：思考过程 定义：在从事工作时所需要进行的推理、决策、计划和信息加工活动 7. 做决策 8. 处理信息	维度 4：人际关系 定义：从事工作所要求的与他人之间的关系 17. 交流与判断有关的信息 18. 致力于一般的个人接触 19. 执行与监督、协调相关的活动 20. 交换与职位信息相关的信息 21. 进行公共或与个人相关的接触	

续表

具体维度		整体维度
维度 5：工作环境 定义：从事工作时所处的物理环境和社会环境 22. 在紧张或不愉快的环境中工作 23. 在自律性强的环境中工作 24. 在危险的情况下工作	维度 6：其他特征 定义：除了上面所描述的以外，与工作相关的其他活动、条件和特征 25. 工作时间无规律或每天按工作日程工作 26. 是否从事事务性工作 27. 穿着随意或穿专门服装 28. 薪酬的稳定性 29. 依照规律的或不规律的日程工作 30. 在要求苛刻的环境下工作 31. 执行结构性或非结构性工作 32. 对条件的变化敏感	12. 在不愉快的/危险/要求高的环境下工作 13. 拥有非典型的时间表或随意的服装风格

【例 4-4】选择工作分析问卷

以下是一份修订过的工作分析问卷，请分析其中调查了哪些工作维度。

工作分析问卷

编号：　　　　　　　　　　　　　　　　　　　　　　　　填表时间：　　年　　月　　日

姓名				部门		工号	
性别		年龄		实际工作年限		进入公司工作时间	
学历		职称		现任职务（含兼任）		直接上级（职务）	
工作的时间要求	1. 正常的工作时间为每天（　　）时开始至（　　）时结束 2. 每天午休时间为（　　）小时，（　　%）的情况可以保证 3. 每周平均加班时间为（　　）小时 4. 实际上下班时间是否随业务情况经常变化（总是，有时是，偶尔是，否） 5. 所从事的工作是否忙闲不均（是、否） 6. 若工作忙闲不均，则最忙时常发生在哪段时间：________ 7. 每周外出时间占正常工作时间的（　　%） 8. 外地出差情况平均每月（　　）次，每次平均需要（　　）天 9. 本地外出情况平均每周（　　）次，每次平均需要（　　）小时 10. 外地出差时所使用的交通工具按使用频率排序：________ 11. 本地外出时所使用的交通工具按使用频率排序：________ 12. 其他需要补充说明的问题：						
工作目标与职责							

续表

<table>
<tr><td>工作概要</td><td colspan="4">用简练的语言描述一下您所从事的工作

</td></tr>
<tr><td rowspan="2">工作内容</td><td>名称</td><td colspan="3">内容</td></tr>
<tr><td></td><td colspan="3"></td></tr>
<tr><td rowspan="7">较可能出现的失误及影响</td><td>内容</td><td>影响</td><td>程度</td><td rowspan="5">轻 1
较轻 2
一般 3
较重 4
重 5</td></tr>
<tr><td></td><td>经济损失</td><td></td></tr>
<tr><td></td><td>公司形象损害</td><td></td></tr>
<tr><td></td><td>经营管理损害</td><td></td></tr>
<tr><td></td><td>其他损害</td><td></td></tr>
<tr><td colspan="3">若您的工作出现失误，会发生下列哪种情况？</td><td>说明</td></tr>
<tr><td colspan="3">1. 不影响其他人工作的正常进行
2. 只影响本部门内少数人
3. 影响整个部门
4. 影响其他几个部门
5. 影响整个公司</td><td>如出现多种情况，请按影响程度由重到轻依次填写在括号中（ ）</td></tr>
</table>

续表

<table>
<tr><td>内部接触</td><td>1. 在工作中不与其他人接触
2. 只与本部门内几个同事接触
3. 需要与其他部门的人员接触
4. 需要与其他部门的部分领导接触
5. 需要同所有部门的领导接触</td><td rowspan="2">具体接触的部门和岗位</td><td></td></tr>
<tr><td>外部接触</td><td>1. 不与本公司以外的人员接触
2. 与客户接触
3. 与客户和政府机构接触
4. 与客户、政府机构、供应商及其他公司的人员接触</td><td></td></tr>
<tr><td rowspan="2">监督</td><td colspan="3">1. 直接下属人员数量（　　　　）
2. 间接监督的人员数量（两级以内）（　　　　）
3. 您的直接下属的层次：一般职员、基层干部、中层干部、高层领导</td></tr>
<tr><td colspan="3">1. 只对自己负责
2. 对职员有监督指导的责任
3. 对职员有分配工作、监督指导的责任
4. 对职员有分配工作、监督指导和考核的责任</td></tr>
<tr><td>决策</td><td colspan="3">1. 在工作中时常作一些小的决定，一般不影响其他人
2. 在工作中时常作一些决定，对有关人员有影响
3. 在工作中时常作一些决定，对整个部门有影响，但一般不影响其他部门
4. 在工作中时常作一些大的决定，对自己部门和相关部门有影响
5. 在工作中要作重大决定，对整个公司有重大影响</td></tr>
<tr><td rowspan="8">工作的基本特征</td><td colspan="3">1. 有关工作的程序和方法均由上级详细规定，遇到问题时可随时请示上级解决，工作结果须报上级审核
2. 分配工作时上级仅指示重点，工作中上级并不时常指导，但遇到困难时仍可直接或间接请示上级，工作结果仅受上级要点审核
3. 分配任务时上级只说明要完成的任务或目标，工作的方法和程序均由自己决定，工作结果仅受上级原则审核</td></tr>
<tr><td colspan="3">1. 完成本职工作的方法和步骤完全相同
2. 完成本职工作的方法和步骤大部分相同
3. 完成本职工作的方法和步骤有一半相同
4. 完成本职工作的方法和步骤大部分不同
5. 完成本职工作的方法和步骤完全不同</td></tr>
<tr><td>在工作中您所接触到的信息经常为</td><td colspan="2">说明</td></tr>
<tr><td>1. 原始的，未经加工处理的信息
2. 经过初步加工的信息
3. 经过高度综合的信息</td><td colspan="2">如出现多种情况，请按“经常”的程度由高到低依次填写在括号中（　　　　　　　　）</td></tr>
<tr><td>在您做决定时常依据以下哪种资料</td><td colspan="2">说明</td></tr>
<tr><td>1. 事实资料
2. 事实资料和背景资料
3. 事实资料、背景资料和模糊的相关资料
4. 事实资料、背景资料、模糊的相关资料和难以确定是否相关的资料</td><td colspan="2">如出现多种情况，请按“依据”的程度由高到低依次填写在括号中（　　　　　　　　）</td></tr>
<tr><td>在工作中，您需要制订计划的程度</td><td colspan="2">说明</td></tr>
<tr><td>1. 在工作中无须制订计划
2. 在工作中需要制订一些小的计划
3. 在工作中需要制订部门计划
4. 在工作中需要制订事业部的计划
5. 在工作中需要制订公司整体计划</td><td colspan="2">如出现多种情况，请按“制订计划”的程度由高到低依次填写在括号中（　　　　　　　　）</td></tr>
</table>

续表

工作的基本特征	在您的工作中所接触资料的公开性程度	说明
	1．在工作中所接触的资料均属公开性资料 2．在工作中所接触的资料属于不可向外公开的资料 3．在工作中所接触的资料属于机密资料，仅对中层以上领导公开 4．在工作中所接触的资料属于公司高度机密，仅对少数高层领导公开	如出现多种情况，请按接触的频率由高到低依次填写在括号中（　　　　　　　　）
知识多样性	为完成工作需要使用其他学科、专业知识的频率	
	1. 偶然使用其他学科的知识 2. 较频繁地使用其他学科的一般知识 3. 频繁地综合使用其他学科的知识 4. 工作要求经常变换专业领域	
创新与开拓	为完成工作所必需的创新与开拓精神及能力要求	
	1. 全部工作为程序化、规范化，无须开拓创新 2. 工作基本规范化，偶尔需要开拓创新 3. 工作时常需要开拓和创新 4. 工作性质本身即开拓和创新的	
工作复杂性	工作所需的判断、分析和计划程度	
	1. 简单的、独自的工作，不必考虑对他人有什么妨碍 2. 只需简单的提示即可完成工作，不需计划和独立判断，偶尔亦需考虑自己对别人的妨碍 3. 需进行专门训练才可胜任工作，但大部分时间只需一种专业技术，偶尔需要进行独立判断或计划，要求考虑如何工作才不妨碍他人工作 4. 工作时需运用多种专业技能，经常进行独立判断和计划，要有相当强的解决问题的能力 5. 工作要求高度的判断力和计划性，要求积极地适应不断变化的环境和问题	
工作及环境压力	1. 在每天的工作中是否经常要迅速做出决定？ （1）没有　（2）很少　（3）偶尔　（4）经常　（5）非常频繁 2. 您手头的工作是否经常被打断？ （1）没有　（2）很少　（3）偶尔　（4）经常　（5）非常频繁 3. 您的工作是否经常需要注意细节？ （1）没有　（2）很少　（3）偶尔　（4）经常　（5）非常频繁 4. 您所处理的各项业务彼此是否相关？ （1）完全不相关　（2）大部分不相关　（3）一半相关　（4）大部分相关　（5）完全相关 5. 您在工作中是否要求高度的精力集中，如果是，约占工作总时间的比重是多少？ （1）20%　（2）40%　（3）60%　（4）80%　（5）100% 6. 您在工作中是否存在一些令人不愉快、不舒服的感觉？（非人为的） （1）没有　（2）有一点　（3）能明显感觉到　（4）多　（5）非常多 7. 您在履行工作职责时是否有与职员发生冲突的可能？ （1）没有　（2）很少　（3）有时　（4）较多　（5）很多 8. 工作导致身体疾病（职业病）的严重程度如何？ （1）没有　（2）很轻　（3）中等　（4）较重　（5）非常重 9. 工作环境对身体及心理的不良影响（不舒适感所占时间比重）如何？ （1）没有　（2）很轻　（3）中等　（4）较重　（5）非常重 10. 工作及工作环境对身体造成伤害的可能性（危险性）如何？ （1）没有　（2）很小　（3）有一些　（4）很大　（5）非常大	

续表

<table>
<tr><td rowspan="30">任职资格要求</td><td colspan="2">1. 您常起草或撰写的文字资料有哪些？</td><td>等级</td><td colspan="5">频率</td></tr>
<tr><td colspan="2" rowspan="3">（1）通知、便条、备忘录；
（2）简报；
（3）信函；
（4）汇报文件或报告；
（5）总结；
（6）公司文件；
（7）研究报告；
（8）合同或法律文件；
（9）电子邮件</td><td rowspan="3"></td><td>1</td><td>2</td><td>3</td><td>4</td><td>5</td></tr>
<tr><td>极少</td><td>偶尔</td><td>不太经常</td><td>经常</td><td>十分频繁</td></tr>
<tr><td>其他补充</td><td colspan="4"></td></tr>
<tr><td colspan="2">2. 您常用的数学知识有哪些？</td><td>等级</td><td colspan="5">频率</td></tr>
<tr><td colspan="2" rowspan="2">（1）初等数学知识；
（2）高等数学知识
（含数理统计）；
（3）其他</td><td rowspan="2"></td><td>1</td><td>2</td><td>3</td><td>4</td><td>5</td></tr>
<tr><td>极少</td><td>偶尔</td><td>不太经常</td><td>经常</td><td>十分频繁</td></tr>
<tr><td colspan="3">3. 您常用的计算机知识有哪些？</td><td colspan="5">要求水平</td></tr>
<tr><td colspan="3"></td><td colspan="5"></td></tr>
<tr><td colspan="8">4. 您常用的外语有哪些？</td></tr>
<tr><td>语种</td><td colspan="2">要求水平</td><td colspan="5" rowspan="3">1 2 3 4 5
一般 良好 优秀</td></tr>
<tr><td></td><td colspan="2"></td></tr>
<tr><td></td><td colspan="2"></td></tr>
<tr><td colspan="2">5. 学历要求</td><td colspan="6">初中、高中、职专、大专、本科、硕士、博士</td></tr>
<tr><td colspan="8">6. 为了顺利履行您所从事的工作职责，您需具备哪些方面的工作经历？</td></tr>
<tr><td colspan="6">工作经历要求</td><td colspan="2">最低时间要求</td></tr>
<tr><td colspan="6"></td><td colspan="2"></td></tr>
<tr><td colspan="8">7. 一个开始这项工作的人，需要多长时间才能基本胜任工作？</td></tr>
<tr><td colspan="8"></td></tr>
<tr><td colspan="8">8. 为了顺利履行您所从事的工作，需进行哪些方面的培训？</td></tr>
<tr><td colspan="2">培训科目</td><td colspan="4">培训内容</td><td colspan="2">最短培训时间（天）</td></tr>
<tr><td colspan="2"></td><td colspan="4"></td><td colspan="2"></td></tr>
<tr><td colspan="8">9. 在工作中您觉得最困难的事情是什么？您通常是怎样处理的？</td></tr>
<tr><td colspan="3">困难的事情</td><td colspan="5">处理方法</td></tr>
<tr><td colspan="3"></td><td colspan="5"></td></tr>
</table>

续表

<table>
<tr><td rowspan="9">任职资格要求</td><td colspan="3">10. 您所从事的工作对体力和精力方面的要求如何？</td></tr>
<tr><td colspan="3"></td></tr>
<tr><td>11. 其他能力要求</td><td>等级</td><td>要求程度</td></tr>
<tr><td rowspan="2">（1）领导能力；
（2）激励能力；
（3）授权能力；
（4）创新能力；
（5）计划能力；
（6）人事能力；
（7）协调能力；
（8）谈判能力；
（9）冲突管理能力；
（10）公关能力；
（11）表达能力；
（12）公文写作能力；
（13）分析能力；
（14）判断决策能力；
（15）操作能力；
（16）学习能力</td><td rowspan="2"></td><td>1 2 3 4 5
低 较低 一般 较高 高</td></tr>
<tr><td>本岗位所需能力及技能详细说明</td></tr>
<tr><td colspan="3">12. 请您详细填写从事工作所需的各种知识和要求程度</td></tr>
<tr><td>知识内容</td><td>等级</td><td>要求程度</td></tr>
<tr><td>例如，计算机程序语言</td><td>4</td><td>1 2 3 4 5
低 较低 一般 较高 高</td></tr>
<tr><td></td><td></td><td></td></tr>
<tr><td rowspan="3">考核</td><td colspan="3">对于您所从事的工作，您认为应从哪些方面进行考核，指标是什么？</td></tr>
<tr><td>考核方面</td><td colspan="2">关键考核指标</td></tr>
<tr><td></td><td colspan="2"></td></tr>
<tr><td rowspan="3">建议</td><td colspan="3">您认为您从事的工作有哪些不合理的地方，应如何改善？</td></tr>
<tr><td>不合理之处</td><td colspan="2">改进建议</td></tr>
<tr><td></td><td colspan="2"></td></tr>
<tr><td rowspan="2">备注</td><td colspan="3">您还有哪些需要说明的问题？</td></tr>
<tr><td colspan="3"></td></tr>
</table>

三、岗位说明书编写

岗位说明书是人力资源管理的基础文件，也是工作分析最直接的成果表现。编写岗位说明书时要做到简洁明确，不让阅读者产生误解。因此，需要注意以下四项编写原则。

（1）选择合适的格式：岗位说明书常用格式有表格式、叙述式和复合式，要根据内容进行选择。

（2）使用动宾结构：动词要选择有明确含义的词，如分析、设计、搜集、监督等（表 4-9）。

表 4-9　岗位说明书的常用动词表

信息输入	信息加工	信息输出
获得、寻找、接收、搜集、录入	编辑、分析、设计、计划、评估、编写、计算、处理、研究、解决、测试	控制、操作、管理、组织、执行、发展、指导、分配、解释、检查、制作、建议、建立、培训、维持、回答

（3）使用“状动宾”结构：在动宾结构中使用状语，如“为什么人”“按经理要求”“在指定时间内”，可以增强表达的准确性。

（4）使用现在时态、主动语态：编写岗位说明书时，一般不用“曾经”“被”等表达方式。

【例 4-5】岗位说明书编写格式

以下是一份岗位说明书，请分析哪些表达符合岗位说明书编写原则。有无需要改进之处？

岗位说明书

修订日期：2017 年 10 月

岗位名称：总工程师	岗位代码：
所在部门：技术中心	岗位等级：
上级岗位：技术中心副主任	下属人数：

📖 岗位定位（岗位存在的理由和目标）

协助技术中心副主任负责技术中心的技术工作，包括组织实施产品设计、开发、试制及科研攻关等，确保科研开发任务的完成，同时不断增强技术中心的科研开发能力，提高企业产品的竞争能力。

职责与工作

工作内容 ——标题 ——行为 ——结果	责任范围 ——独立负责 ——与人合作 ——协助
1. 产品规划 组织提出《产品开发建议书》及具体实施计划，包括新产品任务书、设计方案、所需仪器设备和经费预算等内容	独立负责/协助
2. 产品设计 对技术中心各设计部门进行业务领导，组织有关设计部门及主任设计员等技术人员进行产品设计和试制，定期检查设计部门的工作进度和设计文件，确保高质量地完成技术中心的产品开发设计任务。同时，及时解决出现的问题，并及时将处理结果和不能解决的问题向上级领导汇报。审核批准《试验大纲》、《试验报告》及《技术设计评审报告》	独立负责
3. 协调合作 在产品设计开发的规划决策、设计及样机试验等阶段，与相关主机厂、公司企划处、技术质量部、生产制造部等单位密切合作	与人合作
4. 研究课题的审定和实施 根据企业发展战略及技术、市场动态，提出科研课题，经上级领导审批后组织实施，并负责组织解决技术攻关中遇到的重大技术问题	独立负责
5. 科研成果的技术鉴定 组织技术中心各项科研成果的技术鉴定工作，包括组织编写科研课题研究总结报告、提出鉴定大纲、草拟鉴定书及组织向鉴定会进行科研成果答辩等工作	与人合作
6. 情报及标准化 在技术中心副主任的配合下，组织、监督技术情报和标准化工作，并及时协调解决出现的问题。协助并督促情报、标准化部门定期提交市场和技术方面的调查及预测报告	与人合作
7. 其他 完成上级领导临时布置的工作任务	

工作关系图

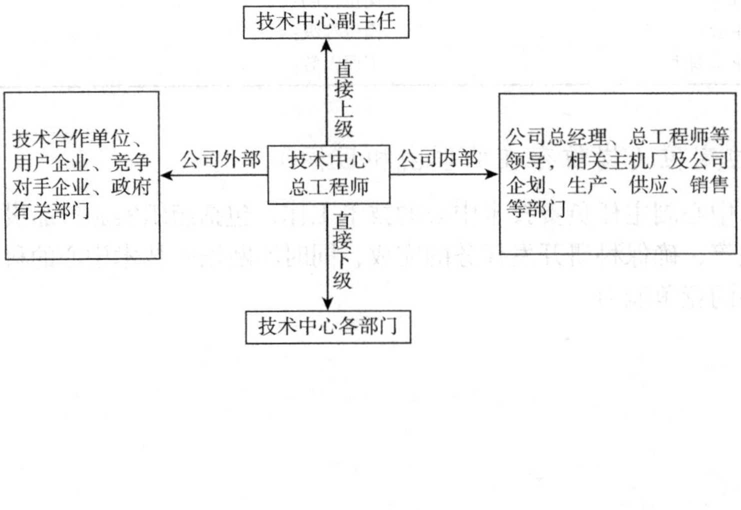

🕮 任职要求（履行本岗位职责必需的教育程度、工作经验、特殊知识及技能）

1. 教育程度及专业

学历：本科及以上

专业：印刷机设计及相关专业

2. 工作经验

五年以上产品设计经验，主持过重大产品设计工作，对印刷机设计、制造有比较全面和深入的理解。同时，具有两年以上管理或技术管理经验。

3. 特殊知识及技能

大学英语四级及以上；熟悉 ISO9001 质量管理体系；熟练掌握计算机办公软件、AutoCAD 软件。

4. 能力（心理图示）

	弱 1 20%	2 40%	3 60%	4 80%	5 强 90%
创新能力					♦
决策能力				♦	
沟通能力				♦	
分析能力					♦

注：等级 5 表示在 100 个普通人中处于前 10 名的水平，其余类推

5. 资格证书或其他特殊要求

高级工程师

【案例分析】

说明：请分析以下案例，讨论岗位说明书管理的必要性。

《岗位说明书》管理规程

一、制定目的

为规范公司《岗位说明书》的管理，特制定本规程。

（1）《岗位说明书》是真实反映公司各岗位职务性质类型、工作环境、任职者资格能力、责任权限及工作标准的综合描述文件。

（2）《岗位说明书》是对员工进行考核、培训、录用并指导其工作的基本文件，也是职位评价的重要依据。

二、编写原则

（1）描述准确，语言精练，一岗一书；

（2）责权一致，不重不漏，涵盖完整；

（3）统一格式，规范文字，动静结合。

三、《岗位说明书》的制定和修订

（一）《岗位说明书》的新增和修改

（1）由该岗位直接上级领导负责起草或修改《岗位说明书》，经上一级领导审核后，送人力资源部；

（2）由人力资源部对该岗位《岗位说明书》进行文字规范和格式化，征求有关领导意见并取得一致后，报总经理审批；

（3）审批后的《岗位说明书》发放至相关部门并执行，待年度整体修订公司《岗位说明书》时统一增改。

（二）《岗位说明书》的年度修订

（1）人力资源部负责组织每年一次的《岗位说明书》年度修订工作；

（2）时间：第一季度；

（3）程序：①人力资源部负责统一组织开展《岗位说明书》年度修订工作；②各部门负责人根据工作需要负责对现行《岗位说明书》进行修改、增删，形成初稿，由上一级领导确认后送人力资源部；③综合办公室负责根据《岗位说明书》的修改、增删意见初稿，进行文字规范和格式化，征求有关领导意见并取得一致后，报总经理审批；④人力资源部负责将审批后的《岗位说明书》装订成册并以正式文件形式发放至相关部门执行，同时原版本作废。

四、《岗位说明书》的发放和保管

（一）发放范围

（1）全公司《岗位说明书》发放至公司领导和各体系总监；

（2）各部门《岗位说明书》发放至各部门；

（3）员工复印保存本人《岗位说明书》。

（二）各单位和个人应妥善保管《岗位说明书》文本，不得遗失，亦不得私自外传

五、附则

（1）本规程的制定、修订、废止由人力资源部提出方案，报总经理审批后生效。

（2）本规程生效后，公司此前有关制度与本规程相抵触时，以本规程为准。

（3）本规程由人力资源部负责解释。

（4）本规程从即日起执行。

六、附件

岗位说明书编制程序图（图 4-2）。

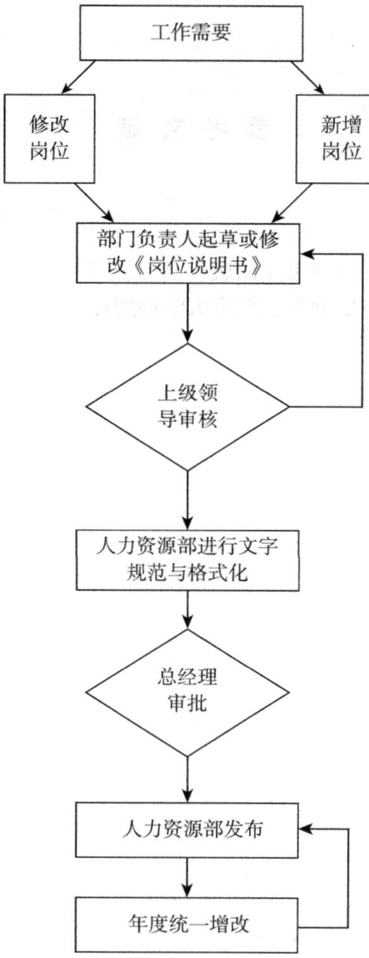

图 4-2 岗位说明书编制程序图

【复习与思考】

1. 简述工作分析的作用。
2. 简述工作分析的各种方法。
3. 工作分析的访谈法主要从哪几个方面去提问?
4. 工作分析的问卷法包括哪几个部分?
5. 岗位说明书的主要内容和格式要求有哪些?

【课后技能训练】

如果你是在校生，请针对你所在高校的楼长、清洁员、辅导员三个职位进行工作分析，可以采用访谈法、问卷法等方法进行，汇总分析结果，编写三份岗位说明书。

参考文献

付亚和. 2006. 工作分析[M]. 上海：复旦大学出版社.
王小艳. 2004. 如何进行工作分析[M]. 北京：北京大学出版社.

第五章　职 位 评 价

【学习目标】

学习职位评价原理，掌握职位评价工具的操作步骤，能够使用因素计点法对不同职位进行评价与分析。

趣味导入：各行其道

一位工程师、一位会计师和一位律师同时去面试一家企业，竞争总裁一职。

工程师最先进去，被问了一道题："2+2 等于几？"工程师赶忙计算并回答："等于 4。"

会计师第二个进去，面对同样的问题，他回答："如果是 4，等号左边和右边就能平衡。"

律师最后一个面试，当被问到同一个问题时，他先起身把房间所有的窗帘拉上，拉开门看看外面是否有人，检查一下电话是否被窃听，然后问："您想让它等于几？"

第一节　职位评价原理

一、什么是职位评价

职位评价是一个组织制定职位结构、系统确定各职位相对价值的过程，它是以工作内容、所需技能、对组织的价值为核心评价内容的基础性工作。职位评价工作假设职位具有固定价值，而且借助一些评价工具，可以实现主观评价相对价值的目的。因此，职位评价大都选择一种标准化的评价工具，在工作分析成果的基础上，以集体讨论的方式，得出职位相对价值的一致性意见（表 5-1）。

表 5-1　职位评价的基本假设与工作模式

职位评价的基本假设	职位评价的工作模式
职位内容有固定的价值	针对职位内容的工作分析
对于职位相对价值能够达成一致意见	度量职位的相对价值
准确的工具可以提供客观的度量	选择标准化职位评价工具
鼓励参与可以促进意见统一	采用会议座谈的形式

二、职位评价的方法

常用的职位评价方法包括分类法、排列法、职位参照法、因素比较法和因素计点法等。其中分类法、排列法属于定性评价，职位参照法、因素比较法、因素计点法属于定量评价。

1. 分类法

分类法是将企业的所有职位根据工作内容、工作职责、任职资格等方面的要求，先分成不同的类别，如管理类、职能类、技术研发类和营销类等，再给每一类职位确定一个职位的价值范围，最后在同类职位内部进行排列，确定每个职位的相对价值。

2. 排列法

排列法是有关人员根据职位调查和岗位说明书做出简洁而易于对比的职位描述，针对各职位排列出相对次序。这种方法容易具有主观倾向，主要依赖评价人员的价值判断力。

3. 职位参照法

职位参照法就是用已有职位等级对新职位进行评价。将具有代表性的职位定为标准职位，评价者根据标准职位的工作职责和任职资格要求等信息，将其他职位归类到这些标准职位中来，以判断这些职位的相对价值。

4. 因素比较法

因素比较法是将所有职位的工作内容抽象出若干因素，根据不同职位对这些因素的要求，得出岗位价值。这些因素一般包括五个方面，即智力、技能、体力、责任及工作条件。评价者首先将各因素分成不同的等级，其次根据岗位的内容将不同因素和不同的等级对应起来，判定不同职位的相对价值。

5. 因素计点法

因素计点法是目前最流行的职位评价方法。采用这种方法首先要确定影响所有职位的因素，并将所有因素进行分级、定义，建立评价标准。通过集体讨论对所有职位实施评价，汇总每一职位的总点数（即分数）。

三、职位评价工具

1. 海氏职位评价法

海氏职位评价法是美国著名薪酬设计专家爱德沃德·海（Edward Hay）于 20 世纪 50 年代研究开发的，是国际上使用最广泛的职位评价工具之一。据统计，世界 500 强企业中有 1/3 以上的企业在进行职位评价时都采用了海氏职位评价法。它通过知识技能、解决问题和责任三个因素对职位的价值进行评价（表 5-2）。其设计思路是，任何一个职位都是先投入“知识技能”，然后通过“解决问题”这一过程，进而获得“责任”这一最终产出。

表 5-2 海氏职位评价法

因素	因素解释	子因素
知识技能	工作所需要的专门知识和实际应用的技能	专业知识技能、管理能力、人际技巧
解决问题	在工作中发现问题、分析问题、提出对策和决策	环境、难度
责任	任职者行动结果对组织的影响	行动的自由度、对结果的影响、财务责任

海氏职位评价法对所评价的职位按照以上三个因素及对应标准进行打分，得出每个职位的评价分数，即职位评价分数=知识技能得分+解决问题得分+责任得分。解决问题的评价分是相对分（百分值），其他都是绝对分。

2. 美世职位评价法

有调研表明，美国有 70%以上的企业使用职位评价系统来帮助搭建企业职位体系并以此作为薪酬设计依据。2000 年美世（Mercer）咨询公司兼并了全球另一个专业人力资源管理咨询公司国际资源管理咨询集团（Corporate Resources Group，CRG），将其评价工具升级成国际职位评价（international position evaluation，IPE）系统。此工具与其他工具的不同之处在于，它可以比较全球不同行业、不同规模的企业职位。

这套职位评价系统共有 4 个因素，10 个维度，104 个级别，总分 1 225 分，评价的结果可以分成 48 个级别。该系统的评价因素分为影响、沟通、创新和知识。这是在第二版七因素的基础上提炼简化出来的。事实上真正不存在相关性的因素是影响和知识，但为了减少评价的主观因素，还是保留了沟通和创新这两个独立因素。

此工具还可以进行横向对比，原因是它设计了三个调节因素，即企业的销售额、员工人数和组织类型（如制造型、销售型或配送型）。例如，一个具有研发机构和销售部门的“全功能”制造型企业，可以获得销售额20倍的乘数，借以放大组织的规模。销售型企业一般的乘数为5，配送型企业的乘数一般为4。另外，员工人数也是一个重要调节因素。借助这三个调节因素，职位评价系统能够把不同规模、不同类型的企业置于同一个平台上比较。

第二节　职位评价操作流程

一、职位评价工作步骤

职位评价是一项细致而具体的工作，具体操作步骤可分为五步。

步骤一：成立职位评价委员会，规划职位评价工作，制定职位评价手册；

步骤二：培训评价委员会成员和参与者，与参与者进行沟通；

步骤三：选择标准职位；

步骤四：对标准职位进行评价；

步骤五：根据标准职位，确定所有职位的等级，并应用职位评价结果。

其中，选择标准职位这一步骤很关键，技术上要求我们首先分析公司现有职位的人员密度。一般而言，标准职位具有人员密度高、横向代表性强、层级划分明显、比较稳定且容易定义五项特征。不能选择临时性的职位、新职位和有特殊要求的职位，它们显然不适合作为标准职位参加评价。在对标准职位进行评价时，首先，要重新审核职位描述，与标准职位的主管和任职者就职位描述进行沟通，以确定是否更改或如何更改职位描述。其次，进行自上而下的评价，从高管层开始（总裁作为最终裁决者），到中层管理者（主管副总裁为最终裁决者），最后到基层管理及以下管理者（部门负责人为最终裁决者）。

在整个评价过程中，人力资源管理者把握横向平衡，引导评价过程。如果评价者之间有争议，尽量征求顾问（第三者）的意见，然后再由主管裁决，人力资源管理者对有争议的地方要进行记录，在完成评价后回顾评价结果。

二、职位评价基本原则

职位评价是一项集体参与的工作，因此，要求所有参与者做到公平、公正。为此，需要对评价者进行评价标准的说明和培训，使大家产生共识，这一点十分重要。在整个组织过程中需要明确结果和时间进度，保持一定灵活性，必要时发挥最终决策权力，不能脱离实际。所有评价者需要就以下基本原则达成共识：

（1）评价的是职位，而非任职者。

（2）评价的是现状，而非将来。

（3）在所有人都胜任的前提下进行评价。

（4）根据职位已经确定的职位描述进行评价。

（5）以自上而下的顺序评价。

（6）任职者本人评价不能参与自己职位的评价。

（7）跨部门的职位需要进行对比评价。

（8）出现异常职位，需要校正并检验内部是否不平衡。

三、评价工具的使用

职位评价工具包括职位评价因素定义与分级表、职位评价因素权重表、职位评价打分表、职位评价统计软件。职位评价因素定义与分级表用来说明职位评价因素定义及权重比例，是职位评价的基本尺度和标准。职位评价因素权重表是说明各因素整体结构和分级的，给评价者一种整体评判参照。职位评价打分表是评价者的主要工作表格，需要填写评价分数。职位评价统计软件需要具备如下功能：去掉所有评价者的一个最高分和一个最低分，然后计算总体平均分，并计算方差，如果方差偏大说明大家没有形成一致意见，此项目需要重新评价，这些功能可以用 Excel 宏编程来实现。

【例 5-1】职位评价工作表示例

以下是职位评价因素定义与分级表（表 5-3）、职位评价因素权重表（表 5-4）和职位评价打分表（表 5-5），可以用来评价不同的职位。

表 5-3 职位评价因素定义与分级表

等级	责任因素	分值
风险控制责任 因素定义：指在不确定条件下，为保证贸易、投资、产品开发及其他项目顺利进行，并维持我方合法权益所担负的责任。该责任的大小以项目失败后损失、影响的大小作为判断基准		
1	无任何风险	10
2	仅有一些小的风险。一旦发生问题，不会给公司造成多大影响	20
3	有一定的风险。一旦发生问题，给公司造成的影响能明显感觉到	40
4	有较大的风险。一旦发生问题，会给公司带来较严重的损失	60
5	有极大的风险。一旦发生问题，对公司造成的影响不仅不可挽回，而且会致使公司产生经济危机甚至倒闭	80

续表

成本控制责任		
因素定义：指在正确的工作状态下，因工作疏忽在可能造成的成本、费用、利息等额外损失方面所承担的责任，其责任的大小以可能造成损失金额的多少作为判断基准，并以月平均值为计量单位		
1	不可能造成成本、费用等方面的损失或损失金额小于 500 元	5
2	损失金额在 500 元以上，2 000 元以下	10
3	损失金额在 2 000 元以上，5 000 元以下	15
4	损失金额在 5 000 元以上，10 000 元以下	20
5	损失金额在 10 000 元以上，50 000 元以下	30
6	损失金额在 50 000 元以上	40
指导监督责任		
因素定义：指在正常权力范围内所拥有的直接指导监督责任。其责任的大小根据所指导监督人员的数量和层次进行判断。（注：3 名一般工作人员相当于 1 名基层管理人员。3 名基层管理人员相当于 1 名中层管理人员）		
1	不指导监督任何人，只对自己负责	0
2	指导监督 3 名以下一般工作人员	10
3	指导监督 3~5 名一般工作人员或 1 名基层管理人员	15
4	指导监督 5~7 名一般工作人员或 2 名基层管理人员	20
5	指导监督 7~10 名一般工作人员或 3 名基层管理人员或 2 名中层管理人员	25
6	指导监督 4 名基层管理人员或 2 名中层管理人员	30
7	指导监督 2 名以上中层管理人员	40
内部协调责任		
因素定义：指在正常工作中，需要进行的各类协调活动。其责任的大小以所协调对象的所在层次、人数、频繁程度和失调后果的严重程度作为判断基准		
1	不需要与任何人进行协调，若有，也是偶尔与本部门的一般职工进行协调	0
2	仅与本部门职工进行工作协调，偶尔与其他部门进行一些个人协调，协调不利一般不影响自己和他人正常工作	7
3	与本部门和其他部门的职工有密切的工作联系，协调不利会影响双方的工作	15
4	几乎与本公司所有一般职工有密切的工作联系，或与部分部门经理有进行工作协调的必要。协调不利对公司有一定的影响	22
5	与各部门的经理及负责人有密切的工作联系，在工作中需要保持随时联系和沟通，协调不利对整个公司有重大影响	30
外部协调责任		
因素定义：指在正常工作中须维持密切工作关系，以便顺利开展工作。所负有的责任以这种协调对企业的影响和重要性作为判断基准		
1	不需要与外界保持密切联系，如有，也仅限于一般公职人员，且有偶然性	0
2	工作需要与外界几个固定部门的一般人员发生较频繁的业务联系，所开展的业务属于常规性的业务	10
3	需要与厂商、政府机构、外商保持密切联系，联系只限于具体业务范围内	20
4	需要与上级或其他主管部门的负责人保持密切联系、频繁沟通，联系的内容往往涉及重大问题或影响决策	30

续表

工作结果责任 因素定义：指对工作结果承担多大责任。以工作结果对公司的影响和意义的大小作为判断责任大小的基准		
1	只对自己的工作结果负责	6
2	须对自己和所指导监督者的工作结果负责	12
3	对部门里部分工作的结果负责	18
4	对整个部门的工作结果负责	24
5	对整个公司的部分部门的工作结果负责	30
6	对全公司的工作结果负责	40
组织人事责任 因素定义：指在工作中，对人员的选拔、任用、考核、工作分配、激励等具有的权力。以此权力大小作为判断基准		
1	不负有组织人事的责任	0
2	仅对一般职工有分配工作任务、考核和激励的责任	10
3	对一般职工具有选拔、任用和管理的责任	20
4	对基层的负责人有任免的权力	30
5	对中层领导有任免的权力	40
法律责任 因素定义：指在正常工作中需要拟定和签署具有法律效力的合同，并对合同的结果负有相应的责任。其责任的大小以签约、拟订合同的重要性及后果的严重性作为判断基准		
1	不参与有关法律合同的制定和签约	18
2	工作需要偶尔拟定具有法律效力的合同条文，其条文最终受上级审核方可签约	36
3	工作经常需要拟定合同和签约，领导只做原则审核，个人承担部分责任	54
4	工作经常需要审核各种业务或其他具有法律效力的合同，并对合同的结果负有全部责任	60
5	工作经常需要以法人资格签署各种相关合同，并对其结果负有全部的责任	70
决策层次 因素定义：指在正常的工作中需要参与决策，其责任的大小以所参与决策的层次高低作为判断基准		
1	工作中常做一些小的决定，一般不影响他人	6
2	工作中需要做一些大的决定，只影响与自己有工作关系的部分一般职工	12
3	工作中需要做一些对所属部门人员有影响的决策	18
4	工作中需要做一些大的决策，但必须与其他部门负责人共同协商	24
5	工作需要参加最高层次决策	30
等级	知识与技能因素	分值
最低学历要求 因素定义：指顺利履行工作职责所要求的最低学历。以全日制学历为判断基准		
1	高中、职业高中或中专毕业	5
2	大专	10

续表

3	本科	15
4	硕士/本科双学位	20
5	博士	30
知识多样性		
因素定义：指在顺利履行工作职责时须使用多种学科、专业领域的知识。判断基准在于知识广博不在于精深		
1	偶尔使用其他学科的知识	7
2	较频繁地使用其他学科的一般知识	14
3	频繁地综合使用其他学科的知识	22
4	工作要求经常变换专业领域	30
熟练期		
因素定义：指具备工作所需的专业知识的一般劳动力需要多长时间才能胜任本职工作		
1	3 个月以内	4
2	3~6 个月	8
3	7~11 个月	12
4	1~2 年	16
5	2 年以上	20
工作复杂性		
因素定义：指在工作中履行职责的复杂程度。其判断基准根据所需的判断、分析、计划等水平而定		
1	简单的、独立的工作，不必考虑对他人有什么妨碍	8
2	只需简单的提示即可完成工作，不需计划和独立判断，偶尔亦须考虑自己对别人的妨碍	16
3	进行独立判断或计划，要求考虑如何工作才能不妨碍他人工作	24
4	须进行专门训练才可胜任工作，但大部分时候只需一种专业技术，偶尔需要工作时运用多种专业技能，经常做独立判断和计划，要有相当强的解决问题的能力	32
5	工作要求高度的判断力和计划性，要求积极地适应不断变化的环境和问题	40
工作经验		
因素定义：指工作在达到基本要求后，还必须运用某种随经验不断积累才能掌握的技巧。判断基准是胜任此工作所须积累的工作经历长度		
1	3 个月以内	5
2	3~6 个月	10
3	7~8 个月	15
4	9~11 个月	20
5	1~2 年	28
6	3~5 年	36
7	6 年以上	40

续表

	工作灵活性 因素定义：指工作需要灵活处理事情的程度。判断基准取决于工作职责要求	
1	属于常规性工作，很少或不需要灵活性	0
2	大部分属于常规性工作，偶尔需要灵活处理一些一般性问题	10
3	工作中一半属于常规性的，经常需要灵活处理工作中所出现的问题	20
4	工作中一大半属于非常规性的，主要靠自己灵活地按具体情况进行妥善处理	30
5	属于非常规性工作，须在复杂多变的环境中灵活地处理重大的偶然性问题	40
	文字能力 因素定义：指工作所要求的文字运用能力	
1	一般信函、简报、便条、备忘录和通知	10
2	报告、汇报文件，总结（非个人）	15
3	公司文件或研究报告	20
4	合同或法律文件	25
	数学知识 因素定义：指工作所要求的实际数字运算知识的水平。以常规使用的最高数学知识为判断基准	
1	整数加减	5
2	四则运算、小数、分数	10
3	乘方、开方、指数	15
4	统计和线性代数	20
5	计算机程序语言	25
	综合能力 因素定义：指为顺利履行工作职责应具备的多种知识、经验和能力要求	
1	工作单一、简单，无须特殊技能和能力	10
2	工作规范化、程序化，仅需某方面的专业知识和技能	20
3	工作多样化，灵活处理问题要求高，须综合使用多种知识和技能	35
4	非常规性工作，需在复杂多变的环境中处理事务，需要高度综合的能力	50
等级	努力程度因素	分值
	工作压力 因素定义：指工作本身给任职人员带来的压力。根据决策迅速性、工作常规性、任务多样性、工作流动性及工作是否被时常打断进行判断	
1	极少迅速做出决定，工作常规化，工作很少被打断或干扰	10
2	很少迅速做出决定，工作速度没有特定要求，手头的工作有时被打断	20
3	要求经常地迅速做出决定，任务多样化，手头的工作时常被打断，工作流动性很强	30
4	经常迅速做出决定，任务多样化，工作时间很紧张，工作流动性很强，很难坐下来安静处理问题	40

续表

	精力集中程度	
因素定义：指在工作时对精力集中程度的要求。根据集中精力的时间、频率等进行判断		
1	工作时心情放松，视力、听力不必太集中	8
2	工作时必须集中精力或视力、听力，时间约占全部时间的 10%~25%	16
3	第二条的 25%~50%或高度集中精力或视力、听力时间占工作时间的 10%~25%	24
4	工作时高度集中精力的时间占全部工作时间的 25%~50%	32
5	工作时高度集中精力的时间占全部工作时间的 50%以上	40
	体力要求	
因素定义：指工作时必须运用体力，其消耗的水平高低根据工作姿势、持续时间长度和用力大小进行判断		
1	工作时姿势随意	0
2	站立、久坐时间占全部时间的 50%以下	4
3	站立、久坐时间占全部时间的 50%以上	7
4	须经常远途出差	10
	创新与开拓	
因素定义：指顺利进行工作所必需的创新精神与开拓能力，以频率为判断标准		
1	全部工作为程序化、规范化，无须开拓创新	0
2	工作基本规范化，偶尔需要开拓创新	15
3	工作时常需要开拓和创新	30
4	工作性质本身即开拓和创新的	40
	工作紧张程度	
因素定义：指工作的节奏、时限、工作量、注意力转移程度和工作所需对细节的重视所引起的工作紧迫感		
1	工作的节奏、时限自己掌握，没有紧迫感	10
2	大部分时间的工作节奏、时限自己掌握，有时比较紧张，但时间持续不长	20
3	工作的节奏、时限自己无法控制，明显感到工作紧张	30
4	为完成每日工作须加快工作节奏，持续保持注意力的高度集中，每天下班时经常明显感到疲劳	40
	工作均衡性	
因素定义：指工作每天忙闲不均的程度		
1	一般没有忙闲不均的现象	7
2	有时忙闲不均，但有规律性	14
3	经常有忙闲不均的现象，且没有明显的规律性	21
4	工作经常忙闲不均，而且忙的时间持续很长，要打乱正常的作息时间	30
等级	工作环境因素	分值
	职业病	
因素定义：因工作所造成的身体疾病		
1	无职业病的可能	0
2	会对身体某些部位造成轻度损害	5

续表

3	对身体某些部位造成能明显感觉到的损害	10
4	对身体某些部位造成损害，产生痛苦	15
工作时间特征 因素定义：指工作要求的特定起止时间		
1	按正常时间上下班	7
2	基本按正常时间上下班，偶尔需要早到迟退	14
3	上下班时间根据工作具体情况而定，但有事实上的规律，自己可以控制安排	21
4	上下班时间根据工作具体情况而定，并无规律可循，自己无法控制安排	30
环境舒适性 因素定义：指工作时环境对任职者身体、心理健康的影响程度		
1	不舒适时间占全部时间的 10%~15%	0
2	不舒适时间占 16%~50%或极不舒适时间占 10%~25%	10
3	不舒适时间占 50%以上或极不舒适时间占 26%~50%	20
4	极不舒适时间占 50%以上	30
危险性 因素定义：指职业本身可能对任职者身体造成的伤害		
1	没有可能对人身造成任何伤害	0
2	不注意可能造成人体表皮局部损伤	5
3	可造成较严重的伤害或偶尔长途出差	15
4	常进行具有危险性的公务出差	25

资料来源：郑晓明，吴志明. 工作分析实务手册[M]. 第 2 版. 北京：机械工业出版社，2006

表 5-4 职位评价因素权重表

评价因素			等级数	最高点数	合计	百分比
责任	1	风险控制责任	5	80	400	40%
	2	成本控制责任	6	40		
	3	指导监督责任	7	40		
	4	内部协调责任	5	30		
	5	外部协调责任	4	30		
	6	工作结果责任	6	40		
	7	组织人事责任	5	40		
	8	法律责任	5	70		
	9	决策层次	5	30		

续表

评价因素			等级数	最高点数	合计	百分比
知识与技能	1	最低学历要求	5	30	300	30%
	2	知识多样性	4	30		
	3	熟练期	5	20		
	4	工作复杂性	5	40		
	5	工作经验	7	40		
	6	工作灵活性	5	40		
	7	文字能力	4	25		
	8	数学知识	5	25		
	9	综合能力	4	50		
努力程度	1	工作压力	4	40	200	20%
	2	精力集中程度	5	40		
	3	体力要求	4	10		
	4	创新与开拓	4	40		
	5	工作紧张程度	4	40		
	6	工作均衡性	4	30		
工作环境	1	职业病	4	15	100	10%
	2	工作时间特征	4	30		
	3	环境舒适性	4	30		
	4	危险性	4	25		

表 5-5 职位评价打分表

因素	细分因素		权重	职位名称			
责任	1	风险控制责任	80				
	2	成本控制责任	40				
	3	指导监督责任	40				
	4	内部协调责任	30				
	5	外部协调责任	30				
	6	工作结果责任	40				
	7	组织人事责任	40				
	8	法律责任	70				
	9	决策层次	30				

续表

因素	细分因素		权重	职位名称			
知识与技能	1	最低学历要求	30				
	2	知识多样性	30				
	3	熟练期	20				
	4	工作复杂性	40				
	5	工作经验	40				
	6	工作灵活性	40				
	7	文字能力	25				
	8	数学知识	25				
	9	综合能力	50				
努力程度	1	工作压力	40				
	2	精力集中程度	40				
	3	体力要求	10				
	4	创新与开拓	40				
	5	工作紧张程度	40				
	6	工作均衡性	30				
工作环境	1	职业病	15				
	2	工作时间特征	30				
	3	环境舒适性	30				
	4	危险性	25				
合计							

四、评价结果的统计分析

职位评价数据分析就是对不同评价者的评价数据进行处理，一般步骤包括去掉最高分、去掉最低分、计算出指标均值，然后计算指标方差。如果方差偏高，说明大家的建议不一致，需要重新对此项目进行评价，直到方差可以被接受为止。职位评价可以采用平均数，但一定要配合方差去分析，否则无法代表大家的一致意见。

【例 5-2】职位评价过程统计技巧

表 5-6 给出了三个职位评价过程的统计表，指标均值与方差都是去掉一个最高分和一个最低分后的值，这种处理方法的好处是避免利益相关者打分过高或过低。

表 5-6　职位评价过程统计表

要素名称	评价者 1	评价者 2	评价者 3	评价者 4	评价者 5	评价者 6	评价者 7	指标均值	方差
风险控制	20	30	25	10	15	15	15	18	4.47
成本控制	5	5	5	5	5	5	5	5.0	0.00
指导监督	0	5	0	0	5	2	0	1.4	2.19

【例 5-3】职位评价结果的应用

表 5-7 是某企业的职位评价结果的排序，可以看出该公司内部职位的相对价值，各类岗位的重要性一目了然。

表 5-7　职位评价结果的排序

管理类		业务类		技术支持类		职能类	
职位	薪点	职位	薪点	职位	薪点	职位	薪点
董事长	933						
总经理	918						
副总经理	716	风险总监	692	信息技术总监	615	财务总监	621
总经理助理	565	营业部总经理	587	网络部经理	551	结算部经理	509
董事会秘书	521	研究咨询部经理	578			财务部经理	496
行政总监	516	营业部副总经理	462	网络交易系统主管	442		
综合管理部经理	468	风险主管	461	电脑主管	411		
高管秘书	460	投资交易主管	445	营业部网络主管	355	结算主管	353
人事主管	361	研究主管	427			财务主管	345
行政主管	355	市场代表	340	司机	282		
综合主管	330	高级客户经理	337	内勤主管	255		
		报单主管	336	出纳员	246		
		信息主管	290	文员	217		
		客户经理	270	保安员	209		
				清洁员	158		

资料来源：笔者咨询方案中的实例

【复习与思考】

1. 简述职位评价原理与方法。
2. 简述海氏职位评价法与美世职位评价法。
3. 职位评价工作的操作步骤有哪些？
4. 如何运用职位评价因素定义与分级表和职位评价打分表？

【课后技能训练】

如果你是在校生，请针对你所在高校的辅导员、清洁员、楼长的岗位进行职位评价，组织小组成员对这些岗位进行打分评价，分析方差和平均数，计算出每个岗位的点值。

参 考 文 献

郑晓明，吴志明. 2006. 工作分析实务手册[M]. 第 2 版. 北京：机械工业出版社.

第六章　薪 酬 福 利

【学习目标】

通过本章学习掌握薪酬福利的主要设计方法，能够组织职位评价与薪酬设计工作，对工资、奖金、福利设计方法都有所了解。

趣味导入：利乐有情

一位姑娘走进一家工程公司的经理办公室，询问："请问您这里招女秘书吗？"

"对不起，我们倒也想招聘一位女秘书。可是，当下经济环境不景气，我们公司没有工程可做啊！"

"没有工程我不计较，只要有工资就行！"姑娘诚恳地说。

第一节　薪酬设计原理

一、什么是薪酬

George T. Milkovich 和 Jerry M. Newman 把薪酬定义为雇员作为雇佣关系中的一方所

得到的各种货币收入及各种具体的服务和福利之和。中国古汉语中的“薪酬”是“柴和酒水”的意思，从心理感知角度讲是“快乐和温暖”的意思。从薪酬结构上看，薪酬一般包括固定部分和可变部分，所谓“士无饷不来，无赏不往”，这句话很好地表达了薪酬的种类和作用，薪酬包括固定部分，即“饷”，还有可变部分，即“赏”，前者是吸引将士来的，后者是激励大家冲锋陷阵的。

常见的薪酬发放形式包括工资与福利，工资包括职位工资、绩效工资和成就工资，福利又分基本福利和特殊福利，基本福利有社会保险、带薪假期等，特殊福利是指企业独有的福利项目（图 6-1）。另外，还有一些长期激励，如股权等。工资制定一般会考虑岗位差异，而福利更多强调平均分配，因为工资关注员工对组织的贡献，而福利关注员工的成员身份，其主要意义在于增加员工对组织的归属感（sense of belonging）并提高组织凝聚力。当然，一些高福利的企业还可以通过福利规避掉一些税收负担。

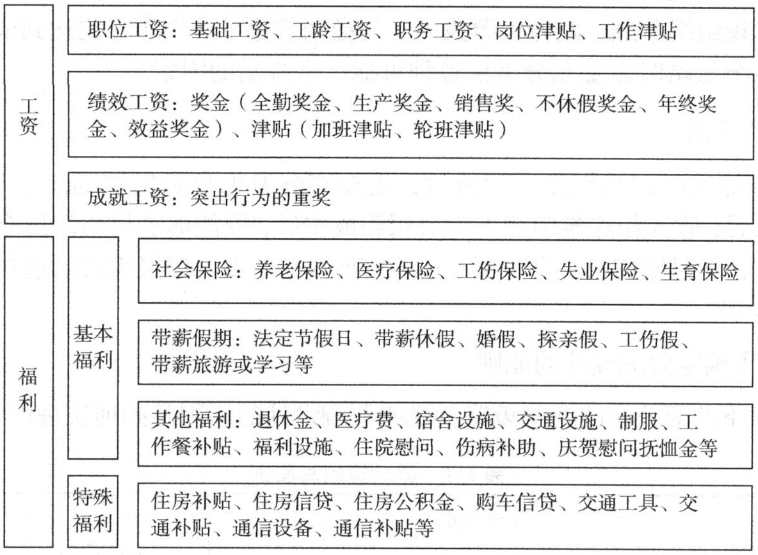

图 6-1　薪酬形式与种类

在工资与福利中，一些概念容易被混淆，如津贴和补贴。津贴和补贴是对员工在特殊劳动条件和工作环境中的额外劳动消耗和生活费用给予的补偿支出，通常把与工作相关的补偿称为津贴，把与生活相关的补偿称为补贴。所以，津贴一般算作工资部分，如加班津贴，而补贴会算作福利，如通信补贴。

二、薪酬设计原则

企业设计薪酬主要遵循的原则有内部公平、外部竞争、激励导向、成本控制四个。

1. 内部公平

内部公平是组织确定薪酬的第一个原则，它强调各职位薪酬关系的一致性与逻辑性。

它要求公平对待所有员工，这样有利于员工行为与组织目标相匹配。内部公平原则是亚当斯公平理论在薪酬中的运用，包括横向公平和纵向公平。横向公平即所有员工之间的薪酬标准、尺度保持一致；纵向公平即考虑历史的延续性，使员工过去和未来的投入产出比基本上一致或略有增长。

2. 外部竞争

外部竞争原则强调组织在设计薪酬时，要考虑同行业的薪酬水平，尤其是竞争对手的薪酬水平。只有确保自己的薪酬水平在市场上具有一定的竞争力，才能充分地吸引和留住企业发展所需的关键性人才。

3. 激励导向

激励导向原则是指组织在设计薪酬时，需要充分考虑薪酬的激励作用，实现薪酬的激励效果，实现组织薪酬（人力资源投入）与激励效果（产出）之比达到最大化。为此，组织在设计薪酬策略时需要充分考虑各种可能产生激励的因素。

4. 成本控制

成本控制原则强调组织设计薪酬时，需要充分考虑自身发展的阶段和财务支付能力。从短期来看，收入扣除各项非人工费用和成本后，要能够支付组织所有员工的薪酬；从长期来看，在支付所有员工薪酬后，还要有所盈余，以支撑组织继续追加和扩大投资，获得可持续发展。

【例 6-1】确定薪酬设计的原则

请比较以下两家公司的薪酬策略，说明薪酬设计的原则是如何实现的（表 6-1）。

表 6-1 薪酬策略与原则

内容	微软公司	惠普公司
薪酬总体策略	支持微软招聘、激励和维系优秀人才	持续地吸纳具有创造性和激情的人才，确保人人机会平等
内部公平	支持微软的绩效推动计划，以经营、技术为基础的组织结构	支持跨职能协调，对公司具有长期的责任感
外部竞争	基本工资滞后；整体薪酬领先；奖金和股票期权领先	领先水平的薪酬
激励导向	奖金和期权以个人绩效为基础	以个人绩效为基础；加薪与利润分享

三、薪酬结构

薪酬结构是指在同一组织内，不同职位或不同技能薪酬水平的排列形式。它体现出薪酬水平等级是多少，不同薪酬水平的级差是多少（图 6-2）。

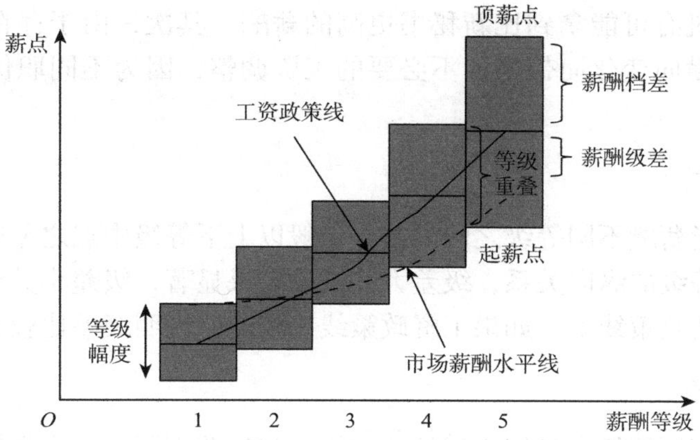

图 6-2　薪酬结构图

1. 工资政策线

工资政策线又称工资指导线，它是各等级中位线的连线，代表着组织内部整体工资结构特征和水平（图 6-2）。工资政策线水平位置如果比较高，说明组织内部薪酬水平整体较高，反之则表明组织内部薪酬水平整体偏低。工资政策线比较陡（斜率较大），说明内部各等级的差距比较大，工资政策线比较平直，说明内部等级差距小，有平均主义倾向。平均不代表公平，所以，绝大多数工资政策线具有一定的斜率。

2. 市场薪酬水平线

市场薪酬水平线是指运用市场薪酬调查得到的薪酬水平数据绘制出的曲线，用来反映组织薪酬水平与外部相比是否具有竞争力。如采取市场较高位置的薪酬水平，即前 1/4 水平的薪酬，说明外部竞争力比较强。

3. 薪酬等级

薪酬结构一般是以等级来体现的，等级的数目和各等级之间的关系反映了薪酬整体状况。图 6-2 中的横坐标都是不同的薪酬等级，它们代表着组织薪酬的内部结构，人们通常所说的一家企业的工资为“几级工资制”就是指其内部有多少个工资等级。

4. 起薪点与顶薪点

起薪点是每个薪酬等级中起始薪酬水平，顶薪点是每个薪酬等级中最高薪酬水平。起薪点与顶薪点的差被称为“等级幅度”，等级幅度越大代表着该薪酬等级可以容纳的薪酬范围也越大。

5. 等级重叠

等级重叠是指不同等级之间存在的重合部分，为什么会出现等级重叠设计呢？它主要是用来满足组织的现实需求。首先，重叠使低职位等级高档次的员工薪酬有可能超过高职位等级低档次的员工。因此，一些员工由于工龄或其他薪酬要素的影响，虽然是低职位等级，但处于较高档次，薪酬将超过处于高职位等级却是低薪酬档次的员工。例如，老司机有可能拿到比新秘书更高的薪酬。其次，由于存在重叠，还可以避免一些由于职位横向变化而带来的不必要的工资调整，因为不同职位等级的薪酬水平有可能是一样的。

6. 薪酬级差

薪酬级差是指薪酬不同等级之间的差，一般以上下等级中点之差来表示。级差反映了组织内部不同等级的纵向关系，级差大其激励效果显著，级差小其激励效果微弱。级差也会体现在工资政策线上，如果工资政策线比较陡，说明级差比较大。

7. 薪酬档差

薪酬档差是薪酬等级中各档之间的差，级差与档差不同，一个是描述等级之间的关系的，一个是描述等级内部档次之间的关系的。档差大意味着同一等级内部激励效果显著。因为，涨一档工资对员工来说薪酬变化比较大。

四、薪酬调查

薪酬调查是通过各种途径采集市场上各类人员工资福利水平和支付状况的有关信息，从而进行汇总分析的全部过程。薪酬调查的作用在于提供其他相关组织的薪酬信息，以使本组织薪酬策略的制定更加科学而富有竞争力。从操作步骤来看，薪酬调查包括确定调查目的、确定调查范围、选择调查方式和分析调查数据四个步骤（图 6-3）。

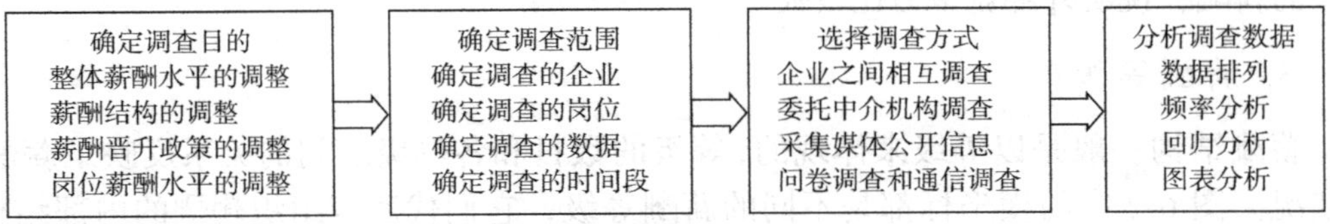

图 6-3　薪酬调查步骤

具体的调查形式一般采用问卷法和访谈法，采取问卷法需要准备调查表，而采取访谈法需要提前拟好问题提纲。进行薪酬调查的一些关键控制点如下。

1. 确定单位

按照“同行业、同地区、有竞争”三个原则进行选择，其中“有竞争”是指本行业中的单位具有相同竞争实力，这三个原则能够保障薪酬调查结果具有可比性。

2. 调查职位

寻找出总职位的 20%，作为标杆职位，调查时注明该职位的主要职责，以便进行职位对照。

3. 采集数据

利用访谈法或问卷法采集充足有效的数据，如薪酬结构、薪酬水平、薪酬幅度和等级档次等。

4. 对比分析

按照薪酬调查的数据计算并汇报结果，主要包括平均数、众数和“Q点”，平均数反映薪酬水平的居中趋势，众数反映大多数单位的薪酬水平，“Q点”是位置处于调研单位25%、50%、75%的薪酬水平。例如，一家企业调查到12家企业某一职位的薪酬，按薪酬水平由低到高纵向排列，排在第三位的企业薪酬水平就是Q_1点，它代表市场偏低水平，排在第六位的企业薪酬水平就是Q_2点，它代表市场中等水平，排在第九位的企业薪酬水平就是Q_3点，它代表市场偏高水平，排在第11位的企业薪酬可视为位于90%位置上的市场水平，它代表着薪酬的最高水平，企业届时可以根据外部市场薪酬水平确定薪酬策略。计算时要注意，如果调查数量乘1/4、2/4和3/4结果出现小数则需要进位取整，调查数量如果不满10家，90%的位置就是最高位。计算“Q点”相对于计算平均数的好处是它代表的是真实薪酬，平均数算出的只是一个居中趋势，很有可能并非任何一家单位的薪酬，这就不具备真正意义上的参照价值。

【例6-2】薪酬调查结果统计

表6-2是2018年4月通过访谈调查，获得的北京10所高校后勤部分职位的薪酬水平。请问如何使用“Q点”作为市场薪酬水平的参照，又为什么不使用平均数？

表6-2　北京10所高校后勤部分职位市场薪酬水平调查表　　单位：元

序号	保洁员	售饭服务员	楼长	Q点
1	730	650	800	
2	750	750	1 100	
3	750	780	1 200	Q_1
4	765	800	1 200	
5	765	865	1 250	Q_2
6	766	900	1 250	
7	768	900	1 400	
8	775	900	1 433	Q_3
9	800	900	1 515	
10	850	1 100	1 600	

第二节　职位技能工资设计

一、薪酬设计的种类

根据薪酬设计的基础，一般把薪酬设计归纳为“以岗定薪”和“以能力定酬”。所谓“以岗定薪”就是以职位工作职责为主要衡量依据，以“能力定酬”就是以个人技能和能力为主要标准进行薪酬设计。因此，也可以进一步把“以能力定酬”分为技能型薪酬设计和能力型薪酬设计（图 6-4）。

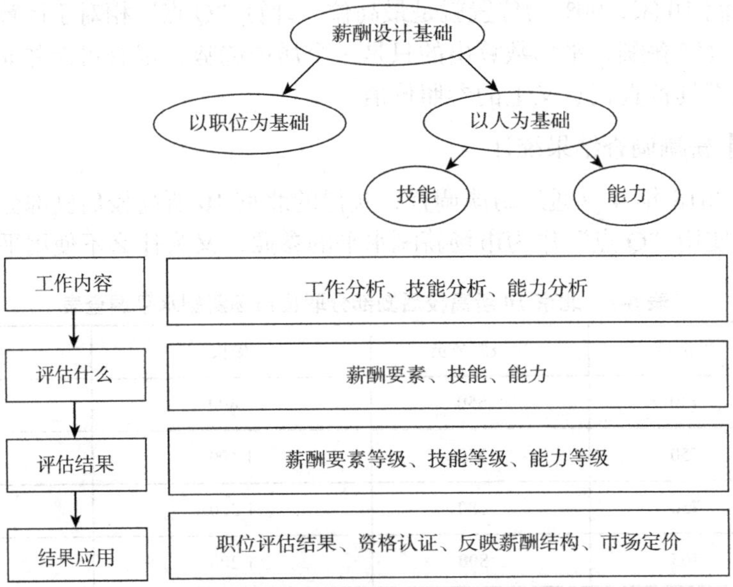

图 6-4　建立薪酬体系的三种途径

以职位、技能、能力为基础的薪酬设计，各自有着不同的设计方法。以职位为基础的薪酬设计需要做工作分析，依据薪酬要素进行职位评估，作为划分等级的标准。以技能和能力为基础的薪酬设计，主要是依据技能与能力分析获得技能与能力等级，这些薪酬设计方法依赖于完善而客观的技能资格认证及规范的薪酬市场定价。相比之下，各种设计模式都有各自的优势和不足，职位薪酬使得员工对于职位职责更加明确，但无法很好地体现出个体的能力差异，相反，以技能和能力为基础的薪酬设计更加关注个体的技能和能力，但技能和能力的评鉴的准确程度将成为关键问题（表 6-3）。

表 6-3　三种薪酬设计模式的对比

项目	以职位为基础	以技能为基础	以能力为基础
关注方向	薪酬要素	技能模块	能力评定
报酬转化	分配反映标准薪酬要素的点数	外部市场对技能的鉴定与定价	外部市场对能力的鉴定与定价
重点工作	工作分析与职位评估	技能鉴定	能力分析
优势	职责明确、任务清晰	不断提升技能	员工重视学习
不足	薪酬不能很好地体现能力	对职位职责重视不够	对能力鉴定水平要求高

二、薪点工资制

以薪点为基础的职位技能工资制度，是一种依据工作分析和职位评估结果来确定薪点，再由薪点决定工资收入的工资制度。其主要内容是：依据工作分析和职位评估的结果确定每个职位的薪点，同一职位不同岗位的员工因技能、经验等不同而归入不同的档别，如图 6-5 就是一个一级九档的职位技能薪点设计，其中第五档为中值薪点，即依据工作分析和职位评估的结果而确定的薪点。

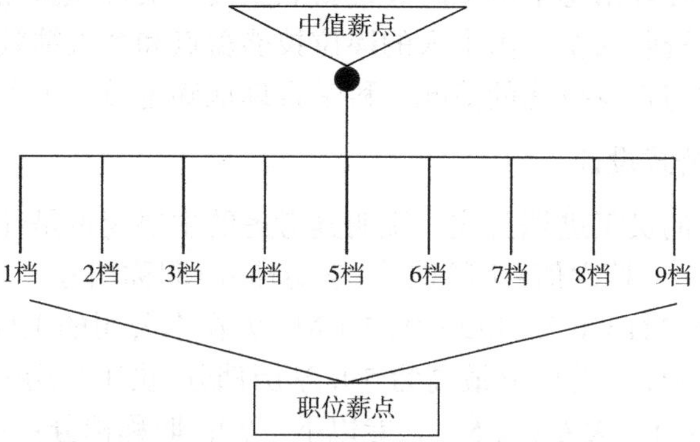

图 6-5　职位技能薪点示意图

由于薪酬边际效用呈递减规律，职位技能工资各档之间的档差也随着薪点的增高而加大。所以，需要把薪点划分为多个工资等级，并确定相应的档差。如表 6-4 所示，该公司将工资分为七个等级，每个等级代表着一个薪点范围，如 150~299 点为第一个等级。接着对每个等级内部进行档次划分并确定档差，如第一个等级档差为 10 点。至此，我们可以称一个工资体系为几级几档工资体系，如“七级九档工资制”。

表 6-4　工资等级与档次划分表

工资等级	1	2	3	4	5	6	7
薪点范围	150~299	300~399	400~549	550~649	650~749	750~849	850~1 000
档差	10	10	10	15	20	20	25

【例 6-3】薪酬结构图表

请按表 6-4 中的数据绘制薪酬结构图，理解薪酬结构中“图与表”的对应关系（可以参考图 6-2）。

三、设计流程与要点把握

在公司工资分配制度的改革中，关键要确定员工的个人岗位技能薪点，员工个人岗位技能薪点的确定，主要是通过以下步骤来实现的。

1. 确定中值薪点

对照职位评估的结果确定该岗位的薪点，即中值薪点。

2. 确定档次得分

员工的技能和经验不同，档次也应当不同。由于技能和经验不便于定量评价，为便于操作，一般可以采用学历、工龄、职称三个变量作为进档的决定因素。当中值薪点和档次确定以后，可据此算出每个员工的岗位薪点工资。实行以薪点为基础的岗位技能工资制，员工个人的工资收入主要由个人的岗位技能薪点和个人绩效工资决定，这样就能够结合员工所在岗位与自身技能的情况，科学合理地确定员工工资。

【例 6-4】进档公式设计

请分析以下公司的员工进档公式，说明其考虑的主要变量是什么。

档次值=工龄档分+学历档分+职称档分

其中，工龄档分=M1 × 0.75+M2 × 0.25（M1 为在本公司的工作年限，M2 为在外单位同类岗位的工作年限，工龄档分最高为 5）；学历档分=员工学历−岗位要求学历（博士：2　硕士：1.5　本科：1　大专：0.5　大专以下：0）；职称档分：正高——2；副高——1.5；中级——1。

3. 全员入档

根据员工所在的岗位，找出该员工所在岗位的中值薪点（即第五档的薪点点值），然后再依据员工的个人情况，根据入档办法确定其档次和岗位技能薪点。

【例 6-5】工资计算公式设计

请分析以下公司的薪酬公式，解释每个公式考虑的主要内容。

员工岗位技能工资=岗位基本工资+岗位业绩工资

岗位基本工资=岗位薪点工资 × 0.6

岗位业绩工资=岗位薪点工资 × 0.4 × 个人考核系数

岗位薪点工资=个人岗位技能薪点 × 薪点工资率

个人岗位技能薪点=中值薪点+（档级−8）× 档差

4. 确定薪点工资率

薪点工资率是根据组织实际发展状况，经过测算、论证，由决策层批准执行的薪点价值。薪点工资率可按以下公式计算：

$$薪点工资率=预算工资总额/职位总薪点数$$

其中，

$$职位总薪点数=\sum 员工职位技能薪点$$

5. 确定个人考核系数

个人考核系数依据季度业绩考核的等级确定，业绩考核一般可以分为优、良、中、差四个等级，每个等级对应不同的考核系数。

【例 6-6】考核与奖金如何挂钩

请分析以下公司的薪酬公式，解释每个公式考虑的主要内容（表 6-5）。

表 6-5 考核等级对应系数表

业绩考核评定等级	优	良	中	差
对应考核系数	1.2	1.0	0.8	0.6

四、薪酬测算步骤

步骤一：求出评价薪点的工资率（预算工资总额/职位总薪点数）；

步骤二：把各个职位的薪点数和薪点工资率对照，得到每个职位按照薪点所确定的工资；

步骤三：对所有职位的薪点工资率变动结果进行测算，与各职位现有的工资进行比较，分析各类岗位的工资变动情况；

步骤四：分别对薪点工资率提高 10%、20%、30%时会出现的情况进行比较。

（由于高层采取年薪制工资，测算以中、基层为样本对象。）

【例 6-7】薪酬调整的测算方法

以下是一家公司的薪酬改革的测算过程，请说明其中主要考虑了哪些因素。

测算样本：公司除高管层外 45 个样本（包括所有标准岗位，能代表全体）

现有工资总额：69 416.67 元

薪点总和：14 107.00

$$薪点工资率=现有工资总额/薪点总和=69\ 416.67/14\ 107.00=4.92$$

测算结果：当薪点工资率提高 20%时，样本的变化情况为 87%的员工工资升高，13%的员工工资下降。13%工资下降的员工中，主要是客户经理（图 6-6、表 6-6）。

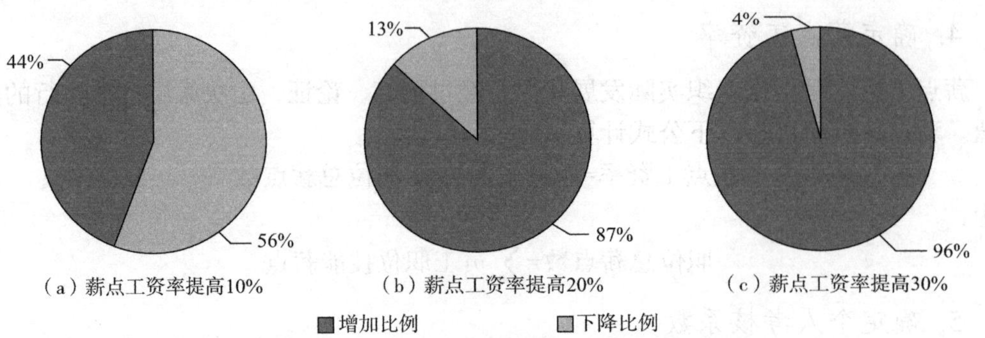

图 6-6 薪点工资率变化对工资的整体影响

表 6-6 中层、基层员工的平均薪酬变化

层级	原平均工资/元	薪点工资/元	变化率	薪点增长 20%		同行业薪酬水平/元
				薪点工资/元	变化率	
中层	2 490.00	2 545.98	2.25%	3 055.18	22.70%	3 000~4 000
基层	1 493.67	1 485.67	−0.54%	1 782.80	19.36%	1 600~2 000

五、如何设计奖金

奖金设计主要关注三个要点：总额设计、奖励倾向、支付方式。在总额设计方面需要考虑行业特点和发展阶段，如成长型企业和资本密集型企业奖金比例会小一些。奖励倾向分为三类，即关注质量、关注盈利和关注成本，如例 6-8 所示，不同单位需要根据自己的不同情况来制定奖励重点。

【**例 6-8**】奖金总额的确定

请分析表 6-7、表 6-8 和表 6-9 分别代表关注质量、关注盈利和关注成本三类奖励设计的哪一类。

表 6-7 投资回报率与员工分享比例表

投资回报率	员工分享比例
>6.8%	4.5%
6.4%~6.8%	4.1%

表 6-8 质量指标与员工分享比例表

质量指标（退回产品 35%、送货及时 20%、产品检查 30%、消费者投诉 15%）	员工分享比例
951~1 000	50%
851~950	48%

表 6-9　成本比率与员工分享比例表

成本比率（运营成本占销售额的比率）	员工分享比例
>95%	0
94%~95%	4.0%
92%~93%	7.5%
90%~91%	11.0%
88%~89%	16.2%
86%~87%	19.3%

【例 6-9】项目制人员奖金设计

项目制人员的奖金设计往往与时间、成本、质量、数量指标挂钩，表 6-10 给出了项目四大要素奖励指标与奖金的挂钩比例。请分析研发项目与工程项目有何不同，原因何在。

表 6-10　项目制奖励指标的奖金挂钩比例

奖励指标		研发项目权重	工程项目权重
项目进度执行情况（延期率）		40%	50%
项目成本预算执行情况（费用超支率）		20%	20%
项目数量、质量执行情况	性能、功能质量达成率（50%）	40%	30%
	客户需求达成率（20%）		
	规范化执行率（30%）		

注：延期率=（实际执行天数–计划天数）/计划天数；费用超支率=（项目实际发生费用–项目预算）/项目预算

【例 6-10】销售人员奖金设计

销售人员的奖金设计经常采用“三定一包”法，具体内容包括：

（1）定销售价格：上限与下限，防止低价丢货，不同价格不同奖励政策，分为三档；

（2）定产品销售基数：既定任务，一般每年不变；

（3）定货款回收期：按实际回款计提奖金，不同回收期完成回款获得的奖励系数不同；

（4）包销售费用：万元费率包干制。

奖金计算公式：

$$奖金=奖励工资\times销售系数+销售费用结余$$

其中，

$$销售系数=现实完成数/任务基数$$

表 6-11 中的某销售人员当月以 1 000 元的价格签订了 154 份销售合同，请根据上述公式计算他当月应得多少奖金（提示：奖金发放的基数是实收货款）。

表 6-11　销售人员任务完成情况

实收货款的销售量/件	销售单价与奖励金额/元			销售量		销售费用结余/元
	1 050	1 000	980	任务基数/件	实现完成合同/份	
150	2	1	0.5	140	154	500

在支付方式上，分为重奖机制与平滑机制，重奖机制以年度为单位发放，而平滑机制则以月或周为周期来设计，平滑机制的四种常用处理方法包括：

（1）赤字准备。员工份额的一部分留存下来，发生赤字时从留存部分补发，年终结清。负面影响是降低强化作用。

（2）移动平均支付。向前推一个季度来求平均值，使奖金更能反映全年业绩。

（3）损失弥补。出现业绩下降，把之前的奖金总额一起扣掉。

（4）年末支付。年末应付员工奖金减去已付部分。如果赤字发生在年末则会失效。

第三节　福利设计与长期激励

完善的福利制度会使员工体会到企业的温暖，产生一种强烈的归属感。有效的长期激励则可以使员工增强忠诚度，降低离职意愿，这些都有助于加强组织的凝聚力，起到稳定员工队伍、提高工作效率的重要作用。

一、福利项目

从福利项目上看，福利包括保险、健康医疗、人身及意外事故/伤残、车辆福利、住房、补助与津贴、持股计划、教育支持、养老金、子女教育等项目。保险是指单位为员工提供的基本养老保险、基本医疗保险、基本失业保险和工伤保险等。健康医疗包括打预防针、体检等。在对一些知名企业的福利调查中发现，以下福利项目深受员工喜爱。

1. 带薪假期

员工除了享受国家法定节假日外，还有公司规定带薪年假，带薪年假可依据员工工龄的长短来决定，如10年以下工龄的为7天，10~20年工龄的为15天，20年以上工龄的为20天。

2. 教育支持

单位鼓励员工不断提高自身的素质，员工可以自主申请在外培训，获准资助的员工可以报销培训或教育费用，但员工所选的课程必须与其职位相关并符合单位需要。

3. 企业年金

2006年4月，劳动和社会保障部发布了关于企业年金的法规，对企业年金的参与方案和适用对象进行了明确规定。企业年金必须以信托协议为基础，计划受托人委托企业年金服务供应商提供服务。雇主和员工都需要缴费，雇主缴费最高限额为上年度工资额的 1/12，雇主与员工缴费总额也有限度，上限为上年度工资额的 1/6。雇主缴费部分税前列支，员工缴费为税后费用。当企业年金福利在员工退休时，可以采取一次性全额支付或按年支付的方式。

二、自助式福利设计

福利设计中最为关键的问题是要提高福利对员工的激励作用，要解决这个问题，必须弄清楚除了国家法定的福利项目外，员工还有哪些方面的福利需求。传统的做法是，采用调查问卷对员工进行调查，然后进行问卷分析，掌握员工的具体需要，从而有针对性地设计出福利计划。但由于现实生活中人们的消费观和需求变化频繁，追求时尚和个性化已成为时代潮流，尤其是在知识型员工比重较高的企业表现得更加突出。所以，传统的福利计划很难集中地、快捷地满足员工的现实需求，这一方面浪费了公司资金，起不到福利应有的激励作用；另一方面可能还会引起员工的抱怨。

生活中的自助餐带给了我们这样的启示：自由选择、各取所需，而在福利设计上同样也可采用“自助式福利计划”。自助式福利计划就是企业给员工一定的福利点数，不以现金或实物发放，员工可以在点数范围内随意挑选自己喜欢的福利项目，从而满足员工的多元化需求。站在企业管理者的角度看，自助式福利计划被认为是一项积极的、行之有效的福利措施。从员工角度看，自由选择权代表了权利和价值，可以使员工十分满意，而富有弹性的方案、灵活的方式让员工自己选择、自己衡量、自己打算，员工会逐渐清楚他们所享受的福利值多少钱，有利于强化福利的激励功能。另外，多福利项目是免税的，可以避免现金福利的个人所得税支出，员工无形中提高了税后收入。从单位角度看，这有利于加强福利成本管理，由于灵活方案的实施允许员工把所得到的福利金钱花到他们自己愿意接受的地方，相比较而言，弹性福利方案成本要低得多。

员工自助式福利计划的基本思路是根据单位的经济效益状况和发展要求，每年提取一定比例的福利基金，在保证法定福利和员工基本福利的前提下，给予员工一定的福利点数，福利点数不能兑换现金，不能转让，可以累积，员工可以在单位提供的可供选择的福利清单中选择自己感兴趣的福利项目。选择的范围可以是一种福利的不同等级，也可以是多种不同的福利。在具体设计时，有以下五个方面需要注意。

1. 福利基金的提取

公司根据当年工资总额预算的一定比例（一般在 10% 左右），提出福利开支预算，并报董事会审批。董事会根据企业的发展要求和公司的实际情况有权削减或增加福利预算。预算一经审批，如无特殊事项不得超支。

2. 福利点数的分配

公司根据上年一度业绩考评的等级授予员工福利点数，各部门负责人和公司负责人掌握一定数量的福利机动点数，以即时嘉奖那些表现卓越的员工，从而使自助式福利计划真正成为可以有效激励员工的福利方案。公司高管层的福利计划由董事会单独制定。

3. 单位福利点数的价格

单位福利点数的价格=年度福利总预算/年度福利总点数

公司实行福利点数保值，本年度未使用或未使用完的福利点数可累积到下一年度，并根据点数余价按照下一年度的福利点数价格折算成下一年度可使用的福利点数。

4. 弹性福利清单的编制

公司在编制福利清单时应与员工进行沟通，听取员工对新福利种类的建议，适时更新，充分了解其他公司的福利项目及实施状况。福利项目可以重点确定为以下几类：员工学习与发展类、安全保健类、饮食安居类、休闲娱乐类等。

5. 福利点数的管理

为保障自助式福利计划的顺利推行，提高福利资金的使用效率，人力资源部成为员工福利的管理部门，主要负责弹性福利项目的制定、福利项目实施效果的评价、建立福利点数台账。财务部门负责福利基金的管理。员工在享受自助式福利计划时，应取得有效的原始单据，递交财务部审查票据的合法性、合规性后，到人力资源部签字核销福利点数，如果员工超出累积的福利点数余额，超出部分在工资中扣补，财务部凭人力资源部签字确认的原始发票报销。

三、长期激励设计

长期激励是对员工实施回报周期比较长的奖励模式，以使员工和组织长期与共，共生共赢。常见的长期激励形式包括股票形式和现金形式，股票形式又可分为增值赠与和全值赠与两种，现金形式包含模拟股票、绩效单位、虚拟股票期权等多种形式（图 6-7）。

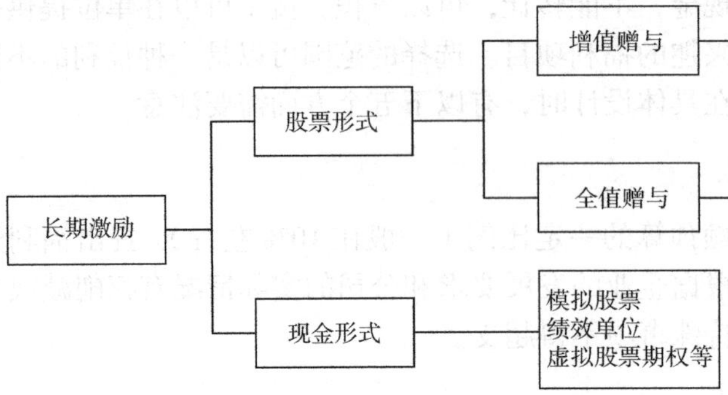

图 6-7 长期激励的发放形式

【例 6-11】长期激励有何吸引力

中国航空工业集团公司（简称“中航工业”）出台了中长期激励总体方案，印发《中国航空工业集团公司中长期激励暂行办法》，覆盖集团内的上市公司、非上市公司和国有科技型企业，并明确对象为单位核心骨干人才，不得面向全体员工实施中长期激励。中航工业表示，当前，随着外部人才市场竞争的加剧、人才就业观念的变化，集团人才流失现象呈逐年上升的趋势。而在之前的收入分配体系下，当期的工资收入仍是员工主要收入来源，激励方式单一，且往往存在“平均主义”主义倾向，无法满足核心骨干人才的激励需求。与此同时，工资收入主要与当期业绩考核结果相关联，是一种短期激励，可能引发追求短期业绩、损害企业长期利益的行为。

中航工业表示，此次中长期激励办法的出台，有以下三个重要作用。

（1）有利于吸引、保留和激励核心骨干人才。实现重点激励，稳定核心人才队伍，激发人才积极性、主动性和创造性，为航空工业发展提供人才支撑。

（2）有利于促进科技创新和科技成果转化。通过股权激励、项目分红激励等方式，让创新人才在科技成果转化过程中得到合理回报，激发人才创新创业活力，推动企业不断加强自主创新，提高科技创新能力和水平。

（3）有利于促进企业长期稳定发展。通过将中长期激励的兑现与企业的业绩指标挂钩，把核心骨干人才的利益与企业长期发展利益紧密联系在一起，从而促进企业业绩提升和长期可持续稳定发展。

据悉，近年来，中航工业开展了一系列中长期激励试点工作，中航科工（02357，HK）、天虹商场（002419，SZ）、中航光电（002179，SZ）的限制性股票，中航电测（300114，SZ）、耐世特（01316，HK）、贵航股份（600523，SH）的股票期权，金航数码、青云公司的岗位分红权等激励计划先后获得国资委批复，中航工业成为国资委审批通过中长期激励方案最多的中央企业之一。

（整理自《澎湃新闻》2017 年 7 月 14 日报道）

在我国，长期激励的实现操作也呈现出各种不同的模式，具有代表性的模式包括股票期权（stock option）、虚拟股票（phantom stock）、股票增值权（stock appreciation）、限制性股票计划（restricted stock plan）、延期支付计划（deferred compensation plan）、储蓄-股票参与计划（saving-stock participate plan）、股票奖励（stock award）、业绩股票（performance stock）、业绩单位（performance unit）、员工持股计划（employee stock ownership plan，ESOP）、账面价值增值权（net asset appreciation rights）11 种之多，每一种模式都具有一定特点（表 6-12）。

表 6-12　我国长期激励设计的模式

长期激励模式	主要特点	使用公司
股票期权	在一定时期内按行权价格行权（5~10 年）。利用证券市场的放大作用；但证券市场的弱有效性和证券监管成为主要障碍	长源电力、中兴通讯
虚拟股票	享受虚拟股票的分红权和升值收益，没有所有权、表决权和出让权。不影响公司所有权结构，无须证监会批准但现金支出压力较大	上海贝岭

续表

长期激励模式	主要特点	使用公司
股票增值权	享受股票上升后的增值收益，不支付现金而享受现金或股票收益。无须证监会批准但资本市场的弱有效性降低了激励	三毛派神
限制性股票计划	赠与或低价出售股票，达到预设目标后才可以抛售并获益。业绩目标和股票目标相对难以制定	光明乳业
延期支付计划	在收入中设计一部分股权在一定期限后发。持有者不能及时变现，无须证监会批准	武汉中商、飞乐股份
储蓄–股票参与计划	建立储蓄账户并折算成一定数量的股票，无论股价升降都将获益。无须证监会批准，有福利化倾向	
股票奖励	无偿赠与股份，激励对象享受分红权，完成预定业绩目标享受所有权。无须证监会批准	东方创业
业绩股票	完成业绩目标则赠与股票，锁定一年后才获准兑现。无须证监会批准，业绩目标难制定	广州控股、彩虹股份
业绩单位	与业绩股票的区别是赠与现金，相当于红利	东方创业、天大天财
员工持股	通过内部认购持有股票或改变股权结构	尖峰集团、大众交通
账面价值增值权	与证券市场无关的股权激励模式。包括购买型（先购再回售）和虚拟型（授予名义股份根据每股净资产的增值来激励）	非上市公司

资料来源：吴叔平，虞俊健. 股权激励：企业长期激励制度研究与实践. 上海：上海远东出版社，2000

总结股权设计的各种模式，我们提出了股权设计的六要素，即股票来源、激励对象、激励前提、激励力度、分配方式和兑现方式。每种设计要素都有一些常见做法，比如，股票来源一般会从公司税后利润中逐年提取或发行新股时预留；再比如，激励前提往往是由财务指标和非财务指标决定的（表 6-13）。

表 6-13　股权设计六要素的常见方案

核心要素	常见方案
股票来源	1. 公司税后利润中逐年提取；2. 发行新股时预留
激励对象	1. 高层管理者（董事长、总经理、副总经理、董事、独立董事、监事）；2. 中层管理者（各事业部、职能部门负责人及子公司经理）；3. 技术业务骨干、特殊贡献人员及普通员工
激励前提	1. 财务指标：净资产收益率、净利润、净利润增长率、净资产利润率；2. 非财务指标：市场份额和客户满意度等
激励力度	根据防御性理论和美国、中国香港的经验数据，激励股权不超过 20%，前期在 10%左右为宜
分配方式	1. 岗位责任系数（以评价薪点为基础）；2. 绩效考核分
兑现方式	1. 高管锁定时间 5~10 年，中层骨干及员工 5 年以内；2. 可转增股票和兑现，提 20%风险抵押金后，以 2∶3∶3 比例发放三年

【案例分析】

说明：对比以下两套方案，说明股票期权六要素设计上的不同之处，两种方案对员工将产生何种影响？

方案一：员工模拟股票期权管理办法（赠与方式）

第一章 发行范围

第一条 由董事会领导下的薪酬委员会负责股票期权计划、方案的制订和实施，有权决定股票期权赠与人、赠与额度、授予时间表及重新安排等。

第二条 公司的模拟股票期权只限于以下人员持有：

（1）公司发行模拟股票期权时，在公司及其子公司、分公司工作满一年，并在工资名册上列名的正式职工；

（2）由公司董事会依据职位重要性、稀缺性认定的关键职位职工。

第三条 下列人员不得购买和持有本公司模拟股票期权：

（1）本公司以外的法人股东单位的职工；

（2）本公司停薪留职人员或视同停薪留职人员、公司雇用的临时工；

（3）根据国家法律、法规，禁止购买和持有本公司股份的其他人员。

第二章 赠与方式

第四条 以专业机构评估后的账面净资产值为依据，在账面净资产 10%以内由公司董事会决定总股本，经董事会确定总股数，进而得出每股行权价格。

第五条 模拟股票期权发行以赠与的方式，可分为四个类别，在完成董事会绩效指标的前提下，可以连续五年赠与。年认股权赠与额要在以下范围内（认购出资应为 1 000 元的整数倍）：

（1）董事长、总经理每人可赠与 8 万~10 万元（5 年共 40 万~50 万元）；

（2）董事、副总经理及其他由董事会聘任的高级管理人员每人可赠与 5 万~6 万元（5 年共 25 万~30 万元）；

（3）公司监事、总监每人可赠与 4 万~5 万元（5 年共 20 万~25 万元）；

（4）技术业务人员每人可赠与 2 万~3 万元（5 年共 10 万~15 万元）。

第六条 授予期为五年，采取匀速时间表的方法每年授予 20%，年授予额在第五条规定的范围内，视绩效完成指标（年交易额增长率、利润增长率和净资产收益率）决定具体数量，滚动式地授予。

第七条 职工被提升，可按提升后职工执行第四条的规定。

第八条 认股期权的职工须在规定时间内，与公司订立职工认股权计划协议书，到期不交者视为弃权。

第九条 办理程序如下：

（1）由职工按规定向董事会（股票期权筹备组）提出个人认股期权的申请；

（2）由董事会（股票期权筹备组）审查该职工资格，确定赠与额度；

（3）职工办理相关登记，记录在职工股票期权名册上，并由董事会（股票期权筹备组）向该职工发放由董事长签发的、与职工授予额相等的股票期权证明。

第三章　职工股票期权名册

第十条　职工股票期权名册是管理职工股票期权的依据和书面凭证，名册应载明下列事项：

（1）持股权人姓名、住所、身份证号码、工作证号码；

（2）持股权人所持期权额、本人签章、经手人签章；

（3）持股人持有、转让股票期权的日期及有关记录。

第十一条　根据股票期权的变化，及时在职工股票期权名册上予以登载和变更，所有登记和变更要有本人和经办人的签章。

第十二条　职工股票期权名册由人力资源部保存管理，本人对出资登载额有所质疑时，有权进行查询。

第四章　职工股票期权证明

第十三条　根据职工认股权情况，发给职工“职工股票期权证明”，由职工本人持有。

第十四条　“职工股票期权证明”是查核职工本人股票期权的证明，据以享受权利和承担义务的书面凭证。

第十五条　职工股票期权证明应载明下列事项：

（1）姓名、身份证号码、工作证号码；

（2）授予数量、认股期权固定价格、授予期安排、禁止行权期、经办人签章；

（3）董事长签章；

（4）发证日期及注意事项。

第十六条　职工股票期权证明应与会员本人身份证、工作证（或离退休证）同时使用方为有效。

第五章　模拟股票期权的管理

第十七条　职工所持模拟股票期权不是实股，不改变股权结构，没有分红权、配股权和表决权。

第十八条　行权价格由董事会根据当年账面净资产额确定。由董事会根据企业绩效（年交易额增长率、利润增长率和净资产收益率三个指标）决定行权期，授予后第一年为禁止行权期。

第十九条　增值价格和转让价格由董事会根据当年账面净资产的增加额确定。增值价格与行权价格的差额部分在职工股票期权名册中记录。

第二十条 行权后如果转让模拟股票期权，只能售给本公司，公司无条件回购。转让期为三年，第一年可转让股权的20%，第二年、第三年各30%，其余20%作风险抵押。公司按照行权价格与转让价格的差价，从本年税后利润中提取奖励基金支付现金。行权转让每年进行一次。

第二十一条 股票期权不得在内部职工之间转让，不得在社会上交易，不得赠与和继承。

第二十二条 职工若离开公司，应在一个月内办理手续。

第二十三条 公司董事、监事、总经理和其他由董事会聘任的高级管理人员，经公司同意离开公司后，半年内不得抛售。

第二十四条 未经批准脱离公司、违反公司制度和有关法律被公司除名者，其股票期权由公司无偿收回。

第二十五条 当公司设立失败或公司解散时，组织清算并编制清算报告，依法办理注销登记手续，股票期权自动作废。

第六章 附 则

第二十六条 本办法由董事会通过后执行。本办法未尽事宜，国家法律、行政法规有明确规定的从其规定，无明确规定的由董事会酌处。

第二十七条 可根据需要制定内部管理细则，具体规范职工持股运作。本办法由董事会负责解释。

方案二：员工模拟股票期权管理办法（认购与赠与结合方式）

第一章 发行范围

第一条 公司的模拟股票期权只限于以下人员认购和持有：

（1）公司发行模拟股票期权时，在公司及其子公司、分公司工作满一年，并在劳动工资名册上列名的正式职工；

（2）由公司董事会依据职位重要性、稀缺性认定的关键职位的职工；

第二条 下列人员不得认购和持有本公司模拟股票期权：

（1）本公司以外的法人股东单位的职工；

（2）本公司停薪留职人员或视同停薪留职人员、公司雇用的临时工；

（3）根据国家法律、法规，禁止认购和持有本公司股份的其他人员。

第二章　发行和认购方式

第三条　以专业机构评估后的账面净资产值为依据，以企业战略目标设计的账面净资产与目前净资产额的差额为依据，分五年认购股份。

第四条　模拟股票期权发行以出资购买的方式，可分为五个类别，在限额范围内自愿认购：

（1）董事长、总经理每人可出资认购 375 万元；

（1）董事、副总经理及其他由董事会聘任的高级管理人员每人可出资认购 150 万~300 万元；

（3）公司监事、总监每人可出资认购 100 万~225 万元；

（4）技术业务人员每人可出资认购 30 万~60 万元；

（5）普通职工可以认购 6 万~20 万元（认购出资应为 1 000 元的整数倍）。

第五条　董事会根据需要，按“出资多少赠与多少的原则”分配等额股数，可在五年认购期内分次认购。

第六条　若职工被提升，可按提升后职工职位执行第四条的规定。

第七条　认购人以每股股价认购，并需在指定的时间内一次性以现金交足股款，到期不交者视为弃权。

第八条　认购应通过人力资源部统一进行组织和办理。

第九条　出资认购的程序如下：

（1）由职工按规定向董事会（股票期权筹备组）提出个人认购申请；

（2）由董事会（股票期权筹备组）审查该职工出资资格，确定其出资额度；

（3）职工向董事会（股票期权筹备组）交付认股资金，登记于职工持股名册，并由董事会（股票期权筹备组）向该职工发放由董事长签发的、与职工所缴纳出资额相等的股票期权出资证明。

第三章　成立职工持股会

第十条　公司职工持股会是依法在市民政局登记注册的社团法人组织，专门从事和具体办理公司内部职工股份的募集和管理工作。

第十一条　职工持股会作为本公司发起人单位之一，履行和享有公司章程规定的股东义务和权利。

第十二条　职工持股会设会员大会，由全体持股会员组成，是职工持股会的最高权力机构。会员大会下设理事会，作为职工持股会的常设机构，具体负责职工持股会的日常管理和事务处理。

第十三条　职工持股会可以自筹资金购买会员离开公司、死亡时转让的出资，以备日后新职工购买或作特殊调剂之用，但应据实设账管理。

第四章 职工持股名册

第十四条 根据职工出资的认购、交款情况，据实建立职工持股名册。

第十五条 职工持股名册是管理内部职工股票期权的依据和书面凭证，名册应载明下列事项：

（1）持股人姓名、住所、身份证号码、工作证号码、出资证明号码；

（2）持股人出资金额、会员本人签章、经手人签章；

（3）持股人入资、增资、减资、转让出资的日期及有关记录。

第十六条 根据会员出资的变化，及时在职工持股名册上予以登载和变更，所有登记和变更要有本人和经办人的签章。

第十七条 职工持股名册由人力资源部保存管理，本人对出资登载额有所质疑时，有权进行查询。

第五章 职工持股出资证明

第十八条 根据职工出资情况，发给职工“职工持股出资证明”，由会员职工本人持有。

第十九条 “职工持股出资证明”是查核会员本人在职工持股会中的出资金额、据以享受权利和承担义务的书面凭证。

第二十条 职工持股出资证明应载明下列事项：

（1）姓名、身份证号码、工作证号码、出资证明号码；

（2）出资金额，出资、增资、减资日期及有关记录，经办人签章；

（3）董事长签章；

（4）发证日期及注意事项。

第二十一条 职工持股出资证明应与会员本人身份证、工作证（或离退休证）同时使用方为有效。

第六章 模拟股票期权的管理

第二十二条 如果抛售模拟股票，只能向本公司转让，转让价格参照公司上一年度末每股净资产价值由董事会确定，公司无条件回购。第一年为禁止行权期。

第二十三条 股票期权不得在内部职工之间转让，不得在社会上交易，不得赠与和继承。

第二十四条 职工有下列情形之一的，其出资可以转让：

（1）职工经批准调离本公司；

（2）职工被辞退、停薪留职或视同停薪留职；

（3）职工死亡；

（4）职工退休后，其出资是否转让由其自愿决定。

第二十五条 转让出资时，职工本人或继承人应交回职工持股出资证明，领取款项。

第二十六条 职工离开公司的，应在一个月内办理手续。因死亡转让出资的，由其遗产继承人领取转让款项。

第二十七条 公司董事、监事、总经理和其他由董事会聘任的高级管理人员，在离开公司半年内不得转让出资，半年后由董事会参照上一年度公司每股净资产价值支付现款受让。

第二十八条 职工在办理转让出资时，如果已享受了上一年度的利润分配，则股票转让价格应剔除上一年度净利润含量。

第二十九条 未经批准脱离公司、违反公司制度和有关法律被公司除名者，其出资的转让价格参照公司上一年度每股净资产或所持出资额低者。

第七章 解散和清算

第三十条 当公司设立失败或公司解散时，组织清算并编制清算报告，依法办理注销登记手续。

第三十一条 董事会将终止清算后的剩余财产，按照职工的出资比例分配。

第八章 附 则

第三十二条 本办法由董事会通过后执行。本办法未尽事宜，国家法律、行政法规有明确规定的从其规定，无明确规定的由董事会酌处。

第三十三条 可根据需要制定内部管理细则，具体规范职工持股运作。

第三十四条 本办法由董事会负责解释。

【复习与思考】

1. 简述薪酬设计的四大原则。
2. 简述市场薪酬调查的操作步骤。
3. 什么是职位技能薪点工资制？有哪些操作步骤？
4. 自助式福利计划应当注意什么？
5. 长期激励有哪些主要模式？

【课后技能训练】

调查十家同地区、同行业、有竞争单位的标杆职位，计算 Q_1、Q_2、Q_3 点，比较本单位薪酬处于何种市场薪酬水平，外部竞争力如何。如果您是在校生，请调查周边十所高校里清洁员、楼长、售饭服务员、辅导员等代表性职位的薪酬状况。

参 考 文 献

伯杰 L A D R. 2006. 薪酬手册[M]. 第 4 版. 文跃然，周欢，欧阳杰，等译. 北京：清华大学出版社.
米尔科维奇 G T，纽曼 J M. 2002. 薪酬管理[M]. 第 6 版. 董克用译. 北京：中国人民大学出版社.
吴敬琏，陈清泰. 2001. 可变薪酬体系原理与应用[M]. 北京：中国财政经济出版社.
吴叔平，虞俊健. 2000. 股权激励：企业长期激励制度研究与实践[M]. 上海：上海远东出版社.

第七章　绩 效 管 理

【学习目标】

通过本章的学习掌握绩效管理原理，能够寻找关键业绩领域，提炼出关键业绩指标，熟悉绩效管理三阶段的主要工具与方法。

趣味导入：用人必考

老师为了让学生认识到考试的重要性，做了一个极为生动的比喻："你们要把平时考试当作吃点心，百吃不厌；阶段测验是正餐，定时定量；期末考试是满汉全席，一次吃够。你们看，这是多好的一件事情啊。"

学生们异口同声地说："报告老师，我们不饿！"

第一节　绩效管理原理

一、绩效管理的发展

绩效管理的发展基本上经历了三个阶段，第一阶段为财务导向，在西方经济学"利润最大化”观点的影响下，企业为追逐利润实现快速发展，把绩效管理的关注点放在利润方面，基于这种思想设计出的绩效管理模式可以称为“财务型绩效管理”。第二阶段为目标导向，以管理大师杜鲁克（Peter F. Drucker）提出“目标管理”（management by objectives，MBO）理论为标志，绩效管理进入了目标管理时代，也有人直接把绩效管理称作目标管理。众多管理学者和企业经营者，竞相推行目标管理，极大地促进了绩效管理的发展，基于这种思想设计出的绩效管理模式可称为“目标型绩效管理”。第三阶段为战略导向，以 1992 年卡普兰和诺顿发表《综合记分卡——提高绩效的衡量方法》一文为标志，绩效管理进入了战略导向阶段。企业开始更多地关注社会责任和员工成长，强调企业内外部的和谐发展，从这一点上看，绩效管理完成了一次飞跃。

以战略导向为设计思想的绩效管理，可以称为“战略型绩效管理”。这种模式下的绩效指标设计与战略存在一些必然联系，主要表现在以下方面：其一，企业战略是绩效指标的设计方向和灵魂。实践证明，只有把短期财务指标与员工成长相结合，把外部客户指标与内部管理指标相结合，才是绩效管理的方向。其二，绩效指标是企业实现战略的充要条件。实现企业战略依靠全体员工，需要形成一种强大合力，而绩效管理这一管理工具，恰恰具有这种神奇的力量。通过绩效指标设计，让全员都行动了起来，达到了全员沟通、全面执行、全方位落实的效果。绩效指标有了战略导向的指挥棍，促使员工把压力转化为动力，摆脱一些习惯性思维的束缚，方能确保公司年度战略目标的完成。其三，绩效指标是评估战略执行的客观依据。通过绩效指标收集，我们对大量以往没有的量化指标有了测量和重新认识。客观公正地评价员工和部门业绩的同时，用数据说话，如实反映公司的经营情况，帮助我们找出管理中的不足，为下一步工作指明了方向。

二、战略型绩效管理

战略型绩效管理要求的指标设计已经发生了质变，主要表现在以下几个方面。

1. 更加关注员工，使驱动力来源发生转变

员工驱动力来源于内驱力和外驱力，不同的绩效管理模式对调动员工的积极性有着不同的功效。例如，以硬指标或铁的纪律施加压力，能创造外驱力；用有难度的指标、竞争的情景和积极的评价，引发员工的成就动机，靠的是激发员工的内驱力，这就是战略型绩效管理指标的设计思路。

在制定指标、汇报指标、评价指标时，有意按心理学规律去安排，会得到一些预期的效果。主管选择一些中等难度、有挑战性的指标给员工，能给员工一些成就感，相反，给员工难度较低的一些任务，很可能人为地降低了成就感。在汇报业绩时，创造竞争形势，进行集体公开汇报，也会增加每个人的内驱力。可见，绩效指标操作得当，能够产生对员工的内驱力。

2. 战略目标的卷入，使领导风格发生转变

感恩型领导就是通过“施—受—报”进行管理的领导，通过人情交易换来长期信任和回报，用推恩施爱而获得员工的感动，这种模式称为感恩型领导。科学管理并不否认人情的重要性，但更加强调领导的绩效管理能力。过去靠人际情感和权力管理，现在可以增加绩效管理这一手段，实现量化要求、指导过程、评价结果的全过程辅导，达到要求人与培养人的一体化，促进领导风格的转变。

3. 重视长期效果，使全员的价值取向发生转变

追逐短期利润的企业，员工的付出用绩效衡量，按劳取酬，员工缺乏真正的成就感，长此以往，员工会深深感到这只是一场劳动与报酬的交易。重视长期的绩效管理，关注企业长远目标，如品牌美誉度、客户忠诚度等指标，引导员工创造无形资产。敢于对未来负责，才是有责任心。企业形象卓越，品牌有口皆碑，员工就会有成就感，就会感到自己是在工作，在意个人的长期表现和留给别人的印象，价值判断标准会更加长远，做人做事的风格也会有所不同。

三、绩效管理体系

绩效管理体系是一个系统，是多个子系统联合运行的共同体，各个子系统相对独立又相互依存，彼此作用又合而为一，构成全方面的绩效管理系统。绩效管理体系一般包括指标制定体系、指标执行体系、员工培养体系、信息交流体系四个主要体系，前两者我们称为“双闭环”，后两者我们称为“软保障”。所谓“双闭环”就是指标的两个循环，从纵向看，指标由战略层面层层往下分解，下层保障上层，同时，岗位指标又反过来支持上级指标，上下指标构成因果关系，这就是我们制定指标的一个闭环。从横向看，指标制定、执行、评价又构成指标执行的一个闭环。这两个闭环相对独立又联合运行，实现指标的动态管理，我们称之为“双闭环”运作。所谓“软保障”就是要靠科学的测量和指标分解，依靠良好的沟通氛围和员工素质的提升，最终提升绩效。这就需要着力营造员工培养体系和信息交流体系，构筑绩效管理的“软保障”。

构筑绩效管理体系总体框架的过程，形象地讲就是“三段目标、两期工程”。所谓“三段目标”是接受绩效指标、运用绩效指标、发展绩效指标三个阶段性目标，所谓“两期工程”是指初步建立绩效管理体系并试运行，在此期间要以理念引入和体系建立为切入点，重点建设四大体系，形象地说就是“造一台天平”，实现对公司、部门、岗位绩效的有效评估。“两期工程”是指在一期工程的基础上，对绩效管理评估结果的全面应用，形象地说就是“搭一架梯子”，实现员工能上能下，收入能高能低，实现绩效评价结果与薪酬分配、人员动态管理的有机结合，具体操作时要注意以下几方面。

1. 以战略目标为导向，构建指标设立体系，突破指标无序局面

指标体系要有战略目标的定位，并层层分解战略目标和阶段性目标，形成完整的目标体系，保证上下同欲。第一步要确保公司关键业绩指标（key performance indicators，KPI）的正确方向。在此基础上，逐级分解支撑公司 KPI 的工作事项，形成公司层面的 KPI 指标库。公司 KPI 具有相对稳定性，一般以一年作为一个周期，并根据公司战略规划及时调整。第二步要对部门和岗位 KPI 进行分解与提炼。每年初，各部门对照公司年度 KPI 指标库制订部门年度 KPI 计划，并以年度业绩责任书的形式加以固化。在此基础上，寻找月度结合部门工作中具有挑战性、改进性的工作，分解制定部门月度 KPI 计划。特别要强调的是，在确定岗位 KPI 时，除了与部门月度 KPI 对照外，也要主动与公司 KPI 对照，共同提炼出岗位 KPI。这个过程，就是让公司全体员工更加关注公司战略目标的实现，落实到实际工作中，让每一个岗位的员工都感到自己在全局工作中的地位和作用。

2. 以过程控制为手段，构建指标评价监控体系，解决指标落实问题

完成了指标制定，绩效管理循环只是刚刚起步，要确保各级目标得到有效落实，还必须加强过程控制，需要设计评价监控体系。评价监控体系由绩效计划、绩效实施与管理、绩效评估（业绩考评）、绩效反馈与改进等部分构成闭环管理系统（PDCA 循环），是绩效指标体系的实现过程。绩效计划就是指标的形成过程，是绩效管理的开始。绩效实施与管理是从计划形成到目标实现的全过程，包括考虑影响绩效实施的因素、持续的沟通、收集信息和进行监督控制。绩效评估（业绩考评）是通过对照工作目标和考评标准，定量评定工作目标完成情况、工作职责履行程度、个人发展情况及组织运转效率等内容。将评定结果反馈给员工与组织，提出相应的改进工作措施和建议。绩效反馈与改进是向被评估者反馈评估情况，让其及时了解自身绩效状况，将评估者的期望传递给被评估者。通过反馈，员工掌握主管的评价和期望并不断改进，主管了解员工的业绩和要求，有的放矢地进行激励和指导。

在评价监控过程中，涉及的主要问题是指标评价标准问题。评价标准是执行与控制的依据，也是评价、反馈和持续改进的标尺，是科学量化工作内容的过程。要提高绩效，一定要让员工清楚地知道应该做什么、怎么做、做到什么程度。可见，指标量化与工作目标实现直接相关。对定量指标，根据以客观评价客观的原则，细化成精确指标，用数字评价工作质量和效果。对定性指标，采取以主观评价客观的方法，采取寻找标准、细化过程的方法，使工作细化到可以准确评价，最大限度地使工作效果用数据来展示。在多数情况下，有意义的绩效指标都可以是描述性的，但这些描述必须是可以进行衡量并验证的。因此，量化需要针对所有的绩效指标，所有的绩效指标必须做到可以衡量并验证。

3. 以全员参与为基础，进行全方位指标管理，避免“管做分家”现象

绩效管理的最终目的是每个人通过工作积极性和主动性的发挥，业绩和素质逐步提高，来促进企业整体绩效的提升，实现企业发展目标。以往的绩效考核被认为是个

别部门的事，你管你的，我做我的，其实，员工既是指标的制定者，也是完成者和汇报者，具有不容推卸的责任。特别是在绩效管理推行初期，更需要全员统一思想。为此，在设计指标体系时，从总经理一直到基层员工全部纳入绩效管理体系设计，强化全过程参与，为绩效管理的顺利推进提供了坚实的组织保障和思想支持。在推进过程中，把握宣传、发动和培训三个重点，在绩效管理方案制订、指标确立、考核评估过程中，深入部门、车间和班组，广泛听取各级人员意见，共同研究讨论绩效管理的方法和步骤。同时，根据不同层次的管理需求循序渐进、因材施教，实现了广大员工自觉、自发参与绩效管理的格局。理论水平的提升和思想意识的统一，能有力促进绩效管理工作的快速推进。

第二节　绩效指标设计

一、综合平衡计分卡

卡普兰和诺顿提出的综合平衡计分卡是一个基于战略的指标分解工具，它从四个角度分解绩效指标，即财务方向、客户方向、内部管理、员工学习。以客户方向为例，绩效指标共可以分为五类，即市场份额、客户保留、新客户获得、客户满意度和利润贡献。

（1）市场份额——该指标反映公司业务在市场上的比例，一般以客户数量、销售量和销售额来统计。绝对的市场占有数很难统计，而且数据时间滞后，但我们可以间接地掌握此数据。例如，测量单位购买量中本公司产品所占比例，或者特定群体中本公司产品所占比例。金融机构通过衡量该机构业务占客户财务往来比例，分析自己的市场地位；服装企业通过测量客户服装消费总额中所占比例来测算。

（2）客户保留——该指标是指保持客户关系的情况。公司可以分析现有客户的保持时间和交易频率变量，以测量客户保有度和忠诚度。

（3）新客户获得——该指标是指吸引并赢得客户的水平。对新增客户从绝对和相对意义上进行指标统计，可以反映市场变化，而在促销阶段对促销活动反映客户数与获得新客户数进行指标统计，可以衡量赢得客户的平均成本。

（4）客户满意度——该指标是客户对公司产品、服务的评价情况。研究发现，只有客户购买产品时完全满意或极为满意，才有可能反复购买，所以客户满意度指标非测不可。

（5）利润贡献——该指标是评估客户对净利润的贡献程度。主要对客户订单和促销成本的分析得出客户对利润的贡献，以此判断客户是否有价值及其营销策略（图 7-1）。

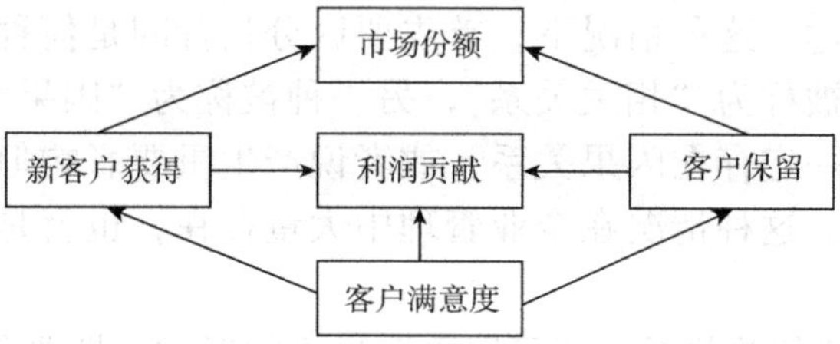

图 7-1 综合平衡计分卡的客户绩效指标

二、财务关系法

绩效考核指标首先可通过财务关系进行分析，有些指标是通过另一些指标乘除得出，有些指标则是其他指标相加或相减得出。因此，对这类指标可以从计算公式入手。例如，销售净收入等于销售收入减去销售折扣；成本总额则由销售税金、营业费用、管理费用、财务费用等组成；净利润由销售净收入加其他利润减成本总额再减所得税构成。

我们用追根溯源的办法分解这些财务指标，达到细化目的。在分解过程中可以借助一些著名的财务分析工具，如杜邦分析法，它可以直观地告诉我们，资产报酬率等于销售净利率和资产周转率的乘积，而销售净利率又等于净利润除以销售净收入等一系列财务运算关系。利用财务运算关系，容易找到指标的因果关系，便于构建指标体系。当然，为了考核方便，并体现管理侧重点，如果运算有重叠部分，一定要加以简化，使指标资源达到最有效的利用。

【**例 7-1**】公司层面指标的分解

请分析某电网公司的销售净利润增长率是如何运用财务关系实现分解的（图 7-2）。

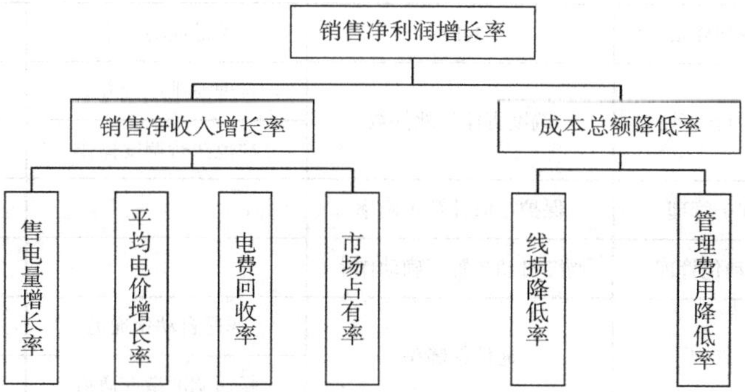

图 7-2 某电网公司指标分解示意图

三、关键成功要素法

我们知道，不是所有指标都存在财务运算关系，一些指标之间虽然存在必然联系，却无法用公式加以表达。这种情况下，首先要区分指标间是何种关系，指标分解时往往有两种关系，一种被称为“相关关系”，另一种被称为“因果关系”。相关关系是指存在必然联系，但不一定存在因果关系，或者说产生重要影响但不一定存在可以直接量化表达的因果关系。这种情况在企业管理中大量存在，也就是说，产生同样结果的原因可能千差万别。

在绩效管理中寻找相关关系一般可以采取讨论的形式，把要分解的指标借助大家的经验深入展开。首先分析关键成功要素（critical success factors，CSF），然后落实为KPI。最难的工作不是第一步，而是坚持往下分解，即把这一简单步骤进行二级、三级、四级分解，不断寻找相关关系，最终才能用大家的智慧找出整个指标体系。例如，安全是生产型企业的大事，而造成不安全的原因很多，除了各种规章制度以外，怎样利用考核指标提高安全管理水平，值得企业思考。以电力企业为例，安全管理在不同部门存在不同的关键成功要素，调度所承担着调度运行管理、电网保护管理、调度自动化管理、通信管理四部分核心职能，也是部门的四大关键成功要素。对每一项关键成功要素进行分解得出调度责任事故件数、保护定值计算正确率、调度自动装置正确动作率、通信保障率四个 KPI。继续这样的分解工作，我们可以对调度责任事故件数进行再分解，把它分解成为合理安排运行方式和规范执行调度操作两个关键成功要素，与之对应的 KPI 是差错次数和操作票合格率。

【例 7-2】指标多级分解

请分析以下“全年安全事故次数”这一指标如何运用关键成功要素法实现多级分解（表 7-1）。

表 7-1 “全年安全事故次数”指标关键成功要素法的多级分解

单位名称	一级分解		二级分解	
	关键成功要素	KPI	关键成功要素	KPI
调度所	调度运行管理	调度责任事故件数	合理安排运行方式	差错次数
			规范执行调度操作	操作票合格率
	电网保护管理	保护定值计算正确率		
	调度自动化管理	调度自动装置正确动作率		
	通信管理	通信保障率	畅通自动化通道	通道中断时间
			畅通调度指挥通道	通信中断时间
运行工区	执行“两票三制”	“两票”使用率		
		按时巡视率	巡视到位	现场扫码率
		设备按时轮换率		
	严格验收送电制度	设备带缺陷投运率		

四、鱼骨图和帕累托图

鱼骨图又称因果图，是企业管理中的一个常用工具，一般要配合帕累托图一起使用。六西格玛管理提出了一个因果分析图，在绩效管理中发挥着巨大作用，它能够帮助任职者明确绩效考核目标。这类因果分析图首先要求任职者对结果进行六个维度的一级分解，包括人员、设备、测量、环境、原料、方法，英文缩写为“4M1P1E”。此工具揭示了影响业绩的最主要的六个方面，我们可以借助这一引导往下继续分解，进入二级分解过程。如图 7-3 所示，假设在“测量”方面，我们发现存在“原因一”，继续进行因素分析，我们又得出两个子因素，即“原因 1”和“原因 2”。以此类推，沿着“4M1P1E”六条线路，我们便可以轻松地将业绩指标分解开来，并找到影响结果指标的各类因素。鱼骨图的画法还有一些小技巧，如可以将主观判断对结果指标影响较大的因素，摆放在靠近“鱼头”的位置，之后再用数据重点分析验证。

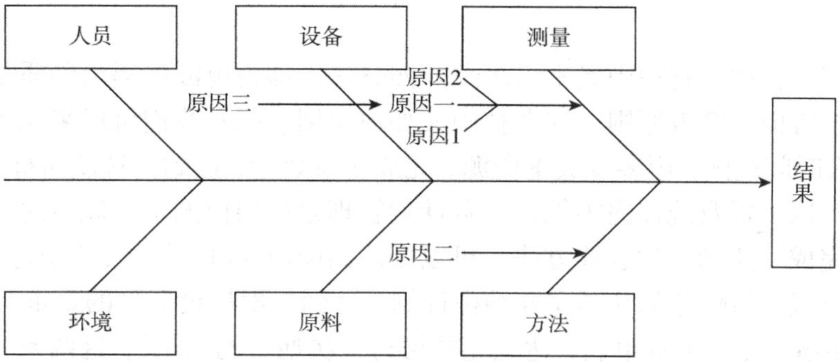

图 7-3 三级鱼骨图

有了上述众多因素的分析，下面就要定指标了。那么，如何对指标进行取舍呢？此时可以借助鱼骨图的配套工具“帕累托图”。通过统计不同原因所占的比率，可以画出一幅帕累托图，如图 7-4 所示，图中柱状部分是因素出现频次，曲线表示占总因素的累计百分比。一般而言，累计百分之八十的影响会由百分之二十的要素造成，这就是著名的“二八法则”。

【例 7-3】用帕累托图找 KPI

某企业采用帕累托图分析客户经理“演示失败次数”绩效指标，请说出你得出的结论（图 7-4）。

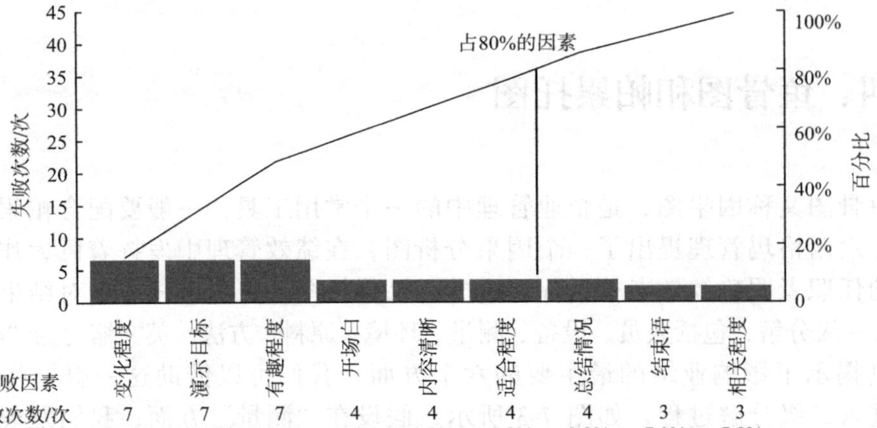

失败因素	变化程度	演示目标	有趣程度	开场白	内容清晰	适合程度	总结情况	结束语	相关程度
失败次数/次	7	7	7	4	4	4	4	3	3
百分比	16.3%	16.3%	16.3%	9.3%	9.3%	9.3%	9.3%	7.0%	7.0%
累计百分比	16.3%	32.6%	48.9%	58.2%	67.5%	76.8%	86.1%	93.0%	100.0%

图 7-4 演示失败次数的帕累托图

数据进行过舍入修约

五、“于用完达”法

我们知道，在绩效管理中经常采用绩效四分法，即格里波特提出的质量、数量、成本、时效四个方面的绩效原则。在考核中又如何应用它呢？我们可以采用固定的表达方法，即于什么时间期限，用多少成本资源，完成多少数量，达到何种质量标准，简称“于用完达”法。以工资及统计岗为例，工资计划管理是该岗位的重要职责之一，我们采用“于、用、完成、达到”的表述方法，可以提炼出岗位 KPI。例如，“于每月 15 日，用沟通协调的方式，与财务部共同完成纳税计划，达到一次报批通过的要求”；“于每月 30 日，用财务系统，完成工资报表，达到完整可行一次通过的要求”，这两条工作内容用了绩效指标的表达形式，能充分体现绩效的四大原则（图 7-5）。在此基础上，在绩效差距较大的方面提炼指标就十分容易了。例如，目前纳税计划一次通过的很少，有待提升，我们可以确定指标为“一次通过率”或“一次未通过件数”，以引导任职者提升此方面的绩效。

关于绩效管理的权重设计，一直以来都是实践操作的困惑点。如果只听主管的意见，则会缺乏员工的参与和认可，如果员工充分参与，多半又会争论不休。员工出于自我保护的目的，容易将简单的指标抬高权重，复杂的指标降低权重。可见，参与了不一定认可，认可了不一定合理。我们可以考虑用排序法替代赋值法，提高联合制定的有效性，首先，要求主管按重要性程度将指标排序，其次，要求员工按重要性程度排序，分别给不同顺序确定不同分数，将主管意见与员工意见进行综合计算。这种方式与直接讨论权重相比，回避了权重数量上的争论，突出了列序上的差别。如果每个员工的权重总和是一百，权重数值的多少只是一个相对数，因此，排序法比赋值法更能体现相对重要性。

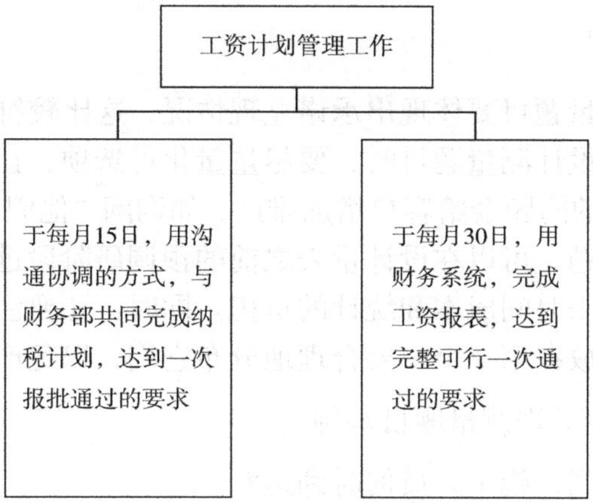

图 7-5　“于用完达”表述法案例

六、客户满意度指标设计

满意度调查是公司最常用的指标，我们不妨深入探讨一下。有效测量服务质量的满意度要从服务通道与接触点两大概念入手。所谓服务通道是指客户接受公司提供服务的主要经历，所谓接触点是指客户与公司所有接触的地方，如语音接触（电话询问、促销过程）、形象接触（如选购过程）、产品手感等。在服务通道和接触点当中我们不是什么都测，而是着重测量一些对提高客户满意度影响较大的变量，这就需要借助一些服务质量测量模型。SERVQUAL（service quality）模型是一个不错的测量模型，该模型揭示出满意服务的五个要素，即可靠性、反应、保证、感情和有形资产（图 7-6）。可靠性主要指履行服务承诺的能力，反应主要是服务速度，保证是指员工专业性（专业技能、礼貌、可信程度、安全感），感情是公司人性化的表现（易于取得、沟通顺畅、理解客户），有形资产则主要指产品、外显设备、器材、工具等。可见，我们在考核中测量服务质量，不仅要测量一个满意度指标，还要了解服务承诺兑现、服务速度快捷、员工表现专业、服务细节人性化、有形产品令人放心等五个方面达到的绩效水平。

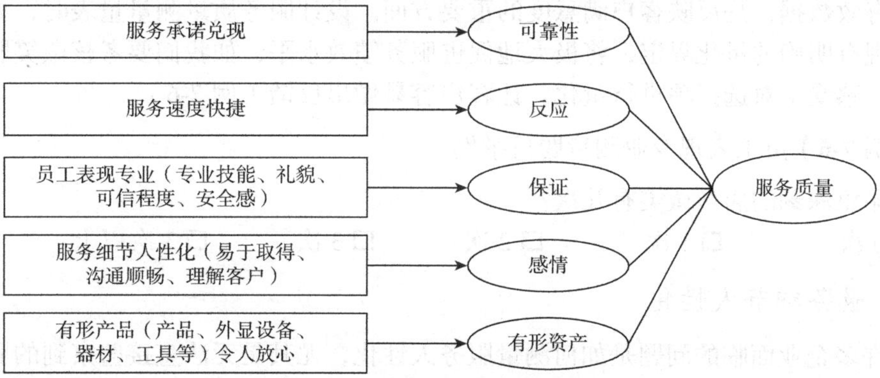

图 7-6　SERVQUAL 模型测量服务质量

资料来源：Zeithaml V A，Parasuraman A，Berry L. Delivering Quality Service[M]. New York：Simon & Schuster，1990

1. 服务承诺兑现

服务承诺方面的测量题目要体现出承诺兑现情况，这比较符合“客户满意度=现实−期望”这一基本公式。设计测量题目时，要尽量量化可选项，让客户从已设计好的量化选择项中作答。开放式的问题会给客户增加难度，如询问“他们承诺您几点到？”“他们实际几点到达？”等问题，可以在设计量表之前的预调研阶段进行，而不是以此问题去提问所有客户，这将带来时间成本和统计的负担。同时，还要注意在设计测量指标时不能把最理想的答案全部放在第一个，要合理地分布它们，以免产生干扰效应（例 7-4）。

【**例 7-4**】服务承诺兑现测量题目举例：

相比和您约定的时间，施工人员何时到达？

□ 提前 5 分钟以上　□ 提前 5 分钟以内　□ 准时到达
□ 迟了 5 分钟　□ 迟了 10 分钟左右　□ 迟了 20 分钟以上

2. 服务速度快捷

服务速度一直以来都是服务质量的主要标志，各行各业都需要了解本企业目前服务速度的水平，这就要依靠测量来获取有效数据。一方面，服务速度可以通过客观数据来反映，如一些国际快餐推出服务限时措施，要求员工在几分钟之内完成服务；一些酒店推出 30 分钟菜上不齐就打折等服务。另一方面，也可以通过提问客户，得出相应服务速度指标，从而了解客户对服务速度的满意程度（例 7-5）。

【**例 7-5**】服务速度快捷测量题目举例：

在您提出服务要求（如倒水、开酒）后，需要等待多长时间？

□ 1 分钟内　□ 1~3 分钟　□ 3~5 分钟　□ 5 分钟以上

3. 员工表现专业

在营销当中，许多企业把精力都集中在产品表现上，殊不知企业的营销人员、服务人员、售后维修员工都是企业的“产品”，不仅代表着企业形象，还是企业可信度的“活样本”。员工的专业性主要表现在专业知识、业务素质和服务态度等方面，如何从客户角度获取有效数据，是反映客户满意度的重要方面。设计服务质量测量量表时，如果能对专业表现有明确的量化界定，将极大地促进服务绩效水平，如我们要考核微笑服务最好从数量、感受上对选择项进行量化，让客户容易做出反馈（例 7-6）。

【**例 7-6**】员工表现专业测量题目举例：

您印象深刻的店员微笑有几次？

□ 0 次　□ 1 次　□ 2 次　□ 3 次　□ 3 次以上

4. 服务细节人性化

有许多企业面临的问题是如何测量服务人性化，尤其是无法直接监察到的服务不好测量。例如，维修人员走后，客户对现场的清理是否满意，既无法去现场观察，又无法让客户描述。在这种情况下，我们一般可以采取间接询问的办法，利用客户行为测得我们服务人员的服务行为，如问客户用了多长时间清理现场，以此判断我们员工清理现场的服务质量（例 7-7）。

【**例 7-7**】服务细节人性化测量题目举例：

当施工人员走后，您用了多长时间清理现场？

☐ 基本没有清理　　☐ 5 分钟左右　　☐ 15 分钟左右

☐ 20 分钟左右　　☐ 30 分钟以上

5. 有形产品令人放心

需要测量客户对有形产品物化接触的满意程度。这部分满意度也是关系客户对企业产生信赖与否的关键变量，它能够帮助企业树立良好的企业形象并增强可信度（例 7-8）。

【**例 7-8**】有形产品令人放心测量题目举例：

从开始使用产品到第一次发生故障（包括没有报修的小故障）大约多长时间？

☐ 3 个月内　　☐ 半年内　　☐ 1 年内

☐ 1~3 年　　☐ 3~5 年　　☐ 5 年以上

运用上述方法获取的数据，可以采用频次分组统计，对不同组别、不同地域、不同时间、不同产品的数据进行比较，寻求分数相对高低的结论，还可以用方差分析，比较绩效波动情况。对差错相对高的变量，要采取因果分析等方法深入讨论。测量绩效不仅是为了反映绩效水平，更重要的是用量化的语言反映绩效的改进过程。

第三节　绩效指标评价

一、“定、做、评”的关系

在企业当中，员工的成就感主要来源于外界，上级的认可、下级的赞赏都是成就感的主要来源。我们应当善于利用这些成就感的动因，营造出一种有竞争、有挑战的绩效文化。一些企业在目标制定时采取一对一沟通模式，这种沟通比较适合绩效完成过程中的沟通，它有良好的私密性和直接性，但这恰恰也是此种沟通形式的局限所在，没有引入“公众”的力量。

研究发现，公众承诺可以提高任务的完成概率。这条规律在绩效考核中被广泛使用，在“定、做、评”三个环节上都能够充分运用（图 7-7）。在“定”指标时，我们可以采取会议形式，参加人员可以是本部门的，甚至可以是全体员工，让大家听听看，汇报者制定的目标是否具有挑战性或改进性，这种形式称为指标制定会。在“做”指标时，定期召开绩效改进会，以公开的形式完成个别辅导的工作，此时的目的不是指导而是督办，所以，无须领导点评太多，只需把责任人推到台前做汇报。管理者不指导，却已经完成了指导，巧妙之处在于借助了“公众”的力量。在“评”的阶段，一些企业开展“背对背”的评价，领导打分之后送去统计，为了解决评价不公问题，再设计一套申诉机制。如果从心理角度考虑，有效的方法是召开月度指标评估会，让员工独立地站在台上，向部门或全体员工进行指标完成情况汇报。这种定期的开放式沟通机制，运用了“公众承诺”这一心理规律，借助“眼睛”的作用，把外驱力成功地转化为员工内驱力。

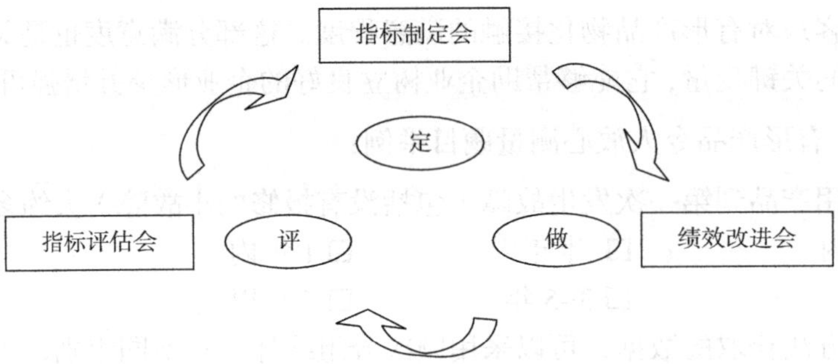

图 7-7 “定、做、评”时的“三会”制度

指标制定会、绩效改进会、指标评估会这样的“三会”机制一旦常态运行，将会成为一月三次的述职大会，与述职大会不同的是，这里只讲指标不谈观点。因此，它对提高指标完成概率、增加上下级沟通频率、提升员工业务水平具有重要意义。在操作中要注意以下几个环节：

（1）一定要让员工讲而不是主管讲，这种沟通的主角是员工。

（2）一定要逐个单独讲而不是团队代表讲，要让每个人都有平等的上台机会。

（3）汇报要求应当统一，如演示的时间、演示标准（如幻灯格式）、图表数据、统计工具等方面，要有相关标准规定，以提高演示效率和质量，使大家有更多共同语言。

二、社会助长原理

著名心理学家奥尔波特（F. H. Allport）在 20 世纪 20 年代提出了一系列关于社会助长的理论，弗里德曼（J. L. Freedman）指出，群体背景能引起行为内驱力的增加，是由于这种场合唤起了人们的竞争和被评价意识。可见，在众人面前激发员工的内驱力，比平时更容易提升员工的素质和技能。在绩效评价阶段，召开绩效评估会，给业绩卓越者一个公开展示的舞台，让业绩平庸者相形见绌，具有强烈的“示众”作用。

在操作中，要注意以下细节：其一，员工与直接主管在台上面对面落座，下面是公司员工，有意构筑“舞台”效果；其二，员工汇报要制作演示幻灯片，起到讲解说明的效果，给员工提供展示业绩的充足条件；其三，有相关领导和专家作为听众，对每一位员工的汇报内容进行点评，起到辅导促进作用。这样的精心布置会充分利用外部专家、内部领导、同行同事的社会助长，为员工搭建展示业绩、突现能力的大舞台，所谓台上一分钟台下十年功，以台上促台下，以演示促管理，真正地起到绩效管理的作用。

绩效改进会与其他类似开放式的会议不同，如有些企业每月开展一次先进经验交流会，但出色的员工总是重复出现，造成了每月相对固定的人在进行经验交流的现象，而下面的观众心情比较复杂，他们会怀疑汇报者是否在讲真实经验，为什么他每月都讲经验却没有人学会并超越他。值得注意的是，评优等个人奖励形式属于事后激励，而绩效改进属于事先激励，两者的使用目的和方法不尽相同。事先激励指标和条件在绩效指标完成之前就十分明确，事后激励是指标圆满完成后的一种特别嘉奖，前者强调的是兑现和提升业绩，后者强调的是超出完成者预期的惊喜，通过事先激励的方法可以在工作开始之前就部分提高任职者的行为能力，而事后激励往往是一种对付出额外的回报式奖励。

总之，绩效管理中要不断激发员工内驱力，在“定、做、评”三个阶段上，采取“有难度、有竞争、有评价”的操作模式，将有利于绩效管理真正发挥作用。如果只利用完成绩效的奖励兑现来激励员工，显然是不够的，因为员工对薪酬的完全满意永远无法实现。这就需要我们掌握员工心理规律，运用有效形式把外驱力转化为内驱力，使员工素质在绩效管理中得到提升，才能出现业绩和素质的双赢局面。

三、绩效评估系统

设计构建一个绩效管理信息系统，不仅要考虑网络运行需要，更主要的是考虑现实管理需要，各种功能和模块要尽可能地为绩效管理发挥巨大作用而服务，下面是一些值得注意的设计方法，可以提高软件的绩效管理功能。

1. 友好的界面设计

（1）提示功能。对时限、要求等需要公示的内容，及时提示被考评者，以提升信息加工处理的速度。

（2）帮助功能。案例帮助功能和普通软件帮助功能不同，普通软件帮助功能是对软件使用问题的讲解，而案例帮助功能可以通过绩效管理的共性问题做技术指导。由此可见，绩效评估系统的开发，需要事先有配套制度的支持，它不仅是一个评估软件，更是一种管理方法。

2. 完善的平台设计

（1）指标读写平台。指标处理是绩效评估系统的主要功能，这看似简单的功能却需要绩效管理的有力支持。在搭建指标读写平台时，要考虑填写要求和规范，尤其是量化要求要明确，指标的考核标准要有量化填写限定，非量化数据将得不到支持。平台对浏览者的访问可以有所记录，发现大家关注的页面和信息，这对开发和完善绩效评估系统具有参考作用。

（2）一对一指标交流平台。绩效评估系统还需要设计“一对一”指标交流平台，即只有主管和员工能够看得到的沟通渠道。这种信息通道设计有利于绩效沟通和交流，是一种满足实现工作需要的实践模式。当然，这种方式将无法取代开放式交流，一对一沟通主要借助绩效评估平台完成独特的指挥作用，而开放式沟通更多借助眼睛的力量来提升绩效。

（3）邮件及讨论平台。作为绩效管理沟通主渠道的评估系统，需要建立多种沟通网络，邮件及讨论平台的建设就是代表性的方式。绩效评估系统的邮件功能与普通邮件功能相近，只是对组群发送、收到提示、签章要求等管理需求更为迫切。所以，在设计这方面功能的时候，应更多考虑企业垂直和水平方向的管理需要。

（4）指标评议平台。在绩效评估系统中，我们经常会设计一些评议指标，利用网络的优势，我们可以快速完成实名和匿名评议。利用绩效评估系统评议是一种背对背的评议，部分解决了面子问题，但不等于说没有了主观影响。实际上，一些态度和能力的评议，利用有效的统计来完成是十分必要的。指标评议要计算若干反映分数真实结构的指标，如最值、峰值、均值、分布曲线等，这样一来就可以看出数据整体差异和被评价者的个人差异。

3. 方便的统计工具

（1）设计统计工具箱。绩效评估系统需要一些统计功能作为支持，需要加载于办公自动化系统之中，就可以实现其基本功能了。为员工提供比较方便而统一的指标分解工具、指标统计工具和指标评价工具，这些都需要在绩效评估系统中自动生成。举例来讲，方差分析、因果关系分析、回归分析、管理控制图等统计工具需要经常使用，我们把这种功能称作“统计工具箱”。

（2）图表自动生成。绩效评估系统可以自动生成一些图表，对历史数据、业绩评价进行跟踪分析和显示，还可以对一些简单因果关系进行推算。这样一来，绩效管理的作用可以得到充分发挥。对使用者而言，还能保证数据的真实性，因为自动生成的图表不能人为改变，很好地控制了数据统计的连续性和真实性。

（3）数据文件兼容。绩效评估系统创建时，还要保证数据文件可以实现同享，如统计数据文件和一般性表格文件，可以在绩效评估系统中自由应用，这将大大提高各种软件的兼容性，充分实现资源共享，大大提高工作效率。

【案例分析】

以下案例是一家企业绩效指标制定过程，请说明其中使用了哪些指标设计方法。

岗位绩效指标提炼过程演示

步骤一：用“于用完达”表述法进行工作分析，得出关键业绩领域（图 7-8）。

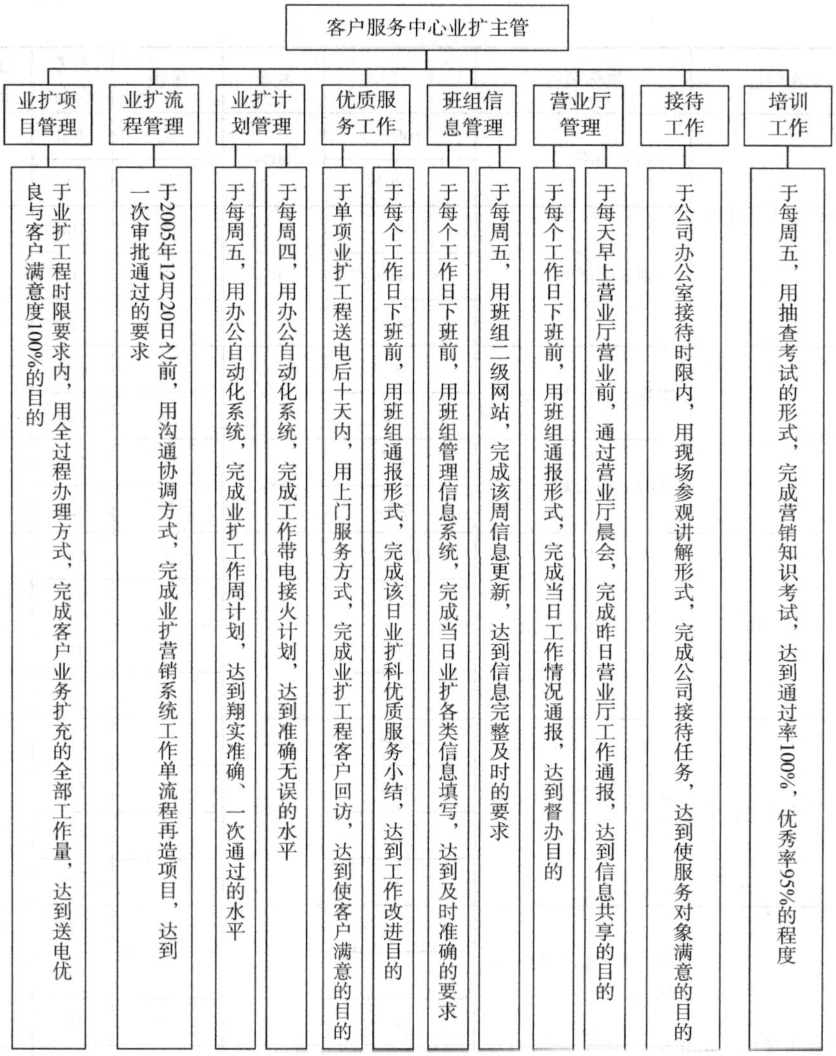

图 7-8 客户服务中心业扩主管关键业绩领域

步骤二：提炼绩效指标。

目 标 卡

部门：客户服务中心业扩科　　　岗位：业扩主管　　　填表日期：11 月 10 日

类型	工作内容	指标名称	考核标准	权重	等级	参考分数	主管评分	备注
常规目标	业务扩充工作项目管理	业务扩充申请办理超时限率	0	15%	优	100		
			90%		良	80		
			80%		中	60		
			＜80%		差	0		
	业务扩充营销系统流程再造	业务扩充流程再造通过率	100%	15%	优	100		
			0		差	0		

续表

类型	工作内容	指标名称	考核标准	权重	等级	参考分数	主管评分	备注
常规目标	业务扩充工作计划管理	计划准确率	100%	10%	优	100		
			< 100%		差	0		
		计划未完成数	0	10%	优	100		
			1		中	0		
			≥2		差	−20		
	各类报表填报	出现差错次数	0	5%	优	100		
			≥1		差	−20		
		延时上报天数	0	5%	优	100		
			≥1		差	−20		
改进目标	优质服务工作	业扩工程回访满意率	100%	15%	优	120		
			90%		良	80		
			80%		中	60		
			0		差	−20		
	业务扩充送电容量	业务扩充送电容量增长率	≥20%	10%	优	140		
			10%		良	100		
			0		中	80		
			<0		差	−20		
挑战目标	开发区市场开拓	入驻企业信息调查完成数	≥6	5%	优	120		
			5		良	100		
			4		中	80		
		入驻企业供电方案签署率	≥3	10%	优	140		
			2		良	120		
			1		中	100		

被考核人：同意□　　保留意见□　　不同意□　　被考核人签名：

合计分数：　　　　主管签名：

【复习与思考】

1. 简述战略型绩效管理的含义。
2. 什么是关键成功要素法？如何操作？
3. 综合平衡计分卡包括什么？
4. 如何操作“于用完达”法？

5. 如何进行绩效评估？

【课后技能训练】

如果你是在校学生，请为你所在院校的一些岗位设计目标卡，如清洁员、楼长、售饭服务员、辅导员等。

参 考 文 献

魏钧. 2006. 绩效指标设计方法[M]. 北京：北京大学出版社.

下　篇

人力开发

第八章　胜任力开发

【学习目标】

通过本章学习掌握胜任力模型开发的步骤和主要方法，了解其中最常使用的十项关键技术，对胜任力工作难点做好心理和实践的准备。

趣味导入：储行无常

一位交警这样总结新上路的女司机，如果她们即将撞到一棵树上，通常会有三种处理方式。

——踩刹车踩在油门上。

——放开方向盘大声喊“救命!”

——对着树喊：“快让开！我是新手!”

第一节　胜任力模型

一、什么是胜任力

古人讲，“千里马常有，而伯乐不常有”，又说找千里马要“按图索骥”。看来，我们缺的不是伯乐，而是这张图。在管理学当中，这张图就叫作胜任力模型。胜任力模型是管理学中一个新兴的研究领域，它经历了一个从概念到方法的发展过程。关于胜任力的概念学界已经逐渐趋同，Boyatzis（1982）在《胜任的经理：一个高效的绩效模型》中对胜任力进行了明确定义，即“它是个体的潜在特征，可能是动机、特质、技能、自我形象或社会角色等方面，或者他所运用的知识体”，持相同观点的还有 Veres 等。关于胜任力的研究方法，学术界正在不断探索。1973 年，美国哈佛大学教授 McClelland（1973）发表了《测量胜任力而非智力》，文中对传统的智力测验、性向测验、学术测验及等级分数进行了批评，提出用胜任力取代传统智力测验，这种方法能够有效地找出绩优者和平庸者之间的显著差异。学者们主要运用关键事件访谈法和团队焦点访谈法探索胜任特征，一些学者还采用结构方程模型（structual equation modeling，SEM）对二阶胜任特征进行了成功研究。这一系列胜任力研究方法，被 26 个国家的研究者广泛应用着（Spencer and Spencer，1993；McClelland，1994）。

随着研究方法的不断完善，胜任力模型的研究成果不断涌现。其中具有代表性的是美国管理协会的研究，它们通过对 921 名管理人员的胜任特征研究，得出了管理胜任力模型，分为四个维度，即概念技能、沟通技能、效率技能和人际技能（Boyatzis，1994）。国内对于胜任力的研究也不断发展。例如，王继承通过研究我国 20 名通信行业管理者，得出了管理者胜任特征（王继承，1999）；顾琴轩和朱牧（2001）开展了对国内人力资源专业人员的胜任力研究；仲理峰和时勘（2002）通过对 18 名民营企业高层管理者的访谈，建立了民营企业高层管理者胜任力模型。同时，在基于胜任力的培训研究方面，学者们也开始涉及。例如，王继承通过比较研究我国 20 名管理者，得出包括影响力、社会责任感、调研能力、成就欲、领导驾驭能力、人际洞察能力、主动性、市场意识、自信、识人用人能力的胜任力模型，该结果与西方管理人员通用胜任力模型大致相符（王继承，1999）。笔者也于 2005 年开展了国内商业银行客户经理胜任力模型研究，提出国内商业银行专用胜任力模型，得出把握信息、拓展演示、参谋顾问、协调沟通、关系管理、自我激励六方面的胜任力行为结构。

二、胜任力模型构建

胜任力模型开发不仅要借鉴国际上经常使用的工具，包括关键行为访谈技术、工作分析技术、开放式问卷调查、封闭式问卷调查等，还要结合中国经营环境和任职岗位的特殊性，采取符合实际的调研模式。调研工作组成立后，需要制订详细的工作方案，包括工作目标、工作安排、职责分工和时间进度等，并以正式发函的形式将有关事项告知被调研对象。一般而言，胜任力模型开发可以分为五个阶段：预调研阶段、正式调研阶段、行为萃取及问卷设计阶段、封闭式问卷调查阶段、胜任力模型构建及胜任力手册编写阶段（表 8-1）。

表 8-1 胜任力模型开发的五个阶段

工作阶段名称	核心内容与工作目标
预调研阶段	调试研究工具，分析其针对性和有效性
正式调研阶段	以访谈和开放式问卷形式开展调研
行为萃取及问卷设计阶段	萃取关键行为，形成封闭式问卷
封闭式问卷调查阶段	选择有规模、有代表性的样本进行问卷调查
胜任力模型构建及胜任力手册编写阶段	对胜任力模型进行定量分析，编写胜任力手册

（一）第一阶段：预调研

预调研阶段是为了充分验证关键行为访谈技术和工作分析技术在实际环境下的适用性，在正式启动项目之前，有必要组织一次预调研。

1. 工作内容

首先，运用关键行为访谈技术挖掘任职者的关键行为，通过初步行为萃取检验和确定最终访谈提纲。比较团队焦点访谈法和个人深度访谈法，总结更加适合任职者情况的访谈方式。制定《访谈工作指导手册》并组织多次培训，通过不同成员对同一访谈对象的登录比较，提高大家的登录水平，务必使每位访谈成员都成为一名合格的访谈者。其次，设计并运用开放式工作分析问卷，通过预测试与填写者进行交流，改进问法，明确填写要求。最后，访谈任职者的直接主管和内外部客户，确定对任职者当前的要求，了解任职者的普遍绩效水平和标准，为下一步确定样本标准搜集信息。一般来讲，外部客户通常不愿直接谈任职者能力的不足。因此，需要总结适合对方的访谈和引导方式。预调研结束后，项目组内部需要进行总结和交流，大家对工作方式的熟悉和认可能够激发项目组成员对下一步调研的信心和热情。

2. 工作表单

针对不同调研对象采用不同的调研方法，需要汇总工具的使用及改进情况，表 8-2 列示出了预调研阶段需要记录的工作情况，以备下一阶段有效使用。

表 8-2 调研对象工作记录表

参与人员	调研对象					采用工具	改进情况
	所在单位	主管领导	任职者	外部客户	同业		

【例 8-1】调研工作记录格式

表 8-2 给出了调研工作的记录格式，请分析各栏目的作用有何不同。

3. 工作成果

（1）访谈登录及录音资料。
（2）访谈提纲、工作分析问卷定稿。

（3）《访谈工作指导手册》。

（4）预调研阶段工作情况总结。

（二）第二阶段：正式调研

正式调研阶段主要开展访谈和工作分析问卷调查，工作重点是收集优秀任职者的个人经验。因此，样本选择十分关键。

1. 工作内容

选择最具代表性的样本，就是要选出“业绩突出、经验丰富的优秀任职者”，根据预调研可以确定出个人绩效标准指标，按绩效标准指标选择优秀组和普通组。由于国内一些企业绩效指标尚不健全，需要采取绩效评价的方法确定优秀任职者，如使用360度评价，即对上级、同事、客户、下属分别进行打分，然后汇总排名。还可以采取能够代表职业技能的某种荣誉作为选拔标准，如“百佳客户经理”等。如果操作上有困难，可以简化为主管按业绩情况直接提名。上述几种方法的简单程度越来越高，但严格程度越来越低。另外，在调研工作中，还需要注意以下环节：

（1）制定详细的访谈时间表并安排访谈顺序，将各类人员的访谈提纲事先下发，这样可以得到相关部门和人员的理解和支持。

（2）在访谈过程中，严格按照技术要求操作，如对任职者采取一对一的个人访谈要请其他人员回避。

（3）为确保访谈质量，项目组成员要对访谈方法进行不断总结，如什么时候采用追问、复述、强调、打断等方式挖掘有效信息，什么时候提醒被访者“不要谈个人感受和体会”等。

2. 工作成果

（1）开放式问卷回收资料。

（2）访谈登录及录音资料。

（3）正式调研工作情况总结。

（三）第三阶段：行为萃取及问卷设计

通过正式调研，能够收集大量有效信息，其中文字部分是访谈登录和工作分析问卷。此时，项目组需要运用编码技术开始关键行为萃取，以及在此基础上设计封闭式问卷。

1. 工作内容

经过正式访谈，我们对任职者的关键行为和能力特征有了比较全面的把握，但对胜任特征的提炼还需要进行归类、分层和定义。因此，需要通过质化研究完成关键行为萃取，然后用封闭式问卷来验证胜任力模型假设。首先，要运用编码技术对关键行为和能力特征进行三级萃取，即开放编码（open coding）、主轴编码（axial coding）和选择编码（selective coding），全面系统地反映任职者所需知识、技能、动机等特质。其次，设计封闭式问卷，把萃取到的特征还原成外显行为，让任职者填写以获取验证胜任力模型假设的有效数据。

2. 工作表单

本阶段核心工作是进行萃取，完成胜任力三级编码表（表 8-3）。

表 8-3 胜任力三级编码表

关键行为	开放编码	主轴编码	选择编码

【例 8-2】三级编码表格式

表 8-3 给出了胜任力开发中三级编码表的格式，请分析各栏目的作用。

3. 工作成果

（1）关键行为和能力特征汇总。
（2）胜任力三级编码表。
（3）胜任力封闭式问卷。
（4）萃取工作情况总结。

（四）第四阶段：封闭式问卷调查

1. 工作内容

数据的客观性、真实性直接关系到胜任力模型研究的质量，为了确保问卷调查取得预期的效果，以下五个方面值得注意：

（1）认真校验试题，集中印刷问卷。为了保证调查问卷中所有对胜任特征的描述准确、精练，既符合实际情况又体现专业特点，项目组应在正式调查前围绕问卷反复进行语意分析、专业审核和时间预设等方面的工作，在得到大家的一致认可后再行定稿，由项目组统一印制标准化的问卷。

（2）组织预测试，及时反馈总结。针对不同调查对象，项目组要在正式开展调查前组织部分任职者进行预测试，请他们提出针对性的意见和建议，为正式问卷调查积累实际经验。

（3）精心选择样本。项目组在选择样本时，要充分考虑到任职者多、地区差别较大等特点，尽可能照顾到不同地区的实际情况，选择具有代表性的样本。

（4）对问卷调查人员集中培训。为确保问卷调查获得真实、有效的数据，应对封闭式问卷调查工作人员进行集中培训，使大家明确任务和要求，规范操作流程，并能够对在调查中可能碰到的问题做出解释说明。

（5）抽查、审核以确保数据真实性。所有问卷回收后，要对问卷的录入进行抽查、审核，确保数据录入的准确性。

2. 工作成果

获得封闭式问卷数据。

（五）第五阶段：胜任力模型构建及胜任力手册编写

胜任力模型构建及胜任力手册编写是整个项目的总结阶段，也是至关重要的收尾环节，其主要目标是形成胜任力模型最终报告。

1. 工作内容

此阶段主要有两个方面的工作：一方面，集中精力进行数据分析，对封闭式问卷采集的数据进行统计分析、建模；另一方面，需要把各种调研工具采集的案例进行归类汇总，编写胜任力手册。此阶段工作主要有如下特点：一是综合性强，需要把前四个阶段的工作成果进行综合，提炼整合出科学的胜任力模型；二是创造性强，胜任力模型构建是一个总结过程，也是一个创造过程，需要命名胜任特征因子、定义外显行为，需要发挥一定主观能动性；三是运算要求高，胜任力模型构建需要具备一定的统计知识和技能。

2. 工作表单

为保障胜任力模型构建及胜任力手册编写进行得有序高效，需要确定相关工作时间进度安排（表 8-4）。

表 8-4 胜任力模型构建工作进度

参与人员	工作安排		采用的技术、方法
	时间	工作内容	
		数据统计分析和胜任力模型建模	因素分析、聚类分析、方差分析等统计方法
		案例的收集、整理、归类	
		胜任力手册开发	

【例 8-3】工作进度表

表 8-4 给出了胜任力模型开发中工作进度的安排表格，请对比各栏目的具体内容。

3. 工作成果

（1）《胜任力模型开发报告》。

（2）《胜任力手册》。

第二节　胜任力模型调研

一、胜任力访谈流程

1. 选择样本

样本选择标准一般是以绩效标准为参考的，如果用 20 名任职者作为样本，其中一般要有 12 名任职者的绩效名列前茅，称其为优秀组，其他 8 名是业绩平平的，被称为普遍组，即绩效指标在平均水平上。绩效指标要根据客观情况而定，一般应包括数量、质量、成本、时效四个方面。另外，还可以用提名方式选择绩效标准样本，利用上级、同事、下属、客户同时提名的 360 度提名方式，或用直接由主管提名的方式，但多评价者的绩效评价与多元评价方法的效果比较一致（Campbell，1970），也就是说，单纯由主管提名会出现一些人为误差。

国内外研究成果表明，行为事件访谈所获取的字数在一万字以上，访谈时间在 1.5 小时以上，所得数据能够比较稳定地反映样本水平。为减少效标组被感知的实验效应，通知被访谈者时只提供简单的访谈内容，不提供详细的访谈提纲。访谈顺序应当采取双盲设计，即访谈者事先不知道被访谈者是优秀组还是普通组，被访谈者也不知道有这种划分。

2. 确定方法

访谈者对被访谈者的访谈，无论是一对一访谈，还是团队焦点访谈，都需要事先进行预访谈，并形成标准化的访谈提纲，否则会直接影响访谈效果。访谈提纲应包括访谈说明、访谈题目及备用问题、致谢内容，问题形式主要包括开放式问题和封闭式问题。由于不同被访谈者情况不同，大部分被访谈者需要引导，并且是反复引导。例如，为了使被访谈者不谈过多的观点而讲具体的行为事件，我们经常追问对方“能不能举一个例子？”“请讲得具体一点？”“有没有发生过类似事件？”等。为了使被访谈者知道我们需要的内容，我们经常需要鼓励被访谈者讲出具体行为，如复述强化被访谈者讲述的具体信息，点头示意对方的内容非常重要。这些访谈技能需要在访谈之前告诉所有访谈者，以使大家的访谈更加有效。另外，访谈内容还要采取全程录音的方式，防止登录出现误差。

3. 文字登录

文字登录一般有两种方法，一种方法是全文本登录，即被访谈者的每一句话都登录，这种方法的好处是信息齐全，缺点是内容繁杂，给行为萃取带来一些困难，影响工作效率。另一种方法是基于对被访谈者工作分析等基本信息的掌握，采取集中登录有重要行为事件的方式。可以使用笔者开创的“三栏式”登录表，包括“问题和背景、行为过程、行为结果”三个方面，详细登录被访谈者讲述的行为事件信息，这就为接下来的行为萃取创造了有效的工作基础。显然，胜任特征最终要表现在外显行为上。因此，萃取工作只针对行为过程部分进行是最为高效且准确的，这样就突出了胜任力研究的重点。

【例 8-4】编写访谈通知

下面是笔者编写的一个访谈通知，请说明发布访谈通知的必要性。

关于某职位胜任力调研访谈的通知

为了推进我单位的管理水平，经上级领导批准，我们邀请了有关人力资源管理专家，配合公司业务部和人力资源部，对我单位某职位及其上级和外部客户，开展胜任力调研工作，望各级领导和同仁大力支持。具体安排如下。

被访谈者姓名	时间（每人两小时）	地点
	8：30~10：30	
	10：30~12：30	
	13：30~15：30	
	15：30~17：30	

访谈主要内容

（1）该职位的素质标准及具体行为表现；

（2）该职位员工成功履职的具体行为事件；

（3）该职位能力差距及具体行为表现

希望受访同仁安排好工作时间，感谢您的积极配合！

人力资源部项目组

年　　月　　日

【例 8-5】草拟调研函

下面是笔者编写的一份调研函，请说明它的作用。

关于我公司职位胜任力的调研函

尊敬的客户：

您好！感谢您一直以来对我公司的支持与厚爱，为了提高我公司的服务水平，我们邀请了有关人力资源管理专家成立了胜任力调研项目组。为此，诚请您在百忙之中，安排时间接受我们的拜访，听取您的宝贵意见，改进我们的工作。访谈时间大约为一小时，感谢您对我公司工作的大力支持，项目组全体成员向您送上真诚的祝福！

此致

敬礼！

人力资源部项目组

年　　月　　日

二、设计访谈提纲

访谈情况说明主要强调访谈目的、保密性、占用时间。访谈问题主要围绕工作中遇到的关键情境，包括正面和负面（如成功和失败、最满意和最遗憾等）情境，其目的是得到一个人如何开展工作的详细描述。首先，可以设计一些“最”字句，如“请讲述您在工作中完成的最成功的三项任务？”，替代问题包括“在工作中您最得心应手的方面有哪些？”“让您压力最大的事是什么？您成功克服压力的方法是什么？”等，从正面信息入手，展开对胜任特征的探讨。其次，访谈提纲中还要设计直接询问素质方面的问题，以通过直接询问获取有效的胜任特征信息，如问“对您所在岗位而言，您认为最重要的任务是什么？出色完成这些任务最需要哪些个人品质和能力？”。再次，通过询问失败和挫折也可以了解胜任特征，尤其是具有一定难度的胜任特征往往是从失败中获得的，如问“请讲述您在工作中遇到的最困难的事情和最不成功的事”。最后，为了验证一些能力的重要性，还可以让被访谈者提出相关能力并进行重要性排序，作为访谈的尾声。当然，不能忘记致谢，感谢被访谈者给予的支持和宝贵经验分享，可以献上对被访谈者经验的赞赏，对被访谈者来讲，这也是一种正面激励。

【例 8-6】拟定访谈提纲

下例是笔者使用过的一份任职者访谈提纲，请分析它的内容和结构。

客户经理胜任力访谈提纲

一、情况说明

1. 访谈目的：本次访谈的目的是了解我行客户经理的培训需求，请您谈谈您在工作中遇到的一些重要和典型的工作事例，以及您个人的处理方式。

2. 保密性：您谈到的内容仅供研究人员分析，最终报告将是一份整体意见的汇总，我们录音是为了保证记录的准确与完整，如果您需要我们可以随时关掉，为了避免我们忙于做笔记请允许我们录音。

3. 占用时间：我们会占用您 1~2 小时时间，谢谢您的支持与配合。

4. 访谈情况说明时注意气氛控制，要体现正式、积极的气氛。

二、主要问题（成功的、重要的、困难的、急需的行为事件）

1. 请用几句话概括一下您的主要工作内容和职责？（两分钟）

2. 请讲述您在工作中完成得最成功的三项任务？（越详细越好，包括起因、经过、结果和主要人物，重点是所采取的行动而非思考与评价）

其他问法：

（1）在工作中您最得心应手的方面有哪些？

（2）让您压力最大的事是什么？您成功克服压力的方法是什么？

（3）您认为最困难的方面有哪些？您成功应对的经验是什么？

（4）您是如何创造积极的沟通气氛的？您如何进行建设性拜访？

（5）您是如何成功与企业一把手和财务总监保持良好关系的？

3. 就您所在岗位而言，您认为最重要的任务是什么？出色完成这些任务最需要哪些个人品质和能力？（举例说明——用典型事件来描述）

其他问法：

（1）针对不同的客户您的工作方式相同吗？通常您会采取哪些方式？

（2）您在日常工作中花费时间最多的工作项目是什么？

（3）您是如何为客户提供全方位的金融服务、开发营销金融产品的？

（4）您是如何开展“一站式”服务的？

4. 请讲述您在工作中遇到的最困难的事情和最不成功的事情。

其他问法：

（1）当客户提出新的、您未曾涉及过的需求时您是如何解决的？

（2）怎样发现、开拓客户的潜在需求？

（3）客户对您的服务有不满情绪或向您提出有损我行形象、利益的问题时，您是如何解决的？

（4）在同客户打交道时，遭受过尴尬的事情吗？是什么原因造成的？这些问题能否补救？您是如何做的？

三、验证性问题及致谢

1. 您认为一位优秀的客户经理应具备的个人品质和能力有哪些？如果依据相对重要性排序，依次是：①__________；②__________；③__________；④__________；⑤__________；⑥__________；⑦__________；⑧__________；⑨__________；⑩__________；⑪__________；⑫__________；⑬__________；⑭__________；⑮__________。

2. 致谢：代表项目组向被访谈者表示感谢！

三、登录访谈内容

为使下一步行为萃取能够顺利进行，登录者要对登录内容有足够的敏感度。一般而言，被访谈者会讲述三类行为事件：第一类是有完整过程的行为事件，这类行为事件包括前因、经过、结果；第二类是概括陈述的一系列行为事件，这类行为往往是被访谈者行为经验的总结，也具有一定指导意义；第三类是结合被访谈者一定主观观点的行为事件，被访谈者根据自己的理解对行为增加了一些评价和概括，一般表现为“论点+论据”的形式，这类行为还需要在萃取中引起项目组注意，进行必要的观点剥离处理。

以表 8-5 登录的内容为例，例 1 和例 2 是被访谈者行为事件陈述比较完整的登录，包括时间、地点、人物、前因、经过和结果。例 3 是一个概括性陈述登录，把平时的一些技能用排比句式并列出来，用“首先、其次、最后”形成一种行为组合，但没有具体的时间、地点、人物，此行为事件在行为萃取时具有一定指导意义，尤其是执行者已经划分出层级结构和先后顺序，如果这些行为被许多案例验证为有效，这种层级划分对胜任特征的层级划分就很有启发作用。

表 8-5　访谈登录内容举例

问题和背景	实施行为	行为结果
例 1： 2018 年 9 月 18 日，我们在北京举办了财务沙龙活动	我们首先集中了一些优质客户，建立联贷沟通的平台。我们做了现场培训，主要以答疑形式进行介绍，先以电子形式使客户有一个大致的了解和认识，然后针对每个人的特点进行现场介绍	通过这次活动成功营销一家报业集团受信的客户，以前我们从来没有把出版行业和新闻行业作为重点客户来源
例 2： 某年 8 月一个外地客户来买房，他的妻子在外地，过来一趟很不方便	我为了减少客户的厌烦感，就建议他在某地办委托公证，然后特快专递到我市，我为客户提供了公证书的具体格式和模板，避免客户提供的资料不符合我行规定	这样即使我行的手续比较多，客户听了我的解释以后仍然选择了在我行办理业务
例 3： 如何激励客户经理	首先，要向客户经理描绘这个岗位的前景，使他们更加珍惜这个岗位；其次，我行的领导更注重在精神上的奖励，如通过开会表扬的方式来激励客户经理；最后，通过经常与客户经理聊天的方式，给客户经理营造宽松的环境，让他们感到工作很舒心，和他们建立起一种互相信任和默契的感觉	客户经理的责任心会增强

【例 8-7】访谈内容的登录

表 8-5 给出了一些访谈的真实登录，请阅读后指出这三栏中哪一栏是我们胜任力研究的重点内容。为什么？

第三节　胜任力模型确立

一、统计软件的应用

胜任力的量化分析主要是进行因子分析，包括探索性因子分析和验证性因子分析，前者比较简单，可以通过 SPSS 软件实现，后者相对复杂，我们对相关步骤进行了详细说明。

步骤一：建立矩阵文件。使用 LISREL 软件建立验证性因素分析（confirmatory factor analysis，CFA）需要的协方差矩阵文件，按 Statistics → Output Options，选择 Covariances 并键入存放目录，就可以完成协方差矩阵生成任务。需要注意的是存放目录一定是 LISREL 程序存放的根目录或同一子目录，否则程序有可能无法运行。

步骤二：编写程序。一个 LISREL 程序包括三个组成部分：数据输入（以 DA 开始）、模型建构（以 MO 开始）、结果输出（以 OU 开始）。

【例 8-8】结构方程编程

以下是笔者编写的胜任力模型验证性因素分析 LISREL 程序。

```
DA NI=16 NO=318
LA
co1 co2 co3 co4 co5 co6 co7 co8 co9 co10 co11 co12 co13 co14 co15 co16
CM=FX、CML
SE
co1 co2 co3 co4 co5 co6 co7 co8 co9 co10 co11 co12 co13 co14 co15 co16
MO NX=16 NK=4 PH=ST TD=SY，FI
LK
com1 com2 com3 com4
PA LX
5（1 0 0 0）
4（0 1 0 0）
4（0 0 1 0）
3（0 0 0 1）
FR TD 1 1 TD 2 2 TD 3 3 TD 4 4 TD 5 5 TD 6 6 TD 7 7 TD 8 8 TD 9 9 TD 10 10 TD 11 11 TD 12 12
FR TD 13 13 TD 14 14 TD 15 15 TD 16 16
FR TD 6 14 TD 6 15 TD 10 11 TD 10 14 TD 1 16 TD 2 10
FR TD 4 2 TD 12 5 TD 15 7 TD 15 11
PATH DIAGRAM
OU MI
```

程序解释：

（1）DA 是数据输入指令，NI=16 表示数据共有 16 个变量，NO=318 表示有 318 个样本。LA 指令是给 16 个变量命名，CM=FX、CML 是指定协方差矩阵文件做分析，SE 语句选择运算变量。

（2）从 MO 开始是模型构建和参数设定，NX=16 指观测变量为 16 个，NK=4 指潜变量（因子）为 4 个，PH=ST 表示因子间的协方差矩阵是对称的，对角线固定值为 1，对角线以外自由估计，TD=SY，FI 表示指标误差间的协方差矩阵为对称矩阵且参数固定。LK 语句命名因子（可用中文命名），PA LX 指定因子与观测变量的对应关系，实际上是增加了限制条件，FR 指定需要自由估计的参数。

（3）PATH DIAGRAM 语句要求描路径图，OU MI 语句要求输出修正指数。将这一程序录入 LISREL，就可以进行运算了。

步骤三：分析结果。胜任力模型是否被数据验证是有效的，需要 LISREL 提供参数估计值。LISREL 能够汇报一些拟合指数供我们分析使用，包括绝对拟合指数（absolute index）、相对拟合指数（relative index）、简约指数（parsimony index）三大类指标。需要注意的是，有时还需要根据模型修正指示来修正模型（图 8-1）。

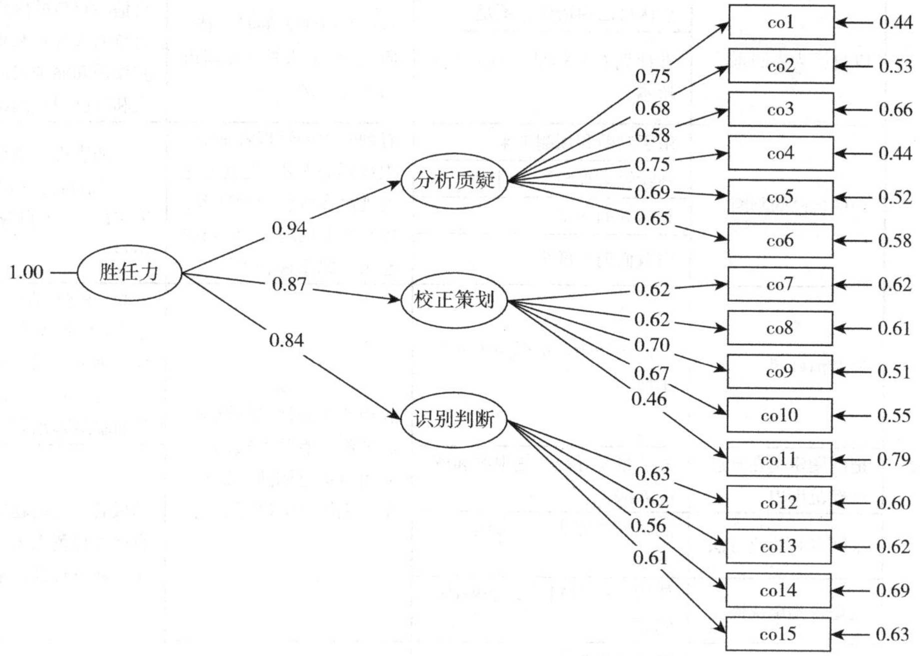

图 8-1　验证性因素分析路径图

二、常用胜任力模型

在企业中，常用的胜任力模型包括管理者胜任力和客户经理胜任力，前者有许多通用胜任力模型可以借鉴，后者需要根据不同企业的实际情况进行开发，因为行业和产品不同，对客户的要求差异十分大。

1. 管理者胜任力

我们根据美国管理协会的管理者胜任力的相关研究，结合中国企业实践，将管理者胜任力的内容总结成一个图谱，即管理者胜任力图谱（表 8-6）。

表 8-6 管理者胜任力图谱

胜任力	胜任特征	外显行为	使用	判断误区
成就取向	采取差异化行为	同样的工作使用不同的方法	有此特质的人需要被给予更多机会，称之为“有能力的人，我给你一个舞台；有热情的人，我给你一个机会；有业绩的人，我给你一份回报”	我们常常用结果预测结果，即看他有没有业绩，但事实往往是“多因一果”，应以行为预测行为
		能够做出一些新花样		
	承担具有挑战性的工作	承担相当困难的任务而没有借口		
		主动承担具有挑战性的工作而不夸大难度		
自信心	以自己为参照系	承认自己的错误和不足	自信是管理者的必备特质，自信的人是开拓新市场的好人选	自信与自负的区别在于自负的人喜欢和别人比，其快乐和痛苦来源于别人和自己对比的结果
		有计划有目标地实现自我超越		
	相信自己的判断	乐于判断和预测未来	有判断力的管理者是组织难得的人才，尤其是能发现潜在机会的管理者，更是企业的瑰宝，应当引起组织的重视和关注	自卑的表现是预期不向好，坚信自己的判断是不准确的，夸大自我能力的不足
		判断经常被验证是对的		
		有向好的期望		
		失败面前不低头		
积极心态	针对消极源	不回避问题，正视问题的严重性	积极心态是促进问题解决的唯一有效方式，乐观者可以促进团队气氛和谐，消极者会破坏士气	乐观与积极不同，乐观只是看到消极源的“光明面”，所以，乐观又被称为“盲目乐观”，有时候乐观反而耽误解决问题的时间
	把问题定义在自己可控范围内	先从自身寻找问题根源和解决方法		消极者不把问题定义在自己可控范围内，而是善于不断发现新的消极源
	不断寻找解决方法	同时思考方法一、方法二、方法三		
	创造性地解决问题	使用出乎意料的方法解决问题		
影响力	更专业	能够解决难题	给有影响力的人权力相当于给他们责任，而给没影响力的人权力相当于制造麻烦	影响力不等于权力，权力是外部给予的 从难度看，更专业、更宜人、更投入、更合规是递减的，从组织的重视程度看，却是递增的，人们往往忽视受组织重视程度大的合规，而去追求专业，结果得不到重用
		信息量大		
	更宜人	人际冲突少		
		待人友善		
	更投入	投入更多时间精力		
		多做而不一定多说，因为他们认为这是应该的		
	更合规	用行动履行制度和潜规划		
		不公然攻击制度，因为他们认为制度就是用来执行的		
协调沟通	表现倾听	用目光关注、身体前倾、记笔记等方式表现对讲话者所讲内容的聆听	协调能力强的人在与他人沟通频繁的岗位上能够表现出色，而在一些不需要沟通的岗位工作却比较郁闷	沟通能力强不是能说，而是能让别人说且能让别人同意他所说
	促进讨论	通过提问等方式促进大家就一个主题各抒己见		
	发现共识	通过总结等方式发现大家的交集，寻找共赢的解决方式		
	根据不同个性选择沟通方式	用忽视、沉默、赞扬等不同方式应对需要他们的人		

2. 客户经理胜任力

笔者自 2004 年开始对银行对公业务客户经理的胜任力模型进行研究，利用团队焦点访谈法、关键行为事件访谈法，以及多元统计分析法和胜任特征评价法，得出商业银行对公业务客户经理胜任力结构模型，包括六大模块，分别为把握信息、拓展演示、协调沟通、关系管理、参谋顾问和自我激励。随着国内商业银行的发展，个人金融业务发展迅速，已成为新利润的增长点，备受各家商业银行关注。2005 年，笔者开发了商业银行个人业务客户经理胜任力模型，得出商业银行个人业务客户经理胜任力模型，由 29 个胜任特征因素构成六大类胜任力模块，即资讯把握、风险掌控、效率提升、服务延伸、咨询建议和冲突管理（表 8-7）。

表 8-7　商业银行对公业务、个人业务客户经理胜任特征对比

对公业务客户经理		个人业务客户经理	
胜任力模块	胜任特征	胜任力模块	胜任特征
把握信息	收集企业资讯、分析信息、判断信息	资讯把握	了解政策导向、了解相关业务规定、掌握房地产知识、关注市场变化、梳理政策要求、熟悉特殊规定
拓展演示	选择目标客户、建立可信度、打动客户、展示产品和服务的比较优势、商业演示技能	风险掌控	真实性验证、关注还款难度、把握一手资料、发现异常举动、判断道德风险、了解政策导向
协调沟通	讲解说明、内部协调、外部沟通、谈判技巧	效率提升	温馨提示、相关业务提示、便利服务、节约时间
关系管理	了解关键人物情况、影响客户决策、建立并维护客户关系	服务延伸	提供产品以外的帮助、为客户代劳、借助行内资源服务、渠道维护
参谋顾问	挖掘企业需求、提供解决方案、开展个性化服务、为客户出谋划策	咨询建议	理财建议、发现优质客户、用咨询打动客户、整合产品资源、贷款建议
自我激励	工作激情、情绪控制、真诚守信、有求知欲、超越客户预期	冲突管理	要点重申、不利告知、挽留客户、平稳情绪

【案例分析】

说明：以下案例是笔者在研究商业银行风险经理胜任力时获得的部分结论，阅读案例并说明胜任力的层级结构对企业而言有何使用价值。

商业银行风险经理胜任力层级结构

从一般工作职能角度看，工作行为可以分为信息输入、信息处理和信息输出三个阶段，以此为序对应的四项胜任力为调查印证、风险意识、分析判断和沟通内控。调查印证胜任力属于信息输入阶段，反映了风险经理对重要信息的认知与判断。根据 Kennedy（1995）提出的降低偏差（biases）除误能力模型，只有把数据型偏差（data-related bias）和努力型偏差（effort-related bias）降到最低，才能改善决策质量。调查印证胜任力反映出风险经理对决策信息的除误过程，从真实性、齐备性识别，到内外部信息系统调查和实地考察，都是降低相关偏差的有效行为（表 8-8）。

表 8-8 调查印证胜任特征的层级结构（N=778）

胜任特征	项目	一级内容	二级内容	三级内容
真实性、齐备性识别	α=0.750 5	齐备性识别：识别资料信息是否齐全	抵（质）押物核查：通过调查审核判断抵（质）押物是否真实	真实性识别：鉴定资料的真实性
	行为示范	审核营业执照、有关机构决议、交易合同、主管部门批文等要件是否齐备	要求核查异地登记的国债是否存在	查看凭证格式、印章、签字、有效期等是否存在瑕疵
	评价分数	M=4.266 SD=0.703	M=4.195 SD=0.750	M=3.652 SD=0.946
	因子负荷	0.861	0.809	0.812
内外部信息系统调查	α=0.687 5	从中国人民银行信息系统调查：通过登录中国人民银行企业、个人信息系统，查询有关情况	从内部信息系统调查：从内部风险预警等系统调查情况	内部分支机构调查：从本行内其他分支机构调查情况
	行为示范	登录中国人民银行信贷登记咨询系统，对企业的银行负债及五级分类、对外担保等信息进行核对	从本行风险预警系统了解最新的行业、区域、产品风险评级及本行相关的信贷政策等	向本行内其他分支机构了解客户有无正在处理的不良问题或涉诉问题
	评价分数	M=3.936 SD=0.911	M=3.915 SD=0.850	M=3.773 SD=0.818
	因子负荷	0.678	0.677	0.678
实地考察	α=0.603 6	访谈交流：通过与企业进行访谈，了解有关情况	重点问题调研：确定重点关注问题，拟订提纲，进行实地考察	以客户身份调查：用消费者的眼光进行实地调查，掌握一手资料
	行为示范	对主要经营者及企业相关人员进行访谈，听取其对行业动态、价格走势、原材料供应及销售结算方式等方面的介绍	实地查看存货数量、专用设施与设备的技术水平，以及企业环境建设	自己以购房者的身份去看楼盘销售状况和客户群体特征
	评价分数	M=3.492 SD=0.897	M=3.259 SD=0.933	M=2.846 SD=0.864
	因子负荷	0.748	0.781	0.711

注：现实水平评价为五点量表，1 代表很差，2 代表较差，3 代表一般，4 代表较好，5 代表很好，评价分数为样本对现实水平评价的平均数与标准误差，α 代表 Cronbach's α 系数，M 代表平均数，SD 代表标准差。下同

风险意识胜任力反映了风险经理对金融风险的职业敏感度，属于个体特质范畴，包括发现财务问题、捕捉预警信号、判断异常情况、关注负面信息四个具体特征及相应层级（表 8-9）。Mischel 指出，胜任特征就是有效认知不同情况，进而采取适应性行为的一种综合素质，他由此得出风险意识胜任力类群，胜任特征反映了风险经理对金融风险在不同情况下的有效认知，是一种对金融风险的职业洞察力。Sandberg（2000）研究指出，传统的胜任力研究更多集中于行为本身，较少关注行为构念（conceptions），对形成行为的意识研究不够。本书得出的风险意识胜任力，就是一种行为构念，它是产生多种有效行为的驱动力。风险意识强的工作者会更频繁地选择那些能够发现金融风险的行为。

表 8-9 风险意识胜任特征的层级结构（N=778）

胜任特征	项目	一级内容	二级内容	三级内容
发现财务问题	α=0.715 6	查看审计报告：分析审计意见中的风险提示	判断收入稳定性：分析经营收入、应收应付款等科目，发现数据之间的不合理之处，判断真实收入状况	发现会计处理问题：通过分析重要科目，发现会计处理不正确的地方
	行为示范	分析审计报告中企业是否有负债、是否涉诉、诉讼标的金额等情况	分析主营业务收入与其他业务收入、经常性收入与偶得收入的比例，判断其收入的稳定性	是否将对外投资资金等项目列入应收款项，不良应收款是否足额计提坏账准备
	评价分数	M=3.789　SD=0.769	M=3.621　SD=0.773	M=3.146　SD=0.865
	因子负荷	0.818	0.801	0.781
捕捉预警信号	α=0.747 5	及时掌握风险信号：对企业显示出的风险信息能够及时掌握	讨论风险规避：与企业沟通并提示规避风险，关注其动态	收集敏感信息：发现企业经营中的风险预警信号
	行为示范	了解诸如职工工资无法发放、法人代表失踪、财务高管辞职等预警信息	与客户讨论并建议采取远期结售汇方式规避汇率风险	从成品库存增加量判断市场是否萎缩；从客户销售与订单的异常变化判断现实经营状况
	评价分数	M=3.388　SD=0.774	M=3.139　SD=0.797	M=3.069　SD=0.761
	因子负荷	0.827	0.826	0.794
判断异常情况	α=0.711 9	关注数据异常波动：当企业经营数据出现异常时，能及时注意	发现不合常理的现象：从企业一些不合常理的情况中发现风险	洞察非理性行为：对企业出现的非理性行为敏感
	行为示范	发现存货大幅增加或减少、销售收入和利润大幅上升或下降、或有负债突然出现大幅上升等	发现财务报表过于完美、应交税金科目余额过大等不合常理现象	对盲目扩大投资、草率涉足不熟悉的业务领域等经营活动进行风险判断
	评价分数	M=3.961　SD=0.804	M=3.604　SD=0.795	M=3.519　SD=0.838
	因子负荷	0.824	0.808	0.760
关注负面信息	α=0.643 4	从媒体报道了解情况：从报纸、杂志等媒体了解企业负面信息	从上下游客户了解情况：从上下游客户了解企业信誉不良等负面信息	从有关机构了解情况：从税务机关、法院、工商部门、财政部门等有关机构了解企业负面信息
	行为示范	从企业所在行业的内讯获取对企业的负面报道	从上游客户了解其对借款人的供货能力、供货量、结算方式及不良信誉	从税务机关了解偷漏税情况，从法院了解涉诉情况，从工商部门了解合同履行及投诉纠纷情况
	评价分数	M=3.403　SD=0.776	M=2.967　SD=0.797	M=2.905　SD=0.856
	因子负荷	0.695	0.813	0.782

分析判断胜任力属于信息处理阶段，它涵盖了四个胜任特征，即抵押物有效性判断、关联交易与担保实力判断、市场前景分析和企业稳健经营分析（表 8-10）。根据 Yukl（1989）的研究，工作能力可以分为技术能力、人际能力和概念能力，其中概念能力包括分析解决问题的能力和认识潜在问题的能力，这两方面的能力在风险经理分析判断胜任力中得以体现。Hay（1990）总结了以往对胜任特征的研究，发现其中研究难度较大的特征是

"多视角思考问题能力"和"预见力",分析判断胜任力中的抵押物有效性判断、关联交易与担保实力判断属于"多视角思考问题能力",市场前景分析和企业稳健经营分析属于"预见力"范畴。可见,分析此类胜任特征具有较高的难度和重要性。

表 8-10 分析判断胜任特征的层级结构(N=778)

胜任特征	项目	一级内容	二级内容	三级内容
抵押物有效性判断	α=0.714 5	判断抵押物易变现程度:对抵押物能否变现及难易程度做出判断	判断抵押物易管理程度:对抵押物是否容易管理及可行性做出判断	判断抵押物真实价值:通过类似资产比较等方法分析抵押物的真实价值
	行为示范	判断专用设备和设施的易变现性	判断运输车辆、挖掘设备的易管理程度	走访土地房产管理部门,了解基准地价,参考同类土地变现价值,从而分析抵押土地的真实价值
	评价分数	M=3.922 SD=0.693	M=3.846 SD=0.791	M=3.656 SD=0.846
	因子负荷	0.831	0.829	0.841
关联交易与担保实力判断	α=0.643 4	判断担保方信用:分析担保方信用度,并要求提供高信用度的保证人	从资金走向判断关联交易:通过企业资金的走向来判断是否存在关联交易	从会议科目判断关联交易:通过会计科目及往来账判断是否存在关联交易
	行为示范	落实银行认可的高信用度保证人或增加抵(质)押品	关注资金走向及关联企业资金占用占总资产的比例,以判断是否存在关联交易	从应收账款、应付款项、长期投资等科目中企业名称与客户相近的往来方,查公司往来账,判断是否存在关联交易
	评价分数	M=4.016 SD=0.705	M=3.306 SD=0.825	M=3.087 SD=0.901
	因子负荷	0.570	0.861	0.848
市场前景分析	α=0.711 6	关注行业和项目特点:区分行业及项目类型,明确关注点	判断项目市场前景:通过行业和项目的关键信息判断其市场前景	熟悉行业政策与技术参数:对行业的准入或扶持政策有所了解,熟悉行业主要技术参数
	行为示范	公路类项目要关注资本金比例、车流量、收费情况、财政支持力度、有无政府补偿政策等	观察楼盘的建筑品位、交通状况、配套设施,以判断房价走势	熟悉电力企业行业集中度要求及每万千瓦时的建设成本参数
	评价分数	M=3.773 SD=0.765	M=3.589 SD=0.777	M=3.455 SD=0.896
	因子负荷	0.808	0.791	0.792
企业稳健经营分析	α=0.692 9	判断竞争优势:根据不同行业的特点判断其竞争优势	判断经营稳健性:通过企业层面信息判断其经营的长期性和稳健性	用国际视角分析市场状况:从国内外不同角度,分析企业未来市场状况
	行为示范	钢铁行业要看规模、技术领先程度、是否有自己的矿山或稳定的货源	通过企业发展战略、行业及产品生命周期、新产品培育、上下游合作企业的规模、市场替代品等判断稳健性	显像管在国内虽无太大销量,但在亚洲其他地区需求量较大
	评价分数	M=3.853 SD=0.697	M=3.516 SD=0.780	M=2.876 SD=0.822
	因子负荷	0.776	0.822	0.773

根据 Goldfried 等的研究,对产生高绩效的胜任力而言,重要的不是学习知识,而是

适应环境的有效行为。沟通内控胜任力所包含的内部沟通、跟踪与校正、外部协调、内控力、量化风险等胜任特征，正是风险经理通过沟通与内控力，发挥个人与组织的最大效能，在环境变化中跟踪校正、主动应变，保持理性思维习惯，更好地化解金融风险的重要素质（表 8-11）。美国心理学家 Salovey 和 Mayer 于 1990 年提出的情感智力被广泛应用于胜任力研究中。到了 2001 年，Coleman 提出了情绪胜任力的概念并将其划分为自我意识、自我管理和关系管理三个方面，这一理论与本书得出的内控力、内部沟通、外部协调三项胜任特征十分吻合。内控力属于个体特质范畴，它要求风险经理保持学习心态，排除干扰，抵抗外界压力，突显了这一职位在自我意识和自我管理方面所需要的隐性特质。内部沟通和外部协调两项胜任特征对应情绪胜任力中的关系管理，它们保障着风险经理能够更加有效地发挥风险防范作用。

表 8-11　沟通内控胜任特征的层级结构（*N*=778）

胜任特征	项目	一级内容	二级内容	三级内容
内部沟通	α=0.730 3	及时交流：及时就风险点控制与相关部门进行交流	跨部门沟通：以协助、支持的态度与其他部门沟通	改进汇报效果：汇报交流时，有意识采取插叙、反馈等手段改进沟通效果
	行为示范	在开会之前，就有关风险点与相关部门、项目负责人、经办行等有关人员进行交流	向其他部门主动提出“我们能协助做点什么？”	选择大家最关注的问题先讲，表达简明扼要，必要时采取倒叙、插叙等方法
	评价分数	M=3.482　SD=0.912	M=3.411　SD=0.944	M=3.303　SD=0.718
	因子负荷	0.781	0.829	0.809
跟踪与校正	α=0.625 3	调整贷款投向：在企业经营发生变化时，主动调整贷款投向，保证投放效果	企业发展应变：根据企业发展变化提出相应的调整措施	选择贷款策略：跟踪项目进度，选择适当的贷款策略
	行为示范	客户要改制上市时保证贷款要跟着优质资产走	分析企业重组方案对我行的影响，积极采取相应对策	初期不介入固定资产贷款，等手续齐全，项目建成后，提供流动资金贷款
	评价分数	M=3.509　SD=0.781	M=3.443　SD=0.799	M=3.382　SD=0.737
	因子负荷	0.792	0.750	0.733
外部协调	α=0.721 9	要求增加监管条件：通过与客户协调，要求增加一定监管条件	取得客户承诺：设法要求客户做出必要的承诺，以化解风险	寻求政府及相关部门支持：设法寻求政府及相关部门的支持，给予政策倾斜或做出相应承诺
	行为示范	要求企业销售回笼款经过本行	要求企业承诺资本金同步到位、先还贷后分红、贷款存续期股东不得抽回资金等	某些基础设施项目可以要求有关部门建立偿债基金
	评价分数	M=4.005 SD=0.810	M=3.797　SD=0.862	M=3.500　SD=0.889
	因子负荷	0.768	0.870	0.784
内控力	α=0.797 7	具有良好的学习心态：能够保持积极心态，主动学习相关知识	排除干扰：保持独立自信，敢于做出判断	抵抗外界压力：在面对外界压力时，能够坚持自己的想法
	行为示范	面对新课题、新问题，没有畏难情绪，积极主动学习	在分析决策过程中，不受他人观点的影响和干扰	面对外界各方压力，能从容、冷静地解释个人观点
	评价分数	M=3.800　SD=0. 770	M=3.617　SD=0.860	M=3.536　SD=0.850
	因子负荷	0.804	0.850	0.879

续表

胜任特征	项目	一级内容	二级内容	三级内容
量化风险	α=0.628 1	关注风险关键变量：分析影响风险的关键变量，充分考虑其变化和影响	测算资产变现价值：合理测算出企业资产的变现价值	用统计分析方法进行风险管理：及时掌握动态数据，通过测算和预测，进行风险分析与管理
	行为示范	对助学贷款进行风险分析时，要重点分析学历、学校等级、专业等变量	对企业发展前景不够确定或第一还款来源较难把握的项目，能够以企业资产变现价值作为财务分析的补充	编制程序或使用统计软件，对不同来源的财务数据进行分析并与同行业比较，掌握企业财务信息变化和风险点
	评价分数	M=3.446 SD=0.814	M=3.397 SD=0.782	M=2.642 SD=0.910
	因子负荷	0.748	0.745	0.780

资料来源：魏钧，张德. 商业银行风险经理胜任力模型与层级结构研究[J]. 管理世界，2007，(6)：86-93

【复习与思考】

1. 胜任力模型开发共分几个步骤？
2. 为什么有必要进行预调研？工作内容主要是哪些？
3. 胜任力模型开发中个人深度访谈的步骤是什么？
4. 在胜任力模型开发中需要用到什么统计方法？
5. 验证性因素分析的原理是什么？在胜任力模型测算当中如何运用？

【课后技能训练】

请针对你身边的主管设计一个可行的胜任力调研方案，如果你是高校学生，请针对班长这一职位设计胜任力调研方案。

参考文献

顾琴轩，朱牧. 2001. 人力资源专业人员胜任力研究[J]. 中国人力资源开发，(10)：4-8.

时勘，王继承，李超平. 2002. 企业高层管理者胜任特征模型评价的研究[J]. 心理学报，34(3)：306-311.

史班瑟 L M S M. 1999. 才能评鉴法：建立卓越绩效的模式[M]. 魏梅金译. 台北：商周出版社.

王继承. 1999. 管理干部胜任特征评价方法的初步研究[D]. 中国科学院心理研究所硕士学位论文.

魏钧，张德. 2007. 商业银行风险经理胜任力模型与层级结构研究[J]. 管理世界，(6)：86-93.

仲理峰，时勘. 2002. 绩效管理的几个基本问题[J]. 南开管理评论，5(3)：15-19.

Boyatzis R E. 1982. The competent manager：a model for effective performance[J]. Competent Manager A Model for Effective Performance，9：80-82.

Boyatzis R E. 1994. Rendering unto competence the things that are competent[J]. American Psychologist，49(1)：64-66.

Campbell M. 1970. Assessment or processing? [J]. Engl Quart，3(1)：81-86.

Hay J. 1990. Managerial competences or managerial characteristics? [J]. Management Learning，21(4)：

305-315.

Kennedy J. 1995. Method comparison and bias estimation using patient samples ; Approved guideline[J].Clinical and Laboratory Standards Institute，22（19）：1-75.

McClelland D C. 1973. Testing for competence rather than for "intelligence" [J]. American Psychologist，28（1）：1-14.

McClelland D C. 1994. The knowledge-testing-educational complex strikes back[J]. American Psychologist，49（1）：66-69.

Sandberg J. 2000. Understanding human competence at work：an interpretative approach[J]. Academy of Management Journal，43（1）：9-25.

Spencer L M，Spencer S M. 1993. Competence at Work：Models for Superior Performance[M]. Hoboken：Wiley.

Yukl G. 1989. Mangerial leadership：a review of theory and research[J]. Journal of Management，15（2）：251-289.

第九章 培 训 设 计

【学习目标】

通过本章的学习了解基于胜任力的培训设计及评估方法，掌握培训需求聚类分析方法，学习培训设计的模式及方法，能够完成基于胜任力的培训效果评估工作。

趣味导入：有文有物

有一天上课，老师讲课枯燥乏味，大家越听越困。一位同学困极了，实在忍不住就趴在桌上睡了起来，而且伴着老师单调的授课越睡越沉。

主讲老师突然发现有人睡着了，十分不悦，气冲冲地对睡觉那位同学的同桌说：“你把他给我叫醒!”

同桌回答：“老师，还是您叫吧，是您把他弄睡的。”

讲话要有文有物，形式和内容并重，所谓“言之无文，行而不远”。

第一节 培训需求分析

一、培训需求的概念

一些学者研究指出培训需求定理，基本上符合以下等式：

培训需求=标准绩效或期望绩效–当前或实际绩效

根据这一培训需求公式，首先要明确组织的期望绩效水平。通过运作分析、工作描述、工作细分、实景工作观察等都可以表明每项工作的期望绩效水平。再通过测量实际绩效水平、人员分析或绩效观测，可以提供当前或实际的绩效水平。个体绩效评价、问卷调查、访谈、测试等可以提供个体实际绩效与期望绩效的比较。理论上来说，培训可以缩小实际与期望绩效的差距。

但从另一个角度讲，不是所有绩效差距都可以用培训来弥补。Mager 和 Pipe 认为实际绩效和期望绩效之间的差距，不能简单地看成培训问题，缺少机会、激励不足、缺少绩效反馈，或者团队或组织障碍都会阻止个体发挥其积极性。因此，首先需要确定这种差距是否员工技能不足引起的，如果能够证明造成差距的原因是员工技能不足，才可以用培训来解决问题。此时，培训设计者的注意力应该放在培训成本分析和培训方法选择上。Mager 和 Pipe 认为，提升绩效管理“不一定要改变员工能做什么，而是使其做的事更加具有吸引力，或者不那么令人讨厌”。

二、培训需求分析法则

Gilbert 认为，以下四个法则可以用来识别和限定培训需求。

法则一：了解熟练技能与初始技能的差距。

$$D = M - I$$

其中，D 表示不足或缺陷；M 表示熟练技能；I 表示初始技能。

法则二：明确学到东西的价值。

Gilbert 指出，要区别 accomplishment 和 acquirement 的差别，acquirement 指员工学到了什么，accomplishment 指员工学到东西的价值。在组织里，应该强调学到东西的价值，而不是学习本身。

法则三：掌握知识和执行的差别。

据 Gilbert 估计，工作中会有一半的缺陷是由于执行不足，而非知识不足，并且指出四种典型执行问题：①反馈不充分；②工作干涉；③惩罚；④缺乏激励。这些问题是培训所无法解决的。

法则四：考虑培训的经济性。

培训都是有成本的，那么，如何判断培训的优先等级，Gilbert 提出了以下公式：

$$P = VN / C$$

其中，P 表示优先级；V 表示克服某个不足的价值；N 表示需要培训的人数；C 表示培训成本。

三、需求分析的三个层面

McGehee 和 Thayer 对培训需求分析的应用研究十分有影响力，他们提出的方法至今仍被许多学者使用。这两位研究者反对凭直觉解决培训问题，认为培训需求决策远比“坐在沙发上的空想”更复杂。他们提出三个层面分析培训需求的整合模式，包括组织层面、运行层面和人员层面，这三个层面是紧密联系而非相互孤立的（表 9-1）。

表 9-1　三个层面分析培训需求

组织层面	运行层面	人员层面
1. 组织目标	1. 工作描述	1. 绩效数据
2. 人力清单	2. 工作细分或任务分析	a. 生产力
3. 技术清单	3. 绩效标准	b. 缺勤
4. 组织气候	4. 工作表现	c. 事故
a. 劳动管理（罢工、停工）	5. 工作观察	d. 短期疾病
b. 牢骚	6. 工作相关的文献	e. 牢骚
c. 人事变动	a. 行业研究	f. 浪费
d. 缺勤	b. 专业期刊	g. 送货迟到
e. 建议	c. 研究文献	h. 产品质量
f. 生产率	d. 政府资料	i. 停工时间
g. 事故	e. 博士论文	j. 修理
h. 短期疾病	7. 针对工作的问询	k. 设备使用
i. 员工行为	a. 对员工问询	2. 顾客抱怨
j. 态度调查	b. 对主管问询	3. 观察
k. 顾客抱怨	c. 对领导问询	4. 访谈
5. 效率指数	8. 咨询培训委员会	5. 问卷
a. 劳动力成本	9. 运行问题分析	6. 测试 工作知识、技能成绩
b. 原料成本	a. 停工时间报告	7. 态度调查
c. 产品质量	b. 浪费	8. 培训进度表
d. 技术装备	c. 修理	9. 员工申诉
e. 分销成本	d. 送货迟到	10. 关键事件
f. 浪费	e. 质量缺陷	11. 日志
g. 停工时间	10. 分类卡片	12. 设计情境 角色扮演、案例研究、领导能力训练会、商务游戏、文件筐
h. 送货迟到		13. 问题诊断率
i. 修理		14. 评价中心

续表

组织层面	运行层面	人员层面
6. 系统变化		15. 辅导训练
7. 请求和询问		16. 工作计划和复审
8. 问题访谈		
9. 工作计划和复审		

（1）组织层面分析主要用来决定培训应该用在组织的什么地方，要分析关注整个组织，包括组织目标、人力清单、技术清单、组织气候、效率指数等方面。

（2）运行层面分析主要是搜集某个或某组工作的数据，以决定员工应该培训什么才可以达到期望的绩效水平，要分析包括绩效标准和完成任务所需技能等方面。

（3）人员层面分析主要是找出员工绩效差距，要分析包括测试和观察等方面。

尽管培训需求分析由组织、运行、人员三个不同层面组成，但各层面还是相互关联的，如关于事故、人事变动、缺勤数据的综合，可以分析一个组织的组织气候。值得注意的是，表 9-1 中的观点也有部分重叠。从数据获得的难易程度看，有关质量的数据容易获得，但一些特定环境下的信息却要花费大笔资金或资源才能获取。

四、基于胜任力的需求分析

1. 胜任力的多元评价

对于胜任特征可以采取多元评价的方式，寻找基于胜任力培训设计的数据来源。所谓多元评价方式就是由多个主体对同一份胜任特征进行评价，评价可以从两方面进行，即该项胜任特征的重要性和现实水平。每道题的得分要进行两次换算，首先，把不同评价主体的评价进行汇总，按打分情况求出总分数；其次，把不同评价主体的评分进行加权求和。

评价计分方法采用两个公式：（9-1）是一道题的计分方法，（9-2）是不同评价对象加权计分方法。

$$Mx = \left(100Ra + 80Rb + 60Rc + 40Rd + 20Re + 0Rf\right) / R \qquad (9\text{-}1)$$

其中，R 为总人数；Ra 为选 6 的人数；Rb 为选 5 的人数；Rc 为选 4 的人数；Rd 为选 3 的人数；Re 为选 2 的人数；Rf 为选 1 的人数；Mx 为重要程度。

$$Mx^* = \left\{\begin{array}{l} \left[\left(100R_{a3} + 80R_{b3} + 60R_{c3} + 40R_{d3} + 20R_{e3} + 0R_{f3}\right)\times 1\right] \\ +\left[\left(100R_{a2} + 80R_{b2} + 60R_{c2} + 40R_{d2} + 20R_{e2} + 0R_{f2}\right)\times 0.75\right] \\ +\left[\left(100R_{a1} + 80R_{b1} + 60R_{c1} + 40R_{d1} + 20R_{e1} + 0R_{f1}\right)\times 0.5\right] \end{array}\right\} / R \qquad (9\text{-}2)$$

其中，R 为总人数；R_{a3} 为外部客户选 6 的人数；R_{a2} 为主管领导选 6 的人数；R_{a1} 为客户经理选 6 的人数；Mx^* 代表总分数。以上系数外部客户的权重最大，突出了客户导向的培训需求分析原则。

【例 9-1】培训需求分析问卷

以下是基于胜任力的培训需求开发问卷。

基于胜任力的培训需求开发问卷

填写说明：以下问题是关于所需胜任力的描述，请您对每项能力的实际情况和重要程度进行评价。左栏是您认为自己完成此项工作的实际平均水平，右栏是您认为此项能力或行为的重要程度。您评价得越客观对我们培训的设计越有帮助，请仔细阅读每一项，并在相应的数字上画圈。

目前实际水平						胜任特征描述	重要程度					
非常差	较差	不太好	不错	较好	非常好		极不重要	不重要	不太重要	有点重要	较重要	非常重要
1	2	3	4	5	6		1	2	3	4	5	6
1	2	3	4	5	6		1	2	3	4	5	6

2. 数据聚类分析

对以上样本数据进行聚类分析，采用 Q 型聚类分析，在迭代过程中使用 K-Means 算法不断更换类中心，寻找培训内容（training content）的分类。操作过程可以使用 SPSS 聚类分析方法，选择 Analyze → Classify → K-Means Cluster，把实际水平和重要性得分选入 Variables 对话框就可以进行聚类分析（图 9-1）。

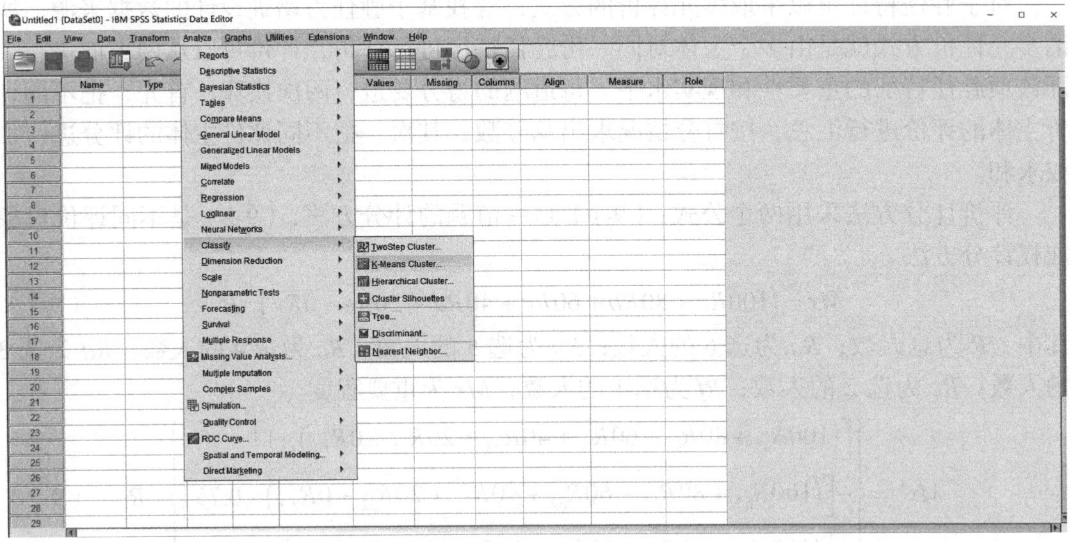

图 9-1 基于胜任力的培训需求聚类分析

通过聚类分析，我们可以得到一个培训类型矩阵（图 9-2），笔者把其中典型的四个分类分别命名为加强型培训（重要程度高且现实水平低）、巩固型培训（重要程度高且现实水平高）、维持型培训（重要程度低且现实水平高）、补充型培训（重要程度低且现实水平低）。

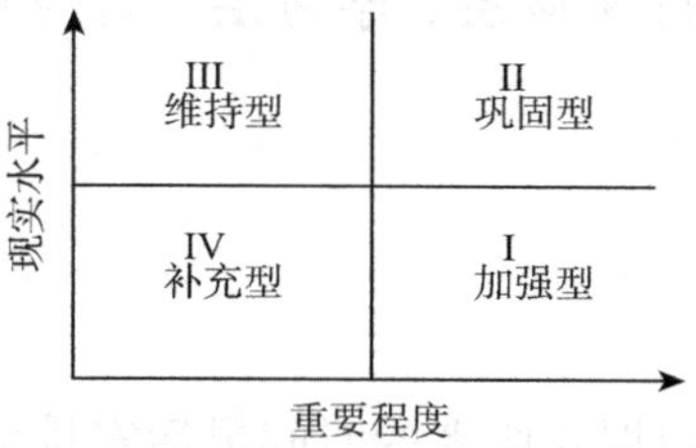

图 9-2 培训类型矩阵

不同培训类别需要的培训设计不同，加强型培训在培训方式和要求上应有所突出，如要求各级学员必须参加，本期不能参加下期补上；严格进行效果评估，对评估不合格者再次培训等。巩固型培训适合采取不定期面授培训、远程视频培训等方式。维持型培训更多以交流学习、阅读讨论方式为主。补充型培训采取有声资料与讨论相结合的方式。

第二节 培训设计

基于胜任力的培训设计是国外许多学者研究的新方向，Prahalad 和 Hamel（1990）提出了组织分析框架，首次把胜任力概念置于“人–职位–组织”匹配的框架中，从而使胜任力概念正式进入了培训和开发体系。Weihrich 和 Koontz（1994）提出了针对管理者的培训需求模型，他们将胜任力的概念引入了此培训需求模型。Tracey 等（1995）在培训的学习迁移研究中，提出了“持续学习文化”（continuous-learning culture）的概念，认为融入胜任力的培训设计是具有可持续性的培训设计。可见，基于胜任力的培训设计成为培训开发的主流技术。

一、不同类型的培训设计

（一）加强型培训

1. 培训方式：可以综合以下三种方式

（1）定期面授培训：固定时间、固定周期、固定内容、固定人员的强化训练模式。

（2）有声资料远程培训：利用网上视频和录音资料组织集中培训。

（3）阅读讨论：发放资料，组织定期讨论。

2. 培训要求：任职者全部参加，本期不能参加要在下期补上

3. 培训效果评估：进行反应层、学习层、行为层、结果层四个层次的评估

（二）巩固型培训

1. 培训方式

（1）不定期面授培训：根据任职者的时间灵活安排培训时间。

（2）有声资料远程视频培训。

（3）阅读讨论。

2. 培训要求：任职者选择性参加其中一种形式的培训

3. 培训效果评估：实施反应层、学习层和行为层的评估

（三）维持型培训

1. 培训方式

（1）有声资料远程培训。

（2）阅读讨论：发放资料，组织不定期讨论。

2. 培训要求：定期组织学习交流

3. 培训效果评估：实施反应层评估

（四）补充型培训

1. 培训方式

（1）有声资料远程培训。

（2）组织讨论：不定期就相关内容（related-content）进行讨论。

2. 培训要求：参与讨论即可

3. 培训效果评估：对学员进行满意度调查

二、培训干预设计

培训在人力资源开发中起着决定性作用，如何有效地组织培训就成为其中的关键环节。世界经济论坛（World Economic Forum，WEF）2007 年发布了《2007~2008 全

球竞争力报告》，作为主要评价指标的"全球竞争力指数"（global competitiveness index，GCI），包括效率提升类、基本条件类、创新因素类三类指数，效率提升类中的第一项就是"高等教育与培训"。可见，培训效率提升对于国家竞争力有着重要的影响。就我国而言，"高等教育与培训"这一指标排名为78位，在效率提升类12项指标中居倒数第二，而我国的"市场规模"指标位居全球第二。不难看出，伴随着我国经济发展规模的迅速扩大，培训效率已成为制约我国"全球竞争力"水平发展的重要因素之一。

组织培训过程干预的研究大体经历了两个阶段，第一个阶段始于20世纪初，第二个阶段始于20世纪90年代末。在第一个阶段，学者集中分析了影响培训迁移的组织培训后干预，包括个体的使用机会（opportunity to use）和工作负荷（workload）、上级支持（supervisor support）与上级认可（supervisor sanction）、同事支持（peer support）、环境的迁移氛围（transfer climate），其中标志性成果是Baldwin和Ford在1988年的开创性研究。在第二个阶段，研究者进一步将干预要素扩展到培训前和培训过程中，代表性研究是Broad和Newstrom在1992年的研究，该研究构建了培训前、中、后的组织干预框架，其中最为核心的是培训过程干预。

早期的培训过程干预研究集中在培训内容方面，研究者运用学习理论揭示了认知要素（identical element）、教学原则（teaching general principles）、可变刺激（stimulus variability）、实践条件（conditions of practice）、相关内容等方面对培训效率的影响。随后的研究深入培训方式和参与实践等方面，在培训方式上分析研究了参与设计（participated design）、指导下的发现（guided discovery）、积极学习（active learning）、基于失败的学习（error-based learning）、元认知指导（meta-cognitive instruction）、学员控制（student controlling）、掌握导向（mastery orientation）等要素对培训效率的影响。在参与实践研究方面，涉及了行为—象征实践（behavioral-practice versus symbolic practice）、可变案例与实践（variable examples or practice）、间隔实践（spaced practice）、任意实践（random practice）、强化训练（intensive training）、教练—反馈—辅助（coaching-feedback-scaffolding）等领域，这些要素被证明了不同程度地影响着培训效率（表9-2）。

表9-2　培训过程干预要素的研究

干预层面	干预要素	干预效果	研究者
培训内容	认知要素	实现培训环境与实践环境的一致性，可以提高培训效率	Lim 和 Morris
培训内容	教学原则	实现培训环境与实践环境的一致性，可以提高培训效率	Lim 和 Morris
培训内容	可变刺激	实现培训环境与实践环境的一致性，可以提高培训效率	Lim 和 Morris
培训内容	实践条件	实现培训环境与实践环境的一致性，可以提高培训效率	Lim 和 Morris
培训内容	相关内容	内容相关性是预测受训者成功迁移的感知要素	Yamnill 和 Mclean

续表

干预层面	干预要素	干预效果	研究者
培训方式	参与设计	增加了受训者的适应与转化	DiVesta 和 Peverly
	指导下的发现	使学员积极地应用所学，更好地整合现存知识结构；可以减轻受训者的心理压力、缩短培训所需时间	Elshout 和 Busato；Ford 和 Kozlowski
	积极学习	提高学习效果且减少负面结果	Burke
	基于失败的学习	提高学员的关注，防止学员产生不正确的假设，强制学员更多地思考	Ivancic 和 Hesketh
	元认知指导	激励受训者产生新的想法，反思现有的想法	Smith
	学员控制	促使受训者将时间集中于对自己而言比较困难的地方，培训效率较高	Wilson 和 Cole
	掌握导向	学员乐于接受挑战性任务，显示出对获得成功的坚定信心，培训效率更高	Ames 和 Archer
参与实践	行为—象征实践	行为实践有利于复制技能，象征实践有利于抽象知识的概化	Decker
	可变案例与实践	使用单一正面的典型，不如正面和反面案例结合起来，更能使受训者取得更多的行为变化和认知收获	Baldwin
	间隔实践	能够提高培训保持力	Bahrick
	任意实践	任意实践比封闭实践效果更佳	Hall
	强化训练	增加训练强度能达到更好的培训效果	Driskell
	教练—反馈—辅助	反馈可以使受训者明白行为差距，但过多反馈会降低培训保持率	Winstein 和 Schmidt

三、培训师的选择

培训师的选择是决定培训成功与否的关键，在培训设计时需要明确培训师的选择标准。一般而言，选择培训师要从讲授内容和培训技能两方面决定，由于讲授内容是依据企业需求确定的，这里重点介绍培训技能标准。一个好的培训师需要具备哪些培训技能呢？借鉴笔者完成的高校教师课堂教学技能研究项目，培训技能可以分为三大类群：讲授、演示和互动（表 9-3），共计二十多项技能点。那么，如何选择合适的培训师呢？一方面需要根据培训内容来确定，不同的专题需要不同的培训风格；另一方面还是要选择培训技能高超的培训师，这里提供一些卓越技能点供大家参考。笔者在研究北京市青年教师教学基本功比赛样本时，分析了获得高分与获得低分的教师的差异，得出深受大多数专家和学员好评的卓越技能点，它们分别是讲授技能中的教学语调配合、示范、回顾重点、小结与总结，演示技能中的案例、公式呈现和实物教具展示，互动技能中的激励学生、幽默和培养批判性思维。也就是说，在培训中能够在语调上富有变化，示范时举例清楚，善于总结提炼就是好的培训师了；如果还能使用翔实的案例和具体的实物呈现知识，那就很难得了；如果还可以在互动中，激励学员，启发学员批判式思考，那就是顶级培训师了。

表 9-3 培训师的授课技能

三维技能	技能点	卓越技能点
讲授	示范、指明要点、概念举例、介绍性聚焦、概念介绍说明、强调重申、回顾重点、小结与总结、揭示实质、阐述联系、树立权威、手势配合、教学语调配合、案例讲解、角色扮演	教学语调配合、示范、回顾重点、小结与总结
演示	感官性聚焦、案例、公式呈现、实物教具展示	案例、公式呈现、实物教具展示
互动	表达热情、表达关怀、监控、反馈点评、提问、激励学生、培养批判性思维、寻求共鸣、组织活动、幽默	激励学生、幽默、培养批判性思维

第三节 培训效果评估

一、评估模型

培训效果评估模型很多，主要有 Kirkpatrick 四级评估模型和 CIPP 评估模型，其他评估模型大都从其衍生而来。Kirkpatrick 四级评估模型从学员角度对反应、学习、行为及结果进行系统评估，CIPP 评估模型强调培训项目的系统性及培训的过程，通过情景（context）、输入（input）、过程（process）、成果（product）四个方面进行评估，提出培训项目持续改进的思想。其中，前两方面是针对培训需求的评估，后两方面是对于培训实施和效果的评估。这个模型考虑了培训开发本身，融合了多种模型的优势部分，如将 Kirkpatrick 四级评估模型、Kaufman 五级评估模型、Phillips 五级评价模型都作为成果部分的指标来考虑（图 9-3）。

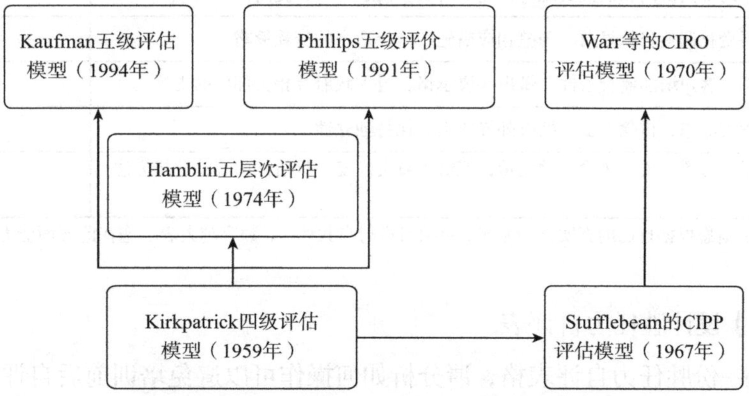

图 9-3 培训效果评估理论研究发展框架图

二、基于胜任力的评估

1. 胜任力自评

基于胜任力的培训，可以在培训前和培训后分别进行胜任特征的自我评价，以观察培训效果。表 9-4 是笔者设计的一项商业银行风险经理培训前后胜任力自我评价量表，实施时也可以将培训前和培训后两栏分别印制，这样相互影响作用会小一些。数据结果可以绘制成图 9-4 形式的蛛网图，以反映培训前后胜任力的变化。从图 9-4 中我们可以看出，胜任特征第 2 项、12 项、13 项增长比较明显，第 10 项变化不大，第 11 项培训后依然不高。这些信息可以为分析培训质量提供参考，是进一步改进培训效果的数据支持，我们可以找到哪些内容没有讲好，哪些内容还需要加强。

表 9-4 培训前后胜任力自评表

评价项目	培训前	培训后
1. 能够鉴定识别资料的齐备性、真实性、有效性		
2. 通过内部网络、分支机构网络和外部信息系统获得相关信息		
3. 采用访谈、重点问题调研和以客户身份调查等方式获得一手资讯		
4. 通过查看审计报告，分析主要会计科目及二级科目，发现财务问题		
5. 掌握企业预警信号，捕捉经营活动中的敏感信息		
6. 对企业经营数据异常波动、不合常理之处与非理性行为及时做出判断		
7. 从媒体报道、上下游客户及其他机构发现企业负面信息		
8. 对抵押物易变现、易管理程度及其真实有效价值进行判断		
9. 通过信用度分析、判断关联交易，对担保方信用做出正确判断		
10. 关注行业和项目特点，理性分析发展前景		
11. 判断企业竞争优势和稳健性，能用国际视角分析企业未来的市场状况		
12. 在同事交流、跨部门协调和汇报交流时，能及时调整沟通方式，提高沟通效果		
13. 根据企业发展变化调整贷款投向，调整相应措施，选择适当的贷款策略		
14. 通过沟通协调，客户增加监管条件、做出必要承诺，寻求政府及相关部门的支持		
15. 具有良好的学习心态，排除干扰，抵抗外界压力，保持独立性		
16. 保持理性思考的习惯，关注风险关键变量，能够测算资产变现价值并用统计分析方法进行风险管理		

注：填写说明：请您根据自己的真实能力水平，对项目进行自我评价，数字越大表示您在此方面能力越强。非常差为 0，非常好为 6

【例 9-2】设计胜任力自评表

表 9-4 是一份胜任力自评表格，请分析如何操作可以避免培训前后自评的相互影响？根据图 9-4 分析培训使技能产生的前后变化。

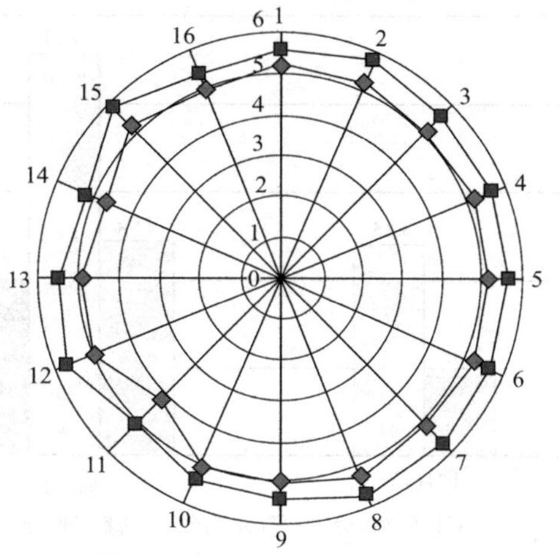

图 9-4 培训前与培训后自评差距分析

2. 文件筐评估

基于胜任力的培训强调能力提升，而文件筐测试就是他评能力测试的一种常用形式。文件筐测试通过他人评价给分，来分析任职者在处理工作相关案例时的真实能力。例 9-3 就是一个文件筐测试题目，我们可以在培训前后采取难度相同的文件筐，测试受训者的胜任力变化，衡量培训效果是否显著。图 9-5 是对培训前后两个文件筐得分的比较，可以看到，培训后平均得分从 1.85 分增长到 4.94 分，最高与最低分也有不同幅度的增长。

【**例 9-3**】文件筐题目格式

培训后的文件筐测试题

某年 4 月 9 日某支行与 A 有限责任公司、B 工贸有限公司为开展汽车消费贷款业务签订三方《汽车消费贷款合作协议》。A 有限责任公司前身主要从事卡车融资租赁业务，通过与借款人签订《汽车购销合同》《挂靠协议》，将汽车落户在自己名下。该协议界定 B 工贸有限公司作为汽车特约经销商，由 B 工贸有限公司向该支行推荐借款人，并由 A 有限责任公司和 B 工贸有限公司提供不低于该支行贷款余额 10%的保证金，同时承担不可撤销的 90%连带保证责任，用车辆作为贷款抵押物，以该支行为保险受益人办理车辆保险，若贷款出现风险由 B 工贸有限公司催收或先行垫付借款本息，该协议有效期为一年，贷款期限为 2~3 年。

请简要分析其中主要风险。可以采取哪些措施？

三、培训后跟踪评估

1. 培训后跟踪问卷评估

培训效果跟踪问卷是对任职者及其上级主管进行调查了解培训迁移的主要工具，

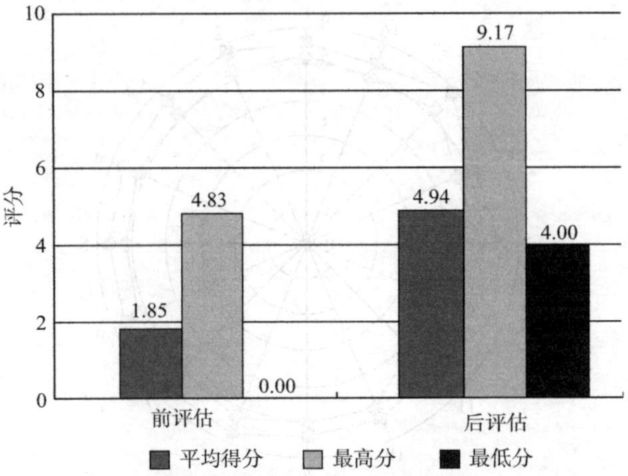

图 9-5 培训前后文件筐分析

由于培训是根据任职者工作内容设计的，对绩效提升应当具有显著的影响作用。所以，当受训者回到工作岗位应用所学知识时，需要跟踪评估培训是否产生了实际影响。跟踪评估内容包括培训迁移情况（指所学技能的实际转化）、培训迁移影响因素（影响技能转化的外界因素）、培训软指标变化（如满意度等）等方面。例 9-4 只给出了一组比较简单的常用跟踪问题，如果需要研究培训迁移相关内容，问卷题目是相当多的。

【例 9-4】跟踪评估问卷格式

填写说明：请您根据本次培训有关的真实情况，对下列描述进行评价。1 为非常不同意，2 为不同意，3 为一般，没有同意也没有不同意，4 为同意，5 为非常同意，请在相应的数字上画圈。

表 9-5 培训效果跟踪评估问卷（部分）

描述	非常不同意	不同意	一般	同意	非常同意
内容的有效性					
1. 本培训课程中的辅助教材（如案例等）和我工作中遇到的状况非常类似	1	2	3	4	5
2. 培训课程中所教的方法和我在工作中所执行的非常类似	1	2	3	4	5
3. 我喜欢这个培训课程，因为它有很多内容与我的工作有关	1	2	3	4	5
4. 培训课程所教的内容，非常符合我工作的需要	1	2	3	4	5
5. 培训课程中讲到的状况，非常类似我在工作中所遇到的情形	1	2	3	4	5
6. 本次培训的内容对于我的工作很重要	1	2	3	4	5
7. 将本次培训的内容应用到工作中很有必要	1	2	3	4	5
8. 本次培训对改进我工作的意义不大	1	2	3	4	5

续表

描述	非常不同意	不同意	一般	同意	非常同意
培训效果软指标					
1. 通过本次培训，增加了我个人的工作满意度	1	2	3	4	5
2. 通过本次培训，增加了我对工作的信心	1	2	3	4	5
3. 通过本次培训，增加了我个人的工作主动性	1	2	3	4	5
4. 通过本次培训，改进了我的一些工作习惯	1	2	3	4	5
5. 通过本次培训，对我的团队工作氛围有所促进	1	2	3	4	5

2. 跟踪访谈

跟踪访谈是培训后评估的另一种调研方式，它可以通过对受训者工作行为变化的研究，得到培训迁移的真实情况。一般而言，培训后一个月和三个月是跟踪行为变化的最好时机，我们的经验是以培训后一个月跟踪调研为好，因为随着时间的增加，非培训影响因素也随之增加，虽然可以采取一些方法来控制，但影响绩效的复杂因素中很难判断多少是培训造成的。

我们还发现，任职者有时说不清自己的行为变化，反而是上级主管更能发现他们的行为变化。所以，可以采取先简短访谈其上级主管的方式，如果上级主管能够讲出任职者的行为变化，再来访谈任职者，更能捕捉到培训促使其行为变化的具体内容。例 9-5 是一位任职者在参加了基于胜任力培训之后的跟踪访谈登录，从中我们看出，使用生命周期理论是受训者显著的行为变化。为了进一步分析培训效果，我们对任职者技能增长的收获渠道、行为改变、收获性质、应用方面、提升领域、涉及收益等诸多方面进行了总结提炼。

【例 9-5】分析培训效果

培训效果跟踪访谈登录表（示例）

培训前后	行为与过程（重点描述行为前后变化）	最终结果
培训前	培训前，王某就某物流公司的分析报告提出固定资产少、资金需求大的问题，但对生产经营模式分析不透彻	被审批人提出复议
培训后	在对某公司的分析方案中，王某运用了生命周期理论。该公司是计算机通信技术公司，申请 1 亿元左右综合额度，是 3 年中长期贷款。王某运用培训师讲授的生命周期理论分析得出，如果经营性现金流为负，筹资性现金流为正，投资性现金流为正，可以判断企业处在快速扩张期。原来直观判断多，对现金流关注不够，现在用“三看”判断发展阶段。此方案 3 年收益估算为 280 万元，主要风险点有 6 个，包括财务风险、经营风险、市场风险、第一还款来源、第二还款来源、担保。财务风险有 2 条，通过生命周期理论分析得到的风险应对是其中一条	目前会通过审批

续表

事件总结					
收获渠道	行为改变	收获性质	应用方面	提升领域	涉及收益
☑ 教师培训 □ 学员交流	运用新方法	☑ 从无到有 □ 启发 □ 改进	授信方案	□ 质量 □ 数量 □ 成本 ☑ 效率	280 万元收益

四、培训效果分解技术

一般来讲，我们根据培训影响的绩效内容，把培训影响效果进行分解，明确培训的贡献度。当受训者直接产生收益时，可以直接分析培训对收益的影响。如果受训者不在业务部门，就需要对收益进行分解。

首先，从部门角度分解培训贡献度。通过绩效考核中该部门承担收益指标的百分比，或受奖惩的百分比，分解该部门对收益的贡献度。例如，某商业银行把业务收益的 40%与风险部门挂钩，这个比例就可以用来进行培训贡献率的分解，分解出培训影响业务收益中该部门应占多少。通过这种分解，完成从组织绩效到部门绩效的分解。

其次，从个人角度分解培训贡献度。如果部门内部有考核分配制度，就可以用来作为培训贡献度分解参考比例。一般而言，企业对员工的考核包括工作数量、质量、成本和时效四个方面，不同方面会有不同的权重，这个权重可以用来作为分解员工培训影响的绩效领域。培训影响到哪个领域，相应地就会通过该领域影响到个人绩效。例如，一家企业考核员工绩效的权重为工作量 50%、工作质量 12%、工作效率 8%、个人履职情况 15%、参加行内其他工作 15%，如果培训提高了 50%的工作量，我们可以判断该培训对该员工的个人绩效影响了 25%（50% × 50%=25%）。

最后，还要从行为改变程度分解培训贡献度（表 9-6）。根据二八法则，20%的关键行为影响 80%的业绩，培训如果能使某种关键行为产生，即行为从无到有，可以认为培训对个人绩效的某个领域产生了 20%的影响，其余 80%来自其他相关因素。也就是说培训对绩效产生的影响是非常大的，但由于培训与绩效产生不是同步进行的，所以，客观条件对绩效的实现影响更多。当行为只是由于培训而改进了，培训的贡献度会减少一半，成为 10%。而当培训只是对行为产生一种启发作用，贡献度又会减少一半，只有 5%。

表 9-6 培训效果分解过程

涉及收益	负责部门	风险经理职责考核	培训提升领域	培训后行为变化	培训贡献度
化解 6 000 万元直接风险	风险部门	工作量 50%； 工作质量 12%； 工作效率 8%； 个人履职情况 15%； 参加行内其他工作 15%	质量	改进（10%）	6 000 万元 × 12% × 10%= 72.00 万元
280 万元收益	营业 40%与风险部门挂钩		效率	从无到有（20%）	280 万元 × 40% × 8% × 20%= 1.79 万元

五、培训投资回报率测算

1. 培训成本核算

培训成本核算应包括四个阶段，即需求分析阶段、项目开发阶段、组织实施阶段、效果评估阶段，每一个阶段都会产生一些成本。表 9-7 列示了一些常见费用明细，可以帮助我们核算各阶段发生的费用。

表 9-7 培训成本核算明细表 单位：元

需求分析阶段		项目开发阶段		组织实施阶段		效果评估阶段	
费用明细	金额	费用明细	金额	费用明细	金额	费用明细	金额
外部专家费		外部专家费		培训教师或辅导员人工成本		项目组成员人工成本	
项目组成员人工成本		项目组成员人工成本		学员人工成本及替代成本		调研差旅费、住宿费和杂费	
调研差旅费、住宿费和杂费		调研差旅费、住宿费和杂费		学员差旅费（机票、住宿费）		调研对象人工成本	
场地费		场地费		场地费		印刷费	
资料印刷费		资料印刷费		培训资料与用品		杂费	
设备采购费				设备开支分摊			
调研对象人工成本				外部服务			
杂费				学员餐费、杂费			
小计		小计		小计		小计	
合计							
每期培训均摊							

2. 投资回报率测算

所谓培训的投资回报率（return on investment，ROI）是培训净收益与投入的比，培训成本核算比较明确，而培训收益估算一直以来都是大家争论的焦点。按照 Kirkpatrick 四级评估模型，可以从反应层、行为层、学习层、结果层来评估培训效果。为了更好地测量培训效果，计算出投资回报率，我们在 Kirkpatrick 四级评估模型基础上，把测量重点放在态度变化、行为表现变化、能力变化和绩效变化四个方面。

态度变化可以通过受训者对培训软指标自评，也可以采取主管评价的方式获得数据，行为表现变化主要可以采取跟踪访谈和问卷获取行为信息，能力变化可以以培训前后胜任力自评与文件筐的分数变化为依据（能力增长率乘工资得到培训收益），绩效变化主要通过跟踪评估得出的绩效变化来衡量。表 9-8 列示了培训效果投资回报率的计算过程，从中可以得到四个层次的四个投资回报率，如果按最严格的要求，我们可看最低的一项，如果按最宽松的标准，我们可以加总求和，当然也可以加权求和。培训效果测算的参考标准是成本收益率标准为 125%，投资回报率标准为 25%。在计算过程中，如果有数据误差，我们采取成本就高原则，收益就低原则，以免夸大培训效果。

表 9-8　培训成本收益率与投资回报率测算

层次	测量	收益/元	成本/元	成本收益率	投资回报率
反应层	态度	100 000 × 4 × 20%=80 000	15 781 × 4=63 124	80 000/63 124 =126.73%	（80 000−63 124）/63 124=26.73%
行为层	行为表现	100 000 × 4 × 7%=28 000	15 781 × 4=63 124	28 000/63 124 =44.36%	（28 000−63 124）/63 124=−55.64%
学习层	能力	100 000 × 58 × 18.5%=1 073 000	915 324	1 073 000/915 324 =117.23%	（1 073 000−915 324）/915 324=17.23%
结果层	绩效	720 000+17 900=737 900	15 781 × 4=63 124	737 900/63 124 =1 168.97%	（737 900−63 124）/63 124=1 068.97%

注：第三列中的数字 4 代表只进行了 4 个人的跟踪调研

【案例分析】

说明：以下案例选自笔者一项培训效果评估研究，包括直接上级和学员的不同访谈提纲，请分析两者存在哪些差别。

培训效果跟踪评估访谈提纲（直接上级）

第一步：基本信息确认

（1）学员姓名：

（2）直接上级姓名：

（3）所在单位：

第二步：申明访谈目的和形式

（1）目标：本次访谈是为了分析本次培训的真实效果，与个人无关，请您如实提供培训后的相关信息，这对我们进一步提高培训质量十分重要。

（2）运用：您谈到的内容仅供研究人员分析，最终报告将是一份整体意见的汇总，不体现个人信息和任何个人评价。为了避免我们忙着记录您的话，请允许我们录音。

（3）时间：我们会占用您 0.5~1 小时的时间，谢谢您的支持与配合。

第三步：访谈内容（语气要求正式、积极）

问题 1：请问您在本次培训过程中和培训后，是否与您部门派出的学员交流过关于培训的相关情况？说到什么内容？（这是激活培训概念的部分，用来引起领导对培训相关事件的回忆。）

问题 2：据您观察学员学习之后，较从前的行为表现有什么明显的变化？您认为培训后最大的转变是什么？（可以进一步追问事件的经过和结果，重点问出学员培训后采取的行动和方法，而非思考与观点。）

辅助问法（用培训前后对照的问法追问行为变化）：

（1）如果仅回答有但不明显，要追问是否能举一个具体例子，说说培训前后处理同类问题是否有所不同？有没有典型性的事件？

（2）如果直接上级讲“自信心”等心理感受，要追问培训前后有没有具体可以对照的行为表现？表现在行动上有没有一些具体的事情？

问题 3：上述代表行为改变的事件中，项目额度是多少，如果项目成果以收益为主，请问本年度平均收益是多少？

辅助问法：

这个项目平均年收益是多少？通过这个项目增加的年收益是多少？

第四步：致谢

占用了您不少时间，感谢您对我们工作的支持，如有疑问还会向您请教，谢谢！

培训效果跟踪评估访谈提纲（学员）

第一步：基本信息确认

（1）学员姓名：

（2）直接上级姓名：

（3）所在单位：

第二步：申明访谈目的和形式

（1）目标：本次访谈是为了分析本次培训的真实效果，与个人无关，请您如实提供培训后的相关信息，这对我们进一步提高培训质量十分重要。

（2）运用：您谈到的内容仅供研究人员分析，最终报告将是一份整体意见的汇总，不体现个人信息和任何个人评价。为了避免我们忙着记录您的话，请允许我们录音。

（3）时间：我们会占用您 0.5~1 小时的时间，谢谢您的支持与配合。

第三步：访谈内容（语气要求正式、积极）

问题 1：请问您在本次风险经理培训后最大的收获是什么？（激活培训收获概念，引起学员对培训相关事件的回忆。）

问题 2：请您举例说明培训后您应用培训所学内容的具体事件？（关注并引导学员讲述具体案例，追问事件的经过和结果，重点问出学员培训后采取的行动和使用方法，而非思考与观点。）

辅助问法（用培训前后对照的问法追问行为变化）：

（1）如果仅回答有但不明显，要追问是否能举一个具体例子，说说培训前后处理同类问题是否有所不同？有没有典型性的事件？

（2）如果主管讲“自信心”等心理感受，要追问培训前后有没有具体可以对照的行为表现？表现在行动上，有没有一些具体的事情？

问题 3：有没有在培训中与学员进行深谈的经历？在交流中有没有具体收获？回来以后，有没有变成行动？

辅助问法：

（1）有没有向学员或老师就某一特定问题进行深入沟通？

（2）有没有借鉴其他同事的经验？有没有传播给其他学员一些您自己的经验？培训回来后，有没有运用这些经验？

（3）培训回来后，有没有与学员联络，有没有聊起工作？有何启发？

第四步：致谢

占用了您不少时间，感谢您对我们工作的支持，如有疑问，会找您确认，谢谢！

【复习与思考】

1. 传统的培训需求分析包括哪些内容？
2. 基于胜任力的培训需求聚类分析可以将培训分为几大类？
3. 经典的培训评估模型包括哪些内容？
4. 如何开发基于胜任力的培训评估自我评价量表？
5. 如何分解培训效果？
6. 如何计算培训投资回报率？

【课后技能训练】

请选择本书的一章内容，按照培训的要求设计出演示提纲，找机会在班上做一次培训演练，让您的听众给您一些评价。

参考文献

菲利普斯 J J. 2001. 培训评估与衡量方法手册[M]. 第三版. 李元明，林佳澍译. 天津：南开大学出版社.

魏钧. 2011. 课堂教学技能与评价[M]. 北京：高等教育出版社.

DiVesta F J，Peverly S T. 1984. The effects of encoding variability，processing activity，and rule example sequence on the transfer of conceptual rules[J]. Journal of Educational Psychology，76：108-119.

Frese M，Albrecht K，Altmann A，et al. 1988. The effects of an active development of the mental model in the training process: experimental results in a word processing system[J]. Behaviour and Information Technology, 7: 295-304.

Lim D H, Morris M L. 2006. Influence of trainee characteristics, instructional satisfaction, and organizational climate on perceived learning and training transfer[J]. Human Resource Development Quarterly, 17(1): 85-115.

McGehee W, Thayer P. 1961. Training in Business and Industry[M]. New York: John Wiley & Sons.

Prahalad C, Hamel G. 1990. The core competence of the corporation', harvard business review[J]. Harvard Business Review, 68 (3): 275-292.

Tracey J B, Tannenbaum S I, Kavanagh M J. 1995. Applying trained skills on the job: the importance of the work environment[J]. Journal of Applied Psychology, 80 (2): 239-252.

Weihrich H, Koontz H. 1994. Management: A Global Perspective[M]. New York: McGraw-Hill.

Yamnill S, McLean G N. 2005. Factors affecting transfer of training in Thailand[J]. Human Resource Development Quarterly, 16 (3): 323-344.

第十章 知识管理

【学习目标】

掌握知识管理的原理和方法，了解知识管理的体系设计流程，熟悉知识管理网络平台的运行模式。

趣味导入：转识成智

有一位大学生第一次去参加面试，心里很紧张。

考官问："你有女朋友吗？"

他回答："没有。"

考官又问："你追过女孩子吗？"

他回答："没有。"

考官说："对不起，我们不能录用你。因为你公关能力欠佳。"

这回学生长了经验，去第二家公司面试时，心理成熟了许多。

考官问："你有女朋友吗？"

他回答："有。"

考官又问："你们是初恋吗？"

他回答："是。"

考官说："对不起，我们不能录用你。因为你缺乏不断追求的进取心。"

第一节 知识管理的基本原理

一、知识管理的内涵

随着知识经济时代的到来，知识成了企业继人、财、物之后的第四类资源，企业通过对公司经营管理中产生的各种知识进行有效获取、转移共享和再创造，提高知识的应用效率和创新效率，实现知识驱动经营。企业的知识管理可以定义为，借助各类技术手段收集整理、运用传播员工显性和隐性知识的全过程，它对于提升企业核心竞争力和人力资本有着不可替代的重要作用，也是企业可持续发展的重要保障。

知识管理的一般流程是将内外部知识有效地开发、存储、使用和传播，通过多维分类、流程管控、标签聚合、评价整合等方法，将知识应用于企业的全生命过程。随着现代技术的发展，知识管理也迎来了巨大的发展空间，如数据挖掘技术可以从大量数据中揭示隐含规律。同时，随着移动互联时代的到来，知识管理的模式和技术也在不断迭代。借助技术手段实现知识管理已经成为知识管理的核心特点，通过知识管理实现企业战略意图，完成培训学习和文化塑造，已经成为现代企业管理的一项核心职能。

知识管理的核心内容分为三个部分，即收集加工、汇总应用和开发创新。所谓收集加工就是将组织内外部的知识通过有效的方式和渠道收集起来，将知识加工成为大家可以快速了解的知识点。汇总应用就是构建知识库，将知识按一定分类标准进行分类，进行有效的分类管理和推广应用。开发创新就是进行知识挖掘和再创造，使知识成为大家活学活用的起点，进而创造出新知识（表 10-1）。

表 10-1 知识管理的核心内容与难点

管理内容	主要功能	核心工具	管理难点
收集加工	发现并获取有效知识	知识标准化	如何识别知识？如何实现自动收集？
汇总应用	汇总储备知识并分析使用情况	知识库	如何有效归类？如何方便查找？
开发创新	知识的再利用和再创造	创新平台	如何鼓励再创造？

二、知识管理的层级

知识管理可以分为三个主要层级，即信息层级、知识层级和智慧层级（图 10-1）。信息层级的知识管理主要是管理材料，核心功能是以数据与信息等载体记录组织的一些成果和过程，如对技术图纸、实施方案和加工流程等的管理就是一种知识管理，它可以保留核心成果和相关记录，以备大家学习和参考。然而，一旦情境发生改变，这类信息的参考价值就会降低。于是，人们更加关心过程背后的思考历程，这就是知识层级的管理，它主要是以管理经验为主，如以案例形式记录最佳实践背后的思考和心得，知识层级的知识管理将对管理经验、设计理念和团队精神等方面提供有益的支持。但由于大部分知识属于隐性知识，并不存在于外显行为和材料上，知识层级的管理需要对外显素材进行挖掘和整理。知识管理的第三个层级是智慧层级，它要管理的内容是组织的智慧，如员工绝活儿、组织基因和企业家精神等内容。智慧层级的知识管理需要构建知识管理构架和运行机制，深入挖掘和不断萃取知识背后的思想，并不断开发出智慧语言、原创思想等内容，为企业发展构建精神支撑和信念依托。

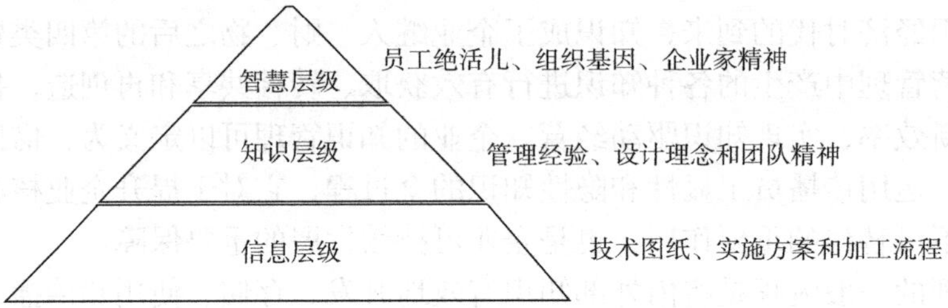

图 10-1　知识管理的三个层级

这三个层级当中，智慧层级是最高层级，也是最新的层级。什么是智慧？智慧来源于知识，知识来源于信息，信息来源于数据，这些概念密切联系，又各不相同。数据反映了客观事物的特性，它用量化语言刻画出事物的客观特征，人们常常称其为“原始数据”，如产品的长度、宽度和重量，就是反映产品特征的数据。信息比数据更进一步，它更加强调数据的有用性，人们往往通过对数据的加工处理，赋予数据某种含义，便于人们掌握事物的用途，如产品的加工工艺和用途就是产品承载的信息。知识则是数据与信息基础之上，用来反映规律性的内容，是人们通过思考发现的一般规律，如加工工艺如何影响产品质量就是知识。人们的认知不止于发现一些普遍规律，会有一些人或组织探索出某种“诀窍”或“灵招儿”，使得加工工艺产生飞跃，这种诀窍就可以称为智慧，它是对数据、信息和知识创造性地使用，通常表现为一些高明的策略与捷径。数据、信息、知识和智慧构成了人与世界的互动过程，智慧处于最高的认知层面，所谓“高明之举”就是富有智慧的行动。

从管理学角度看，智慧不仅是个体的聪明才智，更为重要的是，它是组织的集体财富和宝贵资源，具有集体属性和文化取向，为此，组织智慧的概念也应运而生（Baltes and Staudinger，2000）。与个体智慧相比，组织智慧在来源、储存和传播上都具有一定特殊性。首先，个人智慧来源于个体的实践与学习，组织智慧主要来源于组织内外部的最优实践和企业家精神。其次，个人智慧在个体记忆中储存，或者以个人先进事迹的形式得以记录，组织智慧被组织以正式的形式加以记录，有时还表现在制度设计和机制运行方面。最后，个人智慧通过口耳相传完成传播，如“师带徒”等形式，组织智慧依赖于组织正式的培训或媒介，通过团队学习、文化塑造来实现传递。从本质来讲，个人智慧具有自发性，组织智慧则具有组织性和正式性。当然，个人智慧与组织智慧在一定条件下可以实现相互转化。个人智慧若是被组织采纳，成为组织的最优实践，就可以成为组织智慧；组织智慧通过对员工个体的培训，也可以转换为个人智慧。随着企业不断成长，组织智慧已经成为知识管理的核心内容，可以说是知识管理的灵魂。

三、知识管理的体系

既然知识管理如此重要，企业又如何开展此项工作呢？首先要建立一个运行体系，其中包括知识管理流程和组织保障。知识管理流程包括收集加工流程、汇总应用流程和开发创新流程。组织保障则需要明确知识管理的专人专责。

作为知识管理体系的核心内容，知识管理的流程包括以下三个部分。

1. 收集加工流程

组织针对内部知识源的情况，通过观察、识别和采集等步骤，组织相关部门和人员完成知识采集工作，这些步骤共同构成了收集加工流程。首先要了解和识别对组织发展有用的知识，要了解这些有用知识的形式、来源和获得的途径，接着设计收集渠道和加工方法。例如，公司收集什么样的知识，需要根据战略方向和绩效领域来选择（表 10-2），重点和目标清晰才能从源头上减少冗余信息，提高知识管理效率和质量。

表 10-2 公司绩效领域和知识领域对比

顺序	绩效领域	绩效指标	知识领域
1	业务投资领域	净资产收益率	行业动态知识
2	成本运营领域	管理费用比例	精益管理知识
3	市场营销领域	业务收入总额	营销拓展知识
4	客户管理领域	客户满意度	服务质量知识

收集渠道需要明确和常态化，一些成熟企业有自己的信息媒体资源，可以作为知识的有效收集渠道。以国家电网有限公司为例，在知识收集方面该公司具有独特优势，不仅有内外部网络平台（如英大网、集团内网等）、自出版媒体（如《能源评论》《国家电网报》等）、内部公文简报（如国家电网工作动态、年度工作报告等）可以提供文本知识的渠道，还有制作视频案例的各类视频栏目，它们共同构成了一个立体的知识来源库。但这些渠道，需要建立明确的收集流程和方法，对知识进行收集加工，否则这些知识将只是作为信息散落在各种载体当中，无法系统整理和深化使用，这对组织而言是一种巨大浪费。

2. 汇总应用流程

知识收集后需要汇总储备，将采集的知识整理和转化成组织需要的形式，组织需要制定知识类别清单，形成组织自己的知识库，进而借助数据库信息技术，实现海量知识的存储与管理。知识共享是实现知识增值的重要一环。随着信息技术的发展，知识共享的方式多样化，速度有了巨大提升。员工随时可以通过互联网或移动终端共享知识。在汇总应用流程中，知识的检索和使用分析是关键点，知识储备只是实现了知识的存放，到底知识是否有实用性，还要通过动态数据和使用情况来判断，需要分析出什么知识是大家需要的，什么知识是大家不需要或不实用的，这将为知识的采集进一步提供素材和依据。

3. 开发创新流程

知识的开发与创新是组织对知识的深入分析与再创造，它是组织对已有知识的深度学习与应用，是知识成为可循环体的重要一环。实践不仅可以检验真理，还可以产生真理，正所谓实践出真知。组织通过开发创新流程，不断在实践中检验知识的有效性，为新知识的产生提供平台和空间，实现知识的二次开发与二次创新。作为知识管理的组织保障，不同企业有不同的设置，如首席知识官、知识经理、知识协同专员等岗位，这些岗位从不同角度和层级完成知识管理的职责和使命，共同构筑了知识管理的人员保障（表 10-3）。

表 10-3 知识管理的组织体系

岗位	职责	层级
首席知识官	负责知识管理的体系和模式设计，以及整体运营方案	决策层
知识分析/咨询专家	负责涉及知识管理相关专业辅导和技术支持等工作	专业层
知识管理主管	负责业务流程内的知识整理、汇编和再开发等工作	业务层
知识管理专员	负责具体岗位的知识收集、归类和应用等工作	操作层

第二节 知识管理的常用方法

一、知识标准化

管理知识需要对知识进行标准化，一些知识是容易标准化的，如文件、流程和工艺等标准文本。还有一些知识标准化起来有一定难度，如管理经验，虽然它对于组织来讲十分重要，但用什么方式加以结构化一直以来并没有通行的方法。我们就以管理经验为例，来说明知识是如何标准化的。

一项管理经验不仅包括了工作方法，还包括了个人构思、工作技巧和特定的外部环境。但一般而言，管理经验大都涉及具体的管理问题，它体现了管理者对一些特定事件的处理方法与智慧，因此，具有一定的叙事特征。笔者认为，可以借助叙事逻辑，将管理经验的内容结构分为四部分，即问题、举措、效果和领悟。第一部分是管理经验的问题，这部分是指管理者在管理中遇到的难题，它反映了管理实践当中的一些难题往往没有现成或规范的方法去解决，需要管理者来思考解决方案。第二部分是解决举措，它是由一系列具体举措构成的，这也是管理经验的核心部分。需要指出的是，这部分一定是发生过的内容，不能是计划或设想。第三部分则是实施第二部分举措之后的效果，当然，效果可能是正面的也可能是负面的，正面的叫经验，负面的叫教训。第四部分是领悟，它不同于前三个部分的地方是它不是客观发生的，而是主观思考的，它是经验背后的思考和想法。当然，效果好的可以理解为启示而供人参考，效果差的则可以作为警示给人诫勉。不难看出，管理经验也是可以标准化的，但需要借鉴一些逻辑结构来完成，此时的管理经验更容易被大家吸收和借鉴（图 10-2）。

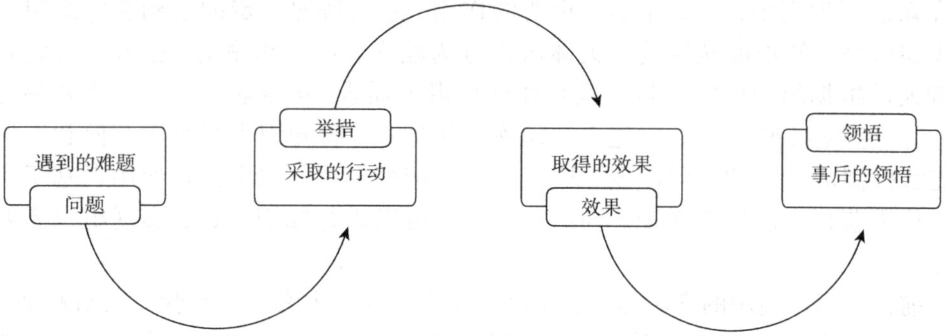

图 10-2　管理经验的结构化

国外类似的方法有案例推理技术（case-based reasoning，CBR）法，它把案例分为问题、方案、成果三个部分（Ribeiro，2001），这与我们设计的方法有两点不同，一是方案与举措的差别，二是我们增加了领悟模块。我们使用“举措”一词，是想强调案例中的方法是实际实施的方法，而非计划或设想过的方法，因为没有经过实践检验的方法分享起来有一定风险。我们增加“领悟”这一概念，是想为使用者拓宽举一反三的空间，这就增加了知识的可操控性和可复制性。

【例 10-1】管理经验的结构化

用“问题—举措—效果—领悟”四部呈现法，可以将个体管理经验变成结构化知识。例如，一位企业高管介绍了他召开经营分析会的经验，他称之为“抓两头、带中间”法。由于他所辖区域里各个县的公司发展极不均衡，一些落后的县城业绩有待提高。这位管理者就在经营分析会上，将最好的县和最差的县进行对比，将业绩指标与管理方法一一比较，对大家的好做法进行汇总点评。他发现，那些业绩落后的县的公司有了明显改变，业绩有所提升。因此这一案例可以结构化为：

问题——各个县的公司发展极不均衡，一些落后的县城业绩有待提高。

举措——在经营分析会上，将最好的县和最差的县进行对比，将业绩指标与管理方法一一比较，对大家的好做法进行汇总点评。

效果——业绩落后的县的公司有了明显改变，业绩有所提升。

领悟——用案例对比法“抓两头、带中间”，能够提升整体绩效。

至此，一项管理经验就完成了结构化，其中问题和效果其实无法被复制，而独立出的“举措”部分，是可以被复制的，如召开晨会的时候，就可以采用对比法，将本部门不同员工使用的不同营销方法及其效果进行一一对比，最后再为大家总结出几个好做法。此时，知识就被复制和传播了。另外，“领悟”部分还具有更多推广价值，因为它可以作为推导原则，被推广到其他管理场景当中，具有更广泛和更深远的影响。

二、管理网络化

在知识管理当中，知识库起着重要的作用，它是按照一定的结构和体系组织起来的知识集合体。知识库从结构上大体可以分为输入、组织和输出。输入部分就是知识库管理人员根据组织确定的目标及企业使用者的需求，从企业内外部收集和整理所需知识。组织就是按照一定结构建立知识库资源体系，将知识进行有序存储和结构化整理，能够根据需求者的不同需要，快速调出相应的模块。输出就是使用者基于自身的需求，检索获得自己所需知识，同时，组织也可以进行知识推送，实现组织需要的知识共享。

当前，知识库使用的常用形式就是网络平台。社会上有一些经验类网站就是一类典型的知识库网络化的应用。例如，百度经验、经验大家说、经验巴士等网络平台都具有知识库的网络化特征（表 10-4），在知识输入方面有明确的形式标准和人员要求，在知识组织方面有清晰独特的结构，在输出方面有简便的检索功能和推荐方式，而这些功能都是通过在线网络实现的，这就极大地提高了知识的传播和更新速度。

表 10-4　经验类网站特点对比

网络平台	经验的来源	经验的结构
百度经验	①各领域表现卓越的单位或个人组成的智囊团，并有专门的“经验”ID；②愿意贡献专业知识、履历丰富的专家队伍或组织构成的合作机构；③原创作品优秀的签约作者，可逐步升级为资深作者、特约作者；④普通用户	有规范的文字、图片（应真实或符合情境）指导步骤，具体包括概述、工具/原料、步骤/方法、注意事项、参考资料等几个部分
经验大家说	①网站原创发布；②网友 QQ 群分享；③网络转载	文字、必要的图片（不要求是实拍，但要与内容相关）
经验巴士	①网站原创或转载；②网友原创投稿	有引言、醒目的步骤标题、具体做法、总结语
知乎	①用户提问与回答；②“知乎圆桌”中行业特邀嘉宾的见解分享；③“知乎阅读”与“知乎日报”（APP）上，由知乎的员工推送资讯类服务和站内精彩问答	提问由标题和描述构成，回答要尽可能提供详细的图文、链接解释和说明
wikiHow	①注册用户；②网站管理员	有概要、材料、步骤、提示、警告、相关链接、参考文献和注释等形式要求，必要时可附加图片和视频

三、共享机制化

在知识管理中，比较难做到的一件事就是知识共享。其中两个问题最为突出，一是如何让大家出于主观意愿进行知识共享，二是如何实现从组织到个人的知识推送。

提高知识共享主观性是一件比较困难的事，因为“教会徒弟，饿死师父”的思想，会降低大家分享的意愿。要解决这一问题，我们可以借鉴商业经验网站的运营模式，引入经验分享的激励机制，如名誉、等级等精神激励机制，实物或虚拟物品回馈，不同的等级注册用户权限管理模式等，共同提高大家相互分享知识经验的积极性。因此，作为企业知识共享平台，可以引入贡献评级、人气指标等激励手段，并且将知识管理与智库建设、个人评优和绩效评价联系起来，才可能提升知识分享的主观能动性。

关于知识推送的问题，笔者在指导一些企业进行知识管理机制设计时，总结出知识推送的六种机制，包括邮件推送、网络推送、手机微课、短信推送、媒体推送（定期出版案例集锦）、课堂案例（图 10-3）。不同推送机制优势不同，但网络和手机推送逐渐成为大家青睐的主要推送机制。

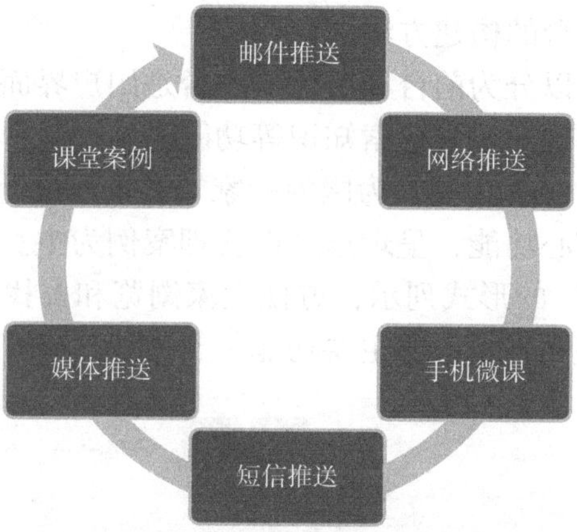

图 10-3 知识推送的六大机制示例

【例 10-2】知识共享的实现需要

有一次，笔者到上海讲学，一位做红酒的企业家邀请笔者去他的一个酒庄指导。一到酒庄，这位企业家就欣然介绍起他的核心员工，其中最主要的是一位法国朋友，据他介绍这位法国朋友出身酿酒世家，精通红酒工艺，于是这位法国朋友开始介绍他们的红酒。由于他不会讲普通话，全程都有一位翻译来翻译他的介绍，让我们更加感受到一种异域文化。

一圈儿走下来，我们大有收获，笔者问那位企业家：“这位法国朋友的薪水不低吧？”企业家苦笑了一下说：“他一个人的薪水是酒庄所有人的一半，其实，他的主要工作是介绍推销，不是酿酒。”笔者又问他：“这位法国朋友到你企业几年了？”他说：“三年了。”笔者告诉他：“如果你有知识管理工具，他工作几个月就可以离开了。如果只是介绍酒，一个留学生足矣。”对方眼里充满好奇。

笔者的意思是，如果企业有知识管理，完全可以通过培训，将资深员工或高绩效员工的方法和技巧赋能给其他员工。留住员工最好的方法是留住知识，任何员工都只能伴随企业很少一段时间，员工如同岁月一样是怎么也留不住的，企业能留住的，只有员工的知识。

第三节 知识管理的网络平台

一、网络平台的构成

知识管理网络平台的主要功能是收集知识、呈现知识和传播知识等，一个好的知识管理网络平台应具备以下特征：①实现知识库的管理，可以按多种形式进行知识检索；②实现知识的结构化，使知识的呈现一目了然；③具有知识协助功能，方便使用者应用；④能够自动推送知识，并不断对知识进行更新和再开发。下面以管理经验类知识平台为例，说明知识管理网络平台的构建方法。

知识管理网络平台可以分为前台和后台，前台是用户界面，后台是管理界面。前台部分主要以上传知识、呈现知识和检索知识等功能为主，后台部分主要以管理、审核、归集、推送功能为主。图 10-4 为笔者为国内一家知名企业设计的知识管理网络平台，此平台以汇集管理经验为核心功能，呈现形式以管理案例为主。首页为检索界面，管理案例标题则以“标题+问题”的形式列示，方便大家浏览和查找。后台管理以内容与用户管理为主，具备知识管理网络平台的主要功能。

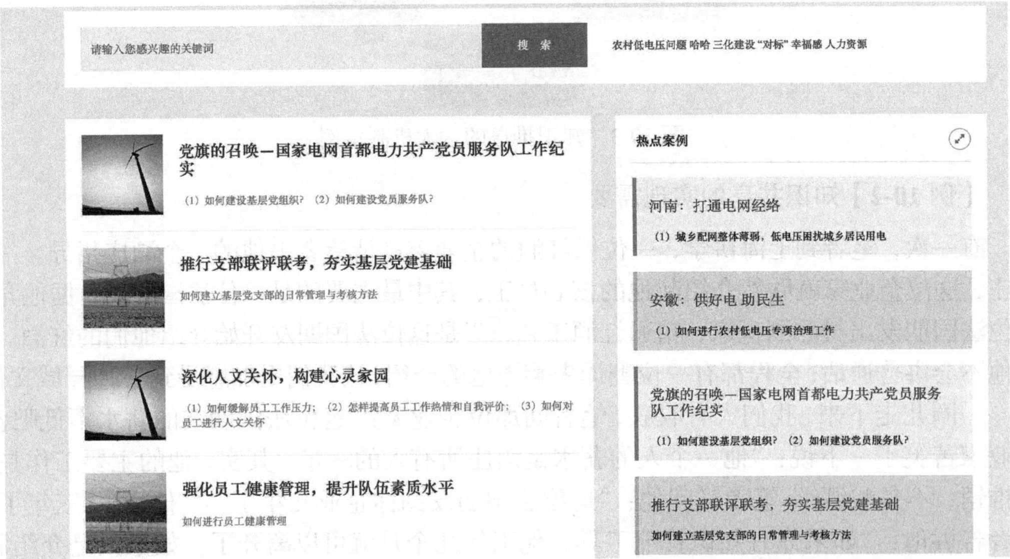

图 10-4 知识管理网络平台界面设计

二、网络平台的功能

1. 知识归集功能

知识归集体现了知识管理的主要作用，有利于组织进行知识推送，也方便用户进行知识查找。归集的方式有许多种，可以在用户学习中心由用户自已收藏，也可以由组织进行集中归类，如建立知识专题，将同类重要知识进行专题化的归集，可以通过知识专题将知识有效地归集使用，提高知识的系统性，有利于知识的传播利用和再加工。

2. 知识助理功能

知识管理网络平台的一个主要功能是帮助用户整理知识，但知识具有不同的形式，其中结构化的知识在数据库中最容易被广泛使用，如财务数据、销售数据和客户数据等都属于结构化知识，此类数据管理起来十分简单，设计记录和运算功能即可。但其他知识形式就不同了。例如，案例、政策、流程和行动方案都属于半结构化知识，需要进一步结构化才能方便使用。又如，电子邮件、演示文件和视频都属于非结构化形式，更需要将其结构化后才好共享。为此，知识管理网络平台需要设计一些知识助理功能，将半结构化和非结构化的知识转变为结构化的知识。

以案例文本为例，它是管理经验的主要载体，属于一种非结构化知识，要想让大家广泛借鉴与使用，就需要先将其结构化。笔者曾在知识管理网络平台设计时，开发过一项“知识助手”功能，在用户录入新案例的时候，将相近的已有的结构化案例提供给用户参考（图 10-5）。知识库里的管理经验类案例是以结构化方式呈现的，包括问题、举措、效果和领悟四个部分，当用户想录入一个新案例时，平台自动为客户呈现这四个录入框，用户按内容要求录入，同时，将用户选择的最接近本题目的案例内容显示于录入框下方，供知识上传者参考。这一功能的开发有利于将半结构化的知识进行结构化录入，同时，通过新旧案例的对比，也减少了重复录入的概率。

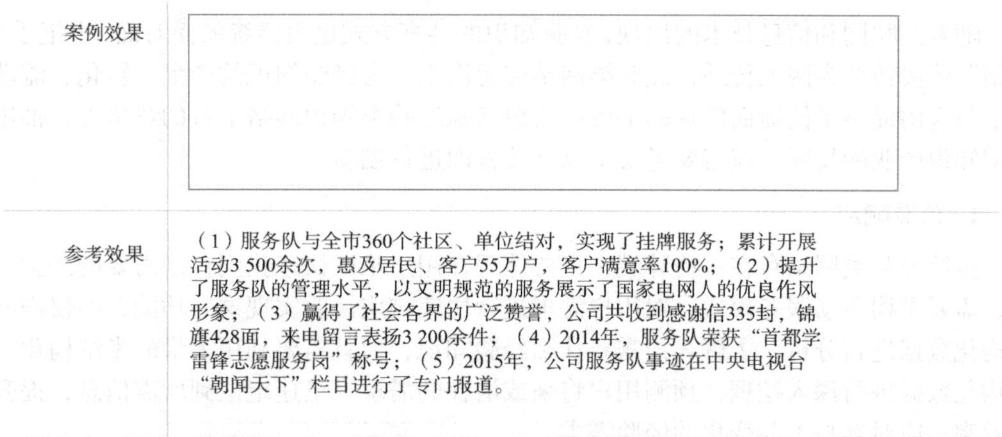

图 10-5 知识助手功能示例

3. 个人学习功能

知识管理网络平台的又一主要功能是为用户开创个人学习空间，因此，个人知识中心是必不可少的部分。个人知识中心可以设计成为专属于用户自我的学习空间，登录进入后，用户便可以开展知识上传、知识检索、知识收藏、知识共享等学习和分享活动，由于后台可以记录这些操作过程，也就为知识管理提供了后台数据，方便管理员对知识的应用及需求情况进行精确分析。举例来说，笔者设计的个人知识中心里，用户可以查看账户信息，浏览归属于当前用户的知识及案例（包括已发布案例、待审核案例、待编辑案例和未通过案例），修改个人信息和账户登录密码等，具备了自主学习和分享管理经验的基本功能（图 10-6）。

图 10-6 个人知识中心示例

【案例分析】

说明：在网上寻找一些经验类网站，对比以下内容，分析指出经验类网站的创新之路。

经验类网站的创新趋势

随着互联网和信息技术的出现，经验知识的共享方式也由传统的面对面、手把手“师徒制”传授转变为网上传播，经验类网站应运而生，为经验知识的产生、转化、流动、共享与应用提供了便捷而广阔的平台。要想增强经验类知识网络平台的竞争力，推进互联网知识产业的发展，就需要考虑从以下几方面进行创新。

1. 精准响应

传统经验类网站存在一些弊端，主要体现在用户难以快速找到自己需要的经验。为此，需要重构主动服务模式，对用户需求进行快速响应。要实现这一功能，不仅需要对结构化数据进行分析，了解客户需要什么经验知识，而且需要利用大量的半结构化、非结构化数据进行深入挖掘，预测用户将来或潜在的需求，迅速定位到所需信息，提升服务效率，应对客户不断变化的经验需求。

2. 移动互联

未来经验类网站还需要增加用户的经验使用情境体验，提高用户对经验分享与交流的意愿，这样才能实现充分而有效的经验共享。经验类网站本身人力资源有限，不能满足庞大的经验需求，就需要搭建安全便捷的云服务平台，用移动互联网技术满足手机用户的经验需要，形成流动的经验知识库。在移动平台上，用户可以更加方便地参与经验提问、回答、评论和补充等环节，对于专业性较强的经验，还可以与其他专业机构进行有偿合作，以实现全生态环境下的众创共享模式。

3. 智能推送

当海量数据存储在云端时，如果不能加以有效利用，会造成大量信息浪费与价值流失。因此，在提供经验知识服务时，除了网站本身的流量统计、热点记录等业务数据，还要重视用户浏览历史、搜索方式、交互行为等行为模式的数据分析，形成经验的智能判断和自动推送，把经验自动送到客户手中，才是未来经验类平台的使命。

【复习与思考】

1. 简述知识管理的层级结构。
2. 简述知识管理的常用方法。
3. 简述知识管理网络平台的设计要点。

【课后技能训练】

在网上收集大家关注的经验类网站页面，对比分析这些经验类网站是如何实现知识收集、共享与传播功能的。

参 考 文 献

Baltes P B，Staudinger U M. 2000. Wisdom：a metaheuristic （pragmatic） to orchestrate mind and virtue toward excellence[J]. American Psychologist，55（1）：122-135.

Ribeiro F L. 2001. Project delivery system selection：a case-based reasoning framework[J]. Logistics Information Management，14（5~6）：367-375.

第十一章 职业生涯

【学习目标】

学习职业生涯的经典理论，认识新员工入职的社会化过程（socialization process），了解入职适应期可能遇到的社会化障碍，掌握新员工入职适应的策略与方法。

趣味导入：艰难入职

随着中国大学毕业生数量的增加，大学生就业成了企业和社会共同关注的问题，而就业之后的情形也不容乐观。《2018 年中国大学生就业报告》指出，2017 届大学毕业生工作与职业期待的吻合度为 49%，认为工作与职业期待不吻合的本科毕业生中，有 31%的人认为是“不符合自己的职业发展规划”，其次是“不符合自己的兴趣爱好”（22%）。2017 届大学毕业生毕业半年内的离职率为 33%，这些离职的人群有 98%发生过主动离职，主动离职原因主要是“个人发展空间不够”（48%）、“薪资福利偏低”（42%）。究竟这些新就业大学生遇到了什么样的障碍？怎样帮助这些未来社会的栋梁更快地成长起来？这成为大家广泛关注的问题。

第一节　职业生涯理论

一、人职匹配论

什么样的人适合什么样的岗位，是职业生涯理论研究较早的一个命题。最早的多重职业能力倾向测量是明尼苏达大学在20世纪30年代编制出来的，之后又形成了一般能力倾向测验（general aptitude test battery，GATB），该测验使用广泛，逐渐成为最具影响力的测试工具之一。该项研究发现，人的职业能力是一个三维结构，包括数理文字、运动协调和知觉能力等方面，并且可以进一步细化为语言能力、空间能力、形状知觉能力、运动协调能力、手指灵活度、手的灵巧度、手眼足协调能力七个方面。该研究还发现，每种能力与一定的职业相互匹配，具体如下：

（1）语言能力——教师、营业员、服务员、护士。

（2）空间能力——建筑设计、内外科医生。

（3）形状知觉能力——兽医、测量师、生物学家。

（4）运动协调能力——运动员、舞蹈家、牙医。

（5）手指灵活度——五官科医生、裁缝、打字员。

（6）手的灵巧度——体育运动员、雕刻家、画家。

（7）手眼足协调能力——驾驶员、飞行员。

霍兰德（Holland）职业兴趣测验是有关职业倾向的另一项著名研究，该研究发现，职业倾向可以分为现实型、研究型、艺术型、企业型、传统型、社会型六种类型。如果以每项能力作为一个顶点，可以画出一个六边形，其中处于对角线上的能力差异最大。每种职业兴趣都具有一些最适合的职业对应，被测试者可以根据量表的职业索引选择就业方向。

Schein（1985）对斯隆管理学院男性毕业生的研究发现，大家对于职业具有某种稳定的自我定位，称为“职业锚定”（career anchor）。典型的职业锚定包括以下几种：

（1）技术/职能型职业锚（technical/functional competence anchor）。拥有这一锚定的人喜欢从事有实际技术内容的工作，如工程技术、财务分析、系统分析，他们不喜欢从事管理，认为管理是一个“政治竞技场”。

（2）管理型职业锚（managerial competence anchor）。拥有这一锚定的人在分析能力、人际能力和情感能力方面表现卓越。分析能力是指能够迅速识别信息，深入问题的核心；人际能力是指能够影响、监督、统率、操纵和控制组织中的成员；情感能力是指能够有效地使用权力，在情感危机面前，保持较高的情感控制力。

（3）自主独立型职业锚（autonomy/independence anchor）。拥有这一锚定的人把自主和自由看得最为重要，适合从事独立性强的职业。

（4）安全型职业锚（security-stability anchor）。拥有这一锚定的人能够按照要求行事，努力维持工作的安全性，乐于寻找一个稳定的职业。

（5）挑战型职业锚（pure challenge anchor）。拥有这一锚定的人追求新鲜感和挑战性，喜欢从事富于创造性的工作，如作家和艺术家。

将合适的人用在合适的岗位，是一件具有极高操作难度的事。中国有句古语，尺有所短、寸有所长，每个人严格意义上都是不一样的，除了职业倾向外，还有每个人的特点和优缺点，因此，针对不同人的个人特点和长处去安排岗位，显得更为现实一些。为此，用人所长和避人所短，将成为人职匹配领域的重要课题。笔者在进行银行业调研时发现，一些岗位的确需要具有某种优点的人，同时还对一些缺点不能容忍，这一现象引发我们思考一个问题——个人优缺点如何与岗位需求相匹配。我们用银行业的大堂经理、客户经理和会计三个不同岗位来举例，大堂经理需要具有“爱说话、有公益心、热心肠”等优点，而不能具有“易冲动”的缺点；客户经理需要具有“抗压、坚持不懈、经验开放”等优点，不能具有“固执己见”的缺点；会计需要具有“责任心强、细心周密、善于协作”等优点，不能具有“重效率轻细节”的缺点（表 11-1）。可见，个人优缺点与岗位需求的匹配，在实际工作中具有重要的价值。

表 11-1 岗位所需特性的分析

岗位	优势特性			劣势特性
大堂经理	爱说话（乐于与人聊天和交流）	有公益心（有帮助社会上其他人的心理）	热心肠（倾向于向他人表达善意和亲切）	易冲动（倾向于承担风险，同时对潜在困难分析不足）
客户经理	抗压（在压力和困难出现时，能够有效应对）	坚持不懈（不管遭遇多大阻碍，依然会坚强）	经验开放（倾向于思考各种不同的观点）	固执己见（倾向于自我肯定，拒绝听取别人的不同意见）
会计	责任心强（倾向于察觉到必须要做的工作，并独立完成）	细心周密（倾向于必须细心周密思考步骤的任务）	善于协作（倾向于做出与他人合作的决定）	重效率轻细节（倾向于注重效率，但对细节的注意不够）

二、职业阶段论

常见的职业阶段论是以人的年龄来划分的，如职业发展可以分为四个阶段。第一个阶段在 22 岁以前，人们发展个人自我意识，学习与人相处，建立个人生活的结构和方式，做出有效的教育和职业的选择。第二个阶段在 30 岁左右，人们第一次重新评估自我，第一次承认“时间有限”，第一次从幻想中醒来，责任取代了理想，让配偶接受自己实际上的样子，中止非现实的交往。第三个阶段在40岁左右，称为中年危机阶段，人们的体力有下降征兆，承认木已成舟，做出最终职业选择，应付空巢综合症，承认子女的成人角色，应付与年轻人的竞争。第四个阶段在50岁以后，人们复查个人对社会的贡献，专业技能正在消退而智慧有所上升，与子女建立成人关系，根据自己身体和健康条件学会改变个人的生活方式，开始珍惜配偶的存在。

其实，职业发展的阶段有时与年龄无关，如一些人很早就取得了职业成功，而另一些人直到退休也没有实现职业理想。为此，笔者根据职业经历和成就，将职业发展分为四个阶段，即打基础、多样化、创辉煌、登巅峰。在职业初期，人们往往需要打一些基础，这一时期一般会持续7~10年，这期间，对职业发展影响最大的两个要素一是第一职业，二是里程碑。第一职业就是入职所从事的第一个岗位，进的是什么样的公司和行业，这些特点会直接影响人的职业价值观。例如，入职是客户经理和入职当会计，对市场的感觉会有极大的不同，这种感觉可能影响其整个职业生涯。里程碑就是打基础阶段所取得的成就，是指在基层取得突出的业绩，这些成就不仅对晋升有帮助，还可以作为未来成为管理者之后的服众素材，可以说影响深远。

职业发展的第二个阶段是多样化阶段，在这个阶段里成功人士会经历多个岗位，在不同公司或地域磨炼。经历过多样化阶段的管理者，学会了从多个角度思考问题，也具备了与不同经历的人沟通的能力。缺乏了这一阶段，即使将来成为管理者，也因经历太过单一，很难周全地考虑问题。这一阶段一般会经历9年左右，经历2~3个不同的岗位。在此期间，并不需要有特别突出的业绩和成果，因为时间有限，也很难在短时间内创造出惊人业绩，学会从不同的角度思考问题，这将是未来更为重要的胜任素质。值得注意的是，多样化的经历一方面是自己努力争取的，如申请去其他岗位，另一方面是高层器重，从而提供一些换岗的机会，因为岗位变动不是个人说了算的，它需要高层的支持，否则只能是一种空想。

职业发展的第三个阶段是创辉煌，就是创造佳绩的阶段。能够进入第三个阶段，需要有一个条件，就是独立负责某项事业，即拥有决策力，通常是做一个组织的正职。因为只有独立负责的事情取得了骄人成就时，才会被称为事业辉煌，若是辅佐别人充其量是共享辉煌。能经历这一阶段的人并不多，因为除了个人努力外，事业的辉煌还需要有天时地利等因素，就是说要有一定的机遇和运气。

职业发展的最高阶段是第四个阶段——登巅峰，也就是古人讲的立德立言的阶段。在此阶段，个人不仅有业绩和成就，还要有社会影响力。此时的职业就像山峰一样，不再是一个岗位或组织的代名词，而是一种事业的标志和象征，甚至是一种影响和感召其他人的精神力量。从创辉煌到登巅峰，必然经历的考验在德的方面，德不能出任何偏差，否则光有业绩是达不到巅峰的，也不会起到引领和示范的作用，处于这一职业阶段的人，因其成就和品德为人典范，而受到大家景仰，这也是职业的最高境界。

第二节 新员工的社会化

一、什么是社会化

社会化的概念最早是由德国社会学家 Simmel 在《社会学的基本问题：个人与社会》中提出的，美国社会学家 Popenoe（1999）把社会化定义为“人们获得人格、社会学习和群体方式的社会互动过程，这一过程从个体一出生就开始，并且持续一生”。我国社会学家费孝通（1984）认为，社会化是“个人学习知识、技能和规范，取得社会生活资格，发展自己的社会过程”。Schein（1988）把社会学中社会化观点引入了管理学当中，提出组织社会化（organizational socialization）的概念，并把它定义为“以工作场所为研究背景，以新员工如何学习组织价值观、目标和规范为研究内容，以新员工不断适应组织角色的全过程为研究对象的研究”。

20 多年来，国内外学者对组织社会化的研究主要集中在社会化过程、内容与策略三个方面。一些学者从社会化过程入手，提出了组织社会化过程模式。Feldman（1976a）提出了组织社会化权变理论（contingency theory of socialization），认为社会化过程包括预期社会化、适应和角色管理三个阶段，该理论成为被广泛引用的社会化过程模型。另外一些学者从社会化内容（socialization content）入手展开研究，Morrison（1993）提出了员工社会化四因素模型，包括工作掌握、角色清晰、文化调适、社会整合四个因素。Jones（1986）提出了五因素模型，包括组织政策、组织目标、人际关系、工作绩效、文化语言五个因素。其中被引用最多的是 Chao 等（1994）提出的六因素模型，包括工作熟练程度、人的方面、政治、组织内语言、组织目标与价值取向、组织历史六个因素。还有一些学者从组织的社会化策略（socialization tactics）入手展开研究，van Maanem 和 Schein（1979）提出了六种模式，Jones（1986）进一步将这六种模式整合为制度化策略（institutional tactics）和个体化策略（individual tactics）两种主要策略。

组织社会化过程是指员工从组织外部人员（outsiders）变为组织内部人员（insiders）的渐进过程。Feldman 认为，组织社会化过程会经历预期社会化、适应和角色管理三个阶段，并且会依序发展，每个阶段的进程会直接影响下一个阶段的社会化效果，每个阶段都可以评判员工社会化的成败。

预期社会化阶段是指新员工在被招募之前的学习过程，此阶段的主要经历有：①现实化（realism），即客观地了解未来在组织中发展可能遇到的情形，这一过程进展是否顺利主要看新员工获得信息的准确性，以及个体评估这些信息的价值标准；②一致化（congruence），即组织资源与个体需要的契合程度，这一过程决定了个体的职业选择。

适应阶段是员工成为组织正式成员的过程，此阶段的主要经历有：①开始工作（initiation to work），即员工能够胜任其所承担的全部工作，这期间需要学习如何完成新任务；②进入团队（initiation to the group），即员工被同事接受并建立信任，这期间需要学会与新同事相处；③角色定位（role definition），即掌握谁应当做什么的显性或隐性规则，这期间需要弄清楚所有人的角色特征；④一致化评估（congruence of evaluation），即新员工对于个人长进的评估与领导相一致，这期间需要和主管形成对自身优缺点的共识。

角色管理阶段是新员工平衡角色冲突的阶段，将经历的过程有：①重新安排工作和生活（resolution of outside life conflicts），即学会处理生活和工作的冲突，其中最为要紧的是尽快确定处理原则；②解决需求冲突（resolution of demand conflicts），即调整自己在团队工作时的冲突和失落感。

国内一些相关研究进一步揭示了组织社会化的具体内容，如赵国祥等（2007）的一项研究指出，社会化内容可分成四部分：①工作胜任——了解自己的工作职责、掌握工作所需技能；②组织文化——了解单位的发展历史和主导价值观；③人际关系——在单位中受大家欢迎、与同事关系融洽；④组织政治——了解单位中的一些潜规则，知道谁是单位中最有影响力的人。

二、中国职场的社会化

中国职场与外国职场不同，存在着许多差异。例如，多数单位并没有完善的入职培训，岗位职责不是十分明确，人际关系比较复杂，同事沟通十分婉转，上级领导的批评又十分直白，这一切都对新入职大学生的社会化造成了障碍。加之新入职大学生的生活背景与以往年代不同，普遍存在一些鲜明的时代特征，如素质全面、思维灵活、以自我为中心、缺乏环境敏感度等。目前，学术界尚缺乏针对这一就业主力的社会化障碍研究，所以，笔者以此为课题开展了一系列调研。

笔者对 41 个样本进行了深度访谈，收集了大量文本案例，然后运用 Nvivo 7.0 质化分析软件，进行开放编码、主轴编码和选择编码。研究发现，新入职大学生的社会化障碍主要来自“工作胜任”“人际融合”“角色定位”三方面。

1. 工作胜任障碍

Kraimer（1997）研究发现，新员工知识掌握的内容及质量会影响他们在社会化过程中的价值目标，工作胜任障碍正属于这类问题。具体而言，它是指在处理工作问题时，由于技能盲点、环境变化、外部支持和观念差异而产生的困境。

首先，新入职大学生普遍存在知识技能难以适应工作需要的状况，许多受访者都从事着与本专业不对口的工作，即使在学校学过相关专业，也不免存在书本知识与实际操作差距较大的现象，这一问题造成了新入职大学生社会化的第一个障碍，有受访者谈到：

“刚开始工作的时候，有一种手足无措的感觉，现在感觉好多了。在学校学的知识和社会工作关系不是特别大，它们之间有许多盲点。”

其次，由于工作经验不足、缺乏指导等，许多新入职大学生经常出现“欠考虑”的行为，这会给大家的职业发展增添许多挫折感，其中比较常见的是自作主张和不重视流程的行为表现，在访谈中我们听到：

“人家拿来的材料、报来的东西要审核，可他当场就答复了。后来我就告诉他不要当场答复。尽管当场答复可以免去别人再跑一趟，但你觉得这个问题特别有把握的可以当场答复，没有把握的你应该怎么做呢？把这个事情缓一缓，你告诉他过三天（再来），因为审批也是有工作日的，不要求当时批复。这样一来，就可以通过审查资料把资格审好。”（主管领导）

最后，工作环境与校园环境的差异还表现在价值观上的不同，这需要新入职大学生了解掌握组织内外部大家都遵守的一些规划，如组织存在的一些潜在行为规矩和要求是大学里学不到的，需要大家主动去学习了解。这方面的案例如下：

“我们说好了，两点半可能开始一个什么活动，我就会说：‘好，两点半。’两点半就是我的起始时间，我可能会两点半到，但不会两点半之前到。可是有很多人，尤其是工作好多年的人，他们肯定会提前到。所以，你经常发现，你没有迟到，但是你是最晚到的。”（受访者）

2. 人际融合障碍

Feldman（1976b）研究发现，进入团队是一件困难的事情，员工需要被同事接受并且信任，这需要很长的时间。在这个过程中，新入职大学生需要学会如何与自己的同事相处，我们得出的人际融合障碍是指新入职大学生在处理人际关系时，在沟通交流、利益观念、时代差异、职场特征等方面遇到的难题。

首先，一些受访者在和领导同事沟通时，难以找到共同话题，如有受访者说，“见了领导有些拘束，有些紧张，同事之间又不知道该说些什么好”。另外，大家对于工作表达方式也比较陌生，如有人提到“职场交流要及时给对方回复，而不一定当时表态，多数时候不需要当时表态”。这种沟通方式使许多新入职大学生感到不习惯，有受访者讲到：

“我觉得同学之间比较单纯，尤其室友之间不用想什么，敞开心扉说就可以了。工作以后，随着工作经验的不断增加，同事不爱听的就尽量不说，少说话多做事就行了。同事之间，说多了话很有可能影响两人的关系，可能大家现在的关系并没有达到可以畅所欲言的地步。所以，很多事情可以不说。”

其次，社会上存在一些对新入职大学生的不良看法，这在一定程度上影响了大家的人际交流，有些主管直接评价说“新入职大学生太自我了”。可见，新入职大学生面临着以往时代不曾遇到的新问题，这就是对新入职大学生有成见，受访者纷纷表示：

“有的人好像不理解新入职大学生，觉得新入职大学生的想法奇怪。”

“刚进入这个集体时，他们对我们有偏见，认为我们自私、自我。”

最后，我国职场文化具有一些独特之处，在国外的相关研究中并没有涉及。例如，职场中普遍存在“酒场文化”现象，我们萃取出了“酒场文化”的社会化障碍，它是指新入职大学生由于不熟悉酒场礼仪和氛围产生的一些困惑。虽然在大学里面同学们也一起吃饭，但大家身份是平等的，而职场应酬时就不一样了，有很多讲究不为大学生所知，这就给新入职的大学生带来了不少障碍，如有受访者讲到：

"我过几天准备跟集团公司一位副总一起出差，现在我的心里还有点担忧。出去之后免不了喝酒吃饭，到酒桌上应该怎么做，如何融入酒场氛围，我都很担心，害怕会犯错误。"

3. 角色定位障碍

Feldman 研究发现，角色定位是新入职大学生适应环境的重要一环，所谓角色定位就是要求大家掌握谁应当做什么的规矩。我们在研究中发现，在识别自己和他人角色的特征时，新入职大学生遇到了很大的挑战，在明确自我位置和理解不同角色时，由于现实落差、角色认知困难、发挥受限、缺乏关注等问题，他们遇到了许多障碍。

第一，新入职大学生容易按理想为自己定位，但现实与理想差距又很大，从而形成了一些错误定位。例如，有受访者说："好歹我也是名牌大学毕业的，到你这里低声下气的，你还不理我。"还有人说："工作一段时间发现，自己其实并不是很优秀，自己也没有达到自己毕业之前所定位的那个位置。"

第二，新入职大学生对组织内的角色缺乏认知，容易形成对自我和他人角色的定位偏差。一方面，大学生对自我角色的认知不清，如有主管评价新入职大学生，"他们一来就想当管理者，而不是定一个'看得见摸得着'的目标"。另一方面，大学生对他人角色也缺乏认知，如有主管评价："(他们)没有经过领导的审批就去做，这就是想把事情干好，却没把事情干好。"

第三，在角色互动时，独特的时代背景，使得新入职大学生对于其他角色对待自己的方式期望过高。例如，一些关于新入职大学生的研究表明，大家在行为方式和社会互动方面有一定独特性，希望得到别人特别的关注（杨小明和鲁镇，2008）。这一点在我们的访谈中也经常遇到，如受访者说"领导一副官样，要不是我是他手底下的兵，我都想打他"，"平常跟他打个招呼，爱搭不理，感觉就是眼里没你这人"。

三、新员工社会化策略

面对社会化的问题，新员工可以通过自身的社会化策略，如信息寻找等，弥补组织所提供信息的不足，从而在组织社会化过程中扮演主动角色。在员工搜寻信息的研究中，Miller 和 Jablin（1991）认为主要有七种方式：①公开询问（overt questions）——以直接询问的方式获得信息，该策略能使新员工全面高效地获取信息，使新员工有机会澄清所获得的不确定信息，有助于员工发展人际关系，并且可以使新员工在信息获取中更加接近信息源；②间接询问（indirect questions）—— 指用非询问的方式获得信息，如果员工不便从某种信息源直接寻找信息，可以选择诸如暗示等间接方式，这种策略的好处是既不会使别人难堪，也不会使新员工感到尴尬；③第三者（third parties）—— 新员工从其他人而非主要信息源那里寻找信息，当上司不在场或新员工感到直接问上司不合适时，通常会采用这种策略；④试探限度（testing limits）—— 新员工创造情景或测试条件，然后根据信息目标源的反应做出判断而获取信息，这种策略能使新员工更多地了解哪种行为在组织中更适当，但这种策略具有一定冒险性，容易使信息源产生紧张和不安；⑤假装交谈（disguising conversations）—— 新员工在试图通过交谈来得到信息时，有意显出不经意的样子，如通过开玩笑使信息源在不经意的情况下透露信息；⑥观察（observing）—— 员工通过观察周围人的言行举止，获取如何执行任务的信息，这种方式有助于新员工获得有关角色行为模式的信息；⑦监视（surveillance）—— 新员工对信息源进行密切关注，通过对所获得信息的分析，获取自我社会化过程中所需要的信息。另外，当遇到社会化障碍时，表现出主动适应是一个积极的策略，如“谦虚面对”、“主动沟通”和“理解他人”等自我适应策略（表 11-2），都是适应职业的好做法。

表 11-2 社会化障碍的自我适应

障碍类型	外部障碍	自身障碍	自我适应	自我适应案例
新员工的共性问题	环境改变 观念有别	考虑不周 沟通不畅	谦虚面对 自我规范	有时拗不过老员工的思维观念，你不能过分责备他，轻轻一笑就完了。他的老观念不一定正确，咱们是借鉴他们的经验
大学生的共性问题	缺乏指导 酒场文化 发挥受限	技能盲点 现实落差 利益重视	主动沟通 自我历练	过一段时间之后，就觉得只要你积极主动地去面对大家，还是很容易和大家成为好朋友的
“80 后”的个性问题	时代偏见	缺乏关注	理解他人 自我激励	你要自己想清楚，自己有个心理调整，他为什么不理你？你要理解他，工作一天特别累，有那么多业务员找他，他对你反感很正常

第三节 组织对职业生涯的影响

一、组织社会化策略

组织社会化策略是指组织通过某种特定的策略或方式，加速员工的社会化进程，促使员工尽快成为组织所期望的角色。van Maanem 和 Schein 指出，组织对新员工社会化采取的策略一般有六种，这六种策略分别是：集体的—个别的社会化策略、正式的—非正式的社会化策略、固定的—变动的社会化策略、连续的—随机的社会化策略、伴随的—分离的社会化策略、赋予的—剥夺的社会化策略。每一种策略都由相互对立的两个概念构成，表示不同的策略风格。Jones（1986）进一步整合了上述六种策略，他认为如果组织采用集体的、正式的、固定的、连续的、伴随的、赋予的六种策略，实际上是鼓励员工被动地接受组织预先设定的角色，以使组织维持现状，这种策略被称为制度化策略

（institutional tactics）。如果组织采用个别的、非正式的、变动的、随机的、分离的和剥夺的六种策略，其目的是鼓励员工保持个性，主动解释在组织中的个体角色，这种策略称为个体化策略（individual tactics）。这六种策略又可归纳为三大类，即内容策略（content tactics），情景策略（context tactics）和社会策略（social tactics）（表 11-3）。

表 11-3　组织社会化策略、新员工信息搜寻与新员工适应理论要点

组织社会化策略（Jones，1986）	新员工信息搜寻	新员工适应
内容策略：培训内容清晰、调整适应时限明确	信息的指示性：需要什么信息	角色定义与重塑：正确理解工作内容、时限和任务优先原则
情景策略：在开始新工作之前，有正式的培训和见习	信息的作用：信息对工作的促进程度	自我效率提升：在新工作中学习并获得自信
社会策略：获得积极反馈、得到内部人员认同和信任	信息的相关性：与其他人的相关度	社会接受（团队适应）：被别人喜欢和信任

资料来源：Bauer T N，Bodner T，Tucker J S. Newcomer adjustment during organizational socialization：a meta analytic review of antecedents，outcomes，and methods[J]. Journal of Applied Psychology，2007，92（3）：707-721

【例 11-1】中国的御人之术

在中国古代，组织对职业生涯的管理有着不同的观点和手段，由于这些方法是为帝王所用的，故被称为“御人之术”，这些御人之术在法家、儒家、道家等不同学派中有着不同的主张。法家提倡以势、法、术御人，即所谓“一权两柄”模式，在权势基础上用好“制度和技巧”。“以法治民”讲的是对基层要用制度来管理，“以术治臣”讲的是管理重要人物要有策略。儒家讲究修己治人，利用内圣实现外王。通过提高领导者个人魅力和品质，增加凝聚力和控制力，攻心为上。道家则主张矛盾制衡，正像汉代邹阳提出的“偏听生奸，独任成乱”，利用人际矛盾达成制衡，实现有效控制。

二、职场导师理论

员工如何在职场上成功，一般存在着两个主要推动力：一是个人修为，二是伯乐赏识。个人修为是指个人素质和业绩，而伯乐赏识指的是有高层领导者提供帮助，这个高层领导者被称为职场导师（mentor），这方面的研究被称为导师理论。Haggard 等（2011）在 *Journal of Management* 上发表了一篇题为“谁是导师？关于导师定义与内涵的研究回顾”的论文，系统地回顾了过去 30 年不同研究对于导师的界定，文中指出四种常用的导师界定方式：①从组织层级看，可将导师分为上级导师和同事导师；②从身份地位看，可以分为主管导师和非主管导师；③从所属范围看，可分为组织内导师和组织外导师；④从与门徒的关系看，可分为关系疏远的导师和关系密切的导师。虽然导师类型存在多样化，但导师理论的研究内容多集中于导师功能和指导关系的形成两个方面。由于导师与门徒的关系被界定为“一对一”的关系，故其测量方法通常是给出导师定义，然后让被试判断有没有导师。随着研究的不断深入，学者发现一个门徒会有多个导师，甚至形成导师网络，这就使得导师—门徒关系从“一对一”变成了“一对多”（表 11-4）。

表 11-4 导师网络的概念

	导师	多导师	导师网络
概念	富有经验且给予门徒职业帮助和心理支持的人	一个门徒具有多个导师，构成多元导师的指导关系	门徒的社会网络中拥有的多元导师关系
与门徒的关系	一对一关系	一对多关系	网络关系
测量方法	给出导师定义，让被试判断有没有导师	给出导师定义，让被试举例	给出导师定义，用社会网络提名器测量
研究内容	导师的功能、影响指导关系形成的因素	多个导师对于门徒的组织承诺、工作满意度、职业预期、职业认知的作用	导师网络的影响，以及导师网络内部各导师的相互关系

在如今的职场环境中，由于以下四方面的变化，导师关系已经发展成为导师网络：①雇主和雇员之间的雇佣契约已经发生变化；②技术的更新特性已经影响到了个人的职业生涯发展的形式和功能；③组织结构的变化特性已经影响到了个人寻找资源的路径；④组织的成员身份已经越来越多样化，如种族、国籍、性别，这些都会影响到成员对于可持续发展的需求和可利用的资源。面对职场出现的新变化，学者们发现门徒开始构建导师网络，以促进多变职场状态下的职业成功和个体成长，因此，导师网络成为新的研究重点（表 11-5）。

表 11-5 导师网络的影响

对象	影响内容	具体方面
门徒	个体帮助	个体指导、文化学习、组织认同、归属感、化解工作—家庭冲突
	人际网络	建立和维护人际关系
	职业成功	职场庇护、职业变动、提供工作机会、晋升、加薪
导师	主观成果	他人认可、报答、成就感、未来指导意愿、满意度、安全感
	客观成果	职业流动性、晋升率、工作绩效
组织	内在成果	凝聚力、领导力的建设、组织内交流互动、学习型组织等
	外在成果	实现组织目标、建立高效团队、提升组织文化、组织社会化、提高员工保留率等

【课后阅读】

张居正被称作“宰相之杰”，23 岁中进士，先后为国家当政十年。因其起用名将戚继光、提高行政管理效率等功绩载誉千古，谥号“文忠”。对于治理臣民众生，他的管理方法“工于谋国”，令人称奇。我们不妨学习一下这位管理天才的“看人”“用人”“调人”方略。

张居正的名言是“世不患无才，患无用才之道”，他在著名的《陈六事疏》的“核名实”一篇中，专门论述了用人方略。其间总结了他前后主持十年国事的用人经验，提出看人容易出现的六大误差：徒眩于声名、尽拘于资格、摇之以毁誉，杂之以爱憎，以一事概其平生、以一眚掩其大节。就是说，不听名声而看行为，不问资历而看潜力，不听闲言而看功实，不凭好恶而趋理性，不以一事论英雄，也不以一错定平生。

考核与检查必须双管齐下，目前，企业管理者往往在考核和检查中有意无意地倾向于一种。有的倾向于考核，凭借人力资源部出台的一套考核方法，实现用人以功实的管理。有的管理者倾向于检查，即以过程监督为主，进行事中管理而不是秋后算账。张居正则认为这两种方法必须兼顾。在《明史》中有一段记载，明神宗朱翊钧接受了张居正的一系列理政建议，“自是，政体为肃”，而张居正提了哪些见效神速的建议呢？原来，他建议主要围绕改进官僚作风，以期达到“朝下而夕奉行”之办事效率。其中让皇帝见到实效的管理手段主要是“月有考，岁有稽”，把执行时效作为考核重点，以级级纠查举报为震慑。其中最难能可贵的是，在《请稽查章奏随事考成以修实政疏》的奏章里，张居正还设计了许多具体的行政定量指标，令后人称道。

巧用而不是滥用平级调动，把岗位轮换用得使员工把它当成一种提拔，可以化平凡为神奇。一般而言，岗位轮换都有其目的性，不外乎三个想法：一是锻炼人才，提高其综合素质，到基层负责是一般的上升通道，因为这样符合中国人的老规矩“名将出身行伍”；二是瓦解帮派，任职时间一久就形成了习惯势力，不便于全局管理，按明朝当时的祖宗旧制，“三六年考”是规矩，也就是三年就有可能岗位轮换了，比现在通常使用的四年制任期还短；三是利用新人的加入产生新的制衡关系，以利于最高领导控制全盘人马。因此，岗位轮换成为许多决策者的御人大法。

张居正告诫了管理者其中的不可为之处。首先，岗位差异太小的平级调动，不可太过频繁，正如《陈六事疏》所讲“不必互转数易”，因为这样的调动是为了调动而调动，会流于形式，前述三大功能都无法实现。第一项激励功能因岗位差异太小，对员工没有疗效；第二项分解功能因频繁调动根本就构不成威胁，所以失去了意义；第三项制衡功能因员工缺乏感恩之情，忠诚打折，别说去监视他人，连其本人也会因频繁调动而萌生去意。其次，岗位轮换之前要有合适的后备人才，以实现“人有专职，事可责成”，不能乱了自己、稳定了敌方。另外，还要事出有因，把调动做出激励效果，给员工有“用人必考其终，授任必求其当”的良好印象，对管理者的资信水平提升有很大帮助。这就是说，对一些有功之臣、心仪之将，可以采取此类方略达到前述三个目的，最终使其走向绝对忠诚，管理者也得到张居正强调的“用人必考其终，授任必求其当”的好口碑。

【复习与思考】

1. 职业生涯方面的主要理论有哪些？

2. 什么是社会化？什么是组织社会化？

3. 组织社会化过程可以分几个阶段？每个阶段又包含哪些内容？

4. 新毕业大学生的组织社会化过程中会遇到哪些障碍？组织和个人可以有哪些策略应对？

5. 新入职大学生面对组织社会化障碍，应如何自我适应？

【课后技能训练】

请你拜访一名新入职大学生，用以下访谈提纲询问其入职社会化障碍，分析其主要障碍点。

（1）您的专业和您现在的工作对口吗？（如果不对口）您做了哪些调整？（如果对口）在新的岗位上有没有继续学习？

（2）您在融入这个单位时，有没有遇到什么困难？有哪些不适应？

（3）您所经历的校园生活与社会生活最大的不同之处是什么？您是如何调整的？

参考文献

费孝通. 1984. 社会学的探索[M]. 天津：天津人民出版社.

王明辉，凌文辁. 2006. 员工组织社会化研究的概况[J]. 心理科学进展，14（5）：722-728.

王雁飞，朱瑜. 2006. 组织社会化理论及其研究评价[J]. 外国经济与管理，28（5）：31-38.

魏钧，李淼淼. 2013. 导师网络研究综述[J]. 外国经济与管理，35（2）：63-70.

杨小明，鲁镇. 2008. 关于“80后”研究的综述[J]. 广东青年职业学院学报，22（4）：48-52.

赵国祥，王明辉，凌文辁. 2007. 企业员工组织社会化内容的结构维度[J]. 心理学报，39（6）：1102-1111.

Adkins C L. 1995. Previous work experience and organizational socialization：a longitudinal examination[J]. Academy of Management Journal，38：839-862.

Bauer T N，Bodner T，Tucker J S. 2007. Newcomer adjustment during organizational socialization：a meta analytic review of antecedents，outcomes，and methods[J]. Journal of Applied Psychology，92（3）：707-721.

Chao G T，Oleary-Kelly A M，Wolf S，et al. 1994. Organizational socialization：its content and consequences[J]. Journal of Applied Psychology，79：730-743.

Feldman D C. 1976a. A contingency theory of socialization[J]. Administrative Science Quarterly，21（3）：433-452.

Feldman D C. 1976b. A practical program for employee socialization[J]. Organizational Dynamics，5（2）：64-80.

Flanagin A J，Waldeck J H. 2004. Technology use and organizational newcomer socialization[J]. Journal of Business Communication，41（2）：137-165.

Haggard D L，Dougherty T W，Turban D B，et al. 2011. Who is a mentor？A review of evolving definitions and implications for research[J]. Journal of Management，37（1）：280-304.

Jones G R. 1986. Socialization tactics，self-efficacy，and newcomers' adjustments to organizations[J]. Academy of Management Journal，29：262-279.

Kammeyer-Mueller J D，Wanberg C R. 2003. Unwrapping the organizational entry process disentangling multiple antecedents and their pathways to adjusment[J]. Journal of Applied Psychology，83（5）：779-794.

Klein H J，Fan J，Preacher K J. 2006. The effects of early socialization experiences on content mastery and outcomes：a mediational approach[J]. Journal of Vocational Behavior，68：96-115.

Kraimer M L. 1997. Organizational goals and values：a socialization model[J]. Human Resource Management Review，7（4）：425-447.

Miller V D，Jablin F M. 1991. Information seeking during organizational entry：influences，tactics，and a model of the process[J]. Academy of Management Review，16（1）：92-120.

Morrison E W. 1993. Longitudinal study of the effects of information seeking on newcomer socialization[J]. Journal of Applied Psychology，78（2）：173-183.

Popenoe D. 1999. Can the nuclear family be revived? [J]. Society，36（5）：28-30.

Schein E H. 1985. Career Anchors：Discovering Your Real Values[M]. San Diego：Pfeiffer & Co.

Schein E H. 1988. Organizational socialization and the profession of management[J]. Industrial Management Review，9：1-15.

van Maanen J，Schein E H. 1979. Toward a theory of organizational socialization[A]//Staw B M. Research in Organizational Behavior[C]. Greenwich：JAI Press.

第十二章　文化塑造

【学习目标】

通过本章学习掌握组织文化的基本原理，能够分析不同组织的文化差别，熟悉文化传播与认同感知途径，了解组织实现内部认同与外部认同的工具与方法。

趣味导入：制心一处

有这样一则笑话：

一辆列车行驶中速度不断提高，在减速的时候列车发出这样的声音“坑谁？坑谁？”，列车越走越快，并发出这样的声音“见谁坑谁！见谁坑谁!”。

其实，信任危机既是一个社会问题，也是一种文化现象。

第一节　组织价值观

一、什么是组织价值观

IBM的小托马斯·沃森认为，任何机构要生存和取得成功，必须有一套正确的信念，必须信守这些信念，以及在任何情况下这些信念都不容改变。世界上最大的农场设备制造商迪尔（Deere）公司董事长汉斯·贝赫勒（Hans Becherer）认为价值系统将变得更重要，经理领导才能在公司的价值结构中的地位将更为重要，那是一个组织永久存在的唯一的大事。彼得·德鲁克指出，管理是一门艺术，管理要眼睛向外，关心它的使命即组织的成果，又要眼睛向内，注视那些能使个人取得成就的结构、价值观及人际关系。美国铝业公司（Alcoa）董事长、首席执行官保罗·欧内尔（Paul O'Neill）认为，我们的价值观必须是开诚布公的，而且任何时候都要务实，如果这样做的话，公司就有潜力成为优秀的公司。现实世界充满竞争，日新月异，公司领导人没有时间去管理、控制和追查结果，应该把重点放在认识未来，建立信念价值，以及激励员工和扫清障碍方面，使公司可以达到更多的目标。

大量研究表明，组织价值观是组织文化的主要载体，对整个企业的运行起到至关重要的作用。Schein 把组织文化定义为"一个群体在学习克服适应外界或内部整合问题时所发明、发现或创造出来的基本假设"（Schein，1988）。进一步研究发现，组织价值观是组织文化的核心，是规范、典礼、管理活动及其他文化活动的实质（Hofstede et al.，2016），并且研究者把组织文化定义为组织价值观更具有可操作性和可测量性。

【例 12-1】组织价值观的表达形式

请分析案例中微软公司的组织文化体现出的是什么样的价值观。

微软企业宗旨：协助全世界的人和全世界的企业发挥出他们最大的潜能（Enable people and businesses throughout the world to realize their full potential）。

比尔·盖茨概括微软企业文化精髓：每天清晨当你醒来时，都会为技术进步及其为人类生活带来的发展和改进而激动不已（Wake up every day with a feeling of passion for the different technology will make in people's life）。

微软人的八大必备要素

微软人必备要素之一：敬业精神

（拥有好的职业道德是在微软工作的基础，这是微软最强调的）

微软人必备要素之二：团队精神

微软人必备要素之三：责任心

微软人必备要素之四：工作热情

微软人必备要素之五：解决问题的能力

微软人必备要素之六：快速学习能力

微软人必备要素之七：创新精神

微软人必备要素之八：独立工作能力

二、组织价值观的测量

从组织价值观的内容来看，学者们尚无完全共识。O'Reilly 和 Chatman 认为价值观维度包括创新、品质、公平、弹性、决断、冷静、准确等；郑伯壎（1990）认为价值观维度应包括社会责任、敦亲睦邻、顾客取向、科学求真、正直诚信、表现绩效、卓越创见、甘苦与共、团队精神等，他把各种价值观与行为规范归为四大类：①与环境有关的价值与规范；②与工作有关的价值与规范；③与人际有关系的价值与规范；④个人的价值与规范。

价值观的测量根据研究者对价值观内容的不同认识而不同。从组织价值观的测量工具来看，也呈现出多样化势态，主要包括：①organizational culture profile（OCP）；②组织文化价值观量表；③comparative emphasis scale（CES）；④organizational values congruence scale（OVCS）；⑤survey of work values（SWV）；⑥meaning and value of work scale（MVW）（表 12-1）。

表 12-1　代表性组织价值观测量工具

OCP7 维度 54 items	郑伯壎 9 维度 77 items	CES4 维度 24 items	OVCS5 维度 19 items	SWV6 维度 42 items	MVW7 维度 50 items
稳定性	顾客取向	成就取向	客户导向	利润导向	经济独立
创新	社会责任	公平	社会投入	工作投入	安全
结果导向	敦亲睦邻	诚实	关注利润	道德	工作环境
关注细节	科学求真	关心别人	道德	自豪感	知名度
进攻性	卓越创见		关心员工	力争上游	声望
团队导向	表现绩效			社会地位	人际关系
尊重员工	正直诚信				社会地位
	团队精神				
	甘苦与共				

谈到价值观测量的量表，不能不提 Cameron 和 Quinn，他们在 1999 年提出了“竞争性价值观结构”（the competing values framework）。Cameron 和 Quinn 通过对企业价值观的研究发现，影响企业经营的价值观主要包括两个维度，即外部导向—内部导向（external focus-internal focus）、灵活自由—稳定控制（flexibility and individuality-stability and control）（图 12-1）。组织价值观可以按此维度分成四种类型，即家庭型（the clan）、开拓型（the adhocracy）、市场型（the market）和内控型（the hierarchy）。四种类型文化的特点各不相同，企业往往会在特定阶段表现出其中一种显著特征。

家庭型文化提倡和谐，展现亲情的一面，往往在企业创立初期使用较多。你能听到创业时老总们经常挂在嘴上的话是“我们甘苦与共，同舟共济，等将来……”，他们经常用“一家人、一条心”来规劝大家，相互帮助，不计较个人得失。开拓型文化表现为重视创新，以标新立异为企业生存之本，强调以变应变、创新取胜。目前，中国有许多企业都以创新为第一核心价值观，尤其是科技企业。大家已经认识到，创新是企业第一生产力。市场型文化强调完成业绩指标，利润导向、成本导向十分明显，领导者往往是市场打拼出来的，坚信赚钱是第一要务。内控型企业文化强调内部管理，纪律严明。有些军人出身的老总喜爱这种文化，他们强调纪律，要求员工遵从管理。

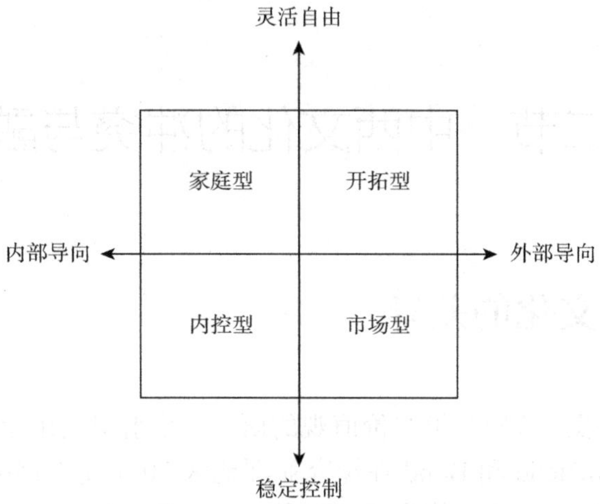

图 12-1　竞争性价值观模型

资料来源：Cameron K S，Quinn R E. Diagnosing and Changing Organizational Culture：Based on the Competing Values Framework[M]. Hoboken：John Wiley & Sons，1998

三、组织价值观的作用

Schein 认为，具有共同价值观（shared value）的组织成员对环境的解释较为一致，从而缩短了沟通距离，降低了工作不确定性等负面影响。他还认为组织价值观有适应整合作用，对外具有外在适应（external adaptation）作用，即组织调整自己以适应外界的变化；对内具有内部整合（internal integration）作用，即组织协调内部人际关系完成组织目标。Ouchi（1980）的研究发现，价值观还具有降低交易成本（transactional cost）的作用。一项研究指出文化改变和员工教育、员工激励一样，对生产效率具有巨大的推动作用（图 12-2）。综上所述，组织价值观具有内聚人心、外树形象之作用。

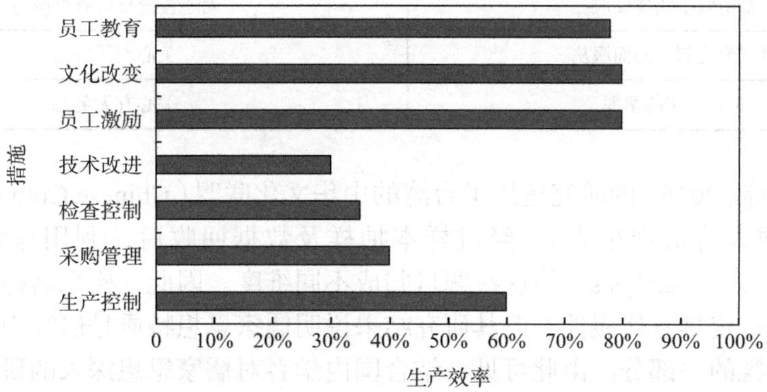

图 12-2　文化改变等措施对生产效率的推动作用

第二节　中西文化的冲突与融合

一、中西方文化的差异

管理学中对儒家思想特质与组织价值观的研究，是组织文化专家Hofstede较早开始进行的。1988年，Hofstede和Bond在探究亚洲地区20世纪80年代经济快速成长时发现，原来提的四个“国家文化”构念无法解释这一现象，经研究后他们提出了第五个构念——儒家思想特质（Confucian dynamism）。Hofstede指出，采用“儒家思想特质”这种字眼会使读者认为它是一种中国的传统思想或美德，其动态部分会被人忽视，所以笔者用了另一个名称，即“长期导向—短期导向”（long-term-short-term）（表12-2）。从Hofstede研究的长期导向—短期导向指标分数来看，儒家思想主导的国家和地区，如中国、日本及韩国等分数都偏高，中国的分数位居第一。可见，儒家思想对中国企业组织价值观的影响比对任何国家的企业都要明显。

表12-2　长期—短期导向的社会差异

短期导向	长期导向
调整传统以适于现代社会	尊重传统
有限度地遵守社会道德束缚	不计成本地遵守社会道德束缚
浪费	节约
节省少量金钱	节省大量金钱
希望做事快速反应	对于慢速反应有忍耐力
愿意为达到目的而服从	关心面子问题
关心事实的掌握	关心有无美德

Hofstede等（2016）的研究运用了台湾的中华文化联盟（Chinese Culture Connection）编制的《中国人价值观量表》，经过样本抽样及数据回收后，利用探索性因素分析（exploratory factor analysis）将这些题目归成不同维度。因此，构念名称定为“长期—短期导向”不一定具有代表性，但其研究结果说明儒家思想特质是研究中国企业组织价值观所不可忽视的一部分。由此可见，结合国内学者对儒家思想深入的研究，设计适合目前中国企业、能够反映传统文化影响的组织价值观测量问卷是十分必要的。以Hofstede的五大文化维度为理论基础，对中国文化与西方文化的差异进行比较，我们不难发现在权力距离（power distance）、不确定性规避（uncertainly avoidance）、集体导向—个体导向

（collectivism- individualism）、长期导向—短期导向四个方面有着显著的不同（图 12-3）。

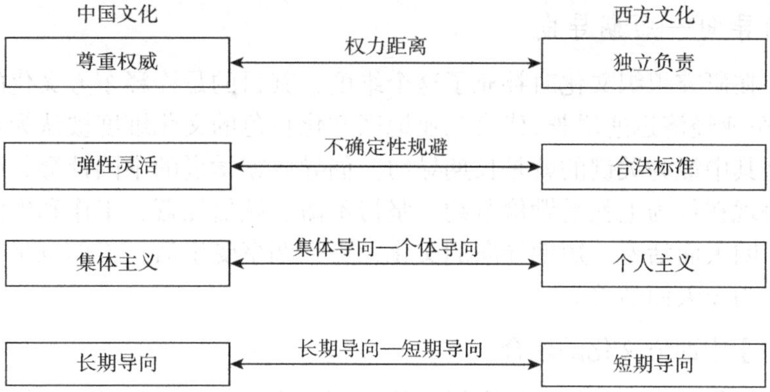

图 12-3 中西方文化差异

1. 尊重权威—独立负责

在中国的组织中，大家高度重视受尊重（respect）、有威望（prestige）和层级制度（hierarchy），形成一种尊重权威的价值观念。在西方组织中，权力差距较小，等级地位模糊。我们在生活中也不难发现，中国人从小受到的教育就是“做听话的孩子”，这种深受儒家思想影响的教育方式，塑造了对拥有权力的上司或拥有经验的师长言听计从的行为方式。Hofstede 指出，西方文化受犹太教、基督教和新教的熏陶，倡导独立性、重视个人能力的发挥。由此可见，尊重权威与独立负责成为中国文化与西方文化的主要差异之一。

2. 弹性灵活—合法标准

中国组织中强调人为控制，遇事强调变通（flexibility），人治大于法治。在西方组织中，强调规避法律风险，用标准化的方法处理问题。我们调研过一家正在与西方公司进行跨国合作的中国企业，二者就存在着这方面的分歧，西方公司花钱请律师中介公司就员工劳动保险问题进行调研，许多中方管理者不以为然。因此，在这方面，我们的价值观更加强调人为因素的灵活规避，而不是以标准化的方法进行处理。这一点上，也有一些学者有相反观点。

3. 集体主义—个人主义

西方以个人主义文化为主，每个人重视自身的价值与需要，依靠个人的努力为自己谋取利益。东方文化强调集体主义，更突出集体利益而非个人利益。中国社会强调典型的集体主义文化，许多人可以为了集体的工作而牺牲个人生活，而在西方文化中，价值观和道德都是寻求个人成就和个人权利，人们倾向对自己和家庭负责，不主张为集体牺牲个人生活。例如，中国许多管理者有年假但从不休，大家基本会持一种赞许态度，而西方管理者可能不会理解；又如，中国许多管理者为了工作在生活中一些重要时刻总是不能陪伴家人，而在西方如果是妻子生小孩，一切工作都可以抛开，而且组织中会有一种倾向性主张，就是应该抛开，这就是个人主义和集体主义价值观的区别所在。

4. 长期导向—短期导向

Hofstede 在研究组织文化时补充了这个维度，其目的是诠释东方文化的独特性。20 世纪 80 年代东亚经济迅速增长，代表东亚地区文化特色的文化维度被认为是经济增长的重要源泉，这其中最为关键的就是长期导向。倡导儒家学说的中国社会，组织中也强调长期导向，表现在行为上就是勤俭节约、坚持不懈、诚信经营，工作和生活不能严格分开，大家为了明天而活着。短期导向的文化，更强调享受生活，工作也是为了更好地享受生活，大家为今天而活着。

【例 12-2】中西方文化的融合

请分析联想集团在国际化进程中提出的“赢文化”中（2006 年），保持了哪些中国文化特征，增加了哪些西方文化特征？

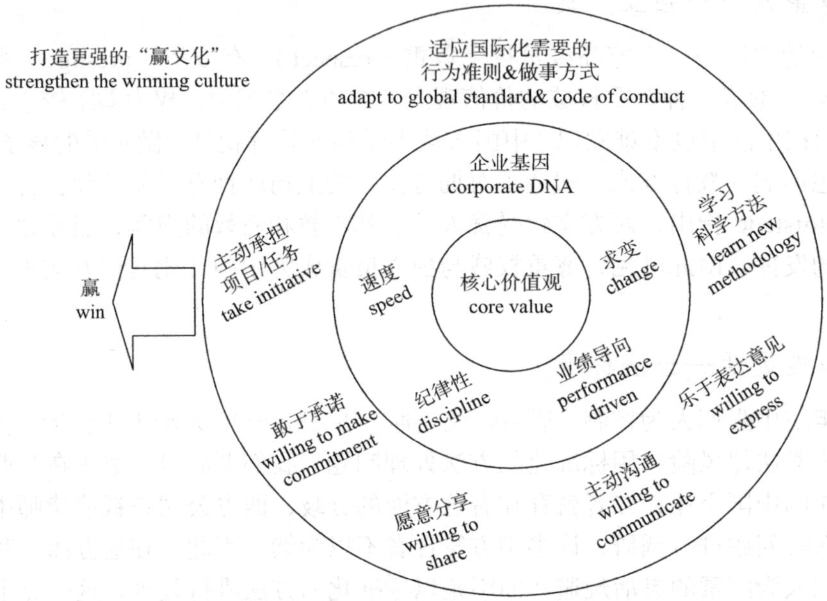

图 12-4 联想集团的新文化——“赢文化”

二、传统文化的影响

台湾心理学家杨国枢在《传统价值观与现代价值观能否同时并存》中指出，中国传统价值观包含五个心理成分，即遵从权威、孝亲敬祖、安分守成、宿命自保、男性优势，而现代价值观包括平等开放、独立自顾、乐观进取、尊重情感、两性平等五个心理成分。黄光国研究指出，在现代工商业社会里，华人“追求完美”（striving for betterment）、“成功取向”（success-orientation）、“成就取向”（achievement-orientation）、“渴求教育”（desire for education）的价值观依然未变，他们追求更高的社会声望和经济上的成功。

许多学者从国民性角度研究价值观，所谓国民性就是一种“众趋人格”（modal personality），它是国民的整体价值取向。中国人民大学沙莲香教授完成的“七五”国家社会科学基金重点项目“中国传统文化与中国人民族性格研究”，以及“1996~2010年中国社会全面发展战略问题研究”中的“国民素质现状及对策研究”等一系列课题，就是针对中国人的国民性展开的。沙莲香教授得出了14项中国人的人格特质，包括仁爱、气节、侠义、忠孝、理智、中庸、私德、功利、勤俭、进取、实用、嫉妒、欺瞒、屈从，并总结出中国人的三个基本人格，即忠恕、中庸、务实（表12-3），她还指出：“人格忠恕、人格务实、人格中庸是相互联系着的，组合成中国人人格主干，或者叫基础人格。这个人格构成，体现出中国人的文化价值，是长期的文化价值选择、积累和传承所致。”

表 12-3　沙莲香教授关于中国人基本人格的研究

核心特质	具体人格特质	代表性说明
忠恕	理智（三思后行）、进取（不安现状）、仁爱（博爱仁慈）、气节（宁折不弯）、侠义（有情无我）、忠孝（忠心孝敬）	“其恕乎，己所不欲，勿施于人”“己欲立而立人，己欲达而达人”
中庸	中庸（谦和忍让、调和适中）	“不偏之谓中，不易之谓庸”（《中庸》章句）、“喜怒哀乐之未发，谓之中，发而皆中节，谓之和。中也者，天下之大本也！和也者，天下之达道也”（《中庸》首章）
务实	功利（追求金钱地位）、勤俭（艰苦朴素）、实用（注重实用和个人满足）	“博学之，审问之，慎思之，明辨之，笃行之。”（《中庸》）
弱点	屈从（屈从权威）、嫉妒（拆台攻击）、欺瞒（圆滑说谎）、私德（损公利己）	

对组织价值观影响最大的传统观念莫过于儒家思想，因此，儒家思想特性也成为组织价值观的研究重点。于述胜（1996）认为儒家思想的境界从立言、立功到立德的最高层次，随着历史、经济与社会的发展，现代人们的行为中已经将传统儒家思想从抽象层次转换为现实生活的实践，包括风俗习惯、追求财富的方式、名誉观念及道德等方面。Gabrenya 等认为儒家思想反映在社会行为上，形成仁—善心、义—正直、礼—礼貌三项原则。在这三项原则作用下，用君臣、父子、夫妇、兄弟、朋友关系五伦规范着社会的阶层。社会心理学家 Bond 与同事为了研究中国文化的价值观体系，编制了“华人价值观量表”，得出整合（integration）、儒家工作动力（Confucian work dynamism）、仁心（human-heartedness）、道德教化（moral discipline）四个主要因素。杨国枢与郑伯壎（1987）则指出，日本、韩国、新加坡与中国的台湾和香港，在经济发展上取得一定成就，离不开中国传统文化的影响，为此开发出传统价值观与现代价值观量表。

三、跨文化管理者的胜任力

随着各国之间交流的不断加深，不同文化产生了交融与碰撞。国际化进程的加快对文化管理者的能力提出了新的要求。跨文化管理者是公司政策、管理形态和组织文化的传播者。然而，近几十年的证据表明，跨文化管理者中有20%~40%绩效不佳。这引起了学者的广泛关注，也推动了近年来对跨文化胜任力的研究。

Mendenhall 和 Oddou（1985）将跨文化经理人胜任特征分为四个构面：①自我导向，包括消除不同文化带来压力的能力及具备海外工作所需的技能；②他人导向，包括与当地人主动沟通的意愿和能力、与当地人发展长期友谊的能力；③认知，即了解当地人行为的能力；④文化韧性，融入不同国家文化的能力。Cui 和 Awa（1992）归结出四种胜任特征：①人际关系技术，包括建立关系、维持关系、语言能力；②社会互动能力，包括对政治、经济的了解；③管理能力；④文化同理心能力，包括文化察觉和同理心。

跨文化管理者的胜任特征一般包括冲突解决能力、压力管理技巧、知觉问题能力、关系建立能力。Horgan（1993）从中整理出国际管理者胜任特征，包括策略知觉、适应新环境能力、对不同文化的敏感度、国际团队工作能力、语言能力、关系技巧、国际谈判技巧、自信、高任务导向等。

第三节　塑造组织认同

一、何为组织认同

组织认同起源于社会心理学的社会认定（social identity）和文化认定（cultural identity），社会认定是指个体对于组织的成员身份、价值观和情感维系方面的认知，文化认定是指个体对于所属文化及文化群体形成的归属感和内心承诺，它是一种保持与创新自身文化属性的社会心理过程。杨宜音指出，人类在社会生活中有两种认同的需要，一是通过寻找“我”和“我们”的差异获得自我认同，二是通过寻找“我们”与“他们”的差异获得社会认同。前者使得个体获得一种与众相同的一致性，后者使个体获得一种与众不同的独特性。为了同时满足这两种需要，个体总是不断寻找着二者之间的平衡。

Riketta 于 2005 年总结了组织认同的三类定义：①从认知角度出发，Ashforth 将组织认同定义为个体对于组织成员感、归属感的认知过程，它体现了个人与组织在价值观上的一致性；②从情感角度出发，O'Reilly 将组织认同定义为成员出于对组织的预期，进而保持在情感上的某种自我定义；③从社会学角度出发，Tajfel 把组织认同定义为个体由于具有组织成员身份从而产生的一种自我定义，由于这种成员身份产生了价值观上的一致和情感上的归属。基于上述研究，我们将组织认同定义归纳为“个体源于组织成员身份的一种自我构念，它是个体认知并内化组织价值观的结果，也是个体在归属感、自豪感和忠诚度等方面流露出的情感归依”。

组织认同具有持久性、多重性两个主要特性，所谓持久性是指成员不管在不在组织内部都会保持着组织认同。认同是一种社会结构，这种结构为特定受众设计了“身份”，使其具有与组织一致的自我构念，因此，带有一定持久性。具体表现为组织成员情愿留在组织中延续组织认同，即便是离开组织，组织认同仍然会继续起作用。当然，在组织认同的形成过程中，组织会有一些动态调整，出现一些矛盾并最终达到平衡。组织认同的第二个特性是多重性，Albert 和 Whetten 指出，拥有多重认同的组织，往往同时具有标准的、道德的认同和理性的、经济的认同。在特定环境下，其中一种组织认同会变成主要认同。正如 Sillince 所举的例子，医院就有多重认同，包括平衡预算的经济组织和提供医疗服务的社会组织，当市场状况不容乐观时，经济认同可能会成为主要认同。组织认同的多重性还表现在它内部具有多个层面，Sluss 和 Ashforth 提出，组织认同除了角色层面（role-based）和个人层面（person-based）外，还存在第三个层面——人际层面（interpersonal level），这个层面的认同被称为关系认同（relational identification），它是在上司和下属的相互影响中产生的。

二、塑造组织认同

组织认同的基础理论，归纳起来大致可以分为三类，即差异论、信息论和资源论。差异论观点持有者比较注重个体在认同过程中的差异比较，通过分析差异冲突、参照对比来揭示认同过程。信息论观点持有者更多关注信息传播在认同过程中所起的作用，通过研究信息发出、信息传播渠道和信息接收过程来分析认同过程。资源论观点持有者比较在意资源在组织认同过程中所扮演的角色，试图分析组织形象（organizational images）、组织独特资源对组织认同起到的作用。这三类观点从不同角度分析了组织认同过程，当中也不免存在相互交叉的研究（表 12-4）。

表 12-4　组织认同三类理论观点对比

类型	内容构成	作用途径	相关研究者
差异论	组织内认同与组织外认同	差异冲突、参照对比	Ravasi D，Schultz M
信息论	形象性信息与说服性信息	沟通过程	Cheney G
资源论	有形资源与无形资源	组织形象、独特资源	Sillince J A

1. 差异论

差异论观点认为，组织认同是一个由异到同的历程，需要透过差异和冲突来完成认同构建。成员只有通过与他人的对比参照，才能认知个人在组织中的同一性与背离性。此类观点持有者比较关注同化过程中的心理变化，正如 Hogg 指出的，学者把重点放在了比较、类属（categorization）、辨别（distinctiveness）和定位四个基本过程之上。研究者还将组织认同划分为“组织内认同”和“组织外认同”两部分，“组织内认同”更多是在寻找个体与其他人的不一致过程中，通过自我调整，自己获得与众相同的同一性；“组织外认同”则是寻找组织与其他组织的差异，通过自我认知和外部反馈获得与众不同的独特性。经过这两个认同过程的相互作用，成员完成了从“我”变成“我们”的历程。

2. 信息论

信息论观点持有者认为，组织认同取决于组织与成员之间的信息交流，通过信息交流把信息接收者的价值观和目标同组织的价值观和目标结合起来，以降低成员的不确定性。这些信息中以形象性信息和说服性信息作用最为显著，它们可以引起组织认同。形象性信息是指组织内外部产生的评价，说服性信息是指组织创造出的宣传内容，这两种信息帮助劝说者（组织）及接收者（成员）形成共识，其主要传播途径就是沟通。Cheney 强调了沟通在组织认同中的重要作用，认为沟通是员工接受组织基本价值观和目标的主要原因。从信息论角度看，管理者作为信息的主要发出者，需要为成员提供统一的自我概念，这也是其管理活动的重要内容，研究者称此为“认定宣示”（identity claims）。Cheney 和 Christensen 的研究指出，由于管理者是组织的合法代表，能够更加方便地利用内部沟通渠道，所以，他们更容易影响组织的认定宣示。Corley 和 Gioia 的研究表明，当组织认定模糊不清时，管理者更有责任促进成员的组织认同，研究者称此为“给道理”的过程，即通过多种沟通帮助成员重建组织认同。

3. 资源论

资源论观点认为，组织具备独特资源，包括有形资源和无形资源，会引发或改变组织认同。Cheney 等认为，有形资源可以把组织形象具体化，进而提高组织成员对组织的认同。Berg 和 Kreiner 指出，开放的办公室突出了共享的认同，共用餐厅和停车场强调了民主的认同，豪华的新办公大楼能够代表一个现代而富有的公司。Rylander 和 Peppard 认为，物质资源是提高组织认同的有效方式。同样，无形资源对于组织认同也十分重要。Fiol 和 O'Connor 研究发现，客户对组织声誉的正面反馈、财务上的卓越表现、人才流入等方面都会带来无形资源，它会支持组织认同信念的广泛扩展。这其中组织形象又是主要的无形资源，正如 Dutton 和 Dukerich 指出的，组织形象可以成为组织成员评价其行为的标准，有利于成员产生组织认同。一旦组织形象与组织认同产生差异，将会引发成员自我调整或形象重塑的行为，如果这种偏离比较严重，就会降低成员的信心，促使他们重新审视对组织核心特征的理解。

三种基础理论观点从不同侧面揭示了组织认同的全过程，“差异”是组织认同的起点，“资源”是组织认同的基础，“信息”是组织认同的媒质。个体从“我”到“我们”的过程，可以说是“从异到同”的动态调整，也可以说是个体不断认识组织资源的体悟过程，在这个过程中“资源”和“差异”通过信息流被员工认知，直至产生认同。可见，三种理论观点角度不同，却又相辅相成。

三、获得外部认同

Sillince（2006）的一项研究表明，企业可以通过运用修辞学，将品牌宣传与资源特征（价值、稀有性、不可模仿性、不可替代性）联系起来。该研究强调，有效运用修辞学，可以促使受众的注意力在资源与认同之间进行转换，有利于企业创造竞争优势（图 12-5）。

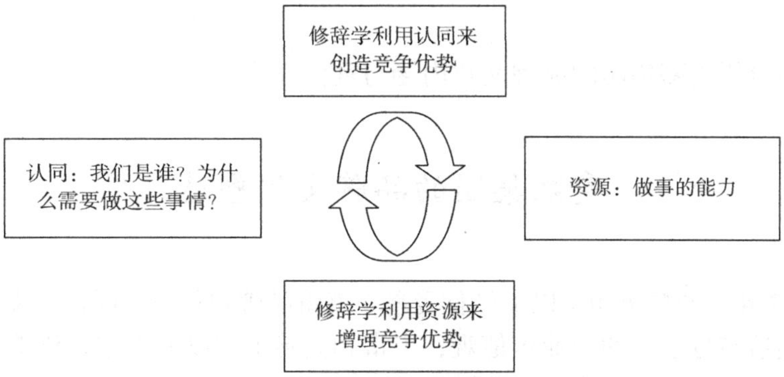

图 12-5　Sillince 的资源与认同循环理论

以中华老字号为例，这些企业以宣传制作工艺精良、使用价值卓越、产品体验上乘为主要内容。例如，“用料务求精心细选，制作更需屏气凝神”（馄饨侯），“黍稻必齐、陶瓷必良、曲蘖必实、火候必得、湛炽必洁、水泉必香”（六必居）就是表达其独特的制作工艺；“远行者携千余里外，虽外霉内燥，蒸之移时，而色、香、味、形如故”就是强调其使用价值卓越；“肥而不腻、瘦而不柴、皮不回性、浓香醇厚”（天福号），“香甜酥脆、美味可口、回味无穷、久储不绵”（果仁张）则重点描述了产品的体验和感受。这三种方式的宣传，使受众更容易认同其资源有价值。

在利用企业独特的认同使相关资源变得稀有方面，中华老字号宣传语则以阐述民族特色、地方特色和宫廷特色为主。例如，“融入民族餐饮文化，涮出清真百年精华”（东来顺）就是展示民族特色的宣传；“品味源头上海菜，驻足百年老饭店”（上海老饭店）着重宣扬的是地方特色；“宫廷御醋、世代相酌”（益源庆）则是宣传了宫廷特色。正如基于资源的视角理论强调的，持久的竞争优势来自竞争者难以模仿的独特资源，中华老字号宣传语运用民族特色、地方特色和宫廷特色，在资源独特性方面进行释意，使得受众更加认同其资源的稀缺性。

在使竞争对手认识到企业资源的不可替代方面，中华老字号宣传语从非同业角度展开，强调其产品本身不可替代，构成对非同业替代品的打压态势。例如，“不进真不同，未到洛阳城”（真不同）就把不可替代性扩大到当地其他行业，从语意上形成对替代产品的压制。“上下五千年，唯有玉作缘”（玉缘）一语横贯古今，既说明“玉”由于象征“缘”而没有物品可以取代，又运用双关修辞宣传了“玉缘”品牌的不可替代。这些宣传语通过对非同业竞争对手的区隔，唤起受众对不可替代性的认同。

在利用企业特征使相关资源变得不可模仿方面，中华老字号宣传语主要从行业第一、地方第一、中华第一等方面来说明。例如，“津门老字号，中华第一包”（狗不理）就是在宣传自己是行业第一；“酱排骨江南第一庄”（三凤桥）说明了自己是当地第一；“闽南风味宴，华夏第一家”（好清香）更是用夸张的手法宣传自己是中华第一。基于资源的视角理论认为，不可复制的资源可以吸引更多客户，并威慑潜在竞争者。中华老字号借助宣传“第一”的方式，起到一定威慑竞争者的作用，使受众产生对其不可模仿性的认同。

【案例分析】

说明：请分析爱慕集团的品牌文化内涵与宣传方式。

爱慕集团的品牌文化塑造

早在2002年，爱慕集团（以下简称爱慕）就将品牌定位为“时尚、文化、人性化”，并提出了“创造与分享”的企业价值观，丰富和完善了“以人为本，创造美好生活”的品牌经营理念。2012年，爱慕进一步提出了“以人为本，爱慕一家人”的企业文化理念，“创造美、传递爱”的核心理念深入人心。爱慕重视人才培养与企业文化建设，为员工的幸福营造浓厚的文化基础，为品牌的成长储备了深厚的文化内涵。

爱慕的企业文化

1. 关爱构建和谐

在企业实力并不雄厚的时候，总裁张荣明就曾以个人名义拿出 80 万元资助有突出业绩的管理人员买房买车，随着企业发展，这个基金被制度化，成为爱慕内部著名的“美好生活基金”。爱慕曾拿出每年盈利的10%投入基金，提供无息贷款，最高可申请的贷房款可达20万元，买车贷款则是5万元，范围也扩大到工作两年以上的优秀员工。张荣明认为，做企业不能只顾赚钱，让员工生活得好，企业才有好的发展。在爱慕子公司——苏州美山子制衣有限公司，员工食堂独具特色，常常有员工意外收到一个生日蛋糕，当有员工怀孕时，食堂还会提供牛奶和水果，为孕妇增加营养。

2. 创新形成共识

张荣明说：“企业不能为创新而创新，那就没有意义了。我的体会是：一定要有体制和机制特别是企业文化的支持。所以，创新不能仅仅是企业家的意志，而且应该成为企业全体员工的共识。只有企业全体员工都具备了创新的意识和动力，企业创新才能有效而持久。”

从 1999 年 12 月 31 日开始，在每年的最后一天，爱慕都要召开创新表彰大会，对在产品设计研发、市场营销和行政管理等方面的创新上有突出表现的个人进行表彰并颁奖。在张荣明的倡导下，爱慕专门设立了创新奖评审委员会。每年年初，爱慕就通过上下结合的方式，进行创新项目和创新经费的申报，形成了常态化的创新项目评选机制。

爱慕设立了爱慕学院，进行人才的培养。为了让员工都能有一个看得见的成长规划，爱慕建立了科学的薪酬管理制度，完善和谐的劳动关系，并实行了补充医疗政策，使员工能够踏实地与企业共同发展。爱慕非常重视人才，注重研发人员和员工培训，每年派设计师出国学习，开拓视野。公司有很多针对基层导购、办事处品牌代表、销售主管的培训，每年他们都会有机会来公司参加大型培训活动，让员工感受到公司的文化和氛围。

3. 践行社会责任

在爱慕，张荣明大力推行企业社会责任。爱慕率先成为推行 CSC9000T（中国纺织企业社会责任管理体系）的九家执行企业之一。

2002 年，爱慕参与了中华全国妇女联合会的“母亲健康快车”行动；

2003 年，爱慕举行了“抗击 SARS，奉献爱心”捐赠活动；

2004 年，爱慕设立了为期十年的“北京服装学院爱慕”奖学金；

2006 年，爱慕成为中国纺织行业首批社会责任试点企业；

2007 年，爱慕在中国儿童少年基金会设立了“爱慕阳光女孩”教育专项基金；

2008~2010 年，爱慕在地震、雪灾、旱灾等天灾中仅捐款捐物累计达到 500 万元；

2013 年，爱慕在民政部注册成立了国家级“爱慕公益基金会”；

2013~2015 年，爱慕援建凉山火窝村爱慕小学等多所爱慕小学。在全国数十个分公司和大中型城市，累计捐赠义乳和义乳特制文胸 5 700 多个，向数千名乳腺切除患者送上关心与呵护。

爱慕的品牌文化

爱慕在成立之初就用文化来护卫品牌成长，文化内涵是爱慕的价值支撑。在 2006 年成立爱慕内衣（时尚）文化研究室时，张荣明就说，“内衣不仅是一种产品，更是一种文化观念和生活方式，是一种生活质量的反映”。爱慕内衣体现了技术与文化的统一，刺绣、丝绸和蕾丝不仅承载着厚重的传统文化，更能呈现出对女性的呵护与关爱，爱慕将“时尚、文化、人性化”的品牌定位植根于产品设计之中。

爱慕的产品无不体现品牌文化的独特魅力。例如，经典系列“游园惊梦”，从昆曲《牡丹亭》中获取灵感，将昆曲艺术与现代时尚巧妙结合。张荣明对于敦煌文化情有独钟，将“敦煌”元素嫁接到产品中来，他认为，敦煌的核心文化就是中西文化的交融，是当时所处年代的文化代表。国际内衣界享有盛誉的法国 *INTIMA* 杂志，用四个整版对“爱慕·敦煌”予以了生动描述和高度评价。爱慕以“敦煌”为设计元素，开发了敦煌系列产品，并在三年内得到了市场的广泛认同，这也说明文化对提升品牌认知影响显著。

在公司十周年庆典之际，爱慕在全国16个中心城市进行了内衣文化巡展，主题为“在禁锢与释放之间”。第一次把百年内衣文化，用直观的方式展示给大众。与此同时，爱慕还举办了内衣文化研讨会，出版了《内衣时尚》等有关内衣文化方面的刊物。爱慕还成立了专门的品牌文化网站，并与中国流行色协会合作成立展开内衣文化研究。近年来，爱慕还投资设立了苏州实景版游园惊梦昆曲体验馆和爱慕美术馆等文化场所，传承与弘扬中国传统文化。

（内容整理自爱慕集团2016年官网）

【复习与思考】

1. 什么是组织文化？
2. Cameron 和 Quinn 的竞争性价值观模型把组织文化分成几个部分？
3. 中西方文化的冲突与差异有哪些？
4. 何为组织认同，如何实现组织认同？

【课后技能训练】

登录一家你喜欢的企业网站，分析该企业的组织文化和宣传语是否能够获得外部认同？

参考文献

魏钧. 2008. 组织契合与认同研究[M]. 北京：北京大学出版社.

杨国枢，郑伯壎. 1987. 传统价值观、个人现代性及组织行为：后儒家假说的一项微观验证[A]//杨国枢. 中国人的心理与行为：本土化研究[C]. 北京：中国人民大学出版社.

于述胜. 1996. “学”与“为学之方”——中国传统儒家的学习方法论[M]. 清华学报，26（1）：1-30.

郑伯壎. 1990. 组织文化价值观的数量横鉴[J]. 中华心理学刊，（32）：31-49.

Cameron K S，Quinn R E. 1998. Diagnosing and Changing Organizational Culture：Based on The Competing Values[M]. Hoboken：John Wiley&Sons.

Cui G，Awa N E. 1992. Measuring intercultural effectiveness：an integrative approach[J]. International Journal of Intercultural Relations，16（3）：311-328.

Hofstede G，Neuijen B，Ohayv D D，et al. 2016. Measuring organizational cultures：a qualitative and quantitative study across twenty cases[J]. Administrative Science Quarterly，35（2）：286-316.

Horgan T. 1993. On what there isn't[J]. Philosophy and Phenomenological Research，53（3）：693-700.

Mendenhall M，Oddou G. 1985. The dimensions of expatriate acculturation：a review[J]. Academy of Management Review，10（1）：39-47.

Miller V D，Jablin F M. 1991. Information seeking during organizational entry：influences，tactics，and a model of the process[J]. Academy of Management Review，16（1）：92-120.

Ouchi W G. 1980. Markets，bureaucracies，and clans[J]. Administrative Science Quarterly，25（1）：129-141.

Schein E H. 1988. Organizational socialization and the profession of management[J]. Industrial Management Review，9：1-15.

Sillince J A A. 2006. Resources and organizational identities：the role of rhetoric in the creation of competitive advantage[J]. Management Communication Quarterly，20（2）：186-212.

Whetten D A，Godfrey P C. 1998. Identity in Organizations：Building Theory Through Conversations[M]. Thousand Oaks：Sage.